SENTENÇA PENAL

JOSÉ EULÁLIO FIGUEIREDO DE ALMEIDA
Magistrado e Professor da Universidade Federal do Maranhão

SENTENÇA PENAL

Doutrina – Jurisprudência – Prática

2ª edição revista, atualizada e ampliada

Del Rey

Belo Horizonte

2024

EDITORA DEL REY LTDA.

www.editoradelrey.com.br

Editor: Arnaldo Oliveira

Editora Adjunta: Aldria Oliveira Bretas

Coordenação Editorial: Letícia Neves

Diagramação: Know-how Editorial

Capa: JP Designer

Editora:
Rua dos Goitacazes, 71 – Lojas 20 a 24
Centro – Belo Horizonte – MG
CEP 30190-050

Comercial:
Tel.: (31) 3284-3284
vendas@editoradelrey.com.br

Editorial:
editorial@editoradelrey.com.br

A447s Almeida, José Eulálio Figueiredo de.
Sentença penal: doutrina, jurisprudência, prática / José Eulálio Figueiredo de Almeida.-- 2. ed. rev., atual. e ampl.-- Belo Horizonte: Del Rey, 2023.
578 p.

ISBN 978-65-00-77209-8.
Bibliografia: p. 535-542.

1. Processo penal - Brasil. 2. Sentenças (Processo penal). 3. Prova criminal. 4. Pena (Direito). 5. Circunstâncias agravantes. 6. Circunstâncias atenuantes. I. Título.

CDU: 343.152(81)

Junio Martins Lourenço – Bibliotecário – CRB-6/3167

Imaginei fazer um livro que agradasse a todos. Se isso não for possível, ficarei feliz se agradar à maioria.

O autor

NOTA DO AUTOR À PRIMEIRA EDIÇÃO

Decorridos dez anos do meu ingresso na magistratura, entendo ser oportuno trazer a lume a experiência judicante adquirida ao longo desse decênio, ao mesmo tempo em que se faz imperioso reunir também, nesse período, não só o exercício da prática forense diária, assim como os quinze anos de magistério superior como professor da disciplina Direito Processual Penal da Universidade Federal do Maranhão.

A presente obra é destinada aos estudantes do direito indistintamente, vale dizer, não só aos que já se consagraram como profissionais bem-sucedidos como também àqueles que ainda labutam nos bancos universitários e principalmente a outro tanto de bacharéis que se inscrevem frequentemente em concursos públicos na área do direito.

O livro contém matéria doutrinária e jurisprudencial, além da legislação relativa a cada tema que aborda, sempre acrescentada do meu ponto de vista pessoal. Complementam o seu conteúdo programático decisões de primeiro e segundo graus, rigorosamente selecionadas, algumas delas tratando casos de grande repercussão social, com o intuito de demonstrar, notadamente aos principiantes na seara do direito, como se trabalha a aplicação da pena em nosso sistema jurídico.

O objetivo maior da obra é despertar o interesse cada vez mais frequente pelo estudo do julgamento que decide o mérito da lide criminal, buscando, através do seu instrumento legal - a sentença -, pacificar os interesses em conflito, mediante a correta aplicação da norma incriminadora ao caso concreto sem o risco do cometimento de equívocos quanto à fixação da adequada sanção penal ao infrator, diante da maior ou menor gravidade de sua conduta.

Dentre os seus inúmeros temas, ocupa-se a obra, por exemplo, da técnica de aplicação da pena, buscando demonstrar ao leitor as variadas formas de apenar o agente que praticou a infração penal e concentrando sempre todo o trabalho relativo à sua dosagem dentro dos elementos orientadores desse labor, postos à disposição do juiz no próprio Código Penal.

Não procuro passar ao leitor uma fórmula matemática para a dosagem da pena, nem o segredo definitivo para encontrá-la. O Direito não é ciência exata. Se o fosse talvez não tivesse resposta para certas situações do nosso cotidiano. O que se apresenta especificamente é o roteiro, o método, o caminho mais justo para a descoberta da pena juridicamente correta, embora não se possa encontrar, nas duas partes em que se divide a obra, a saber: Livro I – Parte teórica; Livro II – Parte prática, soluções para todos os casos que o labor forense diário possa nos oferecer.

Embora o livro contenha a minha impressão pessoal sobre os institutos que tratam da sentença penal e da dosimetria da pena, alicerçada, quando necessário, na opinião abalizada de doutrinadores de escol, tanto do nosso país quanto de origem estrangeira, não encontrará o leitor discussões rebuscadas, que fogem à sua finalidade e que ficariam mais adequadas aos grandes tratados de Direito, hoje não mais recomendáveis ao estudo dessa ciência, posto que prolixos e, muitas vezes, cansativos e enfadonhos.

A obra é de fácil manuseio e compreensão, visto que seus capítulos foram dispostos de modo a permitir a imediata situação do leitor a respeito do assunto que está sendo estudado, o que pode ser constatado também mediante a busca dos temas em seu sumário.

Aceito a crítica construtiva; aquela inspirada em bases pedagógicas e que tem como objetivo o engrandecimento da obra publicada. Mas, se não for possível contar com o senso crítico inspirado em tais princípios, ainda assim apreciarei a emenda com a humildade de quem deseja aperfeiçoar o seu estudo, porque é preferível acreditar na existência de pessoas dotadas de juízos exclusivamente contestadores a modificar a natureza delas.

A minha satisfação estará completa se a obra puder servir de subsídio a todos aqueles que possam vê-la como algo útil para o seu aprendizado e exercício profissional.

São Luís, 22 de janeiro de 2002.

José Eulálio Figueiredo de Almeida

Academia Maranhense de Letras Jurídicas

NOTA DO AUTOR À SEGUNDA EDIÇÃO

Passados vinte e um anos do lançamento da primeira edição desta obra, muitas mudanças sofreu o processo penal brasileiro, razão da necessidade de sua atualização e ampliação para adequar-se às inovações que a legislação e a jurisprudência nacionais apresentaram no decorrer desse longo período.

A prática forense diária, como magistrado, assim como o exercício, por trinta e sete anos, do magistério superior, como professor da disciplina Direito Processual Penal, da Universidade Federal do Maranhão, me inclinou a revisar a obra por inteiro e a fazer uma nova edição, consentânea com o atual momento legislativo, jurídico e forense que vivenciamos.

Novos capítulos foram acrescentados e novos institutos foram abordados para explicar as mudanças ocorridas, bem como o gerenciamento do processo, o acesso à justiça e à defesa da ordem jurídica justa, posto que é dever de quem se dedica ao ensino emprestar a fonte do conhecimento às gerações passantes, a fim de que elas se encarreguem de transmiti-las aos pósteros.

Nesse contexto, foi feito também o estudo de como dar efetividade, atualmente, ao processo penal, ante a utilização do sistema judicial eletrônico como ferramenta da informática, a serviço do Poder Judiciário, pois essa nova forma procedimental tem que ser admitida como algo que venha a modernizar o sistema de justiça, e não impedir os meios para a persecução penal, para a defesa do acusado e para o acesso das partes à plataforma virtual.

Vivemos momentos de inclusão social e não podemos admitir a possibilidade de as partes ficarem excluídas do sistema judicial do processo eletrônico na medida em que têm direito à informação processual. Além do acesso a todos os jurisdicionados, é também indispensável preservar em meio virtual as mesmas prerrogativas, garantias e direitos que o processo em autos físicos assegura às partes, sob pena de se lhes impor inaceitável cerceamento de defesa, vedação ao contraditório e inefável violação ao devido processo legal. Afinal, é o acesso à forma procedimental que assegura o *status libertatis* do acusado e o *jus puniendi* estatal.

Como sugere o título, a obra trata da técnica de aplicação da pena, buscando demonstrar ao leitor as variadas formas de sancionar o agente que praticou a infração penal, concentrando-se sempre todo o trabalho relativo à sua dosagem dentro dos elementos orientadores desse labor, postos à disposição do juiz no Código Penal e nas rotinas da experiência forense.

A demora em elaborar a segunda edição foi resultante do nosso intenso labor na literatura, no setor acadêmico, na docência, no âmbito jurídico, na atividade forense, na área da música e da poesia. Nesse longo período de tantas produções literárias, acadêmicas e culturais, bem como de preleções universitárias, a segunda edição desta obra vinha sendo construída paulatinamente, observando-se os novos conceitos, paradigmas e institutos jurídicos, pois nosso objetivo é apresentar ao operário do Direito, qualquer que seja seu estágio de aprendizado, de docência universitária ou de militância forense, um livro que facilite sua atividade profissional, e onde sejam encontradas, com ligeira facilidade, as respostas para dissipar as dúvidas que atormentam tanto os veteranos, quanto os neófitos.

O livro que aqui apresento, em sua segunda edição, carrega muito de minha atividade docente como professor universitário da disciplina Direito Processual Penal da UFMA há mais de três décadas. Por isso, minha satisfação em poder compartilhar a experiência de sala de aula com número incontável de profissionais das carreiras jurídicas que militam na área do processo penal ou pretendem submeter-se a concurso público para ingresso na magistratura ou em outras áreas afins.

É um erro pensar que a produção científica fica abaixo da escala do ensino na lista de prioridades dos professores universitários. Na verdade, é a partir da pesquisa elaborada que surge a ideia para escrever artigos, estudos e livros, onde é revelada a coletânea de documentos e a utilização de repositórios rigorosamente selecionados com o objetivo de ensinar estudantes dos cursos de graduação.

O jurista é um professor devotado, que está sempre buscando novas preleções para compartilhar com seus leitores e alunos. Nesse sacerdócio docente, torna-se um perene exegeta da lei, lendo-a e interpretando-a, iterativas vezes, sempre à luz de novos casos, para extrair do seu lado oculto elementos que possam torná-la viva, clarividente, atual e útil à aplicação do direito.

Por essa razão, como guardião do conhecimento disponibilizado à coletividade de leitores, o jurista conserva sempre a crença na lei, sem deixar-se contaminar pela hipocrisia ou histeria daqueles que creem que o direito pode ser aplicado vulgarmente, como uma quimera ou um jogo sem regras, em que cada um possa estabelecer improvisações pessoais, driblando o ordenamento jurídico para impor sua vontade ou opinião, sem a noção de que a finalidade da lei é a busca da paz social.

Não me arrependendo de haver demorado tanto a revisar esta obra para recolocá-la no mercado editorial de consumo. Afinal, as lições mais preciosas são resultantes de reflexões criteriosas, que necessitam de tempo, tirocínio e vaticínio para cumprirem a função para as quais foram idealizadas.

Finalmente, cabe-me a humildade de confessar que minha longa atividade docente em sala de aula e a experiência forense cotidiana iluminaram minhas ideias na construção desta melhorada edição. Não obstante isso, me credenciaram também a aprender muito mais no que concerne ao papel do professor abnegado e à prestação jurisdicional efetiva. Estou feliz por haver compreendido perfeitamente esse processo bilateral, pois ninguém deve pretender ensinar sem antes cultivar a virtude de aprender.

São Luís, 12 de abril de 2023.

José Eulálio Figueiredo de Almeida

Academia Maranhense de Letras Jurídicas

SUMÁRIO

Livro I
PARTE TEÓRICA

Livro II
PARTE PRÁTICA

ANEXOS

LEGISLAÇÃO PERTINENTE SOBRE A APLICAÇÃO DA PENA

Livro I

PARTE TEÓRICA

Capítulo I

DA FUNÇÃO JURISDICIONAL

1. GENERALIDADES

A solução dos conflitos humanos em sociedade é uma das funções primordiais do Estado. Dentre os poderes da República, a Constituição Federal conferiu ao Judiciário a atribuição exclusiva de julgar e de compor o litígio entre as partes, inclusive quando a lide envolver interesse ou direito disputado pelo próprio Estado, pois o monopólio da jurisdição não lhe retira o dever de submeter-se às leis que ele próprio elabora por meio do Poder Legislativo.

Para obter do Estado a solução do interesse em conflito, a parte lesada deve exercitar sua postulação mediante instrumentos apropriados que a ordem jurídica disponibiliza a todo aquele que, na forma da lei, possui legitimidade ou interesse legítimo para pleitear em juízo. A garantia assegurada ao cidadão de pleitear a tutela jurisdicional denomina-se direito de ação, o qual se encontra contemplado na Constituição Federal (art. 5.º, XXXV) como decorrência do princípio da inafastabilidade da jurisdição.

Contraposto ao direito de ação garantido ao lesado, o Estado assegura ao demandado o direito de defesa e ao contraditório, os quais devem ser exercitados amplamente, a fim de que se mantenha o equilíbrio de forças antagonistas na relação processual colidente, de forma isonômica, tal como ocorre num sistema de pesos e contrapesos.

No centro da disputa pelo direito em litígio, acima das partes e em posição equidistante, está o juiz, órgão instituído pelo Estado para dirimir o conflito de interesses. Cabe, portanto, ao juiz o papel de apurar, mediante persecução regular, o fato controvertido entre as partes para convencer-se de a quem deve ser entregue a pretensão deduzida em juízo. A verdade (processual) passa a ser fruto da interpretação do magistrado a respeito dos fatos alegados por uma parte e contraditados pela outra pela via do devido processo legal.

Muito embora não deva o juiz interferir na forma como a parte e a contraparte devem conduzir a acusação e a defesa respectivamente, isto não lhe retira o dever de cooperar judicialmente para que o procedimento adequado tenha desenvolvimento célere. Afinal, como administrador do processo e destinatário da prova, tem o juiz responsabilidades que o obrigam a abandonar o comodismo dos inativos e colaborar para a correta aplicação da lei penal e a entrega da tutela jurisdicional, como fundamento e garantia constitucional da função social reservada ao Poder Judiciário.

Mas é sabido que os interesses do Estado são diferentes dos interesses dos delinquentes e também das vítimas de suas condutas antijurídicas. Diante dessa perspectiva, muitas vezes a *res in judicium deducta* é decidida com base no ordenamento jurídico, mas não satisfaz a pretensão da parte, nem encerra o conflito. É que, na seara penal, quase sempre o Estado se apropria do conflito sem se importar com o interesse ou a opinião da vítima, muito menos com a expectativa da sociedade e a situação carcerária do acusado após a condenação.

Nos Estados modernos, onde o grau de civilização dos cidadãos orienta os rumos da convivência social pacífica, não se permite a ninguém o direito de reprimir, por suas próprias razões ou forças, o agente que viole a ordem jurídica estabelecida. Em suma, não se admite nem a autodefesa, nem a autocomposição como resolução da lide, pois a vingança privada não traz qualquer benefício ao progresso da sociedade.

Para estabelecer tratamento uniforme nas decisões judicantes e evitar a insegurança nas relações sociais conflituosas, o Estado criou o processo, cujo objetivo é garantir a todos a resolução pacífica dos problemas decorrentes da conduta do homem em sociedade nas relações cotidianas com os seus semelhantes e com as pessoas jurídicas.

Embora a recente reforma do Código de Processo Penal tenha contemplado a figura do Juiz de Garantias, pela Lei n.º 13.964, de 24/12/2019, o instituto nunca foi utilizado em nosso país, por força de decisão proferida pelo Min. Luiz Fux, no dia 22/01/2020, nas ADIs 6.298, 6.299 e 6.305, que tramitam perante o STF. A referida decisão suspendeu a vigência dos arts. 3.º-A a 3.º-F do CPP.

Desse modo, cometido um delito, apurados os fatos e descoberta a autoria, em regular inquérito policial, deve ser perquirido em devido processo legal, presidido por autoridade judicial competente, a quem competirá analisar os pedidos do órgão acusador e da defesa, a fim de impor, se for o caso, ao infrator a pena cominada no preceito secundário da norma penal incriminadora.

Isto prova que o *jus puniendi* estatal não pode ser executado de plano e que seu desenvolvimento segue uma lógica que exige alguém que acusa, alguém que defende e um terceiro imparcial que julga de acordo com os fatos alegados e contestados, após análise percuciente das provas.

É que o direito de punir do Estado conflita com o *jus libertatis* do infrator. Parodiando o jurista José Frederico Marques:

> "Verifica-se, do que foi exposto, que a prática de infração penal faz surgir uma lide de igual natureza, resultante do conflito entre o direito de punir do Estado e o direito de liberdade do réu. A pretensão punitiva encontra, no direito de liberdade, a resistência necessária para qualificar esse conflito como litígio, visto que o Estado não pode fazer prevalecer, de plano, o seu interesse repressivo"[1].

O processo delimita o campo de atuação de cada um dos litigantes, mediante o controle jurisdicional do órgão judicante. Serve esse instrumento legal de repositório natural para o lançamento da sentença, a qual permitirá que se cumpra a finalidade perseguida pelo Estado, que é a de distribuir justiça em tempo razoável. A absolvição liberará o acusado a quem se imputou a prática de infração penal de qualquer sanção. A condenação permitirá ao Estado exercer o seu direito de punir o infrator, por meio do título executivo resultante da sentença penal condenatória (transitada em julgado) proferida em processo regular - *nulla poena sine judicio*.

Presidir o processo é função jurisdicional que compete ao Judiciário e somente a ele, e a seus integrantes, sobretudo em matéria criminal, pois a irrogação de sanção penal ao indivíduo é tarefa que não pode, em hipótese alguma, ser cometida a outro poder estatal ou ao particular, visto que nem o Estado nem ninguém pode fazer justiça por si mesmo, fugindo à regra geral e universal que exige ser indispensável a observância do *due process of law* para a apenação de qualquer indivíduo que for acusado da prática de infração penal.

2. CONSIDERAÇÕES PRELIMINARES SOBRE A SENTENÇA PENAL

Não se pode pretender o entendimento do estudo da sentença penal, como o momento culminante do processo, sem antes identificar e investigar alguns fenômenos que ocasionam a sua prolação.

Destarte, quando o juiz procede ao julgamento final da ação penal que foi objeto de apreciação, tem ele, totalmente ao seu dispor, todo o conjunto probatório resultante do intenso trabalho de pesquisa realizado durante a instrução criminal.

Esse trabalho, entretanto, não pode ser levado a efeito da maneira que entender o juiz, mas de acordo com o ritual estabelecido pela legislação processual penal, que se apresenta como o caminho a ser percorrido para a consecução dos objetivos da persecução penal erigida pelo Estado.

Trata-se, à evidência, de vinculação ao direito legislado, pois o juiz não pode, como é permitido ao historiador, escolher processos para analisar ou julgar,

1 MARQUES, José Frederico. *Elementos de direito processual penal.* Campinas: Bookseller, 1997. v. I. p. 25.

escolher os fatos que lhe interessam para privilegiar determinado ponto de vista ou corrente ideológica ou o procedimento a ser adotado para o exame das questões suscitadas. O juiz não possui essa liberdade, nem lhe cabe o desempenho desse papel. Deve orientar-se pelo material que colheu pessoalmente durante a instrução processual e também por meio dos elementos de prova trazidos pelas partes aos autos com seus arrazoados.

O julgamento do juiz é um ato de soberania que tem como fim único estabelecer a paz social, conforme a ordem jurídica vigente. Sua decisão terá, por isso, autoridade de coisa julgada, após o decurso do prazo para interposição do recurso cabível. Daí por que não pode o magistrado, em hipótese alguma, violar o procedimento previsto pela legislação de ritos, sob pena de invalidar todos os atos realizados (ou apenas parcela deles) pela inobservância do devido processo legal.

É que o Código de Processo Penal não tratou genericamente todas as hipóteses criminosas sob o ponto de vista da repressão criminal, estatuindo para certas categorias ou hipóteses delituosas procedimento específico, conquanto a condição pessoal do infrator ou a natureza da infração penal imponham que se cumpra esse desiderato.

De qualquer modo, o juiz, como administrador do processo, saberá o que fazer diante da análise dos direitos dos cidadãos, notadamente dos que se encontram apontados como autores de delitos. Não é à toa que essa percepção já foi muito bem notada pelo jurista Daniel Herrendorf, *ipsis verbis*:

> "Un buen juez sabe qué cosa hace cuando juzga, porque la sentencia es la única forma de poner en marcha el derecho, de verlo andar lleno de vida después de haber estado quieto y muerto años enteros, escritos en una norma"[2].

Assim, quando um cidadão subtrai coisa alheia móvel (art. 155, CP), adota-se para repressão da conduta o denominado procedimento ordinário previsto nos arts. 394 a 405 do CPP, dito, pois, procedimento comum da competência do juiz singular para crimes apenados com reclusão, cuja deflagração se inicia com o recebimento da denúncia pelo juiz e a citação do acusado para apresentação de defesa escrita[3] no prazo de dez dias.

Dá-se continuidade, posteriormente, à oitiva da vítima e à inquirição de testemunhas da acusação e da defesa, nessa ordem, e ao interrogatório do acusado. Caso haja necessidade de convocação do perito para prestar esclarecimentos, a

2 HERRENDORF, Daniel. *Los derechos humanos ante la justicia*. Buenos Aires: Abeledo-Perrot, 1997.

3 Essa nova regra se encontra prevista na Lei n.º 11.719/2008, que alterou a redação do art. 396 do CPP.

requerimento da acusação ou da defesa, o mesmo será comunicado previamente, assim como as partes.

Com o novo formato da instrução processual, a iniciativa da produção das provas pertence às partes, ficando o juiz com a função de manter a ordem dos trabalhos, assim como de acrescentar perguntas às que foram feitas pela acusação e pela defesa com o intuito do esclarecimento dos fatos ou de dúvidas.

Encerrados tais atos e não havendo diligências a serem cumpridas, as partes apresentam alegações finais orais, vindo os autos conclusos para sentença, ocasião em que o juiz poderá determinar a realização de medidas para suprimir eventuais nulidades ou dúvidas razoáveis.

É importante acrescentar que, ao tratar das nulidades, o próprio Código de Processo Penal não apresenta uma classificação segura e específica. Como bem enfatiza Rosmar Rodrigues Alencar, "o termo que se vale o legislador de 1941 é simplesmente 'nulidade'. Ao lado deste, faz uso do adjetivo 'nulo' e do verbo 'anular'. O sentido desses termos nem sempre é uniforme, variando conforme o contexto do enunciado"[4].

Dentro, ainda, do denominado procedimento comum temos o destinado ao processo dos crimes da competência do Tribunal do Júri, balizado entre os arts. 406 e 497 do CPP, que goza de maior espectro, sobretudo em função da vigente Constituição Federal (art. 5.º, XXXVIII, *a*) haver assegurado a plenitude de defesa ao acusado como um dos princípios constitucionais do julgamento dos crimes dolosos contra a vida.

De outra parte, encontramos também no Código de Processo Penal procedimentos especiais, tal como previsto no Título II, Livro II, Capítulo I, em que o rito processual sofre modificações para adaptar-se ao tema tratado na peça acusatória, o que também não deixa de refletir no tempo para conclusão da instrução criminal e na forma como se prolatará a sentença, vale dizer, na própria audiência, imediatamente após a conclusão dos debates orais ou em prazo previamente fixado pela lei.

Desse modo, quando o indivíduo for funcionário público e nessa condição cometer, por exemplo, qualquer dos crimes previstos entre os arts. 312 e 326 do Código Penal, o rito procedimental a ser observado é aquele previsto nos arts. 513 *usque* 518 do Código de Processo Penal, pois se trata à evidência de crime funcional típico, isto é, crime próprio. A condição profissional do agente lhe confere a garantia de ser notificado previamente para a apresentação de defesa escrita, antes do recebimento da denúncia pelo juiz, o que não ocorre quando o dispositivo violado envolver unicamente crime comum.

---

4 ALENCAR, Rosmar Rodrigues. *Teoria da nulidade no processo penal.* 2. ed. rev., atual. e ampl. São Paulo: Noeses, 2022. p. 111.

É evidente que essa franquia da legislação procedimental não exclui também o direito do infrator ao benefício do regramento previsto na Lei n.º 9.099/95, pois é incontroverso que, dentre os crimes funcionais, mesmo aqueles punidos com reclusão, alguns deles admitem isoladamente a suspensão condicional do processo a que alude o art. 89 do antecitado diploma legal.

Portanto, uma vez presente a figura em causa, torna-se obrigatória a sua postulação pelo membro do Ministério Público quando do oferecimento da denúncia, desde que o acusado atenda evidentemente aos requisitos exigidos pela lei que criou os Juizados Especiais.

Finalmente, têm-se, dentre os mais utilizados na prática forense diária, os procedimentos criminais previstos em leis especiais, tais como a Lei n.º 13.869/2019 (abuso de autoridade) e a Lei n.º 11.343/2006 (prevenção e repressão ao tráfico ilícito e ao uso indevido de substâncias entorpecentes ou que determinem dependência física ou psíquica). Destarte, nos moldes do procedimento sumário, ultimada a instrução processual e encerrados os debates orais, em audiência única, o juiz proferirá em seguida a sentença, salvo se não se sentir habilitado, de imediato, a proferir a decisão, caso em que determinará que os autos lhe sejam imediatamente conclusos, e, no prazo de dez dias, proferirá a sentença.

Não se pode olvidar também que certas figuras delituosas relacionadas na Lei de Entorpecentes e na Lei de Abuso de Autoridade permitem a adoção do instituto da suspensão condicional do processo previsto no art. 89 da Lei n.º 9.099/95, pois a regra de proibição contida no art. 61, *in fine*, do antecitado diploma legal não pode impedir que infrações definidas em leis especiais ou extravagantes e punidas com pena mínima igual ou inferior a um ano fiquem ao desabrigo desse instituto, cujo objetivo primordial é evitar o desnecessário custo processual e o reconhecimento de um direito público subjetivo constitucional ao acusado que apresenta garantias ao Judiciário de que é mais econômico e proveitoso deixar-lhe sob regime probacionário do que obrigá-lo a responder a um processo criminal cuja sentença final poderá julgá-lo inocente ou mesmo impor-lhe pena mínima que estará ao abrigo do instituto do *sursis*, ou de medida substitutiva à pena de prisão, levando a que todo o trabalho desenvolvido tenha sido em vão ou não represente o ideal de justiça esperado pelas partes e pela sociedade.

Essa ideia foi também aceita pelo jurista Maurício Antonio Ribeiro Lopes, desde a 1.ª edição do livro que lançou em parceria com o magistrado catarinense Joel Dias Figueira Junior[5]. O jurista Tourinho Filho também defende esse mesmo entendimento[6].

---

5 LOPES, Maurício Antonio Ribeiro *et al. Comentários à Lei dos Juizados Especiais Cíveis e Criminais*. São Paulo: Ed. RT, 1995. p. 379, 381 e 382.

6 TOURINHO FILHO, Fernando da Costa. *Comentários à Lei dos Juizados Especiais Criminais*. São Paulo: Saraiva, 2000. p. 157.

3. DE CERTOS ATOS JUDICIAIS E SUAS VIAS IMPUGNATIVAS

O universo do Processo Penal contempla vários atos judiciais, dos quais podem ser originados inúmeros recursos. Isso pode ser entendido a partir da leitura do art. 581 do CPP, para o qual caberá recurso (no sentido estrito) de despacho, de decisão ou de sentença.

Não é, por força desse enunciado, de qualquer despacho que cabe recurso. Assim, não se pode enfrentar, por meio da via impugnativa recursal, um despacho que designa a realização de audiência para oitiva de testemunhas arroladas pela acusação, *ad exemplum*, porque, além de inexistir previsão legal para tanto, não há qualquer manifestação judicial que importe em danosidade para as partes, mas simplesmente mero desforço de impulsionamento do processo inerente à própria e exclusiva função de administração que o juiz exerce na direção dos trabalhos processuais.

De outra forma, se o juiz, em vez de admitir a acusação formulada, resolver rejeitar a peça acusatória[7] (denúncia ou queixa), caberá a interposição do recurso no sentido estrito, pois existe previsão legal para essa medida (art. 581, I, CPP). Não obstante isso, o Código de Processo Penal não contemplou, dentre as hipóteses recursais, a situação que se dá quando o juiz recebe a queixa ou a denúncia[8]. Por essa razão, edificou-se, em construção doutrinária e pretoriana, o entendimento, atualmente pacífico, do cabimento do *habeas corpus* para esse caso. Na atualidade cabe o uso desse *writ* quando não houver justa causa para a instauração da ação penal, ou quando violadas ou não analisadas as hipóteses hauridas dos arts. 41, 395 e 397 do CPP, porventura suscitadas na apresentação da resposta escrita ou defesa prévia do acusado.

Diversa é a situação que se dá quando, já tendo recebido a peça acusatória, o juiz resolve rejeitá-la, mediante simples e desfundamentada provocação da parte interessada, ou *ab absurdo* por iniciativa própria, descurando a observância do princípio da inércia. Aqui o remédio cabível, além de desafiar o recurso no sentido estrito, requer o manejo da correição parcial, até para que, na própria decisão do órgão superior, sejam tomadas outras providências de caráter processual para dissuadir o magistrado de incidir novamente em práticas dessa natureza.

Caberá também a correição parcial, em nosso entendimento, quando, já tendo sido rejeitada a peça acusatória, o juiz resolver recebê-la, em posterior decisão, pois, inexistindo fato novo que justifique essa atividade judicial, nem sendo

7 Deverá fazê-lo em decisão devidamente fundamentada.

8 Qualquer que seja a decisão de recebimento ou de rejeição da queixa ou da denúncia, deve ser feita de maneira fundamentada.

convincentes as razões do novo *decisum*, estará o magistrado privilegiando situação que não se encontra prevista no rol taxativo do art. 581 do CPP.

A correição parcial deve ser aforada, por meio de petição escrita, instruída com toda a documentação necessária e dentro do prazo legal, exigidos no regimento interno da corte ou em lei específica, e dirigida diretamente ao tribunal competente, seu juízo originário, segundo o rito procedimental que referidos instrumentos legislativos adotarem.

Como se vê, nem sempre as situações anômalas, imprevisíveis na órbita recursal, podem ser atacadas pela via do *habeas corpus* ou do mandado de segurança, pois, diferentemente da correição parcial, tais ações constitucionais exigem, para o seu deferimento, a existência de direito líquido e certo.

Em relação ao *habeas corpus* e ao mandado de segurança, no entanto, há de se fazer uma leitura atual de suas disposições, com fundamento no ordenamento constitucional vigente, pois vê-los, em nossos dias, com a ótica do ambiente em que foram pensados e criados é torná-los inviáveis para corrigir/reparar inúmeras situações que, no passado, jamais foram pensadas e admitidas para utilização desses institutos.

4. DA PRODUÇÃO DA PROVA NO PROCESSO PENAL

O Código de Processo Penal adotou o sistema da iniciativa das partes na produção das provas relativas aos fatos alegados. Apesar de a exposição de motivos do CPP afirmar que cabe à polícia judiciária "colher as provas na primeira fase da *persecutio criminis*, nos autos do denominado inquérito policial, destinado, eventualmente, a servir de base à acusação", incumbe ao órgão acusador o dever de produzir a prova de suas alegações em juízo. A mesma regra deve ser observada pela defesa do acusado.

É certo que é facultado ao juiz proceder de ofício, em determinados casos, para a produção da prova (art. 156, I e II, CPP), porém o perfil do magistrado deve ser sempre de equidistância das partes, considerando que deve formar sua convicção pela livre apreciação da prova produzida em contraditório judicial, não podendo fundamentar sua decisão exclusivamente nos elementos informativos colhidos na investigação, ressalvadas as provas cautelares, não repetíveis e antecipadas (art. 155, CPP).

No que tange às provas, o CPP não estabeleceu uma hierarquia entre os variados tipos, o que significa dizer que nenhuma delas possui um peso maior do que as outras. Há de se lembrar, no entanto, que a maioria das ações penais tem como suporte probatório a prova indiciária colhida no inquérito policial, notadamente a testemunhal, que é a mais usual e corriqueira, não obstante seja a menos confiável.

Por essa razão, não se deve creditar valor absoluto aos procedimentos investigatórios procedidos pela polícia em detrimento do devido processo legal judiciário, pois conferir ao sistema inquisitorial do inquérito policial maior credibilidade que a do sistema contraditório do processo penal é conceder um enorme prestígio ao trabalho do delegado em menosprezo ao relevante papel do magistrado no julgamento da hipótese aventada, antes mesmo que declare por sentença a culpabilidade ou inocência do acusado.

4.1 O princípio da cooperação judicial no processo penal

Não é de hoje a preocupação dos julgadores em encontrar soluções efetivas para composição dos conflitos humanos, mormente quando a prova e a contraprova das alegações estão ao alcance de qualquer uma das partes e, principalmente, do juiz, o qual nunca deve se afastar do dever de buscar, ainda que por iniciativa própria, o suprimento probatório para satisfazer e tranquilizar sua consciência, assim como para atender o interesse dos litigantes e o objetivo do processo.

Mas não são todos os juízes brasileiros que pensam assim. Alguns, baseados em interpretação legislativa, entendem que o sistema acusatório não permite que o magistrado tome a iniciativa da produção da prova, muito menos interfira em sua produção. Apostam no fato de que o ônus da prova incumbe a quem alega (art. 156, *caput*, CPP) e que ao juiz é vedado sequer tomar a iniciativa de determinar, no curso da instrução criminal, ou antes de proferir sentença, a realização de diligência para dirimir dúvida sobre ponto relevante do processo. Do mesmo modo, defendem ser indevido ao juiz ordenar, de ofício, antes de iniciada a ação penal, a produção antecipada de provas consideradas urgentes e relevantes, em face da premente necessidade, moderada adequação e justa proporcionalidade da medida.

Porém, não deve ser assim. É sabido que o Processo Penal fundamenta-se no interesse público da jurisdição. Partindo desse pressuposto, tem-se que nenhum juiz pode dizer o direito (*jus dicere*) aplicável à espécie se não realizar - ele mesmo - intensa atividade cognitiva ou recognitiva a respeito do fato criminalizado, diga-se, a propósito do fato histórico delituoso que precisa ser reconstruído como um intrincado quebra-cabeça para tranquilizar sua inquietação.

Nessa perspectiva, pode-se dizer que o ônus da prova incumbe à parte, como regra basilar. Esse é um compromisso que o litigante assume consigo mesmo no interesse do direito postulado em juízo. Contudo, o dever de prestar tutela jurisdicional de qualidade é do juiz. E, nesse particular, detém a liberdade de investigar os fatos, empenhando-se em diligenciar o esclarecimento sobre o que existe de obscuro ou nebuloso sobre eles. Espancada a dúvida, deve verificar a melhor maneira de empregar a prova produzida nos autos pelas partes em benefício da busca da verdade real, que é um dos objetivos primordiais do processo penal acusatório.

Destarte, é correto afirmar que o ônus da prova é um encargo-dever da parte que pretende provar o fato alegado, posto que existe interesse personalíssimo nessa empreitada, vale dizer, uma obrigação processual, por força de imperativo legal. A recalcitrância da parte obrigada a produzir a prova autoriza o outro litigante a pleiteá-la perante o juízo, caso sua produção seja relevante para corroborar também os termos da sua pretensão postulatória.

Não obstante isso, é aceitável inferir que ao juiz também cabe a iniciativa de suprir as deficiências probatórias do ônus que compete à parte, determinando de ofício, por exemplo, a realização de diligências que venham, a partir da produção incompleta da prova partidária, melhorar a compreensão ou espancar dúvidas e obscuridades a respeito dos fatos controvertidos. É que o ônus da prova, no caso da produção de provas insuficientes, deixa de ser uma obrigação das partes para transformar-se em poder-dever[9] para o juiz, tendente a regular seu livre convencimento motivado, a partir das circunstâncias desfavoráveis que dificultam a obtenção da prova ou dos entraves que a parte deliberadamente cria para sua apreciação.

No dizer de Guilherme de Souza Nucci

> "A iniciativa do magistrado na busca de provas pode ser positiva, desde que ele atue, sempre, com supedâneo em prova anterior, apresentada por qualquer das partes (...). O aspecto positivo advém da complementação da prova, quando iniciada por uma das partes. Ilustrando, ouve-se uma testemunha de acusação, que fornece o nome de alguém, cuja inquirição é fundamental para a elucidação dos fatos; pode o magistrado determinar a sua oitiva, sem infringir sua imparcialidade"[10].

Desse modo, o juiz se torna um coobrigado, diga-se um copartícipe[11], na produção da prova para melhor formar sua convicção a respeito do fato criminalizado, porque, se entendermos o termo ação como sinônimo de movimento processual, englobaremos uma série de direitos, deveres e faculdades que competem não só às partes, mas também ao juiz, pois todos possuem legitimação para agir no processo. Dito de outro modo, todos são sujeitos processuais da relação jurídica em trâmite e, por via de consequência, possuem obrigações mútuas e direitos recíprocos, ainda que se veja nisso uma antinomia ou um paradoxo incomum.

Nesse agir, o juiz se faz intérprete dos resíduos[12] probatórios subjacentes que interessam, de forma indistinta, aos agentes processuais, tornando-se um elo

---

9 Vejam-se as hipóteses previstas nos arts. 149, 156, 196, 209 e 225 do CPP.

10 NUCCI, Guilherme de Souza. *Princípios constitucionais penais e processuais penais*. 2. ed. São Paulo: Ed. RT, 2012. p. 334.

11 E não parte, porque jamais será afetado pelo provimento jurisdicional em sua esfera de direitos.

12 A palavra resíduos aqui empregada deve ser entendida como sinônima de valores. Significa dizer que o objetivo do juiz é obter informações precisas sobre algum fato ou circunstância, a fim de valorar, no momento certo, aquilo a que, à primeira vista, não foi dado nenhuma importância pelas partes.

entre as legítimas pretensões das partes, que, sem a sua pronta intervenção, não passariam de um arremedo de interesses sem qualquer sentido.

Basta ver que a própria Exposição de Motivos do Código de Processo Penal, no capítulo VII, atinente às provas, "atribui ao juiz a faculdade de iniciativa das provas complementares ou supletivas, quer no curso da instrução criminal, quer afinal, antes de proferir a sentença." E mais adiante arma o magistrado de plenos poderes para adotar medidas probatórias no interesse do processo, ao afirmar que "o juiz deixará de ser um espectador inerte da produção de provas. Sua intervenção na atividade processual é permitida, não somente para dirigir a marcha da ação penal e julgar afinal, mas também para ordenar, de ofício, as provas que lhe parecerem úteis ao esclarecimento da verdade".

Pretende-se, com isso, defender que as garantias constitucionais do processo penal não podem privar alguém que se encontre em posição simétrica de paridade – no caso, a acusação, o acusado e a vítima – do sagrado direito à produção da prova, pois deve prevalecer o estado de cooperação ou colaboração processual entre eles, sendo que a decisão judicial contrária a esse entendimento fere de morte o princípio do contraditório, a garantia da inafastabilidade da tutela jurisdicional e o devido processo legal e, como tal, não atende ao modelo constitucional adotado pela Constituição Federal.

Esse rito processual não pode ser jamais descurado pelo Juiz, pois ele é o destinatário da prova e pode também determinar sua produção a qualquer tempo, porque seu ato não está sujeito a preclusões de qualquer natureza. Sua inércia, por outro lado, representa a pulverização do direito que assegura tal postura, porque o magistrado também exerce uma função de natureza pública no processo, que o obriga a intervir sempre que o interesse em conflito esteja sendo afistulado pela parte que não pretende colaborar para a averiguação do fato e a escorreita construção do julgamento a ser elaborado. Nisto reside a síntese da expressão cooperação judicial, porque o próprio juiz, como órgão encarregado de entregar a tutela jurisdicional, deixa de ser mera figura decorativa para se apresentar como coadjuvante dos atores principais da relação processual.

O presente estudo tem, portanto, o objetivo de demonstrar que o **princípio da cooperação** (ou da colaboração) sempre gozou de destaque no processo penal brasileiro[13], não sendo, portanto, como apregoado pela doutrina do processo civil,

13 O Código de Processo Penal do Império (Lei de 29/11/1832) trouxe a figura do juiz inquisidor, dando-lhe amplos poderes para investigar fatos e ouvir réus, testemunhas e outras pessoas. Demais disso, a Lei n.º 261, de 03/12/1841 (art. 25, § 3.º), conferia poderes aos Juízes de Direito para procederem de ofício "a todas as diligências necessárias, ou para sanar qualquer nullidade, ou para mais amplo conhecimento da verdade, e circumstâncias que possam influir no julgamento". Foi mantida a redação com a ortografia original.

uma novidade processual, posto que já vem sendo aplicado em larga escala nas lides criminais, principalmente nas ações penais instauradas para a persecução dos delitos que dependem exclusivamente de prova oral. Aliás, a ideia da cooperação processual já podia ser vislumbrada na redação cristalina dos arts. 130 e 378 do CPC/73, que permitiam ao juiz provocar e movimentar todas as provas que entendesse pertinentes para a formação de seu convencimento, independentemente de violação ao princípio da demanda.

4.2 A aplicação do princípio da cooperação judicial em matéria de prova no processo penal

Os romanos nos legaram o princípio, que continua atualíssimo, segundo o qual o ônus da prova compete ao demandante[14]. Melhor explicando, significa dizer que a prova do fato incumbe a quem alega. Em contrapartida, ao acusado cabe o direito inalienável de arguir exceções ou meios de defesa, vale dizer, de produzir contraprova. Dessas assertivas retira-se o ensinamento de que a prova é um meio de demonstrar o fato alegado/contrariado ou, pelo menos, de convencer o juiz a respeito da sua (in)existência e (ir)relevância jurídica.

Sendo assim, não pode o juiz do processo penal, em nome do interesse do titular da persecução penal, desrespeitar as garantias constitucionais e processuais asseguradas ao acusado e à vítima, pois a reconstrução do fato criminoso depende de seus depoimentos e da oitiva de outras pessoas (testemunhas) que possam colaborar para sua exata compreensão e livre convencimento do julgador.

Sobre esse importante papel triangular da atividade jurisdicional, Elpídio Donizetti discorre nos seguintes termos:

> "A doutrina brasileira importou do Direito europeu **o princípio da cooperação (ou da colaboração), segundo o qual o processo seria o produto da atividade cooperativa triangular (entre o juiz e as partes).** A moderna concepção processual (no sentido de que o processo é um meio de interesse público na busca da justa aplicação do ordenamento jurídico no caso concreto) **exige um juiz ativo no centro da controvérsia e a participação ativa das partes, por meio da efetivação do caráter isonômico entre os sujeitos do processo.** Trata-se, como já dito, de uma evolução do princípio do contraditório.
>
> O dever de cooperação estaria voltado eminentemente para o magistrado, de modo a orientar sua atuação como agente colaborador do processo, inclusive como participante ativo do contraditório, não mais se limitando a mero fiscal de regras. Não pode existir mais o juiz apático, que aguarda manifestações das partes para atuar ('ignorante institucionalizado').

14 MOMMSEN, Teodoro. *Derecho Penal Romano*. 2. ed. Santa Fé de Bogotá: Temis, 1999. p. 275.

Assim, o ativismo do juiz deve ser estimulado e, ao mesmo tempo, conciliado com o ativismo das partes, para que atenda à finalidade social do processo moderno. Torna-se necessário, pois, renovar mentalidades com o intuito de afastar o individualismo do processo, de modo que o papel de cada um dos operadores do direito seja o de cooperar com boa-fé numa eficiente administração da justiça. **O processo deve, pois, ser um diálogo entre as partes e o juiz, e não necessariamente um combate ou um jogo de impulso egoístico**"[15].

A ideia é o compartilhamento das responsabilidades processuais não só das partes, mas também do juiz, visto que todos participam da mesma relação jurídica e precisam auxiliar-se mutuamente até o advento do provimento judicial definitivo, que deve ser objeto da contribuição perspícua de todos os atores do processo. Nesse diálogo triangular, princípios constitucionais e processuais como boa-fé, contraditório, ampla defesa, cooperação, razoabilidade e devido processo legal devem ser observados.

Não é à toa que o novo CPC, adotando parâmetro ético e solidário da justiça, trouxe essa novidade em seu art. 6.º, *in verbis*: "Todos os sujeitos do processo devem cooperar entre si para que se obtenha, em tempo razoável, decisão de mérito justa e efetiva".

Na esteira desse pronunciamento, a regra novidadeira pode ser perfeitamente aplicada ao processo penal, conforme se depreende da redação clarividente do art. 3.º do CPP. Mas, mesmo que inexistisse a regra sobredita, o dever de colaboração das partes e do juiz no processo penal, para a descoberta da verdade, deve ser observado, sem embargo, porque sempre esteve representado nas entrelinhas da lei procedimental e nos atos processuais do dia a dia forense, cabendo ao gestor do processo, no caso o magistrado, dar cumprimento a esse postulado impostergável.

É que devemos sempre distinguir a presunção do legislador, que é abstrata, e que está contida na lei; e a presunção do juiz, que é concreta, e que se materializa numa decisão. O ideal é que não se faça durante a tramitação processual qualquer tipo de presunção, nem de culpa, nem de inocência. Desse modo, fica fácil admitir a produção, sem preconceito, de todo tipo de prova permitida em juízo para que se possa afirmar, com segurança, na sentença penal, um ou outro estado jurídico.

Como apostila o renomado penalista argentino Eduardo M. Jauchen, em lapidar ensinança:

15 DONIZETTI, Elpídio. *Princípio da cooperação (ou da colaboração):* arts. 5.º e 10 do projeto do novo CPC. [S. d.] Disponível em: http://elpidiodonizetti.jusbrasil.com.br/artigos/121940196/principio-da-cooperacao-ou-da-colaboracao-arts-5-e-10-do-projeto-do-novo-cpc.

> "La experiencia histórica demuestra tristemente que muchas veces el ciudadano se ve no sólo amenazado por la contingenciade de ser víctima de un delito sino también de serlo de una pena arbitraria, por oscuras motivaciones políticas, vengativas, raciales, étnicas, discriminatorias, o incluso por verse sorpresivamente atrapado en una situación que lo involucra equivocadamente y puede llegar a desencadenar una sentencia errónea"[16].

Destarte, é de fundamental importância sabermos que a culpa deve ser sempre provada. A inocência, ao contrário, deve ser sempre presumida, desde os atos iniciais da persecução penal. É exatamente o respeito ao princípio do contraditório que garante verificar qual das premissas deve ser aplicada, como fruto do trabalho processual em cooperação.

Veja-se que, quanto a isso, o art. 28 do CPP arma o juiz do poder de discordar das razões invocadas pelo representante do Ministério Público que pede arquivamento do inquérito policial ou de quaisquer peças de informação. A mesma regra ocorre quando incide o caso da *mutatio libelli* (art. 384, § 1.º, CPP). Trata-se, por certo, de função fiscalizadora do juiz, tendente a preservar a correta aplicação do princípio da legalidade ou obrigatoriedade da ação penal, que, no fundo, reflete cooperação penal judicial.

Na mesma linha principiológica, temos a hipótese prevista no art. 383 do CPP, que trata da *emendatio libelli*. Aqui o juiz colabora com as partes, adequando o tipo penal violado à exposição do fato criminoso contido na peça acusatória (art. 41, CPP), de tal modo que não se pode, com isso, apontar surpresa para a defesa, considerando que o réu não se defende da capitulação da infração penal, e sim do fato que lhe foi imputado.

Examinando o modelo cooperativo na gestão do processo judicial, o articulista Pedro Gomez de Queiroz leciona que:

> "O princípio da cooperação cria deveres de conduta tanto para as partes como para o órgão jurisdicional, que assume uma dupla posição: mostra-se paritário na condução do processo, no diálogo processual e assimétrico no momento da decisão; não conduz o processo ignorando ou minimizando o papel das partes na divisão do trabalho, mas sim em uma posição paritária, com diálogo e equilíbrio"[17].

A verdade processual não deve ser a afirmada pela acusação, muito menos a contraposta na defesa do acusado. Ela deve emergir do convencimento do juiz, a partir da intensa atividade processual desenvolvida em cooperação,

16 JAUCHEN, Eduardo M. *Derechos del imputado*. Santa Fé: Rubinzal-Culzoni, 2007. p. 106.
17 *RIDB*, ano 3, n. 10, 2014. p. 8252.

dentro do papel dos sujeitos processuais na divisão das tarefas atribuídas a cada um deles.

Para influenciar o convencimento do julgador, a verdade processual deve surgir da confirmação dos fatos denunciados (*nulla accusatio sine probatione*) ou da contrariedade a eles esboçada na defesa. Mas, para isso, é indispensável que não só a acusação, mas também a defesa tenha completa liberdade na produção das provas[18], o que deve ser amplamente garantido pelo juiz, posto que necessita estar sempre comprometido com a tese da verdade real (*nulla probatio sine defensione*), assegurando às partes o direito-poder de influenciar na resolução da controvérsia.

Ocorre, na prática forense, uma tríplice interação proveniente do trabalho em conjunto que as partes e o magistrado desenvolvem mutuamente em cooperação processual. É, por assim dizer, atividade cognitiva comparticipativa, voltada para um único objetivo, que é a resolução da lide, cujo desfecho, por óbvio, verifica-se por meio de decisão judicial de exclusiva atribuição e competência do juiz. Por essa razão, a cooperação judicial, como princípio de direito, deve ser vista como um dever dos sujeitos processuais.

4.3 A cooperação judicial como dever dos sujeitos processuais

A gestão do processo, inobstante pertencer ao autogoverno do magistrado, não pode excluir a opinião responsável e democrática das partes, pois ele - como agente mediador do diálogo processual - deve ser o guardião da liberdade probatória dos litigantes.

Por essa razão, a cooperação processual, antes mesmo de ser pensada legislativamente, já era princípio aplicado no campo do direito processual penal. O juiz penal sempre foi responsável pelo preenchimento do abismo que se abre entre as partes no cumprimento da tarefa de produção da prova. Sua missão é fechar os interstícios probatórios com o objetivo de suplementar ou superar as incertezas que surgem durante a tramitação processual.

---

18 De acordo com Luiz Guilherme Marinoni e Sérgio Cruz Arenhart: "A parte que não tem o ônus da prova somente deve requerer a produção da contraprova quando temer que a parte onerada possa influir sobre o convencimento do juiz. Porém, o problema surge exatamente quando o juiz não admite a contraprova com base no argumento de que a parte onerada já o convenceu. (...) Mas o fato de o réu requerer a produção de uma prova que não lhe cabe, não significa um desejo de assumir o ônus da prova que grava o autor, mas sim a vontade de influir sobre o convencimento do juiz para demonstrar que o fato constitutivo não existe. De modo que a atitude do réu, em princípio, deve ser vista apenas como contraprova, e não como inversão unilateral do ônus da prova" (*Prova e convicção*. 3. ed. São Paulo: Ed. RT, 2015. p. 213 e 242).

Muito embora existam setores da doutrina[19] e da jurisprudência que preferem o juiz taciturno e abúlico em vez do provedor, entendo que o mais atuante é o que granjeia o interesse das partes pela prova desprezada ou garimpa sua coleta onde os litigantes não viram um desdobramento prático. Mas tudo deve ser feito sem que seja quebrada a harmonia dos elementos probatórios postos em evidência pelas partes. Não me refiro, com isto, ao juiz prestimoso, nem ao empedernido, mas àquele que enxerga nas sombras das provas produzidas pelas partes a imagem de que necessita para clarear suas perplexidades.

O escafandrista não espera que o objeto submerso venha à tona para resgatá-lo. Ele mergulha em águas profundas para encontrá-lo e trazê-lo à superfície. Do mesmo modo, o juiz zeloso, cônscio de que deve contribuir sempre para a justa solução do processo, deve buscar nos intervalos abstrusos da tramitação penal ou nas águas turvas da fonte probatória a motivação para clarificar as abstrações que o impedem de chegar à compreensão da realidade que envolve o fato ilícito, quer porque não o entendeu ou porque as informações não são precisas; quer porque as partes não trouxeram aos autos elementos suficientes para dilucidá-lo, ainda que esteja implícito.

Bom juiz, ao nosso sentir, não é o que permanece na superfície mirando o terreno fecundo da seara processual, mas o que, a exemplo do alpinista que sobe ao cume da montanha, coloca-se num plano superior para contemplar o panorama processual, a fim de adubar o terreno onde será plantada a semente germinadora, cuja árvore frondosa resultante dará frutos probatórios que alimentarão a sentença judicial de procedência ou de improcedência do pedido.

Ninguém ignora que, para suprir as deficiências ou omissões da queixa ou da denúncia, o juiz possa solicitar, *sponte sua*, informações à Justiça Eleitoral sobre o cadastro biométrico do acusado, sua localização em face do último local onde exerceu o direito ao voto e outras informações importantes sobre tal pessoa.

Na mesma linha de raciocínio, ninguém pode achar absurda a iniciativa do juiz que, acometido da dúvida sobre ponto relevante do laudo de lesão corporal, por exemplo, convoca o perito para prestar esclarecimentos em juízo ou, por outro lado, encaminha-lhe expediente para pronunciar-se sobre a dubiedade. Nas duas hipóteses, é indispensável, porém, que o juiz comunique as partes sobre a iniciativa tomada, a fim de evitar possíveis surpresas e prejuízos de qualquer ordem.

Visto isso, tomemos como exemplo, ainda, a hipótese frequente da parte que requer, como diligência, a oitiva de pessoa referida no depoimento das

---

19 *Vide* Aury Lopes Jr., dentre todos, na obra *Direito processual penal*. 13. ed. São Paulo: Saraiva, 2016.

testemunhas[20] (da acusação ou da defesa) inquiridas durante a instrução processual. É dever da parte que fizer tal requerimento fornecer o endereço e os elementos necessários para a identificação da testemunha, acaso seja conhecida apenas alguma alcunha ou apelido de família e o processo não disponha de outras informações complementares.

No que tange à outra parte, cumpre o dever de colaborar com o pleito, cuidando para que não seja apresentada resistência infundada à produção da mencionada prova. No tocante ao juiz, cabe zelar pelo efetivo cumprimento do princípio do direito à produção da prova, ainda que a parte contrária entenda que as provas produzidas já são necessárias para a formação do juízo de convencimento do magistrado, pois o ônus de provar o fato constitutivo imposto ao Ministério Público não elide o dever da produção de contraprova pelo réu.

E mais se revela indiscutível a necessidade de produção da prova mencionada no exemplo supracitado, se a pessoa referida foi também apontada, na própria denúncia ministerial, como autora da *notitia criminis*, mas por razões insondáveis não foi arrolada como testemunha nessa peça acusatória. O titular do *jus persequendi in judicio* não deve se insurgir contra o requerimento da defesa, nem abusar do poder que lhe confere a lei, tampouco criar embaraço à liberdade de decisão do juiz, pois, no dizer de Enrico Tullio Liebman, "o processo não é negócio combinado em família"[21].

Nessa perspectiva, fica evidente que todas as personagens do processo (partes e juiz) têm o dever de colaborar para o descobrimento da verdade, posto que nisso repousa o fundamento do interesse processual. Discorrendo sobre o tema, o professor argentino José Cafferata Nores assim preleciona:

> "Procesalmente, la imparcialidad así entendida impone la necesidad de asegurar la real igualdad de posibilidades entre acusación y defensa para que cada una pueda procurar - mediante afirmaciones y negaciones, obtención, ofrecimiento y control de pruebas de cargo y de descargo, y alegaciones sobre la eficacia convicсional de todas ellas - desequilibrar los platillos de la balanza a favor de los intereses que cada una representa o encarna"[22].

Com efeito, o Código de Processo Civil prescreve, em seu art. 7.º, regra que se adapta perfeitamente à situação posta em evidência: "É assegurada às

20 Pode ocorrer também que a pessoa tenha sido referida no depoimento da vítima ou do acusado.

21 LIEBMAN, Enrico Tullio. *Eficácia e autoridade da sentença e outros escritos sobre a coisa julgada*. 3. ed. Rio de Janeiro: Forense, 1984. p. 125.

22 NORES, José I. Cafferata. *Proceso penal y derechos humanos*: la influencia de la normativa supranacional sobre derechos humanos de nível constitucional en el proceso penal argentino. 2. ed. Ciudad Autónoma de Buenos Aires: Del Puerto, 2011. p. 41.

partes paridade de tratamento em relação ao exercício de direitos e faculdades processuais, aos meios de defesa, aos ônus, aos deveres e à aplicação de sanções processuais, competindo ao juiz zelar pelo efetivo contraditório".

O processo judicial é o ambiente onde são fotografadas e iluminadas as relações jurídicas em movimento para descobrimento e confirmação das alegações das partes. Na reconstrução dos fatos denunciados, o magistrado deve agir como o sábio historiador. Deve, por obrigação do cargo, transportar-se para o passado e caminhar na contramão do tempo em direção ao conjunto probatório da infração penal, mantendo todo o cuidado e paciência para não perder-se em algum labirinto ou encruzilhada do caliginoso, trepidante e fatigante caminho que precisa ser iluminado.

Sabe-se que a testemunha representa os olhos e os ouvidos do juiz. Do juiz que não viu e não ouviu nada sobre o episódio criminoso, porque não estava presente no momento de sua consumação, mas que precisa ser informado sobre os fatos. Portanto, ao determinar a produção de prova testemunhal[23], de ofício ou a requerimento da parte, e perscrutar o testigo, o magistrado estará olhando para trás, para a cena do delito imputado ao acusado, procurando ver e escutar aquilo que a testemunha viu e ouviu a respeito dele, a fim de verificar se o réu é culpado ou inocente.

Essa percepção se encontra nitidamente reproduzida na lição irreprochável de Javier Ignacio Baños e Fernando Buján. Ouçamo-los:

> "La finalidad del proceso es, a no dudarlo, realizar la idea de justicia prometida en la Constitución. Pero para eso, es necesario, no perder nunca de vista que a la justicia tanto le interesa el castigo del culpable como la libertad del inocente. De lo que se deduce que si para proteger a la sociedad de la anarquía es necesario a veces, que el derecho ordene imponer penas, también lo es que el ordenamiento extreme todos los cuidados para la proteción del inocente"[24].

Daí a impostergável necessidade de a liberdade racional do juiz em decidir, nessa hipótese, não se confundir, de forma alguma, com o que se convencionou chamar de discricionariedade, mas com o exercício dos poderes jurisdicionais, dentre os quais merece destaque o cognoscitivo, que permite a participação ativa do juiz na apuração dos fatos em virtude de determinado caso concreto.

---

23 Para esclarecer a verdade sobre os fatos apontados na peça acusatória e rebatidos na defesa, o juiz pode determinar, de ofício, a realização de qualquer diligência ou tipo de prova, como perícias, inspeções judiciais, acareações, reconhecimentos, vistorias, exames etc.

24 BAÑOS, Javier Ignacio; BUJÁN, Fernando. *Garantías constitucionales en el proceso penal.* Buenos Aires: Editora Lajouane, 2009. p. 23.

O consenso entre as partes e o juiz, para a produção dos meios probatórios, revela a faceta insofismável do princípio da comunhão das provas[25]. Eis aqui a síntese do princípio da busca da verdade real, que, no caso vertente, revela a essência do princípio da cooperação ou da colaboração, posto que se vivenciou no processo uma verdadeira democracia participativa.

Em doutrina, embora se entenda que, em regra, compete às partes a iniciativa da produção das provas, prepondera largamente o entendimento de que cabe ao juiz romper com a passividade judicial de mero espectador estático[26], afastando-se, com isso, a cega e intransigente aplicação do princípio dispositivo, cuja observação *ad extremum* tolhe a liberdade de ação do magistrado no processo. Vejamos alguns lecionamentos a respeito:

> "A experiência mostra que a imparcialidade não resulta comprometida quando, com serenidade e consciência da necessidade de instruir-se para melhor julgar, o juiz supre com iniciativas próprias as deficiências probatórias das partes. Os males de possíveis e excepcionais comportamentos passionais de algum juiz não devem impressionar o sentido de fechar a todos os juízes, de modo absoluto, as portas de um sadio ativismo"[27].
>
> "Em nosso sistema que, a um só tempo, concentra nas partes o ônus da prova, mas não retira do juiz a tarefa de produzi-la de ofício sempre que entender necessário, o que precisa existir, como única forma de interpretação harmônica dessas regras, é a colaboração entre as partes e juiz, dentro do processo, na apuração dos fatos.
>
> Isso, porém, não quer dizer que a atividade instrutória deva ficar concentrada com exclusividade nas mãos das partes. Isto é, que o órgão judicial não possa atuar nesse terreno, ainda que em caráter suplementar"[28].

---

25 Como alerta o inolvidável processualista Hélio Tornaghi: "Outra decorrência do princípio de comunhão da prova é a possibilidade de qualquer das partes retirar, dos meios oferecidos pelo adversário, argumentos em seu favor. O fato, por exemplo, de o Ministério Público ter trazido para os autos um documento não impede, como é óbvio, o defensor de mostrar que o conteúdo dele argui em favor do réu" (*Curso de processo penal*. 6. ed. São Paulo: Saraiva, 1989. v. I. p. 269-270).

26 Em sua monumental obra *O juiz* (3. ed. Campinas: Millennium, 2002. p. 87), Edgard de Moura Bittencourt afirmou que: "O juiz - diz Augusto Duque - não deve ser figura inerte, como um chefe de Estado, em regime parlamentarista puro. (...). Fora da iniciativa da acusação ou da defesa, alguns juízes nada fazem, nada promovem para o andamento ou instrução dos processos. Se as partes param o processo, fica este parado mesmo. Se a instrução, na promoção das partes, fica insuficiente ou perplexa, nada faz o juiz para defini-la, mesmo quando isso é possível".

27 DINAMARCO, Cândido Rangel. *Instituições de direito processual civil.* São Paulo: Malheiros, 2001. v. III. p. 54.

28 WAMBIER, Luiz Rodrigues; SANTOS, Evaristo Aragão. *Os poderes do juiz e o controle das decisões judiciais.* São Paulo: Ed. RT, 2008. p. 157-158.

No plano jurisprudencial, o Superior Tribunal de Justiça firmou entendimento no sentido de que o juiz tem a prerrogativa de determinar a produção de provas que reputar necessárias ao deslinde da causa, de forma residual, ante a inércia das partes e no intuito da reconstrução da prova do fato litigioso, para preservar o compromisso processual com a verdade. Os acórdãos abaixo transcritos esboçam essa realidade inatacável:

> "RECURSO ORDINÁRIO EM *HABEAS CORPUS* SUBSTITUTIVO. LATROCÍNIO, ASSOCIAÇÃO CRIMINOSA E CORRUPÇÃO DE MENORES. **INICIATIVA INSTRUTÓRIA DO JUIZ NO PROCESSO PENAL.** SISTEMA ACUSATÓRIO. COMPATIBILIDADE. LIMITES. PODER RESIDUAL. RECURSO PARCIALMENTE PROVIDO.
>
> 1. A estrutura acusatória do processo penal pátrio impede que se sobreponham em um mesmo sujeito processual as funções de defender, acusar e julgar, **mas não elimina, dada a natureza publicista do processo, a possibilidade de o juiz determinar, mediante fundamentação e sob contraditório, a realização de diligências ou a produção de meios de prova para a melhor reconstrução histórica dos fatos, desde que assim proceda de modo residual e complementar às partes e com o cuidado de preservar sua imparcialidade.**
>
> 2. Não fora assim, restaria ao juiz, a quem se outorga o poder soberano de dizer o direito, lavar as mãos e reconhecer sua incapacidade de outorgar, com justeza e justiça, a tutela jurisdicional postulada, seja para condenar, seja para absolver o acusado. Uma postura de tal jaez ilidiria o compromisso judicial com a verdade e com a justiça, sujeitando-o, sem qualquer reserva, ao resultado da atividade instrutória das partes, nem sempre suficiente para esclarecer, satisfatoriamente, os fatos sobre os quais se assenta a pretensão punitiva.
>
> 3. O uso, pelo magistrado, de seus poderes instrutórios, presentes em inúmeros dispositivos do Código de Processo Penal, não autoriza, porém, posturas de vanguarda ou de protagonismo judicial. Assim, deve ser anulada a decisão da autoridade judiciária que, ao manter o recebimento da denúncia, determinou, imotivadamente, a oitiva de delegado e de inspetores de polícia, pois ao determinar, antes início da instrução criminal, prova não urgente e não requerida pelas partes, o Juiz agiu em substituição aos litigantes.
>
> 4. **Entretanto, deve ser prestigiada a atividade probatória deflagrada depois do término da audiência de instrução, quando, na própria ata, o Juiz determinou, de ofício, a oitiva de pessoas a que as testemunhas se referiram, de forma residual e em consonância com o art. 209, § 1.º, do CPP, para a correta verificação de fatos referidos durante a produção da prova oral.**
>
> 5. Recurso ordinário parcialmente provido para declarar somente a nulidade da decisão que, ao ratificar o recebimento da denúncia, ordenou, de ofício, a oitiva de delegado e de inspetores de polícia, devendo tais depoimentos ser desentranhados dos autos do processo, sem prejuízo de que

tais testemunhos sejam requeridos pelas partes, na fase do art. 402 do CPP, ou, justificadamente, determinados pelo Juiz, nos termos dos arts. 156 ou 209 do CPP (RHC 58186/RJ, 6.ª Turma, Rel. Min. Rogério Schietti Cruz, j. 06/08/2015, *DJe* 15/09/2015).

"RECURSO ESPECIAL. PROCESSO PENAL. HOMICÍDIO TENTADO. NULIDADE NA INSTRUÇÃO PROCESSUAL. NÃO INTIMAÇÃO DE TESTEMUNHA ARROLADA PELA DEFESA. ARGUIÇÃO EM MOMENTO OPORTUNO. DEMONSTRAÇÃO DO EFETIVO PREJUÍZO. PROVIMENTO DA IRRESIGNAÇÃO.

1. Considerando-se que o recorrente arguiu oportunamente a nulidade do feito pela falta de intimação e oitiva de testemunha arrolada pela defesa, bem como demonstrou a ocorrência do efetivo prejuízo, declaram-se nulos os atos praticados a partir da abertura de vista às partes para alegações finais, a fim de possibilitar o exercício da ampla defesa e do contraditório.

2. Recurso Especial provido" (STJ, REsp 737319/PE, Rel. Min. Jorge Mussi, 5.ª Turma, *DJe* 15/03/2010).

Como visto, ao juiz são conferidos muitos poderes no processo. Mas devem ser exercidos com extrema cautela, para não modificar ou alterar a intenção das partes, que é a demonstração real de suas alegações. Não pode o juiz, no trabalho de iniciativa probatória, criar um abismo entre o que entende e o que pretendem as partes, porque os litigantes, quando defendem seus direitos, se não colaboram para o funcionamento da Justiça, confiam que seus atos são fiscalizados e apreciados por um juiz imparcial.

O ideal é encontrar a justa medida na apuração dos fatos relevantes. O papel do juiz, portanto, é suplementar a prova quando as partes olvidam o dever de produzi-la satisfatoriamente, pouco importando se sua iniciativa, afinal, aproveite ao autor ou ao réu. O importante é manter-se neutro, e não quedar-se mudo diante da indiferença das partes, pois "ninguém se exime do dever de colaborar com o Poder Judiciário para o descobrimento da verdade" (art. 378[29], CPC/2015), **nem mesmo o juiz**, visto que a expressão "ninguém", colocada no início da redação do dispositivo invocado, é pronome indefinido.

Aliás, na conformidade do art. 77, *caput* e inciso IV, do CPC, "é dever das partes e de todos aqueles que, de qualquer forma, participem do processo cumprir com exatidão as decisões jurisdicionais, de natureza provisória ou final, e não criar embaraços à sua efetivação". Pode parecer redundante, mas é imperioso dizer, novamente, que essa regra também se aplica ao magistrado como gestor do processo judicial, o qual não pode ser autoritário, nem incutir qualquer temor às partes.

29 O dispositivo conserva a mesma redação do art. 339 do CPC de 1973.

Para Luigi Ferrajoli, "Toda vez que um imputado inocente tem razão para temer um juiz, quer dizer que isto está fora da lógica do Estado de direito: o medo e mesmo só a desconfiança ou a não segurança do inocente assinalam a falência da função mesma da jurisdição penal e a ruptura dos valores políticos que a legitimam"[30].

O sistema judicial brasileiro é permeado de dispositivos que permitem o esforço simultâneo das partes e do juiz na busca da verdade real, porque reconstruir fatos ocorridos no passado não é tarefa simples para quem é humano. Essa prodigalidade, no entanto, não impede a resistência de determinados setores da doutrina e do Judiciário que veem na atuação proativa do órgão judicial um estranho entrometimento, notadamente quando toma iniciativas probatórias.

Mas o juiz formal, que pouco se importa com o andamento da demanda, e fica, como um ser faquírico, indiferente ao panorama processual, também não agrada aos jurisdicionados, nem ao Poder Judiciário. É que não há mais espaço para o juiz "invisível" no processo judicial. O magistrado da era moderna ou pós-moderna tem de mostrar seu rosto, de envolver-se com os fatos da causa que está submetida a seu julgamento, sob pena de sua omissão dar margem a decisões tardinheiras, injustas ou inadequadas para o caso *sub examine*.

Do mesmo modo, não há lugar no processo judicial para o juiz covarde ou timorato, que se torna refém das partes e da mídia. Não há também lugar para o juiz tirano, que impõe temor aos jurisdicionados e atropela seus mais comezinhos direitos. O processo judicial do nosso tempo exige um juiz moderado, participativo, atuante, denodado e conhecedor de seu papel como julgador. Mas, para isso, deve estar atento a todo tipo de manobra que possa prejudicar sua atuação e a das partes para a consecução dos objetivos do processo.

No âmbito penal, essencialmente de natureza pública, a acusação está a cargo do Ministério Público, que é parte no processo. Por isso, não deve ter nenhum privilégio, muito menos influenciar na decisão judicial. Portanto, não pode o órgão ministerial insurgir-se contra a produção de prova que não interesse à sua tese ou que entenda desnecessária para a formação do convencimento do magistrado, tais como, por exemplo, análise de pedido de diligência da defesa para oitiva de pessoa como testemunha referida e de outros atos que interessem para a descoberta da verdade a respeito dos fatos controvertidos. Na verdade, o juiz nem sequer deve ouvir o Ministério Público sobre tais requerimentos da defesa, notadamente se o procedimento for específico do Tribunal do Júri em face do princípio da plenitude de defesa.

30 FERRAJOLI, Luigi. *Direito e razão*: teoria do garantismo penal, São Paulo: Ed. RT, 2002. p. 441.

A defesa tem, por força de norma constitucional, as mesmas garantias que o Ministério Público[31] possui no processo penal, não devendo, por essa razão, o juiz criminal privilegiar as pretensões do *parquet* em detrimento de requerimentos da defesa que visam colaborar ou cooperar para a construção de uma decisão justa, equilibrada, equânime, razoável e compatível com a ideia da pacificação social, como função primordial da atividade jurisdicional. Tudo deve ser devidamente ponderado pelo juiz, com extrema cautela, prudência, independência, transparência e fundamentação, sem permitir interferências temerárias de qualquer uma das partes ou de terceiros.

É muito fácil seguir a lei do menor esforço. Mas esse caminho não deve ser o mais cômodo para o juiz que quer manter as partes no plano do equilíbrio e da igualdade processual. A automação nos impede de pensar e de prever as consequências do ato impensado. A alegação a respeito de um fato criminalizado, manifestada por uma das partes no processo, ainda que não contestada pela outra, não pode ser a certeza do juiz. O correto é confrontar as versões apresentadas e sopesar as provas[32] para estabelecer um juízo de convencimento.

No campo probatório, repita-se, o papel do juiz deve ser de diálogo com as partes e os advogados. Neste imenso território de lugares e de atribuições, todos devem desenvolver intensa atividade processual, com o intuito de dissipar as ambiguidades e fugir do comodismo que os impede de estabelecer uma ponte com o passado para reconstituição do fato criminoso.

A relação causal aqui estabelecida não possui caráter coercitivo, mas participativo e consensual, posto que fixa uma faixa de fronteira entre os limites de atuação de cada um dos integrantes da relação triangular. É essa linha divisória que impede o juiz de ultrapassar os limites de sua atividade jurisdicional para se colocar do lado de uma das partes em detrimento da outra.

Afinal, o que caracteriza o regime processual democrático não é somente a liberdade concedida às partes para produzirem a prova de suas alegações, mas o dever-poder de o juiz também exercitar concorrentemente sua jurisdição com o escopo de contribuir para a descoberta de que o fato típico, antijurídico e culpável se consumou e foi praticado por quem é objeto da acusação.

---

31 Tratando do tema da paridade de tratamento no processo penal entre o Ministério Público e a defesa, bem como das funções de cada um dos atores do processo, Luigi Ferrajoli enfatiza que "Se é indispensável que o juiz não tenha funções acusatórias, é igualmente essencial que a acusação pública não tenha funções judiciais" (*Direito e razão*: teoria do garantismo penal. São Paulo: Ed. RT, 2002. p. 467).

32 A certeza que deve ter o juiz para julgar a causa deve vinculá-lo unicamente à prova produzida nos autos por ambas as partes, e nunca por apenas uma delas isoladamente, pois, nas preciosas palavras de Thomas Jefferson, "a espada da lei não deve cair nunca senão sobre aqueles cuja culpabilidade é tão evidente que pode ser proclamada tanto por seus inimigos como por seus próprios amigos".

O dever do juiz, como administrador do processo e cooperador judicial, é de esclarecimento, prevenção, lealdade e de proteção. Por isso, deve contribuir sempre para a consecução das fundadas pretensões probatórias das partes, porque é o legítimo avalista de tais garantias fundamentais e, por essa razão, não pode criar barreiras ou dificuldades para a produção da prova, mediante atitudes arbitrárias que importem violação ao direito vigente, notadamente quando se espera que a decisão judicial reflita o espírito da norma, e não a vontade pessoal do juiz.

Se a prova a ser produzida interessa ao autor e ao réu, o juiz não pode indeferi-la, ainda que uma das partes, ouvida previamente a respeito, se insurja contra sua produção. Aqui incide o denominado princípio da aquisição, que ocorre quando uma mesma prova, conforme seu resultado, pode beneficiar qualquer uma das partes, sem que isso possa ser interpretado como inversão do ônus da prova. Daí por que o juiz não pode também indeferir a produção da prova ou da contraprova, sob o argumento de que a parte requerente não possui legitimidade para requerê-la, nem lhe compete o ônus probatório.

Caso o juiz assim não entenda *motu proprio*, ou em face de manifestação contrária do Ministério Público, cabe ao réu impetrar *habeas corpus*[33], sob o argumento de que houve cerceamento da ampla defesa e do contraditório. Se, por outro lado, o indeferimento da produção da prova tiver como objetivo impedir o exercício do *jus persequendi in judicio*, compete ao titular da *actio poenalis* manejar o remédio heroico[34] adequado para assegurar-lhe o exercício do direito violado.

Cabe *habeas corpus* no caso da impossibilidade da oitiva de testemunha arrolada pela parte, por não haver sido o testigo intimado a tempo de comparecer à audiência, deixando o juiz de atender pedido para proceder à intimação no endereço constante dos autos, e ouvi-la oportunamente. Há quem aponte o cabimento de mandado de segurança para essa hipótese, porque a presença do direito líquido e certo à produção da prova é indiscutível, considerando que a parte arrolou tempestivamente a testemunha, independentemente de ser imprescindível ou não seu depoimento. Para evitar surpresa desagradável com o indeferimento da peça aviada, deve o impetrante ou o paciente invocar o princípio da fungibilidade, adequando, se for o caso, a petição e o pedido às formalidades do *writ of mandamus* ou do *habeas corpus*.

Também cabe *habeas corpus* ou mandado de segurança, conforme a situação, se for o caso de indeferimento de requerimento de oitiva de testemunha referida, porque o art. 209, § 1.º, do CPP deixa uma margem de liberdade ao juiz para decidir sobre a conveniência da realização dessa diligência, circunstância

33 Há quem entenda que é cabível também o mandado de segurança em matéria criminal, desde que o direito violado seja líquido e certo, e não esteja amparado por *habeas corpus*.

34 O remédio heroico constitucional aqui mencionado pode ser o mandado de segurança ou o *habeas corpus*, conforme a circunstância apresentada.

que nem sempre é acompanhada de fundamentação sólida, nem coincide com o interesse processual da descoberta da verdade. Assim sendo, resta à parte prejudicada, notadamente o acusado, impetrar o *habeas corpus*[35] ou o mandado de segurança, conforme entenda cabível na hipótese concreta, alegando cerceamento de defesa, constrangimento ilegal, inobservância do devido processo legal e ofensa ao princípio do contraditório.

Neste particular, entendo que a expressão "conveniente"[36], mencionada no § 1.º do art. 209 do CPP, é temerária, porque deixa ao exclusivo alvedrio do juiz a decisão sobre a oitiva da testemunha referida, conduta incompatível com a ideia de cooperação ou colaboração processual, que representa ofensa à distribuição dinâmica da prova e, acima de tudo, impedimento de atividade aberta à iniciativa, participação e proposição de elementos probatórios por parte dos interessados para garantir que a construção[37] da sentença penal não seja algo arbitrário e se notabilize, no final do processo, como símbolo da probidade e da autoridade da coisa julgada.

Por conseguinte, não é razoável que o juiz, como guardião das portas de entrada da justiça penal, possa decidir sozinho que por elas não passa nada que o contrarie, porque essa atitude, longe de representar independência, imparcialidade e liberdade jurisdicional, configura completa arbitrariedade humana e o desejo de ocupar o lugar de Deus na vida terrena.

Destarte, como premissa derradeira, concluo que o juiz deve se orgulhar do que fez para facilitar o esforço das partes na produção da prova de suas alegações, e não por ter permanecido inerte ante a claudicante marcha processual, que só serviu para mobilizar inutilmente a máquina judiciária. Quando falamos na movimentação inútil ou lenta da máquina judiciária, não queremos afirmar tão somente que a consequência do desleixo do juiz deve ser apenas a absolvição do acusado, mas também a sua condenação com base em frágeis elementos probatórios.

É certo que, qualquer que seja a opção tomada pelo juiz, será ele sempre alvo de ataques acerbos e de críticas virulentas por parte daqueles que não

35 O paciente ou o impetrante, conforme seja o caso, pode pedir a aplicação do princípio da fungibilidade e adaptar a peça exordial, se for necessário. De qualquer modo, pode ser invocada a regra do art. 654, § 2.º, do CPP.

36 A expressão "conveniente" constante no § 1.º do art. 209 do CPP, terá melhor emprego se for substituída por "relevante", posto que não dará a ideia de que a decisão é algo que aproveitaria somente ao juiz. A prevalecer a diretriz prevista no mencionado parágrafo, a redação deve ser modificada para melhor atender aos interesses das partes.

37 A redação da sentença é tarefa exclusiva do juiz. Contudo, a construção das ideias que ela apresentará é obra que tem como base as alegações das partes e o conjunto probatório constante dos autos.

concordarem com o procedimento adotado, o que implicará, por certo, a afirmação da autonomia da jurisdição como um atributo do exercício efetivo e regular da atividade estatal para a qual o magistrado foi incumbido.

De qualquer modo, é preferível o juiz operoso ao desidioso, pois, ainda que cometa excesso em sua iniciativa probatória, estará fazendo alguma coisa para que o processo não passe pelo Judiciário apenas como mais uma linha divisória entre as partes em conflito. Não obstante isso, deve o juiz dar ciência às partes da deliberação tomada, a fim de evitar surpresas desagradáveis e manter o equilíbrio processual e a paridade de armas entre elas. Em resumo, deve tomar a iniciativa da produção da prova residual, mantendo a possibilidade de as partes exercerem o contraditório em completa igualdade de condições.

Nesse proceder jurisdicional não estará havendo nenhuma disparidade, mas o devido cuidado para com a adequação[38] da situação jurídica reinante em relação aos fatos controvertidos, a partir da visão imparcial do juiz instrutor, que abandona o lugar de mero sentinela processual para assumir a posição assimétrica de cooperador judicial, sem que se possa enxergar nisso uma inclinação, tendenciosidade ou preferência pela pretensão de qualquer uma das partes.

Trata-se, sem sombra de dúvida, de isento gerenciamento do caso, do conflito ou do procedimento, que resulta numa obrigação de cooperação e auxílio que o juiz deve cumprir como gestor do processo e as partes, como colaboradoras do juízo, devem observar. Essa regra de confiança mútua tem como baliza o princípio da boa-fé, o qual impõe deveres de cooperação[39] entre os sujeitos processuais para obtenção dos fins colimados pelo processo.

38 Essa adequação deve ser entendida como uma necessidade decorrente do direito material para dar efetividade aos fins colimados pelo processo penal.

39 Veja-se, a propósito, Fredie Didier Jr., *Curso de direito processual civil*: introdução ao direito processual civil, parte geral e processo de conhecimento. 17. ed. Salvador: Juspodivm, 2015. v. 1. p. 112.

Capítulo II

DA IMPUTAÇÃO PENAL

1. GENERALIDADES

Antes de adentrarmos no ponto nevrálgico da questão, torna-se necessário lembrar que no processo penal não se pede, como no processo civil, o bem da vida, o acertamento do conflito de interesse entre as partes por conta de algum direito de propriedade que nos falta, mas em função de algum valor inerente à nossa própria existência do qual alguém foi privado, como, por exemplo, a liberdade.

Na ensinança do jurista Aury Lopes Jr. isso "significa dizer que ao juiz penal não se pede, como ao juiz civil, algo que nos falta como se referem os civilistas". E conclui o mestre gaúcho afirmando "que no penal é dispor do próprio 'ser', ao passo que no civil é o 'ter'"[1].

Na mesma linha de raciocínio Juarez Cirino dos Santos leciona, *in verbis*:

> "O processo penal não se constitui processo de partes livres e iguais – como o processo civil, por exemplo, dominado pela liberdade de partes, em situação de igualdade processual –, mas uma relação de poder instituída pelo Estado com a finalidade de descobrir a verdade de fatos criminosos e punir os autores considerados culpados"[2].

Não é possível falar em sentença penal sem antes refletir a respeito do fato humano do qual se originou o ato decisório, vale dizer, sobre o fato pretérito sobre o qual o julgador se debruça para elaborar a sentença. Como é sabido, e até bíblico, ao homem foram conferidos muitos poderes e direitos, ainda no paraíso, pelo Criador. Contrastante a isso, Deus também lhe impôs muitos deveres.

Já se demonstrou, na introdução a este trabalho, os diversos procedimentos para a tramitação processual até a fase da sentença, encarada pelos estudiosos do

---

1 LOPES JR., Aury. *Fundamentos do processo penal*: introdução crítica. 4. ed. São Paulo: Saraiva, 2018. p. 62.

2 SANTOS, Juarez Cirino dos. *Direito penal:* Parte Geral. 10. ed. São Paulo: Tirant Brasil, 2022. p. 655.

tema como o ponto culminante do processo, o momento final do procedimento, a ocasião em que o Juiz, conhecedor e senhor de todos os fatos e de todas as provas existentes nos autos, manifesta o sentimento de justiça, com base na proposição criminosa que o órgão acusador elaborou contra o indigitado autor da infração penal.

No sistema brasileiro, a acusação é feita, geralmente, com base no instrumento investigatório denominado inquérito policial. A par disso, costuma o titular da *actio poenalis* formular a imputação ao acusado, na maioria das vezes, *data venia*, com base no relatório policial, sem fazer uma análise percuciente dos fatos investigados, a fim de afastar os excessos cometidos pela autoridade policial e aproveitar para a peça acusatória apenas os elementos que dizem respeito verdadeiramente à conduta humana tipicamente reprovável e violadora da norma incriminadora.

Outras vezes, a peça acusatória constitui uma espécie de versão judicializada ou paráfrase de notícias da imprensa ou de comentários sensacionalistas das redes sociais, feitas por "acusadores e juízes midiáticos" que incorporam o papel de justiceiros e de benfeitores da sociedade, deturpando diuturnamente, em horários diferentes, as informações sobre os fatos que ainda se encontram em fase de investigação sigilosa e, mais que isso, sem qualquer formação sobre os temas que abordam.

Nessa empreitada, influenciam os incautos ao convencimento de que tudo o que está sendo divulgado é realmente o retrato da atividade que se diz delituosa. A acusação, nesse caso, acaba sendo uma salada mista composta por elementos do inquérito policial, pelos informes da imprensa, assim como de blogs e, não raras vezes, pela interpretação equivocada dos fatos pelo órgão acusador. As piores consequências da acusação costumam surgir a partir de *fake news* postadas no mundo virtual, onde não há leis, não existem culpados, não existe controle, nem limites a cumprir.

Porém, a acusação deve ser clara e objetiva, ou seja, deve ser precisa no sentido de especificar adequadamente a conduta imputada ao acusado, a fim de que este possa exercer amplamente seu direito de defesa e o contraditório no âmbito do devido processo legal. Por isso mesmo, a peça acusatória não pode ser a carta de princípios onde estejam consagrados os direitos dos grupos sociais dominantes, muito menos o atestado de boa conduta da vítima. O importante é ser elaborada de forma isenta e observar os valores éticos, sociais e humanos de cada uma das partes envolvidas, livre das aberrações das críticas profanas e das increpações de imponderados pareceres de profissionais do direito e de áreas correlatas.

O julgador também deve estar despido de qualquer preconceito e da influência de opiniões preconcebidas de grupos sociais que, a pretexto de pertencerem a autodenominada minoria, por questões de simpatia ou antipatia a determinados padrões sociais, queiram estabelecer a seu favor o conceito do justo e do injusto penal para provocar a ilogicidade na decisão do caso a partir da comoção emotiva de quem se diz vítima da prática delituosa sem a preocupação de estarmos caminhando para um tenebroso retrocesso.

Com efeito, não deve também ser admitida a possibilidade de autoridades que se consideram ofendidas por opiniões, votos, artigos, publicações ou postagens em veículos de comunicação, no ambiente virtual ou em outro canal, instaurarem de ofício investigações criminais e, ao mesmo tempo, decretarem, ao seu alvedrio, prisão (em flagrante, temporária ou preventiva) e proferirem julgamentos em causa própria para punirem o autor das supostas ofensas, posto que viola princípios constitucionais que asseguram o direito de expressão e estabelecem as atribuições de cada poder da república e de profissionais das carreiras jurídicas durante a persecução criminal.

A reiterada prática acima apontada, mediante a inobservância da norma constitucional de regência, tem excluído, como temos assistido nos últimos tempos, a intervenção do Ministério Público, na condição de titular da ação penal, o qual, quando consultado, tem opinado pela inexistência de conduta ilícita a ser punida, conforme se observa de recentes episódios envolvendo decisões de um ministro do STF, que se considerou pessoalmente ofendido com opiniões emitidas nas redes sociais pelas vítimas do ergástulo preventivo.

A inobservância desse procedimento pode gerar uma crise processual e institucional sem precedentes, mediante o descrédito da administração judiciária e o abuso do exercício do poder da autoridade sem que se possa recorrer a qualquer órgão de jurisdição superior, considerando que em nosso ordenamento jurídico a instância máxima é o Supremo Tribunal Federal.

Não obstante isso, determinados fatos têm levado a que, não raras vezes, sejam aforadas peças acusatórias que retratam unicamente o espelho do que se denomina "imputação alternativa" ou a atribuição de inúmeras condutas delituosas ao infrator que, na realidade, apenas serviram como processo intermediário para o alcance do fim a que visava o meliante.

Embora tenhamos ainda em vigor um Código Penal da década de 1940, uma nova ordem constitucional se estabeleceu entre nós gizando os contornos do princípio da legalidade e dando sustentação a esse diploma legislativo indispensável ao convívio social. As leis penais e processuais penais, por essa razão, devem ser lidas e interpretadas com a gramática da Constituição Federal.

Tudo, entretanto, muda. Muda o tempo, muda a sociedade, mudam as coisas, mudam as pessoas, mudam as teorias, a fim de que as leis também sejam modificadas e atualizadas. Como disse o poeta Camões, "mudam-se os tempos, mudam-se as vontades, muda-se o ser, muda-se a confiança; todo o mundo é composto de mudança, tomando sempre novas qualidades"[3]. Os teóricos do direito penal também mudaram suas ideias, conformando-as ao novo ordenamento jurídico. Isto precisa ser compreendido pelos operadores desse ramo do conhecimento humano.

A teoria finalista da ação (Welzel), acolhida por nosso Código Penal, já não consegue mais resolver sozinha todos os problemas da conduta penal, assim como não o conseguiram o causalismo (Liszt-Beling-Radbruch) e a teoria social da ação, concebida por E. Schmidt. Mudaram as condutas penais ou mudou o modo de refletir sobre elas? Creio que quase nada mudou em relação aos casos penais de ação humana, porém muitas questões ficaram sem solução escorreita em face da sofisticação do *modus operandi* do delinquente e das complexas atividades delituosas das organizações criminosas. Modificou-se, então, o pensamento reinante outrora, fazendo com que o finalismo e a teoria social juntos, assim como outras teorias, diante dos pontos de coincidência, possam se complementar, embora possam considerar aspectos diferentes das causas dos crimes e da atuação dos celerados e do combate a esses fatores criminógenos.

Atualmente, a preocupação dos legisladores deve cingir-se à elaboração de leis que regulem o uso das redes sociais com segurança e o combate à utilização criminosa delas, a fim de que inúmeros delitos não fiquem impunes e, *ipso facto*, seus autores sejam identificados e não permaneçam incógnitos no mundo virtual praticando continuadamente uma série infindável de crimes contra incontáveis pessoas inocentes e vulneráveis às ações de organizações criminosas interestaduais e internacionais.

A proteção de dados a respeito das pessoas, por isso mesmo, já se encontra regulada pela Lei Geral de Proteção de Dados (Lei n.º 13.709/2018). Ela dispõe sobre o tratamento de dados pessoais, inclusive nos meios digitais, por pessoa natural ou por pessoa jurídica de direito público ou privado, com o objetivo de proteger os direitos fundamentais de liberdade e de privacidade e o livre desenvolvimento da personalidade da pessoa natural.

2. DA IMPUTAÇÃO OBJETIVA

Agora, abandonando a pesquisa unicamente sob o ponto de vista das doutrinas citadas, a maioria dos autores contemporâneos está adotando a teoria da imputação objetiva (Claus Roxin), que tem como finalidade a proposição de um novo sistema penal, bastante conhecido no Brasil, mas pouco utilizado, apesar de se encontrar bastante difundido em outros países, como é o caso da Alemanha, onde é amplamente utilizada pelo fato de seu idealizador ser germânico.

3 CAMÕES, Luís Vaz de. Soneto LII. *In: Obras completas*. Porto: Lello & Irmão Editores, 1970. p. 29.

O sistema proposto, na irreprochável lição de Damásio de Jesus:

> "É uma teoria que tem o destino de substituir, no futuro, a causalidade material. No momento, configura seu complemento, corrigindo suas deficiências. Na prática, é uma teoria que limita o arbítrio do julgador e a atividade abusiva de acusadores que 'denunciam tudo' ou querem levar todas as lesões jurídicas, até as de insignificante relevância, às barras dos tribunais penais. Enriquece a Justiça, uma vez que fornece instrumentos modernos à acusação, como a teoria do incremento do risco, e à defesa, como a exigência no tipo incriminador de um novo elemento normativo, qual seja, o próprio juízo de imputação objetiva"[4].

Nesse contexto, entram como requisitos indispensáveis o fato típico e a antijuridicidade. Todavia, não são suficientes para a imposição da sanção penal. É indispensável que recaia sobre o autor da ação delituosa a culpabilidade. Sem ela não poderá, de modo algum, incidir o juízo de reprovação social que, em outras palavras, importa na condenação e na aplicação de pena ao infrator.

A inobservância desses requisitos pode contribuir decisivamente para a rejeição liminar da peça acusatória. A propósito disso, e examinando as condições de admissibilidade da acusação penal, o jurista Maurício Antonio Ribeiro Lopes, membro do Ministério Público de São Paulo, apostila que:

> "... o interesse legítimo, ou o interesse de agir, descansa na idoneidade do pedido. No processo civil o interesse legítimo pode repousar na simples afirmação da existência de uma lesão. Para a propositura da ação penal, contudo, que visa, preferentemente, a irrogação de uma pena, estando, de conseguinte, em jogo a liberdade individual, procurou o legislador evitar acusações temerárias sem qualquer fundamento, obrigando o réu a sofrer um verdadeiro constrangimento ilegal. Assim, não basta a simples afirmação de que houve um crime e de que fulano ou sicrano foi seu autor. É preciso, para que o pedido da acusação, consubstanciado na denúncia ou queixa, seja apreciado, que no limiar da ação veja o magistrado se o que se pede traz a nota da idoneidade"[5].

Frederico Marques, ao qual ainda hoje recorrem os juristas brasileiros, pela atualidade e idoneidade dos seus ensinamentos, enfatiza que:

> "A acusação se apresenta como o ato fundamental do processo penal condenatório. Com ela se delimita, mediante a imputação, a área em que deve incidir a prestação jurisdicional, uma vez que o fato delituoso em que se baseia

4 JESUS, Damásio Evangelista de. *Imputação objetiva*. São Paulo: Saraiva, 2000. p. XVII.

5 LOPES, Maurício Antonio Ribeiro. *Revista Brasileira de Ciências Criminais*, São Paulo: Ed. RT, v. 3, 1993. p. 134.

> a pretensão é que fixa o objeto da decisão do órgão judiciário. A ação, que é atividade do acusador, e a sentença, que é o ato jurisdicional, têm na acusação uma espécie de denominador comum. E o mesmo se diga da defesa, pois as alegações do réu são contra a pretensão constante do pedido acusatório. Isto significa que a acusação, em última análise, constitui o próprio objeto do processo, além de ser sua mola propulsora e a ratio essendi de sua instauração"[6].

O lecionamento antecitado é, por si só, suficiente para aquilatar a necessidade de se praticar a imputação objetiva em algumas situações. Embora utilizando o binômio certa e determinada, o mesmo Frederico Marques não deixou escapar claramente essa intenção em outra passagem de sua preciosa obra, cujo registro se faz indispensável:

> "O que deve trazer os caracteres de certa e determinada, na peça acusatória, é a imputação. Esta consiste em atribuir à pessoa do réu a prática de determinados atos que a ordem jurídica considera delituosos; por isso, imprescindível é que nela se fixe, com exatidão, a conduta do acusado descrevendo-a o acusador, de maneira precisa, certa e bem individualizada"[7].

Confirmando o caráter obrigatório da imputação clara e objetiva que deve exprimir toda petição inicial da acusação, decidiu o Supremo que:

> "A imputação penal não pode ser a expressão arbitrária da vontade pessoal do órgão acusador. A válida formulação da denúncia penal supõe a existência de base empírica idônea, apoiada em prova lícita, sob pena de o exercício do poder de acusar - consideradas as graves implicações de ordem ético-jurídica que dele decorrem - converter-se em instrumento de abuso estatal" (STF, Ac. da 2.ª Turma, Rel. Min. Celso de Mello, HC 80.542-6/MG).

Alguns autores nada apostam na virtude da imputação objetiva e preferem, a exemplo da maioria dos membros do Ministério Público, com atuação na jurisdição penal, adotar o critério da imputação alternativa, fazendo incidir sobre a conduta do agente uma série de infrações penais.

Nesse caso, decidindo pelo recebimento da peça acusatória, compete ao juiz redobrada vigilância sobre a instrução criminal, a fim de que possa, no trabalho de colheita das provas e de averiguação dos fatos ocorridos, ir logo estabelecendo a real imputação que deveria ter sido dirigida contra o acusado, pois esse trabalho facilitará indiscutivelmente a elaboração da sentença criminal, qualquer que seja a conclusão a que pretender chegar o magistrado.

---

6 MARQUES, José Frederico. *Elementos de direito processual penal.* Campinas: Bookseller, 1997. v. II. p. 151.

7 MARQUES, José Frederico. Op. cit., p. 152.

Isso se impõe porque o interesse de agir repercute necessariamente na fixação da pena. Portanto, é a partir da análise perfunctória da viabilidade do julgamento do mérito da ação penal proposta que o juiz verifica a probabilidade de isso vir a ocorrer. *A priori*, essa hipótese somente poderá se estabelecer se houver objetividade, certeza, clareza, determinabilidade, na imputação, pois ela é que trará os pontos de contato entre o interesse processual de agir e o interesse material reconhecido pela ordem penal.

A dogmática há muito assimilou os argumentos que retratam as teorias da adequação e da relevância para a restrição da responsabilidade jurídico-penal, e, acrescentando a elas outros fundamentos, desenvolveu a teoria da imputação objetiva, que, muito embora não isenta de imperfeições, aponta critérios que devem orientar a solução de diversos casos, baseada na observação deduzida da ação humana provocadora de um perigo juridicamente desaprovado evidenciada no resultado tipicamente previsto.

Trata-se de questão relevante, posta em destaque pela doutrina sob o fundamento de que o risco permitido exclui a tipicidade e não é causa de justificação, porque representa comportamento socialmente tolerado de um modo geral. Em suma, consiste tal teoria em investigar, por não estar destinada a evitar a ação humana, se a conduta do agente criou ou não um risco juridicamente relevante de lesão típica de um bem jurídico em relação ao resultado.

Capítulo III

SENTENÇA

1. ETIMOLOGIA DA PALAVRA

O termo sentença traduz sentimento, desejo, vontade, conclusão, resolução, provimento judicial. No plano processual, essa manifestação humana deve apresentar-se devidamente documentada, posto ser da natureza desse ato a forma escrita (art. 388, CPP, e art. 205, CPC). Até mesmo quando o processo for orientado pelo princípio da oralidade, a sentença não dispensa a forma documental.

O exemplo mais contundente dessa assertiva pode ser encontrado nos feitos da competência dos Juizados Especiais Cíveis e Criminais (Lei n.º 9.099/95), em que, embora seja expressa a observância da oralidade na sua tramitação (art. 2.º) e a inexigência do relatório na sentença (arts. 38 e 81, §§ 2.º e 3.º), não se dispensa a sua documentação, justamente para que se saiba qual o sentimento do Juiz.

Por isso é que se justifica a origem etimológica da palavra sentença como proveniente de *sententia* ou *setentiae*, substantivo feminino, com vários significados, como está registrado em conceituado léxico:

> "1. Parecer, opinião, maneira de ver; 2. Projecto, intenção, resolução, voto, desejo; 3. Voto, parecer, sentença, sufrágio, decreto; 4. Pensamento, ideia, frase; 5. Máxima, sentença, proposição, asserção; 6. Sentido, significação; 7. Loc.: *sententiam habere de...*, ter uma opinião sobre..., *de sua sententia facere*, fazer de seu motu próprio; *ex mei animi sententia*, sinceramente, francamente, do íntimo do coração; *sic stat sententia* (com inf.), tenho a intenção de, estou resolvido a...; *sic stat sententia*, tal é a minha vontade, é esta a minha resolução; *ex sententia tua* ou *ex sententia*, segundo o teu desejo; *sententias rogare*, colher os votos; *omnibus sententiis absolvitur*, é absolvido por unanimidade; *sententiam dicere*, dar uma sentença; *versus eadem sententia*, verso do mesmo sentido"[1].

1 TORRINHA, Francisco. *Dicionário latino-português*. 2. ed. Porto: Gráficos Reunidos, 1942. p. 787.

No plano do vernáculo, o lexicógrafo brasileiro Aurélio Buarque de Holanda Ferreira pontifica:

> "sentença [Do lat. *Sententia*] S. f. 1. Expressão que encerra um sentido geral ou um princípio ou verdade moral máxima. 2. Rifão, anexim, provérbio. 3. Julgamento proferido por juiz, tribunal ou árbitro(s); veredicto. 4. P. ext. Qualquer despacho ou decisão. 5. Palavra ou frase que encerra uma decisão irrevogável. 6. Julgamento divino"[2].

O filólogo Antônio Houaiss[3], de saudosa memória, com palavras próprias, porém guardando sintonia com o pensamento do dicionarista patrício supracitado, também admite as mesmas acepções para o vocábulo sentença.

Naturalmente que o interesse maior deste estudo será demonstrar o sentido da palavra sentença para efeitos jurídicos, isto é, como ato estatal de solução da lide, como manifestação definitiva e indelegável do juiz no processo, como ato declaratório do direito aplicável à matéria controvertida, como ato resultante do exercício da função jurisdicional na fase de conhecimento.

2. CONCEITO DE SENTENÇA

Sempre que ouvimos a palavra sentença, geralmente nos vem a ideia de algo que lembra condenação ou alguma expressão que lhe seja sinônima. Mas para o profissional do Direito esse instituto não pode, nem deve, ser lembrado unicamente sob esse enfoque, visto as inúmeras espécies de sentenças que existem em nosso ordenamento jurídico, sendo a condenatória apenas uma delas.

O Código de Processo Penal não definiu o que vem a ser sentença. Por essa razão, tornou-se clássico, sob o ponto de vista da lei, o conceito adotado pelo Código de Processo Civil (art. 203, § 1.º), segundo o qual "sentença é o pronunciamento por meio do qual o juiz, com fundamento nos arts. 485 e 487, põe fim à fase cognitiva do procedimento comum, bem como extingue a execução, com ou sem a resolução do mérito".

Com esse enunciado do CPC, fica compreendido que há duas importantes subespécies de sentenças - as *terminativas*, que extinguem o processo ou a relação processual sem a resolução do mérito, e as *definitivas*, que extinguem o processo ou a relação processual com a resolução do mérito.

Tanto no Processo Civil como no Processo Penal, é a espécie de sentença que vai determinar a via recursal adequada, facilitando a tarefa das partes e o trabalho dos órgãos de jurisdição superior.

2 FERREIRA, Aurélio Buarque de Holanda. *Novo dicionário Aurélio da língua portuguesa.* 2. ed. 26. impr. Rio de Janeiro: Nova Fronteira, 1986. p. 1570.

3 HOUAISS/KOOGAN. *Enciclopédia e dicionário ilustrado.* Rio de Janeiro: Delta, 2000. p. 1475.

O trânsito em julgado da sentença, com a aplicação da sanção penal em face do processo de conhecimento ultimado, transfere a relação processual para outra fase, que denominamos executória, na qual será exigido o cumprimento da coisa julgada material, de modo a tornar efetivo o conteúdo do preceito sancionatório estabelecido pelo juiz em face do caso concreto.

Discute-se muito, atualmente, na doutrina e no Judiciário se o cumprimento da pena imposta na sentença condenatória deve acontecer logo que ocorra sua confirmação pela instância superior. O caso mais conhecido no Brasil, que muito repercutiu e dividiu opiniões no mundo jurídico e nos demais segmentos sociais, ocorreu com o julgamento do então ex-presidente Lula, que, após sofrer sentença penal condenatória prolatada pelo juiz Sérgio Moro e confirmada pelo TRF da 4.ª Região, iniciou imediatamente o cumprimento da pena de prisão em 7 de abril de 2018.

Em sua atual composição, o STF ainda não conseguiu harmonizar tal entendimento, embora, em alguns casos julgados em turmas isoladas, o STJ já tenha emitido posicionamento a respeito dessa possibilidade. Penso que, enquanto não for modificado o dispositivo constitucional (art. 5.º, LVII, CF) que permite o esgotamento das instâncias para julgamento de recursos, não se poderá exigir o cumprimento imediato da pena cominada apenas porque foi confirmada pelo órgão colegiado responsável, na ordem recursal de superposição, pela imediata revisão da sentença.

A sentença não é peça de museu que deva ser guardada em redoma ou exposta à visitação pública como se fosse um objeto inanimado e sem utilidade prática. Embora não tenha corpo nem alma, a sentença tem existência, que se pauta na forma como é apresentada e no direito por ela encarnado, tornado vivo, efetivo e garantido, porque o julgado tem a capacidade de sobreviver ao próprio magistrado que o prolatou e ao ordenamento jurídico que o originou.

É expressivo, nesse particular, o enfoque dado pelo art. 503 do CPC/2015, referindo-se à força de lei que a sentença faz entre as partes: "A decisão, que julgar total ou parcialmente o mérito, tem força de lei nos limites da questão principal expressamente decidida".

Fica evidente, no enunciado *supra*, a questão da observância da imutabilidade da coisa julgada material. Com isso se mostra inquestionável a preleção de Liebman, para quem:

> "O processo não é, pois, negócio combinado em família e produtor de efeitos somente para as pessoas iniciadas nos mistérios de cada feito, atividade processual singular, mas atividade pública exercida para garantir a observância da lei; e já que a esta estão todos sujeitos indistintamente, devem todos, por igual, sujeitar-se ao ato que é pelo ordenamento jurídico destinado a valer como sua aplicação imparcial. E esse ato não é dirigido a uma pessoa

> antes que a outra, mas incide objetivamente sobre a relação que foi objeto de decisão. Se a vontade, que se faz atuar, tem conteúdo imperativo, é em suma um comando que se dirige a determinados sujeitos, prescrevendo-lhes dado comportamento, a atuação dessa vontade, justificada pela existência das condições legalmente requeridas, impõe-se à generalidade das pessoas sujeitas ao poder do órgão judicante como válido exercício da sua função. Por isso, enquanto, abstratamente, estão todas as pessoas submetidas à eficácia da sentença, praticamente lhe sofrem os efeitos aqueles em cuja esfera jurídica entra mais ou menos diretamente o objeto da sentença: assim, antes de tudo e necessariamente, as partes, titulares da relação afirmada e deduzida em juízo, e, depois gradativamente, todos os outros cujos direitos estejam de certo modo com ela em relação de conexão, dependência ou interferência jurídica ou prática, quer quanto à sua existência, quer quanto à possibilidade de sua efetiva realização. A natureza dessa sujeição é para todos, partes ou terceiros, a mesma; a medida da sujeição determina-se, ao revés, pela relação de cada um com o objeto da decisão. Entre partes e terceiros só há esta grande diferença: que para as partes, quando a sentença passa em julgado, os seus efeitos se tornam imutáveis, ao passo que para os terceiros isso não acontece"[4].

Obviamente que, no contexto penal, por imperativo constitucional, a pena não passará da pessoa do condenado. O conteúdo nela prescrito, em face do caso concreto examinado, serve, entretanto, de base para aplicação em situações semelhantes e, não obstante isso, de perfil orientador de conduta social para os cidadãos, porque a atividade judicante é disposta não só para atender a uma função estatal, exercida pelo poder soberano da autoridade judiciária, mas também para satisfazer um interesse público e coletivo da sociedade, posto ser certo que, embora se aplicando de imediato àquelas pessoas que integraram a relação processual, a sentença não deixa de exercer função pedagógica e intimidativa perante todos os indivíduos que possam potencialmente violar a norma incriminadora, porque ela contém, segundo a interpretação do provimento jurisdicional, a vontade da lei no caso concreto. Essa vontade legislativa não deixa de encarnar também a vontade do juiz; o que ele sente e entende sobre o fato criminalizado, bem como o alcance da regra violada pelo infrator.

Nessa concepção, não é equivocado elucidar que o direito revelado pela sentença exprime o sentimento do juiz ante a hipótese concreta, sentimento este que é resultante da análise percuciente e persuasiva do julgador que não deve obrigatoriamente coincidir com o direito abstrato constante da lei, haja vista que o poder de resolução da querela emana do poder de convencimento inerente à atividade judicante.

4 LIEBMAN, Enrico Tullio. *Eficácia e autoridade da sentença*. 3. ed. Rio de Janeiro: Forense, 1984. p. 125-126.

A Professora Nevita Luna, em recente monografia publicada, enfatiza que toda decisão judicial envolve percepção humana em um determinado contexto. Ouçamo-la:

> "A própria etimologia da palavra 'sentença' nos remete à relevância e à autoridade do sentimento no âmbito da juridicidade, pois o ato final de um processo jurídico se dá através da declaração do que sente o juiz, ou seja, mediante a 'sentença', termo cuja origem se encontra no latim, sententia, sententiendo, gerúndio do verbo 'sentire', que significa sentir"[5].

Verificadas todas essas acepções, pode-se dizer, num conceito bem simples, que sentença é o ato por meio do qual o juiz decide a lide, pondo fim ao processo com a resolução do mérito, mediante a procedência ou improcedência do pedido. É também sentença o ato por meio do qual o juiz extingue o processo sem resolução do mérito, quando não for possível estabelecer *initio litis* a relação processual ou dar-lhe prosseguimento por inobservância das formalidades ou pressupostos legais. A extinção do processo sem resolução do mérito pode também ocorrer quando, embora instaurada regularmente a relação processual, ocorra fato superveniente que justifique a sua incidência, por exemplo, a morte do acusado (art. 107, I, CP).

Convém acrescentar, finalmente, que certas decisões se assemelham à sentença, porém não podem receber o tratamento apropriado porque não dispõem da força característica desse ato decisório e não põem termo ao processo, quer precocemente, quer definitivamente. Exemplo de tal decisão, no Processo Penal, temos a pronúncia e a suspensão condicional do processo a que aludem o art. 413 do CPP e o art. 89 da Lei n.º 9.099/95, respectivamente, posto que não extingue a punibilidade nem a própria relação processual.

Pode-se apontar também, como exemplo, no Processo Civil, a decisão que defere a antecipação da tutela de urgência (art. 300, CPC/2015), conquanto apenas antecipa os efeitos do provimento que a sentença definitiva haverá de reconhecer ou adequar à realidade probatória processual. Outra particularidade, neste último caso, é a decisão ser impugnada mediante agravo, e não por meio de apelação.

3. NATUREZA JURÍDICA

A sentença é ato documentado, decorrente de elaboração humana. Por isso, é incontestável que contenha ela ato de vontade. Como fato jurídico, resultante de fórmula preestabelecida pela lei, deve ser sempre escrita (arts. 205, CPC, e 388, CPP), mesmo que prolatada verbalmente como consequência do princípio da oralidade

5 LUNA, Nevita Maria Pessoa de Aquino Franca. *Por uma erótica do direito*: contradições, diálogos e perspectivas entre direito e emoção. Belo Horizonte: Arraes Editores, 2019. p. 43.

nos procedimentos que impõem a sua observância, pois o atendimento a tal postulado não dispensa a sua documentação por sistema de gravação eletrônica.

Esse fato jurídico, em sentido lato, contém em si uma declaração de vontade produtora de efeitos jurídicos[6] que não decorre unicamente do ato decisório do juiz nem resulta simplesmente da atividade mental ou psicológica por ele desenvolvida, mas também do exercício do poder estatal do qual se encontra investido. É correto, então, afirmar que essa vontade também é querida ou desejada pelo Estado, porque a sentença resultou da aplicação da legislação por ele editada.

Liebman, com o seu percuciente vaticínio, observa que:

> "A sentença, como ato autoritativo ditado por um órgão do Estado, reivindica naturalmente perante todos, seu ofício de formular qual seja o comando concreto da lei ou, mais genericamente, a vontade do Estado, para um caso determinado. As partes, como sujeitos da relação a que se refere a decisão, são certamente as primeiras que sofrem a sua eficácia, mas não há motivo que exima os terceiros de sofrê-la igualmente. Uma vez que o Juiz é o órgão ao qual atribui o Estado o mister de fazer atuar a vontade da lei no caso concreto, apresenta-se a sua sentença como eficaz exercício dessa função perante todo o ordenamento jurídico e todos os sujeitos que nele operam"[7].

Da mesma opinião comunga o processualista Tourinho Filho, para quem:

> "Há, pois, na sentença, uma subsunção do fato à norma, e o magistrado, na sua parte conclusiva, como órgão do Estado, emite a vontade da lei. Em realidade, essa vontade é a vontade do Estado que se transfunde na lei e que o Juiz, como órgão do Estado, emite ao apreciar um caso concreto. A sentença, desse modo, não é apenas um ato de inteligência, um lavor intelectual, mas, também, um ato de vontade, porquanto ela exprime uma ordem que nada mais é senão aquela mesma ordem genérica, abstrata e hipotética, prevista na lei, que se transmuda em concreta"[8].

Desse modo, não é possível negar conter a sentença um comando jurídico direcionado a determinado sujeito ou grupo de agentes, e que esse comando reúne, a um só tempo, a vontade do juiz e a vontade do Estado, como decorrência da norma abstrata posta em evidência pelo ato decisório. Nessa perspectiva, o ponto fundamental da sentença deve ser a entrega da tutela almejada à parte que tem razão, o que, em suma, se compraz com a função social do processo.

Consequentemente, não tendo o processo caráter de atividade privada, a sentença nele proferida produzirá efeitos não só em relação às partes, mas também

6 MARQUES, José Frederico. Op. cit., v. III, p. 27.
7 LIEBMAN, Enrico Tullio. Op. cit., p. 123.
8 TOURINHO FILHO, Fernando da Costa. *Processo penal*. 11. ed. São Paulo: Saraiva, 1989. v. IV. p. 178.

em relação a terceiros que se mantenham indiferentes à sentença ou violem seus preceitos, posto que o objetivo da atuação estatal é atingir a generalidade das pessoas que vivem em sociedade, fornecendo-lhes a orientação necessária para futuros comportamentos ante o fato concreto examinado e decidido.

Quanto à natureza jurídica da sentença penal, pode-se dizer que varia de acordo com o conteúdo do ato decisório, pois é através dele que o juiz aplica o direito, conforme o seu livre convencimento, para ajustar o fato criminalizado à norma incriminadora, ocasião em que fixará os limites da decisão quer ela seja condenatória, absolutória, declaratória, desclassificatória ou extintiva da punibilidade.

Assim, pode ser: a) condenatória, quando julga procedente a pretensão punitiva pleiteada na queixa ou na denúncia, conferindo ao Estado o poder de sujeitar o réu ao cumprimento da pena aplicada em concreto; b) declaratória, quando absolver o réu ou considerar extinta a punibilidade; quando pronunciar ou impronunciar o acusado ou, ainda, quando desclassificar a infração penal; c) mandamentais, quando concessivas de ordem de *habeas corpus* ou de mandado de segurança, este em matéria criminal.

Ao considerarmos a desclassificação da infração penal, como sentença declaratória, estamos considerando a possibilidade de o juiz, na sentença, dar ao fato nova definição jurídica, seguida da declaração de extinção da punibilidade, porque, com a nova classificação penal, pereceu para o Estado o direito de punir pela prescrição ou outra causa.

4. FUNÇÃO DA SENTENÇA

Partindo do princípio de que a função do processo é a pacificação social, tem-se a sentença como a sua meta primordial, como o instrumento fundamental que exterioriza e resume esse acertamento, visto concentrar todos os pormenores da relação jurídica controvertida. Assim estatuído, não seria incorreto asseverar que a função da sentença é declarar o direito chancelado pelo Judiciário ante a hipótese trazida ao conhecimento do magistrado.

Como ato de composição do litígio, a sentença resolve a lide tomando por base a disposição prevista na norma abstrata, da qual não deve o julgador se afastar. Suas disposições vinculam as partes envolvidas na relação processual, porque deve refletir exatamente o ideal de justiça desejado pela ordem jurídica, o que impede o magistrado de decidir *contra legem.*

Embora possa transparecer haver decidido apenas um caso em particular, suas disposições não se restringem somente à situação decidida, considerando que o processo não tutela unicamente o interesse subjetivo dos postulantes, mas também existe para permitir a atuação e a garantia do direito objetivo com o intuito de satisfazer interesse público e geral.

Por essa razão, não podem as partes nem terceiros dispor do resultado do processo como lhes convêm, mas exatamente como resultou do comando exprimido na sentença, que nada mais é do que a declaração do direito com base em lei preexistente, dita norma abstrata, agora tornada concreta, porque violada por um ser humano, diante da hipótese discutida na fase processual de conhecimento.

O juiz é o direito personificado e, por essa razão, deve ser referência no esforço da entrega da prestação jurisdicional para restabelecer as partes envolvidas a exata posição em que os fatos se deram, colocando o vencedor no justo lugar desse merecimento e o perdedor na situação de reprovabilidade judicial.

Atuando em situação concretamente ocorrida, o juiz forma, no seu íntimo, a convicção de que sua decisão servirá para aplicação em outros casos semelhantes, pois a estabilidade, a segurança jurídica, a certeza do direito aplicado e a regularidade dos seus julgamentos, bem como o prestígio pela reiterada confirmação em segundo grau, são o que constitui para ele a concepção do justo, e para os jurisdicionados, a credibilidade na administração da justiça.

O juiz que vai dirimir a lide não pode dizer, como o matemático, que a situação enfrentada é irresolúvel. Se assim proceder, está incorrendo em denegação da justiça. Compete-lhe, então, buscar as respostas para suas dúvidas e inquietações nas leis existentes, aclarando-as se forem obscuras, afastando as antinomias, se forem contraditórias, e preenchendo-lhes as lacunas se forem incompletas.

Todo esse engenhoso trabalho, principalmente se utilizar o recurso à equidade, deve ser realizado sob a predominância da motivação da decisão e da obrigatoriedade da realização da justiça, que devem ser os únicos objetivos a inspirarem o seu ofício jurisdicional.

Para o jusfilósofo belga Chaïm Perelman:

> "O papel do juiz só raramente se limita a uma dedução formal; o juiz encarna o direito vivo e deve inspirar-se, no cumprimento de sua missão, no exemplo do pretor romano para quem o direito era *ars aequi et boni*. As regras do direito e os precedentes são indispensáveis para permitir a constituição de uma ordem jurídica estável, para garantir a segurança das transações. Mas isto não basta. O bom juiz é aquele que se serve do arsenal jurídico para fazer reinar a justiça. E é na medida em que forem bem-sucedidos nessa tarefa que as Cortes e Tribunais serão respeitados. O juiz não se pode contentar em aplicar a lei consoante a vontade do legislador: deve servir-se da lei para motivar suas decisões, mas estas devem ser acima de tudo equitativas. O juiz não está a serviço do poder que o nomeou, está a serviço da justiça"[9].

9 PERELMAN, Chaïm. *Ética e direito*. São Paulo: Martins Fontes, 1999. p. 72-73.

Manifestando preocupação idêntica ao escólio supracitado, o filósofo austríaco Theodor Gomperz, na análise da filosofia aristotélica, relativamente ao conceito da equidade e sua relação com a justiça, enfatiza que:

> "A equidade é considerada como algo louvável, e ela se relaciona, no entanto, aos mesmos objetos que o direito restrito. Daí resulta uma dificuldade: como o justo e o igual podem ser louváveis, já que eles estão em conflito um com o outro? A solução da dificuldade consiste nisto que a equidade é, sem dúvida, uma coisa justa, mas não o justo correspondente à lei. É mais uma correção do direito legal ou lei impositiva. Toda lei é geral por sua natureza, mas há casos que repudiam uma regra geral. Nestas condições, a lei visa realmente à maioria, não o conjunto dos casos; o fracasso da generalização não é imutável à lei ou ao legislador, mas à natureza do objeto. O autor da própria lei, se estivesse presente e se conhecesse as circunstâncias, a corrigiria"[10].

A lei é elaborada com o intuito de subordinar todos ao seu império, inclusive o Juiz. Ela é feita para que as pessoas saibam como se conduzir em sociedade, assim como para que haja a segurança na aplicação do direito positivo, conquanto não se pode ficar, em sociedade, à mercê de opiniões ou juízos particulares de qualquer natureza.

O juiz não deve ser um fora da lei, porque, segundo o grande Rui Barbosa, não há salvação para quem assim procede. A despeito disso, não pode apegar-se cegamente a um legalismo formal que só afasta o Direito da ideia de justiça. O positivismo jurídico nem sempre reflete o interesse da sociedade e serve, muitas vezes, apenas para atender às necessidades de grupos que, em troca da concessão de dinheiro e de outras vantagens, se beneficiam da legislação que encomendam previamente a legisladores degenerados.

Essa espécie de normativismo tem o objetivo de anestesiar a consciência do juiz, ou seja, de provocar o engessamento de suas ações, de torná-lo vassalo da regra abstrata, de colocá-lo em uma camisa de força para que veja o Direito e a justiça somente como foram idealizados por aqueles que estão no poder.

O objetivo é transformar o juiz num escravo da lei, num robô, num ser totalmente submisso à norma legal, sem tempo ou chance de refletir ou de reagir contra o aparato legislativo existente, porque lhe pesa diariamente sobre os ombros um enorme fardo processual do qual precisa livrar-se, a qualquer custo, para manter-se dentro das estatísticas ou dos índices de produtividade estabelecidos pelos órgãos de cúpula do Poder Judiciário e de instância superior.

---

10 GOMPERZ, Theodor. *Os Pensadores da Grécia*: história da filosofia antiga. 3. ed. São Paulo: Ícone, 2014. t. III. p. 251.

Por isso, quase não é permitido ao juiz pensar; alguns nem o veem como humano. Seu ofício representa um autêntico sacerdócio, conquanto reserva-se-lhe, atualmente, apenas a tarefa de julgar, cada vez mais, para cumprir metas ou estatísticas que nem sempre avaliam a qualidade do seu trabalho, mas conferem-lhe o almejado atestado da operosidade.

Já se fala até na utilização da inteligência artificial na tarefa de julgar. Seriam máquinas programadas para elaboração de sentenças de cunho condenatório e absolutório, independentemente da capacidade de sentimento humano. Penso que tal pressuposto não encontra sustentáculo nos postulados da Justiça. A tramitação processual poderá ser célere, mas o desacerto das decisões será desastroso.

Não se pode creditar racionalidade a uma decisão proferida por uma máquina na medida em que a própria lei visa, com o julgamento, à obtenção de um fim justificado. Nessa concepção, a lei, por si só, nem sempre estará adequada para todas as situações, exigindo, por tal razão, de qualquer modo, exata compreensão do seu texto ou a aplicação da equidade, da analogia ou dos princípios gerais de direito em relação às contingências imprevistas.

A codificação e a legiferação não existem para esse fim. Contudo, o excesso de normas de todos os níveis acaba criando uma série de inquietações no meio social, a ponto de chegar-se a culpar o juiz por haver ditado esta ou aquela conduta em sua sentença, não sabendo os descontentes que o direito codificado exige sempre do magistrado a escrupulosa investigação da *voluntas legis*, ilação que a máquina jamais poderá fazer.

Impõe-se, muitas vezes, ao juiz o angustiante dilema de viver sufocado em seu próprio ambiente de trabalho; de suscitar o que é mais correto e cômodo: aplicar a lei injusta ou fazer justiça. A grande tarefa do magistrado, no instante do julgamento, será descobrir qual a solução mais consentânea para o caso *sub judice* e depois ajustá-la dentro da concepção dogmática encontradiça no ordenamento jurídico.

A atividade judicante do magistrado pode ser comparada a uma contínua linha de produção, na qual o que mais importa atualmente é a resposta à crescente demanda de ações aforadas. Nessa logística produtiva, a finalidade é a elaboração da sentença modelar, que, sob uma ótica jurisdicional, permita a adaptação a casos semelhantes com mínimos ajustes. A informática, como ferramenta auxiliar da atividade forense, tem sido uma grande aliada do juiz.

Mas não é prudente ao juiz ter em seus arquivos pessoais ou laborais sentenças padrões, tipo receitas de bolos ou bulas de remédios, para adotar, como peças formulárias, aos diversos casos que sua unidade jurisdicional ou a prática forense exigir. É indispensável que a cada nova situação o juiz seja diligente e examine, ele mesmo, a hipótese antes de solicitar auxílio à sua assessoria para prévia análise do caso. Isto requer leitura paciente das peças e a subsunção do fato à lei, assim como a adequação da jurisprudência mais recente ao fato criminalizado.

No seu mister de declarar o direito, o juiz não se eximirá de sentenciar acaso exista lacuna ou obscuridade na lei, bem assim quando inexista norma que abrigue a hipótese *sub judice*. Evidenciada essa situação, deverá o magistrado recorrer à analogia, aos costumes e aos princípios gerais de direito. Quer no Processo Penal (art. 3.º, CPP), quer no Processo Civil (art. 140, CPC/2015), existe previsão para esses casos. Não podendo o juiz legislar, resta-lhe, então, recorrer à sua liberdade de interpretação e conciliá-la com a ordem jurídica. O sentimento de justiça da sociedade passa pelo exame de todos esses aspectos.

Entretanto, para o jurista gaúcho Ovídio Baptista da Silva:

> "As modernas correntes de filosofia do direito, contudo, procuram mostrar que a atividade de aplicação da lei pelo juiz implica, de certo modo, também uma função criadora de direito, na medida em que o preceito legal, abstrato como ele é, em sua formulação genérica, não passa de um projeto de norma reguladora da conduta humana, projeto que o julgador deve completar na sentença, de modo a concretizá-lo no caso particular submetido a seu julgamento"[11].

Para cumprir o dever de fazer justiça, o magistrado não precisa ir toda vez ao Código. Basta fixar-se na Constituição do país, na qual certamente encontrará a solução mais justa, o pressuposto legal, os princípios fundamentais, a orientação firme, o caminho seguro para o argumento que pretende lançar na sentença, ante a realidade concreta dos autos. Isto ocorre porque os códigos devem ser lidos e interpretados a partir da gramática da Constituição Federal.

O certo é que a função julgadora conferida ao Estado, tem-na o magistrado com o fim primordial de declarar objetivamente o direito aplicável à espécie suscitada, à *res in judicium deducta*, segundo a lei vigente, com o fim de evitar a perplexidade, a desordem, as tendenciosidades, as conjecturas ou cogitações, as precipitações, os estratagemas, os excessos, as iniquidades que são ocorrências típicas da jurisdição privada. Nisso tudo que foi exposto se resume a função da sentença.

E, se é correto afirmar que a função da sentença é a pacificação social, deve o juiz entregar a prestação jurisdicional em tempo razoável (art. 5.º, LXXVIII,

11 SILVA, Ovídio Baptista da. *Curso de processo civil*. 4. ed. São Paulo: Ed. RT, 1998. v. 1. p. 29.

CF), pois a rapidez na tramitação do processo está diretamente ligada à regra da tutela juisdicional efetiva. Por isso é que o cumprimento dessa obrigação deve ser exigido de todos os protagonistas da relação processual.

Cabe registrar, por oportuno, que, no âmbito do processo penal, principalmente, a garantia da razoável duração do processo deve ser cumprida à risca, inclusive pela defesa, a fim de evitar que o acusado permaneça *sine die* em estado de suspeita e de reclusão, muitas vezes submetido a prisão preventiva em evidente simulacro de prisão definitiva, circunstância que resulta, em última análise, numa inquestionável injustiça.

Capítulo IV

SENTENÇA PENAL

I. GENERALIDADES

A sentença penal, como meta primordial do processo crime, vem tratada entre os arts. 381 e 392 do Código de Processo Penal, nos quais são encontrados os seus requisitos formais, os efeitos da condenação e da absolvição e as causas que podem levar a estas, as formas de sua intimação, bem como a *emendatio libelli* e a *mutatio libelli*, estas últimas na forma prevista nos arts. 383 e 384 do CPP.

Como ato que encerra uma das fases da atividade jurisdicional de primeiro grau, a sentença deve respeitar o formalismo a que se encontra submetida, por imperativo da técnica processual e legislativa, pois essa particularidade é que origina a jurisdicidade que necessita para ter existência legal e atingir o seu escopo e função social.

Assim como o Direito possui linguagem própria, a sentença, por ser ato de direito, também usa terminologia específica e adequada. Por isso, exige-se do profissional do Direito a constante familiarização com o mundo jurídico e com seu vocabulário peculiar, a fim de que não se detenha em perplexidades em face de algum termo jurídico.

Há quem afirme, como o jurista espanhol Javier Pérez Royo, que o Direito é "un estudio que se hace en un idioma extranjero". Citado pelo constitucionalista pernambucano Ivo Dantas, o referido professor castelhano conclui:

> "El jurista tiene adémas que dominar el lenguaje jurídico. Tiene que acabar moviéndose con comodidad y fluidez en dicho lenguaje, si quiere ejercer su oficio con solvencia. Hacer uso del vocabulario jurídico con precisión es lo que denota la presencia de un buen jurista, lo que diferencia ante todo al buen jurista del que no es"[1].

Entre nós, o jusfilósofo Miguel Reale é bastante contundente quanto a isso, contestando, inclusive, a possibilidade do profissional do Direito trasladar

1 DANTAS, Ivo. *Instituições de direito constitucional brasileiro*. 2. ed. Curitiba: Juruá, 2001. p. 40.

para o nosso meio, por simples mimetismo, terminologia ou princípios de outras ciências:

> "Há um grande equívoco em pensar que nós podemos transferir categorias lógicas de um campo para outro, empregando uma terminologia emprestada da Física, da Anatomia ou da Biologia, para se explicar melhor o fenômeno jurídico. O Direito tem sua dignidade, o que quer dizer suas categorias próprias de pensamento.
>
> Nós, juristas, não precisamos de empréstimos linguísticos, pois encontramos na realidade que nos é própria, o instrumental lógico mais adequado e necessário. Toda vez que um jurista vai procurar na casa alheia termos emprestados e expressões técnico-científicas peculiares aos matemáticos e aos biólogos, ele está alienando a imagem do Direito e, de certa maneira, comprometendo na Jurisprudência a sua dignidade. A dignidade é bem esta consciência do que é próprio. É o amor àquilo que especificamente nos pertence"[2].

A linguagem do Direito é um aprendizado que se inicia nos bancos universitários, onde o aluno, tal como a criança que está aprendendo a falar, começa a ouvir e a pronunciar os primeiros vocábulos jurídicos, passando posteriormente a raciocinar e a escrever nesse novo idioma que adotará como forma de comunicação e expressão na prática diária do exercício profissional forense ou fora dele.

É dever de todo juiz conhecer a linguagem genuína do Direito e estudá-la diariamente para evitar ser surpreendido por certos preciosismos e exageros que são comuns no trato diário e que nenhuma utilidade trazem à aplicação da lei, porque visam apenas, abstraídas certas originalidades, confundir o entendimento que já se consagrou sobre o emprego de determinados institutos e sua clássica nomenclatura no meio jurídico.

Conhecendo o vocabulário do Direito, em todas as suas variantes, nenhuma dificuldade terá o juiz em traduzi-lo na linguagem da sentença, de modo a torná-la clara, precisa, objetiva, normativa, inteligível, expressiva e acessível a toda pessoa que necessitar lê-la e interpretá-la corretamente, ainda que não se afaste um milímetro sequer do idioma estritamente jurídico.

Aliás, conhecer a linguagem do Direito não é uma obrigação unicamente do juiz, mas também de todo profissional das carreiras jurídicas, porque soa ridículo e muito feio a quem se aventura a escrever ou a falar algo sobre essa ciência, e desconhece sua terminologia, como se observa, por exemplo, com setores de outras áreas profissionais que se aventuram em criticar ou comentar algo sobre os atos decisórios judiciais sem conhecimento de suas peculiaridades ou corretas nomenclaturas.

---

2 REALE, Miguel. *Filosofia do Direito*. 19. ed. São Paulo: Saraiva, 2000. p. 254.

Por isso, e para a prevenção de costumeiros equívocos, sempre afirmamos que o militante das carreiras jurídicas que só conhece o Direito é também um péssimo profissional. Para alcançar prestígio perante a comunidade jurídica e a sociedade, bem como relativo domínio dessa ciência, é necessário que o profissional da redação forense busque também noções ou ensinamentos em outras áreas do conhecimento humano que possuam ou não relação com o Direito, pois, em determinadas situações, que exijam conhecimento multidisciplinar, apenas o conhecimento jurídico não é suficiente para dirimir a questão.

2. PRAZOS PARA SUA PROLAÇÃO

O art. 800 do CPP enumera os prazos em que o juiz deve proferir seus despachos, suas decisões e suas sentenças, quando se tratar de procedimentos regulados pelo referido diploma processual. Em se tratando de sentença definitiva, o prazo é de dez dias (art. 404, parágrafo único, CPP), caso não ocorra a hipótese do art. 403 do CPP. Do mesmo modo, em se tratando de sentença terminativa, o prazo para sua prolação também é de dez dias, posto que esta se inclui, na sistematização do Código, como decisão interlocutória mista, com força de definitiva, que extingue o processo sem resolução do mérito.

Havendo motivo justo, qualquer que seja a circunstância, o juiz poderá exceder, por igual tempo (art. 800, § 3.º, CPP), o prazo fixado para prolação da sentença de que trata o preceptivo supracitado.

O mesmo dispositivo em análise, na sua parte final, deixa claro que esse prazo não é absoluto. Assim, pode-se observar, por exemplo, que, quando o procedimento estabelecido para a repressão do delito for o sumário previsto nos arts. 531 e seguintes do CPP, o juiz deverá, após o encerramento dos debates orais, proferir a sentença de imediato e, se não se encontrar habilitado a fazê-lo nessa ocasião, proferirá a sentença no prazo geral de dez dias.

Outros prazos também podem ser encontrados em leis especiais. Assim, a Lei n.º 11.343/2006 (Tráfico Ilícito de Drogas) fixa o prazo de dez dias, caso o juiz não se sinta habilitado para proferir de imediato a sentença, logo após o encerramento dos debates. Na Lei n.º 8.069/90 (ECA), diz o § 4.º, *in fine*, do art. 186 que a sentença será proferida logo após o encerramento dos debates pela acusação e pela defesa. Na Lei n.º 13.869/2019 (Abuso de Autoridade), o art. 39 manda aplicar as disposições do Código de Processo penal e da Lei n.º 9.099/95, de modo que, encerrados os debates, o juiz proferirá imediatamente a sentença.

Nos dois últimos casos, nada impede que o juiz, não se encontrando habilitado a proferir a decisão de imediato, não possa fazê-lo no prazo de dez dias. Não há qualquer nulidade nessa particularidade, pois o ideal é que possa o magistrado ter tempo para estudar e levar à sua decisão segurança jurídica, o que nem sempre é possível quando o ato decisório é manifestado em banca, após intensa discussão pelas partes, dada a circunstância de haver sido levantada alguma questão que, posto haja sido objeto da lide e do debate oral, possa criar embaraço na consciência jurídica do julgador, obrigando-o a refletir detidamente sobre o *thema decidendum*, a fim de evitar conclusões equivocadas, próprias dos principiantes no ofício de julgar.

Inclui-se também nessa relação a Lei n.º 4.737/65 (Código Eleitoral), que fixa, em seu art. 361, o prazo de dez dias para prolação da sentença penal. Em se tratando, contudo, das infrações de menor potencial ofensivo e dos crimes da competência dos Juizados Especiais Criminais, a sentença, pela própria natureza dos delitos a serem julgados, deve ser prolatada na própria audiência, conforme evidencia o art. 81, *in fine*, da Lei n.º 9.099/95.

Afora os casos em que o juiz deve prolatar a sentença em audiência, os prazos aqui enumerados se contam do termo de conclusão, conforme estabelece o § 1.º do art. 800 do Código de Processo Penal.

Os relógios do processo e da vida não contam os prazos da mesma maneira. Seus ponteiros ou cronômetros podem até ter o mesmo ponto de partida, mas não há garantias para estarem juntos ou alinhados no ponto de chegada. Esse é um dado importante para o processo.

Os princípios processuais são diferentes e incompatíveis com os da natureza. A natureza é mais sábia do que o homem e suas leis. Estas (as leis dos homens) fenecem aprisionadas nas páginas frias dos códigos a espera de interpretações variadas, enquanto aquelas (as da natureza) passeiam pelos bosques do universo como a libélula que adeja livremente em seus processos de automutação, sem a interferência da imperfeição humana.

Calamandrei, em irreprochável magistério, nos ensina que o tempo do processo é importante para não retardarmos a entrega da prestação jurisdicional àquele que tem razão. Mas sabemos que a burocracia e os princípios processuais postergam essa possibilidade na medida em que preterem, na maioria das vezes, o direito do réu e do Estado de obter respostas para suas pretensões judiciais em tempo razoável, possibilitando num e noutro caso injustiças e/ou prejuízos para a tempestiva aplicação da lei penal e correta administração da justiça.

Com efeito, os prazos previstos no art. 800 do CPP são considerados impróprios, porquanto, embora não observados pelo juiz, o atraso em sua prática não ocasionará nulidade, não obstante possa o magistrado vir a responder administrativamente pelo retardamento imotivado da tramitação processual, considerando que, atualmente, o trabalho do juiz está sujeito ao cumprimento de metas estabelecidas pelo Conselho Nacional de Justiça (CNJ), cuja inobservância poderá dar ensejo à abertura de Processo Administrativo Disciplinar.

3. REQUISITOS DA SENTENÇA PENAL

A sentença penal deve conter os requisitos constantes do art. 381 do CPP. Nesse dispositivo se vê que a sentença conterá:

> "I - os nomes das partes ou, quando não for possível, as indicações necessárias para identificá-las;
>
> II - a exposição sucinta da acusação e da defesa;
>
> III - a indicação dos motivos de fato e de direito em que se fundar a decisão;
>
> IV - a indicação dos artigos de lei aplicados;
>
> V - o dispositivo;
>
> VI - a data e a assinatura do juiz".

No meio jurisprudencial e doutrinário, costuma-se dizer que a sentença, para ter validade e existência, deve conter o relatório, a fundamentação e a conclusão. Sintetizando a indicação do Código de Processo Penal, esses são os indefectíveis elementos que materializam a sentença penal, os requisitos formais estabelecidos pela lei, sem os quais esse ato decisório é nulo e inexistente (art. 564, IV, CPP).

Embora não haja contradição terminológica, o art. 489 do Código de Processo Civil aproxima-se mais do entendimento que a doutrina e a jurisprudência têm quanto aos elementos que deve conter a sentença: o relatório, os fundamentos e o dispositivo. A palavra dispositivo, no artigo em referência, está empregada como a parte conclusiva do julgado, em que ficará consignada a resolução ou decisão tomada em face dos argumentos expostos no campo da fundamentação ou motivação da sentença.

A lógica da sentença impõe que seus elementos característicos sejam listados, no momento da exposição, em ordem sequencial: relatório, fundamentação, dispositivo ou conclusão. A inobservância desse método ou procedimento acarreta a balbúrdia, a confusão, o tumulto, tornando a sentença ininteligível pela inversão da ordem lógica e da abolição do formalismo que deve caracterizar esse ato decisório.

Para melhor compreensão do estudo que se pretende fazer, examinaremos, agora, de per si, cada um dos elementos constitutivos da sentença, direcionando-os especialmente para a matéria penal.

3.1 Relatório

O relatório ou exposição antecede o capítulo relativo à fundamentação da sentença. Ele é o resumo de tudo quanto ocorreu durante a tramitação processual e que se encontra registrado nos autos do processo. Pode-se também afirmar que o relatório da sentença é a epítome ou sinopse do histórico processual, daquilo que ocorreu de relevante nos autos do processo e que servirá de ponto de apoio para a fundamentação ou motivação da sentença.

Comparado ao capítulo de um livro, o relatório é uma introdução, isto é, uma espécie de prefácio que é feito para identificar as partes envolvidas na relação processual e relatar os fatos e atos processuais mais relevantes. Sua importância e tamanho dependerão da quantidade de folhas ou de eventos virtuais ou físicos do processo, bem como de sua repercussão social, circunstâncias ou fatores que somente o juiz pode avaliar.

Caso a sentença seja prolatada em audiência, na ata ou na assentada desse ato processual, nenhuma ilegalidade ou nulidade haverá em o juiz adotar, como relatório da sentença, as alegações das partes constantes dos autos, tais como denúncia ou queixa, defesa escrita, debates orais, memoriais ou alegações finais, aos quais deve se referir sucintamente. Isto traz à atividade judicante celeridade e economia processuais inquestionáveis.

Como indício de que o juiz examinou ou estudou o processo, o relatório deve trazer as características da ação proposta, os nomes das partes envolvidas na relação processual ou, quando não for possível, as indicações necessárias para identificá-las, a exposição sucinta da acusação e da defesa (objeto do pedido ou objeto controvertido) e as principais ocorrências havidas no andamento do processo. Pode-se dizer, para maior compreensão, que a ordem da narração dos fatos deve ser cronológica e sequencial, levando a que o leitor da sentença, ao examiná-la, ou o órgão superior, em caso de recurso, possa verificar que há uma lógica jurídica no ato de sentenciar e que se obedeceu ao exato silogismo da sentença.

Havendo mais de um réu, deve a sentença referir-se expressamente a todos indistintamente, não podendo fazê-lo apenas pela individualização de um deles e a indicação dos demais pela expressão "e outros". Tal formalidade exsurge do inciso I do art. 381 do CPP, que exige a indicação dos "nomes das partes", numa referência evidente de que é defeso ao juiz dizer que a ação penal foi proposta contra "Virgulino Precipitado Falsário e outros" ou simplesmente contra "Fulano de Tal e outros".

Nem mesmo no Processo Civil é possível ignorar esse preceito, em face do contido no inciso I do art. 489 do CPC. Havendo vários autores, todos deverão ser relacionados. A mesma regra deve ser observada em relação aos réus.

É incontroverso que, a despeito de conter os nomes das partes, a sentença não precisará trazer a qualificação destas para ser considerada válida. A lei, ao afirmar que a sentença conterá "os nomes das partes", não mencionou a indispensabilidade de suas qualificações, mormente porque compete ao representante ou procurador da parte fazê-lo com os respectivos peticionamentos, conforme sua posição no polo processual.

Tanto no processo civil quanto no processo penal, a ausência dessa formalidade não ensejará a nulidade do ato decisório, posto que se constitui em mera irregularidade, sanável a qualquer tempo. No entanto, é prudente que o autor da ação penal diligencie no sentido de descobrir o nome das partes, assim como as qualificações ou esclarecimentos que sirvam para identificá-las ou individualizá-las.

Em se tratando da jurisdição penal, tal fato pode ser justificado pela circunstância de ordem legal exposta no art. 259 do CPP, segundo o qual:

> "A impossibilidade de identificação do acusado com o seu verdadeiro nome ou outros qualificativos não retardará a ação penal, quando certa a identidade física. A qualquer tempo, no curso do processo, do julgamento ou da execução da sentença, se for descoberta a sua qualificação, far-se-á a retificação, por termo, nos autos, sem prejuízo da validade dos atos precedentes".

Sendo o relatório requisito essencial da sentença, sua ausência dá ensejo à nulidade prevista no inciso IV do art. 564 do CPP. E nada se pode opor contra esse argumento, porque sentença sem relatório é como um computador sem memória. É o mesmo que um indivíduo sem nome, sem história, sem passado, sem nada que justifique a sua vida ou existência.

Abrange também o conceito de ausência de relatório a circunstância de fazer-se pura e simplesmente remissão ao parecer do Ministério Público ou a alguma peça do processo, por exemplo, as alegações finais da defesa, para que tais sirvam de relatório, pois fica evidente que, nesse caso, não houve esmero na leitura dos autos e falta claramente o requisito de abertura do ato decisório, sem o qual não se saberá, dentre outras coisas, os nomes dos litigantes nem com base em que fatos se fundamentou a sentença, o que poderá causar perplexidade à parte sucumbente ao elaborar seu recurso. Essa formalidade deve ser afastada, por óbvio, se a sentença for prolatada em banca ou fizer parte integrante da ata ou da assentada da audiência.

É comum encontrarmos, em votos ou acórdãos proferidos pelos Tribunais, a frase "Adoto como relatório a parte expositiva do parecer do Ministério Público de fls. (...)". Esse certo comodismo não autoriza, entretanto, o relator a excluir do seu contexto, quando da lavratura daquelas peças jurídicas, a parte relativa ao relatório, pois o fato de aproveitar o que foi escrito pelo órgão ministerial apenas facilita o seu trabalho de relatoria, mas não dispensa, repita-se, a sua inclusão e transcrição (entre aspas) como elemento integrante do julgado.

Excetuando a regra exposta no art. 381, II, do CPP, o § 3.º do art. 81 da Lei n.º 9.099/95 (Juizados Especiais Criminais) dispensa, nas infrações penais de sua competência, o relatório na sentença criminal. A mesma regra utilizou para a sentença cível (art. 38), contrariando os termos do art. 489 do Código de Processo Civil.

O relatório da sentença criminal é iniciado, normalmente, com a expressão "Vistos etc.", ou "Vistos e examinados estes (ou os presentes) autos...", ou ainda com o refrão "Trata-se de ação penal formulada...", ou meramente já nominando o autor da *actio poenalis*, afirmando que "O Ministério Público Estadual (ou Federal) ofereceu denúncia contra...", quando for caso de ação penal pública, afirmando que "Fulano de Tal ofereceu queixa contra...", quando se tratar de ação privada. Feito isso, prossegue-se com a qualificação das partes e a exposição dos demais elementos que compõem esse ato exordial ou de abertura da sentença. Mudando o que se fizer necessário para adoção da correta linguagem forense, a mesma nomenclatura pode ser adotada para a sentença cível.

Tradicionalmente tem sido assim, porque o Direito, como a religião, tem seus rituais e fórmulas sacramentais. Não se pode, por isso, a exemplo do que se observa modernamente, em obras de doutrina[3], desaconselhar o uso dessa praxe forense somente porque remonta ao latim medieval ou a priscas eras, pois o clássico "Vistos etc." tem também o sentido de traduzir o registro de outras coisas ou palavras que não foram excluídas do pensamento do redator e signatário da sentença ou que não passaram despercebidas por ele. A decisão não pode tornar-se imprestável ou supérflua apenas por causa disso - *utile per inutile non vitiatur*.

Ao optar pelo "Vistos etc.", está o prolator da sentença poupando o leitor da enumeração de outros pormenores, como se o juiz tivesse que dizer, por exemplo, que constatou que tudo está perfeito, desde o preenchimento correto do rosto do processo (capa) à autuação de cada petição, desde a inicial até as alegações finais. Se ainda assim não se fizer entender, em nada se torna repetitivo ao acrescentar àquela típica locução latina os nomes das partes e os fatos que tiveram relevância durante a tramitação processual - *abusus non tollit usum*.

Há quem critique a adoção da expressão "Vistos etc.", de uso corriqueiro em alguns casos. Mas cada juiz, como escritor de sua sentença, tem seu estilo redacional próprio. O que pode ser antiquado e anacrônico para uns pode ser moderno e contemporâneo para outros. O importante é fazer-se entender pelas partes e pelos órgãos de jurisdição superior.

A adoção do processo eletrônico pelo Judiciário brasileiro justifica, com maior razão, a elaboração do relatório pelo magistrado, pois, como sabemos, a parte demandada no processo penal, geralmente hipossuficiente, não tem acesso à informática, como ferramenta auxiliar da atividade forense, para analisar todos os atos processuais e a documentação respectiva, circunstância que deve ser

3 Autores como José Carlos Barbosa Moreira, Nagib Slaibi Filho, Tourinho Filho, dentre os pesquisados, entendem ser desnecessário o uso da expressão "vistos etc." no início da sentença, antecedente ao relatório, porque é inútil, na medida em que o juiz deverá obrigatoriamente examinar os autos para elaborar o relatório.

levada em conta pelos órgãos julgadores ao transferirem para a sentença, como síntese do processo, as informações que as partes necessitam conhecer.

3.2 Fundamentação ou motivação

Toda sentença deve ser fundamentada, ainda que seja proferida oralmente. A fundamentação abriga os motivos de fato e de direito em que se funda a decisão. Dentro da motivação da sentença, o juiz lança os argumentos derivados do raciocínio empregado para a solução da lide, fundamentado, obviamente, nos elementos de prova constantes dos autos e nos artigos de lei que regem a matéria *sub examine*. Os fatos serão as premissas que sustentarão a motivação da análise judicial. A lei, em princípio, será sempre o farol jurídico que sustentará a fundamentação da sentença na ótica interpretativa do juiz.

Todo esse trabalho mental deve ser desenvolvido de modo a que sejam demonstrados realmente os motivos que levaram o magistrado a decidir pela procedência ou improcedência do pedido. O que não pode o juiz é deixar de fundamentar o ato decisório, julgando a lide apenas com base naquilo que entende subjetivamente ser relevante para a sua decisão. A sentença, não obstante decorrer do livre convencimento do juiz, deve ser clara, certa, precisa, objetiva, lógica e convincente. Esse ideal somente será alcançado se o juiz se dignar em expressar categoricamente sua opinião e fundamentá-la em uma regra de direito que esteja ligada aos fatos expostos no relatório que principia esse ato decisório.

A ausência de objetividade no julgamento do caso ou qualquer deslize proveniente da linguagem ou do raciocínio (*lapsus linguae vel mentis*) pode comprometer o sentido ou compreensão da sentença, a qual, se não for suprida por embargos de declaração ou por medida revisora da instância superior, poderá causar danos aos interesses controvertidos em juízo de uma ou ambas as partes.

Com o sistema constitucional em vigor, a regra da motivação ou fundamentação da sentença encontrou guarida na nossa Carta de Princípios, posto dispor o inciso IX do art. 93 taxativamente que "todos os julgamentos dos órgãos do Poder Judiciário serão públicos, e *fundamentadas* todas as decisões, sob pena de nulidade", levando à conclusão de que não é possível exercer o ofício de julgar com improvisação ou irresponsabilidade.

Trata-se de princípio universal adotado em vários países com *status* de preceito constitucional, considerada a sua relevância e o interesse que sempre despertou, não só para as partes, mas para a própria garantia do devido processo legal. E não é por acaso que tal princípio goza de tanto prestígio no Processo Penal, pois é sabido que foi exatamente nesse ramo do Direito que encontrou o terreno ideal para florescer e ganhar a importância de que desfruta até nossos dias.

A fundamentação ou motivação da sentença decorre de exigência do próprio Estado, como órgão monopolizador da jurisdição e encarregado da repressão dos delitos, desde quando se organizou politicamente e acabou com a prática da jurisdição privada.

Fundamentar a sentença é tão importante que serve, antes de tudo, como meio de convencimento do próprio juiz quanto à certeza do ato decisório. A propósito Eduardo Cambi assevera que:

> "O dever de fundamentação das decisões judiciais é um elemento fundamental do Estado Democrático de Direito, pois é a melhor forma de legitimação da decisão do Estado-Juiz. A formação da decisão está calcada na integridade e na coerência, materializada na cadeia de normas envolventes da atuação judiciária. Fundamentar é, destarte, mais do que uma formalidade jurídica, um direito fundamental do cidadão"[4].

Mas não é só. A própria sociedade impõe que assim seja, a fim de que não somente o condenado saiba as razões que levaram ao veredicto do julgador, mas também todos os cidadãos possam conhecê-las e tomá-las como parâmetro para se conduzirem em coletividade de determinada maneira e avaliarem, por meio da divulgação do julgado ou dos órgãos jurisdicionais superiores, se a decisão foi justa ou injusta, acertada ou inacertada, adequada ou inadequada, excessiva ou suficiente.

Serve também a fundamentação da sentença para convencer o sentenciado de que seus termos estão de acordo com o que foi amplamente discutido nos autos e que o juiz não se afastou desse universo - *secundum allegata et probata judex judicare debet.*

Outro pressuposto que induz à exigibilidade da motivação da sentença é a inconformação do sucumbente. Se isso ocorrer, buscará o condenado, por meio do recurso, desfazer a decisão hostilizada, e, no juízo *ad quem*, os membros da Corte tomarão obrigatoriamente conhecimento das razões que moveram o magistrado a decidir a lide.

É que a condenação de alguém a quem é atribuída a prática de infração penal deve ser medida rigorosamente motivada pelo juiz para não incorrer em erro inescusável, passível de inefável injustiça. Como enfatiza Diego del Vecchi:

> "Decidir si una persona debe o no ir a la cárcel por haber cometido un delito (o bien si debe ser penada de alguna otra manera) presupone llevar a cabo una

4 CAMBI, Eduardo. Dever de fundamentação das decisões judiciais (exegese do artigo 489, § 1.º, do Código de Processo Civil de 2015). *Revista Eletrônica de Direito Processual - REDP*, Rio de Janeiro, ano 13, v. 20, n. 2, maio-ago. 2019. p. 130.

> actividad tendiente a determinar si los hechos constitutivos de ese ilícito han ocurrido o no. En principio, se trata de uma actividad idéntica a la que desarrolla un científico en relación con los eventos sobre los que indaga o la de un historiador frente a los advenimientos que lo intrigan, o la que emprende cualquier persona que pretenda elucidar acontecimientos concretos del pasado"[5].

Se não houve motivação ou se ela se revelou inexpressiva e frágil, quase inexistente, a reputação do juiz fica exposta perante o tribunal, podendo a reiteração dessa conduta afetar, no futuro, sua ascensão na carreira, por negligência no cumprimento dos deveres e inaptidão para o exercício do cargo.

No afã de bem fundamentar a sentença, certos juízes se alongam em suas argumentações, demonstrando talento, precisão e zelo, vasto conhecimento jurídico e raciocínio lógico. Contaminados desses ideais, não raras vezes, abusam de citações doutrinárias nacionais e estrangeiras, bem como de repertórios jurisprudenciais em apoio às suas conclusões, além de aplicarem o conhecimento adquirido ao longo de sua formação profissional no documento em elaboração, registrando, em cada passagem, o seu toque pessoal e estilo próprio.

Nelson Hungria, orgulho de nossa cultura jurídica, no insuperável comentário ao Código Penal, manifestou-se sobre essa questão nos seguintes termos:

> "Nunca é demais repetir-se que o *usus fori e* a *opinio doctorum*, por maior respeito que mereçam, não devem ser tratados como tabus ou exibidos como roupas de franceses. O chamado argumento de autoridade deve ser expendido cum grano salis, e sómente para arrimo ao raciocínio na solução de questões sériamente controvertidas. Entre os juízes brasileiros, via de regra, abusa-se das citações. (...) Sentenças não são desafôgo de sapiência ou 'paradas' de erudição *ad hoc*, deglutida na última vigília. (...) Longe de mim afirmar que o juiz não deva ilustrar-se, consultando a lição doutrinária e pondo-se em dia com a evolução jurídica; mas se êle se deixa seduzir demasiadamente pelo teorismo, vai dar ao carrascal das subtilitates juris e das abstrações inanes, distanciando-se do solo firme dos fatos, para aplicar, não a autêntica justiça, que é um sentimento em face da vida, mas um direito cerebrino e inumano; não o direito como ciência da vida social, mas o direito como ciência de lógica pura, divorciado da realidade humana; não a verdadeira justiça, que é função da alma voltada para o mundo, mas um direito postiço, arrebicado, fedendo a palha sêca e cheirando a naftalina de biblioteca"[6].

---

5 VECCHI, Diego Dei. Estándares de suficiencia probatoria, moralidad política y costos de error: el núcleo inconsistente de la epistemología jurídica de Larry Laudan. *Doxa - Cuadernos de Filosofía del Derecho*, v. 43, p. 397-426. Disponível em: https://doi.org/10.14198/DOXA2020.43.15.

6 HUNGRIA, Nelson. *Comentários ao Código Penal*. 2. ed. rev. e atual. Rio de Janeiro: Revista Forense, 1953. p. 59, 60, 61 e 62.

Na mesma obra, esse oráculo do direito penal brasileiro ministra outros conselhos ao juiz para a regular prolação da sentença:

> "Se o juiz não dá de si, para dizer o direito em face da diversidade de cada caso, a sua justiça será a do leito de Procusto: ao invés de medir-se com os fatos, êstes é que terão de medir-se com ela. Da mesma tribo do juiz técnico-apriorístico é o juiz fetichista da jurisprudência. Êsse é o juiz burocrata, o juiz de fichário e catálogo, o juiz colecionador de arestos segundo a ordem alfabética dos assuntos. É o juiz que se põe genuflexo diante dos repertórios jurisprudenciais como se fôssem livros sagrados de alguma religião cabalística. Para êle, a jurisprudência é o direito imutável e eterno: segrega-se dentro dela como anacoreta na sua gruta, indiferente às aventuras do mundo. (...) Reduz sua função ao humilde papel de esponja, que só restitui a água que absorve. Constrói no seu espírito uma parede de apriorismos e preconceitos jurídicos, que lhe tapam a janela para a vida. Suas decisões semelham, pela ausência de espontaneidade, às declarações de amor decoradas ao Conselho dos Namorados"[7].

Embora seja contestada por muitos, a adoção dessa prática não deve ser de todo condenada ou interpretada como puro exercício de retórica. É preferível que assim proceda o magistrado a nada dizer ou do que escrever o que nunca deveria ter escrito. Pior situação é a que se verifica quando o juiz acostuma-se a repetir sempre as fórmulas borolentas dos invariáveis modelos de sentenças guardados, como receita de bolo ou bula de remédios, nos escaninhos de seu comodismo e da sua impenetrável consciência.

Não obstante possa gozar de prestígio próprio, deve o juiz emprestar autoridade à sua sentença, e não a si mesmo, pois a solução da causa não deve estar vinculada ao seu *curriculum vitae*, e sim à prova dos autos e à força do direito aplicável à espécie.

Por essa razão, é importante que o juiz, embora não esteja obrigado a esgotar todos os pormenores das alegações das partes, analise as teses da acusação e da defesa que mereçam apreciação pela relevância que guardam. Sem menosprezo das demais questões, não deve o juiz se ocupar de alegações suscitadas pelas partes que não sejam importantes para o deslinde do julgamento. A prestação jurisdicional estará fundamentada se o magistrado examinar o caso com minúcias, para acolher ou não o pedido inicial, ainda que sua tese contraste com a que for defendida pelas partes antagônicas.

Doutrinando sobre a necessidade da fundamentação da sentença, o consagrado processualista Tourinho Filho ensina que

7 HUNGRIA, Nelson. Op. cit., p. 64 e 65.

> "A exigência da motivação justifica-se, porquanto permite às partes concluírem se aquela atividade intelectual desenvolvida pelo Juiz lhe permitia chegar àquela conclusão. Será que a sua decisão foi fruto de um ato de reflexão, de um raciocínio lógico em frente ao material probatório de que dispunha, ou foi um simples ato discricionário, caprichoso, produto de uma vontade autoritária? Sem que houvesse a fundamentação, tal como ocorria à época do processo inquisitivo, somente Deus e a consciência do Magistrado saberiam se a sentença refletiu um ato de justiça ou injustiça, um leal cumprimento do dever ou uma prevaricação, a vontade da lei ou a realização de um desejo insopitável de maldade"[8].

No plano do direito comparado, a doutrina também não destoa quanto à necessidade de o juiz exteriorizar claramente as razões que o levaram a concluir definitivamente o caso submetido à sua apreciação:

> "Se reconoce que una sentencia está fundada, cuando menciona los elementos de prueba a través de los cuales arriba racionalmente a una determinada conclusión fáctica, los cuales han sido válidamente incorporados al proceso y son aptos para ser valorados (fueron legítimamente introducidos), exteriorizando su merituación, esto es, la explicación del porqué de la conclusión, siguiendo las leyes del pensamiento humano (principios lógicos de igualdad, contradicción, tercero excluido e razón suficiente), de la experiencia y de la psicología común.
>
> La exteriorización de la motivación justificante, pérmite evitar, en lo posible, que las decisiones jurisdiccionales se apoyen en caprichos, voluntarismos o intereses subjetivos del juez"[9].

E não é por exigência da doutrina ou da jurisprudência que o juiz está obrigado a fundamentar suas decisões. Como já foi dito, *habemus legem*. Afora a Constituição Federal (art. 93, IX), o inciso III do art. 381 do CPP também exige seja a sentença motivada, quer em relação aos fatos quer em relação ao direito.

O direito feito lei se encontra disponível no ordenamento jurídico; os fatos, tal como ocorreram, estão sob o domínio das partes envolvidas na hipótese *sub judice*, bem como das demais provas apresentadas. A preocupação maior do juiz deve alcançar esses tais fatores, principalmente o relativo à análise da prova produzida nos autos, pois, de acordo com Alice Bianchini, "a verdade que é estabelecida através de um processo, não necessariamente corresponde à verdadeira forma como os fatos se desenvolveram"[10].

---

8 TOURINHO FILHO, Fernando da Costa. *Processo penal*. 11. ed. São Paulo: Saraiva, 1989. v. IV. p. 182.

9 MALJAR, Daniel E. *El proceso penal y las garantías constitucionales*. Buenos Aires: Editora Ad-Hoc, 2006. p. 309.

10 BIANCHINI, Alice. Aspectos subjetivos da sentença penal. *Revista Brasileira de Ciências Criminais*, São Paulo: Ed. RT, ano 6, v. 22, n. 22, abr./jun. 1998. p. 48.

Antes de o Código de Processo Penal atual entrar em vigor, a sua exposição de motivos, tão bem apresentada pelo Min. Francisco Campos, já retratava a preocupação com a questão da motivação da sentença. Naquela ocasião, o referido jurista alertava com irreprochável acerto que

> "A sentença deve ser motivada. Com o sistema do relativo arbítrio judicial na aplicação da pena, consagrado pelo novo Código Penal, e o do livre convencimento do juiz, adotado pelo presente projeto, é a motivação da sentença que oferece garantia contra os excessos, contra os erros de apreciação, as falhas de raciocínio ou de lógica ou os demais vícios de julgamento".

Portanto, nem a adoção do sistema do livre convencimento do juiz pode evitar a obrigatoriedade da motivação da sentença. A liberdade de que goza o magistrado não pode transformar-se em arbítrio, devendo o julgador, em qualquer situação, motivar sempre o seu julgamento.

A íntima convicção não pode sobrepor-se ao que está provado nos autos, pois jaz em passado inexumável a época em que o juiz condenava apenas com base na certeza moral, "escrevendo a letra D (de *damno* - condeno) e absolvia com a letra L (de *libero* - absolvo), porque não estava obrigado a dizer as razões que o haviam levado a concluir de determinada maneira"[11].

Na antiga Roma, não havia exigência da fundamentação da sentença, mesmo quando procedia do tribunal. Registra Mário Curtis Giordani, referindo-se ao julgamento das *Quaestiones*, que,

> "Finda a fase contraditória, o presidente do tribunal pedia a manifestação dos jurados (*in consilium mittere*). A votação inicialmente era oral. Tornou-se posteriormente secreta por meio de tábuas cobertas de cera contendo a letra A (*absolvo*), em um lado, e a letra C (*condemno*) em outro lado. A sentença limitava-se a afirmar (*jure videtur fecisse*) ou a negar (*non videtur fecisse*) ter o acusado cometido o crime em tela"[12].

As regras atuais mudaram. A própria França, que foi vista no passado como o berço do despotismo jurídico, modificou sua legislação, obrigando a que os juízes motivem suas sentenças. Essa concepção, que já está bem arraigada na legislação dos povos civilizados, vem registrada pelo jurista francês François Rigaux, para quem

> "Toda decisão de justiça deve ser motivada, é uma exigência elementar do Estado de direito democrático. O respeito dessa exigência pelo juiz da causa é também uma das pedras angulares do controle de legalidade"[13].

---

11 TORNAGHI, Hélio. *Curso de Processo Penal*. 6. ed. São Paulo: Saraiva, 1989. v. 2. p. 155.
12 GIORDANI, Mário Curtis. *Direito penal romano*. 2. ed. Rio de Janeiro: Forense, 1987. p. 106.
13 RIGAUX, François. *A lei dos juízes*. São Paulo: Martins Fontes, 2000. p. 253.

Obviamente que não se pode exigir de todos os magistrados a mesma capacidade de argumentação em seus atos decisórios. Há juízes mais preparados e mais aplicados na arte de julgar. Uns que são mais breves e outros que são mais prolixos em suas decisões. O importante é que a sentença seja justa; que o juiz encontre, nos limites da prova processual, os fundamentos que o levaram a proclamar o resultado valorativo do processo, após criteriosa meditação.

Na jurisdição penal, em que toda manifestação judicante deve ser urgente, não é incomum o juiz deparar-se com a dúvida entre o que a lei manda fazer e o que deve ser feito, ante a realidade do fato criminalizado e a verdade processual como verdade possível ou alcançável. Por isso, na didática afirmação de Roberto Lyra, *ipsis virgulis*:

> "Na elaboração da sentença, o juiz fugirá à tentação dos doutrinadores, sobretudo os de emergência, que lhes frequentam a intimidade para discursos, conferências, lições, artigos, livros, jamais para ceder-lhes o dever personalíssimo de formar e fundamentar a convicção"[14].

O controle de legalidade da motivação da sentença é de ordem pública. Para Lopes da Costa, citado por Moacyr Amaral Santos, "ele é que põe a administração da Justiça a coberto da suspeita dos dois piores vícios que possam manchá-la: o arbítrio e a parcialidade"[15].

Esse controle é feito, via de regra, por meio dos recursos judiciais. Contudo, nada impede, como entendem doutrina e jurisprudência, já estando esgotado o prazo recursal, o uso do *habeas corpus* para rever a questão, pois a ausência de motivação ou fundamentação da sentença caracteriza a nulidade prevista no art. 564, IV, do CPP. Os Tribunais Superiores, em diversas ocasiões, já dirimiram essa questão. Vejam-se os arestos a seguir transcritos:

> "A fundamentação é exigida, sob pena de nulidade, não só pelo CPP (art. 381, III), como também pela própria CF/88 - art. 93, IX" (STF, HC 69.013, DJU 01/07/1992, p. 10556).
>
> "A ofensa ao dever constitucional de fundamentar as decisões judiciais gera a nulidade do julgamento efetuado por qualquer órgão do Poder Judiciário" (STF, *RT* 686/401).
>
> "A fundamentação da sentença é direito do réu e a ele corresponde o dever de o juiz inscrevê-la no texto de tal peça. E a fundamentação, como ressabido, se concretiza mediante estudo e análise da prova. É certo que nem sempre o juiz dispõe de tempo bastante para proferir sentença esmerada,

14 LYRA, Roberto. *Guia do ensino e do estudo do direito penal*. Rio de Janeiro: Revista Forense, 1956. p. 46.

15 SANTOS, Moacyr Amaral. *Comentários ao Código de Processo Civil*. 6. ed. Rio de Janeiro: Forense, 1994. v. 4. p. 401.

> isso porém, não justifica seja omitido em tal peça a essência exigida na lei" (STF, Rel. Min. Antonio Neder, DJU 02/06/1978, p. 3932).
>
> "O art. 381 do CPP exige que a sentença (e, por extensão, o acórdão), entre outros requisitos, contenha a indicação dos motivos de fato e de direito em que se fundar a decisão (inc. III). E o art. 564, ao arrolar os casos de nulidade, inclui aquele em que haja omissão de formalidade que constitua elemento essencial do ato. E o inc. IX do art. 93 da CF é ainda mais claro: todos os julgamentos dos órgãos do Poder Judiciário serão públicos, e fundamentadas todas as decisões, sob pena de nulidade" (STF, Ac. un. da 1.ª Turma, Rel. Min. Sydney Sanches, *RT* 719/542).
>
> "Processual penal. Nulidade. Sentença. Falta de apreciação, na sentença condenatória, da tese central das alegações finais. *Habeas Corpus* concedido para anular a sentença a fim de que outra seja proferida, examinado-se as alegações da defesa" (STJ, Ac. un. da 5.ª Turma, Rel. Min. Assis Toledo, RHC 4.206/SP, *DJU* 06/03/1995, p. 4373-4374).

Não carrega a eiva de nulidade a sentença cuja motivação seja sucinta ou deficiente. Cada julgador deve proceder de acordo com as forças do seu conhecimento para argumentar a decisão definitiva, não se podendo admitir a nulidade do *decisum* ou sua injustiça simplesmente porque se encontra fundamentado de modo conciso, carente ou imperfeito na ótica de quem o impugna.

A argumentação segura e brilhante também pode ser alcançada mediante curta exposição, sem o risco de se perder a lógica da sentença e os seus elementos determinantes. Nesse particular, é conhecida a irônica lição de Calamandrei de que "a brevidade é o manjar predileto dos juízes"[16], quer na fala dos advogados, quer na redação de suas sentenças.

Somente quando a motivação for inexistente é que se pode falar em sentença nula, porque nesse caso nem mesmo se pode afirmar que esse ato decisório existiu (art. 564, III, *m*, CPP), por faltar-lhe um dos seus requisitos indispensáveis.

A parte final da ementa do acórdão que adiante se transcreve retrata perfeitamente a situação *sub examine*:

> "Em se tratando de aplicabilidade do princípio da motivação das decisões judiciais, é de se ter como parte integrativa da sentença a sua fundamentação, daí por que imperioso se faz ao magistrado, quando da sua prolação, demonstrar os motivos que o levaram a assim decidir, nada impedindo, entretanto, que essa decisão se faça, contudo, de forma concisa" (Ac. da 1.ª Câmara Criminal do TJMA, HC 12.239/2001, Rel. Des. Antonio Bayma Araujo, *DJ* 1.º/10/2001, p. 3).

16 CALAMANDREI, Piero. *Eles, os juízes, vistos por um advogado*. São Paulo: Martins Fontes, 1995. p. 82.

Além de exteriorizar a sua convicção quanto aos fatos da causa, dando as razões e os fundamentos do seu convencimento, deve o juiz, antes de examinar o *meritum causae*, resolver, no capítulo da motivação, as questões preliminares ou prejudiciais, tais como as condições da ação, a inépcia da peça acusatória, a incompetência *ratione materiae* não alegada *opportuno tempore*, as nulidades insupríveis, arguidas *a posteriori*, o sobrestamento facultativo do processo criminal em face de apuração de estado da pessoa em processo civil etc., acaso não tenha feito no limiar da ação proposta.

Do mesmo modo, deve também o juiz apreciar, como preliminar, alguma causa relativa à extinção da punibilidade. Somente após examinar essas questões é que deverá decidir o *punctum saliens* da controvérsia, vale dizer, o fato jurídico relevante que justifique a composição da lide mediante sentença definitiva.

Outro fator relevante no capítulo referente à fundamentação da sentença é a análise das provas, as quais devem ser produzidas no procedimento contraditório durante a instrução criminal, observado o devido processo legal. Isto nos inclina a asseverar que a chamada "prova indiciária", colhida no inquérito policial, procedimento administrativo inquisitorial, por excelência, não pode servir de subsídio para a condenação do acusado.

Para que a ação penal aforada fomente a condenação do réu, é necessário que, no decorrer da instrução criminal, o seu titular traga aos autos elementos seguros para demonstração das suas alegações. Não basta, portanto, para a inculpação do denunciado que se lhe impute na peça acusatória determinado ilícito penal. É indispensável que o titular da *persecutito criminis* demonstre, repita-se, a veracidade das suas alegações durante o sumário. Por isso é que se afirma, em refrão doutrinário e jurisprudencial, que a denúncia é uma peça narrativa e demonstrativa.

Na verdade, a maioria dos erros judiciários, no âmbito penal, decorre da excessiva confiança do Ministério Público nos relatórios que as autoridades policiais encaminham ao Judiciário. É que a ação penal não nasce com o inquérito policial, nem pode ser fotocópia fiel desse instrumento inquisitorial. Ela é fruto da queixa ou denúncia formulada através de elementos idôneos de prova pelo seu titular originário.

Se alguém pudesse ser condenado judicialmente com base no que foi apurado em procedimento inquisitório, não haveria papel para o Ministério Público nem necessidade do Estado chamar a si o monopólio da jurisdição com a criação de órgão específico para o julgamento dos conflitos humanos, mediante o respeito a princípios de prática milenar como o contraditório e a garantia a mais ampla defesa com todos os meios e recursos a ela inerentes, o que, por outras palavras, resulta necessariamente no cumprimento e observância do *due process of law*.

Por outro lado, se toda condenação pudesse basear-se exclusivamente na confissão havida no depoimento policial do acusado, ficaria definitivamente a acusação alforriada do seu dever constitucional de comprovar, no limiar da ação penal, ou durante o seu curso, a culpa do infrator, entendendo-se por provado o que o titular da *persecutio criminis* deveria provar.

Ora, é inconcebível que se pretenda, nos dias atuais, obter condenação de criminosos com base exclusivamente em elementos colhidos apenas na repartição policial. É defeso, por conseguinte, à polícia judiciária substituir a função institucional do Ministério Público na sua tarefa processual de provar os fatos alegados.

Com o curso do processo penal, deve o órgão acusador (público ou particular) abandonar o comodismo do napeiro e seguir, como soldado estrênuo, os passos do panorama processual para confirmação dos fatos investigados no âmbito do inquérito policial.

Consequentemente, não se pode creditar qualquer valor autoincriminatório a uma confissão extrajudicial, feita na repartição policial, porque do contrário o ordenamento constitucional, que assegura a que ninguém seja obrigado a declarar contra si mesmo, seria mera peça de retórica, vazia, inútil e carente de conteúdo.

Nem mesmo se o acusado for revel, tal circunstância não autoriza a formação de juízo desfavorável à conduta que lhe foi imputada porque, em processo penal, não se admite a *ficta confessio*, posto que a culpa penal não pode ser presumida. De outra parte, é sabido que a confissão no procedimento penal é retratável e de nada valeria a sua existência extrajudicial sem a confirmação na fase judicial, em processo contraditório.

Adota-se com essa diretriz o conhecido sistema da autorresponsabilidade das partes, em que cada litigante assume a obrigação de provar os fatos alegados suportando os reveses e as consequências dos seus erros, da sua negligência, da sua falta de zelo profissional, pois a perplexidade, a verossimilhança, a inquietação, a dubiedade criam geralmente a incerteza no espírito dos juízes quanto à culpabilidade do imputado.

Sem a motivação, a sentença não atinge a sua finalidade. É ela quem persuade as partes e absolve o juiz da acusação de improbidade na prestação da tutela jurisdicional pelo seu órgão de classe e pela opinião pública. Com efeito, por meio da motivação da sentença, o juiz confere a si próprio o certificado de que aplicou corretamente a norma legal ao caso concreto, objeto da lide em apreciação.

O lecionamento abaixo transcrito confirma a necessidade da motivação da sentença, notadamente quando o ordenamento jurídico impõe essa regra:

> "En los ordenamientos donde las condenas penales se materializan en decisiones motivadas esto es fácil de observar. Toda decisión judicial que

> condene por un delito contiene una premisa fáctica referente a la conducta humana constitutiva del mismo, al tiempo que suele exigirse una justificación específica relativa a esa premisa. Se trata de la justificación (externa) de la premisa menor o fáctica de la decisión judicial. Justificar una premisa tal consiste - al menos en parte - en probarla: mostrar que hay un acervo suficiente de razones epistémicas (pruebas) que la sustentan"[17].

Uma sentença que aplica incorretamente o direito ao fato discutido no processo, mesmo que esteja devidamente motivada em face do pedido formulado, deve ser reformada ou declarada improcedente pelo tribunal, posto se encontrar contaminada de vício insanável que notabiliza o denominado *error in judicando*, o qual, pela sua natureza maléfica, deve ser expurgado por violar o ordenamento jurídico e atentar contra o princípio da subsunção.

Finalmente, é preciso salientar que o problema da fundamentação ou motivação da sentença não deve ser confundido com a questão da correta aplicação do direito, embora a inobservância de tal formalidade possa ensejar consequências deletérias um tanto parecidas. A sentença carente de fundamentação é irremediavelmente nula. Por isso, não deve encontrar guarida nos repositórios jurisprudenciais dos tribunais, muito menos nos escaninhos das instâncias judiciárias.

3.3 Dispositivo

A parte dispositiva da sentença, ou o dispositivo da sentença, ou simplesmente a conclusão, é o setor em que o juiz encerra tal julgado. Ou seja, é a última parte desse ato decisório, que é escrito ou desenvolvido com base naquilo que foi detalhado pelo raciocínio lógico do juiz na motivação.

Encerrada a motivação, o juiz inicia a parte conclusiva ou dispositiva da sentença que deve coincidir com os argumentos de sua fundamentação. Essa, conforme a unânime afirmação dos autores, é a parte mais importante da sentença porque é por meio dela que ficam revelados as conclusões do magistrado e os limites da coisa julgada.

É na parte dispositiva da sentença que o juiz dirá se julga procedente (mesmo que parcialmente) ou improcedente o pedido das partes, ou se extingue o processo sem julgamento do mérito, ou se declara extinta a punibilidade do acusado, ou se o pronuncia ou impronuncia, ou se desclassifica a infração penal etc.

Conforme leciona Pedro Batista Martins, citado por Sérgio Sahione Fadel, em acertado lecionamento:

---

17 VECCHI, Diego Dei. Op. cit.

> "o dispositivo é a parte mais importante da sentença, não só pela circunstância já apontada de ser ele o pronunciamento da vontade do Estado, senão ainda porque é a parte da sentença que, em virtude das preclusões para os recursos, adquire a autoridade de coisa julgada, o que não acontece com os raciocínios lógicos que o precedem, os quais, como se disse, servem apenas para motivar a decisão, evitando que os fundamentos da autoridade judiciária se confundam, como nos tempos do absolutismo, com o *sic volo, sic iubeo*"[18].

Na mesma linha de raciocínio, expõe Ernane Fidélis dos Santos que,

> "Terminada a fundamentação, o juiz passa à parte conclusiva da sentença. Esta é, na verdade, sua parte mais importante, pois, nela é que se vai encontrar a resolução das questões, ao juiz submetidas pelas partes. No caso de sentença de mérito, o dispositivo tem importância transcendental, já que por ele, no julgamento de procedência ou improcedência do pedido, fixar-se-ão os limites objetivos da coisa julgada"[19].

O dispositivo da sentença, como já se sabe, é a parte que contém a decisão do juiz. Nele fica estabelecido, após os considerandos ou as razões que fundamentaram o *decisum*, o raciocínio judiciário que deve estar conforme o direito legislado. É a sensibilidade do juiz que vai ditar esse raciocínio. É o discernimento do magistrado que vai indicar a melhor solução para o problema apresentado. É a norma reguladora que vai inspirar o seu julgamento. Por isso é que o juiz não pode ser visto como um autômato. Por isso é que a máquina nunca substituirá o juiz na tarefa da distribuição da justiça pela total ausência da capacidade de interpretar a lei.

A utilização dessa capacidade humana de interpretação da lei, vale dizer, do poder conferido ao juiz de dizer o direito, não pode ser ilimitada nem conduzir a conclusões despóticas. É que

> "O poder não é conferido às autoridades públicas para ser exercido como elas queiram, mas para ser exercido de acordo com as regras estabelecidas ou princípios gerais pressupostos"[20].

O juiz também não pode ser legislador. Ele deve estrita obediência ao princípio da legalidade, o qual impõe a existência prévia de lei escrita que tipifique o

18 FADEL, Sérgio Sahione. *Código de Processo Civil comentado*. 4.ª ed. Rio de Janeiro: Forense, 1982. v. 2. p. 22.

19 SANTOS, Ernane Fidélis dos. *Comentários ao Código de Processo Civil*. Rio de Janeiro: Forense, 1980. t. I. p. 250.

20 ROSS, Alf. *Direito e justiça*. São Paulo: Edipro, 2000. p. 199.

fato definido como crime que se deseja punir e a pena cominada. Essa questão foi muito bem fundamentada no escólio de Alberto Silva Franco, citado por Sérgio Salomão Shecaira. Vejamo-la abaixo:

> "O princípio da legalidade implica que o fato constitutivo do delito se mostre descrito de modo diferenciado, isto é, exige-se que a lei enuncie, mediante a indicação de diversos caracteres da conduta delitiva, a matéria de proibição, a fim de que os limites entre o lícito e o ilícito não fiquem à mercê da decisão. Do contrário, o legislador nada mais faria do que transferir sua incumbência ao juiz, sobrecarregando-o com tarefas que não lhe são afetas, porque próprias do poder legislativo"[21].

Essa potestade, que não pode ser confundida com a liberdade de o juiz exercer, como queira, o seu poder, conforme já foi visto, também foi alvo de preocupação do professor bruxelense Chaïm Perelman, para quem

> "... não basta ao juiz fiar em seu senso de equidade: ele deve, na medida do possível, amoldar-se à legislação e levar em conta os precedentes judiciários. Isso porque a administração da justiça exige que o juiz seja guiado por regras suficientemente precisas, sem o que suas decisões seriam influenciadas por suas concepções políticas, e a insegurança que resultaria disso daria à ordem jurídica todas as aparências da arbitrariedade"[22].

O juiz inicia, geralmente, a parte dispositiva da sentença com expressões como "Ante o exposto, julgo procedente a denúncia (ou a queixa) para condenar o acusado Fulano de Tal...", ou "Ante o exposto, julgo improcedente a peça acusatória para absolver o acusado Sicrano...", ou "em face do exposto, declaro extinto o processo sem julgamento do mérito...", ou "Considerando todo o exposto, declaro extinta a punibilidade do acusado Beltrano...", ou ainda "*Ex positis*, pronuncio o denunciado...", sempre fazendo referência a algo que foi dito anteriormente, que nada mais é do que a motivação da sentença, constante na parte imediatamente anterior ao dispositivo.

É no dispositivo da sentença que o juiz julga procedente o pedido e estabelece a sanção penal ou, ao julgar improcedente o pedido, declara a inocência do acusado. É também na parte dispositiva da sentença que o juiz, entendendo não ser mais possível o exercício do *ius puniendi* estatal, declara a extinção da punibilidade do réu.

Desse modo, conforme iterativa e unânime jurisprudência nacional:

---

21 SHECAIRA, Sérgio Salomão. Circunstâncias do crime. *Revista Brasileira de Ciências Criminais*, São Paulo: Ed. RT, ano 6, v. 23, n.º 22. jul./set. 1998. p. 68.

22 PERELMAN, Chaïm. Op. cit., p. 513.

> "Constitui defeito substancial nos termos do art. 564, IV, do CPP, reconhecível em qualquer tempo, a omissão da sentença que, na conclusão, deixa de aplicar o dispositivo legal, segundo o art. 381 do mesmo diploma, a que se sujeita o acusado, seja para condená-lo, seja para absolvê-lo, seja finalmente para declarar a extinção do crime, posto que, assim, incompleta a decisão, deixa o juiz de pôr termo à prestação jurisdicional que lhe é pedida" (TJMT, Rel. Des. Sérgio Martins Sobrinho, *RT* 497/375).

Entre o dispositivo e a motivação deverá haver sempre íntima ligação para que não se contradigam os argumentos expostos em uma e outra parte da sentença. O dispositivo não pode, de modo algum, contrariar o que foi dito na fundamentação da sentença. Quando isso ocorre, diz-se em Processo Penal, por orientação da doutrina italiana, que houve sentença suicida.

3.4 Parte autenticativa

A parte autenticativa é a que se refere ao campo concernente à data e à assinatura da sentença. Após havê-la concluído totalmente, o juiz datará a sentença, tomando como referência o lugar, dia, mês e ano em que houver sido prolatada e depois a assinará.

O art. 388 do CPP dá a impressão de que a sentença, ao tempo em que foi editado esse diploma legal, era elaborada usualmente de forma manuscrita. Por isso, obtempera que, se for datilografada, deve ser rubricada em todas as folhas, certamente para dar-lhe a autenticação necessária.

Apesar de termos essas referências como uma realidade incontrastável, o certo é que sempre – e até hoje – encontraremos atos processuais orais nos procedimentos escritos, assim como atos processuais escritos nos procedimentos orais. Essa constatação nos passa a ideia de que, em certos casos, a legislação estabeleceu a existência de uma terceira via, qual seja a do procedimento misto, onde concorrem mutuamente a forma escrita e a oral, mediante o predomínio ora de uma, ora de outra, sem que ambas se excluam.

O Código de Processo Civil de 1939, por exemplo, apesar das críticas ferrenhas de inúmeros juristas, manteve plenamente a forma procedimental oral (arts. 263 a 272). Por outro lado, o CPC/73, idealizado por Alfredo Buzaid, deu ênfase à forma procedimental escrita, deixando a oralidade em segundo plano, mas não excluída.

Do mesmo modo, o Código de Processo Penal de 1940 inovou trazendo a possibilidade de a sentença ser datilografada. Sobre esse fato novidadeiro, o jurista Antônio Luís da Câmara Leal registrou a ingênua e desabonada crítica do professor Jorge Americano, *in litteris*:

> "A sentença deve ser escrita do próprio punho, datada e assinada por seu prolator. São considerados essenciais estes requisitos, porque servem para fiscalizar a autenticidade da sentença e, ao mesmo tempo, asseguram o sigilo que sobre ela se deve manter até a respectiva publicação. É essencial, para a dignidade da magistratura, que o juiz mantenha sigilo quanto à sua opinião sobre a demanda, até o momento de lavrar a sentença. Qualquer conversação sobre ela travada conduziria à discussão com as partes, com grave prejuízo da austeridade a até da honra do magistrado (...). Ora, permitir que a sentença seja datilografada é tolerar o seu conhecimento pelo datilógrafo, antes de publicada. É certo que a sentença, enquanto em estado de rascunho, pode ser modificada, e só adquire força depois de publicada. Basta uma hesitação do juiz, em presença do datilógrafo, um erro que corrija, uma modificação que introduza, para criar no espírito desse auxiliar uma suspeita sobre a integridade do juiz ou, quando tal não se dê, trazer a público incidentes curiosos ou anedóticos quanto à maneira de lavrar a sentença. (...) Eis por que parece mais sábio manter a tradição, segundo a qual o juiz lavra, data e assina a sentença do próprio punho"[23].

O apego do inolvidável processualista à forma manuscrita não foi adotado por seus contemporâneos, nem pelas gerações posteriores. Mas a forma escrita, por óbvio, foi mantida no ambiente judiciário. Inicialmente, mediante o auxílio da datilografia e, agora, da digitação eletrônica. Pode-se afirmar taxativamente que a grafia cedeu lugar ao teclado da máquina e do computador.

Atualmente, o princípio da oralidade goza de grande prestígio no cenário nacional, porque trouxe bons resultados à dinâmica dos Juizados Especiais na sua previsão legislativa e funcional. Pode-se afirmar, então, que, em nossos dias, convivem harmonicamente no processo civil e penal brasileiro dois sistemas processuais: o escritural e o oral. Diga-se, em complemento, que o aparecimento da informática, como ferramenta útil na prática dos atos processuais, não desconfigurou o formato dos procedimentos estabelecidos pelas leis dos processos. Ao contrário, prestigiou-o, considerando que a intenção é dar celeridade à prestação jurisdicional permitindo maior transparência da tramitação processual e o acesso, ao mesmo tempo, a um número infindável de usuários.

A ferramenta da informática está presente, com tanta força, nas mais variadas profissões do mundo em que vivemos que é impossível ignorá-la ou descartá-la. Isso, contudo, não tornará, por exemplo, o Judiciário melhor, nem o juiz infalível em suas decisões. A máquina jamais substituirá o homem, porque ele está no comando. Destarte, a tecnologia nela presente em tempo algum suprirá o sentimento humano, mas apenas fornecerá o aporte para o aperfeiçoamento das tarefas diárias, quer da dona de casa, quer do Judiciário, que é o objeto do nosso estudo.

---

23 LEAL, Antônio Luís da Câmara. *Comentários ao Código de Processo Penal Brasileiro*. Rio de Janeiro: Freitas Bastos, 1942. v. III. p. 21.

O juiz não pode ser um autômato, muito menos um misoneísta. Não pode também ser refém da tecnologia. O computador deve ser apenas seu aliado nessa travessia, ou seja, na transposição do procedimento processual em autos físicos para os autos virtuais, sem retirar a grandeza de sua autoridade ou de sua atuação como pacificador dos conflitos sociais.

A grandeza do juiz não está na sua autoridade ou na prerrogativa de dizer o direito aplicável à espécie, mas na capacidade de decidir as pequeninas coisas com a mesma sensibilidade que utiliza para julgar as grandes causas. E, nesse aspecto, o juiz leva uma grande vantagem sobre a máquina. Ele pode ver e sentir sob a ótica do ser humano, coisa que ela não pode fazer.

Modernamente, a própria máquina de datilografia já vem sendo colocada em desuso, uma vez que cedeu lugar ao computador, artefato cibernético da moderna tecnologia de informática. Por meio desse processador e armazenador de dados, o trabalho do magistrado é facilitado, porquanto essa revolucionária máquina da informática se constitui em componente utilíssimo no desenvolvimento do serviço forense, porque mediante ela são realizadas todas as operações necessárias para o célere desempenho dos serviços forenses.

Na atualidade, portanto, as sentenças têm sido digitadas e imprimidas em impressora conectada a essa extraordinária máquina, que nada mais representa do que a sofisticação do vetusto serviço de mecanografia, realizado, no passado, com a utilização da máquina de datilografia. A adoção dessas técnicas sempre contribuiu para a clareza e a facilitação da compreensão do texto da sentença, pois nem todas as pessoas possuem a caligrafia legível.

A sentença redigida em computador conta também com a vantagem da sua expedição em inúmeras cópias, sem a possibilidade de perda de seu conteúdo e compreensão, bem assim do seu aproveitamento em outros casos semelhantes, posto ficar armazenada no disco rígido dessa máquina, no qual repousam os seus arquivos. Ela pode ser armazenada também em pendrive ou em HD externo para uso em outras máquinas ou computadores eletrônicos com porta USB.

Quando a sentença for datilografada, diz o art. 388 do CPP, o juiz a rubricará em todas as folhas. Essa exigência tem a finalidade de dar autenticidade a esse ato jurídico. No entanto, a ausência de rubrica nas folhas do referido ato decisório não ensejará, por si só, a sua nulidade se a última folha estiver devidamente assinada pelo juiz.

O Supremo Tribunal Federal, chamado a manifestar-se sobre o tema em destaque, assim entendeu:

> "Sentença. Rubricas em suas páginas. Desnecessidade. Formalização. Presunção de veracidade. Milita a favor dos provimentos judiciais a presunção de autenticidade. A simples circunstância de as folhas respectivas não

> contarem com a rubrica do prolator – art. 388 do CPP – não é conducente à procedência da pecha de nulidade, desde que haja a assinatura ao final" (STF, 2.ª Turma, Rel. Min. Marco Aurélio, HC 70.316-0, *DJU* 17/09/1993, j. 17/08/1993, p. 18928-18929).

Em julgamento similar, o Superior Tribunal de Justiça também entendeu que:

> "A assinatura do juiz é necessária à sentença. De outras razões, caracterizar a competência, decorrente do juízo natural. Irrelevante, porém, as folhas serem rubricadas. A interpretação jurídica não pode prender-se a aspectos formais secundários" (STJ, Ac. un. da Turma, Rel. Min. Vicente Cernicchiaro, RHC 3.155-7, *DJU* 13/12/1993, p. 27490).

A sentença proferida na própria audiência dará maior autenticidade a esse ato, porque, no termo ou na ata da audiência, além do lugar, do dia, do horário, do mês e do ano em que foi prolatada, conterá também a assinatura do juiz, do escrivão, das partes presentes e dos seus advogados ou defensores, evitando-se, com isso, que qualquer dúvida seja levantada quanto à validade do julgado e do prazo para interposição de recurso, desde que assinada e publicada na mesma audiência, quando todos os interessados já ficarão intimados, se presentes.

Contudo, se elaborada previamente pelo juiz, somente será considerada publicada com a sua entrega em cartório ao escrivão (art. 389, CPP). Antes disso, configura apenas simples opinião do juiz, que pode ser modificada de ofício (art. 3.º, CPP, e art. 494, I, CPC), porque representa mero trabalho intelectual de seu prolator, ainda não revestido de existência jurídica como ato processual, visto não se lhe haver dado publicidade.

Para concluir, cumpre esclarecer que, com o avanço da tecnologia da informática, o uso do papel está empregado em segundo plano, tornou-se dispendioso e, por isso, anacrônico, antiquado, arcaico, obsoleto. A ideia é eliminar definitivamente a utilização do papel para registrar os atos processuais. É que, mesmo quando usado nas correspondências protocolares a terceiros ou na confecção de decisões, bem como de mandados judiciais para citação ou intimação das partes e de advogados, deverá ser digitalizado para armazenamento em meio eletrônico, no processo virtual. Nisto haverá economia de gastos e prática de política ambiental tão em voga em nossos dias.

Acaso o procedimento adotado para a tramitação processual penal tenha sido praticado no âmbito virtual, a sentença prolatada deve conter a assinatura eletrônica do juiz, sob pena de nulidade.

Melhor explicando, não se trata de um novel procedimento, mas de um novo processamento de acesso à jurisdição forense, manejado com as ferramentas da cibernética. O Judiciário brasileiro utiliza o PJe como plataforma virtual para tramitação e impulsionamento dos processos. Existe, inclusive, resolução do CNJ disciplinando o uso de tal ferramenta da informática pelo primeiro e segundo graus de jurisdição em todo o país.

A tecnologia em destaque elimina a guarda do processo em grandes armários, sob a responsabilidade do escrivão. Ele também não estará nas mãos do juiz ou dos advogados, muito menos de qualquer funcionário da justiça. Sua natureza imaterial permite o arquivamento em servidor automatizado, propiciando o rápido acesso às informações, de qualquer lugar do mundo, porque o processo eletrônico possui a característica da ubiquidade.

Capítulo V

ESPÉCIES DE SENTENÇA PENAL

1. NOTA EXPLICATIVA

Neste tópico faremos o estudo das espécies de sentenças penais mais conhecidas, de uso comum no dia a dia da atividade judicante pelo juiz criminal, qualquer que seja a sua jurisdição ou competência jurisdicional.

Assim, veremos os requisitos da sentença penal condenatória, da sentença penal absolutória, da sentença que declara extinta a punibilidade do acusado, da sentença[1] de pronúncia, da sentença de impronúncia e da sentença que decide pela absolvição sumária do acusado, explorando a doutrina em torno delas, os precedentes jurisprudenciais e a técnica de sua prolação.

2. SENTENÇA CONDENATÓRIA

A sentença penal condenatória resulta da procedência, total ou parcial, da ação penal. Ela torna concreta a pretensão punitiva do Estado por meio do comando exprimido na decisão do juiz criminal.

Com esse ato de lógica jurídica, o magistrado deve respeitar, como já foi exaustivamente demonstrado, não só os requisitos do art. 381 do CPP, mas também as disposições hauridas do art. 387 desse mesmo diploma legal e dos arts. 59 e 68 do Código Penal. Deverá também observar as diretrizes dos arts. 49 e 60 do Estatuto Repressivo, se houver também previsão para a aplicação da pena de multa isolada ou cumulativamente.

Partindo desses pressupostos, cabe a verificação do procedimento a ser adotado pelo juiz para a aplicação da pena, em que serão demonstradas todas as

---

1 Embora tenhamos, em doutrina e jurisprudência, o hábito de nos referirmos à pronúncia como sendo sentença, sabemos, na verdade, que é uma decisão interlocutória mista que deve ser impugnada por meio do recurso no sentido estrito. Isso será devidamente explicado no tópico referente ao tribunal do júri. Do mesmo modo faremos em relação à impronúncia e à absolvição sumária, que, atualmente, desafiam o recurso de apelação.

fases da sua dosimetria, tomando por base as disposições supracitadas, a imputação feita ao réu e o tipo penal em que se encontrar incurso, diante da convicção íntima do juiz.

Antes, porém, deve ser esclarecido que, no rol das espécies de sanções penais, temos as penas privativas de liberdade (arts. 33 a 42, CP), as penas restritivas de direitos (arts. 43 a 48, CP) e a pena de multa (arts. 49 a 52). As penas privativas de liberdade têm seus limites estabelecidos na sanção correspondente a cada tipo legal de crime (art. 53, CP). As penas restritivas de direitos são autônomas e aplicáveis, independentemente de cominação na parte especial do estatuto repressivo (que não as contempla), em substituição à pena privativa de liberdade, fixada em quantidade inferior a um ano, ou nos crimes culposos, e terão a mesma duração da pena privativa de liberdade substituída, não podendo ser superior ou inferior a ela (arts. 54 e 55, CP).

Tratando-se de crime culposo, a pena restritiva de direito pode ser imposta, em substituição à privativa de liberdade, qualquer que seja a pena aplicada. Tratando-se de crime doloso e desde que a pena aplicada não seja superior a quatro anos, pode também o juiz substituir a pena privativa de liberdade por pena restritiva de direitos, sempre que o delito não tenha sido cometido com violência ou grave ameaça à pessoa, na conformidade do disposto no inciso I do art. 44 do Código Penal. A substituição será possível mesmo que o condenado seja reincidente. A condenação anterior não impedirá a obtenção do benefício, quando a medida seja socialmente recomendável e a reincidência não se tenha operado em face do mesmo crime, isto é, desde que não tenha ocorrido a reincidência específica.

Quanto à possibilidade da substituição da pena privativa de liberdade pela pena restritiva de direitos, quando a pena cominada seja igual ou inferior a quatro anos, em face do disposto na Lei n.º 9.714/98, existe controvérsia jurisprudencial no que tange à sua aplicabilidade no caso de se tratar de crimes hediondos, bem assim de delitos a eles equiparados, por força da regra constitucional inscrita no inciso XLIII do art. 5.º da nossa Carta Magna. Vejam-se os arestos:

> "O inconformismo referente à substituição da pena privativa de liberdade pela restritiva de direitos não procede. A simples alegação de ser crime hediondo não obsta a substituição da pena. Se o legislador não fez qualquer restrição nesse sentido, não cabe ao intérprete fazê-la. Preenchidos os requisitos legais objetivos e subjetivos, previstos no art. 44, do CP, com as alterações da Lei 9.714/98, nenhum impedimento existe para que a pena privativa de liberdade, seja substituída por restritiva de direitos..." (TJMG, 1.ª Câmara Criminal, Rel. Des. Zulman Galdino, Ap. Criminal n.º 148.427-8).
>
> "Consoante entendimento predominante neste STJ, a Lei 9.714/98 não é aplicável aos crimes hediondos ou a eles equiparados" (STJ, Ac. da 5.ª Turma, Rel. Min. Edson Vidigal, *DJU* 27/09/1999, p. 106).

A pena de multa, prevista em cada tipo legal de crime, tem seus valores fixados no art. 49 e seus parágrafos do Código Penal. Pode ela ser aplicada isoladamente, quando é a única prevista como sanção (art. 43, LCP). Pode ela ser aplicada alternativamente, quando é permitido ao juiz escolher, na forma do tipo penal, entre a inflição de pena privativa de liberdade e a pena pecuniária (art. 320, CP). Pode ela ser aplicada cumulativamente, quando houver sido prevista pelo tipo penal para aplicação simultânea com uma pena privativa de liberdade (art. 298, CP). Pode ela ser também aplicada como pena substitutiva, quando houver previsão legal para substituir uma pena privativa de liberdade, tal como descrito nos arts. 60, § 2.º (isoladamente), e 44, § 2.º, do Código Penal (alternativa ou cumulativamente).

Na fixação da pena de multa, o juiz deve atender sobretudo à situação econômica do réu. Os limites para sua fixação encontram-se balizados nos arts. 49 e 60 do Código Penal.

Os efeitos da sentença penal condenatória encontram-se enumerados no art. 393 do CPP e só devem ser exigidos após a sentença se tornar irrecorrível, ou seja, após o seu trânsito em julgado, ou por falta de interposição do recurso cabível, ou pelo fato da sua confirmação pela instância superior.

Hoje em dia, com a vigência de nova ordem constitucional, a prisão do indivíduo somente pode ser determinada, antes do trânsito em julgado da sentença condenatória, quando se tratar de medida cautelar adotada no interesse do processo. Com maior razão, somente poderá o juiz exigir o recolhimento prévio do condenado à prisão, antes de passado em julgado a sentença condenatória, quando a medida for extremamente indispensável e desde que esteja devidamente fundamentada no próprio julgamento de mérito, pois a interpretação que se extrai do art. 105 da Lei de Execução Penal nos conduz ao entendimento de que a execução do ato prisional pressupõe a irrecorribilidade da sentença.

3. SENTENÇA ABSOLUTÓRIA

A sentença penal absolutória resulta da improcedência total da ação penal. Ela torna inviável a pretensão punitiva do Estado por meio do comando negativo exprimido na decisão do juiz criminal, quando presente alguma das hipóteses previstas no art. 386 do CPP.

Pode também o pedido envolver não uma pretensão punitiva, mas a garantia da manutenção da liberdade do indivíduo ou a restauração da sua liberdade ambulatória cerceada por ato ilegal de autoridade ou de particular. Neste passo, a via eleita será a do *habeas corpus*, caso em que, ao ser denegado, não se poderá falar tecnicamente de absolvição do paciente ou improcedência da ação, mas de denegação da ordem ou do pedido. Neste caso, a decisão está sujeita ao recurso no sentido estrito.

Quando se tratar de concessão do pedido formulado no *habeas corpus*, diz-se que haverá deferimento ou concessão da ordem, que se dará mediante sentença. No caso, trata-se de sentença mandamental prolatada com os mesmos requisitos comuns à sentença penal. Igualmente, nessa hipótese, a sentença estará sujeita ao recurso no sentido estrito, por força do disposto no inciso X do art. 581 do CPP.

Existem casos em que, embora tenha o réu sido absolvido, o juiz pode aplicar-lhe medida de segurança, tal como previsto no art. 97 do Código Penal. No fundo, não deixa de haver impropriamente uma condenação pela restrição à liberdade do condenado que a medida de segurança impõe.

Sucede, entretanto, que o Código de Processo Penal (art. 386, parágrafo único, III) tratou a hipótese entre as causas de absolvição do réu. Coube, então, à doutrina classificar o ato judicial que a legaliza como sentença absolutória imprópria, a qual, num conceito processual, a despeito de absolver o réu, impõe-lhe medida de segurança.

Como espécie do gênero sentença absolutória, temos ainda a decisão que opera a absolvição sumária do acusado nos crimes da competência do Tribunal do Júri, tal como prevista no art. 415 do CPP. A partir da reforma implementada com a Lei n.º 11.689/2008, o recurso cabível agora é a apelação, nos termos do disposto no art. 416 do diploma processual supracitado.

Um dos maiores tormentos do juiz que exerce função jurisdicional perante o Tribunal do Júri se relaciona com o reconhecimento da legítima defesa, como causa de absolvição sumária do acusado, porquanto ainda predomina, na quase totalidade das situações, a opção pela pronúncia em face da aplicação da premissa *in dubio pro societate*, embora já existam centenas de lecionamentos e decisões pretorianas (que se opõem a tal costume forense), sob o fundamento de que, não estando escrito na nossa carta magna, nem na lei processual penal, carece da prerrogativa de *status* constitucional ou infraconstitucional, porque viola o princípio do estado de inocência (arts. 5.º, LVII, e 8.2, CADH).

O *in dubio contra reum* é uma forma injusta de privilegiar a ineficiência do órgão acusador em provar os fatos imputados ao acusado e favorecer o singelo argumento da defesa da sociedade. Trata-se de perigoso enunciado entregue ao talante de alguns magistrados que, refestelados na languidez de suas confortáveis poltronas, procuram a solução mais cômoda, porém menos acertada, para encaminhar o réu ao plenário do júri popular, na suposição de que sua dúvida seja o indício suficiente da autoria não provada.

Conforme explicitou o Min. Gilmar Mendes no Recurso Extraordinário com Agravo n.º 1.067.392/Ceará, a parêmia "*in dubio pro societate* além de não possuir amparo normativo, tal preceito ocasiona equívocos e desfoca o critério sobre o *standard* probatório necessário para a pronúncia".

A maior incidência dos casos prende-se ao fato de o juiz togado entender que, declarando haver o acusado agido em legítima defesa, está excluindo, por exemplo, o conhecimento da hipótese pelo juízo natural competente, que é o Tribunal do Júri. Contudo, nada obsta que tal constatação seja, de logo, feita, afastada eventual dúvida razoável, e desde que alicerçada em prova robusta.

Sucede que a defesa da própria vida antecede o direito de punir do Estado. O *ius vitae* precede o *ius puniendi* na medida em que a legítima defesa é um marco civilizatório que tem como pressuposto a preservação da vida, vale dizer, da perpetuação da espécie como um direito inerente à condição humana.

O raciocínio aventado não é fantasioso, nem antijurídico, conquanto o essencial deve cingir-se ao convencimento do que o ser humano, por meio dos paradigmas sociais e legislativos, entende sobre o que seja legítima defesa. A explicação nos é dada por Julio Fioretti, *in verbis*:

> "Hoje, para nós, entre a idéa de defeza e o da offensa existe um abysmo; estas duas palavras são diametralmente opostas na sua significação. Por defeza entendemos o exercício d'uma violencia imposta pela necessidade de tutellar a vida, os haveres ou a honra; só por pleonasmo, por technica juridica, accrescentamos á palavra defeza o epitheto de legitima. Mas como adverte um grammatico latino, Prisciano, outr'ora existia uma palavra, depois cahida em desuso, que continha conglobadas na sua significação, as duas idéas de defeza e de offensa. (...). O direito de legitima defeza está escripto em grandes caracteres nas doze tabuas e no Digesto, isto é, na certidão de nascimento e na de obito do espirito animador do direito romano"[2].

Verificada a confusão etimológica dos termos legítima e defesa, que deve ser desfeita pelo juiz no momento de sua decisão pela absolvição sumária, cabe esclarecer que o direito de punir na sociedade humana tem sede na natureza, ou seja, numa lei natural. Essa mesma premissa, que é verdadeira, outorgou também ao homem o direito, bem como o dever natural de defender-se para manutenção de sua própria vida e existência. Tais preceitos devem caminhar juntos, num patamar equivalente, independentemente da vontade do julgador, porque ambos possuem o mesmo grau de importância, posto que, segundo Carrara, "tendem á conservação do homem. Portanto, onde falla o primeiro preceito, deve calar o segundo"[3].

Para melhor compreensão e aprofundamento do tema, remetemos o leitor ao Livro II, Capítulo II, desta obra.

2 FIORETTI, Julio. *Sobre a legitima defeza*: estudo de criminologia. Traducção de Octavio Mendes. 4. ed. Lisboa: Livraria Classica Editora, 1925. p. 23, 24 e 27.

3 FIORETTI, Julio. Op. cit., p. 79.

4. INTIMAÇÃO DA SENTENÇA

A sentença, no Processo Penal, quer seja ela condenatória quer seja absolutória, tem sua intimação regulada pelo art. 392 do CPP. Com efeito, sua publicação será feita no cartório, isto é, em mão do escrivão que certificará o fato nos autos, em virtude de sua juntada, e a registrará em livro destinado para esse fim, dando-lhe existência legal, sendo recomendável seu encerramento a cada duzentas páginas.

Com a ferramenta da informática, o livro em referência pode ser formado a partir da digitalização de cada sentença. Com a perspectiva de esse livro ser virtual, deve ser constituído de documentos e mídias digitalizados para conservação segura em disquete, CD, pendrive, HD externo ou em outro equipamento similar onde permaneça arquivado em ambiente eletrônico para rápida pesquisa por quem de direito.

Desnecessária será a publicação da sentença se for proferida em audiência. É que a presença das partes autoriza a imediata intimação da sentença, dispensando, por conseguinte, sua publicação.

Pode também a intimação ser feita por meio de edital, na forma e casos previstos no art. 392 do CPP. Trata-se de intimação ficta. Por essa razão, se no decurso do prazo do edital for o réu preso ou se apresentar espontaneamente ou, ainda, se o seu defensor for encontrado, a intimação será feita a um deles, ficando sem efeito aquela pretendida pelo edital, a qual deve ser desconsiderada.

Caso a ação penal tenha tramitado por meio de procedimento eletrônico, a intimação da sentença poderá ser feita em portal próprio em ambiente virtual, conforme a regra do art. 5.º da Lei n.º 11.419/2006, que só proíbe a citação eletrônica no processo criminal (art. 6.º), mas não a intimação dos atos ou eventos processuais, inclusive ao Ministério Público e ao defensor do acusado.

A sentença somente produzirá os efeitos legais após a sua publicação e intimação. A publicidade da sentença é fator importante para sua validade e execução, porquanto já foi dito alhures que a sua simples entrega em cartório ou a juntada aos autos sem a consequente publicação importa em que ela se apresente apenas como um mero projeto de sentença, ainda suscetível de modificação porque não entrou no mundo jurídico.

Para assegurar o cumprimento da ampla defesa e do contraditório, bem como da plenitude de defesa, neste último caso para os processos da competência do Tribunal do Júri, entendo que se, no momento da intimação, o próprio réu manifestar sua inconformação com o resultado da sentença, pode o mesmo registrar tal fato no mandado que lhe for apresentado pelo oficial de justiça. Contudo, caso não consiga descrever sua irresignação ou assinar o nome, deve o meirinho certificar tal fato para conhecimento do magistrado, o qual deverá nomear um defensor para apresentar as razões do recurso ao órgão de jurisdição superior, caso a via impugnativa não permita o exercício do juízo de retratação.

Os prazos para a interposição de recurso correm em cartório e serão contínuos e peremptórios, visto que não se interrompem por férias, domingo ou dia feriado. Não obstante o novo Código de Processo Civil contemple dispositivo que manda fazer a contagem dos prazos somente em dias úteis, essa regra não se aplica ao processo penal.

Capítulo VI

DA PENA

1. DA APLICAÇÃO DA PENA

Ao meditar sobre o problema da pena, o jurista italiano Francesco Carnelutti, num opúsculo de expressivo cunho humanitário, argumentou que:

> "El problema de la pena, que es, en el fondo, una servidumbre, es, y no puede dejar de ser, el problema de la liberdad. Sabemos hoy en día muchas cosas en torno al delito; pero muchas menos en torno a la pena; y lo poco que se sabe acerca de ella es más bien del lado del cuerpo que del lado del espíritu"[1].

A sanção penal atende, em nossos dias, a um interesse eminentemente público. Por isso é que compete ao Estado, por meio do Poder Judiciário, o exercício desse dever, como *ultima ratio* inscrita no capítulo da reprovação e prevenção do crime. A função da pena, nessa perspectiva, é, a um só tempo, punir o infrator - porque violou o preceito sancionador -, e também inibir a prática de futuros delitos por ele ou por outros indivíduos.

Na visão sofista de Protágoras, nenhum homem prudente é punido porque pecou, mas para que não peque novamente - *nemo prudens punit quia peccatum, est sed ne peccetur.* Seria, em outras palavras, afirmar que a prática delituosa implica a aplicação de uma sanção penal e que a pena cominada evita ou inibe a reincidência.

Tem a pena, pela sua própria natureza, caráter repressivo, preventivo, intimidativo e inibitório, pois visa punir o infrator, bem como desencorajar e desestimular o criminoso e todas as pessoas da comunidade que tenham, em potencial, vocação para delinquir (*animus delinquendi*), neutralizando suas intenções criminosas e criando em cada celerado a certeza de que a prática do ilícito penal causa um dano social, que resultará em sua punição.

1 CARNELUTTI, Francesco. *El problema de la pena*. Buenos Aires: EJEA, 1956. p. 7, 9 e 10.

Não é à toa que Thomas Jefferson enfatizou que "a espada da lei não deve cair nunca senão apenas sobre aqueles cuja culpabilidade é tão evidente que puder ser proclamada tanto por seus inimigos, quanto por seus próprios amigos".

Por essa razão, não é necessário o juiz justificar-se na explicação doutrinária de escolas penais sobre os fundamentos da aplicação da sanção criminal, sob o ponto de vista da concepção retribucionista ou utilitarista da pena. A sentença não é tese filosófica em que se deva explicar a justificação moral do castigo com base na lógica ou na ética. Não serve tampouco a sentença para absorver a herança cultural religiosa do perdão.

A justiça do cristianismo religioso pode perdoar, mas a dos homens não. Entretanto, não podemos levar meu enunciado ao pé da letra, pois "segundo Santo Tomás hasta los bienaventurados del cielo sienten de algún modo satisfacción al ver los sufrimientos de los moradores del infierno"[2].

Em uma interpretação simples, basta pensarmos no fato de que, ao escolher violar a lei, o infrator tem em mente a possibilidade de sofrer uma pena correspondente ao mal causado com a prática delituosa. Todavia, não lhe passa pela cabeça, por ser utópico, a ideia de que a pena possa ter um efeito positivo, qual seja o de fomentar sua ressocialização ou, pelo menos, não impedi-la.

O período da prisão não pode ser visto como um tempo inútil. Ele deve ser suficiente para a reintegração social do condenado. Essa atribuição constitui uma inarredável obrigação do Estado, a qual nem sempre é cumprida pela inexecução das políticas criminais, sociais e penitenciárias de responsabilidade desse ente público.

Para Michel Foucault:

> "A sentença que condena ou absolve não é simplesmente um julgamento de culpa, uma decisão legal que sanciona; ela implica uma apreciação de normalidade e uma prescrição técnica para uma normalização possível. O juiz de nossos dias (...) não julga mais sozinho. Ao longo do processo penal, e da execução da pena, prolifera toda uma série de instâncias anexas"[3].

Disso tudo decorrerá a manutenção da fé no Direito e a credibilidade na administração da Justiça pela sociedade, principalmente se a pena aplicada ao infrator for suficiente para reprovar a sua conduta e conseguir, com seu aspecto pedagógico e o auxílio dos órgãos da execução penal, reintroduzi-lo totalmente

2 IPIÑA, Antonio Beristain. Hoy y mañana: de la política criminal protectora y promotora de los valores humanos (la paz desde la victimología). *Direito Criminal*, Belo Horizonte: Del Rey, v. 5. p. 104.

3 FOUCAULT, Michel. *Vigiar e punir*: nascimento da prisão. Petrópolis: Vozes, 1987. p. 21-22.

recuperado no meio social, como é de se esperar que ocorra com todo condenado, sob pena de ficar patente a inutilidade do esforço estatal nesse campo.

Analisando a questão, Eugenio Raúl Zaffaroni destaca que:

> "La pena es privación de bienes jurídicos que el Estado impone al autor de un delito en la medida tolerada por el sentimiento medio de seguridad jurídica y que tiene por objeto resocializarle, para evitar nuevos ataques a bienes jurídicos penalmente tutelados"[4].

Contudo, numa perspectiva da teoria da pena seria de se perquirir, enquanto humanos, se somos todos semelhantes. Se a resposta for afirmativa, ela nos inclinará a concordar com o poeta romano Públio Terêncio, sobre a natureza humana, quando escreveu que *homo sum: nihil humani a me alienum puto.*

Mas, de logo, afirmo que um ser humano não é igual ao outro, ainda que gêmeos univitelinos. Por isso é que se fala em indivíduo como sinônimo de indivisível. Por consequência, busca-se sempre na sentença penal, no ato de julgar o acusado, a individualização da pena, em caso de condenação.

Para o julgador é muito importante refletir sobre o pensamento desse conhecido filósofo e poeta para concluir que nada do que aconteça a qualquer pessoa, por mais distante ou estranha a nós que ela seja, deve ser sentido como se conosco não possa acontecer, pois estamos todos irmanados pelo puro e simples fato de pertencermos à espécie humana.

A consequência natural dessa conclusão é o despertar de uma compaixão natural por todas as pessoas, a qual, não obstante não precise ter, deve o juiz enfrentar no momento em que for decidir a causa para tentar compreender, como humano, e encarnando a alteridade, o que significa colocar-se no lugar do outro.

O fundamental para o magistrado, nessa análise, é constatar que, sendo também humano, nada do que aconteça a qualquer ser humano deve surpreendê-lo, pois poderia perfeitamente suceder ao julgador. Refiro-me a atos ilícitos porventura cometidos, ainda que insignificantes. Quanto a isso, nunca poderemos ter certeza absoluta de que, verificadas determinadas circunstâncias oportunas, facilitadoras e necessárias, não fosse qualquer um de nós capaz de cometer atos ignóbeis e deploráveis.

O homem é como uma caverna onde habitam vários indivíduos. Em cada um de nós vivem, simultaneamente, um herói e um vilão, ambos prontos para entrar em ação tão logo as circunstâncias o exijam. Ninguém se vanglorie de exercer controle absoluto sobre si mesmo e seus atos. Com isso não estamos querendo

4 ZAFFARONI, Eugenio Raúl. *En busca de las penas perdidas*. 2ª ed. Colombia: Temis, 1990. p. 166.

afirmar que um certo autocontrole ou equilíbrio emocional não seja humanamente possível, quando necessário; do contrário não poderíamos viver em grupo.

É a repressão e o controle de considerável quantidade de impulsos, nem sempre os mais elogiáveis, que sustentam a possibilidade de vida em sociedade. Entretanto, nem por isso podemos esquecer que o vilão que nos habita está sempre à espreita.

Por essa razão, em consonância com a sábia premissa terenciana, o juiz não deve surpreender-se por comportamento algum de qualquer ser humano, uma vez que ele próprio não pode julgar-se totalmente imune à possibilidade de proceder de maneira semelhante.

Nessa esteira de entendimento, e com muita propriedade acadêmica, os juristas argentinos Marcelo Riquert e Eduardo Jimenez apostilam que:

> "La pena é una amenaza que atúa como coacción psicológica disuadiendo al sujeto de emprender la conducta delictiva. Es una advertencia que se formula a la sociedad istando a que no se delinca. Al procurar evitar el delito se refuerza la idea de un derecho penal dirigido a la protección más que a la represión"[5].

Seguindo a própria disposição do Código Penal, veremos neste passo como se dá a aplicação da pena. Antes, porém, é necessário dizer que, havendo mais de um réu, deverá ser feita a dosimetria da pena para cada um separadamente na mesma sentença em função do princípio da individualização da pena. Isto se verifica pelo fato de que nem todos os acusados se conduzem da mesma maneira durante o *iter criminis*, devendo, por isso, o juiz apená-los individualmente na medida de sua culpabilidade.

O critério para fixação da pena foi delineado, em sistema trifásico, em atenção aos estudos do renomado penalista Nelson Hungria, conforme se dessume do art. 68 do diploma supracitado. Antes, na vigência do Código Penal revogado (Parte Geral), sob os estudos e a orientação doutrinária do também penalista Roberto Lyra, trabalhava-se com o sistema binário, em que se chegava à aplicação da pena com apenas duas operações, ou seja, na primeira fase fixava-se a pena-base tomando em conta as circunstâncias judiciais do art. 59 do Código Penal, adicionadas das circunstâncias atenuantes e agravantes. Na segunda fase, eram acrescentadas as causas de diminuição e de aumento de pena para chegar à sanção definitiva.

5 RIQUERT, Marcelo Alfredo; JIMENEZ, Eduardo Pablo. *Teoría de la pena y derechos humanos*: nuevas relaciones a partir de la reforma constitucional. Buenos Aires: Ediar Sociedad Anónima Editora, 1998. p. 243.

Agora, com a reforma do Código Penal (Lei n.º 7.209/84), que adotou, repita-se, o sistema trifásico para a fixação da pena, tem o mesmo como primeira fase ou etapa as circunstâncias judiciais previstas no art. 59 do Código Penal (pena-base); em seguida devem ser consideradas as circunstâncias atenuantes e as agravantes (arts. 65, 66 e 61, CP); por último, as causas de diminuição e de aumento para chegar-se à pena definitiva.

O item 51 da exposição de motivos da nova Parte Geral do Código Penal, firmada pelo então Ministro da Justiça Ibrahim Abi-Ackel, confirma essa questão, *in verbis*:

> "O projeto opta claramente pelo critério das três fases, predominante na jurisprudência do Supremo Tribunal Federal. Fixa-se, inicialmente, a pena-base, obedecido o disposto no art. 59; consideram-se, em seguida, as circunstâncias atenuantes e agravantes; incorporam-se ao cálculo, finalmente, as causas de diminuição e aumento. Tal critério permite o completo conhecimento da operação realizada pelo juiz e a exata discriminação dos elementos incorporados à dosimetria".

A par disso, e sintonizado com o disposto no art. 5.º, XLVI, da Constituição Federal, o legislador ordinário estabeleceu o roteiro para fixação da pena-base. Assim estatuiu no art. 59 do Código Penal:

> "O juiz, atendendo à culpabilidade, aos antecedentes, à conduta social, à personalidade do agente, aos motivos, às circunstâncias e consequências do crime, bem como ao comportamento da vítima, estabelecerá, conforme seja necessário e suficiente para reprovação e prevenção do crime:
>
> I – as penas aplicáveis dentre as cominadas;
>
> II – a quantidade de pena aplicável, dentro dos limites previstos;
>
> III – o regime inicial de cumprimento da pena privativa de liberdade;
>
> IV – a substituição da pena privativa de liberdade aplicada, por outra espécie de pena, se cabível".

É fundamental tanto para o juiz quanto para as partes que esse roteiro seja rigorosamente observado, porque é em decorrência dele que o magistrado chegará à pena-base. Para ser mais claro, pode-se dizer que são os fatores componentes do art. 59 do Código Penal, que, após devidamente examinados, possibilitarão o estabelecimento da pena-base no mínimo legal ou acima do mínimo legal, logo que encontrada a espécie de pena privativa de liberdade aplicável.

Assim deve ser porque está arraigado no espírito da norma penal, pois, como registra a própria exposição de motivos da nova Parte Geral do Código Penal (n.º 51),

> "Fixa-se, inicialmente, a pena-base, obedecido o disposto no art. 59; consideram-se, em seguida, as circunstâncias atenuantes e agravantes; incorporam-se ao cálculo, finalmente, as causas de diminuição e aumento. Tal critério permite o completo conhecimento da operação realizada pelo juiz e a exata determinação dos elementos incorporados à dosimetria".

Deixa claro o legislador, com essa justificação, que o atendimento ao roteiro estabelecido pelo art. 59 do Código Penal assegura a plenitude da garantia constitucional da ampla defesa, permitindo às instâncias superiores, quando do exame do recurso, avaliarem o processo mental utilizado pelo julgador para a fixação da pena, localizarem e enumerarem os erros de lógica jurídica, corrigindo-lhes os equívocos e vacilações e, finalmente, detectarem em que ponto desse trajeto o juiz se perdeu.

Por isso é que já decidiu o Supremo Tribunal Federal, iterativas vezes, que não basta a referência a esmo dos elementos indicadores da fixação da pena, previstos no art. 59 do Código Penal (circunstâncias judiciais). É indispensável que todos eles sejam examinados, isoladamente, sob pena de nulidade da decisão. Vejam-se os arestos a seguir:

> "A mera indicação de dispositivos legais não preenche a necessidade de fundamentação da sentença. O magistrado na fixação da pena deve considerar a conduta e as condições pessoais do réu (art. 59 do CP). Ordem parcialmente concedida para que, mantido juízo condenatório, nova decisão seja proferida com observância do disposto no art. 59 do CP" (STF - Ac. un. da 2.ª Turma - Rel. Min. Francisco Rezek - *Boletim do IBCCrim* n. 55/196).
>
> "Sendo a sentença condenatória carente de fundamentação na dosimetria da pena, impõe-se sua nulidade, para que outra seja proferida" (STF, Rel. Min. Cunha Peixoto, *RT* 544/470).
>
> "Não responde à exigência de fundamentação de individualização da pena-base e da determinação do regime inicial de execução de pena a simples menção aos critérios enumerados em abstrato pelo art. 59, CP, quando a sentença não permite identificar os dados objetivos e subjetivos a que eles se adequariam, no fato concreto, em desfavor do condenado" (STF, Rel. Min. Sepúlveda Pertence, HC 68.571, *DJU* 01/11/1991, p. 15569).
>
> "Traduz situação de injusto constrangimento o comportamento processual do magistrado ou do tribunal que, ao fixar a pena-base do sentenciado, adstringe-se a meras referências genéricas pertinentes às circunstâncias abstratamente elencadas no art. 59 do Código Penal. O juízo sentenciante, ao estipular a pena-base e ao impor a condenação final, deve referir-se, de modo específico, aos elementos concretizadores das circunstâncias judiciais fixadas naquele preceito normativo" (STF, Rel. Min. Celso de Melo, HC 69.141-2, *DJU* 28/08/1992, p. 13453).

A quantidade da pena dependerá do limite previsto pela norma incriminadora. As penas privativas de liberdade têm seus limites estabelecidos na sanção correspondente a cada tipo legal de crime (art. 53, CP). As penas restritivas de direitos são aplicáveis, independentemente de cominação na parte especial, em substituição à pena privativa de liberdade, fixada em quantidade inferior a um ano, ou nos crimes culposos (art. 54, CP).

Tomando como base o roteiro formulado pelo Código Penal, que facilita em tudo a tarefa do juiz criminal, no instante da aplicação da pena e sua dosimetria, examinaremos cada uma das circunstâncias judiciais do art. 59 do Código Penal, a fim de que se torne mais fácil o seu entendimento.

2. CIRCUNSTÂNCIAS JUDICIAIS

2.1 Culpabilidade

O primeiro elemento a ser examinado quando da fixação da pena-base, na parte conclusiva da sentença, é a culpabilidade do acusado, que tem dentre outras finalidades o papel de assegurar a aplicação do princípio constitucional *nullum crimen sine culpa*. Por meio dessa rubrica verificará o magistrado a reprovabilidade da ação do agente, toda vez que, sendo ele capaz de entender o caráter criminoso da sua conduta, se comporta de maneira contrária à lei. Dito de outro modo, é o grau de censura contido na ordem jurídica para reprovação da conduta do agente que, agindo contrariamente ao direito ou descuidando-se de um dever de diligência (omissão), dá causa à ocorrência de uma infração penal, ou contribui para a sua consumação, ou não impede que a mesma se consume.

Fica, portanto, claro que a culpabilidade é um juízo de reprovação que recai sobre o autor do fato que, podendo comportar-se de acordo com a lei, opta deliberadamente em conduzir-se de modo contrário ao Direito. No Direito Penal, é o exame da conduta culpável de alguém em face da imputação que lhe é feita. Ela se submete ao arbítrio judicial e obedece também às condições pessoais do agente (vínculo psíquico), como também à situação de fato em que ocorreu sua conduta (vínculo causal).

Na ensinança de Celso Delmanto *et al.*,

> "deve-se aferir o maior ou menor índice de reprovabilidade do agente pelo fato criminoso praticado, não só em razão de suas condições pessoais, como também em vista da situação de fato em que ocorreu a indigitada prática delituosa, sempre levando em conta a conduta que era exigível do agente, na situação em que o fato ocorreu"[6].

Com a alteração legislativa do Código Penal (Lei n.º 7.209/84), em que se optou pela substituição da expressão "intensidade do dolo ou grau de culpa" pela

6 DELMANTO, Celso *et al. Código Penal comentado*. 8. ed. São Paulo: Saraiva, 2010. p. 273.

palavra "culpabilidade", o dolo e a culpa devem ser entendidos atualmente como elementos integrantes do tipo, posto haverem ficado totalmente excluídos como fatores aferíveis na individualização da pena.

Embora ainda se defenda a hipótese de a culpabilidade ser "vista como algo que se encontra fora do agente, que está na cabeça de quem emite um juízo de reprovação a respeito do autor do crime"[7], a Professora Valdirene Daufemback entende que "o finalismo promoveu uma reorganização dos elementos integrantes da estrutura do delito, deslocando o dolo e a culpa *stricto sensu* da culpabilidade para o conceito de ação"[8].

O juízo de culpabilidade tem também como elemento apreciável o fato antijurídico vinculado a fatores internos e externos motivadores da ação do agente, desaprovada pelo direito, e que atuam como pressupostos subjetivos da imputação. Por essa razão, a culpabilidade é vista, ao mesmo tempo, como critério limitador da pena e elemento definidor do crime.

Desse modo, não pode também o juiz descurar do comportamento psíquico do agente e da ética social que é exigida de todos os homens, tudo no intuito de garantir a tranquilidade e a segurança pública na tarefa do Estado na prevenção do crime.

Esses conceitos são fundamentadores da pena e podem refletir na maior ou menor graduação dela. Como enfatiza o jurisprudente alemão Jescheck, com arguto vaticínio:

> "El objeto del juicio de culpabilidad es el hecho antijurídico atendiendo a la actitud interna y jurídicamente desaprobada que en él se actualiza. La actitud interna favorable al Derecho constituye una característica del ciudadano, imprescindible para la salvaguardia práctica del orden social, porque en ella descansa la posición frente al Derecho y, consecuentemente, la voluntad de obediencia al mismo. No eqüivale a la actitud interna moral, pues en aquella no se trata de la vinculación ética mediante las normas jurídicas, sino de la comprensión de su vigencia. La culpabilidad es una deficiencia en la actitud interna respecto al Derecho, que há encontrado expresión en una acción típica y antijurídica esta falta puede darse en mayor o menor medida, sirviendo de baremo el mayor o menor valor de los motivos de la formación de voluntad. Por eso, la culpabilidad es, como el injusto, un concepto graduable. En la desaprobada deficiencia de la actitud interna frente al Derecho se encuentra el punto de referencia a cuyo tenor han orientarse los diferentes elementos del concepto de culpabilidad y a partir del cual deben ser entendidos"[9].

7 DAUFEMBACK, Valdirene. *Psicologia e direito*: o uso dos conceitos psicológicos no direito penal. Belo Horizonte: Editora D'Plácido, 2017. p. 97.

8 DAUFEMBACK, Valdirene. Op. cit., p. 97.

9 JESCHECK, Hans-Heinrich. *Tratado de derecho penal*: Parte General. Granada: Editorial Comares, 1993. p. 384-385.

A culpabilidade terá que ser encontrada por meio dos indicadores da lei e não pode prender-se unicamente ao arbítrio do juiz. Tratando dos elementos do conceito de culpabilidade, como fundamento da pena, o jurisconsulto de Friburgo de Brisgovia ainda assevera que

> "El juicio de desvalor sobre la actitud interna del autor respecto al Derecho no se formula globalmente, atendiendo a la imprensión conjunta de la personalidad, sino que descansa en la comprobación de los elementos de la culpabilidad previstos por la ley. Esto representa, de un lado, una garantía del Estado de Derecho para el acusado, por cuanto no se confía, sin más, al arbítrio del juez la decisión acerca de las condiciones bajo las que procede afirmar el reproche de culpabilidad, pero, de otro, también una relativa severidad del Derecho penal, ya que los elementos de la culpabilidad se configuran negativamente (como causas de exclusión de la culpabilidad), de manera que la culpabilidad ha de tenerse ya por presente cuando en el caso concreto faltan los puntos de apoyo para su exclusión"[10].

Entre nós, quer sob a concepção psicológica, quer sob a concepção normativa, a culpabilidade não é encarada de outra maneira. Sempre se tem em conta a inconciliabilidade entre a vontade do agente e a vontade da lei, embora seja incontroverso que nem toda figura típica é ilícita. Só haverá reprovação penal quando, na execução de um fato típico, restar provado que o agente agiu culposamente.

Escrevendo sobre esse elemento de fixação da pena, considerado como determinante para o seu limite máximo ou mínimo, David Teixeira de Azevedo pontifica que

> "A culpabilidade há de ser compreendida como reprovabilidade penal pela prática de uma conduta típica e antijurídica quando exigível ao agente um comportamento de acordo com as expectativas normativas. O conteúdo da culpabilidade é ético-axiológico: a reprovação que se faz ao agente vem embebida de juízo ético e moral. O homem é reprovável porque sua conduta típica e ilícita partiu de uma vontade contrária ao Direito, detendo a liberdade, situada que seja, para agir conforme a norma"[11].

A lei concede ao magistrado discricionariedade para a aplicação da pena. Essa discricionariedade, repita-se, não pode ser entendida como *arbitrium judicis*, pois existem limitações à atuação do julgador. A culpabilidade do agente é que dimensionará a pena, caso haja necessidade de sua aplicação, pois em crimes de bagatela, jungidos ao princípio da insignificância, em que se advoga a questão da intervenção mínima do Estado, ela é desnecessária - *de minimis non curat praetor.*

10 JESCHECK, Hans-Heinrich. Op. cit., p. 387.

11 AZEVEDO, David Teixeira de. *Dosimetria da pena.* São Paulo: Malheiros, 1998. p. 66-67.

Como foi dito anteriormente, o primeiro elemento a ser considerado pelo juiz, como referência, para a escolha da pena cominada alternativamente é a culpabilidade, a qual deve ser aferida de acordo com o grau de reprovabilidade do agente. Por isso, não deve o juiz agir com subjetivismo, intuição ou discricionariedade, mas com a consciência de que deve encontrar a medida da culpabilidade do agente no exame da reprovabilidade de sua conduta.

Nesse sentido, bem oportuno é o lecionamento de Ruy Rosado de Aguiar Júnior, *ipsis verbis*:

> "A primeira circunstância judicial, e de todas a mais importante, é a culpabilidade, pois a pena não pode ultrapassar a medida da culpabilidade. Para o fim de definição da pena, ao juiz cumpre avaliar o grau de censurabilidade do réu por adotar um comportamento ilícito, tendo condições de se conduzir de acordo com o direito"[12].

Outras conclusões, segundo a análise procedida pelo julgador, também decorrem do exame da conduta culpável do agente. Assim têm decidido nossas Cortes Pretorianas, sendo suficiente a transcrição de apenas um acórdão que esmera a questão:

> "A culpabilidade é o primeiro elemento referencial para que o juiz escolha a pena, entre as cominadas alternativamente; estabeleça a sua quantidade; defina o regime inicial de cumprimento (quando se tratar de pena privativa de liberdade) e, finalmente, estabeleça a substituição da pena de prisão por outra espécie de sanção, quando cabível (art. 59 do CP)" (*JTACrim* 85/457).

Destarte, estando a inflição da pena condicionada à culpabilidade do agente que se conduziu em desconformidade com o preceito normativo, a qualidade e a quantidade da sanção penal ficam vinculadas ao grau de reprovabilidade da conduta culpável.

O diagnóstico da culpabilidade do agente também passa pela análise da sua personalidade, no sentido da sua capacidade e vocação para delinquir. Esse aspecto foi notado pelo jurista italiano Giuseppe Bettiol, que esclarece ainda não estar a reprovação penal subordinada aos atos criminosos que o infrator vier a cometer, mas exclusivamente àqueles que ele já praticou.

Nesse contexto, apostila o penalista supracitado que a

> "... capacidade de delinquir não é senão um sinônimo da personalidade moral do réu, no sentido de que a culpabilidade pela ação assume um grau

12 AGUIAR JÚNIOR, Ruy Rosado de. *Aplicação da pena*. 5. ed. Porto Alegre: Livraria do Advogado, 2013. p. 68.

> mais ou menos intenso desde que maior ou menor a 'perversidade' moral do sujeito agente. De fato, não se encara o futuro, aquilo que o indivíduo cometeu, para diagnosticar o grau de culpabilidade da ação. A culpabilidade não se interessa pelo futuro, porque se é chamado a responder somente por aquilo que se fez, jamais por aquilo que se poderá realizar no futuro. Isto implica em que a capacidade de delinquir, enquanto medida da culpabilidade, deve ser decisivamente orientada rumo ao crime perpetrado a fim de determinar o grau de rebelião da vontade humana"[13].

No magistério incensurável de Feu Rosa, o crime é obra da vontade do criminoso, ou seja, o agente é dono de sua ação. Em razão disso, conclui o tratadista:

> "O agente é responsável quando está de mente sadia e de consciência não perturbada, capaz de compreender a ilicitude de sua ação e de agir de acordo com essa compreensão. Esta teoria da responsabilidade que pressupõe a experiência básica da antropologia, que o homem tem em sua vontade a capacidade de decidir, de condução de suas energias de acordo com sua consciência, e, portanto, de modificação do mundo exterior"[14].

Se não se faz presente na ação do agente alguma causa de exclusão da culpabilidade ou da ilicitude, nem se pode aferir da inexigibilidade de outra conduta, diante da situação em que se encontrava ao tempo em que violou o preceito cominatório, culpável, ilícita, antijurídica e punível é a sua conduta.

Apenas se exclui a culpabilidade do sujeito quando a sua ação se consuma, por exemplo, sob o estado de embriaguez completa ou acometido por loucura passageira. Dessa intelecção se deduz também que não há culpabilidade sem imputabilidade. Explica-se: não pode o indivíduo ser considerado culpado por uma ação, embora definida como crime pelo direito positivo, se não for possível imputá-la a ele.

A inimputabilidade ocorre pela ausência de compreensão do agente da prática e do alcance do seu ato. Falta-lhe a autodeterminação, como sucede com os doentes mentais, ou a capacidade de entender a ilicitude de sua ação, como se dá com os menores. Nestes casos, inobstante exista o nexo psicológico entre o agente e o resultado (representado pelo dolo), não haverá culpabilidade.

Nessa perspectiva, a culpabilidade somente leva obrigatoriamente à reprovabilidade quando o agente revela, no seu atuar, a vontade dirigida a uma ação típica e antijurídica, sabendo ele que está agindo livre e conscientemente para atingir um resultado previamente desejado, embora pudesse evitá-lo, conduzindo-se de outra maneira.

---

13 BETTIOL, Giuseppe. *Direito penal*. São Paulo: Ed. RT, 1971. v. II. p. 34.

14 ROSA, Antônio José Miguel Feu. *Direito penal*: Parte Geral. São Paulo: Ed. RT, 1995. v. I. p. 251.

A infração penal não é somente um fato típico e antijurídico; deve ser também culpável. Não basta que o agente seja o seu autor material. Urge, além disso, que seja também o seu autor moral. A culpabilidade é a relação psicológica entre o homem e a sua conduta. Sendo mais enfático, é o resultado da vontade dirigida à sua ação.

Registrem-se, porém, duas concepções que visam demonstrá-la em toda a sua extensão. A concepção psicológica, que a limita à referida relação subjetiva. Com efeito, a concepção normativa, contudo, vai mais longe. Além de repetir os requisitos da outra acepção, sustenta que essa relação exprime um juízo de reprovação de um comportamento diverso do previsto pela norma, resultando no que se conhece como teoria psicológico-normativa. Assim, culpabilidade é reprovabilidade.

Na ensinança de James Tubenchlak, "assim como a tipicidade relaciona a conduta ao tipo, e a antijuridicidade, a conduta ao Direito, a culpabilidade simboliza uma relação de reprovação entre o injusto e seu autor, ou seja, uma reprovação pessoal"[15].

A reprovação contida na culpabilidade, como elemento do delito, recai somente sobre as relações de causalidade psíquica existentes entre o agente e o fato concreto. Assim como na antijuricidade, a relação (que é sua base) se dá entre a ação executada e a norma penal, na culpabilidade a relação (que é seu fundamento) ocorre entre o agente e sua ação. Significa dizer, na lição de René Ariel Dotti, "que o agente é censurado pela adoção de uma conduta contrária ao Direito, quando podia e devia agir de modo diverso"[16]. Consequentemente, enquanto a antijuricidade possui caráter predominantemente objetivo, o móvel da culpabilidade é marcadamente subjetivo.

Por essa razão, Aníbal Bruno, com elegante serenidade, lembra que:

> "A antijuridicidade é, entretanto, um atributo geral, em relação a toda ordem jurídica, não particular ao Direito punitivo. Um fato que se apresenta como antijurídico em face de qualquer ramo do Direito conserva esse atributo de antijuridicidade em referência a qualquer outro domínio jurídico. Não há, portanto, uma antijuridicidade penal, mas pode-se falar, como sugere WELZEL, em um ilícito penal, ou um ilícito administrativo, ou um ilícito civil. O ilícito penal é aquele a que se junta o atributo da tipicidade. É o ilícito típico"[17].

---

15 TUBENCHLAK. James. *Teoria do crime*: o estudo do crime através de suas divisões. 2. ed. Rio de Janeiro: Forense, 1980. p. 45.

16 DOTTI, René Ariel. *Curso de direito penal*: Parte Geral. 4. ed. São Paulo: Ed. RT, 2012. p. 428.

17 BRUNO, Aníbal. *Direito penal*. 3. ed. 2. tir. Rio de Janeiro: Forense: 1978. t. I. p. 355.

Por isso é que se diz, em Direito Penal, que a consciência da antijuridicidade (elemento normativo) é que faz a ação do agente incidir na culpabilidade, resultando o contrário na sua exclusão, por inexistir conduta a ser punida.

Resulta dessa particular referência a inexorável conclusão de que a antijuridicidade penal é um juízo que se faz sobre a ação humana que é contrária a um preceito do ordenamento jurídico correspondente. Sendo assim, não haverá tipicidade quando a ação antijurídica estiver justificada[18] por qualquer uma das causas de exclusão da ilicitude previstas no art. 23 do Código Penal.

Como afirmou o jurista alemão Baumann, "a culpabilidade está na cabeça do autor e o juízo de culpabilidade está na cabeça dos juízes"[19].

Por outro lado, não se pode falar em culpabilidade sem a presença de seus elementos constitutivos: imputabilidade, potencial consciência da ilicitude e exigibilidade de conduta diversa.

A imputabilidade penal é a capacidade para ser responsabilizado penalmente, ou seja, a capacidade de entender o caráter criminoso do fato e de determinar-se por esse entendimento. Na definição minuciosa de Heleno Fragoso, a imputabilidade penal é "a condição pessoal de maturidade e sanidade mental que confere ao agente a capacidade de entender o caráter ilícito do fato ou de se determinar segundo esse entendimento"[20].

Para o eminente penalista René Ariel Dotti,

> "o tema não se prende, exclusivamente, aos aspectos acima referidos, posto que há situações nas quais o agente, embora plenamente capaz (em razão da idade e da higidez mental), encontra-se em situação de imputabilidade. Assim ocorre, por exemplo, no caso da embriaguez completa, decorrente de caso fortuito ou força maior, que retira do autor, por inteiro, a capacidade de entender o caráter ilícito do fato e de se determinar de acordo com esse entendimento"[21].

Com efeito, no campo jurídico, a antijuridicidade ou ilicitude é o resultado da contradição existente entre a conduta do autor e a norma penal. Pode-se dizer, numa acepção simples, que a antijuridicidade é um juízo de desvalor sobre a conduta, é a censura que recai sobre o caráter ilícito do atuar humano.

---

18 Conforme assinala Enrique Bacigalupo, *Manual de derecho penal*. Bogotá: Temis, 1994. p. 117, "decir que un comportamiento está justificado equivale a afirmar que el autor de la acción típica dispuso de un permiso del orden jurídico para obrar como obró".

19 *Vide* COSTA, Álvaro Mayrink da. *Direito penal*: Parte Geral. 3. ed. Rio de Janeiro: Forense, 1991. v. I. t. II. p. 9.

20 *Lições de direito penal*: a nova Parte Geral. 9. ed. Rio de Janeiro: Forense, 1985, p. 203.

21 DOTTI, René Ariel. Op. cit., p. 441-442.

A ilicitude, repita-se, é uma ação contrária ao Direito. É a própria conduta antijurídica especificada na norma. Por isso, deve ser compreendida como uma contrariedade à norma. A consciência da ilicitude é a compreensão que o agente possui a respeito do caráter ilícito do fato que está praticando ou que irá praticar. Para o penalista René Dotti, "a consciência da ilicitude é potencial quando o agente, embora não tendo a percepção da ilicitude do fato, deveria tê-la em face de sua capacidade de culpa resultante da idade (igual ou superior a 18 anos) e da integração no meio social"[22].

E finaliza o ilustre professor afirmando que "um exemplo da consciência potencial da ilicitude que vale tanto para os crimes dolosos como para os culposos nos é revelado pelos portadores da chamada cegueira jurídica, i.e., aquela categoria de sujeitos que revelam uma animosidade ao Direito e que na formação de sua personalidade não assimilam as regras da convivência comunitária. Ocorre então o que os autores chamam de culpabilidade pela conduta de vida"[23].

A exigibilidade de conduta diversa, como elemento integrante da culpabilidade, pressupõe que o agente ao praticar a ação se encontrava em circunstâncias que lhe permitissem conduzir-se de modo diferente, ou seja, respeitar o imperativo da norma penal. Se estiver envolvido por outros fatores, de modo a ter outro comportamento, inexistirá reprovabilidade. A censurabilidade decorre de, podendo conformar-se ao preceito, o indivíduo prefere exercer atividade vedada juridicamente.

Costuma-se dizer que o Direito Penal não é feito para santos nem heróis, mas para o comum dos homens. Se estes se veem envolvidos em contextos que não lhes autorizem conduta diferente, não obstante presentes a tipicidade e a antijuridicidade, inexistirá a infração penal.

Trata-se de corolário da concepção normativa da culpabilidade. Situa-se entre as chamadas causas supralegais de exclusão da culpabilidade, embora exista, atualmente, tendência de ser incluída expressamente nos textos legais, como, por exemplo, ocorre com o Código Penal Brasileiro no art. 24, ao mencionar entre os requisitos do estado de necessidade não ser razoável exigir-se conduta diversa do agente.

Concluindo, pode-se dizer que a culpabilidade somente estará presente na ação do sujeito que possuir vontade livre, tiver consciência da ilicitude e agir de modo a praticar a ação culpável tendo pleno conhecimento de que sua conduta é contrária à norma incriminadora. Desses pressupostos decorre um dos princípios fundamentais do direito penal, qual seja o de que não há pena sem culpabilidade – *nulla poena sine culpa.*

---

22 DOTTI, René Ariel. Op. cit., p. 442.

23 DOTTI, René Ariel. Op. cit., p. 442.

2.2 Antecedentes

Os antecedentes são todos os acontecimentos relacionados com a vida do réu, ocorridos antes da prática do ilícito penal, que possam interessar para o julgamento do processo criminal a que se encontra respondendo. Diz respeito ao exame do seu comportamento anterior ou da sua vida *anteacta*, quer sejam os fatos recentes quer sejam longínquos.

Em tal rubrica incluem-se tanto os maus e os péssimos quanto os bons e os ótimos antecedentes. Esses dados serão obtidos com base nos documentos encaminhados com o inquérito policial (folha de antecedentes e boletim de vida pregressa), assim como nos elementos colhidos durante a instrução criminal processada em juízo.

Não existe unanimidade entre os doutrinadores quanto ao que se deve considerar como elemento configurador de maus antecedentes. Assim, alguns entendem que inquéritos policiais em andamento ou já arquivados devem ensejar esse juízo, bem como os processos criminais em andamento ou arquivados por absolvição do réu[24]. Outros inadmitem essa possibilidade[25]. A jurisprudência também é oscilante nesse sentido, com predominância para os julgados que entendem ser inadmissível a contabilidade negativa desses fatores, ou seja, processos criminais arquivados e em andamento etc., como meio de influência sobre a dosagem da pena.

No entanto, o STJ editou, em boa hora, a Súmula 444, segundo a qual "é vedada a utilização de inquéritos policiais e ações penais em curso para agravar a pena-base". Não obstante isso, o mesmo STJ decidiu (no HC 190.060/SP, Rel. Min. Nefi Cordeiro) que "a existência de condenações anteriores transitadas em julgado podem justificar validamente a elevação da pena-base, tanto como maus antecedentes, quanto como conduta social e personalidade, desde que diferentes as condenações consideradas, sob pena de *bis in idem*".

Na mesma linha da Súmula 444 do STJ segue decisão do STF:

> "Processos penais em curso, ou inquéritos policiais em andamento ou, até mesmo, condenações criminais ainda sujeitas a recurso não podem ser considerados, enquanto episódios processuais suscetíveis de pronunciamento absolutório, como elementos evidenciadores de maus antecedentes do réu. Com base nesse entendimento, a Turma deferiu *habeas corpus* para reconhecer, em favor do paciente, o direito de ter reduzida, em oito meses, a sua pena privativa de liberdade, cuja pena-base fora exasperada ante

24 Nelson Hungria, Roberto Lyra, Magalhães Noronha, Paulo José da Costa Júnior.

25 Heleno Fragoso, Celso Delmanto, Weber Martins Batista, Luiz Vicente Cernicchiaro, Álvaro Mayrink da Costa.

a existência de inquéritos e processos em andamento. Realçou-se recente edição, pelo STJ, de súmula no mesmo sentido (Súmula 444: 'É vedada a utilização de inquéritos policiais e ações penais em curso para agravar a pena-base')" (HC 97665/RS, Rel. Min. Celso de Mello, 04/05/2010).

Não se pode confundir antecedentes com reincidência. Aqueles, como já foi explicitado, incluem-se entre as circunstâncias judiciais e dizem respeito ao comportamento pregresso do acusado. Esta se encontra prevista como circunstância agravante legal (art. 61, I, CP). Ambos, porém, influirão na fixação da pena. Aqueles em momento anterior. Esta em momento posterior. Os antecedentes serão sempre examinados e levados em consideração, sejam bons ou maus; próximos ou longínquos. A reincidência nem sempre será examinada, pois somente se exigirá sua apreciação se estiver presente.

A transação penal instituída pela Lei n.º 9.099/95, desde que aceita pelo acusado a proposta do Ministério Público, de aplicação imediata de pena restritiva de direitos ou multa, nas ações penais públicas ou privadas, não constitui mau antecedente, *ex vi* dos §§ 4.º e 6.º do art. 76 do diploma legal sobredito.

Não se deve também entender como mau antecedente o fato de haver sido deferida ao acusado a suspensão condicional do processo a que alude o art. 89 da Lei n.º 9.099/95, quando feita a proposta pelo órgão do Ministério Público no ato do oferecimento da denúncia ou em momento posterior em face de desclassificação do delito inicialmente narrado na peça acusatória para outro que permita a aplicação desse novel instituto de política criminal.

É que, em virtude da garantia constitucional da presunção de inocência, tem-se admitido o entendimento de que processos em curso contra o acusado ou condenações não transitadas em julgado não devem ser encarados como maus antecedentes. Diante disso, seria uma contradição incluir nesse rol processos suspensos.

Embora não representem consenso, existem decisões, inclusive do STF, que reconhecem como indicadora de mau antecedente a existência de ações penais em curso contra o réu ou de simples condenação, bem como a prática posterior de outro crime após se encontrar respondendo a outro processo criminal, mesmo que anterior à prolação da sentença quanto ao fato que já era objeto de apreciação.

O dissenso se encontra semeado em todos os tribunais pátrios, sem exceção, quanto ao que seja considerado maus antecedentes para efeito de fixação da pena-base. Os acórdãos abaixo transcritos endossam esse ponto de vista:

> "Considera-se mau antecedente, para o efeito de obstar a apelação em liberdade (art. 594 do CPP), a condenação dos réus, por outro delito, ainda que esta tenha ocorrido depois do fato pelo qual lhes é imposta a nova condenação, pela sentença apelada" (STF, Ac. da 1.ª Turma, Rel. Min. Sydney Sanches, *DJU* 03/04/1998, p. 3).

"Não tem bons antecedentes quem, mesmo sendo primário, é réu em ações penais em andamento" (STF, Ac. da 2.ª Turma, Rel. Min. Carlos Velloso, *DJU* 07/11/1997, p. 57236).

"O princípio constitucional da não culpabilidade, inscrito no art. 5.º, LVII, da Carta Política não permite que se formule, contra o réu, juízo negativo de maus antecedentes, fundado na mera instauração de inquéritos policiais em andamento, ou na existência de processos penais em curso, ou, até mesmo, na ocorrência de condenações criminais ainda sujeitas a recurso, revelando-se arbitrária a exacerbação da pena, quando apoiada em situações processuais indefinidas, pois somente títulos penais condenatórios, revestidos da autoridade da coisa julgada, podem legitimar tratamento jurídico desfavorável ao sentenciado. Doutrina. Precedentes" (STF, 2.ª Turma, HC 79966/SP, Rel. p/ Acórdão Min. Celso de Mello, j. 13/06/2000, *DJU* 29/08/2003, p. 34).

"*HABEAS CORPUS*. ROUBO CIRCUNSTANCIADO E RECEPTAÇÃO. NECESSIDADE DE CORRETA MOTIVAÇÃO DAS DECISÕES. DOSIMETRIA DA REPRIMENDA. CONSIDERAÇÃO DE MAUS ANTECEDENTES E PERSONALIDADE DESAJUSTADA COM BASE EM PROCESSOS EM ANDAMENTO E ATOS INFRACIONAIS. ORDEM CONCEDIDA. 1- As decisões judiciais devem ser cuidadosamente fundamentadas, principalmente na dosimetria da pena, em que se concede ao Juiz um maior arbítrio, de modo que se permita às partes o exame do exercício de tal poder. 2- Inquéritos policiais e ações penais em andamento não constituem maus antecedentes, má conduta social nem personalidade desajustada, porquanto ainda não se tem contra o réu um título executivo penal definitivo. 3- Os atos infracionais praticados durante a adolescência do acusado não podem ser considerados como geradores de antecedentes, nem de personalidade desajustada. 4- (...)" (STJ, HC 81.866/DF, 5.ª Turma, Rel. Min. Jane Silva, j. 25/09/2007, *DJ* 15/10/2007).

"PENAL. *HABEAS CORPUS*. ART. 304 DO CÓDIGO PENAL. SENTENÇA. DOSIMETRIA DA PENA. FIXAÇÃO DA PENA-BASE. FUNDAMENTAÇÃO. MAUS ANTECEDENTES. INQUÉRITOS EM CURSO. NÃO CONFIGURAÇÃO. Em respeito ao princípio da presunção de inocência, inquéritos e processos em andamento não podem ser considerados como maus antecedentes para exacerbação da pena-base (Precedentes). *Writ* concedido" (STJ, HC 50.442/MS, 5.ª Turma, Rel. Min. Felix Fischer, *DJ* 03/09/2007).

"Os bons ou maus antecedentes devem ser aferidos no momento da sentença, em que o julgador analisa a conduta social do acusado, sua personalidade, motivos, circunstâncias e consequências do crime, bem como seus antecedentes, para efeito de individualização da pena. E antecedentes, para efeitos penais, são todos aqueles comportamentos do réu anteriores à prolação da sentença, ainda que posteriores ao delito objeto de apreciação" (TACrimSP, Ac. da 13.ª Câmara, Rel. Juiz Rui Stoco, Ap. Criminal n.º 1.092.103/5, j. 17/03/1998).

Os antecedentes cumprem também o papel de demonstrar se o réu é contumaz na prática de crimes ou se a infração que lhe foi imputada resulta de fato isolado ou episódio esporádico de sua vida. De qualquer modo, o juiz consciente e isento nunca deverá impressionar-se com os dados constantes da folha de antecedentes criminais, preenchida ainda na repartição policial por determinação do delegado de polícia (art. 6.º, VIII e IX, CPP), nem com certidões de outros órgãos policiais ou judiciais que registrem indiciamentos anteriores ou a existência de processos em curso sem condenação definitiva.

Essa regra também serve para os casos em que houver notícia de condenações contra o réu em outros processos criminais, sem trânsito em julgado, posto ser vedado pelo art. 5.º, LVII, da Constituição Federal, considerar-se culpado quem ainda não houver sido definitivamente condenado, mediante o esgotamento de todas as instâncias recursais. Atende-se, neste particular, ao respeito do princípio do estado de inocência.

Outro fato que não deve pesar contra o réu, a título de maus antecedentes, diz respeito à existência de processos criminais arquivados em face de absolvições por falta ou insuficiência de provas. E essa vedação mais se acentuará se não houver qualquer documento nos autos que noticie a existência dessa absolvição. Se o órgão acusador nada referiu, quanto a isso, na inicial ou durante a instrução criminal, é porque não deu qualquer importância a esse fato. Não será, portanto, o juiz - parte desinteressada do processo - quem deverá dar relevância a tal acontecimento e levá-lo em consideração no instante da fixação da pena.

Também não se analisará os antecedentes do réu se não houver qualquer dado nos autos que permita, no instante do proferimento da sentença, perscrutá-los. Não deve também o juiz acatar, na fase do art. 403 do CPP, pedido do titular da ação penal ou de órgão acusatório visando à requisição ou à solicitação de material concernente ao registro de antecedentes criminais do réu, pois teve toda a instrução processual ao seu dispor, desde a propositura da inicial, e não o fez. Assim, não se pode admitir que, em momento ulterior do processo, pretenda a parte recalcitrante procrastinar ou retardar a prolação da sentença pelo julgador, a pretexto de inexistir prova nos autos, que era sua obrigação trazê-la.

A jurisprudência nacional tem sido criteriosa ao definir o que sejam antecedentes e o que se deve entender por bons e por maus antecedentes. As decisões adiante reproduzidas exprimem o entendimento mais recente dos nossos tribunais:

> "Antecedentes são todos os fatos ou episódios da vida anteacta do réu, próximos ou remotos, que possam interessar, de qualquer modo, a avaliação subjetiva do crime. Tanto os maus e os péssimos, como os bons e os ótimos. Em primeiro lugar, deve-se ter em conta os antecedentes judiciais, nunca restringindo simplesmente a existência ou inexistência de precedentes policiais e

judiciais, mas levando-se em conta, também, o comportamento social do réu, sua vida familiar, sua inclinação ao trabalho e sua conduta contemporânea e subsequente a ação criminosa, para então qualificá-los em bons ou maus" (TACrimSP, Rel. Juiz Manoel Carlos, *RJD* 07/191, *in* Rui Stoco, *Código Penal e sua interpretação jurisprudencial*, São Paulo: Ed. RT, 2007, p. 1186).

"Inquérito policial arquivado significa não haver sido coligidos elementos mínimos para justificar oferecimento de denúncia. Acrescente-se, tal arquivamento decorre de decisão judicial, ouvido o Ministério Público. Inquérito policial em andamento, por si só, não indica infração penal. É mera proposta de trabalho. Precipitado, por isso, tomá-lo como antecedente criminal negativo. Sentença absolutória é declaração solene de inexistência de infração penal, ou que, através da garantia constitucional e jurisdicional, não foram colhidos elementos para imputar o delito ao réu" (STJ, Rel. Min. Vicente Cernicchiaro, DJU 13/06/1994, p. 15119).

"O ato judicial de fixação da pena não poderá emprestar relevo jurídico-penal a circunstâncias que meramente evidenciem haver sido o réu submetido a procedimento penal-persecutório, sem que deste haja resultado, com definitivo trânsito em julgado, qualquer condenação de índole penal. A submissão de uma pessoa a meros inquéritos policias, ou ainda, a persecuções criminais de que não haja derivado qualquer título penal condenatório, não se reveste de suficiente idoneidade jurídica para justificar ou legitimar a especial exacerbação da pena. Tolerar-se o contrário implicaria admitir grave lesão ao princípio constitucional consagrador da presunção de não culpabilidade dos réus ou dos indiciados (CF, art. 5.º, LVII). É inquestionável que somente a condenação penal transitada em julgado pode justificar a exacerbação da pena, pois, com ela, descaracteriza-se a presunção juris tantum de não culpabilidade do réu, que passa, então – e a partir desse momento – a ostentar *status* jurídico-penal de condenado, com todas as consequências legais daí decorrentes. Não podem repercutir contra o réu situações jurídico-processuais ainda não definidas por decisão irrecorrível do poder judiciário, especialmente naquelas hipóteses de inexistência de título penal condenatório definitivamente constituído" (STF, Rel. Min. Celso de Mello, *DJU* 21/02/1992, p. 1694).

"As sentenças condenatórias das quais ainda pendem recursos não podem gerar maus antecedentes, da mesma forma que descabida também a consideração como tal de processos em que ocorreu a absolvição do acusado, pois estaria violando-se o princípio da inocência" (*RT* 742/659).

"É impossível reconhecer os maus antecedentes do réu com base em inquéritos policiais e processos criminais em andamento, relacionados pelo instituto de identificação da polícia, pois somente caracterizam tais antecedentes as condenações transitadas em julgado que não geram reincidência e estejam devidamente documentadas em certidões cartorárias, que gozam de fé pública, sendo certo que entendimento contrário equivale a transferir a outros órgãos do poder público a função jurisdicional, cujo exercício é privativo do Judiciário" (*RJDTACrim* 36/547).

A posição mais liberal em doutrina tem sido, na atualidade, ainda influenciada pelo magistério vanguardista do inolvidável jurista Weber Martins Batista, o qual defende que

> "A simples notícia, não apoiada em qualquer prova idônea contra o réu, de inquéritos ou processos em andamento, bem como a de arquivamentos ou absolvições por falta de provas, não induz a maus antecedentes. No caso dos inquéritos, porque, a não ser assim, estaríamos considerando o agente culpado sem processo. No dos processos em andamento, porque isso significaria antecipar a decisão do juiz competente e fazê-lo sem o exame da prova colhida contra o réu. Na hipótese de absolvição por falta de provas - por último - porque isso implicaria verdadeira revisão criminal contra o réu, feita por autoridade incompetente, sem o devido processo legal, sem o exame da prova e em desconformidade com o mandamento consagrado no inciso LVII do art. 5.º da Constituição Federal"[26].

Mas, lamentavelmente, o próprio Supremo Tribunal Federal ainda não se encontra convencido dessa realidade, havendo, inclusive, dissenso na mesma Turma, conforme denunciam as ementas dos acórdãos abaixo transcritos:

> "A presunção de inocência não impede que a existência de inquéritos policiais e de processos penais possam ser levados à conta de maus antecedentes" (STF, 1.ª Turma, Rel. Min. Moreira Alves, HC 73.394-8/SP, *DJU* 21/02/1997).
>
> "Não podem repercutir contra o réu situações jurídico-processuais ainda não definidas por decisão irrecorrível do Poder Judiciário, especialmente naquelas hipóteses de inexistência de título penal condenatório definitivamente constituído" (STF, 1.ª Turma, Rel. Min. Celso de Mello, *RTJ* 139/885 e *RTJ* 690/390).

Não faz muito tempo, o Min. Edson Fachin, na apreciação do agravo regimental em *Habeas Corpus* n.º 132120, afirmou que o afastamento dos maus antecedentes é tema pendente de julgamento, sob a sistemática da repercussão geral (RE 593.818, Rel. Min. Roberto Barroso).

É preciso que o juiz criminal refute as perplexidades e aja com cautela ao se defrontar com as anotações desabonadoras constantes da folha de antecedentes do acusado para não agravar a pena-base no momento de sua fixação. Deve, por essa razão, lembrar-se de que os procedimentos policiais são inquisitoriais e que, em sua maioria, contêm vícios que podem induzir não só o órgão da acusação, mas também o julgador a erros e a equívocos danosos que repercutirão não só

26 BATISTA, Weber Martins. *Direito penal e direito processual penal.* 2. ed. Rio de Janeiro: Forense, 1996. p. 204-205.

contra a pessoa que está sendo submetida à persecução criminal, mas principalmente contra a própria instituição judiciária, em face da credibilidade que os seus julgamentos devem gozar no meio social.

Muitas vezes, por negligência ou por pura maldade, registros policiais relativos a infrações penais, cujo desfecho processual resultou na absolvição do acusado, não são eliminados dos escaninhos. A finalidade é fazer com que o conceito do acusado sofra diminuição perante o Judiciário, diante do extenso rol de condutas ilícitas que lhe são imputadas na folha de antecedentes criminais.

Orientado por esses fatores, deve o juiz dar às anotações constantes da folha de antecedentes ou dos boletins unilaterais de ocorrência o valor que merecem, ou seja, de mera informação, sem o caráter de verdade insofismável, posto que referidos documentos não gozam, salvo prova em contrário, de fé pública como a certidão cartorária fornecida por escrivão judicial e a ata notarial expedida por delegatário de serventia extrajudicial.

2.3 Conduta social

A conduta social que, antes da reforma penal de 1984, estava inserida no conceito de antecedentes diz respeito ao papel ou ao comportamento que o agente desempenha no meio em que vive.

O jurista Candido Motta, com o exagero dos pensadores bem intencionados, preleciona que "o crime é um fenômeno necessário". Contagiado por essa assertiva, que Durkheim também propaga, e enfatizando a inevitabilidade do crime assevera que:

> "O criminoso não é, como ao vulgo parece, um indivíduo agindo pelos impulsos de sua propria vontade: o mal para o qual irresistivelmente tende constitue, por assim dizer, a atmosphera em que vive, o ar que respira, o alimento que o vivifica e conforta, o seu estado normal, enfim"[27].

A conduta social, como critério de avalição para fixação da pena-base, deve ser analisada sob o ponto de vista individual e social, adulto e infantil (se necessário e relevante), considerando que, de acordo com o magistério de Aldino Schiavi, "entre a vida da creança e a do delinquente existirá sempre aquella semelhança psychologica affirmada por muitos, negada por outros e sempre olvidada"[28].

Por essa razão, é irrenunciável a realização de investigação psicossocial sobre a vida infantil e da maioridade do acusado, visto que, muitas vezes, a realidade

27 MOTTA, Candido. *Classificação dos criminosos*: introdução ao estudo do direito penal. São Paulo: Estar Graphico, 1924. p. 14.

28 SCHIAVI, Aldino. *Infância e criminalidade*: ensaio sobre a irreductibilidade dualística na personalidade humana. São Paulo: Irmãos Ferraz, 1926. p. 3.

social do indivíduo criminoso adulto reflete os valores negativos adquiridos na infância. Não obstante isso, devem ser desfeitos prejulgamentos e preconceitos sobre a vida anteacta do acusado respeitantes a episódios infracionais cometidos no período infantojuvenil, que não tenham relação de correspondência com o caso examinado, porquanto temos que admitir que nem sempre os atos pretéritos, cometidos no período de formação da personalidade do indivíduo, possuem íntima ligação ou nexo causal com crimes atuais, nem podem receber significado e valor social que imerecem.

Assim sendo, devem ser considerados a sua integração comunitária, as suas relações de amizades, a sua atividade obreira, o seu relacionamento familiar, os seus hábitos de diversão e de lazer, a sua predileção escolar, o seu engajamento político, a sua adesão a grupos ou a participação em associações de cunho estável ou duradouro que promovem medos, ódios, cóleras, desejos de vingança, vergonhas, mentiras, falsidades, ameaças, *fake news* etc.

Tais indicadores permitirão ao juiz descobrir, a partir da prova produzida nos autos, a vocação do acusado para o trabalho ou para a ociosidade; a afetividade do mesmo para com os membros que integram a sua família ou o desprezo e indiferença que nutre por seus parentes; o prestígio e a respeitabilidade de que goza perante as pessoas de sua vizinhança, do seu bairro ou da sua cidade, bem como o índice de rejeição de que desfruta entre os que o conhecem socialmente; o seu entretenimento predileto, tal como se gosta de esportes ou de cinema, se gosta de jogos de azar, se frequenta clubes sociais ou cabarés, ou se prefere a companhia constante de pessoas de comportamento suspeito, intransigente, violento, egoístico, malicioso, perverso, homofóbico, racista, misógino.

Nesse particular, procede o entendimento de que algumas pessoas buscam o reconhecimento público, baseado em condutas ou comportamentos que lhes são negados socialmente. Bem apropriado é o lecionamento do filósofo Axel Honneth, citado por Regina de Souza, *ad litteram et verbum*:

> "O engajamento nas ações políticas possui, para os envolvidos, também a função direta de arrancá-los da situação paralisante do rebaixamento passivamente tolerado e de lhes proporcionar, por conseguinte, uma autorrelação nova e positiva (...). O eu busca o nós da vida comum em grupo, porque, mesmo depois de amadurecido, ele ainda depende de forma de reconhecimento social que possuam o denso caráter da motivação direta e da confirmação. Ele não pode manter nem o autorrespeito nem a autoestima, sem a experiência de apoio que se faz através da prática de valores compartilhados nos grupos"[29].

29 SOUZA, Regina Cirino Alves Ferreira de. *Crimes de ódio*: racismo, feminicídio e homofobia. Belo Horizonte: Editora D'Plácido, 2018. p. 166-167.

Deve ser investigado também se o acusado frequenta, com habitualidade, locais de concentração de delinquentes, casas de tolerância, bingos, cassinos, lupanares ou congêneres; o seu grau de escolaridade, tal como a assiduidade e a abnegação pelo estudo ou o desinteresse pelo mesmo, assim como o respeito e o relacionamento com colegas de profissão, com funcionários, com professores e com diretores do estabelecimento escolar.

Poderá o juiz também considerar, nessa análise, o trabalho social desenvolvido pelo acusado em benefício de determinado grupo comunitário, seu sentido filantrópico, a caridade e probidade com que se destaca nesse trabalho humanitário ou se o realiza apenas por afetação de filantropia.

É prudente também ser investigado suas amizades em redes sociais, bem como suas manifestações, influências e opiniões ante comportamentos considerados ilícitos que envolvam pessoas que gozem ou não de reputação ilibada perante a sociedade.

Não se pode comparar esse trabalho de relevante alcance social àquelas situações em que criminosos famosos, de péssimos antecedentes e de baixa reputação, aproveitando-se da inércia do organismo estatal, passam a exercer a função social que devia ser levada a efeito por aquele ente jurídico, fornecendo proteção, alimentação, escola, remédios, transporte, lazer, habitação etc., a moradores de determinado bairro ou comunidade em troca de informações, de defesa, de proteção e de apoio dos beneficiários de suas ações a seus negócios escusos, pois não haveria filantropia nisso, e sim filantropismo.

Demais disso, seria um verdadeiro paradoxo identificar no indivíduo que assim procede as mesmas qualidades do cidadão reconhecidamente honesto, portador de conduta ilibada e de conceito social inconspurcado. É que não se deve confundir atitudes artificiais, simuladas e premeditadas (mesmo que permanentes) com ações espontâneas, lícitas, voluntárias e desafetadas. Uma coisa é realizar o ato por emulação, outra coisa é praticar o bem por devoção.

Em suma, na busca da aplicação da pena justa, necessária e adequada, o magistrado deverá envidar todos os esforços para conhecer a vida social do acusado que está sob seu julgamento. É preciso saber, dependendo do delito imputado, se o acusado, nas suas relações sociais, é violento ou pacato; se é embusteiro ou sincero; se é desonesto ou íntegro; se é malvado ou afável; se é exibicionista ou modesto, dentre outras coisas e, principalmente, se na prática do crime cometeu alguma ação ou omissão que mereça reprimenda maior ou menor de acordo com a definição legal do tipo penal.

Na era da tecnologia avançada, temos de reconhecer que existem adultos que voltaram a ser crianças e crianças que já são adultos. Nas plataformas que o mundo digital oferece, atualmente, a todo instante, ao ser humano, existem inúmeras armadilhas e ofertas que podem prejudicar ou favorecer o usuário adulto ou infantil, conforme o utente se coloque dentro desse campo de atração virtual sem a necessária prudência.

Na prática processual, pode haver dificuldades para o magistrado distinguir quem seja culpado ou inocente, principalmente se o agente criminoso não está visível para a vítima ou se se apresenta com um perfil falso e ilusório, ao nível de cautela do sujeito passivo do projeto criminoso. A experiência demonstra que certos indivíduos revelam em suas vidas formas infantis e formas adultas.

Contudo, para Aldino Schiavi, "na realidade não existem senão crianças mais ou menos adultas e adultos mais ou menos infantis"[30]. É por essa razão que, muitas vezes, vemos um homem de bem cometer crimes a sangue frio ou ser vítima de delinquentes sem se aperceber do sobressalto e da perplexidade que lhes tolhem a capacidade de relatar posteriormente o fato ocorrido em virtude do embotamento do campo visual e da memória.

A conduta social do agente, segundo acórdão do STF, relatado pelo Min. Marco Aurélio (*RT* 670/373), não autoriza, por si só, o agravamento da reprimenda. Discordamos, *data venia*, porque cabe ao juiz, no momento da apreciação dessa circunstância, aferir o ardil utilizado, por exemplo, pelo curandeiro que costumeiramente, a pretexto de livrar determinadas pessoas de espíritos malignos, as induz a submeterem-se a sessão espírita, onde mantém conjunção carnal ou pratica ato libidinoso com elas. Essa situação, em face da fama adquirida (poder de convencimento) e da frequente conduta de vida social apontada, repercute de forma gravosa na fixação da pena-base, a teor do disposto na primeira parte do art. 68 do Código Penal.

2.4 Personalidade

O inciso IX do art. 6.º do CPP obriga a autoridade policial a "averiguar a vida pregressa do indiciado, sob o ponto de vista individual, familiar e social, sua condição econômica, sua atitude e estado de ânimo antes e depois do crime e durante ele, e quaisquer outros elementos que contribuírem para a apreciação do seu temperamento e caráter".

A personalidade é algo surpreendente e faz com que o indivíduo ora se apresente de certo modo, ora exteriorize conduta diversa. É ela responsável, pode-se assim dizer, pelas diferentes maneiras como o homem se comporta em sociedade. Por isso, seu estudo e compreensão não pode ser explicado apenas com base na ciência jurídica, mas deve obrigatoriamente ser pesquisado em outros campos do conhecimento humano, dentre os quais se destacam a filosofia, a psicologia, a biologia, a psiquiatria, a criminologia e a antropologia.

30 SCHIAVI, Aldino. Op. cit., p. 19.

Obviamente, o que interessa ao nosso estudo é o aspecto criminológico da personalidade do agente pela conduta de vida. Dentro desse contexto, é inevitável também o exame do caráter e do temperamento do réu como elementos componentes da personalidade para apurar-se a sua capacidade para delinquir, sua predisposição para a prática delituosa e sua periculosidade, inclusive se o indivíduo possui dificuldades ou é totalmente incapaz de superar a hereditariedade adquirida, suas próprias taras e deficiências inatas.

O jurista Edmundo Oliveira, em lecionamento apodítico, ensina que

> "Temperamento é a disposição física de cada pessoa para reagir aos estímulos emotivos. Está ele em correlação estreita com as alterações metabólicas e químicas do organismo, em especial com as que operam nas glândulas endócrinas. Os agentes físicos ambientais (clima, altitude, natureza do solo, regime de chuvas, ar que respiramos, etc.) ou pessoais (constituição somática e funcionamento orgânico) influem no temperamento de cada um"[31].

No que diz respeito ao caráter, justifica esse eminente professor que a palavra

> "... é empregada em dois sentidos diversos. No primeiro, significa a maneira de ser de cada um; todo homem tem um caráter. No segundo, de conteúdo ético, indica a firmeza e a correção de alguém. Com essa acepção dizemos que uma pessoa tem bom caráter, mau caráter ou é sem caráter. Em qualquer caso, o caráter é o cunho próprio de uma pessoa. É o conjunto de qualidade que a identifica, é sua maneira de sentir, pensar, agir e reagir"[32].

Uma personalidade criminológica incontrolável e irrecuperável determina necessariamente o juízo de periculosidade do réu. Para o professor e criminólogo Jason Albergaria,

> "A maior parte dos traços da personalidade do criminoso liga-se ao egocentrismo: a incapacidade de julgar um problema moral colocando-se num ponto de vista diferente do pessoal; falta de consideração pelo próximo; atitudes críticas e acusadoras; falta de sentimento de responsabilidade e de culpabilidade. Outros traços ilustram especificamente a imaturidade pessoal: inaptidão de renunciar à satisfação imediata, à custa da segurança e apesar da perspectiva de uma punição, insuficiência de controle emocional, insuficiência de julgamento, autocrítica e utilização de experiências passadas"[33].

31 OLIVEIRA, Edmundo. *Vitimologia e direito penal.* 2. ed. Rio de Janeiro: Forense, 2001. p. 57.

32 OLIVEIRA, Edmundo. Op. cit., p. 60.

33 ALBERGARIA, Jason. *Criminologia*: teórica e prática. Rio de Janeiro: Aide, 1988. p. 121.

O homem descende de uma cultura. Por isso, tende a incorporar-se ao grupo familiar ou social do qual provém, absorvendo ou adotando suas crenças e seus valores, quando não venera e reverencia alguns dos membros mais influentes. Disso resulta que pode o indivíduo identificar-se com algum membro marginal do seguimento social ao qual pertence e, por força dessa atração natural, se recusar a aceitar qualquer outra forma de conduta como socialmente adequada por considerar que a sociedade não lhe reservou outro papel senão o de efetivamente enveredar pela senda torcida da criminalidade.

Mas essa não é uma verdade inquestionável. Todo homem pode mudar, seja porque sua índole não é criminosa, seja porque não se identifica com o meio em que foi educado e convive, ou porque deseja romper com os traços característicos herdados ou adquiridos que possam deformar a sua personalidade.

Por essa razão, a personalidade do autor do delito não deve ser analisada apenas sob o ponto de vista dos aspectos negativos, mas também sob a ótica dos fatores positivos. Tudo deve ser devidamente analisado, pois o que pode parecer, à primeira vista, uma deformidade da personalidade representa simplesmente um *modus vivendi* do indivíduo que não guarda qualquer relação com o fato criminoso.

Assim sendo, não basta apontar a deformação do caráter ou da personalidade do acusado para justificar a tarefa de saneamento social. É indispensável que seja realizada, durante a fase da instrução criminal, a colheita de elementos que indiquem que a personalidade individual do infrator revela a ideia de periculosidade e de culpa para legitimar a imposição de pena privativa de liberdade ou de outra sanção penal aplicável em relação ao seu comportamento ilícito.

Os problemas que causam desequilíbrio ou transtorno da personalidade não se resolvem todas as vezes com a aplicação de penas que se tornam rigorosas, indeléveis e perpétuas, muito menos com o seu cumprimento. Já foi dito, diversas vezes, que o processo penal se encerra com a condenação do acusado e que a pena termina com a sua saída da prisão. Todavia, isto não é verdade.

Sabe-se que a justiça divina perdoa, mas a dos homens não. Daí quase sempre ocorre de o indivíduo que se sente livre do cárcere não sentir-se liberto da persecução social, porque não consegue obter emprego, escola, moradia, alimentação etc., em virtude de seus antecedentes desabonadores. Seu sonho de liberdade, após anos de cumprimento da pena, transforma-se em irremediável pesadelo, restando a ideia de que a regeneração almejada foi inútil.

Sendo assim, é de fundamental importância que o magistrado, a despeito de aplicar a pena justa, necessária, adequada e suficiente, também esteja vigilante com o efetivo e recuperador cumprimento da regra punitiva, a fim de que a sanção aplicada não seja vista somente como mero castigo, mas principalmente como medida terapêutica e ressocializadora.

Outro aspecto importante diz respeito ao fato de que, muitas vezes, tem-se a impressão de que o Judiciário brasileiro não se ocupa com pessoas, mas com nomes e números. Daí por que acaba sendo-lhe indiferente a recuperação do sentenciado, após o cumprimento da pena; ou o arrependimento do acusado, após a consumação do delito.

O infrator pode ter mudado, estar regenerado, apresentar novo aspecto, endereço e conduta; ser totalmente diferente do indivíduo que existia no instante e circunstâncias da prática do crime. Mas, como seu nome, RG e CPF continuam sendo os mesmos e se agregam a ele, como ser humano indivisível que é, continuarão sendo atributo indissociável da sua personalidade, visto que são padrões que identificam o ser humano onde quer que ele esteja.

Tais insígnias representam sinais indeléveis na vida do indivíduo e vinculam suas relações interpessoais habituais. Daí não ser raro vermos pessoas sendo rotuladas, em razão da estabilidade de suas maneiras de ser, agir e de viver, como portadoras de transtorno da personalidade, transtorno de caráter ou neurose de caráter.

Segundo o professor paraense Edmundo Oliveira, esse é o fundamento da educação humana, conquanto também, no brilhante ensinamento de Platão, "o homem de bem, amante da ordem e da harmonia, que se vai lapidando ao longo da vida, é um joalheiro cuja obra prima é ele mesmo"[34]. Isso implica uma luta diária de cada um contra si mesmo para o aprimoramento do caráter e o equilíbrio do temperamento, vigas mestras da personalidade do indivíduo.

Foi dito, portanto, em tópico anterior que o diagnóstico da culpabilidade do agente também passa pela análise da sua personalidade, no sentido da sua capacidade e vocação para delinquir. Quanto a esse aspecto, invoca-se novamente a ensinança do jurista peninsular Giuseppe Bettiol, segundo o qual

> "O juízo de reprovação não é um juízo abstrato, mas concreto e para ser tal dever-se-á enquadrar na órbita da personalidade do sujeito. Quando se fala de capacidade de delinquir não se pretende aludir a uma possibilidade mais ou menos acentuada de que um sujeito possa cometer crimes ulteriores, porque se acaba, quer se queira, quer não, por chegar à conclusão de que a determinação da pena está também em função daquilo que o sujeito poderá vir a cometer. Desta maneira consegue-se identificar entre si os conceitos de capacidade de delinquir e de periculosidade"[35].

Aníbal Bruno, citado por Alberto Silva Franco, defende que

> "... a consideração da personalidade do criminoso impõe a de seu meio circundante, das condições em que se formou e em que vive. Encontraremos

34 OLIVEIRA, Edmundo. Op. cit., p. 61.
35 BETTIOL, Giuseppe. Op. cit., v. II, p. 32-33.

> aí muito elemento para discerni-la e explicá-la, porque sabemos que a personalidade não é uma figura estática, uma vez por todas definida, mas resulta de um processo contínuo, em que sobre o herdado se vai enxertando, para completá-lo ou modificá-lo, o adquirido através do curso da existência, sob as pressões estimulantes ou traumatizantes do meio no qual se trava o debate da vida. O mundo circundante permanente e o mundo circundante ocasional dentro do qual fez eclosão o episódio criminoso"[36].

Os traços característicos da personalidade de um indivíduo podem se repetir, por semelhança, em seus descendentes. Isso se verifica por herança genética. Esse dado, entretanto, pode não se confirmar, pois existem pessoas que, embora submetidas a fatores criminogenéticos, não chegam a delinquir. O mesmo pode ocorrer com pessoas portadoras de personalidade patológica, que podem não ser conduzidas à prática de crimes.

O ajuste da pena a ser imposta ao réu passa obrigatoriamente pela análise de sua personalidade moral. Na concepção de Heleno Fragoso,

> "O juiz ajusta a pena ao autor concreto do crime, atendendo às peculiaridades de sua personalidade moral (caráter), e examinando se a conduta delituosa constitui fato acidental ou se é expressão da maneira de ser do acusado"[37].

De qualquer modo, cabe ao juiz criminal investigar ou, pelo menos, ter acesso a tais precedentes, fazendo com que eles sejam direcionados para os autos na forma permitida pelo art. 156 do CPP.

O juiz criminal não pode ficar à mercê dessas informações. Deve o julgador concentrar-se na análise da história do delinquente, sob o ponto de vista de sua vida individual, familiar, social, moral, comunitária, especialmente se o crime praticado revelou enorme perversidade e crueldade, despertando, por isso, horror e repugnância da opinião pública.

Serve esse trabalho desenvolvido pelo juiz criminal de elemento imprescindível para a graduação da periculosidade do criminoso e, não obstante isso, para a medida exata da correção a ser aplicada, no firme propósito de que a condenação imposta será adequada e suficiente para sua readaptabilidade à vida social.

Entendimento semelhante também foi defendido, no passado, por Ferri. Ouçamo-lo:

---

36 FRANCO, Alberto Silva *et al. Código Penal e sua interpretação jurisprudencial*. 5. ed. São Paulo: Ed. RT, 1995. t. I. p. 680.

37 FRAGOSO, Heleno Cláudio. *Lições de direito penal*: a nova Parte Geral. 9. ed. Rio de Janeiro: Forense, 1985. p. 336.

> "Privar a justiça penal das notícias sobre os precedentes do réu seria impedir ao juiz aquilo que mais lhe interessa para tranquilizar a própria consciência, isto é, o conhecimento da personalidade mais ou menos perigosa do acusado, não só para lhe medir a condenação, mas também para avaliar os indícios sobre a sua culpabilidade"[38].

A personalidade do agente, como fator determinante da pena, não pode ser confundida com os maus antecedentes do réu. São figuras distintas do catálogo da conduta criminógena, previstas como circunstâncias judiciais no art. 59 do Código Penal.

Quanto a isso, não existem dúvidas também em sede jurisprudencial, como pode ser notado pelos acórdãos adiante colacionados:

> "Má personalidade não é o mesmo que maus antecedentes, assim como antecedentes desabonadores não se equiparam à reincidência criminal. Entendimento diverso não só não explicaria a distinção do art. 42 do CP (atual art. 59) entre antecedentes e personalidade, como também, quanto aos últimos fatores, implicaria a inserção da reincidência entre as agravantes específicas, em perfeita redundância" (TACrimSP, Rel. Juiz João Guzzo, *JUTACrim* 23/313).
>
> "O juiz sentenciante não poderá desprezar a personalidade concreta do agente na individualização da pena, mas não poderá, como é óbvio, valorá-la a ponto de transformar a pena imposta numa verdadeira pena de autor, o que contraria o Direito Penal pátrio, firmemente ancorado no fato criminoso" (TACrimSP, Rel. Juiz Silva Franco, *JUTACrim* 77/43).
>
> "A personalidade do réu não pode ser admitida como sendo também antecedente criminal, impondo-se ao magistrado buscar conhecê-la, durante a instrução do processo, no que diz respeito à vida social, comunitária e familiar do acusado" (TACrimSP, Rel. Juiz Roberto de Almeida, *Código Penal e sua interpretação jurisprudencial*, de Alberto Silva Franco *et al.*, São Paulo: Ed. RT, 1995, t. I, p. 681).

Convém ainda esclarecer que a personalidade é algo característico de cada indivíduo. Ela é sempre um dado particular de manifestação individual que (embora possa ser semelhante) é impossível de se repetir em outra pessoa, exatamente da mesma forma e com igual intensidade, mesmo que por hereditariedade.

Por isso, não deve nunca o juiz criminal julgar o agente pelo que seus ancestrais cometeram ou pelo que pratica o grupo social ou agrupamento do qual participa, ou alguns de seus membros, mas pelo que avaliou concretamente da sua personalidade. Afinal de contas, não se pode interpretar equivocadamente

38 FERRI, Enrico. *Princípios de direito criminal*. 2. ed. Campinas: Bookseller, 1999. p. 307.

conceitos que estão dentro da órbita da conduta social com aqueles atinentes à personalidade do agente. Ambos – conduta social e personalidade do agente –, como circunstâncias judiciais catalogadas no art. 59 do Código Penal, têm sua finalidade própria e momento adequado para incidência. Seu desvirtuamento pode resultar em injustificável redundância.

Há outra explicação para o exame individual da personalidade do agente, qual seja, o de que, ao sentenciar, o juiz criminal é obrigado a fazer a dosimetria da pena separadamente para cada um dos réus. O magistrado está obrigado a proceder dessa maneira porque, embora obrando em coautoria, a forma como determinados acusados agem ou reagem quando da prática do crime, ou mesmo em seu cotidiano, geralmente é diferente. Assim também se dá no modo como solucionam os problemas enfrentados no dia a dia, a maneira de se comportarem, suas idiossincrasias, suas prioridades, suas predileções e seus valores.

Por isso é importante também a análise da índole do infrator, da maneira de agir e de sentir, da sua reação diante de determinadas situações ou circunstâncias, do modo como age frente a compromissos assumidos com familiares, empregadores e com outras pessoas, de seu comportamento em relação a obrigações com grupos ou a convenções sociais, assim como demonstração de intolerância, fraqueza, irresponsabilidade, frustração, expectativa, ansiedade, impulsividade, irritabilidade, infantilidade, egoísmo, falta de autocensura e incapacidade de aprender tomando por base seus próprios erros.

Concluindo, podemos afirmar que é o padrão de comportamento do agente, revelado pela sua individualidade psicológica, que será o indicador fundamental para a determinação da maior ou menor agravação dessa circunstância judicial na fase de aplicação da chamada pena-base.

2.5 Motivos do crime

Os motivos do crime geralmente estão ligados a fatos passados. Pode ocorrer, entretanto, que a motivação do ato criminoso seja contemporânea à ação do agente, como se dá em consequência de discussão surgida entre dois desconhecidos que entram em desavença, por exemplo, em plena via pública por força de colisão de seus automóveis, e um deles comete homicídio ou pratica lesão corporal contra o outro, ou apenas crime de dano, de ameaça ou contra a honra, como é comum acontecer, nestes dois últimos exemplos, diariamente no trânsito conturbado das grandes e médias cidades.

É pacífico, no entanto, o entendimento segundo o qual o motivo do crime é o antecedente psicológico da ação volitiva. Na lição sempre atual de Heleno Fragoso, esse antecedente

> "... pode ser um fenômeno complexo, desencadeado por um motivo preponderante, que se sobrepõe aos demais. A maior ou menor reprovabilidade do motivo influi na gravidade da culpa e, pois, do crime. Tem valor inteiramente diverso a morte do próprio pai, quando o agente pratica a ação para receber a herança e quando atua porque o pai espanca e tortura a mãe"[39].

Não há crime sem motivo. Costa Júnior, em lapidar ensinamento, enfatiza que:

> "Constituindo o delito expressão viva da personalidade humana, é natural que se indague acerca de toda a conduta, remontando às suas fontes mais remotas, que são os motivos. Distingue-se o motivo do escopo. Enquanto este dispõe de natureza predominantemente cognoscitiva (o agente representa a finalidade que busca atingir), o motivo é essencialmente psicológico"[40].

Ainda esclarece esse mesmo penalista que o Código não se referiu ao escopo, limitando-se a nomear o motivo como um dos elementos norteadores da fixação da pena, lembrando, também, que a valoração dos motivos não pode ser feita segundo as ideias morais do juiz, mas conforme as normas ético-sociais.

Não é demasiado lembrar que o motivo também envolve, repita-se, fatores psicológicos (conscientes ou inconscientes), que determinam a conduta do infrator. Seria a razão de ser, o móvel fisiológico que o impulsionou à prática da infração penal. Por isso, serve o motivo para aferir a periculosidade do agente, a fim de sancionar essa circunstância judicial como maior ou menor gravidade na fase da pena-base.

Jescheck[41], ao estudar esse fator de fixação da pena, conclui que os motivos e metas do réu, a atitude interna que se reflete no seu comportamento e a medida da infração do dever, são circunstâncias que fazem aparecer a formação da vontade do réu num plano mais ou menos favorável, pelo qual se diminui ou aumenta o grau de reprovabilidade do delito, sendo também interessante para a individualização da pena a investigação dos estímulos internos e externos que moveram o agente à ação delituosa, tal como a constatação do nível da força do motivo mediante a indagação do seu valor ético.

Ainda deve ser observado, segundo Heleno Fragoso, que

> "Alguns motivos são destacados para constituir formas qualificadas do homicídio (motivo fútil, motivo torpe, art. 121, § 2.º, I, II, CP). O motivo fútil e o motivo torpe, quando se trata de crime de outra espécie, não podem ser

39 FRAGOSO, Heleno Cláudio. Op. cit., p. 338.

40 COSTA JÚNIOR, Paulo José da. *Direito penal objetivo*. Rio de Janeiro: Forense Universitária, 1989. p. 112.

41 JESCHECK, Hans-Heinrich. Op. cit., p. 803.

considerados na pena-base porque são circunstâncias agravantes legais a serem computadas em fase posterior"[42].

Consequentemente, se o motivo constituir também circunstância (qualificadora ou privilegiadora) prevista na própria definição do tipo penal, como fator de agravamento ou de atenuação da pena, bem como causa de diminuição ou de aumento da reprimenda, sua apreciação não caberá na fase prevista no art. 59 do Código Penal, mas em momento posterior, sob pena de se incorrer no *bis in idem*.

Esse momento posterior está definido no art. 68 do Código Penal. Dessarte, fica claro que os motivos a serem analisados na fase do art. 59 do Estatuto Repressivo não são os mesmos relacionados, como circunstância legal genérica, nos arts. 61 e 65 do mesmo diploma legal.

2.6 Circunstâncias do crime

As circunstâncias do crime são elementos ou dados, tidos como acessórios ou acidentais (*accidentalia delicti*), que cercaram a ação delituosa e que, embora não integrem ou componham a definição legal do tipo, exercem influência sobre a quantidade ou qualidade da pena, quer para exasperá-la, quer para mitigá-la. Pode-se, então, dizer, sem equívocos, que as circunstâncias do crime a que nos reportamos qualificam ou quantificam o injusto ou a culpabilidade.

No ensinamento cristalino do preclaro penalista David Teixeira de Azevedo,

> "As circunstâncias do crime constituem um *plus* ao tipo penal incriminador; não têm existência autônoma, por isso, que sempre dependem de uma figura típica principal, a que aderem. Sua presença significa uma mudança qualitativa e quantitativa do injusto ou da culpabilidade, a representar uma maior virulência do ataque ao bem jurídico, uma modalidade especial da ação que traz em si um especial desvalor do fato, tornando-o mais ou menos grave, ou a significar uma intensidade modulada e diferenciada da culpabilidade, tornando mais ou menos reprovável a conduta do agente"[43].

Por sua natureza contingente, não interferem na qualidade do crime, mas na qualidade e quantidade da pena. As circunstâncias do crime podem ser objetivas (reais ou materiais) ou subjetivas (pessoais). As objetivas relacionam-se com o tempo de duração do crime, os meios empregados em sua prática, o lugar da sua consumação, a ocasião em que foi perpetrado, o mal que causou, o modo de sua execução, bem como a situação ou condição pessoal da vítima e o objeto material do delito. As subjetivas dizem respeito à pessoa do agente no que concerne aos motivos determinantes, sua

---

42 FRAGOSO, Heleno Cláudio. Op. cit., p. 338.
43 AZEVEDO, David Teixeira de. Op. cit., p. 57.

qualidade ou condição pessoal, suas atitudes durante e após a prática do delito, seu relacionamento com o vitimizado e com os demais coautores ou partícipes.

Somente as circunstâncias de caráter objetivo se comunicam (art. 30, CP), não ocorrendo o mesmo em relação às circunstâncias subjetivas, salvo quando elementares do crime ou essenciais - *essentialia delicti*.

Tem-se entendido também, em virtude de construção doutrinária e jurisprudencial, que as condições ou circunstâncias de caráter objetivo somente se comunicam desde que sejam conhecidas dos coautores ou partícipes. De outra parte, não se comunicam quaisquer dessas circunstâncias (subjetivas ou objetivas) quando não sejam elas do conhecimento de tais agentes.

O conhecimento da circunstância elementar pelo infrator é indispensável porque, segundo o art. 29 do Código Penal, apenas o agente que concorre, de qualquer modo, para o crime incide nas penas cominadas ao mesmo na medida da sua culpabilidade. Todavia, o sujeito que adere a um projeto criminoso, conhecendo pessoalmente todos os integrantes do grupo e o que fazem; participa de reuniões adredemente combinadas e sabe, desde o início, tudo que irá acontecer responde pelo crime perpetrado, em nada sendo alterado o plano posto em execução, não importando, para essa conclusão, que a atividade ou contribuição de cada cúmplice tenha sido distinta. Aqui se comunicam em tudo as circunstâncias de caráter objetivo. Quanto às de caráter subjetivo, somente se comunicarão quando elementares do tipo.

As circunstâncias do crime que aqui foram identificadas como elementos acessórios ou acidentais, a realçar o fato típico de maior ou menor ilicitude, não podem ser consideradas, na fase do art. 59 do CP, para a exacerbação ou redução da pena, quando previstas no próprio tipo como circunstâncias legais (atenuantes ou agravantes), privilegiadoras ou qualificadoras do delito, sob pena de incidir-se em dupla valoração.

2.7 Consequências do crime

As consequências do crime estão ligadas à sua repercussão social ou, como acentuava Magalhães Noronha, ao

> "... maior ou menor vulto do dano ou perigo de dano, que é sempre inerente ao delito, não só para a vítima como para a sociedade, o sentimento de insegurança provocado nesta e outros efeitos ainda que mais afastados"[44].

O clamor público gerado em virtude da prática de crime de determinada natureza também repercute negativamente sobre a ação do agente, como meio

44 NORONHA, Magalhães. *Direito penal*. 17. ed. São Paulo: Saraiva, 1979. v. I. p. 265.

de maior ou menor reprovação penal, especialmente se, após a prática delituosa, o meliante não houver demonstrado estar arrependido ou não tenha procurado reparar voluntariamente o dano ou prejuízo causado ao ofendido ou à sociedade como força resultante do seu atuar.

Exemplo desse fenômeno é a repercussão negativa que, atualmente, é exercida sobre o comportamento de pessoas que praticam determinados tipos de crimes, como o feminicídio, a violência contra mulheres, o assédio sexual, a homofobia, o racismo, hipóteses de pedofilia, porquanto grupos ativistas e as redes sociais midiáticas impõem dolorosa e grave punição ao infrator antes mesmo do caso ser investigado pela polícia e de ser julgado pela justiça. São fatores externos que contribuem para piorar a situação pessoal do indivíduo acusado da prática da infração penal.

Toda vez que a ordem jurídica é violada, muitas consequências podem ocorrer. Esses fatores consequentes, que dimanam da manifestação do ato criminoso do agente, não podem sempre - por falta de poder vidente - ser previstos pelo legislador, resultando disso que nem sempre a lei os enumera, salvante em relação àqueles resultados que já vêm previstos no tipo penal como seus elementos essenciais.

Por isso, ao se referir às consequências do crime, quis o legislador se reportar àquelas ditas extrapenais, que estão fora do tipo incriminador. O juiz, ao aplicar a pena, deve levá-las em conta, considerando na sua avaliação, repita-se, os efeitos da ação delituosa projetados além do ilícito penal e que digam respeito à culpabilidade do agente ou à gravidade do delito.

São fatores resultantes do crime ou da infração penal. Não se confundem com a consumação (reunião de todos os elementos da definição legal), e não são referidos no tipo. O mal causado pelo crime, que transcende o resultado típico, é a consequência a ser considerada para a fixação da pena-base.

As consequências de dois ou mais homicídios podem ser distintas e exigir maior ou menor reprovabilidade ao agente, embora no tocante à consumação se identifiquem pelo resultado (morte das vítimas). Vejamos os seguintes exemplos: se, em um deles, a vítima deixa viúva e seis filhos que dependiam de seu trabalho; enquanto, no outro, o sujeito passivo era solteiro e ninguém necessitava de sua assistência material. Noutro caso, quando um indivíduo assassina a esposa na frente dos filhos menores, causando-lhes um trauma sem precedentes, pois trata-se de uma consequência não natural do delito. Conforme a situação, o criminoso precisa ter sua conduta criminal examinada de forma mais branda ou ser severamente apenado.

Mostra-se correta a valoração negativa das consequências do crime, quando, além do sofrimento causado pela ausência do genitor, este deixou quatro filhos menores e esposa sem o auxílio financeiro que provinha de seu trabalho, gerando graves prejuízos ao núcleo familiar.

Caso a conduta criminosa apareça, como elemento da definição legal do tipo penal, como é o caso do latrocínio, essa circunstância deve ser aferida como elementar do próprio tipo. Ou seja, o resultado próprio do tipo não pode ser valorado.

Na fixação da pena-base compete ao juiz considerar algum comportamento como consequências do crime somente se o mesmo estiver localizado fora do tipo penal. É o que chamamos de consequências extrapenais da infração. Constitui circunstância atenuante, se o agente procurou, por sua espontânea vontade, e com eficiência, logo após o crime, evitar-lhe ou minorar-lhe as consequências.

2.8 Comportamento da vítima

Como derradeiro fator determinante da quantidade e da qualidade da pena, o art. 59 do CP aponta o comportamento da vítima. Hoje não se pode mais desprezar o estudo do comportamento da vítima como elemento coadjuvante na gênese de muitos crimes, dada a real predisposição de muitos indivíduos que, constantemente, figuram como sujeito passivo do delito possibilitarem essa situação ao criminoso, o que faz gerar, muitas vezes, até um grau de periculosidade social e moral desse agente passivo, que, a despeito da política criminal direcionada somente ao criminoso, também merece tratamento adequado, circunstância que se encontra prevista no art. 201, § 5.º, do CPP. Esse mesmo dispositivo assegura outros direitos à vítima, ainda que de forma modesta.

A novidade trazida pelas Leis n.º 11.690/2008 (art. 201, CPP) e 11.719/2008 (art. 387, IV, CPP) visou à proteção da vítima sobre diversos aspectos. De modo que, estabelecido quem tenha sido o autor, individualizado e responsabilizado na sentença penal condenatória, deve ele suportar, além da sanção penal, o dever de reparar o dano causado com o delito, caso possa ser de logo aferido pelo julgador. É que a finalidade do processo e os custos sociais da pena não servem apenas para castigar o infrator condenado, mas também para compensar a vítima das lesões causadas pelo delito.

A propósito, a doutrina estrangeira acentua que a punibilidade do agente que é apontado como infrator deve ser aferida como decorrência de eventual prova de lesão a bem jurídico da vítima em situação penal. Se isso não for observado, corremos o risco de valorarmos qualitativamente as ações humanas internas, que não podem ser submetidas à aferição do Direito Penal, porque não é possível conhecer e vivenciar o mundo interior da pessoa.

Ante essa assertiva, podemos dizer que somente é possível obter o convencimento de que o fato tipicamente antijurídico se consumou e foi cometido por quem está sendo objeto da acusação, quando o estado anímico do imputado puder ser aferido judicialmente, em procedimento contraditório, mediante provas robustas admitidas em juízo, pelo magistrado responsável pelo julgamento do caso.

O escólio a seguir transcrito dos Professores Marcelo Riquert e Eduardo Jimenez, em obra coletiva, é bem esclarecedor:

> "El principio de que la conducta humana solo puede ser injusto punible si lesiona un bien jurídico, dice Hassemer que hace reaparecer a la víctima en la consideración penal y limita al legislador para fundamentar el merecimiento de castigo penal: no bastará la referencia a la vulneración de una norma ética ou divina, tendrá que presentar a una víctima y mostrar como se le han lesionado bienes o intereses"[45].

Leva-se em consideração, para essa ocorrência, conforme pontifica Edmundo Oliveira, o fato de que, "na mesma medida em que o criminoso modela a sua vítima, esta pode modelar o criminoso"[46]. Lembra, ainda, esse tratadista que

> "A vítima provocadora assume a atitude de criar situação propícia ou de incitar o autor a cometer a infração. A vítima voluntária permite que se cometa a infração, facilitando, auxiliando, ou pelo menos não oferecendo passivamente nenhuma resistência. A vítima inconsciente determina o acidente devido à ausência de atenção, de cuidado, ou falta de controle de si mesma. A vítima inconsciente pode agir com culpa negativa ou com culpa positiva. Ela atua com culpa negativa quando se omite devido à ausência de precaução ou indiferença em relação ao ato realizado. Ela age com culpa positiva, quando pratica um ato ou se posiciona sobre alguma circunstância em relação à qual não deveria se envolver"[47].

A vítima do delito sempre foi esquecida pelo Estado e pelos setores do estudo atinente ao papel por ela representado no evento criminoso, abrindo-se, com isso, um imenso e irreversível abismo entre o infrator e o vitimizado, porquanto aquele sempre acreditou que somente deve satisfação ao sistema legal e apenas com relação a ele contrai responsabilidades. Há nisso uma enorme desigualdade de tratamento, ficando a vítima excluída de várias garantias que são dispensadas ao delinquente.

O ofendido também se sente abandonado e maltratado pelo sistema legal, que somente o vê como objeto de investigação processual, o que faz acelerar o processo de descrédito da vítima perante o organismo estatal que, em virtude da ausência de definição de uma política pública também dirigida à assistência da vítima e de sua família, produz-lhes novas lesões, priva-os de direitos e de garantias, desencadeando um fenômeno de vitimização secundária.

---

45 RIQUERT, Marcelo Alfredo; JIMENEZ, Eduardo Pablo. Op. cit., p. 78.

46 OLIVEIRA, Edmundo. Op. cit., p. 119.

47 OLIVEIRA, Edmundo. Op. cit., p. 130.

O problema do abandono da vítima como agente concorrente para a infração penal é secular, e somente há bem pouco tempo legislações de alguns países, de forma ainda bastante tímida, se preocuparam em adotar uma política para a sua proteção e tratamento, eis que o reiterado envolvimento como sujeito passivo em inúmeros crimes ou em delitos de determinada natureza também faz militar contra a sua pessoa o epíteto de indivíduo potencialmente perigoso, cujo estudo interessa não só ao Direito Penal, mas a uma gama variada de outras ciências[48].

Nem mesmo a resposta penal judiciária, por meio da sentença, ainda que condenatória, é capaz de atender, em certas medidas, aos interesses da vítima. O escólio de Marcelo Riquert e Eduardo Jimenez, abaixo transcrito, é bem esclarecedor:

> "La pena generalmente está totalmente disociada de las necesidades y problemas de la víctima, el predominio de la pena privativa de la liberdad se mantiene tanto en lo formal como en lo práctico, siendo el impacto de las sanciones alternativas más bien marginal y, además, cada sanción se vincula a la privación de liberdad por un cordón umbilical: el que no está condenado efectivamente a prisión, está en la sala de espera"[49].

Quer por tendência, quer por conflitos endógenos ou influências mesológicas, a vítima representa, no direito penal, a fratura exposta que os cirurgiões legislativos e jurídicos ainda não conseguiram recuperar. É por isso que o juiz criminal, ao sentenciar, nunca a pune, podendo, quando muito, reconhecer seu comportamento como dado a influir na aferição da responsabilidade penal do réu e na fixação da pena.

O vitimizado ainda continua sendo visto, em nossos dias, como um perdedor. Como alguém que molesta e incomoda. Aliás, ele mesmo assim se define, sobretudo se é pobre ou pertence a grupos que se autodenominam como minorias ou discriminados. Não raras vezes, somente decide comparecer à polícia ou processar o agressor quando tem certeza que poderá enfrentar com sucesso todos os percalços que a persecução criminal apresentará e ainda obter sucesso.

---

48 O jurista espanhol Antonio García-Pablos de Molina, discorrendo sobre o tema, lembra que "o abandono da vítima do delito é um fato incontestável que se manifesta em todos os âmbitos: no Direito Penal (material e processual), na Política Criminal, na Política Social, nas próprias ciências criminológicas. Desde o campo da Sociologia e da Psicologia social, diversos autores têm denunciado esse abandono: o Direito Penal contemporâneo - advertem - acha-se unilateral e equivocadamente voltado para a pessoa do infrator, relegando a vítima a uma posição marginal, ao âmbito da previsão social e do Direito Civil material e processual. A Criminologia tampouco tem demonstrado sensibilidade pelos problemas da vítima do delito, pois centra seu interesse exclusivamente na pessoa do delinquente" (*Criminologia*. 2. ed. São Paulo: Ed. RT, 1997. p. 66).

49 RIQUERT, Marcelo Alfredo; JIMENEZ, Eduardo Pablo. Op. cit., p. 283.

O que motiva, basicamente, tal fato é a existência, em nosso país, de sistema jurídico fechado e com claras distorções a respeito de valores equivalentes e de políticas públicas equânimes para o criminoso e para a vítima, encarados sob o ponto de vista da relação processual. Aliás, nem toda vez a relação processual se estabelece entre ambos, figurando a vítima no processo criminal, na maioria dos casos, apenas na condição de testemunha informante do fato consumado.

É que o Estado se apropria do conflito sem perquirir qual o interesse da vítima. Essa disparidade tem sido um dos fatores determinantes para explicar a permanência da situação degradante e desvalorizante da vítima, no Direito e no Processo Penal, ante a exagerada proteção que é dispensada pelo Estado, por entidades religiosas, por certas autoridades e por inúmeras organizações não governamentais ao réu ou ao condenado.

Na maioria das vezes, a vítima é odiada pelo infrator, o qual atribui sua segregação à delação daquela. Ocorre que nem sempre a vítima deseja a prisão do agressor, mas simplesmente que este seja chamado para um diálogo, para uma negociação, para uma (re)conciliação, para um acertamento, para um aconselhamento. Como a vítima não é ouvida sobre essa questão, sua opinião pouco importa para o organismo estatal, cujo regime penal disciplinar reproduz certos horrores e só serve para impor labéu indelével ao infrator.

As cadeias públicas e os presídios de nosso país são visitados diariamente por advogados, magistrados, promotores de justiça, religiosos de variadas doutrinas, integrantes de organismos de proteção aos direitos humanos etc., que, sob o pretexto de desenvolvimento de trabalho ressocializador do condenado, se esquecem totalmente das vítimas que sobrevivem ao fato criminoso ou - o que é pior - dos seus familiares (ascendentes, viúva e órfãos, quando o vitimado perde a vida em decorrência do ato criminoso), forçados a levarem uma vida insegura e traumatizante, receosos de sofrerem represália por parte do réu e de parentes deste, quando de sua soltura, demasiadas sejam a proteção e atenção dispensadas. Chega, às vezes, até a ser humilhante o nível de sobrevida dos mesmos porque, na sua maioria, tinham no ente querido tornado vítima fatal a única fonte de renda e de sustento como ser humano digno.

Diga-se, ainda, que o Estado não tratou de definir em lei - como o fez em relação ao infrator - os direitos da vítima, parecendo, a princípio, que nenhuma outra função teria ela no âmbito processual, senão a de testemunhar sobre o evento criminoso que a infelicitou. Toda essa série de tratamento diferenciado e discriminatório é proveniente da ausência de uma política estatal isonômica, como se a ressocialização da vítima e a assistência aos seus familiares não fossem também uma função ou um objetivo básico do Estado.

Para a constatação inquestionável dessa realidade, basta examinar sem o uso de lupa o art. 5.º da Constituição Federal. Nesse dispositivo, inúmeros direitos são garantidos ao criminoso e nenhum à vítima, numa clara demonstração de que ainda se encontra esquecida e marginalizada pelo sistema. Para não ser tão radical, aponta a nossa Carta de Princípios, em seu art. 245, a promessa de disposição em lei de assistência aos herdeiros e dependentes carentes de pessoas vitimadas por crime doloso. No entanto, a omissão legislativa do poder público tem feito com que esse compromisso não passe de mera conjectura e letra morta.

Obras de peso e de reconhecimento internacional, como *As misérias do processo penal*, do genial jurisconsulto italiano Francesco Carnelutti, e *Dos delitos e das penas*, do também incomparável criminólogo peninsular Cesare Beccaria, retratam em linguagem clarividente o drama da justiça penal, mencionando o papel do juiz, do Ministério Público, da defesa e do acusado, porém olvidando completamente a existência da vítima.

O mesmo sentimento vem retratado pelo escólio apodítico do Professor Elías Neuman[50], *in verbis*:

> "Ya no fue posible alzar de ombros frente a la víctima. En las leyes sustanciales y formales que componem el orden legal, el delincuente tuvo y tiene muchos más derechos y garantías que su víctima. Allí está los principios de legallidad o reserva, de defensa em juicio, de inocencia... Y, al menos en la letra de la ley, las posibilidades de un hábitat carcerario digno, el tratamiento, la redaptación social. Entretanto, la víctima quedaba en la indiferencia, librada a la suerte, bajo la pesada losa de sus necesidades insatisfechas y siri contención material o moral"[51].

Afora a Declaração Universal dos Direitos das Vítimas, aprovada pela ONU em 29/11/1985, pouco se realizou. Passou-se mais de um século para que jusfilósofos como Mittermaier, Ferri e Garofalo pudessem ser ouvidos pelos tribunais do nosso tempo que, quando não ignoravam completamente a vítima, viam nela apenas uma fonte de prova e objeto de estudo para fins de fator criminógeno.

No Brasil, encontrou-se, com a Lei n.º 9.099/95, uma forma de amenizar a insatisfação da vítima com a denominada reparação do dano, que compreende

50 *Mediación y conciliación penal*. Buenos Aires: Depalma, 1997. p. 22.

51 O penalista mineiro Lélio Braga Calhau, Professor da Faculdade de Direito do Vale do Rio Doce, registra que "em diversos países já existem textos legislativos específicos de amparo às vítimas: Áustria (Lei n. 288/72), Alemanha, Inglaterra, Holanda, EUA (Califórnia). Na Itália a preocupação já vem desde o Código Leopoldino (1786); depois com o Código Penal para as Duas Sicílias (1819), e, nos últimos tempos, em função da Lei n. 13 de 02.01.1958. Suécia, Países Baixos, Itália e Bélgica têm legislação que beneficia vítimas do crime. A Nova Zelândia, em 1964, instituiu o primeiro programa moderno de compensação às vítimas do crime" (Vítima, Justiça Criminal e cidadania. *Revista Brasileira de Ciências Criminais*, São Paulo: Ed. RT, v. 31, 2000. p. 235-236).

a indenização dos prejuízos ou a restituição da coisa, naquilo que a composição civil dos danos puder englobar, sob a presidência do juiz, que não a homologará se entender ilegal ou injusto os seus termos ou elementos.

Mas isso ainda é muito pouco e não resolve o problema da assistência aos familiares e dependentes da vítima, como deseja o art. 245 da nossa Carta Magna. A tendência, em nosso país, pelas reformas que se têm empreendido na legislação, é proteger cada vez mais a pessoa do criminoso, num equívoco sem precedentes.

Com isso, descura o poder público da proteção da vítima e da própria sociedade, e se faz atualíssimo o escólio do jurista italiano Paulo Cuche, baseado no fato de que

> "... é um erro grave concentrar todo o esforço sobre o delinquente a punir, quando deve incidir principalmente sobre a massa dos imitadores que é preciso intimidar. Sob o ponto de vista utilitário, é fazer um mau cálculo que se pode resumir assim: deixa-se para o segundo plano um resultado certo de prevenção coletiva para lhe preferir um resultado hipotético de prevenção individual"[52].

O procedimento da vítima, as reações do criminoso e a ligação antecedente de ambos, os aspectos psicológicos de suas condutas, a influência da atuação de um deles sobre a do outro, bem como o grau da culpabilidade do réu, são fatores a serem observados pelo juiz criminal na escolha da quantidade e qualidade da pena, o que, na ótica do Direito Penal, é feito sempre no propósito de que a reprimenda possa servir de fórmula intimidativa contra o infrator e também de meio adequado a desestimulá-lo a fazer novas vítimas. Nesse mister, a pena deve ter também caráter intimidativo e desestimulante contra potenciais agentes da criminalidade.

É importante, por isso, que se destine atualmente maior preocupação com o estudo do papel da vítima no Direito e no Processo Penal. Somente assim poderá haver total compreensão sobre a etiologia e prática do crime, do nível de influência do comportamento da vítima na atuação do delinquente para, em face de tudo isso, medir-se a responsabilidade criminal do acusado e a dosagem da pena.

Além disso, serve ainda o estudo do comportamento da vítima como um dado valiosíssimo para a evolução dos conceitos e dos projetos sobre a descriminalização de certas condutas penais, posto que a nossa era é a do redescobrimento da vítima, não só como sujeito passivo do crime, mas também como elemento motivador da ocorrência de vários delitos, resgatando-se, por outras razões, a

52 Citação feita pelo Professor Beleza dos Santos no prefácio à obra: FERRI, Enrico. Op. cit., p. 14.

importância que a vítima possuía na Antiguidade, no Processo Penal, e que hoje deve ter na persecução criminal, a partir da evolução que a Ciência Penal moderna vem experimentando.

Importante elemento de análise judicial no instante da dosimetria da pena, que pode favorecer ou prejudicar o acusado, o comportamento da vítima serve para compor a própria atividade desenvolvida pelo delinquente durante o *iter criminis* para aferir-se o grau de culpabilidade do agente criminoso e o nível de participação da vítima.

Capítulo VII

DOS ELEMENTOS NECESSÁRIOS PARA A APLICAÇÃO DA PENA

1. CRITÉRIOS DETERMINADORES

Os critérios de fixação da pena examinados no tópico anterior devem ser devidamente analisados e individualizados pelo juiz. Não basta que se faça expressa referência na sentença aos elementos relacionados no art. 59 do Código Penal. É indispensável, repita-se, que cada um deles seja examinado. Se houver mais de um acusado no processo, para cada um há de ser feita referência pormenorizada a tais elementos na dosimetria da pena, sob pena de nulidade da sentença.

Negligencia a correta aplicação do dispositivo supracitado o juiz que faz apenas vaga alusão às circunstâncias judiciais sem fundamentá-las, conjugá-las e extraí-las dos elementos constantes dos autos. Repetir as palavras frias do preceptivo representa inaceitável comodismo do julgador, além de incontestável desinteresse em balizar os contornos da individualização da pena, bem assim a prova insofismável de que o processo não foi devidamente examinado.

Do mesmo modo, não atende ao princípio da motivação da sentença, pois interessa não somente ao acusado, mas também à acusação e à sociedade, assim como aos escalões superiores do Judiciário, saber os motivos que levaram à condenação do acusado. É que a procedência da pretensão punitiva tem como seu correspondente contrário o *status libertatis* do acusado, cuja garantia o Estado, como detentor do monopólio da jurisdição, tem o dever de assegurar.

A inobservância dessa regra ridiculariza a atuação jurisdicional e afistula direito líquido e certo do acusado, que se torna vítima da arbitrariedade do julgador, o qual não pode, a seu talante, direcionar a fixação da pena de maneira diversa da exigida no dispositivo em realce.

Constatada essa irregularidade, passível torna-se a sentença de ser declarada a sua nulidade pela via impugnativa própria. A jurisprudência, a respeito do assunto, é pródiga em exemplos:

> "Não responde à exigência de fundamentação de individualização da pena-base e da determinação do regime inicial de execução de pena a simples

> menção aos critérios enumerados em abstrato pelo art. 59, CP, quando a sentença não permite identificar os dados objetivos e subjetivos a que eles se adequariam, no fato concreto, em desfavor do condenado" (STF, Rel. Min. Sepúlveda Pertence, *DJU* 1.º/11/1991, p. 15569).
>
> "Muitas sentenças, lamentavelmente, limitam-se nesse delicado momento do exame das circunstâncias judiciais ao emprego de fórmulas vazias, estereotipadas, como 'antecedentes abonados, personalidade normal, dolo, motivos, circunstâncias e consequências normais para a espécie...' Isso não é fazer individualização judicial da pena, mas burlar, fraudar, um dos mais significativos momentos do processo" (TACrimSP, Rel. Onei Raphael, *JUTACrim* 81/383).
>
> "Sendo a sentença condenatória carente de fundamentação na dosimetria da pena, impõe-se sua nulidade, para que outra seja proferida" (STF, Rel. Min. Cunha Peixoto, *RT* 544/470).

A individualização da pena deve ser clara e dispensar deduções que só o prolator da sentença possa inferir. Não resta dúvida de que constitui hipótese de nulidade desse ato decisório a falta de fundamentação quanto ao exame minucioso de cada elemento integrante da dosimetria da pena, inclusive no que diz respeito a cada um dos réus, se a infração penal for imputada a mais de um acusado.

Dentre os direitos inalienáveis e indisponíveis conferidos ao réu, a lei reservou-lhe o de saber as razões por que o julgador chegou a esta ou àquela conclusão em sua sentença. Aliás, trata-se, neste caso, de direito irrenunciável conferido concorrentemente também à acusação, pois o dever de o juiz fundamentar a sentença não se dá apenas quando ela é condenatória, mas também quando é absolutória.

O precedente jurisprudencial sobre esse tema é irretorquível:

> "A defesa e a acusação têm o direito de saber por que caminhos e com que fundamentos de fato e de direito o juiz chegou à fixação da pena concreta ou definitiva. Esconder esses caminhos é cercear a defesa ou desarmar a acusação; é dificultar ou impossibilitar a fundamentação de recurso das partes e o ataque lógico e jurídico às injustiças da sentença. As sentenças penais devem ser de motivação transparente, para incutir no povo respeito e admiração pela Justiça e confiança na retidão e segurança de seus juízes" (TACrimSP, Rel. Juiz Cid Vieira, ADV 6.395/615).

Traduz situação de inefável constrangimento e de injusta condenação a conduta processual do juiz ou do tribunal que, ao ditar sua sentença, restringe sua argumentação a meras e superficiais referências aos elementos que compõem as circunstâncias judiciais, sem a indicação concreta das razões que justificaram a apenação (mínima ou máxima) ante o comando expresso no preceito normativo que rege a individualização da pena.

A nenhum órgão julgador é conferido o privilégio de tratar com desprezo ou indiferença as regras de direito, ignorando-as, a pretexto de que não atendem ao fim a que se propõem ou, por outro lado, afirmando que a aplicação delas não possui qualquer utilidade prática.

Quem se propõe a ser juiz deve despir-se de todo preconceito e compreender que, no trato forense, o entendimento pessoal somente encontra guarida quando alicerçado na legislação vigente.

A avaliação exclusiva do juiz sem conotação legal não pode prevalecer, qualquer que seja o argumento utilizado, visto essa circunstância caracterizar sua parcialidade, na medida em que a lei deve ser dirigida ao caso concreto dentro do espírito coletivo para o qual foi erigida.

Por essa razão, o Juiz não pode ser neutro, nem praticar decisionismo político, muito menos exercer liberdade plena e arbitrária, por assim dizer. Suas decisões devem observar as garantias fundamentais das partes (salvante as restrições legais), contudo limitada à prova das alegações que cada uma tem o dever de produzir no processo - *allegatio et non probatio, quasi non allegatio.*

A decisão que se afasta da lei é passível de invalidação seja pelo erro de interpretação que possa encarnar, seja pela injustiça que possa cometer, mesmo que o juiz consiga demonstrar que agiu bem-intencionado.

Por isso, o juiz não deve arriscar-se a ditar a sentença que favorecerá unicamente o seu interesse ou os interesses de um grupo em particular. Seu julgamento, por essa razão, deve primar pelo interesse geral.

Não é à toa que a fundamentação da sentença também interessa ao tribunal de justiça, órgão revisor, por excelência, da decisão recorrida. É através das sentenças prolatadas que o tribunal avalia objetivamente o preparo do juiz, seu zelo e esmero, sua capacidade criativa e de argumentação, seu estudo pormenorizado do caso e a resolução fundamentada do processo.

O conceito de que o juiz goza perante seu tribunal depende muito da qualidade de suas sentenças e do percentual de manutenção de suas decisões. Desse modo, é indispensável que proceda sempre, em seus julgamentos, apontando os fundamentos legais dos atos decisórios que prolatar para não ser visto como um juiz desidioso e inculto.

Não está o juiz, contudo, obrigado a decidir conforme deseja a parte. Se é certo que para manter sua legitimação, independência, imparcialidade e outros atributos do cargo, relativos aos poderes inerentes ao vínculo estabelecido pela atividade jurisdicional, deve estar acima de qualquer espécie de pressão ou de sugestão das partes, tratando-as com isonomia e equidistância, também é correto entender que sua decisão deve obedecer a um processo psíquico racional. Se o Juiz coopera com uma das partes na produção da prova, o mesmo dever de auxílio deve à outra. Por isso, o melhor é manter-se equidistante das partes para não tornar-se tendencioso ou inclinado.

Como enfatiza Jacinto Coutinho "*não significa que ele está acima das partes, mas que está para além dos interesses delas*"[1]. Por essa razão, Werner Goldschmidt explica que "*la imparcialidad del juez es la resultante de las parcialidades de los abogados*"[2]. E pode-se acrescentar também da parcialidade das partes. Por isso, é necessário enfatizar que erros grosseiros ou teratológicos não devem ser fundamento primário para projeção de punição no campo correcional, mas de aperfeiçoamento dos mecanismos da prestação jurisdicional eficiente no âmbito processual.

2. CASUÍSTICA DAS CIRCUNSTÂNCIAS JUDICIAIS

O objetivo deste estudo é fornecer ao leitor uma variedade de situações em que as circunstâncias judiciais podem se apresentar, de modo que possa o julgador refletir sobre as hipóteses sugeridas, melhorá-las e até modificá-las. Trata-se, como é óbvio, de apenas um roteiro a ilustrar vasta exemplificação de tão importantes elementos para a fixação da pena em concreto.

Assim, na sentença penal, com relação à culpabilidade, pode o juiz ressaltar que:

a) o acusado agiu com dolo e que a sua comprovada conduta ilícita foi consciente e reprovável, porque poderia ter evitado ou não praticado;
b) o acusado agiu com culpa considerando que o seu comportamento voluntário produziu um resultado previsível, contrário ao direito;
c) o acusado possui formação (superior, nível médio, nenhum estudo) e que o seu grau de conhecimento e idade, diante do fato delituoso concretizado, lhe permitia, mais do que ninguém, saber dos limites da sua ação volitiva e da medida da responsabilidade penal (dolo ou culpa);
d) o acusado não agiu com dolo ou com culpa, não sendo censurável ou reprovável a sua conduta;
e) não é possível, diante dos elementos constantes dos autos, aferir a intensidade do dolo ou o grau da culpa do acusado ou, ainda, que um e outro são elevados (ou que não são elevados).

Assim, na sentença penal, com relação aos antecedentes, pode o juiz exprimir que:

---

1 O papel do novo juiz no processo penal. In: *A crítica à teoria geral do direito processual penal.* Rio de Janeiro: Renovar, 2001. p. 11.

2 *Introducción filosófica al derecho*. 4. ed. Buenos Aires: Depalma, 1973. p. 321.

a) o acusado possui antecedentes desabonadores, posto já haver se envolvido anteriormente em prática de delitos semelhantes ou de natureza diversa;

b) o acusado possui maus antecedentes, visto que se encontra condenado em outros processos criminais com sentença (transitada em julgado ou não, conforme a orientação doutrinária ou jurisprudencial do juiz sentenciante[3]);

c) o acusado tem como hábito a prática do crime de que trata a denúncia ou pratica com frequência e habitualidade crimes da mesma natureza e semelhança, sendo bastante conhecido dos órgãos da persecução penal o seu *modus operandi*;

d) o acusado possui péssimos antecedentes, considerando que os precedentes policiais e judiciais informam ser um indivíduo acostumado à vida marginal, e a prova disso é que, embora lhe tendo sido deferido o direito de responder ao processo em liberdade, cometeu outro delito antes de concluída a instrução criminal;

e) o acusado possui antecedentes criminais desabonadores pelo fato de, embora sendo beneficiado com medidas cautelares diversas da pena de prisão por ocasião da audiência de custódia, sempre as descumpriu;

f) o acusado possui bons antecedentes, ótimos antecedentes ou antecedentes imaculados. Pode o juiz também dizer: sua folha penal não registra antecedentes ou, embora responda a outros processos, nunca sofreu condenação criminal, tendo-se-o por primário;

Assim, na sentença penal, com relação à conduta social, pode o juiz concluir que:

a) o acusado tem ótima conduta social, é excelente chefe de família e possui profissão definida;

b) o acusado tem boa conduta social, mantém estreita relação com os seus vizinhos e frequenta assiduamente a paróquia do seu bairro;

c) o acusado tem boa conduta social, frequenta estabelecimento de ensino (primário, ginasial, colegial, técnico, superior) e dispensa total respeito aos seus diretores, professores e demais funcionários;

d) o acusado não tem boa conduta social, não se relaciona bem com seus familiares, amigos, colegas de trabalho e vizinhos do bairro;

e) o acusado não tem boa conduta social, vive constantemente em péssimas companhias ou em companhias de outros marginais; vive habitualmente

---

3 Este modelo serve para juízes que entendem que inquéritos e processos em andamento ou arquivados configuram antecedentes criminais.

em lupanares, não frequenta clubes sociais, nem tem preferência por ações humanas de relevante alcance social;

f) o acusado não possui boa conduta social, não trabalha e não estuda; não tem profissão definida ou ocupação lícita, nem vocação para a prática de atos que engrandeçam o indivíduo como pessoa humana;

Assim, na sentença penal, com relação à personalidade, pode o juiz concluir que:

a) o acusado possui personalidade comprovadamente voltada para o crime, desde a sua tenra idade, quando ainda era inimputável;

b) o acusado possui personalidade especificamente orientada ao crime, o qual sempre pratica com requintes de crueldade e de perversidade, com ferocidade e audácia, causando temor entre os membros da comunidade e senso de revolta entre os cidadãos;

c) o acusado possui personalidade exclusivamente dirigida ao crime, posto agir sempre em grupo (concurso de agentes, bando, organização ou quadrilha) e ser integrante de família em que todos os parentes adotaram a vida marginal como única forma de existência, sendo, por essa razão e pela forma como trata suas vítimas, indivíduo de alta periculosidade e totalmente inadaptado ao convívio social;

d) o acusado é ainda um jovem (trabalhador ou estudante etc.), com personalidade em formação (idade entre 18 e 21 anos, principalmente);

e) o acusado não possui personalidade voltada para o crime, militando em seu favor seu passado de homem público ou de carreira privada (servidor público, político, empresário, operário, comerciário, industrial etc.), que se pautou por uma tendência devotada ao seu campo profissional, mantendo vida honesta, austera e recatada, sem perseguir pessoas nem obter vantagens pessoais;

f) o acusado possui personalidade característica do homem comum, sem qualquer formação educacional, pois é um indivíduo rude, como milhões que habitam o nosso país, principalmente na zona rural, onde a moral local tem para o camponês um sentido totalmente diferente daquele reservado ao homem culto.

Assim, na sentença penal, com relação aos motivos do crime, pode o juiz concluir que:

a) o acusado não teve motivos para praticar o crime, agindo por puro desejo de maldade;

b) o acusado praticou o crime por motivos inexplicáveis, por isso, banais e egoísticos;

c) o acusado praticou o crime por sentimento de vingança, de ódio, de cobiça, por interesses altruístas e fins políticos;

d) os motivos do crime não favorecem o acusado, uma vez que agiu com o fim único e previamente deliberado de causar ofensa à honorabilidade da vítima ou prejuízo financeiro ao ofendido;

e) os motivos do crime não favorecem o acusado, pois induziu a vítima a satisfazer a lascívia de outrem, tirou proveito da prostituição infantil, praticou a infração simplesmente para atender a pedido de um amigo, razão por que é inescusável etc.;

f) os motivos do crime favorecem o acusado, posto que foi levado à sua prática por razões de ordem passional, imediatamente após haver sido injustamente agredido ou provocado pela vítima;

g) os motivos do crime não favorecem o acusado, posto que agiu impelido pelo ódio à vítima, que só o bem lhe fazia;

h) os motivos do crime não favorecem o acusado porque agiu de modo a encobrir a prática de outro delito por ele cometido.

Assim, na sentença penal, em relação às circunstâncias do crime, pode o juiz exprimir que:

a) o acusado praticou o crime durante o expediente bancário, mediante o uso de armas, concurso de agentes e ameaças a funcionários e clientes do estabelecimento assaltado, expondo a vida de várias pessoas a perigo e causando insegurança para a sociedade;

b) o acusado praticou o crime, prevalecendo-se de sua condição de sobriedade, quando a vítima se encontrava sob o efeito de substância alcoólica, resultando daí a conjunção carnal indesejada (ou então, nesta outra fórmula: resultando daí o homicídio ou o feminicídio etc.);

c) o acusado praticou o crime mediante o uso de artifício violador da intimidade alheia, qual seja um binóculo de longo alcance, o qual direcionava para o apartamento da vítima, que tinha sua privacidade desvendada e depois conhecida de todos os moradores das redondezas por obra do denunciado, que se encarregava de contar todas as ações íntimas e cenas de alcova da ofendida, inclusive as relativas ao congresso sexual com seus parceiros;

d) o acusado praticou o crime mediante o uso de artifício violador da intimidade sexual da vítima, qual seja um aparelho celular, o qual utilizou para filmar e bater fotos da ofendida durante a conjunção carnal, violando posteriormente sua privacidade divulgando o material nas redes sociais, dando a conhecer a um número indeterminado de pessoas as relações íntimas e cenas relativas ao congresso sexual que manteve com a ofendida, assim como situações em que a vítima desapercebida era filmada ou fotografada pelo denunciado;

e) o acusado praticou o crime durante a noite, quando as vítimas retornavam do colégio e se encontravam, todas elas, totalmente desprevenidas dentro do ônibus que as conduzia aos seus lares, momento em que, em local ermo, foi anunciado o assalto com a subtração dos bens dos passageiros, tendo ainda o denunciado utilizado uma faca e causado lesão corporal em algumas pessoas;

f) o acusado praticou o crime durante a noite, quando todos os passageiros da embarcação dormiam, tendo após o homicídio lançado o corpo da vítima ao mar (ou ao rio) e se apropriado de seus pertences, além de abandonado o navio (ou barco) para refugiar-se em uma ilha localizada nas proximidades do local do delito;

g) o acusado praticou o crime prevalecendo-se da autoridade funcional que exercia sobre a vítima, fator preponderante e decisivo para eliminar-lhe a capacidade de resistência.

Assim, na sentença penal, com relação às consequências do crime, pode o juiz concluir que:

a) o comportamento criminoso do acusado teve como consequências prejuízos para o negócio da vítima e para a própria clientela que frequenta o seu estabelecimento, pelo fato de ficar fechado durante uma semana (mês, dias etc.), havendo o meliante confessado a autoria do delito, na fase indiciária e judicial da persecução criminal;

b) o comportamento criminoso do acusado teve como consequências prejuízos materiais para a vítima, que teve sua carteira subtraída com o produto de toda a sua verba salarial, considerando que havia acabado de recebê-la quando sofreu o assalto, sem a restituição incólume e na mesma quantia da coisa ao seu proprietário;

c) o comportamento criminoso do acusado, que dirigia embriagado e em alta velocidade, teve como consequência a perda da visão direita da vítima, além da sua incapacidade para continuar exercendo sua atividade de ciclismo, considerando ser este atleta profissional e ter rompido a tíbia e o tendão de Aquiles da perna esquerda, em virtude do acidente provocado pelo denunciado, não lhe sendo mais permitido fazer qualquer esforço físico com esse membro inferior;

d) o comportamento criminoso do acusado, dizendo-se corretor de imóveis, teve como consequência a diminuição do patrimônio da vítima, a qual foi induzida a locar seu imóvel à pessoa que não ofereceu garantias para o pagamento do aluguel;

e) a conduta ilícita do acusado teve como consequência a rescisão por justa causa do contrato obreiro da vítima, que, já de idade provecta, ainda não conseguiu arrumar novo emprego, o que tem sido causa de privações de toda ordem para ela e para seus familiares, visto que era o único membro da família que trabalhava;

f) a conduta do acusado não produziu consequências extrapenais graves, capazes de afetar a razoabilidade da dosimetria da pena e a normalidade da vida em sociedade;

g) a conduta do acusado teve como consequência a inclusão do nome da vítima em cadastro de pessoas inadimplentes, pois o dinheiro que portava e que lhe foi subtraído estava destinado ao pagamento de prestação que venceu na data da consumação do delito;

h) a conduta do acusado revelou maior gravidade, tanto pelos momentos de pavor a que ficou submetida a vítima, que durante toda a operação viu-se ameaçada por arma de fogo, como pela repercussão desse tipo de delito na comunidade, não só pelo fato de afastar do local possíveis usuários dos serviços de utilidade pública como também pela fragilização a que fica submetida a sociedade local, todas as vezes que alguém achando-se sem dinheiro decida tirá-lo de outrem usando, para tanto, a ameaça mediante o uso de arma.

Assim, na sentença penal, com relação ao comportamento da vítima, pode o juiz concluir que:

a) o comportamento da vítima, que soube ser diligente e demonstrou estar todo o tempo subjugada, não contribuiu de qualquer modo para a ação criminosa do réu;

b) o comportamento da vítima que, sabendo do interesse de trombadinhas e assaltantes por objetos de valor, deixa à mostra um relógio de pulso, totalmente de ouro, ao lançar o braço para fora do automóvel que dirigia, em um semáforo, contribuiu para a ação do agente;

c) o comportamento da vítima que, ao retornar do colégio, durante a noite, sempre preferia andar por ruas escuras e vazias, sendo sabedora de que outras colegas já haviam sido violentadas e molestadas sexualmente por desconhecidos, favoreceu a ação do agente;

d) o comportamento da vítima que, costumeiramente, frequentava lupanares e ambientes promíscuos, firmando relação passional com desconhecidos em troca de recompensa e prazeres mundanos, contribuiu decisivamente para a conduta do acusado;

e) o comportamento da vítima que, acreditando estar levando vantagem no negócio escuso que lhe foi proposto pelo denunciado, favoreceu totalmente a ação do agente;

f) o comportamento da vítima que, na condição de esposa do réu, sempre se insinuava, na presença dele, a outros homens, provocando-lhe ciúmes, ódios e revoltas;

g) o comportamento da vítima que foi brutalmente espancada pelo marido ou companheiro pelo fato de haver sido aprovada em seletivo para curso de mestrado sem dar prévio conhecimento a ele sobre sua pretensão de participar do curso em outro estado da federação.

Os exemplos supracitados são hipóteses que podem ser modificadas, melhoradas e enriquecidas com os elementos constantes dos autos, com o intuito de dotar o trabalho do juiz sentenciante de idoneidade necessária à sua confirmação pelos órgãos de jurisdição superior.

3. ASPECTOS PROCESSUAIS

Os critérios de individualização da pena devem ser fielmente observados pelo juiz sentenciante. Alguns deles, como a culpabilidade, a personalidade do agente e as consequências do crime, podem servir de fator preponderante para aferir a maior reprovabilidade da ação do agente, para medir o maior ou menor grau de fixação da pena-base.

Dentro da compreensão do que vem a ser pena-base, não se pode, evidentemente, confundir esta com limite mínimo da pena. A ideia constante do atual Código Penal (art. 59) de que a pena deve ter como um dos fins a prevenção (geral e especial) do crime não libera o juiz para, por meio dela, criar uma situação de eterna penalização ao infrator, pois está sustentada também por outros dois pilares, de igual peso e importância, que dizem respeito ao que seja necessário e suficiente para a reprovação do delito.

A perquirição desses elementos deve ser investigada em processo regular, dentro de uma pauta de valores em que prevaleça sempre a crença de que não se pode toda vez combater o mal com o próprio mal. Trocando em miúdos, significa dizer que o mal ocasionado pelo crime nem sempre é corrigido com o mal que representa a pena. Por isso, é preciso afastar a concepção que se encontra arraigada na mentalidade das pessoas, e até de certos juízes, de que os crimes devem ser punidos com severas sanções penais.

Tal atitude reflete o insopitável desejo, hoje sem sentido, de punir por punir. Isso nunca resolveu o problema da criminalidade nem o trabalho de recuperação do criminoso. A retribuição justa da culpabilidade deve passar pela análise do que é necessário e suficiente para a prevenção e repressão do crime. A culpabilidade do réu é medida pelo grau de censurabilidade ou de reprovabilidade de sua conduta.

O processo criminal deve ser instrumento de higienização social, deve visar não só ao castigo que pode impor ao delinquente, mas precipuamente à sua recuperação, ao seu tratamento adequado para o retorno à vida comunitária e ao bem que pode proporcionar tanto ao agente criminoso quanto à comunidade, dentro da concepção atualmente aceita de fenômeno da fisiologia social, cujo fim primordial é a composição dos litígios para a convivência pacífica e o bem de todos os homens em sociedade.

Com efeito, a reserva legal é um dos princípios fundamentais do direito penal democrático, que inspirou a previsão legislativa da inexistência de crime sem lei anterior que o defina e da pena sem prévia cominação legal, na clássica fórmula latina *nullum crimen nulla poena sine lege*, atribuída ao criminalista alemão Feuerbach.

Estando o princípio da legalidade ligado não apenas ao crime (fato típico), mas também à pena a ele cominada, cumpre ao juiz observar rigorosamente os limites (mínimo e máximo) lançados, pelo legislador, no preceito secundário da norma penal sancionatória para a apenação do agente.

Não é à toa que o legislador estabeleceu que, ao aplicar a pena, o juiz deve fixar "a quantidade de pena aplicável, dentro dos limites previstos" (art. 59, II, CP). Esse enunciado indica, de modo claro, objetivo e rígido, um marco inicial e outro final, em que são apontadas, de forma abstrata e hipotética, as margens em que pode o juiz se mover para a aplicação e individualização da pena.

A individualização da pena deve, portanto, ser alcançada em devido processo legal no tempo de razoável duração do processo, a fim de garantir não apenas os direitos do acusado, mas também a resposta penal ao fato criminalizado dentro do prazo que seja suficiente para o juízo natural da causa declarar a culpa ou inocência do imputado, independentemente de haver provado não ser ele autor ou culpado pelo delito que se lhe atribui, posto que essa é uma atribuição do órgão acusador e não da defesa.

Capítulo VIII

DAS PENAS E SUA UTILIDADE

1. FINS DA PENA

A pena sempre aparece na história das civilizações como algo indissociável da ideia de castigo, porque está ligada à concepção da prática de transgressão ou de crime que resulta em punição severa ou em clausura. Dentro desse raciocínio, era comum a punição ou a pena partir de um soberano ou de alguém que possuía autoridade legítima para infligi-la.

Nos primórdios dos tempos, dada a ignorância da população e o paganismo geral, a pena chegou a ser ligada a uma vontade e determinação divina. Muitos sacerdotes e governantes a aplicavam sob o fundamento religioso, como ainda hoje ocorre em alguns países. Nessa perspectiva, prevalecia o mito da felicidade social, imposto por uma política que apenas atendia aos preceitos e regras que visavam à formação de uma sociedade que precisava punir o homem que se perdeu e ofendeu a Deus.

A pena tem a função de prevenir um crime ulterior. Essa função de prevenção tem objetivo inibitório, ou seja, serve para a intimidação coletiva de criminosos potenciais. Quer sob a forma de castigo corporal, moral ou patrimonial, a pena afeta o condenado na restrição da liberdade, no confisco do patrimônio ou na imposição de sofrimento. Tudo isso serve de alerta aos detratores da lei.

Desse modo, não se pode abandonar a ideia da existência da pena, como forma de proteção e salvaguarda dos valores sociais e dos bens jurídicos, porque ela é uma medida aceita por todos como garantia da segurança jurídica. Vejamos a seguir a ensinança da doutrina estrangeira:

> "La única manera de proteger los valores de una sociedad, frente a estos ataques que no son aceptables, es otorgándoles jerarquía de bienes jurídicos y luego, promulgando una ley que vincule, la violación del derecho a la imposición de una pena"[1].

1 BAÑOS, Javier Ignacio; BUJÁN, Fernando. Op. cit., p. 228.

Mas é errôneo acreditar que a pena possui apenas caráter aflitivo, pois ao Estado não interessa somente punir o infrator. Com efeito, a própria lei penal possui como fator preponderante a necessidade de defesa social, donde se conclui que é aplicável a cada indivíduo que a transgredir, dentro do território de sua abrangência, guardadas as situações de exclusão de crime e de isenção de pena que ela própria ressalvar.

Com a aplicação da pena, pune-se o delinquente e intimida-se o criminoso potencial, formando-se na consciência coletiva a ideia de que a transgressão da norma sujeitará o infrator às sanções legais, levando-se-o, com isso, a continuar sendo um cidadão respeitador das leis.

Lecionando sobre o tema, o renomado penalista Edmundo Oliveira assegura que:

> "A pena, em qualquer estrutura legislativa do mundo contemporâneo, vai além do propósito, de retribuição do ato injusto, porque ninguém pode virar as costas para a alta relevância do escopo preventivo de reintegrar o condenado na sociedade, intimidar os infratores potenciais e fortalecer a consciência jurídica de todos os integrantes do conjunto social"[2].

Toda norma penal possui dois elementos indispensáveis: o preceito e a sanção. É exatamente a proibição[3] contida no preceito que justifica a sanção ou pena. A pena intercepta o criminoso no caminho do crime e estabelece a prevenção geral, gerando coação psicológica no indivíduo pela ameaça da cominação de sanção acaso viole a conduta definida na lei como crime.

O fundamento da pena encontra raiz na existência do próprio direito que a assegura, sendo o seu pressuposto primordial a tutela da proteção de bens jurídicos tidos como essenciais à preservação da convivência social. É sobre esses pilares que se assentam os fins da pena e do Direito Penal, como instrumento legal criado pelo Estado para o atingimento daquela sanção cominatória.

Com a observação penetrante que sempre lhe foi peculiar, Aníbal Bruno demonstra, em lecionamento incensurável, que:

> "A cominação de uma pena a um fato é a maneira mais enérgica de exprimir a reprovação que a ordem de Direito faz recair sobre ele e, portanto, do

2 OLIVEIRA, Edmundo. *Deontologia, erro médico e direito penal.* Rio de Janeiro: Forense, 1998. p. 9.

3 O jurista paraense Edmundo Oliveira (Op. cit., p. 9=10) lembra que "deve o Estado recorrer à sanção, com prudência, quando precisa reforçar as proibições, indicar o que é permitido e mostrar aos cidadãos que a observância dos mandamentos legais é absolutamente necessária para evitar, na medida do possível, ações ou omissões que ataquem as bases da convivência social. É a dosagem de vigor da pena que desperta na consciência de cada um o efeito inibidor da norma imperativa".

valor que o Estado, representando o interesse coletivo, atribui ao bem por ele ofendido. Exprimindo essa reprovação, a pena realiza a função de fortalecer na consciência da coletividade o juízo de valor sobre os bens jurídicos tutelados e o respeito às normas que estabelecem essa tutela. Assim se forma uma consciência jurídica em que se apoia verdadeiramente a segurança comum"[4].

A maior preocupação do Estado deve assentar-se no efetivo cumprimento da pena aplicada, pois é exatamente sua execução que incutirá na pessoa do delinquente e das pessoas da comunidade a certeza da punição, mesmo que se atribua natureza vicariante à reprimenda.

A aplicação da pena deve, portanto, observar que toda sanção criminal precisa ser razoável e proporcional ao ataque ao bem jurídico protegido, pois o Pacto Internacional dos Direitos Civis e Políticos estabelece que "toda pessoa privada da liberdade será tratada com o respeito devido à dignidade inerente ao ser humano". Com isto, resta claro que as autoridades judiciárias e penitenciárias devem enxergar o cárcere como locais de gestão humanitária da pena, vale dizer, como centros de reabilitações de pessoas encarceradas, e não como lugares de castigos e, muito menos, como calabouço de ociosos que aguardam a hora da morte provocada por doenças incuráveis, infectocontagiosas ou por outra causa.

Diante disso, o que interessa, muitas vezes, para o conceito social não é o peso ou a exacerbação da pena (que geralmente leva às iniquidades), mas a garantia da sua aplicação em quantidade ou em medida que possa ser cumprida pelo infrator e avaliada como justa pela sociedade, que passa a vê-la não como um simples castigo imposto ao condenado, porém como o cumprimento do preceito contido na norma incriminadora, a todos imposta, por força do princípio fundamental da sujeição de todos os indivíduos às leis do Estado.

Essa concepção forma, entre os indivíduos, o caráter educativo que necessitam para a intimidação e prevenção (geral e especial), levando a que as efetivas ações da autoridade, concernentes à aplicação da pena, passem a ser vistas pela generalidade das pessoas como a exata retribuição do mal causado pela prática da infração penal.

2. DAS PENAS EM ESPÉCIE

A Constituição Federal veda, no inciso XLVII do art. 5.º, as penas consideradas inumanas, quais sejam:

a) de morte, salvo em caso de guerra declarada, conforme consta do seu art. 84, XIX;

4 BRUNO, Aníbal. *Direito penal*. 4. ed. São Paulo: Forense, 1978. t. III. p. 48.

b) de caráter perpétuo;

c) de trabalhos forçados;

d) de banimento;

e) cruéis.

No mesmo preceptivo, e em inciso imediatamente anterior ao supracitado, a nossa Carta Política, após dizer que a lei regulará a individualização da pena, enumera as modalidades que, dentre outras, devem ser adotadas:

a) privação ou restrição da liberdade;

b) perda de bens;

c) multa;

d) prestação social alternativa;

e) suspensão ou interdição de direitos.

O Código Penal, por sua vez, relaciona em seu art. 32 as espécies de pena por ele previstas, a saber:

a) privativas de liberdade:
   - reclusão e detenção (art. 33, CP).

b) restritivas de direitos:
   - prestação pecuniária (art. 45, § 1.º, CP);
   - perda de bens e valores (art. 45, § 3.º, CP);
   - prestação de serviços à comunidade ou a entidades públicas (art. 46, CP).
   - interdição temporária de direitos (art. 47, CP).
   - limitação de fim de semana (art. 48, CP).

c) Multa (arts. 49 e 60, CP).

Como já foi ventilado anteriormente, nenhuma pena passará da pessoa do condenado, podendo, entretanto, a obrigação de reparar o dano e a decretação do perdimento de bens ser, nos termos da lei, estendidas aos sucessores e contra eles executadas, até o limite do valor do patrimônio transferido, na forma regulamentada pelo inciso XLV do art. 5.º da Constituição Federal.

Fica evidente, pelo enunciado constitucional, que a pena não possui somente caráter retributivo e punitivo, mas possui também as funções preventiva, reeducativa e reparatória. Preventiva, no sentido de inibir e intimidar a prática de delitos. Reeducativa, no sentido de recuperação do criminoso. Reparatória, no sentido de propiciar a reparação dos danos que a ação do infrator causou à vítima.

Capítulo IX

DA PENA PRIVATIVA DE LIBERDADE

1. CONSIDERAÇÕES INICIAIS

A pena privativa de liberdade é aquela que restringe a liberdade individual da pessoa, mediante clausura, durante o período determinado no provimento judicial. Sua duração máxima não pode ser superior a trinta anos, mesmo que a pena cominada ou o seu somatório ultrapasse esse limite.

O Direito Penal é imprescindível para o ordenamento jurídico, desde que não seja utilizado abusivamente, posto que tem como um dos objetivos possibilitar a harmônica convivência humana em sociedade. Como afirmam Marcelo Riquert e Eduardo Jimenez, "la pena es una amarga necessidad y la sociedad que de ella prescindiese tendría sus días contados"[1].

Se o indivíduo for condenado a penas privativas de liberdade, cujo somatório for superior a 30 (trinta) anos, devem elas ser unificadas para atender ao limite máximo acima estipulado. Sobrevindo nova condenação por fato posterior ao início do cumprimento da pena, será feita nova unificação, desprezando-se, para esse fim, o período da pena já cumprido. Referência a essa delimitação se encontra estabelecida no art. 75, *caput*, e §§ 1.º e 2.º, do Código Penal.

O Código Penal, mantendo tradição histórica, arrola como penas privativas de liberdade a reclusão e a detenção. Não se pode ignorar a razão de ser dessa providência, pois na ótica do legislador têm tais reprimendas a finalidade de prevenir e reprimir o delito, embora saibamos que nem sempre servem como medida recuperadora e ressocializadora do infrator.

Apenas para exemplificar, lembramos também a existência, em nosso ordenamento penal, de outra reprimenda celular, qual seja a prisão simples que vem arrolada pelo Decreto-lei n.º 3.688/41 como modalidade de pena principal (art. 5.º, I), que deve ser cumprida, sem rigor penitenciário, em estabelecimento especial ou seção especial de prisão comum, em regime semiaberto ou aberto (art. 6.º, *caput*, LCP).

1 RIQUERT, Marcelo Alfredo; JIMENEZ, Eduardo Pablo. Op. cit., p. 250.

As políticas criminal e penitenciária implementadas em nosso país - excelentes em sua pauta legislativa, mas ineficazes em suas ações - não têm permitido que se cumpra a finalidade prevista na Lei de Contravenções Penais, pois nem sempre o Estado dispõe de estabelecimento apropriado para abrigar pessoas condenadas exclusivamente à pena de prisão simples, levando, com isso, a que se recolha o contraventor, em igualdade de condições, com os apenados por crimes comuns, no mesmo presídio.

No passado eram raras as condenações por contravenção, quando esse instituto recebia tratamento processual e procedimental idêntico aos crimes em sua repressão, a partir da investigação policial e da persecução judicial. Atualmente, com o advento da Lei n.º 9.099/95, as contravenções penais passaram a ser tratadas como infração penal de menor potencial ofensivo (art. 61), cuja repressão somente se verificará se não for possível a conciliação. Há, diante disso, nítido interesse do Estado pela despenalização de tais condutas ilícitas.

2. INCIDÊNCIA MAIS FREQUENTE

Não há dúvidas de que, na atualidade, os Juízes têm procurado modificar a fisionomia do Direito Penal, retirando de sua atuação o caráter puramente repressor para aproveitar-lhe apenas o aspecto corretivo-educacional, com a opção maciça pelas penas restritivas de direitos, as quais, no fundo, visam também ao esvaziamento das prisões, mediante a ocupação do infrator com alguma atividade que seja útil à sociedade e a ele próprio.

Mas, neste passo, o que está em franca discussão é a pena privativa de liberdade, cujo debate retomamos. Cumpre relembrar, inicialmente, que a pena de reclusão é a que mais aumenta a população carcerária, porque, raramente, a cominação *in concreto* permite, de imediato, o seu cumprimento em regime aberto ou de semiclausura, apesar da legislação pertinente não vedar essa possibilidade (art. 33, *caput*, CP).

Essa inconveniência não pode ser atribuída exclusivamente ao magistrado sentenciante, mas em boa parte à própria norma incriminadora, pois, em sua maioria, os réus que praticam delitos apenados com reclusão recebem pena mínima *in concreto* cominada acima do limite permitido pelo Código Penal para obtenção do direito ao cumprimento inicial da pena no regime aberto ou semiaberto.

Não obstante isso, os critérios a serem observados para se atingir esse desiderato vêm previstos no art. 59 do Código Penal, cuja margem de arbítrio pertence, de certo modo, ao juiz prolator da decisão, o qual detém ainda a faculdade de decidir sobre o regime inicial de cumprimento da pena privativa de liberdade, observadas também as prescrições do § 2.º e suas alíneas do art. 33 do Código Penal.

No que concerne à pena de detenção, o seu cumprimento, salvante a necessidade de transferência do apenado para o regime fechado, deve se verificar em regime inicial semiaberto ou aberto (art. 33, CP). Eis aqui uma das diferenças existentes entre essas duas reprimendas.

Outra diferença existente entre tais penas privativas de liberdade está na prevalência para seu cumprimento. Desse modo, havendo concurso real ou material de crimes (art. 69, CP), com aplicação cumulativa de sanções privativas de liberdade, a pena de reclusão será executada em primeiro lugar, ou seja, antes da de detenção.

Aparentemente, outra diferença existente entre as penas de reclusão e de detenção se encontra no inciso II do art. 92 do Código Penal. Entretanto, o efeito civil da condenação (incapacidade para o exercício do pátrio poder, tutela ou curatela) pode ocorrer ainda que a sanção aplicada no caso concreto seja diversa da pena de reclusão.

O que a norma em análise exige é a condenação do infrator por crime doloso. Assim, o efeito civil da condenação persistirá desde que motivadamente declarado na sentença pelo juiz, pois, sendo possível, pode o julgador substituir a pena de reclusão pela pena de detenção, por pena restritiva de direitos ou por pena de multa.

Essa possibilidade resulta do fato do dispositivo antecitado haver previsto a pena de reclusão em sentido abstrato e não como reprimenda a ser aplicada em sentido concreto, como realçou em relação à sanção prevista nas duas alíneas do seu inciso I[2].

3. CONSIDERAÇÕES FINAIS

Toda norma estatal prega, em princípio, a liberdade do cidadão. Essa deve ser a regra porque o homem nasce livre e livre deve permanecer. Não há como ignorar essa premissa básica, sob pena de transformarmos o Direito Penal em fonte de iniquidades.

No entanto, quando um dispositivo de ordem penal dispõe sobre determinada conduta considerada ilícita com cominação de pena corporal, está a advertir o indivíduo de que a sua liberdade depende exatamente da maneira como deve pautar-se na vida social em relação àquilo que foi erigido como crime. O descumprimento do comando legislativo, como dissemos, pode ter como consequência a privação da liberdade do indivíduo como única pena prevista para a hipótese.

2 Comungam também desse entendimento Damásio de Jesus (*Código Penal anotado*. 7. ed. São Paulo: Saraiva, 1997. p. 248) e Júlio Fabbrini Mirabete (*Código Penal interpretado*. São Paulo: Atlas, 1999. p. 490).

O Direito que tutela a liberdade individual também tutela a proteção de bens jurídicos. É por isso que, dependendo da posição em que o indivíduo se encontre perante o ordenamento jurídico, a lei pode protegê-lo ou puni-lo.

No Brasil de nossos dias há uma opinião quase que unânime, no meio acadêmico, quanto à restrição da aplicação das penas privativas de liberdade aos casos mais graves e extremos. Argumenta-se que a utilização das penas celulares somente deve ocorrer quando as restritivas de direitos ou de multa, e as medidas cautelares diversas da prisão, não sejam capazes e suficientes para a prevenção e repressão do delito consumado.

A Lei n.º 9.099/95 é um dos sinalizadores mais recentes dessa assertiva no campo legislativo, visto que procura em suas disposições evitar ao máximo o modelo convencional adotado pelo Código de Processo Penal para a persecução criminal, numa clara atitude de que a aplicação de penas alternativas é o melhor caminho para a reeducação do infrator, o que, aliás, vem sendo implementado, com sucesso, pelo Ministério da Justiça em convênio com Tribunais de Justiça Estaduais por meio da instalação, nas comarcas das capitais, das denominadas Centrais de Penas Alternativas, e, mais recentemente, pelo CNJ, com a audiência de custódia, por meio de resolução.

Na verdade, a correção do indivíduo que delinquiu não poderá, todas as vezes, ser resolvida exclusivamente com o draconismo ou a tirania do direito penal punitivo. Se o direito penal fosse essencialmente repressivo, como se faz parecer na acepção mais usual do termo, principalmente pelos profanos, sua existência não teria qualquer sentido, nem haveria interesse prático em sua aplicação.

Por outras palavras, ficaria evidente que o Estado não teria outra política a implementar na prevenção e repressão dos delitos a não ser o ergastulamento do condenado, por qualquer hipótese delituosa, o que implicaria, sem dúvida, o reconhecimento da incapacidade da resolução do problema da aplicação da pena através de outros meios alternativos, igualmente capazes de intimidar o agente infrator e de desestimular o cometimento de infrações penais pelos indivíduos potencialmente vocacionados à prática de ações criminosas.

Capítulo X

DAS PENAS RESTRITIVAS DE DIREITOS

1. GENERALIDADES

A ineficiência da pena privativa de liberdade, como meio de recuperação de criminosos, gerou o aparecimento de outras modalidades de punição penal visando a que o indivíduo possa ser castigado sem que precise necessariamente ter a sua liberdade totalmente restringida.

Várias críticas foram dirigidas à pena privativa de liberdade, até que o Brasil, alinhando-se à voz corrente em todos os países de orientação democrática, resolveu também reservar a prisão celular apenas àqueles casos de extrema gravidade e necessidade, visando, principalmente, a que a ação deletéria da convivência diária dos detentos e as vicissitudes do cárcere não se transformem em crescente e desenfreado fator delitógeno a influenciar delinquentes sem periculosidade ou condenados por infrações menos graves a enveredarem pelo vasto caminho da criminalidade.

Com a visão voltada para essa realidade, o nosso Código Penal foi reformulado em sua Parte Geral para permitir a implementação das penas restritivas de direitos ou medidas cautelares alternativas à pena de prisão como solução mais benéfica ao infrator do que as privativas de liberdade e a suspensão condicional da pena.

Há de se registrar, entretanto, que essa modalidade de pena não pode ser aplicada aleatoriamente pelo juiz, posto necessitar se adequar à situação posta em evidência e ao próprio condenado. O aresto transcrito a seguir bem retrata essa afirmação:

> "As penas restritivas de direitos, nem por mais benéficas, perdem o caráter aflitivo, impostas que são por infrações de normas penais. Bem por isso devem também ser individualizadas, adequando-as o juiz ao delito e ao delinquente" (TACrimSP, Rel. Juiz Marrey Neto, *JUTACrim* 94/241).

Nesse particular, deve ser dito que existem penas restritivas de direitos que possuem caráter mais danoso do que a pena privativa de liberdade. Veja-se o caso do médico que é condenado por crime culposo e tem a pena privativa de liberdade substituída por restritiva de direitos do tipo suspensão ou proibição do exercício da profissão por determinado período. A medida restritiva de direitos é pior do que a privativa de liberdade.

A prática diária da atividade judicante dará ao magistrado o discernimento necessário para o aperfeiçoamento da aplicação da pena restritiva de direitos, como apenação substitutiva da pena privativa de liberdade, sem retirar-lhe o colorido necessário das sanções penais, em face do efeito que exerce diretamente sobre a pessoa do condenado e da intimidação que produz em relação às pessoas da coletividade.

Com efeito, deve ser esclarecido, por fim, que as medidas cautelares a que se refere o art. 282 do CPP não se confundem com as penas restritivas de direitos, porque aquelas são espécies de prisões preventivas ou provisórias, enquanto estas são penas decorrentes de sentença de mérito.

2. AUTONOMIA E FUNÇÃO SUBSTITUTIVA DAS PENAS RESTRITIVAS DE DIREITOS

As penas restritivas de direitos são autônomas e possuem também a função de substituírem as penas privativas de liberdade sob determinadas condições. Essa possibilidade ocorrerá, segundo o art. 44 do Código Penal, quando:

a) for aplicada pena privativa de liberdade não superior a 4 (quatro) anos e o crime não for cometido com violência ou grave ameaça à pessoa ou, qualquer que seja a pena aplicada, se o crime for culposo;

b) o réu não for reincidente em crime doloso;

c) a culpabilidade, os antecedentes, a conduta social e a personalidade do condenado, bem como os motivos e as circunstâncias, indicarem que essa substituição seja suficiente.

O dispositivo em causa deixa claro que as penas restritivas de direitos, embora autônomas, não podem ser aplicadas direta e isoladamente. Por isso, deve o juiz, primeiramente, fixar concretamente a pena privativa de liberdade prevista *in abstrato* para o tipo penal violado. Feito isso, deve decidir, logo após, fundamentadamente sobre a possibilidade da sua substituição por restritiva de direitos ou multa.

Estando presentes os pressupostos objetivos e subjetivos[1], assim reconhecidos pelo juiz em sua decisão, é indeclinável o dever da substituição, encarada esta

1 Sobre o assunto, consultar o excelente artigo escrito por Cezar Roberto Bitencourt na *Revista Brasileira de Ciências Criminais, RT*, v. 28, p1999. p. 89 e ss.

como um direito público subjetivo do réu. Por isso, concedendo ou negando o benefício, deve o juiz fazê-lo motivadamente.

Sendo uma nova forma de sanção criminal, também dotada de eficiente poder corretivo, a pena restritiva de direitos foi encarada pela própria Exposição de Motivos do Código Penal "de maneira cautelosa, como convém a toda experiência pioneira nesta área", posto que procura situá-la no âmbito do terreno anteriormente ocupado unicamente pela suspensão condicional da pena, dando-lhe, porém, maior margem de alcance, quer no plano quantitativo da pena, quer no plano da correção do condenado.

A substituição da pena privativa de liberdade pela pena restritiva de direitos, porém, não é automática, posto encontrar-se condicionada a certos requisitos de ordem subjetiva e objetiva. A epítome do acórdão que segue avaliza esse argumento:

> "Ausentes os requisitos subjetivos para a concessão do *sursis* ou da substituição da pena privativa de liberdade em restritivas de direitos, não há como serem concedidos esses benefícios" (TJMA, Ac. un. da 1.ª Câmara Criminal, Rel. Des. Antonio Bayma Araújo, Ap. Criminal n.º 3.687/2001, *DJ* 20/06/2001, p. 1).

A pena restritiva de direitos possui força coativa, pois o seu descumprimento injustificado pelo condenado pode causar a sua conversão em privativa de liberdade pelo tempo da pena aplicada. No cálculo da pena privativa de liberdade a executar será deduzido o tempo cumprido da pena restritiva de direitos, respeitado o saldo mínimo de 30 dias de detenção ou reclusão.

Com essa redação, o § 4.º do art. 44 do CP estabeleceu a denominada detração da pena privativa de liberdade, devendo o condenado cumprir apenas o saldo resultante da dedução da restrição imposta e efetivamente cumprida. O cumprimento mínimo da pena deverá ser de 30 dias de reclusão ou de detenção, mesmo que o saldo a cumprir seja inferior a esse trintídio. Essa exceção vem expressa na parte final do parágrafo em alusão.

Sobrevindo condenação à pena privativa de liberdade, por outro crime, cuja execução não tenha sido suspensa pelo magistrado sentenciante, o juiz da execução penal decidirá sobre a sua conversão, podendo deixar de aplicá-la se for possível ao condenado cumprir a pena substitutiva anterior.

Com a nova fisionomia adquirida, em face da Lei n.º 9.714/98[2], as penas restritivas de direitos por ela criadas, bem assim as já existentes, podem ser

2 Esta lei alterou os arts. 43 e seguintes do Código Penal no que tange à aplicação das penas restritivas de direitos.

aplicadas retroativamente aos casos anteriores à sua edição. É o caso, por exemplo, da condenação de réu, por tráfico de entorpecentes, à pena privativa de liberdade, cominada em definitivo em 4 (quatro) anos de reclusão. Nesta hipótese, estando presentes os requisitos de ordem objetiva e subjetiva constantes dos incisos I, II e III do art. 44 do Código Penal, a substituição da pena privativa de liberdade pela pena restritiva de direitos impõe-se, na forma concebida pelo § 2.º do dispositivo supracitado.

Quanto à possibilidade da substituição da pena privativa de liberdade pela pena restritiva de direitos, quando a pena cominada seja igual ou inferior a 4 (quatro) anos, em face do disposto na Lei n.º 9.714/98, existe controvérsia jurisprudencial no que tange à sua aplicabilidade no caso de se tratar de crimes hediondos, bem assim de delitos a eles equiparados, *v.g.*, tráfico ilícito de entorpecentes, tortura, terrorismo, por força da regra constitucional inscrita no inciso XLIII do art. 5.º da nossa Carta Magna. Vejam-se os arestos:

> "Da interpretação que se faz da Lei n.º 9.714/98, relativamente à substituição da pena privativa de liberdade por pena restritiva de direitos, tem-se que ela também é aplicada aos delitos definidos em legislação especial. A nova legislação a respeito veio no sentido de ampliar a incidência das penas restritivas de direitos, de modo que, devem ser estendidas à legislação especial, até porque, não existe ressalva a este respeito. Assim, ainda que se trate de crime de tráfico de entorpecente, se o agente preenche os requisitos subjetivos e objetivos do art. 44 do CP, e a substituição é recomendável, dentro do critério de suficiência na reprovação e prevenção do crime (art. 59 do CP), não há por que não fazê-lo" (TJRS, Câmara de Férias, Rel. Des. Sylvio Baptista Neto, Ap. Criminal n.º 6990118297, *Separata ITEC*, ano 1, n.º 2, jul./set. 1999).
>
> "O inconformismo referente à substituição da pena privativa de liberdade pela restritiva de direitos não procede. A simples alegação de ser crime hediondo não obsta a substituição da pena. Se o legislador não fez qualquer restrição nesse sentido, não cabe ao intérprete fazê-la. Preenchidos os requisitos legais objetivos e subjetivos, previstos no art. 44, do CP, com as alterações da Lei 9.714/98, nenhum impedimento existe para que a pena privativa de liberdade, seja substituída por restritiva de direitos..." (TJMG, 1.ª Câmara Criminal, Rel. Des. Zulman Galdino, Ap. Criminal n.º 148.427-8).
>
> "Os condenados pela prática de crimes hediondos e os a estes assemelhados (tortura, tráfico de entorpecentes e terrorismo), deverão cumprir a pena em regime fechado. Não se lhes aplicam, portanto, os benefícios previstos na Lei 9.714/98" (STJ, Ac. da 5.ª Turma, Rel. Min. Edson Vidigal, *DJU* 17/12/1999, p. 390).
>
> "A Lei n.º 9.714/98, que instituiu as penas alternativas, não se aplica aos crimes hediondos e assemelhados referidos na Lei n. 8.072/90, como o

> tráfico de drogas" (STF, Ac. da 1.ª Turma, Rel. Min. Octávio Gallotti, *DJU* 18/08/2000, p. 83).

O ensinamento de renomados juristas brasileiros, no entanto, é no sentido contrário. Com efeito, Alberto Silva Franco, em lapidar lecionamento, pontifica que

> "No que tange aos delitos equiparados aos crimes hediondos, o terrorismo não foi ainda devidamente tipificado e a tortura pressupõe também a prática de fatos criminosos, com violência ou grave ameaça. Questionamento inteiramente diverso, contudo, ocorre em relação ao tráfico ilícito de entorpecentes. Nesse caso, o comportamento criminoso pode ser realizado sem emprego de violência ou de grave ameaça e, além disso, o *quantum punitivo*, cominado pelo legislador, é, no mínimo, igual a três anos. Destarte, há, em princípio, possibilidade de aplicação de pena restritiva de direito. Tal posicionamento revela-se adequado, além disso, em relação a hipóteses menores de tráfico ilícito de entorpecentes, para as quais a sanção penal se mostra, por vezes, excessiva ou desproporcionada"[3,4].

Razões de política criminal e de hermenêutica jurídica recomendam a substituição da pena privativa de liberdade cominada aos crimes hediondos ou delitos a eles assemelhados, quando a sanção aplicada seja igual ou inferior a 4 (quatro) anos, pela pena restritiva de direitos, desde que o crime não tenha sido praticado com violência ou grave ameaça à pessoa.

O argumento de que a pena, no crime hediondo ou delito a ele assemelhado, deve ser cumprida integralmente no regime fechado não é, por si só, suficiente para convencer do contrário. É que a decisão, quanto a essa substituição, é realizada pelo juiz criminal quando da lavratura da sentença, vale dizer, antes mesmo do início da execução do julgado.

Nessa perspectiva, não se pode admitir que deva ser negado ao réu o direito à substituição da pena privativa de liberdade pela pena restritiva de direitos, pois, como se sabe, são as condições subjetivas e objetivas da norma penal (art. 44, I, II, III, CP) que vão ditar, no momento da prolação da sentença, a ampla discricionariedade conferida ao juiz, para incliná-lo à resolução que melhor atender às peculiaridades do caso concreto.

Do exposto, a única ressalva da norma legal refere-se ao crime cometido com violência ou grave ameaça à pessoa. O tráfico ilícito de entorpecentes, pela ausência daqueles componentes, não se inclui entre os crimes cuja substituição da pena a norma restringiu. Portanto, é demasiado formalismo exigir o sacrifício

3 FRANCO, Alberto Silva. *Crimes hediondos*. 4. ed. São Paulo: Ed. RT, 2000. p. 154.

4 A respeito do assunto, não menos enfática é a lição de Luiz Flávio Gomes lançada em seu livro *Penas e medidas alternativas à prisão*. São Paulo: Ed. RT, 1999. p. 112.

carcerário do condenado, nessa hipótese, quando se sabe que, na maioria dos casos, o réu encarna apenas o papel da *longa manus* do verdadeiro dono do negócio, este sim o principal e perigoso traficante, oculto e eclipsado pela presença física daquele nos pontos de venda, como intermediário do tráfico de drogas.

O pequeno traficante, ou intermediário do tráfico de drogas, não representa para a comunidade o mesmo risco ou perigo que o verdadeiro dono do negócio constitui para a sociedade e para o Estado, à vista do lucro ilegal que aufere e da repugnância que causa a todos. Cabe, portanto, ao juiz tratar essas situações desigualmente e, em face das prescrições do art. 59 do Código Penal, dar-lhes tratamento diferenciado, cuidando para que as apenações de um e de outro não guardem a mesma simetria, embora possa ver numa e noutra conduta a existência de delito de natureza grave.

Compete ao juiz da Vara ou da Seção pela qual tramita a ação penal apreciar, de ofício ou a requerimento da parte interessada, a aplicação retroativa da Lei n.º 9.714/98, quando do proferimento da sentença de mérito. Estando o processo em grau de recurso, cabe ao Tribunal competente, para o seu julgamento, a aplicação da *novatio legis*, qualquer que seja o recorrente, seja qual for o interesse controvertido, por força do princípio do *favor rei*, que se sustenta pelo direito assegurado ao acusado de ver a matéria ventilada no recurso ser amplamente apreciada em seu benefício.

Já havendo ocorrido o trânsito em julgado da sentença penal condenatória, caberá ao juiz da Execução Criminal examinar o pedido para aplicação retroativa das disposições contidas na Lei n.º 9.714/98, ou agir de ofício (art. 13, *caput*, Decreto-lei n.º 3.931/41), posto que lhe compete "aplicar aos casos julgados lei posterior que de qualquer modo favorecer o condenado" (art. 66, I, LEP).

Essa regra, por demais benéfica ao condenado, está em consonância com o disposto no inciso XL do art. 5.º da Constituição Federal e já se encontra consolidada pela Súmula 611 do Supremo Tribunal Federal, assim redigida: "Transitada em julgado a sentença condenatória, compete ao Juízo das execuções a aplicação da lei mais benigna". O recurso cabível da decisão manifestada pelo juiz da Execução Penal é o Agravo previsto no art. 197 da LEP, que será recebido apenas no efeito devolutivo.

Embora não se preste para acudir situações que estejam fora do raio de incidência da sua função constitucional, o *habeas corpus* vem sendo admitido como meio de assegurar, com maior rapidez, esse benefício ao condenado, quando negado pelo juízo *a quo*. Justifica-se a sua impetração quando, por exemplo, a obtenção do benefício é inquestionável e o indivíduo coarctado em seu direito vem experimentando constrangimento desnecessário. O lento procedimento da via impugnativa adequada também é fator preponderante a justificar a impetração desse *writ*, porque sua principal missão constitucional é salvaguardar o direito de liberdade do cidadão contra ilegalidades e abuso de poder.

3. DAS ESPÉCIES DE PENAS RESTRITIVAS DE DIREITOS

Na enumeração do Código Penal (art. 43), as penas restritivas de direitos, ditas também alternativas, são:

1) prestação pecuniária;

2) perda de bens e valores;

3) prestação de serviço à comunidade ou a entidades públicas;

4) interdição temporária de direitos;

5) limitação de fim de semana.

Para compreensão do significado e alcance dessas modalidades de penas restritivas de direitos, procederemos ao estudo pormenorizado e individualizado de cada uma delas, na ordem ditada no esquema acima exposto.

3.1 Prestação pecuniária

A prestação pecuniária consiste no pagamento em dinheiro à vítima, a seus dependentes, ou à entidade pública ou privada com destinação social, de importância fixada pelo juiz, na sentença condenatória, não inferior a 1 (um) salário mínimo, nem superior a 360 (trezentos e sessenta) salários mínimos. O valor pago será deduzido do montante de eventual condenação em ação de reparação civil, se coincidentes os beneficiários.

Fica evidente que o legislador penal tarifou a prestação pecuniária devida às pessoas acima enumeradas. A mesma regra não se aplica à reparação civil se incidente pedido por dano moral. Porém, o CPC/2015 impõe ao requerente do dano moral que o estipule ou estime quando do pedido em ação aforada para recebimento dessa verba. O que poderá ocorrer, como acima ventilado, é a compensação de valores, circunstância que deverá ser observada pelo juízo do cível ao sentenciar.

Cumpre destacar que não se deve confundir

> "... a pena de prestação pecuniária com a de multa reparatória, uma vez que esta somente é cabível quando houver dano material ao ofendido, causado pelo ilícito, enquanto aquela é admissível ainda na ausência de prejuízo individual. Havendo dano à vítima, a quantia apurada será a ela destinada ou, em sua falta, a seus dependentes; caso contrário, irá para a entidade pública ou privada com destinação social, por decisão do juiz"[5].

Paradoxalmente a isso, traz-se a lume a crítica ponderada de Cezar Roberto Bitencourt sobre a prestação pecuniária, como pena restritiva de direitos ou

5 MIRABETE, Julio Fabbrini. Op. cit., p. 295.

prestação social alternativa. Para esse renomado penalista gaúcho, não se trata de uma pena nova, posto que

> "... não passa de um 'neologismo jurídico' para definir a 'multa reparatória', que já era defendida no final do século passado, para certas infrações penais, por Garofalo e Adolphe Prins, nos primórdios da União Internacional de Direito Penal"[6].

Havendo concordância do beneficiário, a prestação pecuniária pode consistir em prestação de outra natureza, como, por exemplo, o custeio dos estudos dos descendentes do vitimizado até a conclusão do nível superior. Pode também consistir nas despesas com o tratamento médico-hospitalar da vítima do delito praticado pelo réu condenado.

3.2 Perda de bens e valores

A Carta Constitucional de 1988 é bem incisiva ao adotar, como modalidade de pena, a perda de bens, assim prevista em seu art. 5.º, XLVI, *b*, a ser regulada pela lei de caráter penal. Trata-se, à evidência, de sanção penal de natureza patrimonial.

A perda de bens e valores pertencentes aos condenados, ressalvada a legislação especial, dar-se-á em favor do Fundo Penitenciário Nacional e seu valor terá como limite máximo o montante do prejuízo causado ou do proveito obtido pelo agente ou por terceiro, em consequência da prática do crime.

Cezar Roberto Bitencourt, passando a limpo esse instituto, diz que a expressão *perda de bens e valores* "representa apenas um eufemismo utilizado pelo legislador contemporâneo para adotar, disfarçadamente, a velha e proscrita pena de confisco"[7].

3.3 Prestação de serviços à comunidade

A prestação de serviços à comunidade ou a entidades públicas foi também batizada com a nomenclatura de prestação social alternativa, conforme se vê no art. 5.º, XLVI, *d*, da Constituição Federal. Consiste ela na atribuição de trabalho e de tarefas gratuitas ao condenado pelo juiz. Por sua natureza ressocializadora, terá como ambiente propício as entidades assistenciais, hospitais, escolas, orfanatos e outros estabelecimentos congêneres, em programas comunitários ou estatais conveniados com o Judiciário. Talvez, por isso, seja a modalidade de pena restritiva de direitos de maior aplicação no Judiciário brasileiro, quando presentes os pressupostos que autorizam sua concessão.

---

6 BITENCOURT, Cezar Roberto. Op. cit., p. 85.

7 BITENCOURT, Cezar Roberto. Artigo escrito em *RBCCrim*, RT, v. 28, 1999. p. 85.

A pena de prestação de serviços à comunidade ou a entidades públicas é aplicável às condenações superiores a 6 (seis) meses de privação da liberdade. Se a pena substituída for superior a 1 (um) ano, é facultado ao condenado cumprir a pena substitutiva em menor tempo, nos termos do art. 55 do CP, mas nunca em quantidade inferior à metade da pena privativa de liberdade cominada.

As entidades beneficiadas deverão estar credenciadas ou conveniadas junto ao poder público. As tarefas serão atribuídas de acordo com a formação profissional e com as aptidões do condenado e deverão ser cumpridas à razão de 1 (uma) hora de tarefa por dia de condenação, fixadas fundamentadamente na sentença penal, de modo a não prejudicar a jornada normal de trabalho do probacionário perante o seu empregador. A jornada mínima ou máxima de horas por dia de trabalho também deve ser fixada pelo juiz, sempre respeitado, nesse limite, o tempo utilizado pelo condenado em sua atividade educacional, se for estudante.

A jornada semanal de trabalho deverá ser de 8 (oito) horas, aos sábados, domingos e feriados ou em dias úteis. O início da prestação dos serviços coincidirá, nos termos do § 2.º do art. 149 da LEP, com a data do primeiro comparecimento do condenado.

Não tendo sido feita a substituição pelo juiz da condenação, pode ela ser determinada pelo juiz da execução, conforme obtempera o art. 180 da Lei de Execução Penal. Neste caso, e pela própria redação do preceptivo, ocorrerá a denominada conversão.

Compete ao juiz da execução designar a entidade ou o programa comunitário ou estatal em que deverá o condenado trabalhar gratuitamente, de acordo com as suas aptidões. A forma e as especificações das regras a serem observadas no cumprimento da pena também serão definidas pelo juiz da execução, devendo a entidade beneficiada com a prestação dos serviços encaminhar-lhe, mensalmente, relatório circunstanciado das atividades do condenado, bem como, a qualquer tempo, comunicação sobre a sua ausência ao trabalho ou a prática de falta disciplinar, conforme assevera o art. 150 da LEP.

É defeso determinar ao condenado, a pretexto de submetê-lo à prestação de serviço comunitário, a realização de trabalhos forçados, bem assim de tarefas superiores à sua energia e capacidade laborativa ou de serviços que o exponham ao ridículo, à degradação, à humilhação, ao desprezo ou à corrupção.

Inexistindo entidades ou programas devidamente credenciados ou conveniados na comarca, e a execução da pena se processar em outro lugar, ou seja, fora do juízo da condenação, aí se pode dar o cumprimento da pena restritiva de direitos concernente à prestação de serviços à comunidade, desde que referidos programas, convênios e credenciamentos tenham sido firmados, posto ser essa situação mais favorável ao réu do que permanecer cumprindo a pena em regime de clausura. Essa determinação pode ser feita pelo juízo da execução mesmo que o juízo da condenação não tenha feito a substituição autorizada em lei no devido tempo.

Exemplificando: seria o caso de o indivíduo ser condenado em uma comarca interiorana à pena privativa de liberdade e, por falta de segurança da cadeia pública local, o juiz determinasse a sua remoção para a penitenciária do Estado, localizada na sede da capital. Nesse estabelecimento prisional, regido pela disciplina legislativa e por resoluções e provimentos do juiz corregedor de presídios, este ou mesmo o juiz da execução penal poderá, a pedido do condenado, fazer a conversão da pena privativa de liberdade em restritiva de direitos do tipo prestação de serviços comunitários, por exemplo, na forma do art. 149 da LEP.

Não existindo entidades ou programas devidamente credenciados ou conveniados na comarca, nem tendo o Poder Judiciário ou o próprio Estado realizado qualquer parceria com o Ministério da Justiça para o fim aqui retratado, a pena restritiva de prestação de serviços à comunidade pode ser substituída pelo *sursis*, sem a exigência do cumprimento dessa restrição, conforme cristalinamente expõe a primeira parte do § 1.º do art. 78 do Código Penal.

No Estado do Maranhão trabalha-se, atualmente, em convênio firmado entre o Tribunal de Justiça, o Ministério da Justiça e outras entidades, com as "Varas de Execuções Penais", sediadas em São Luís, para onde são encaminhadas todas as sentenças penais prolatadas pelos juízes do Estado, com condenação transitada em julgado à pena privativa de liberdade e substituição para restritiva de direitos, principalmente a de prestação de serviços à comunidade, a fim de serem executadas e de ser feito o acompanhamento do cumprimento das tarefas atribuídas ao condenado.

Nas comarcas ou seções judiciárias em que não houver juízo da execução, essas atribuições serão cometidas ao juiz sentenciante (da condenação), cabendo, em qualquer caso, a fiscalização do cumprimento do que houver sido decidido não só ao órgão julgador, mas principalmente ao Ministério Público. Essa particularidade em nada viola o disposto no art. 149 da Lei de Execução Penal.

A partir da edição da lei estadual n.º 9.551, de 04 de janeiro de 2012, foi criada a unidade de monitoramento, acompanhamento, aperfeiçoamento e fiscalização do sistema carcerário do Estado do Maranhão, com sede na cidade de São Luís, vinculada ao TJMA e monitorada pelo CNJ. Ela tem a função de monitoramento e fiscalização relacionada à política criminal e penitenciária, bem como ao sistema socioeducativo de indivíduos submetidos à execução penal.

3.4 Interdição temporária de direitos

A interdição temporária de direitos vem contemplada na Constituição Federal como pena (art. 5.º, XLVI, *e*). Na verdade, a interdição temporária de direitos já possuía seu lugar no Código Penal, porém como sanção de caráter acessório que somente podia ser aplicada juntamente com uma pena principal.

Com a reforma que sofreu o Código Penal em 1984, a interdição temporária de direitos adquiriu posição de destaque nesse diploma legal, vale dizer, ganhou foros de cidadania jurídica e autonomia, a exemplo do que se dá com a pessoa emancipada, e deixou o seu caráter de sanção meramente acessória ou complementar para transformar-se em pena principal, tal como ocorre com a pena privativa de liberdade e com a pena pecuniária.

Suas variadas formas encontram-se relacionadas no art. 47 do Código Penal e têm sua execução regulada pelos art. 154 e 155 da Lei de Execução Penal. São elas: a) proibição do exercício de cargo, função ou atividade pública, bem como de mandato eletivo; b) proibição do exercício de profissão, atividade ou ofício que dependam de habilitação especial, de licença ou autorização do poder público; c) suspensão de autorização ou de habilitação para dirigir veículos; d) proibição de frequentar determinados lugares.

Considerando que essas penalidades possuem aplicação específica, prudente se faz o estudo e a explicação de cada uma delas isoladamente, a saber:

3.4.1 Proibição do exercício de cargo, função ou atividade pública, bem como de mandato eletivo

A primeira observação que se faz diz respeito ao cabimento dessa pena de interdição sempre que o agente cometer o crime no exercício de profissão, atividade, ofício, cargo ou função com violação dos deveres que lhe são inerentes (art. 56, CP). Para a configuração do conceito de cargo, função ou atividade pública, a norma penal não exige o tecnicismo rigoroso do direito administrativo, mas satisfaz-se unicamente com a definição haurida do art. 327 do Código Penal.

Referida pena, uma vez aplicada, proíbe, suspende ou impede o exercício de cargo, função, atividade pública ou mandato eletivo durante determinado período, visto o seu caráter temporário. Uma vez cessados os motivos que levaram à proibição ou expirado o prazo determinado pela sentença, pode o condenado retornar às suas atividades, cargos ou funções públicas anteriores, porque a punição restritiva não implica a perda dos mesmos.

Essa temporariedade, por isso mesmo, nada diz respeito nem implica ou importa a perda de cargo, função pública ou mandato eletivo havida como efeito da condenação "nos crimes praticados com abuso de poder ou violação de dever para com a Administração Pública, quando aplicada pena privativa de liberdade por tempo igual ou superior a 1 (um) ano" (art. 92, I, CP).

Desse modo, embora regidas também pelo art. 15 da Constituição Federal, constitui-se erro grave confundir-se as duas situações, ou seja, a hipótese da perda de cargo, função ou mandato eletivo (efeito específico da condenação) e a proibição do exercício de cargo, função ou atividade pública, bem como de mandato eletivo (consequência natural da condenação).

Recebido o ofício judicial comunicatório da imposição da interdição em estudo (art. 47, I, CP) pela autoridade competente (chefe do Executivo, presidente de casas legislativas e do Judiciário, ministros e secretários de Estado, diretores de repartições públicas etc.), esta, no prazo de 24 (vinte e quatro) horas contadas do recebimento, baixará ato (portaria, provimento, resolução etc.) a partir do qual a execução terá seu início, conforme regulamenta o § 1.º do art. 154 da LEP.

3.4.2 Proibição do exercício de profissão, atividade ou ofício que dependam de habilitação especial, de licença ou de autorização do poder público

A presente modalidade de pena de interdição temporária de direitos atinge o exercício do trabalho que dependa de habilitação especial, de licença ou de autorização do poder público. O profissional visado pelo dispositivo em causa é aquele cuja profissão, atividade ou ofício é controlado e fiscalizado pelo Estado, que, por meio dos órgãos apropriados, concede ao particular a credencial que o habilita ao exercício de trabalho lícito.

Nesse rol, inúmeros profissionais podem ser lembrados, tais como advogados, farmacêuticos, jornalistas, médicos, engenheiros, leiloeiros, despachantes, corretores de valores, de seguros e de imóveis, agrônomos, veterinários etc. Transitada em julgado a sentença que aplicar a interdição em análise, fica o condenado proibido de exercer a profissão, atividade ou ofício durante o tempo de duração da pena, mesmo que, em face da condenação, não tenha perdido a habilitação legal para o seu exercício.

A proibição do trabalho é temporária e somente é aplicável quando o condenado houver praticado o crime (próprio ou impróprio) em virtude do exercício de profissão, atividade ou ofício com violação aos deveres que lhe são inerentes (art. 56, CP). Dentre os exemplos mais comuns temos a violação de segredo profissional, a omissão de socorro, a falsidade de atestado médico, o patrocínio infiel etc.

Essa espécie de interdição temporária de direitos representa uma *capitis diminutio* ao condenado, além de ofender o seu *status dignitatis*. Possui, não obstante isso, dúplice finalidade. A primeira, de cunho preventivo, visa impedir ou evitar a reincidência ou continuidade de condutas ilícitas pelo condenado no desempenho de profissão, atividade ou ofício que o Estado houve por bem regular seu exercício, mediante postulados éticos e morais. A segunda, de cunho aflitivo, atinge diretamente o trabalho do condenado, prejudicando-o sensivelmente em seu meio de vida e sustento.

A pena de interdição aqui em estudo não guarda qualquer relação com medidas extrapenais ou administrativas tomadas pelo órgão de classe a que esteja vinculado o profissional e que possa resultar na mesma punição temporária ou em seu desligamento total da corporação.

Caberá ao juízo da execução determinar a apreensão dos documentos que autorizam o exercício do direito interditado (art. 47, II, do CP), conforme menciona o art. 154, § 2.º, da LEP.

A autoridade encarregada de acompanhar o cumprimento da pena pelo condenado deverá comunicar, imediatamente, ao juiz da execução o seu descumprimento. Não obstante tratar-se de uma obrigação para a autoridade competente, essa comunicação poderá ser feita por qualquer prejudicado.

3.4.3 Suspensão de autorização ou de habilitação para dirigir veículo

O art. 57 da nova Parte Geral do Código Penal manda aplicar a pena de interdição temporária de direitos na modalidade suspensão de autorização ou de habilitação para dirigir veículo ao condenado por crime culposo de trânsito. Obviamente que, para implementação dessa possibilidade é necessário que o condenado seja habilitado ou possua autorização para dirigir veículo ao tempo da consumação da infração penal.

É incorreto fazer confusão entre a espécie de interdição em estudo e a inabilitação para dirigir veículo, quando utilizado como meio para prática de crime doloso (art. 92, III, CP), porque aquela se aplica essencialmente aos autores de crimes culposos de trânsito. Trata-se a primeira hipótese, à evidência, de sanção penal restritiva de direitos (art. 43 e 47, CP), e a segunda hipótese, de efeito da condenação criminal (art. 92, *caput*, CP).

O que se pode dizer, entretanto, sem o risco de cometer equívocos, é que a imposição da pena restritiva (art. 47, III, CP) não afasta a incidência concomitante da figura prevista no precitado art. 92, III, do CP, quando o veículo houver sido utilizado para a prática de crime doloso. Frise-se, por oportuno, que a interdição em exame, de caráter judicial, também não impede a aplicação das medidas de caráter administrativo previstas no Código de Trânsito Brasileiro, visto não haver interdependência entre tais instâncias.

A pena restritiva de direitos de que aqui se cogita, uma vez aplicada, suspende a autorização ou a habilitação do condenado para dirigir veículo durante o tempo (mês ou ano) previsto para sua duração na sanção aplicada.

A disposição fala em suspensão de autorização ou de habilitação para dirigir veículo. Desse modo, como foi mencionado no início deste estudo, não pode tal pena restritiva ser aplicada, em substituição à privativa de liberdade, ao condenado que, ao tempo da infração penal, não possuía autorização ou habilitação para dirigir veículo, muito menos àquele acusado que, durante a instrução criminal, ou até o momento da prolação da sentença condenatória, conseguir tal documentação, pois o que justifica essa interdição é exatamente ser o infrator portador de tais credenciais quando da prática do ilícito penal de trânsito.

Portanto, a apresentação posterior à prática da infração penal de trânsito de autorização ou de habilitação para dirigir veículo, em nada deve influenciar a decisão judicial quanto à aplicação da pena prevista, pois não se pode permitir que o infrator burle a finalidade da norma para o seu favorecimento pessoal, conquanto o fato da obtenção de habilitação ou de autorização para dirigir veículo posterior à consumação do delito que lhe foi imputado em nada poderá modificar a situação pretérita. Em suma, praticada infração penal por agente que não possua documentação legal que o autorize a conduzir veículo, descabe a aplicação, em seu favor, da pena restritiva de direitos a que alude o art. 47, III, do Código Penal.

O Código de Trânsito Brasileiro registra, entre seus arts. 302 e 312, inúmeras infrações penais que podem ser praticadas mediante a utilização de veículo automotor. Ressalte-se que, inobstante disciplinar criminalmente tais condutas, essa definição não afasta a incidência dos dispositivos do Código Penal concernentes à aplicação da pena restritiva de direitos correspondentes à suspensão de autorização ou de habilitação para dirigir veículo (art. 47, III), desde que a pena privativa de liberdade aplicada *in concreto* permita a substituição.

Falando em veículo automotor, quer o Código de Trânsito Brasileiro deixar transparecer que fica reservado ao Código Penal a repressão apenas dos delitos de trânsito praticados mediante veículos de propulsão humana (bicicleta, triciclo) ou animal (carroça, charrete) e, a par disso, a aplicação da pena de interdição prevista no art. 47, III, do Código Penal, tão somente a esses casos. Contudo, a melhor exegese não permite aceitar esse entendimento, posto que, ao utilizar no final do preceptivo a locução "veículo", não fez a lei distinção. Por isso, não pode o intérprete fazê-la em detrimento do infrator - *ubi lex non distinguit, nec nostrum est distinguere.*

Cumpre esclarecer, ademais, que o dispositivo do Código Penal não está disposto a acudir somente as situações previstas nas disposições desse diploma legal. Pensar assim seria admitir que os casos previstos em outras leis, sobre o mesmo assunto, estariam excluídos de sua abrangência, o que parece não ser o objetivo do preceito, cuja aplicação deve ser ampla porque representa benefício erigido pela lei em favor do condenado, que não pode ser restringido - *odiosa restringenda, favorabilia amplianda.*

No entanto, para melhor compreensão do tema, é imperioso que se estude a pena restritiva de direitos aqui em exame em harmonia com as disposições do vigente Código de Trânsito Brasileiro, que representa norma especial em relação aos crimes dessa natureza.

Para o referido diploma legal, a suspensão da habilitação para dirigir veículo pode ser imposta como pena principal, isolada ou cumulativamente com outras penalidades (art. 292), com duração de dois meses a cinco anos (art. 293). Isso faz crer na impossibilidade de aplicação da suspensão da habilitação para dirigir veículo, prevista no art. 47, III, do Código Penal, como sanção substitutiva da pena por delito praticado no trânsito.

O Código de Trânsito Brasileiro trata também de norma que prevê, como pena principal (art. 292), a suspensão ou a proibição de vir o indivíduo a obter a permissão ou a habilitação para dirigir veículo automotor, decorrente do próprio tipo incriminador (arts. 302, 303, 306, 307 e 308). A permissão para dirigir veículos automotores é concedida em caráter temporário ao condutor aprovado em exame de habilitação e tem validade por um ano, findo o qual, sem qualquer prática infracional de natureza grave ou gravíssima atribuída ao probacionário, ou sem que seja o mesmo reincidente em infração média (art. 148, CTB), ser-lhe-á concedida a habilitação definitiva para dirigir.

Tais situações estão acobertadas totalmente pelo Código de Trânsito Brasileiro e devem ser aferidas de acordo com a regulamentação estabelecida por esse diploma legal, pois o vigente Código Penal não tratou da pena de proibição nem da hipótese de permissão para dirigir veículos, razão de não se aplicar suas disposições a esses casos.

3.4.4 *Proibição de frequentar determinados lugares*

Esta derradeira modalidade de interdição de direitos foi instituída pela Lei n.º 9.714/98 como sanção penal a ser aplicada isolada e autonomamente, em substituição à pena privativa de liberdade, quando a condenação for igual ou inferior a um ano. Pode ela também ser aplicada cumulativamente com multa ou com outra pena restritiva de direitos, em substituição à pena privativa de liberdade, a qualquer delito culposo ou aos crimes dolosos cuja quantidade da pena fixada em concreto, na sentença condenatória, seja superior a um ano (art. 44, § 2.º, segunda parte, CP).

Antes essa mesma regra proibitiva já vinha descrita na alínea *a* do § 2.º do art. 78 do Código Penal como condição do *sursis* especial a ser aplicada cumulativamente com as outras duas condições aí relacionadas (alíneas *b* e *c*), em substituição às penas de prestação de serviços à comunidade (art. 46, CP) ou de limitação de fim de semana (art. 48, CP), desde que o condenado tenha reparado o dano causado (ou prove a impossibilidade de fazê-lo), e lhe sejam inteiramente favoráveis as circunstâncias do art. 59 do Código Penal.

O consenso doutrinário e jurisprudencial que já existia em referência à impossibilidade do juiz impedir o condenado de frequentar certos locais ou lugares aleatoriamente estabelecidos, quando lhe aplicava o *sursis* especial, também vigora para a interdição em comento, principalmente se tais ambientes não guardarem relação com o delito. São inadmissíveis, em geral, as proibições de frequentar determinados lugares quando a vedação deriva de imprevisíveis caprichos e de circunstâncias recônditas que estão fora do senso comum e que somente a vontade unipessoal do julgador pode imaginar.

Como exemplo de adequação dessa sanção criminal a um caso particular, pode-se imaginar a situação do indivíduo que sofrer condenação penal por haver sido responsável pela depredação do estádio de futebol de sua cidade e pela prática de lesão corporal simples a determinado cidadão que ali se encontrava. A pena cominada em concreto foi de dois anos, militando em seu favor os requisitos do art. 44 do Código Penal. Nesse caso, pode o juiz aplicar-lhe, em substituição à sanção corporal imposta, como medida restritiva de direitos, a interdição temporária denominada proibição de frequentar determinados lugares, vedando-lhe o acesso ao estádio de futebol da sua cidade, onde violou o preceito penal, durante o período da sanção aplicada, toda vez que o seu time for participar de jogos, determinando, para isso, o acompanhamento do cumprimento dessa proibição ao escrivão judicial ou policial do plantão criminal ou da execução criminal, para o qual deve o condenado, no dia e horário designados para o certame, se apresentar e colher certidão desse fato, sob pena da conversão da medida de restrição em privativa de liberdade.

A interdição aqui em estudo possui natureza genérica, isto é, pode ser aplicada isoladamente a qualquer delito ou cumulativamente com qualquer outra pena restritiva de direitos ou mesmo qualquer outra interdição temporária de direitos.

3.5 Limitação de fim de semana

A limitação de fim de semana implica a obrigação do condenado permanecer, aos sábados e domingos, pelo período de cinco horas diárias, em casa de albergado ou outro estabelecimento adequado ou similar, por determinação do juiz da execução.

Na verdade, a expressão "obrigação de permanecer" contida no art. 48 do Código Penal incorpora essencialmente o sentido de recolhimento a que o condenado tem o dever de se submeter de acordo com o comando estabelecido na decisão judicial.

Esse recolhimento, que se verifica a título de temporariedade, tem como principal objetivo tornar o abrigado ocupado, durante a sua permanência no estabelecimento limitador, cuidando a direção desse órgão para que lhes sejam ministrados cursos e palestras ou atribuídas atividades educativas, a critério da administração correcional ou por determinação do juízo da execução. Os cursos e palestras devem visar sempre à informação do condenado sobre a conduta correta a ser tomada em relação ao delito praticado. O anestesista imprudente receberia treinamento adequado ministrado pelo "Hospital-Escola" de sua cidade. O advogado imperito frequentaria aulas do campo específico de sua especialidade, ministradas pela Escola Superior de Advocacia do seu Estado.

Esta espécie de pena restritiva subtrai do condenado o direito ao lazer e ao descanso hebdomadário, experimentado por todos nós durante os fins de semana. Portanto, dentro da expressão "atividades educativas" não está contida unicamente a possibilidade de o indivíduo ser submetido a cursos ou palestras, mas também a obrigação de ministrá-los gratuitamente, na área de sua atuação profissional, a quem necessite, se assim determinar a direção do albergue ou o juízo da execução.

O médico psiquiatra, por exemplo, pode suprir as horas de recolhimento ocioso no albergue com palestras, em escolas e clínicas da comunidade, sobre os malefícios que o uso de substâncias entorpecentes podem causar ao ser humano. O advogado pode, do mesmo modo, ocupar o tempo de inatividade no abrigo com a ministração de palestras, em estabelecimentos estudantis, sobre as garantias fundamentais do cidadão previstas na Constituição Federal e sua aplicação nas relações sociais.

A execução da pena de limitação de fim de semana encontra-se regulada pelos arts. 151 a 153 da LEP. O § 1.º do art. 78 do Código Penal, entretanto, a impôs, com a prestação de serviços à comunidade, como condição obrigatória do *sursis* simples estabelecida pelo juiz sentenciante para ser suportada pelo condenado no primeiro ano do prazo da suspensão condicional da pena.

Capítulo XI

DA PENA DE MULTA

1. GENERALIDADES

A pena de multa consiste no pagamento ao fundo penitenciário da quantia fixada na sentença e calculada em dias-multa. Deverá ser, no mínimo, de 10 (dez) e, no máximo, de 360 (trezentos e sessenta) dias-multa, servindo de fator determinante para sua fixação as circunstâncias judiciais do art. 59 do Código Penal, tal como se dá com a pena-base.

A multa, estabelecida em cada tipo legal de crime, tem seus limites fixados no art. 49 e seus parágrafos do Código Penal, conforme disciplina o art. 58 do mesmo diploma legal, servindo de parâmetro o salário mínimo mensal vigente à época da consumação do fato delituoso, sendo inaplicável, conforme copiosa jurisprudência, as disposições do art. 1.º da Lei n.º 6.205/75 e do art. 7.º, IV, *in fine*, da Constituição Federal.

O valor da multa deverá ser fixado pelo juiz na sentença penal condenatória e não pode ser inferior a um trigésimo do maior salário mínimo mensal vigente ao tempo do fato delituoso, nem superior a 5 (cinco) vezes esse salário. A atualização do valor da multa será feita, quando da execução da sentença, pelos índices de correção monetária. Há controvérsias com relação a partir de quando deve a correção monetária incidir[1].

A multa, a despeito de poder vir prevista no dispositivo incriminador como sanção a ser aplicada cumulativamente com a pena corporal, pode ser cominada

---

1 Celso Delmanto *et al.* (Op. cit., p. 94) apontam, no campo jurisprudencial, quatro situações possíveis. Damásio de Jesus (*Código Penal anotado*, cit., p. 147) diz que, no campo jurisprudencial, existem sete orientações diferentes. Por sua vez, Alberto Silva Franco *et al.* (*Código Penal e sua interpretação jurisprudencial*, cit., p. 630 e 633) dizem que são nove as diversas correntes jurisprudenciais. Na doutrina, Júlio Fabbrini Mirabete (Op. cit., p. 308) defende, com espeque na Súmula 43 do STJ, que o termo inicial da incidência da correção monetária da multa aplicada na sentença penal condenatória deve ser a partir da data da consumação do fato.

também isoladamente, isto é, como pena autônoma. Pode ela também ser aplicada como pena substitutiva (art. 60, § 2.º, CP), quando a pena privativa de liberdade aplicada for igual ou inferior a 6 (seis) meses, observados os critérios dos incisos II e III do art. 44 do Código Penal. A multa substitutiva aplica-se independentemente de sua previsão no tipo penal incriminador, vale dizer, independentemente de cominação na Parte Especial do Código Penal.

No que concerne à multa, como pena substitutiva, merece registro ainda o fato da possibilidade de sua aplicação isolada ou cumulativamente com a pena restritiva de direitos, satisfeitos os requisitos do art. 44 do Código Penal. Admite-se também a sua aplicação substitutiva quando a condenação à pena privativa de liberdade for igual ou inferior a um ano, bem assim quando for superior a um ano e não exceder a quatro anos, nestes dois últimos casos juntamente com uma restritiva de direitos.

A pena a ser computada para a substituição é a definitiva. Na hipótese de concurso material de crimes (art. 69, CP), aplicam-se cumulativamente as penas privativas de liberdade previstas para os delitos em que incorreu o réu. Para a substituição por multa, observar-se-á o somatório das diversas penas prisionais cominadas. A mesma regra será aplicada em se tratando de concurso formal impróprio ou imperfeito (art. 70, segunda parte, CP). No caso do concurso formal próprio (art. 70, primeira parte, CP) e do crime continuado (art. 71, CP), servirá como parâmetro a pena cominada com o aumento previsto no próprio preceptivo. Salvante a situação prevista na Súmula 171 do STJ, essa substituição também é permitida em se tratando de leis especiais.

Ao aplicar a pena de multa, deve o juiz observar principalmente a situação econômica do réu para evitar que a sua fixação seja insignificante perante o abastado ou, por outro lado, torne inviável o seu cumprimento pelo menos aquinhoado. Deve o juiz ter também redobrado cuidado em sua fixação, a fim de que o valor arbitrado não retrate a sua negação, pela ausência de condições materiais do apenado para cumpri-la. O acórdão que abaixo se reproduz retrata essa realidade:

> "O sistema da fixação da pena pecuniária em dias-multa constitui um avanço no sentido da exequibilidade da sanção monetária, porque as multas rígidas, não levando em conta desigualdade entre os economicamente débeis e os afortunados, se tornam pesadas demais para os primeiros e irrisórias para os segundos" (TACrimSP, Rel. Juiz Chiaradia Netto, *JUTACrim* 47/149).

A pena de multa pode ser aumentada até o triplo do valor previsto para o seu pagamento. Isso ocorrerá se o juiz considerar que, em virtude da situação econômica do réu, ela será ineficaz, mesmo que aplicada no valor máximo permitido.

Qualquer que seja o valor de cada dia-multa (capacidade econômica do réu) ou a quantidade dos dias-multa fixados (culpabilidade do réu), a sentença deverá sempre fundamentar essa particularidade, em face do princípio da individualização da pena, da proporcionalidade, da razoabilidade e da reserva legal.

2. DA APLICAÇÃO DA PENA DE MULTA E SUA PENA-BASE

Antes de mais nada, necessário se faz esclarecer que o Código Penal arrola duas espécies de multa, a saber: 1) a multa que vem prevista em cada tipo penal (art. 58) e que é aplicada cumulativamente com a pena privativa de liberdade; 2) a multa substitutiva, a que aludem os arts. 44, § 2.º, primeira parte, 60, § 2.º, e 129, § 5.º.

Ao aplicar a pena de multa, o juiz deve atentar para dois pontos importantes: 1) o valor do dia-multa deve ser fixado com base no maior salário mínimo mensal vigente à época do fato (art. 49, § 2.º, CP); 2) a situação econômica do réu vigorante, igualmente, à época do fato (art. 60, *caput,* CP). Qualquer inobservância quanto a essas regras deve ser muito bem fundamentada para que o julgador não incorra em abuso de autoridade ou em julgamento *contra legem.*

Para levantar esses dados, o juiz não deixa de ter muito trabalho e até embaraços, surgindo daí certas complicações que vão desencadear na dificuldade de atualização do valor da multa, quando da sua cobrança judicial, pelo dissenso instaurado tanto em doutrina como em jurisprudência, sobre a partir de quando deverá incidir a correção monetária (art. 49, § 2.º, CP). Esse complicador só tem trazido embaraços na hora de se proceder à atualização do valor dessa pena pecuniária.

Melhor teria sido o legislador dizer que o valor do dia-multa será fixado com base no maior salário mínimo vigente à época do trânsito em julgado da decisão condenatória final (sentença ou acórdão) e que a correção monetária incidiria a partir da intimação pessoal do condenado ou da sua publicação (arts. 370, § 1.º, e 389).

Mutatis mutandi, o mesmo raciocínio deve ser empregado em relação à situação econômica do condenado. Por falar nisso, deve ser esclarecido que situação econômica não deve ser confundida com rendimento do condenado, posto ser aquela expressão mais abrangente e de maior alcance do que estoutra.

Da maneira como está disciplinada a matéria no Código Penal, tem-se a impressão de que a correção monetária, por uma questão de lógica jurídica, deve incidir desde o dia da consumação do fato criminoso, a fim de que não sobrem espaços vazios inatualizados entre aquele marco e a data da sua exigência em juízo, mediante a citação do condenado para pagá-la, na fase de sua execução judicial.

Feitos esses esclarecimentos iniciais, cumpre lembrar que os elementos para a fixação da pena-base da multa devem ser colhidos, tal como a pena privativa de liberdade, do rol taxativo do art. 59 do Código Penal. A aplicação da pena de multa, por conseguinte, deve também obedecer ao roteiro estabelecido no art. 68 do mesmo diploma legal, o qual, no entanto, ficará totalmente restrito à primeira etapa ou fase de aplicação da pena pecuniária. A apenação aqui cogitada, como já se pode vislumbrar, se verifica em sistema bifásico.

Na primeira fase, o juiz fixará a quantidade de dias-multa, atendendo essencialmente às circunstâncias judiciais (art. 59, CP). Esse *quantum* não poderá ser inferior a 10 (dez) nem superior a 360 (trezentos e sessenta) dias-multa (art. 49, CP). Nesta etapa, devem ser também consideradas, de logo, as circunstâncias atenuantes e as agravantes[2], bem como as causas de diminuição e de aumento da pena (genéricas e especiais), além da gravidade do delito, a fim de que o total de dias-multa fixado possa corresponder ao que se entende como necessário e suficiente para reprovação e prevenção do crime. Nesta primeira fase, o critério para fixação da quantidade de dias-multa será o objetivo, posto referir-se ao fato criminoso.

Na segunda fase, o juiz fixará o valor do dia-multa de acordo com a situação econômica do réu. Esse valor não poderá ser inferior a 1/30 (um trigésimo) nem superior a 5 (cinco) vezes o maior salário mínimo mensal vigente ao tempo da consumação do fato delituoso (art. 4.°, CP). Na aferição desse montante, o juiz deve levar em consideração, principalmente, a situação econômica do réu (art. 60, *caput*, CP). Nesta segunda fase, o critério para fixação do valor do dia-multa será o subjetivo, posto referir-se ao agente.

Encerrada a operação binária, a multa aplicada pode ser aumentada até o triplo, se o juiz considerar que, em virtude da situação econômica do réu, a mesma é ineficaz, embora tenha sido aplicada no valor máximo previsto, ou seja, em quantia correspondente a 5 (cinco) vezes o valor do maior salário mínimo mensal vigente à época da prática do fato. Na verdade, e depois da unificação do salário mínimo em nosso país, não se pode mais falar em maior salário mínimo mensal, mas simplesmente em salário mínimo mensal.

Esse cálculo derradeiro não pode ser encarado como uma terceira fase no sistema de aplicação da pena de multa (posto nem sempre obrigatório), mas como

---

2 Heleno Cláudio Fragoso (Op. cit., p. 342) e Willian Silva (*Direito processual penal ao vivo*. Belo Horizonte: Del Rey, 1998. p. 219) dizem, sem qualquer argumento jurídico que possa alicerçar as suas alegações, que as circunstâncias agravantes e atenuantes não devem influir ou incidir sobre a pena de multa imposta. No entanto, entendo que tais circunstâncias judiciais devem sempre incidir sobre a pena pecuniária, porque não se pode olvidar o critério geral que foi erigido pelo Código Penal para a cominação das penas nele previstas, uma vez que, nesse particular, esse diploma legal não apresentou qualquer restrição. A propósito disso, colhe-se da *RJD* 6/120 a seguinte ementa de acórdão: "Ao fixar o número de dias-multa, o juízo, além das circunstâncias legais e judiciais, deverá levar em consideração a natureza da infração, pois, assim haverá a indispensável diferenciação entre eles" (TACrimSP, Rel. Juiz Gomes do Amorim).

acertamento de cunho meramente subjetivo, tendente a atender a uma condição pessoal do réu, de caráter econômico, que fará com que em nada seja afetado com a fixação da multa, mesmo que em seu valor máximo (art. 49, § 1.º, *in fine*, CP).

Tanto para essa operação quanto para a fixação da pena de multa em seus parâmetros normais, deve o juiz fundamentar devidamente a decisão, a fim de que a apenação não seja vista como exagerada, injusta ou exacerbada.

3. DA COBRANÇA JUDICIAL DA MULTA

Transitada em julgado a sentença condenatória, a multa será considerada dívida de valor, aplicando-se-lhe as normas da legislação relativa à dívida ativa da Fazenda Pública, inclusive no que concerne às causas interruptivas e suspensivas da prescrição. O condenado deverá pagar a multa no prazo de 10 (dez) dias, contados da data do trânsito em julgado da sentença condenatória.

Escoado esse prazo sem o pagamento voluntário da multa, competirá ao órgão legitimado para a sua cobrança judicial executá-la, posto ser título executivo judicial, requerendo ao juízo competente a citação do réu para pagar o valor apurado ou nomear bens à penhora. Ainda nesta hipótese poderá o réu obter a possibilidade de efetuar o seu pagamento em prestações mensais, iguais e sucessivas. Basta requerer ao juiz, conforme prescreve o art. 169, *caput*, da Lei de Execução Penal.

Portanto, mediante decisão judicial, o pagamento da multa pode ser feito parceladamente ou ser descontado mensalmente no vencimento ou salário do condenado, desde que não incida sobre os recursos necessários ao seu sustento e de sua família, quando for aplicada isoladamente. A mesma regra deve ser adotada quando for aplicada cumulativamente com pena restritiva de direitos e quando for concedida a suspensão condicional da pena, acorde com o disposto no § 1.º do art. 50 do Código Penal.

A cobrança judicial da pena de multa será processada na forma prevista pelo art. 51 do Código Penal e pelos arts. 164 *usque* 170 da Lei de Execução Penal, no que for aplicável, especialmente aos Juizados Especiais Criminais, os quais, não obstante os termos da Lei n.º 9.268/96, não perderam a competência para executarem a pena de multa aplicada (art. 98, I, CF).

Com efeito, o rito procedimental, para sua cobrança judicial na esfera cível, é o previsto na Lei n.º 6.830/80, que trata da execução fiscal, embora não tenha a multa perdido o seu caráter ou a natureza de sanção penal. Antes, porém, é necessário que se proceda à liquidação do seu *quantum*, ouvindo-se as partes interessadas sobre o montante apurado, para somente depois providenciar o juiz a homologação dos cálculos ou da conta. A título de esclarecimento, devem ser desprezadas, no cálculo das penas privativas de liberdade, as frações de dia (horas) e, no cálculo da multa, as frações de nossa moeda (centavos), implicando que não se compute, na sua apuração final, o que for encontrado sob a rubrica de frações de dia, frações de dia-multa e frações de real, por analogia *in bona partem* ao que dispõe o art. 11 do Código Penal, que manda desprezá-las.

Amontoam-se entendimentos diversificados quanto a quem compete a cobrança judicial da multa, tanto no plano doutrinário[3] quanto no terreno jurisprudencial, se ao Ministério Público ou à Fazenda Pública. Vejam-se os julgados, em nível estadual:

> "A Lei n. 9.268/96, que modificou o art. 51 do CP, imprimindo caráter de dívida de valor à sanção e determinando que a execução fosse disciplinada pela legislação relativa à dívida ativa da Fazenda Pública, não retirou do Ministério Público sua legitimidade para a propositura da execução penal, sendo competente para conhecer e decidir o processo executivo o Juízo das Execuções Criminais, mesmo porque, se ocorrer algum incidente na execução, o Juízo Fazendário não teria competência para solucioná-lo, a teor do art. 118, § 1.º, da LEP, e art. 81, II, do Estatuto Repressivo" (*RJDTACrim* 34/54).
>
> "O art. 51 do CP, com a nova redação dada pela Lei n. 9.268/96, diz expressamente que a multa será considerada dívida de valor, assim a competência para a cobrança é da Fazenda Pública e não mais da Vara das Execuções Criminais, cabendo ao Juízo Criminal notificar o sentenciado para realizar o pagamento no prazo de 10 dias, sob pena de inscrição, nos termos do art. 164 do Código Tributário Nacional" (*RJDTACrim* 35/58).

No âmbito dos Tribunais Superiores, notadamente do STJ, a matéria tem sido tratada com um único enfoque, conforme destacam as ementas dos acórdãos abaixo transcritas:

> "*Penal. Multa Imposta em Processo Penal. Execução. Legitimidade da Fazenda Pública. Ilegitimidade do Ministério Público. Art. 51 do Código Penal. Lei n.º 9.268/96.* Em caso de descumprimento da pena de multa aplicada em processo penal, incide o entendimento do art. 51 do Código Penal, com a

3 Damásio de Jesus (*Código Penal anotado*, cit., p. 151) entende que "a execução passa a apresentar caráter extrapenal, a ser promovida pela Fazenda Pública". Luiz Flávio Gomes (*Estudos de direito penal e processo penal*. São Paulo: Ed. RT, 1998. p. 241), em afirmação taxativa, conclui que é "parte legítima para promover a ação executiva a Procuradoria do Estado e competente o juízo das execuções fiscais". Com entendimento contrário, posiciona-se Julio Fabbrini Mirabete (*Código Penal interpretado*, cit., p. 316), dizendo competir ao Ministério Público a legitimidade para promover a execução para cobrança judicial da pena de multa, baseado no fato de "que a multa, mesmo após o trânsito em julgado da sentença condenatória, continua a ser uma sanção penal". Do mesmo entendimento comungam Celso Delmanto *et al.* (Op. cit., p. 96), aduzindo que, "em face do caráter penal da multa, a atribuição para promover a sua execução continua sendo do Ministério Público, perante a Vara das Execuções Criminais, aplicando-se a Lei n. 6.830/80".

nova redação dada pela Lei 9.268/96, que revogou as hipóteses de conversão, caracterizando a penalidade apenas como dívida de valor, de caráter extrapenal. A titularidade para promover a execução, visando a cobrança de dívida decorrente de condenação criminal, passou a ser regulada pela Lei n. 6.830/80 e a ser ajuizada pela Fazenda Pública, perdendo o Ministério Público a legitimidade para propô-la" (Ac. un. da 6.ª Turma, Rel. Min. Vicente Leal, REsp 218007/99-SP, *DJ* 05/03/2001, p. 245).

"*Recurso Especial. Multa Imposta em Sentença Penal Condenatória. Execução. Legitimidade da Fazenda Pública. Nova Redação do Art. 51 do CP (Lei n.º 9.268/96).* Pacífica orientação desta Corte no sentido de que o Ministério Público não tem mais legitimidade para propor execução de pena de multa, tendo em vista a nova sistemática dada pela Lei n. 9.268/96, que deu nova redação ao artigo 51 do Código Penal. A titularidade para promover a execução passou a ser da Fazenda Pública" (Ac. un. da 5.ª Turma, Rel. Min. José Arnaldo da Fonseca, REsp 202276/99-SP, *DJ* 08/03/2000, p. 141).

"*Multa Imposta em Sentença Penal Condenatória. Legitimidade Para a Cobrança em Juízo da Fazenda Pública e não do Ministério Público. Inscrição da Multa na Dívida Ativa da Fazenda. Necessidade. Cobrança que deve ser efetuada nos termos da Lei n.º 6.830/80.* À luz do novo art. 51 do CP, a multa imposta em sentença penal condenatória é considerada dívida de valor, devendo ser cobrada segundo a Lei n. 6.830/80. Por essa razão, será inscrita em dívida ativa e será reclamada via execução fiscal movida pela Fazenda Pública, falecendo legitimidade ativa ao Ministério Público" (Ac. un. da 2.ª Turma, Rel. Min. Adhemar Maciel, REsp 175912/98-SP, *DJ* 01/02/1999, p. 160).

Sobrevindo doença mental ao condenado, ficará suspensa a execução da pena de multa. A prescrição da pena de multa verifica-se em dois anos, quando for a única cominada ou aplicada, bem assim quando, no mesmo prazo estabelecido para a prescrição da pena privativa de liberdade, se a multa for alternativa ou cumulativamente cominada ou cumulativamente aplicada (art. 114, I e II, CP).

A conversão da pena de multa em pena de detenção, antes permitida pelo art. 51, *caput*, do Código Penal, para os casos em que o condenado solvente deixasse de pagá-la ou frustrasse sua execução, não é mais possível atualmente[4],

4 David Teixeira de Azevedo (Op. cit., p. 122) entende que "há claro equívoco do legislador" em assim haver estatuído. Para esse jurista, "o estabelecimento de uma sanção penal mais gravosa está no descumprimento da reprimenda penal pelo condenado", sendo que, "em nosso sistema, à semelhança da pena restritiva de direitos, a conversão decorre da inobservância pelo condenado da pena a ele aplicada". Ainda, conclusivamente, obtempera o ilustre monografista que "a conversão da pena de multa em privativa de liberdade, como forma de prestigiar e dar seriedade à pena pecuniária, é prevista na legislação alemã, na legislação espanhola, na legislação portuguesa, na legislação francesa, sem que se veja, necessariamente, nessa conversão uma violação a preceitos constitucionais".

em face do que dispõe a Lei n.º 9.268, de 1.º de abril de 1996. A revogação da conversão prevista pela anterior redação do § 2.º do art. 51 do CP também foi abolida com o advento da lei sobredita, a qual revogou, por sua vez, o art. 182 da Lei de Execução Penal.

Com a edição da lei supracitada, ficou também eliminada a possibilidade da pena de multa prevista no art. 85 da Lei n.º 9.099/95 ser convertida em privativa de liberdade ou em restritiva de direitos, bem assim na sua conversão em prisão simples, conforme autorizava o art. 9.º da Lei das Contravenções Penais.

Tudo isso se verifica porque a multa penal, depois de inscrita na Fazenda Pública, passa a ser dívida de valor, que tem a prisão do devedor vedada pelo art. 5.º, LXVIII, da Constituição Federal.

Sobre os temas acima salientados já existem decisões dos tribunais pátrios, conforme se colhe dos arestos abaixo citados:

> "É impossível a conversão da pena de multa em detenção, mesmo que, após regularmente citado, não efetue o réu o pagamento no prazo previsto e frustre a penhora ante a inexistência de bens em seu nome, por força do art. 51 do CP, com a redação dada pela Lei n.º 9.268/96" (*RJDTACrim* 31/46).
>
> "A Lei n.º 9.268/96, revogando os arts. 51 do CP e 85 da Lei n.º 9.099/95, vedou a hipótese de conversão da pena de multa em prisão simples" (*JTAERGS* 102/58).

A regra trazida pela Lei n.º 9.268/96, que veda a conversão da pena de multa em pena privativa de liberdade ou em pena restritiva de direitos, sendo mais benéfica que a anterior, aplica-se retroativamente aos fatos consumados antes da sua vigência, porque cuida de matéria penal que favorece o agente. A ementa do acórdão que abaixo se reproduz confere veracidade a essa assertiva:

> "O art. 1.º da Lei n.º 9.268/96, que deu nova redação ao art. 51 do CP e não admite a conversão da pena de multa em detenção, deve ser aplicado retroativamente, mesmo em se tratando de regra referente à execução penal, por ter caráter mais benéfico ao réu" (*RJDTACrim* 31/44).

Merece registro também a revogação, pela Lei n.º 9.268/96, dos arts. 581, XXIV, 689 e 690 do CPP, posto que é patente a incompatibilidade das suas disposições com os termos da lei sobredita.

De todo o exposto, pode se inferir que:

a) multa é pena pecuniária autônoma, que pode ser aplicada isolada ou cumulativamente;

b) quando a multa for a sanção prevista para a repressão do delito, a pena-base deve ser aplicada tomando-se como norte orientador as circunstâncias do art. 59 do Código Penal, entre o limite mínimo de 10 (dez) dias-multa e o limite máximo de 360 (trezentos e sessenta) dias-multa, na conformidade do disposto no art. 49 do referido diploma legal. Deve o juiz observar também, nesse particular, as disposições do art. 68 do mesmo diploma legal;

c) no concurso de crimes, as penas de multa são aplicadas distinta e integralmente (art. 72, CP), vale dizer, cumulativamente;

d) não obstante o disposto no art. 7.º, IV, parte final, da Constituição Federal, o salário mínimo mensal deve ser o índice adotado para a fixação da pena de multa, considerando que não existe controvérsia quanto à aplicação desse elemento referencial às sanções penais;

e) para fixar o valor de cada dia-multa, o juiz deverá atender, principalmente, à situação econômica do réu (art. 60, CP), sendo o seu menor valor correspondente a 1/30 (um trigésimo) do maior salário mínimo mensal vigente ao tempo do fato e o seu maior valor no montante equivalente a 5 (cinco) vezes esse salário;

f) dependendo da gravidade da conduta do réu e, consequentemente, do desvalor do seu atuar, a multa pode ser aumentada até o triplo (art. 60, § 1.º, CP), se o juiz considerar que, em virtude da sua situação econômica, é ineficaz, embora aplicada no máximo;

g) se o réu for pobre ou estiver desempregado, não ficará isento da multa, devendo a pena ser fixada no mínimo legal;

h) na sua fixação, a multa está sujeita ao rito estabelecido no art. 68 do Código Penal, pois é inadmissível que, sendo uma pena, não se incluam na apuração do seu cálculo itens respeitantes às agravantes e às atenuantes, bem como às causas de diminuição e de aumento;

i) na aplicação da multa, fixa-se, em primeiro lugar, a quantidade ou número de dias-multa (arts. 49 e 59, CP) e, em seguida, calcula-se o valor de cada dia-multa, tomando por base a situação econômica ou o rendimento do apenado ou, ainda, o seu nível de vida, respeitados os recursos indispensáveis ao seu sustento e de sua família (arts. 49, § 1.º, e 50, § 2.º, CP);

j) a situação econômica do réu deve ser investigada a partir de elementos constantes dos autos, desde a instauração do inquérito policial, bem assim por meio da própria iniciativa do juiz (art. 156, *in fine*, CPP), requisitando de órgãos públicos informações sobre a existência de bens em nome do acusado, tais como cartórios de registro imobiliário, prefeitura municipal, departamento de trânsito e receita federal, neste último caso com o intuito precípuo de descobrir sua renda e os gastos com dependentes.

k) a multa pode ser aplicada como pena substitutiva da privativa de liberdade (art. 60, § 2.º, CP).

Capítulo XII

DOS REGIMES PRISIONAIS

1. GENERALIDADES

O Código Penal estabeleceu no § 1.º do art. 33 três modelos de regimes prisionais penitenciários para efetivar a clausura do condenado. São eles: o fechado, o aberto e o semiaberto. Embora tenha assim estatuído, indicou em seu art. 37, como regra a ser observada no cumprimento da pena por mulheres, o regime especial, que em nada se confunde com aqueloutros aqui referenciados.

É comum ouvir no dia a dia dos tribunais, em jargão forense, que o juiz cumpre e acaba o seu ofício jurisdicional ao sentenciar o processo. Aliás, essa frase batida deriva verdadeiramente de regra processual insculpida no art. 494 do CPC/2015, aplicada ao processo penal. Essa regra não é absoluta e sofre exceção, dentre outros casos, na hipótese prevista no art. 654, § 2.º, do CPP. O emprego comum e equivocado desse enunciado fomenta a ideia de que o único ato judicial de relevo no processo, em toda sua tramitação, é a sentença de mérito.

Sabe-se, entretanto, que não é assim, pois a sentença de mérito é o ponto de ligação entre o julgamento do pedido e a sua execução. A sentença passa, então, a ser o título executivo no qual estará contido o preceito a ser cumprido dentro dos parâmetros determinados e dos princípios da legalidade, da proporcionalidade, da individualização da pena e da humanidade, a serem observados rigorosamente pelo juízo competente como elementos indissociáveis da execução penal.

Disto tudo se colhe que a maior responsabilidade do juiz criminal se inicia exatamente após a decisão meritória no processo de conhecimento, visto que é seu dever acompanhar de perto o trabalho que a administração penitenciária vem empregando no tratamento de recuperação do encarcerado, a fim de que não sejam desvirtuados os objetivos a que se propõe a pena e não se burle o direito do recluso em obter a progressão de regime e a sua provável ressocialização.

Daí resulta a importância que deve ter a execução, não somente para o juízo competente, como meta a ser alcançada no cumprimento do que se decidiu na fase de conhecimento, mas também para os órgãos penitenciários e, na atualidade, até para o CNJ, para corporações religiosas e privadas organizadas, bem como algumas organizações não governamentais - ONGs, porque ela resulta de uma resposta estatal que disciplinou a relação jurídica posta sob julgamento definitivo em caso concreto.

Dissertando sobre o assunto, o penalista Alberto Silva Franco assim se expressou:

> "Mais importante do que a sentença em si é o seu cumprimento, porque é na execução que a pena, cominada em abstrato pelo legislador e ajustada pelo juiz à situação singular, encontra o seu momento de maior concreção. É aí que o processo individualizador chega à sua derradeira etapa: a da pena real que adere, de modo definitivo, à pessoa do condenado"[1].

A mesma linha de raciocínio inspirou o lecionamento da professora argentina Ana Messuti, *in verbis*:

> "Las condiciones de ejecución de la pena, es decir, las condiciones de aplicación de la sentencia, definirán el contenido de la primera y el significado de la segunda. No concluye la labor interpretativa con la formulación de la sentencia. Es necesario continuarla más allá de la sentencia, en la traducción de ésta a los actos, hechos y condiciones prácticas que le darán cumplimiento"[2].

O trabalho desenvolvido no acompanhamento do cumprimento da pena não deve ficar restrito apenas à obrigação do condenado submeter-se ao período de reclusão determinado no *decisum*. O esforço estatal deve ir além da simples preocupação da retribuição do mal causado à sociedade pelo condenado e deve incursionar principalmente na prática de medidas terapêuticas que visem ao completo reajustamento do interno.

Isso somente será possível com o trabalho, o esforço, a presença efetiva, o traço marcante e conjunto do juízo da execução penal e dos órgãos da administração penitenciária encarregados de direcionar a política reeducacional do condenado.

Cada regime prisional foi estabelecido para o cumprimento da pena em determinadas condições. Desse modo:

2. REGIME FECHADO

Fechado é o regime cuja execução da pena privativa de liberdade se verifica em estabelecimento de segurança máxima ou média. Destina-se o regime fechado

1 FRANCO, Alberto Silva. *Crimes hediondos*. 4. ed. São Paulo: Ed. RT, 2000. p. 164.

2 MESSUTI, Ana. Derecho penal y derechos humanos: los círculos hermenéuticos de la pena. *Revista Brasileira de Ciências Criminais*, RT, v. 28, 1999. p. 29.

ao réu condenado à pena de reclusão superior a 8 (oito) anos, mesmo que não seja reincidente. Aplica-se também esse regime ao réu reincidente, punido com reclusão, qualquer que seja a duração da pena.

Possui esse regime prisional as seguintes regras: a) submissão do condenado, no início do cumprimento da pena, a exame criminológico de classificação para individualização da execução; b) sujeição do condenado a trabalho no período diurno e a isolamento durante o repouso noturno; c) apuração das aptidões obreiras ou ocupações anteriores do condenado, compatíveis com a execução da pena para fins de sujeição a trabalho interno; d) admissibilidade do trabalho externo, em serviços ou obras públicas.

No que diz respeito ao trabalho do condenado, a Lei de Execução Penal (art. 32) disciplina, com maior amplitude, o campo de atuação de cada interno, conforme o mercado de trabalho e a vocação profissional apresentados, com destaque para aqueles que são portadores de alguma deficiência física ou são maiores de 60 (sessenta) anos, para os quais exige a lei ocupação adequada à sua condição pessoal e à sua idade respectivamente.

O regime fechado deve ser adotado integralmente, na ótica do art. 2.º da Lei n.º 8.072/90, para os réus condenados por crime hediondo. Essa particularidade legislativa tem sido observada *ad unguem* pelo Tribunal de Justiça do Maranhão:

> "A Lei n. 9.455/97, por razões de política criminal, refletiu a vontade do legislador em destinar o benefício da progressão tão somente para o crime de tortura, não tendo, com isso, possibilitado ao julgador estender o campo de incidência daquela norma aos demais crimes previstos na Lei n. 8.072/90" (Ac. um. da 1.ª Câmara Criminal, Rel. Desa. Josefa Ribeiro da Costa, Ap. Criminal n.º 17.742/2000, *DJ* 30/05/2001, p. 1).
>
> "A Lei n. 8.072/90 estabelece que a condenação por crime elencado ou equiparado a hediondo, com exceção da tortura, deve ser cumprida em regime integralmente fechado, sendo vedada a progressão" (Ac. un. da 2.ª Câmara Criminal, Rel. Desa. Madalena Serejo, Ap. Criminal n.º 4.035/2000, *DJ* 21/06/2001, p. 1).

Há evidente casuísmo criado pela Lei n.º 9.455/97 em relação ao tratamento dado à tortura, crime não menos hediondo que os demais relacionados na Lei n.º 6.368/76. Os condenados por crime de tortura, salvo a hipótese prevista no § 2.º do art. 1.º da lei sobredita, iniciarão o cumprimento da pena em regime fechado. Os condenados por crimes decorrentes de organização criminosa também deverão iniciar o cumprimento da pena em regime fechado (art. 10 da Lei n.º 9.034/95). Isto significa que a progressão não foi proibida em qualquer um dos casos aqui citados.

Muito embora entenda o STJ que "a pena aplicada ao autor de crime hediondo será cumprida integralmente em regime fechado" (RHC 5.345/RN; RHC

9152/SP), e que tenha o plenário do STF (*RTJ* 173/697) decidido que é "constitucional o § 1.º do art. 2.º da Lei n. 8.072, de 26/07/1990, que, nos casos de crimes hediondos, prática de tortura, tráfico de entorpecentes e terrorismo, impôs o cumprimento da pena em regime integralmente fechado" (RE 255.892/RJ; RE 255.721/MG), é prudente que se permita, guardadas as devidas situações e proporções, a progressão do regime prisional fechado, fixado inicialmente, para outro mais benéfico, não só em face do que estabelece a Lei n.º 9.455, de 07/04/1997 (critério isonômico), mas principalmente porque fere *data venia* o princípio constitucional da individualização da pena[3].

O art. 2.º, § 1.º, da Lei n.º 8.072/90 tem recebido, desde a sua edição, severas críticas da doutrina nacional, por violar garantia constitucional assegurada no inciso XLVI do art. 5.º da nossa Carta de Princípios, que foi erigida exatamente para tratar a situação de cada apenado individualmente, cuidando para que se evite a fixação de pena privativa de liberdade de regime prisional único e se permita, preenchidos os requisitos legais, a promoção do condenado para grau menos rigoroso.

Convém acrescentar que o juiz não pode ser um leguleio. Compete-lhe, por isso, agir com extrema cautela ao aplicar norma casuística, mormente quando ela tende a declarar a incapacidade e ineficiência do sistema penitenciário no trabalho de ressocialização do condenado, em face da tentativa do Estado em reintegrá-lo ao convívio social.

3 O Min. Marco Aurélio de Mello manifestou, no HC 76.617-9/SP, j. 23/06/1998, *DJU* 02/10/1998 - 2.ª Turma do STF (*RT* 759/539), entendimento contrário ao defendido pelos julgados acima referidos, deixando bem claro que já tem posição definida sobre o assunto. Eis, *ipsis verbis*, a sua egrégia ensinança: "Tenho o regime de cumprimento da pena como algo que, no campo da execução, racionaliza-a, evitando a famigerada ideia do 'mal pelo mal causado' e que sabidamente é contrária aos objetivos do próprio contrato social. A progressividade do regime está umbilicalmente ligada à própria pena, no que, acenando ao condenado com dias melhores, incentiva-o à correção de rumo e, portanto, a empreender um comportamento penitenciário voltado à ordem, ao mérito e a uma futura inserção no meio social. O que se pode esperar de alguém que, antecipadamente, sabe da irrelevância dos próprios atos e reações durante o período no qual ficará longe do meio social e familiar e da vida normal a que tem direito um ser humano; que ingressa em uma penitenciária com a tarja da despersonalização? Sob este enfoque, digo que a principal razão de ser da progressividade no cumprimento da pena não é em si a minimização desta, ou o benefício indevido, porque contrário ao que inicialmente sentenciado, daquele que acabou perdendo o bem maior que é a liberdade. Está, isto sim, no interesse da preservação do ambiente social, da sociedade, que, dia menos dia, receberá de volta aquele que inobservou a norma penal e, com isto, deu margem à movimentação do aparelho punitivo do Estado. A ela não interessa receber de volta um cidadão que enclausurou, embrutecido, muito embora o tenha mandado para detrás das grades com fito, dentre outros, de recuperá-lo, objetivando uma vida comum em seu próprio meio, o que o tempo vem demonstrando, a mais não poder, ser uma quase utopia".

Posto isso, deve ser ainda esclarecido que a pena privativa de liberdade possui fim humanitário e que impedir o condenado de conquistar as progressões dos regimes prisionais adotados no País, passando, por exemplo, para regime prisional menos rigoroso, é o mesmo que reconhecer a sua irrecuperabilidade e, mais que isso, repita-se, a falência do sistema carcerário nacional, já tão combalido pelos males que a execução da pena impõe ao encarcerado.

Gregário por natureza, o homem necessita continuamente da companhia dos seus semelhantes e do reconhecimento dos seus méritos pessoais pelas pessoas com as quais se relaciona no ambiente em que se encontra. Abandonar o condenado em um "xadrez", em regime prisional único, privando-lhe das progressões legais conferidas a outros prisioneiros, seria o mesmo que negar-lhe o direito à restituição de sua dignidade como pessoa humana.

Esse estado de coisas cria para o prisioneiro a impressão ou ideia de que a lei não reservou para ele o direito de reabilitar-se perante a sociedade. É comum, por isso, o condenado que cumpre pena em regime prisional único revoltar-se e não entender por que outros internos, às vezes até com menos tempo de carceragem, conseguem promoção para regime menos gravoso e até o livramento condicional, mesmo sendo autores de crimes que abalaram, com maior intensidade, a comunidade local.

O legislador ordinário, no uso da prerrogativa que lhe foi conferida pela norma constitucional, foi rigorosíssimo e olvidou a existência de vários princípios constitucionais que regulam a execução da pena. E, no afã de fechar todas as saídas para o condenado por crime hediondo, acabou por tolher o poder discricionário deferido ao juiz criminal para fixar o regime de cumprimento da pena, ante o montante da sanção cominada[4].

Mas a ideia da impossibilidade de progressão de regime prisional para os casos que envolve crime hediondo ou equiparado já se encontra superada. Crimes de maior gravidade, como os praticados pelas organizações criminosas, assim como aqueles que envolvem tráfico de entorpecente permitem a progressão de regime, por que não permitir aos denominados hediondos a aplicação dessa regra?

Com efeito, a Lei n.º 13.769/2018 deu nova redação ao art. 2.º, § 2.º, da Lei n.º 8.072/90 (Lei dos Crimes Hediondos), nos seguintes termos:

4 Com acentuada propriedade, o Min. Marco Aurélio de Mello asseverou, em voto vencido manifestado no HC 76.617-9/SP, *DJU* 02/10/1998 (*RT* 759/540), que "a permanência do condenado em regime fechado durante todo o cumprimento da pena não interessa a quem quer que seja, muito menos à sociedade que um dia, mediante o livramento condicional ou, o mais provável, o esgotamento dos anos de clausura, terá necessariamente que recebê-lo de volta, não para que este torne a delinquir, mas para atuar como um partícipe do contrato social, observados os valores mais elevados que o respaldam".

> "Art. 2.º *Os crimes hediondos, a prática da tortura, o tráfico ilícito de entorpecentes e drogas afins e o terrorismo são insuscetíveis de: (...)*
>
> § 2.º A progressão de regime, no caso dos condenados aos crimes previstos neste artigo, dar-se-á após o cumprimento de 2/5 (dois quintos) da pena, se o apenado for primário, e de 3/5 (três quintos), se reincidente, *observado o disposto nos §§ 3.º e 4.º do art. 112 da Lei 7.210, de 11 de julho de 1984 (Lei de Execução Penal)"*.

Como se vê, a sobredita legislação altera a redação do § 2.º do art. 2.º da Lei n.º 8.072/90. Embora mantendo os requisitos temporais de progressão em 2/5 para primários e 3/5 para reincidentes *em geral*, passa a excepcionar certos casos em que a exigência temporal é abrandada sobremaneira, passando a ser de apenas 1/8 (um oitavo) da pena. As regras mais duras da Lei n.º 8.072/90 passam, com a nova redação, a submeter-se ao disposto no art. 112, §§ 3.º e 4.º, da Lei n.º 7.210/84 (Lei de Execução Penal).

3. REGIME SEMIABERTO

Semiaberto é o regime cuja execução da pena privativa de liberdade se verifica em colônia agrícola, industrial ou estabelecimento similar. Destina-se o regime semiaberto ao réu não reincidente condenado à pena de reclusão superior a 4 (quatro) anos e não excedente a 8 (oito) anos. Aplica-se também esse regime ao réu não reincidente punido com pena de detenção superior a 4 (quatro) anos, bem assim ao réu reincidente punido com pena de detenção superior a 4 (quatro) anos[5].

Possui esse regime prisional as seguintes regras: a) submissão do condenado, no início do cumprimento da pena, a exame criminológico de classificação para individualização da execução; b) sujeição do condenado a trabalho em comum no período diurno em colônia agrícola, industrial ou estabelecimento similar; c) apuração das aptidões obreiras ou ocupações anteriores do condenado, compatíveis com a execução da pena para fins de sujeição ao trabalho; d) admissibilidade do trabalho externo, bem como frequência a cursos supletivos profissionalizantes, de instrução de segundo grau ou superior.

---

5 Celso Delmanto *et al.* (Op. cit., p. 68) entendem que a regra que manda, em caso de pena de detenção aplicada a réu reincidente, se inicie o cumprimento em regime fechado é absurda. E, concluindo sua indignação com a disposição retromencionada, arrematam o raciocínio desenvolvido afirmando que "não se pode aceitar tamanha iniquidade, como esta que resultaria da observância dos critérios do § 2.º deste art. 33. Por isso, recomenda-se obediência à regra geral do *caput* do mesmo art. 33, permitindo-se que o reincidente em pena detentiva a cumpra no regime aberto". Damásio de Jesus (*Código Penal anotado*, cit., p. 128) comunga desse mesmo entendimento.

Embora tais pressupostos surjam dos arts. 33 e 35 do Código Penal, compete ao juiz sentenciante optar pelo regime inicial de cumprimento da pena, que estabelecerá de acordo com os critérios previstos no art. 59 do mesmo diploma legal. Essa decisão, no entanto, é provisória e pode ser revista no curso da execução da pena pelo juiz encarregado de dar cumprimento à mesma.

4. REGIME ABERTO

Aberto é o regime cuja execução da pena privativa de liberdade se verifica em casa de albergado ou instituição adequada. O regime aberto baseia-se na autodisciplina e no senso de responsabilidade do condenado. Destina-se o regime aberto ao réu não reincidente condenado à pena de reclusão igual ou inferior a 4 (quatro) anos. Aplica-se também esse regime prisional ao réu não reincidente condenado à pena de detenção igual ou inferior a 4 (quatro) anos, bem como ao réu reincidente condenado à pena de detenção de no máximo 4 (quatro) anos.

Possui esse regime prisional as seguintes regras: a) permissão de trabalho ao condenado, fora do estabelecimento e sem vigilância, bem como frequência a curso ou exercício de outra atividade autorizada; b) permanência do condenado no albergue ou instituição de cumprimento da pena durante o período noturno e nos dias de folga; c) transferência do condenado para regime prisional mais rigoroso em caso de prática de crime doloso, bem como se frustrar os fins da execução ou, caso tenha condições, não pagar a multa cumulativamente aplicada.

De acordo com o art. 117 da Lei de Execução Penal, o recolhimento do condenado ao cumprimento da prisão em regime aberto pode ocorrer em residência particular (regime domiciliar), quando se tratar de: a) condenado maior de 70 (setenta) anos de idade; b) condenado acometido de doença grave; c) condenada com filho menor ou deficiente físico ou mental; d) condenada gestante.

O trabalho do condenado, obrigatório para todos os regimes prisionais, será amparado pela Previdência Social (art. 39, CP) e deve ser inspirado pelas aptidões ou pelo ofício anterior do preso, nos termos das exigências estabelecidas pela regra que o admite para cada regime prisional isoladamente.

Acrescente-se, finalmente, que cabe ao juiz sentenciante a escolha do regime inicial de cumprimento da pena pelo condenado, com fulcro no art. 59 do Código Penal. Como diz a Exposição de Motivos da Nova Parte Geral do Código Penal (n.º 38), a sentença judicial é ato de prognose e, por isso mesmo, tem esse ato o objetivo de direcionar a sua escolha no sentido da presumida adaptabilidade social do réu, razão por que a provisoriedade deve ser uma característica fundamental do regime de penas, sujeito que está a modificações posteriores, quer em face do comportamento do condenado, quer em virtude de outros fatores que informam o sistema de cumprimento das penas privativas de liberdade.

5. REGIME ESPECIAL

Especial é o regime adotado para cumprimento da pena restritiva de liberdade por pessoas do sexo feminino ou de idade provecta (art. 82, § 1.º, LEP). A Constituição Federal determina o cumprimento da pena em estabelecimentos distintos, de acordo com a natureza do delito, a idade e o sexo do apenado (art. 5.º, XLVIII), e assegura às presidiárias condições para que possam permanecer com seus filhos durante o período de amamentação (art. 5.º, L).

Não se trata, no caso particular, de privilégio criado em favor das mulheres, nem de tratamento discriminatório ou preconceituoso a tais agentes, mas de obediência a um princípio óbvio e basilar do cumprimento da pena, que é o da separação dos sexos. Afinal, a sua detenção celular não lhe retira o gozo e o exercício dos direitos (não alcançados pela privação da liberdade) que desfrutava antes de ter sua liberdade coarctada (art. 38, CP).

A condição feminina da mulher, destinada por obra divina a procriar, assegura-lhe o direito de obter do Estado, quando condenada à pena privativa de liberdade, a garantia de ser recolhida a estabelecimento próprio e adequado, bem como das condições indispensáveis para que possa permanecer com seus filhos durante o período do aleitamento.

Não obstante isso, o interesse do Estado também se prende ao fato de que a segregação da mulher em alojamento separado dos pavilhões masculinos atende à sua condição fisiológica e psicológica, além de impedir, mediante sua natural função biológica, a hipótese de engravidamento acidental ou desejado que, certamente, trará consequências danosas à execução da pena e, em especial, ao nascituro, que já virá ao mundo em um ambiente degenerado e completamente promíscuo.

Respeitadas as peculiaridades da condição pessoal da mulher, são a elas também aplicáveis todas as regras atinentes aos demais regimes aqui já estudados. O STF já decidiu que as regras estabelecidas para a prisão da mulher devem também ser aplicadas aos transexuais femininos.

Capítulo XIII

CIRCUNSTÂNCIAS LEGAIS GENÉRICAS

1. GENERALIDADES

As circunstâncias legais genéricas estão definidas no Código Penal como determinadas condições que podem agravar ou atenuar a situação do réu, no momento de sua apenação. São elas de duas categorias, a saber: agravantes (arts. 61 e 62) e atenuantes (arts. 65 e 66). Para maior compreensão de cada uma dessas circunstâncias, será feita a análise de ambas separadamente, examinando-se, caso a caso, as hipóteses que as ensejam, na forma disposta a seguir.

2. CIRCUNSTÂNCIAS AGRAVANTES

As circunstâncias agravantes têm por finalidade piorar a situação do réu, com a exasperação da pena. São elas consideradas, no cálculo da pena, no segundo momento do procedimento trifásico. Tidas como fatores que sempre agravam a pena, quando não constituem ou qualificam o crime, encontram-se dispostas no art. 61 do Código Penal da seguinte forma:

> "I – a reincidência;
>
> II – ter o agente cometido o crime:
>
> a) por motivo fútil ou torpe;
>
> b) para facilitar ou assegurar a execução, a ocultação, a impunidade ou vantagem de outro crime;
>
> c) à traição, de emboscada, ou mediante dissimulação, ou outro recurso que dificultou ou tornou impossível a defesa do ofendido;
>
> d) com emprego de veneno, fogo, explosivo, tortura ou outro meio insidioso ou cruel, ou de que podia resultar perigo comum;
>
> e) contra ascendente, descendente, irmão ou cônjuge;
>
> f) com abuso de autoridade ou prevalecendo-se de relações domésticas, de coabitação ou de hospitalidade, ou com violência contra a mulher na forma específica;

g) com abuso de poder ou violação de dever inerente a cargo, ofício, ministério ou profissão;

h) contra criança, maior de 60 (sessenta) anos, enfermo ou mulher grávida;

i) quando o ofendido estava sob a imediata proteção da autoridade;

j) em ocasião de incêndio, naufrágio, inundação ou qualquer calamidade pública, ou de desgraça particular do ofendido;

l) em estado de embriaguez preordenada".

As circunstâncias agravantes devem ser obrigatoriamente aplicadas, quando previstas para a hipótese em julgamento, na segunda etapa do sistema trifásico de aplicação da pena. Devem ser consideradas depois da fixação da pena-base, após o exame das circunstâncias atenuantes e antes das causas de diminuição e de aumento da pena. Vejamo-las, cada uma de per si:

2.1 Reincidência

A reincidência, como causa de agravamento da pena, tem seus contornos delineados pelo art. 63 do Código Penal, segundo o qual se verifica essa figura "quando o agente comete novo crime, depois de transitar em julgado a sentença que, no País ou no estrangeiro, o tenha condenado por crime anterior".

O dispositivo deixa claro que o fato gerador da reincidência é a prática de *novo crime*, depois do trânsito em julgado de sentença penal que, no Brasil ou em outro país, tenha condenado o agente por *crime* anterior. Dito de outro modo, significa que a prática anterior de infração penal diversa de crime não ensejará a aplicação da reincidência.

A condenação anterior do agente, transitada em julgado, unicamente pela prática de contravenção penal não configura hipótese de reincidência acaso venha o mesmo a praticar, dentro do prazo estabelecido pelo art. 64, I, do Código Penal, algum crime.

Ressalva-se, entretanto, a situação disciplinada pelo art. 7.º da Lei de Contravenções Penais, segundo a qual "verifica-se a reincidência quando o agente pratica uma contravenção depois de passar em julgado a sentença que o tenha condenado, no Brasil ou no estrangeiro, por qualquer crime, ou, no Brasil, por motivo de contravenção".

Desse modo, excepcionando a regra do art. 64 do CP, o dispositivo contravencional considera também reincidente o agente que, após haver sido condenado por crime (no Brasil ou no estrangeiro) ou por contravenção (somente no Brasil), venha, depois do trânsito em julgado da sentença penal condenatória, a cometer nova contravenção. A reincidência que aqui se cogita é puramente quanto à contravenção penal.

Discute-se, ainda, se a condenação anterior à pena de multa pela prática de crime pode ensejar a reincidência. No meu entendimento, não importa a pena que haja sido cominada à infração penal. Para caracterizar a reincidência, basta apenas que a ação pretérita do agente esteja materializada mediante sentença condenatória passada em julgado e esteja definida como crime e que sua incidência esteja circunscrita às situações descritas nos arts. 63 e 64, I, do CP.

No campo jurisprudencial, a posição majoritária inclina-se pela incidência da reincidência, quando o crime anterior praticado pelo réu resultou unicamente na cominação de pena de multa. Vejam-se os acórdãos transcritos:

> "A condenação anterior, ainda que a simples pena de multa, caracteriza a reincidência a ser considerada na fixação da pena" (STF, Rel. Min. Barros Monteiro, *DJU* 09/06/1972, p. 3708).
>
> "Se o réu sofreu condenação anterior, embora a uma pena de multa, e se a respectiva sentença transitou em julgado, é de se reconhecer que primário ele não é mais" (STF, Rel. Min. Antonio Nader, *DJU* 10/09/1976, p. 7832).
>
> "Reincidência. Reconhecimento. Condenação anterior à pena de multa. Necessidade apenas do trânsito em julgado da decisão, pouco importando a natureza da reprimenda, se pecuniária ou privativa de liberdade. Interpretação do art. 63 do CP. A condenação anterior à pena de multa induz ao reconhecimento da reincidência, pois o art. 63 do CP exige apenas o trânsito em julgado da decisão, sem cogitar da natureza da reprimenda, se pecuniária ou privativa de liberdade" (STF, HC 76.647-5/SP, 2.ª Turma, Rel. Min. Nelson Jobim, *DJU* 19/02/1999, *RT* 500/763).

Digno de registro também é o fato aceito, quer em doutrina, quer em jurisprudência, de que a reincidência incide tanto nos crimes dolosos quanto nos culposos, firmando, assim, uma exceção em relação às demais hipóteses de agravamento da pena (art. 61, CP), que somente se aplicam aos crimes dolosos ou preterintencionais.

A reincidência pode deixar de incidir em alguns casos. Assim, não ocorrerá quando for declarada extinta a punibilidade pela prescrição da pretensão punitiva (prescrição da ação) em caráter retroativo, posto que o fato criminoso anterior, resultante em sentença penal condenatória passada em julgado, que lhe daria suporte legal, desaparece, não se podendo mais cogitar de condenação e muito menos de seus efeitos penais. Não induz também à reincidência o fato de o trânsito em julgado da sentença se verificar em data posterior à prática de novo crime.

De outra parte, incide a reincidência em se tratando da prescrição da pretensão executória (prescrição da pena), porque nesse caso não se discute mais a perda do direito do Estado à pretensão punitiva. A prescrição da pretensão executória, como é notório, afasta apenas o cumprimento da pena ou o pagamento da multa pelo condenado, mas não o precedente criminal por ele cometido e devidamente reconhecido em sentença penal transitada em julgado.

Ocorrente a hipótese prevista no inciso I do art. 63 do CP, a extinção da pena pelo seu cumprimento integral ou em face do cumprimento do *sursis* sem revogação não impede a reincidência, porque, como foi dito, tais pressupostos extinguem a pena, mas não a condenação.

Uma questão de suma importância também merece destaque, qual seja a de saber se a reincidência atinge o agente que não for primário. Com efeito, para entender o questionamento sugerido é necessário primeiramente que se conceitue o que vem a ser primariedade. Portanto, primariedade é o estado de não reincidência criminal. Desse modo primário, é o agente que nunca sofreu condenação anterior ou que, embora tenha sido condenado anteriormente pela prática de algum crime, com sentença passada em julgado, voltou a incidir em nova prática criminosa em situação que não possa ser qualificado como reincidente (arts. 63 e 64, I, CP).

Aplicado outro conceito, primário é o réu que, embora tenha sido condenado definitivamente pela prática de inúmeros ilícitos penais, nenhum deles foi consumado após a primeira condenação transitada em julgado.

O dissenso outrora existente, para definir o que se entendia por criminoso primário, foi dissipado pela Lei n.º 7.209/84, que, apesar de não conceituar essa figura, trouxe os elementos necessários para que a doutrina e a jurisprudência se encarregassem de ajustar a norma legal às situações concretas[1]. Afigura-se-nos, então, como acima definido, que, não sendo o réu primário, nos termos dos dispositivos penais que regulamentam a matéria, tantas vezes aqui mencionados, deve suportar o ônus da reincidência, aplicando-se tal agravante no cálculo da pena cominada.

Para consideração da reincidência, é indiferente seja ela específica ou não. O agente que revela inclinação para a prática de determinado crime não pode ser

1 Em artigo intitulado La función del Poder Judicial en el Estado Democrático" (publicado no repertório epigrafado *Problemas actuales de las ciencias penales y la filosofía del derecho*. Buenos Aires: Editora Pannedille, 1970. p. 51-52), em homenagem ao falecido Professor Luís Jiménez de Asúa, o jurista Dietrich Oehler asseverou que "La inseguridad jurídica aumenta en los últimos tiempos por el hecho de que el legislador no formula esctrictamente las condiciones legales previas de la punibilidad de un hecho, sino que abusa de conceptos valorativos. De esta manera la responsabilidad por la aplicación del tipo es declinada hacia el juez, ya sea porque en el Parlamento no se puede llegar a un acuerdo sobre los límites exactos del tipo, o bien porque el legislador cree que no se puede abarcar todo en su desarrollo. Por esto el juez se enfrenta esencialmente con la construción del Derecho, lo que, fundamentalmente, no es materia de su competencia, sino tarea propia de la legislación. Por otra parte, se disminuye la calculabilidad del riesgo del processo, lo que ocurre también en materia civil".

considerado mais perigoso do que aquele que age dentro de uma criminalidade diversificada. Ambos devem receber do ordenamento jurídico tratamento consentâneo com a gravidade do delito posterior. O fundamento da exasperação da pena não se dá em razão da reincidência específica ou homogênea, muito menos em face da reincidência genérica ou heterogênea, mas pela circunstância da prática, pelo agente criminoso, de novo crime dentro do lapso temporal apontado no art. 64, I, do Código Penal, já tendo ele sofrido condenação penal anterior transitada em julgado.

Esse fator de agravamento da pena obedece a uma política de intimidação do indivíduo, conforme retrata claramente o escólio de Aníbal Bruno, *ipse dixit*:

> "Hoje se pode justificar a exacerbação da pena, ao segundo crime, pela maior culpabilidade do agente, pela maior reprovabilidade que sobre ele recai em razão da sua vontade rebelde particularmente intensa e persistente, que resistiu à ação inibidora da ameaça da sanção penal e mesmo da advertência pessoal, mais severa, da condenação infligida, que para um homem normalmente ajustável à ordem de Direito, isto é, de temperamento e vontade menos decisivamente adversos aos impeditivos da norma, seria estímulo suficiente para afastá-lo da prática de novo crime"[2].

Ao considerar a reincidência, como causa de agravamento da pena, não está a norma legal disposta a tomar novamente em consideração, como fator preponderante para a dosagem da *sanctio juris*, a condenação anterior passada em julgado, mas a insubmissão do condenado a essa resposta estatal, tida como insuficiente para demovê-lo do intento criminoso, tanto que voltou a delinquir em prazo depurador não permitido, revelando culpabilidade mais intensa.

Não se trata, portanto, da aplicação indiscriminada do princípio *ne bis in idem*, que se constitui na proibição da dupla valoração fática, cujo correspondente constitucional é o princípio da legalidade, mas da exigência do respeito aos postulados erigidos para a contenção da crescente criminalidade.

Nesse particular, pode ser acrescentado que não se exige sequer o cumprimento da pena pelo infrator, mas tão somente que o mesmo tenha sido, repita-se, condenado anteriormente por sentença penal transitada em julgado ou irrecorrível.

Sob pena de incidir no *bis in idem*, não deve o juiz sentenciante fazer dupla consideração da reincidência ao aplicar a pena. A par disso, configura dupla valoração o fato de a reincidência haver sido considerada para fixação da pena-base e, posteriormente, para fundamentar o agravamento da reprimenda. Desse modo,

2 BRUNO, Aníbal. Op. cit., p. 114.

é preferível que a aferição dessa condição jurídica do réu seja apreciada apenas como circunstância agravante, no segundo momento do critério trifásico previsto no art. 68 do Código Penal, para o cálculo da pena.

Não se pode também fazer confusão entre maus antecedentes e reincidência, para efeito da aplicação da pena. A matéria atinente a esse dissídio ficou muito bem esclarecida quando da abordagem da aludida circunstância judicial, para a qual remetemos o leitor.

O período para a ocorrência da reincidência é de caráter temporário e vem demarcado pelo art. 64 do Código Penal, o qual estatui:

> "I - não prevalece a condenação anterior, se entre a data do cumprimento ou extinção da pena e a infração posterior tiver decorrido período de tempo superior a 5 (cinco) anos, computado o período de prova da suspensão ou do livramento condicional, se não ocorrer revogação;
>
> II - não se consideram os crimes militares próprios e políticos".

O tema proposto pelo inciso I do art. 64 do CP já foi devidamente abordado nos questionamentos suscitados linhas atrás, razão de se fazer desnecessária nova abordagem. Diga-se apenas, para não passar em branco, que, repetindo as palavras do inciso II do mencionado preceptivo, não se consideram os crimes militares próprios e políticos para efeito de reincidência.

Crime militar próprio é aquele cuja definição legal se encontra apenas no Código Penal Militar ou em Leis Penais Militares e, por uma questão particular do sujeito culpado, qual seja sua qualidade pessoal de militar, somente pode ser praticado por tal agente.

Crime político é aquele que atenta contra a ordem política do Estado. Em outras palavras, é aquele que lesiona ou representa ameaça de lesão à segurança política interna ou externa do Estado.

A prova da reincidência se faz mediante documento idôneo passado por serventuário encarregado de atestá-la. Destarte, serve de prova inequívoca de reincidência criminal a certidão cartorária fornecida pelo escrivão titular (ou substituto legal) da serventia pela qual tramitou o feito, dando conta do trânsito em julgado da sentença penal condenatória e da data da sua ocorrência. A certidão passada pelo Cartório das Execuções Penais, contendo a informação sobre o trânsito em julgado da condenação e a sua data, também faz prova da reincidência criminal.

Havendo condenação criminal anterior, decorrente de julgamento proferido nas ações penais da competência originária dos tribunais, fará prova da reincidência a certidão fornecida pelo Diretor-Geral da Corte, ou pelo Diretor da Coordenação Criminal, ou pelo Chefe da Secretaria Judiciária Criminal ou, ainda, pelo Secretário da Turma ou Câmara Criminal. Deve o documento descrever o crime em que foi condenado o réu e a data do trânsito em julgado do acórdão.

Por uma questão de segurança jurídica, não se deve dar crédito às anotações constantes de folhas de antecedentes existentes nas repartições policiais ou expedidas por esses órgãos, pois, na maioria das vezes, contêm informações incorretas a respeito da real situação criminal do réu, por falta de dados atualizados ou de alimentação do sistema de informática, que somente o setor judiciário competente pode dispor a qualquer momento e em primeira mão.

Não é indispensável que se produza a prova da reincidência criminal do acusado com a peça acusatória, porém é recomendável que assim seja feito, acaso já exista, por constituir ônus da acusação. Nada impede que a prova da reincidência seja feita em grau de recurso, contudo é prudente que ela se faça durante a instrução criminal ou até antes de ser prolatada a sentença penal.

A reincidência criminal produz inúmeros efeitos ou consequências para o apenado, a saber: a) funciona como fator agravante da pena (art. 61, I, CP); b) atua como fator preponderante no concurso de circunstâncias agravantes e atenuantes (art. 67, CP); c) impede o deferimento da suspensão da pena na hipótese de crime doloso (art. 77, I, CP); d) impossibilita a substituição da pena privativa de liberdade pela restritiva de direitos (art. 44, II, CP); e) impede a substituição da pena privativa de liberdade pela de multa (art. 60, § 2.º, CP); f) aumenta o prazo de cumprimento da pena para deferimento do livramento condicional, quando se tratar de crime doloso (art. 83, II, CP); g) aumenta o prazo da prescrição da pretensão executória (art. 110, CP); h) interrompe o curso da prescrição (art. 117, VI, CP); i) torna obrigatória a revogação do *sursis*, se houver nova condenação por crime doloso (art. 81, I, CP); j) revoga obrigatoriamente o livramento condicional, caso o liberado venha a ser novamente condenado à pena privativa de liberdade (art. 86, CP); l) revoga facultativamente o *sursis* em caso de nova condenação irrecorrível à pena privativa de liberdade ou restritiva de liberdade, por crime culposo ou contravenção penal (art. 81, § 1.º, CP); m) revoga facultativamente o livramento condicional em caso de nova condenação irrecorrível à pena não privativa de liberdade, por crime ou contravenção penal (art. 87, CP); n) revoga a reabilitação em caso de nova condenação definitiva à pena que não seja de multa (art. 95, CP); o) torna obrigatório o início do cumprimento da pena privativa de liberdade no regime fechado (art. 33, § 2.º, alíneas *b* e *c*, CP); p) impede a concessão da fiança nos crimes dolosos punidos com pena privativa de liberdade, se o réu já houver sido condenado por outro crime doloso, em sentença transitada em julgado (art. 323, III, CPP); q) atua como fator de influência para a decretação da prisão preventiva do réu nos crimes dolosos, caso venha a ser condenado novamente por outro crime doloso, em sentença transitada em julgado (art. 313, III, CP) etc.

2.2 Motivo fútil

Fútil é o motivo sem importância ou de somenos importância, desproporcionado ou inadequado, irracional, desconexo, ínfimo, banal, mesquinho, insignificante, irrelevante, egoístico, desprovido de qualquer sentido lógico que possa justificar a gravidade do delito praticado ou permitir o entendimento do antecedente psicológico da conduta do agente, visto, neste caso, sob a ótica do homem médio. Como exemplo, pode-se apresentar a situação do indivíduo que mata o comerciante simplesmente porque não quis vender-lhe fiado. Ou, ainda, a hipótese do devedor que mata o credor somente porque lhe cobrou a dívida. Ou, finalmente, o caso do pescador que mata o companheiro pela simples razão de haver-lhe negado uma isca.

A ausência de motivo tem sido equiparada, pela doutrina e pela jurisprudência, ao motivo fútil, embora existam alguns pontos de vista ao contrário, de caráter minoritário. Os julgados abaixo transcritos refletem essa realidade:

> "A ausência de motivo equipara-se, para os devidos fins legais, ao motivo fútil, porquanto seria um contrassenso conceber que o legislador punisse com pena maior aquele que mata por futilidade, permitindo que o que age sem qualquer motivo receba sanção mais branda" (TJMG, Rel. Des. Costa e Silva, *RT* 622/332).
>
> "A ausência de motivo para o crime equivale à motivação frívola, ridícula nas suas proporções, configurando a circunstância agravante prevista no art. 61 do Código Penal" (*RT* 400/133).

Com a mesma discussão contraditória, o ciúme e a embriaguez também têm sido apontados pela doutrina e jurisprudência nacionais majoritárias como causa de não caracterização do motivo fútil, acorde com a ementa dos arestos em destaque:

> "Se o delito de homicídio foi motivado por ciúme e restando comprovado costumeiros desentendimentos entre réu e vítima, inclusive no dia do evento, não pode persistir na sentença a qualificadora do motivo fútil" (TJSP, Rel. Des. Silva Leme, *RT* 671/298).
>
> "O sentimento de ciúme, quando tenha sido o móvel da agressão não deve ser considerado motivo fútil, a ensejar agravamento da pena" (TACrimSP, Rel. Juiz Emeric Levai, *JUTACrim* 97/238).
>
> "É tradicional o entendimento da incompatibilidade da embriaguez com o reconhecimento da agravante do motivo fútil. De se cancelar a agravante, sempre que se verifique a ebriedade do agente" (TACrimSP, Rel. Juiz Djalma Lofrano, *RT* 535/231).
>
> "Tendo o crime sido cometido quando embriagado o réu, não há falar em motivo fútil. É a orientação da jurisprudência, devido a embriaguez, ainda que incompleta, prejudicar a futilidade do motivo" (TACrimSP, Rel. Juiz Goulart Sobrinho, *RT* 435/379).

Essa é a melhor orientação porque quem é levado a cometer um crime movido pelo ciúme não age por razão insignificante ou irrelevante, mas está dominado por estado psíquico crítico, vale dizer, por sentimento recôndito que somente a alma humana pode explicar. É razoável também enxergar na conduta do agente criminoso, que age movido pelo ciúme, um egoísmo exacerbado com características odiosas. Contudo, esse estado sentimental não pode ser comparado ao motivo fútil.

Entretanto, quem atua sob o efeito da embriaguez, mesmo que incompleta, também se vê privado da capacidade de sopesar a desproporcionalidade entre o fato praticado pela vítima e a sua ação. É predominante o entendimento, segundo o qual a embriaguez - seja voluntária, culposa, completa ou incompleta - não afasta a imputabilidade penal, pois, no momento em que ingerida a substância inebriante, o agente era livre para decidir se devia ou não fazê-lo, ou seja, a conduta de beber resultou de um ato livre (teoria da *actio libera in causa*). Desse modo, ainda que o agente tenha praticado o crime após a ingestão de álcool, deve ser responsabilizado na medida de sua culpabilidade.

É defeso também confundir motivo fútil com motivo injusto, posto que aquele tem como pressuposto a frivolidade da ação. Este, embora não seja vazio de motivação, tem como requisito a iniquidade da ação do agente, deixando patente a ideia de que o ato não somente é contrário à ética e ao Direito, mas possui antecedente psicológico. Dessa explicação, tem-se que a animosidade e desentendimentos anteriores entre os contendores caracterizam antecedente psicológico não desproporcionado.

2.3 Motivo torpe

Torpe é o motivo ignóbil, abjeto, vil, ignominioso, reprovável, repugnante, que revela cupidez, malvadeza, perversidade etc.; que suscita a reprovação geral e provoca indignação em qualquer indivíduo, posto ofender a moralidade média da vida comunitária.

Para o penalista Álvaro Mayrink da Costa, motivo torpe

> "é o motivo vil, ora ignóbil, ora abjeto, que causa repugnância, revolta ou repulsa profunda em qualquer cidadão. Enfim, é o particularmente desprezível, produto de uma personalidade amoral, sintoma de baixeza, vilania e depravação. Surge do sentimento de despeito, inferioridade ou fracasso, que gera a inveja, ou advém do ódio, que conduz à vingança. É certo que a vingança *per se* não torna pelo móbil o delito torpe"[3].

3 COSTA, Álvaro Mayrink da. *Direito penal*: Parte Geral. 3. ed. Rio de Janeiro: Forense, 1991. v. I. t. II. p. 513.

Os tribunais do país não têm admitido o ciúme e a vingança como causa de agravamento da pena, sob a rubrica do motivo torpe, salvo quando ficar comprovado que tais sentimentos foram inspirados por razões ignóbeis, injustificáveis e repugnantes, como, por exemplo, o caso da esposa que, após ter sido abandonada pelo marido, fica à espreita da amásia dele e, ao encontrá-la, no seu local de trabalho, atira contra seu rosto grande quantidade de substância ácida, causando-lhe ferimento indelével.

Os arestos que seguem bastam para demonstrar tal assertiva:

> "Não pode ser considerado motivo torpe o crime de mulher que, abandonada pelo marido, agride fisicamente a amásia do esposo" (TACrimSP, Rel. Juiz Ítalo Galli, *JUTACrim* 39/301).
>
> "Como se vai pacificando, já não se fala mais, peremptoriamente, que a vingança seja ou que não seja motivo torpe. Pode ser, pode não ser. A realidade fática, as características do acontecimento, as peculiaridades relevantes e as condições das pessoas envolvidas é que nortearão o intérprete na acolhida ou na repulsa do gravame" (TJSP, Rel. Des. Ary Belfort, *RT* 667/271).

Quando, por exemplo, no crime de homicídio estiver presente alguma causa que caracterize motivo fútil ou motivo torpe, o tipo modifica-se de homicídio simples para homicídio qualificado. Tais circunstâncias deixam de funcionar como agravantes e passam a ser consideradas qualificadoras do crime. Isso não pode ser, jamais, olvidado pelo juiz prolator da sentença penal condenatória.

2.4 Crime cometido para facilitar ou assegurar a execução, a ocultação, a impunidade ou vantagem de outro crime

A presente circunstância agravante também aparece relacionada no art. 121, § 2.º, V, do Código Penal como circunstância qualificadora desse tipo incriminador. Trata-se simplesmente de circunstância acidental sem a qual a infração não deixa de existir, passando a compor o tipo simples previsto no art. 121, *caput*, do Código Penal.

O Código de Processo Penal menciona, em redação semelhante, essa motivação do crime como fator determinante da competência por conexão. Na verdade, segundo a unanimidade doutrinária, funciona como causa de modificação e alteração da competência.

Percebe-se, por essa circunstância agravante, que haverá na ação do agente dois delitos, sendo que um deles (crime-fim) deve ficar encoberto pela prática do outro (crime-meio). Ocorre, então, nesse caso, o que se pode denominar de nexo teleológico ou consequencial[4]. Acrescente-se, para completar o raciocínio, que haverá a conexão mesmo que o crime-fim não venha a se consumar, posto que a prática do crime-meio, com a finalidade subsequente do agente alcançar o objetivo perseguido, será suficiente, por si só, para caracterizar essa agravante, quando não prevista como qualificadora.

Fundamental, nesse particular, é a existência de dois crimes ligados por um nexo de meio e fim. Como ensina o jurista italiano Antonio Pagliaro,

> "Per l'applicabilità dell'aggravante non si richiede che il reato-fine sia stato effettivamente realizzato. Si richiede, invece, che i due reati risultino da comportamenti ben distinti tra loro e susseguentisi nel tempo: altrimenti, il rapporto da mezzo a fine non si potrebbe porre"[5].

Embora vinculadas às infrações penais, devem elas resultar de distintas e autônomas atividades delituosas atribuídas ao mesmo agente. Aníbal Bruno, notável penalista da velha cepa, retrata muito bem o fenômeno ocorrente em face da agravante em análise. Escutemo-lo:

> "O agente vai praticar ou já praticou um fato punível e, para garantir-lhe a execução ou gozar do seu proveito ou da impunidade, resolve cometer outro. Há dois crimes conexos, e aquele que vai servir de meio para o segundo ou de condição para a sua eficácia é onerado com o peso da agravante. A lei pondera a vontade ilícita que não recua diante de um fato delituoso para assegurar a prática, as vantagens ou a não punição de outro, e exaspera a pena que irá ser aplicada ao seu autor. O crime que se agrava precederá o outro, se lhe vai servir de meio ou condição de execução, e a agravante prevalecerá mesmo se o segundo crime não entra sequer em fase de tentativa. Ou pode seguir-se ao outro crime se pretende garantir-lhe o proveito ou assegurar a impunidade do agente"[6].

É aceita a opinião de que o obrar do agente, nas circunstâncias retratadas pela agravante em exame, revela uma maior insensibilidade moral. Com efeito, outra noção jurídica resultará da conduta, qual seja a periculosidade do criminoso a influenciar, por sua vez, a ideia de que a causa psíquica do comportamento deriva de motivo torpe, a cujo emprego o Código Penal confere tratamento particular.

---

4 O Professor José Frederico Marques, comparando a agravante prevista no inciso II, *b*, do art. 61 do CP com a sua correspondente forma qualificadora prevista no art. 121, § 2.º, V, do mesmo diploma legal, já havia chegado a essa conclusão, conforme se vê em sua obra *Tratado de direito penal*. Campinas: Millennium, 1999. v. IV. p. 138.

5 PAGLIARO, Antonio. *Principi di diritto penale*: Parte Generale. 5. ed. Milano: Giuffrè, 1996. p. 469.

6 BRUNO, Aníbal. Op. cit., p. 126.

2.5 Crime cometido à traição, de emboscada, ou mediante dissimulação, ou outro recurso que dificultou ou tornou impossível a defesa do ofendido

A disposição em comento trata de recursos utilizados pelo sujeito para praticar o crime. Esses recursos que visam a dificultar ou a tornar impossível a defesa do ofendido também agravam a pena. Dentre os possíveis, o Código enumera a traição, a emboscada e a dissimulação, deixando ao intérprete a possibilidade de enquadrar na expressão "outro recurso" as hipóteses que guardem parecença com as enumeradas.

Dá-se a *traição* quando a vítima é atacada de inopino ou inesperadamente pelo agente. Esse ataque, que ocorre de surpresa, é precedido de alguma astúcia do celerado, que pode consistir na quebra da resistência da vítima ao seu dever de desconfiar da intenção criminosa daquele.

O caráter insidioso da traição reúne, a um só tempo, dois aspectos: um de base material e outro de base moral. O primeiro revela-se pela natureza covarde do ataque, aproveitando-se o agressor (que se oculta fisicamente) de uma distração da vítima, para atacá-la pelas costas, ou do fato de esta se encontrar dormindo ou desatenta. O segundo manifesta-se pelo ocultamento visível da intenção do agente ou do seu encobrimento por meio da dissimulação, levando o mesmo a atrair a incauta vítima para local onde possa atacá-la com maior segurança e sem o risco de ver o seu projeto criminoso fracassar. Para que se verifique essa agravante, não é indispensável que o sujeito ativo seja amigo da vítima, basta apenas que prevaleça o fingimento e que o ataque seja desleal e sub-reptício.

Diz-se proditório o homicídio cometido à traição, considerando que essa agravante também é prevista como circunstância qualificadora desse crime, conforme está escrito no art. 121, § 2.º, IV, *ab initio*, do Código Penal.

Ocorre a *emboscada* quando o ataque é realizado de surpresa por alguém que se esconde e evita, com isso, que a vítima descubra que vai ser agredida. É a espreita ou a tocaia, muito comuns durante o período do cangaço no Brasil e ainda hoje presente em algumas regiões do Nordeste brasileiro. É a situação em que o criminoso, sabedor de que a vítima passa todos os dias por determinado lugar, fica à sorrelfa esperando-a para infligir-lhe o ataque sorrateiro e inesperado, colhendo tempo para esgueirar-se por algum caminho ou logradouro sem ser visto ou notado.

A *dissimulação* é o disfarce ou a atitude de fingimento empregada pelo agente para surpreender a vítima. Por meio da dissimulação o criminoso encobre seus propósitos e conquista a confiança do lesado, afastando dele a possibilidade de esboçar qualquer prevenção ou de preparar eventual reação contra o agente.

Ao mencionar a expressão "ou outro recurso que dificultou ou tornou impossível a defesa do ofendido" na agravante em análise, quis a norma exprimir um conceito dos casos análogos aos exemplificados por ela, de modo que se incluam dentro dessa configuração genérica somente as hipóteses que sejam semelhantes ou comparáveis à traição, à emboscada ou à dissimulação.

O incomparável penalista Nelson Hungria, com a sua arguta visão de jurista, decifrou esse enigma legislativo, conforme se observa da reprodução feita do seu escólio pelo jurista Feu Rosa, *in verbis*:

> "Quando um dispositivo legal contém uma fórmula exemplificativa, e a seguir uma cláusula genérica, deve entender-se que esta, segundo elementar princípio de hermenêutica, somente compreende os casos análogos aos destacados por aquela. De outro modo, seria inteiramente ociosa a exemplificação, além do que o dispositivo redundaria no absurdo de equiparar, *grosso modo*, coisas desiguais. Assim o 'outro recurso' a que se refere o texto legal só pode ser aquele que, como a traição, a emboscada, ou a dissimulação, tenha caráter insidioso, aleivoso, sub-reptício"[7].

A perfeita exegese da norma legal não libera o intérprete para supor situações que estejam fora das hipóteses exemplificativas. Colocaram-se, assim, como paradigma desse "outro recurso" somente os casos retratados, deixando o exegeta impossibilitado de enquadrar condição estranha a esses elementos precedentes.

2.6 Crime cometido com emprego de veneno, fogo, explosivo, tortura ou outro meio insidioso ou cruel, ou de que podia resultar perigo comum

A presente agravante também vem prevista como circunstância qualificadora do crime de homicídio (art. 121, § 2.º, III, CP). A pena cominada ao delito é agravada sempre que o sujeito ativo utilizar-se de meio insidioso ou cruel ou de que possa resultar perigo comum.

A Exposição de Motivos da Parte Especial do Código Penal (n.º 38) dispõe que insidioso é o meio dissimulado na sua eficiência maléfica. Cruel é o meio que aumenta inutilmente o sofrimento da vítima, ou revela uma brutalidade fora do comum ou em contraste com o mais elementar sentimento de piedade.

Arrola o preceito, como meio insidioso ou cruel, o veneno. O venefício ou crime de envenenamento caracteriza-se por ser delito grave e pelo fato de suscitar dificuldades para sua comprovação, dado que os sintomas apresentados pela vítima são semelhantes aos de outras patologias, conforme tem sido observado pela toxicologia forense.

7 ROSA, Antônio José Miguel Feu. Op. cit., p. 455.

Essa particularidade, no passado, causava dificuldades à punição do autor do injusto penal com base em tal agravante (ou qualificadora, se se tratava de homicídio). Hoje, porém, o avanço da química e das pesquisas laboratoriais nesse campo consegue diagnosticar, com segurança, a *causa mortis* por envenenamento, permitindo aos órgãos da persecução penal investigarem apenas o *modus operandi* utilizado pelo agente na prática do fato criminalizado.

De qualquer modo, para repressão da conduta do criminoso, que visa essencialmente matar a infortunada vítima, a curto prazo ou lentamente, a exemplo, neste último caso, do que se dá com a distanásia, basta que fique comprovado o seu obrar doloso em administrar veneno ao alimento ou à bebida da vítima, sem o conhecimento desta. Não incide a agravante se o veneno for administrado à força ou com o conhecimento do ofendido. Neste último caso, pode haver auxílio ao suicídio.

Existem alimentos nos quais o veneno já está contido neles. É o caso, por exemplo, do peixe baiacu. Seu preparo exige perícia, e, retirada a glândula que contém a substância mortífera, pode ser ingerido sem problemas. O pescador que, sabendo dessa particularidade, serve-o como alimento à vítima sem as cautelas necessárias, causando a sua morte, incide na agravante em estudo, se esta não for considerada como circunstância qualificadora do delito de homicídio.

A premeditação é outra característica do envenenamento criminoso, pois o intento que já é do domínio total do agente colhe a vítima indefesa e inconsciente, inviabilizando a sua natural reação, porque a ministração da substância se dá de forma oculta. A crueldade ocorrerá quando, por exemplo, o infrator inocula conscientemente, no organismo da vítima, veneno que, por sua ação química, biológica ou bioquímica, causa a morte agônica da mesma.

O fogo e o explosivo são outras formas de agravamento da pena que, tal como o veneno, estão previstas como figuras qualificadoras do homicídio (art. 121, § 2.º, III, CP). São eles meios cruéis de execução do crime, em que toda maldade do agente é empregada para consecução do malefício que pretende impingir à vítima. A maneira como esse meio cruel é empregado não deixa de revelar perigo comum, além de ameaça a bens de outrem.

O fogo tem o poder de alastrar-se rapidamente quando lançado sobre gases ou substâncias químicas de grande combustão, como a gasolina, o querosene, o álcool e outras substâncias inflamáveis correlativas. Assim, quando ateado sobre um prédio, causará, pela sua capacidade de expansão, risco também aos lindeiros. Esse risco mais se acentuará se a construção for rústica, como as que proliferam no interior dos Estados nordestinos, em vilarejos desordenados, levantadas de taipa e com cobertura de palha, em face do alto poder de combustão de seus componentes ao contato com o fogo.

O poder destruidor do fogo, em contato com substâncias altamente combustivas, deu-nos recentemente dois trágicos exemplos, ocorridos em nosso país e no estrangeiro. O primeiro caso trata do triste episódio envolvendo jovens de famílias ilustres da sociedade brasiliense, os quais atearam fogo num índio, da aldeia Pataxó, que dormia em um ponto de ônibus, após haverem derramado álcool combustível sobre o cobertor que o cobria, levando-o à morte por queimadura (REsp 192.049/DF). O segundo caso trata do atentado às torres gêmeas, conjunto comercial pertencente ao World Trade Center, localizado na cidade de New York, Estado de Manhattan (USA), contra as quais aviões do tipo *boeing*, cheios de combustível altamente inflamável e de passageiros, foram arremessados por terroristas, causando a morte instantânea de muitas pessoas que estavam a bordo, bem assim a de inúmeras outras que estavam dentro dos prédios, em face do incêndio que acometeu rapidamente as edificações e culminou com o seu desmoronamento, fato esse que chocou a todos e foi assistido pelo mundo inteiro.

O explosivo é uma poderosíssima arma, um engenho bélico cujo uso desvirtuado pode causar lesão ao sujeito visado e a um número indiscriminado de pessoas inocentes ou de coisas, como se tem verificado principalmente da ação perversa de grupos terroristas. Nesse ponto reside a crueldade desse meio que resulta em perigo comum.

Como assinala Aníbal Bruno, em preleção apodítica:

> "O explosivo é arma moderna, tão cruel ou mais ainda que o fogo. Nos nossos dias, multiplicam-se os atentados a bomba, como meio de homicídio, visando principalmente personalidades políticas, ou procurando a destruição indiscriminada de várias pessoas. Reprova-se em maior grau a perversidade do sujeito que se utiliza dos terríveis efeitos desse meio que extermina as vítimas, mutilando-as, despedaçando-as, e, segundo a sua força expansiva, estendendo a sua ação sem delimitação precisa"[8].

A ação perversa do agente pode resultar perigo comum[9], porque o raio de alcance desse apetrecho, bem como a velocidade de sua propagação, após

8 BRUNO, Aníbal. *Crimes contra a pessoa*. 5. ed. Rio de Janeiro: Editora Rio, 1979. p. 81.

9 Estudando essa agravante, como meio cruel utilizado na prática de crime, sob a ótica de circunstância qualificadora do homicídio, Aníbal Bruno (*Crimes contra a pessoa*, cit., p. 82) pontifica que "também qualifica o homicídio o meio de que possa resultar perigo comum, isto é, aquele que além de afetar a vítima visada, inicia um processo de termo imprevisível, ameaçando indeterminadamente os bens de outros, dentro do círculo indefinido em que o meio perigoso pode manifestar os seus efeitos, como se dá com o desencadear de forças dificilmente controláveis, inundação, incêndio, explosão, ou ações como o levantamento de trilhos numa estrada de ferro ou mesmo o emprego de veneno, como no envenenamento de uma fonte ou de substâncias alimentícias que possam ser ingeridas indeterminadamente por várias pessoas".

deflagrado, fomenta a possibilidade de serem atingidas ou postas em perigo inúmeras pessoas ou bens. Dada a imprevisibilidade de suas consequências, e porque causa enorme inquietação social, a conduta do agente na prática desse delito merece maior reprovabilidade.

Ainda como meio cruel, a norma em apreciação arrola a tortura, que se caracteriza pela promoção de sofrimentos físico ou moral que obrigam a vítima a padecimentos desnecessários. Constitui-se, por outras palavras, no emprego de suplícios, a exemplo do que ocorre quando o ofendido é açoitado ou seviciado, bem assim quando tem os olhos vazados, as orelhas seccionadas ou as unhas arrancadas, antes de ser assassinado pelo autor do homicídio. É necessário, entretanto, que esteja caracterizado na conduta do agente o desejo deliberado de produzir o padecimento como ação precedente à execução do homicídio.

Doutrinando sobre o assunto, Sebastian Soler ensina que

> "En general, pues, la agravación del homicidio por el ensañamiento se produce cuando además de existir en el agente una clara voluntad tendiente a causar la muerte, existe en él el propósito de causarla de determinada manera, que aumenta el mal y el sufrimiento de la víctima, y en esa forma ejecuta el hecho. El fundamento de la agravación está precisamente en esse desdoblamiento de la voluntad, que separadamente se dirige a dos fines claramente discernidos. El de matar y el de hacerlo de determinado modo"[10].

Comumente a tortura é praticada por autoridades ou agentes policiais que, a pretexto de obterem a confissão de delitos praticados por criminosos, aplicam-lhes castigos dos mais variados matizes, tais como choques elétricos, socos e pontapés, quebradura dos dedos, ferimento da genitália por instrumento aceso ou por substância que produza queimadura, o aprisionamento da vítima desnuda em quarto hermético, escuro e sem ventilação, mediante o acionamento de potente sistema interno de refrigeração etc.

A Constituição Federal, em seu art. 5.º, III, veda a prática da tortura e a considera no inciso XLIII do mesmo dispositivo legal, crime inafiançável e insuscetível de graça. A Lei n.º 8.072, de 25/07/1990, dispõe em seu art. 2.º que a prática da tortura é incompatível com a concessão de anistia, graça, indulto, fiança e liberdade provisória. Essa mesma disposição obriga o cumprimento da pena integralmente no regime fechado e restringe a concessão do livramento condicional (art. 83, V, do CP).

Pode-se apontar como outro meio cruel ou insidioso a asfixia. Consiste ela na privação da respiração do indivíduo, que vem a morrer pela ausência da absorção do oxigênio. A supressão da respiração pode ocorrer por ação mecânica

10 SOLER, Sebastian. *Derecho penal argentino*: Parte especial. Buenos Aires: Tipografía Editora Argentina, 1951. t. III. p. 37.

ou tóxica. O processo asfíxico, como fator antecedente do homicídio, pode se verificar por sufocação ou limitação da respiração da vítima, tal como se dá quando o indivíduo tem sua cabeça imergida durante certo tempo em um balneário ou em um recipiente qualquer com água.

Apesar de a asfixia haver sido excluída, pela Lei n.º 7.209/84, do elenco das circunstâncias agravantes previstas no art. 61, II, do Código Penal, deve ela ser também considerada como tal, posto que é inegável tratar-se de meio insidioso e cruel, não raras vezes adotado por certos criminosos como suplício impingido à vítima antes de ser definitivamente executada.

2.7 Crime cometido contra ascendente, descendente, irmão ou cônjuge

Com total acerto, o legislador reprova com a exacerbação da pena a conduta do agente que revela desapreço às relações domésticas, a ponto de cometer delitos contra pessoas a ele ligadas por laços de parentesco.

Ascendente é o genitor biológico ou o pai adotivo ou socioafetivo, bem como o avô ou a avó do agente. Descendente é o filho legítimo ou natural, bem assim o ilegítimo, o adotado e o socioafetivo, bem como netos, bisnetos etc. O irmão deve ser consanguíneo, germano ou uterino. Cônjuge é cada uma das pessoas de sexo oposto vinculadas à outra pelo casamento.

Exige-se a prova documental do parentesco ou do casamento para incidência da agravante. A agravante em apreço incide somente enquanto perdurar o casamento civil. Desfeito o vínculo matrimonial, torna-se insubsistente, desaparece o móvel da exasperação da pena.

2.8 Crime cometido com abuso de autoridade ou prevalecendo-se de relações domésticas, de coabitação ou de hospitalidade, ou com violência contra a mulher na forma da lei específica

Verifica-se essa agravante quando o delito é praticado com abuso de autoridade decorrente de relações privadas, tais como dependência, subordinação, hierarquia, intimidade, convivência comunitária, que vinculem autor e vítima. Configuram, desse modo, no campo privado, o abuso de autoridade: as relações de hierarquia eclesiástica, de tutela, de curatela, de família, patriarcal, pedagógica, estudantil, trabalhista, sindicalista, associativa, comercial, política etc.

Ocorre também quando o agente se prevalece de relações domésticas, de coabitação ou de hospitalidade, violando o dever ou a promessa de assistência e apoio às pessoas que gravitam em tais relações e que acreditaram nos seus propósitos, só então frustrados por conta de seu descumprimento pelo agente, dando causa à redução do poder de defesa da vítima, pela confiança que lhe inspirava aquele, tornando especialmente fácil, por essa razão, a execução do ato criminoso.

Relações domésticas são as que aglutinam as pessoas da mesma família, ou seja, os seus membros e toda a parentela que, em geral, vive e frequenta a mesma casa, assim como os criados e serviçais, cuidadores, ou empregados domésticos, e os amigos da família.

Relações de coabitação são as que se verificam em comum, na mesma casa, apartamento ou em compartimento habitável. Não importa a sua natureza. Tanto faz ser gratuita ou onerosa, espontânea ou casual, decente ou imoral, permanente ou transitória, fixa ou variável. Indiferente também é o lugar da coabitação. Não importa seja um imóvel residencial, uma loja, um *trailer*, uma barraca de *camping*, um quarto de pensão, uma embarcação etc.

Relações de hospitalidade compreendem a estada passageira e momentânea do indivíduo em uma casa, sem que nessa situação fique configurada hipótese de coabitação. Ocorre, geralmente, por exemplo, quando o vizinho ou um amigo, ou mesmo um parente, é convidado para pernoitar, para fazer refeição ou para aniversário, bem assim quando o mesmo decide voluntariamente fazer uma visita por cortesia ou afeição.

No que tange à violência contra a mulher, essa rubrica foi acrescentada na parte final da alínea *f* do inciso II do art. 61 do Código Penal, em face da entrada em vigor da Lei n.º 11.340/2006, conhecida como Lei Maria da Penha.

Outra novidade trazida pela Lei n.º 11.340/2006 foi a inclusão do inciso VI no § 2.º do art. 121 do Código Penal, que trata do crime de feminicídio, cuja incidência tem sido cada vez mais frequente em nossos dias. Portanto, se o homicídio é cometido contra a mulher por razões da condição de sexo feminino, o homicídio é qualificado e a pena cominada passa a ser de 12 a 30 anos de reclusão.

2.9 Crime cometido com abuso de poder ou violação de dever inerente a cargo, ofício, ministério ou profissão

Aqui o abuso de poder ou a violação de dever decorre da investidura do agente em cargo, ofício, ministério ou profissão. Não incidirá a agravante se o abuso de poder ou a violação de dever já forem elemento integrante do tipo penal.

O excesso se estabelece quando a autoridade extrapola os poderes que lhe foram conferidos, passando a usá-los de forma arbitrária e inadequada, violando os preceitos legais e os princípios morais, sendo, por isso, causa motivadora do desvio de finalidade e do uso ilegítimo das suas prerrogativas.

Feu Rosa adverte que estão

> "... incluídos nesta agravante aqueles que cometem crimes com abuso da autoridade pessoal, particular ou profissional, tal como se dá com o médico que abusa da cliente para fins libidinosos; com o confessor que procura

auferir vantagens em função dos segredos que ouviu; com o mestre que comete crimes contra os alunos ou alunas; com o empresário que se aproveita do seu posto, da sua influência e da sua supremacia econômica"[11].

E mais adiante arremata esse insigne penalista que

> "Incide nesta exasperação da pena, também, o operário - o bombeiro, pedreiro, eletricista - que, chamado para executar serviços numa residência, furta objetos ou comete qualquer outro crime; o jogador de futebol que agride um outro, provocando-lhe lesões, em desrespeito flagrante e ostensivo às regras da partida ou às observações do juiz; o lutador de boxe, karatê, jiu-jítsu, etc., que dá golpes baixos e extralegais causando lesões ou até a morte no adversário, agindo, em ambos os casos, com dolo eventual - porque não cabem agravantes em crimes culposos".

Resumindo, pode-se dizer que o abuso de poder corresponde à arbitrariedade ou ao emprego injustificado de violência para a execução de um ato, que se concretiza sob o fundamento de um princípio de autoridade.

2.10 Crime cometido contra criança, maior de 60 anos, enfermo ou mulher grávida

Cuida a presente agravante da exasperação da pena quando a vítima for criança, velho, pessoa enferma ou mulher grávida. A política adotada para o enquadramento dessa circunstância prende-se ao fato de que tais sujeitos não possuem capacidade de defesa contra o agente que, prevalecendo-se dessa situação, atua covardemente e, muitas vezes, com requintes de perversidade, atraindo, em face disso, maior censurabilidade para o seu ato.

Criança, na definição do art. 2.º da Lei n.º 8.069, de 13/07/1990, é a pessoa até 12 anos de idade incompletos. Esse limite cronológico é um excelente dado para a inclusão dessa agravante, embora não venha sendo aceito, pela doutrina e jurisprudência nacionais, como critério definitivo. Certos julgados apontam como criança, para os fins da aplicação dessa agravante, aquela que se encontra na primeira infância, cujo termo se dá aos sete ou oito anos.

Com a entrada em vigor da Lei n.º 10.741/2003 (Estatuto do Idoso), a expressão "velho", constante da redação originária do art. 61, II, *h*, do Código Penal, foi abolida para ajustar-se à definição de idoso trazida pelo estatuto respectivo. Nessa perspectiva, o dispositivo em apreço considera idosa a pessoa que possua idade igual ou superior a 60 anos de idade.

Com a lucidez, o vigor, a força de trabalho e a desenvoltura de certos sexagenários, esse limite cronológico, para certos setores da doutrina e da jurisprudência,

11 ROSA, Antônio José Miguel Feu. Op. cit., p. 458-459.

deve ser apenas um dado que deve ser apreciado com a devida cautela, considerando o fato de que a opção pelo critério legal ao invés do critério biológico deixa claro que a pessoa, na faixa etária aludida, desfruta da condição de ancião, ainda que seu discernimento e força física demonstrem o contrário.

Afora isso, equipara-se o maior de 60 anos, para os fins aqui analisados, como a pessoa senil, caduca, decrépita, sem discernimento e sem forças para se defender ou esboçar reação. A conduta judicial correta deve ser direcionada no sentido da análise de cada caso concreto, atendida sempre a circunstância da necessidade de ser avaliada a inferior capacidade da vítima em resistir à investida do agente. Com efeito, Celso Delmanto *et al.* entende que, tendo essa agravante "como fundamento a desigualdade entre autor e vítima, ela não incidirá na hipótese em que ambos sejam idosos"[12].

Enfermo é a pessoa que se encontra doente, debilitada, fraca, acometida de alguma sintomatologia clínica que a impeça de exercer qualquer meio de defesa ou de resistência contra o infrator. Um julgado do Tribunal de Alçada Criminal de São Paulo (*JUTACrim* 92/36) sugere a interpretação desse termo de forma ampla, a fim de que se inclua como agravante o delito praticado contra os indivíduos acometidos de moléstia física ou mental, bem assim contra os portadores de deficiência, tais como os paraplégicos, os cegos etc.

Mulher grávida é a que se encontra cumprindo período de gestação, desde a fecundação do óvulo até o parto. Portanto, o crime cometido contra a mulher nessa condição fisiológica implica na incidência da agravante em análise, ainda que a hipótese configurada seja a de feminicídio prevista no art. 121, § 2.º, VI, do Código Penal.

2.11 Crime cometido quando o ofendido estava sob a imediata proteção da autoridade

Trata a agravante da situação em que a vítima se encontra sob a imediata proteção da autoridade, quer seja ela civil ou militar. Configura-se também a agravante se a proteção, a guarda ou a custódia está sendo prestada pelo agente da autoridade, porque também representa o poder público.

O ofendido pode ser qualquer pessoa, não importando que seja ela adulta ou não, que esteja presa ou em liberdade, que esteja enferma ou sadia. Deve essa agravante ser aplicada, por exemplo, ao policial que tortura o indivíduo que se encontra preso em determinada delegacia, posto que a própria circunstância de prisioneiro da vítima já denota situação de dominação e inferioridade, que lhe retira qualquer possibilidade de manifestar reação contra a atitude de quem tem o dever de prestar-lhe proteção e segurança.

12 DELMANTO, Celso *et al.* Op. cit., 8. ed., 2010, p. 291.

Cabível também a incidência dessa agravante na hipótese de agressão pelo réu ou seu advogado à testemunha que se encontra depondo perante a autoridade judiciária, posto que, após haver prestado o compromisso legal, passa a ser considerada testemunha do juízo e, como tal, enquanto estiver sendo inquirida, estará sob a imediata proteção do juiz, configurando qualquer lesão física ou ameaça à sua pessoa verdadeira petulância, ousadia indesculpável, atrevimento inenarrável, tentativa de desmoralização da instituição judiciária e inaceitável desrespeito ao poder público, nesse momento representado pelo magistrado que encarna a potestade.

Igualmente, deve ela ser aplicada a pessoa que invade a cadeia pública ou hospital para agredir o preso que aí se encontra sob a completa proteção e guarda da autoridade, visto que essa atitude, não obstante revestir-se de audácia, representa total desprezo pela ordem pública e pelo poder constituído, revelando, a partir disso, a maior periculosidade do agente, causa justificadora do agravamento da pena.

2.12 Crime cometido em ocasião de incêndio, naufrágio, inundação ou qualquer calamidade pública, ou de desgraça particular do ofendido

Agrava-se a pena do agente que comete o crime ignorando a solidariedade humana e o espírito coletivo de ajuda que deve inspirar as pessoas em ocasiões de incêndio, naufrágio, inundação ou de qualquer calamidade pública, ou de desgraça particular do ofendido.

Nas grandes cidades, é muito comum o indivíduo se aproveitar de situações que, embora não criadas por ele, podem render-lhe um bom proveito, mesmo que ilícito, pela natureza ilegal do seu procedimento. Assim, quando o agente se infiltra entre as pessoas que estão recolhendo moradores ribeirinhos, vítimas de inundações, para subtrair seus pertences mediante a desculpa de que pretende trazer também ao abrigo de qualquer dano os móveis e outros objetos da residência, incide a agravante.

Não raras vezes, algumas regiões têm sido abaladas por terremotos, colhendo os habitantes de surpresa, os quais ficam soterrados, levando a que a defesa civil providencie a remoção dos sobreviventes por entre os escombros. Nessas oportunidades, é comum a presença de certas pessoas que, sob o epíteto de voluntários, infiltram-se entre bombeiros e outras autoridades, visando intencionalmente a se apropriarem de bens, valores ou pertences das vítimas dessa espécie de calamidade pública.

Aplica-se também essa agravante quando o agente, aproveitando-se do desespero pessoal do indivíduo que perdeu o ente querido, se oferece para vestir o defunto e subtrai as joias que este usava em vida, anéis, aliança, cordões, brincos, pulseiras etc.

Embora tais condutas possam apontar a atuação de criminosos ocasionais, pune-se o delito com o agravamento da pena porque o agente revela um comportamento tido como desabonador e imoral, orientado pela fraqueza do caráter, pelo egoísmo e pela vontade de piorar a situação da vítima e até de produzir qualquer mal a outras pessoas que tentem impedir sua ação.

2.13 Crime cometido em estado de embriaguez preordenada

Ocorre essa agravante quando o agente se embriaga deliberadamente para cometer o delito. A embriaguez preordenada verifica-se quando o agente se embriaga propositadamente para encorajar-se à prática do crime. A ingestão da bebida alcoólica ou inebriante, ou de substância estupefaciente, deve ocorrer de forma voluntária, como meio de estimular o ato criminoso e de eliminar eventuais bloqueios que impeçam o agente de alcançar o resultado desejado.

A embriaguez preordenada não exclui a imputabilidade penal, visto que tem como pressuposto o antecedente psíquico do agente que busca exatamente, por meio do desejado estado etílico ou de entorpecimento, o cometimento de um crime ou amparar-se numa escusa. É o modelo convencional da *actio libera in causa.*

3. AGRAVANTES NO CONCURSO DE PESSOAS

Para complementar o estudo das causas que influem na exacerbação ou no acréscimo da pena, veremos agora as agravantes no caso de concurso de pessoas. De efeito, dispõe o art. 62 do Código Penal que a pena será ainda agravada em relação ao agente que:

3.1 Promove ou organiza a cooperação no crime ou dirige a atividade dos demais agentes

O dispositivo visa agravar a apenação do indivíduo responsável pela organização criminosa, pela promoção ou cooperação na prática do crime ou, ainda, pelo controle dos demais comparsas ou cúmplices.

É certo que o art. 29 do Código Penal pune todos os agentes que concorreram para a prática delituosa, na medida de sua culpabilidade. Muito embora isso seja correto, a agravante em comento busca onerar, com maior carga punitiva, o agente que idealizou, liderou, promoveu, organizou, comandou ou coordenou o projeto criminoso, atribuindo tarefas a cada um dos demais agentes da organização, porque sua conduta, como dirigente da atividade delituosa posta em execução, revela maior periculosidade e temibilidade.

Os tribunais do país têm entendido que a ausência de ascendência do suposto chefe ou líder sobre os demais membros do grupo, bem assim convites, exortações, conselhos, sugestões ou opiniões para aderir ao evento criminoso, não caracteriza a agravante em estudo.

3.2 Coage ou induz outrem à execução material do crime

Quem coage ou induz alguém à prática de um crime merece maior censurabilidade. A coação que aqui se cogita pode ser física ou moral, resistível ou irresistível. Da coação física trata o art. 13, *caput*, do Código Penal. Da coação moral trata o art. 22 do mesmo diploma legal.

Coagir é submeter o indivíduo, contra sua vontade própria, a praticar um ato que não deseja, quer por meio da força física (coação física - *vis absoluta*), quer mediante grave ameaça (coação moral - *vis compulsiva*). No caso do ilícito penal, o agente coagido é levado a cometer um delito que é desejado pelo coator. Age, desse modo, o coato como instrumento do agente coator. Se restar provada a coação irresistível, o executor material do crime terá sua responsabilidade penal totalmente excluída, porque seu obrar estará desprovido de vontade juridicamente válida ou dirigida ao fim reprovável (culpabilidade), considerando que o atuar culpável será exclusivamente de responsabilidade do coator, que responderá como único autor do fato punível, mediante a agravação da sua pena.

Contudo, se restar provado que a capacidade de resistência do coagido seria eficaz, configurando, portanto, hipótese de coação resistível e, mesmo assim, tenha cometido o crime mediante imposição do coator, essa circunstância não excluirá a sua responsabilidade penal, porque lhe exigia conduta diversa da pretendida pelo coator. Pode, contudo, em face disso, atenuar a pena (art. 65, III, *c*, CP).

A coação pode apresentar como finalidade ter o coagido de fazer ou deixar de fazer o que o coator mandar. Desse modo, pode ocorrer tanto nos crimes comissivos quanto nos delitos omissivos. O sujeito passivo do mal prometido pode ser tanto o coato como algum parente seu.

Trata a disposição também do induzimento, que tem o significado de insinuar, persuadir, incitar, provocar, incutir, inspirar, convencer o agente à prática do ilícito penal. Dá-se, geralmente, quando o executor material do crime é levado pelo poder de persuasão do coator a se convencer da necessidade de praticar determinado delito, mesmo que não haja para ele (coagido) o propósito de consumar a infração penal.

O coator idealiza a situação criminosa, mascarando-a com a nota da idoneidade, e cria em outrem a ideia da prática do crime, atribuindo-lhe a tarefa da execução, como criminoso principal - *princeps sceleris.*

3.3 Instiga ou determina a cometer o crime alguém sujeito à sua autoridade ou não punível em virtude de condição ou qualidade pessoal

No primeiro caso, o autor instiga ou determina a alguém a prática do crime, prevalecendo-se de sua autoridade, pública ou privada. Há no comando do autor exemplo típico de abuso de autoridade. Não importa o tipo de autoridade que o agente exerça sobre a pessoa instigada ou que recebe a determinação. A hierarquia pode ser de ordem pública, doméstica, religiosa, docente, profissional, trabalhista, patronal etc., ou resultar de relação de parentesco.

No segundo caso, o autor instiga ou determina a alguém não punível, em virtude de condição ou qualidade pessoal, a praticar o crime. Assim, quando o autor da instigação ou da determinação se vale da inimputabilidade de pessoa de menoridade, do doente mental, do silvícola. Em ambos os casos, incide a agravante pela maior reprovabilidade da ação do agente instigador.

3.4 Executa o crime, ou nele participa, mediante paga ou promessa de recompensa

Sucede a agravante em estudo quando o agente executa o crime, ou nele participa, para obter pagamento ou promessa de determinada recompensa. É o crime mercenário, dito por encomenda, muito comum nas grandes cidades e, não raro, no Nordeste brasileiro, onde pistoleiros afamados são contratados para eliminar desafetos do mandante, mediante o pagamento integral ou parcial do serviço ou com a promessa de ser recompensado financeiramente ou de outra maneira pelo seu trabalho sujo.

Apesar de tratar-se, na linguagem doutrinária, de crime mercenário, a vantagem ou a recompensa auferida não precisa ser necessariamente econômica. Para caracterizar a agravante, basta que o criminoso aja na expectativa de ser pago ou de ser recompensado, de qualquer modo, pela empreita contratada.

Significa dizer, no entanto, que incidirá a agravante mesmo que o sicário nada receba, como pagamento ou como recompensa, pelo delito executado, porquanto o que justifica a sua apenação mais gravosa é a sua insensibilidade moral, a completa ausência de sentimentos humanitários e a periculosidade apresentada.

4. NOTA CONCLUSIVA

Feito o estudo de cada uma das majorantes, deve ser esclarecido, ainda, que as circunstâncias agravantes não se confundem com as causas de aumento de pena. É que estas possuem seus valores estabelecidos, na Parte Geral ou na Parte Especial do Código, em quantidade fixas ou em limites variáveis, enquanto aquelas têm seus limites fixados a critério do prudente arbítrio do juiz e não podem exceder o montante da pena cominada *in abstrato* no dispositivo incriminador. Numa linguagem mais clara, significa dizer que a circunstância agravante não pode superar o limite máximo da pena cominada pelo tipo penal *in abstrato*, o que não é vedado em relação à causa de aumento de pena.

Cumpre deixar registrado também que, nos crimes de ação pública, por expressa disposição do art. 385 do CPP, o juiz poderá reconhecer a existência de circunstâncias agravantes na sentença penal condenatória, embora nenhuma tenha sido alegada pela acusação na denúncia. As circunstâncias agravantes de que trata o dispositivo sobredito são aquelas previstas nos arts. 61 e 62 do Código Penal. Tendo a norma utilizado a expressão "agravantes", não pode o juiz considerá-la também como sinônima de qualificadoras para servir de pretexto à majoração da pena. Constatada a existência de circunstância qualificadora do crime, deve o juiz proceder na forma do parágrafo único do art. 384 do CPP.

No julgamento pelo júri, serão formulados quesitos referentes à existência de circunstâncias agravantes mencionadas pela acusação, de causa de diminuição alegada pela defesa, circunstância qualificadora ou causa de aumento da pena, conforme o disposto no art. 483, § 3.º, do CPP. Para evitar o risco de ferir-se o princípio da plenitude de defesa, mais prudente é a elaboração de quesitos sobre circunstâncias agravantes que já estejam mencionadas na denúncia, nas alegações finais e, principalmente, na pronúncia, após regular contraditório. No plenário, somente será viável perguntar sobre a existência delas se ainda houver tempo para a manifestação da defesa.

5. CIRCUNSTÂNCIAS ATENUANTES

As circunstâncias atenuantes têm por finalidade favorecer a situação do réu, com a minoração da pena. São elas consideradas, no cálculo da pena, no segundo momento do procedimento trifásico. São tidas como fatores que sempre atenuam a pena, quando não representam causa geral de sua diminuição ou quando não constituem, como circunstância elementar, o próprio crime na condição de causa especial de diminuição da pena. Encontram-se, a seu turno, relacionadas no art. 65 do Código Penal da seguinte forma:

> "I - ser o agente menor de 21 (vinte e um), na data do fato, ou maior de 70 (setenta) anos, na data da sentença;
>
> II - o desconhecimento da lei;
>
> III - ter o agente:
>
> a) cometido o crime por motivo de relevante valor social ou moral;
>
> b) procurado, por sua espontânea vontade e com eficiência, logo após o crime, evitar-lhe ou minorar-lhe as consequências, ou ter, antes do julgamento, reparado o dano;
>
> c) cometido o crime sob coação a que podia resistir, ou em cumprimento de ordem de autoridade superior, ou sob a influência de violenta emoção, provocada por ato injusto da vítima;
>
> d) confessado espontaneamente, perante a autoridade, a autoria do crime;
>
> e) cometido o crime sob a influência de multidão em tumulto, se não o provocou".

As circunstâncias atenuantes devem ser obrigatoriamente aplicadas, quando previstas para a hipótese em julgamento, na segunda etapa do sistema trifásico de aplicação da pena. Devem ser consideradas após a fixação da pena-base, porém antes das circunstâncias agravantes e das causas de diminuição e de aumento da pena. Vejamo-las, cada uma de per si.

5.1 Ser o agente menor de 21 anos, na data do fato, ou maior de 70 anos, na data da sentença

A principal finalidade da atenuante em comento foi exatamente eliminar dúvidas que, num passado não muito distante, causavam perplexidade a setores da doutrina e da jurisprudência para sua aplicação, em face da ausência de disciplinamento objetivo pelo legislador.

Visando afastar polêmicas, que só prejuízos traziam para a correta aplicação dessas minorantes, a disposição estabeleceu claramente que a atenuante da menoridade será aferida na data do fato, isto é, da prática do delito, e a da velhice ou senilidade, na data da sentença. Neste último caso, se a condenação é imposta em grau de recurso, deve ser considerada a data da decisão final do tribunal que a manifestar.

A prova da menoridade e da velhice deve ser feita por meio da certidão do registro de nascimento ou de outro documento idôneo que possa confirmar esse dado natalício. Vale acrescentar que a emancipação do menor de 21 anos, por qualquer uma das razões previstas na lei civil, não lhe retira a garantia da menoridade prevista pela atenuante em estudo.

O casamento do menor de 21 anos lhe confere a maioridade civil. Essa circunstância não lhe retira, entretanto, a condição de pessoa de menoridade, para efeitos penais, devendo ser beneficiado pela atenuante. A mesma regra se aplica em relação ao menor emancipado.

5.2 O desconhecimento da lei

O princípio corporificado na parêmia latina *ignorantia legis neminem excusat*, de rigorosa aplicação pelo vetusto Direito Romano, ainda prevalece, em nossos dias, como regra inabalável e penalmente relevante, que não exime a culpabilidade. Na atualidade, com a ação informadora dos poderosos meios de comunicação, não se admite mais que uma determinada lei passe despercebida pelo cidadão, após sua promulgação e publicação.

A reforma penal de 1984 trouxe norma expressa, considerando que o desconhecimento da lei pelo agente é inescusável (art. 21, CP). Não obstante o desconhecimento da lei (ignorância ou errada compreensão) não exima o agente de pena, permite a atenuação desta.

Um fato, no entanto, deve ser ponderado em proveito do cidadão menos avisado, qual seja o de que o grande número de leis aprovadas, nos últimos tempos, em nosso país, sobretudo no campo penal, tem causado enorme confusão para a sua aplicação até mesmo entre os operadores do Direito mais experientes. E, quando incidem no caso hipóteses bem particularizadas, como a de normas penais em branco, que necessitem de complementação com outra norma existente ou futura, mais fronteiriça ou crepuscular fica a capacidade de entendimento do agente quanto ao cumprimento do preceito. Mas nem por isso fica isento de pena.

Embora o argumento de que descumpriu a lei por desconhecê-la não seja suficiente para excluir a culpabilidade do agente, esse fato é aproveitado para minorar o juízo de reprovabilidade.

> "Art. 65. São circunstâncias que sempre atenuam a pena: (...)
> III – ter o agente: (...)".

5.3 Crime cometido por motivo de relevante valor social ou moral

A presente atenuante, também prevista como causa privilegiadora do crime de homicídio (art. 121, § 1.º, CP), impede a aplicação simultânea de ambas, quando concorrentes, sob pena de incidir-se no *bis in idem*.

A lei não relaciona quais seriam os motivos de relevante valor social ou moral que inspiram a prática delituosa, deixando ao julgador a análise dos fatores éticos que movem a vida de determinada comunidade e os costumes reinantes no lugar.

São condutas penais que, embora ilícitas e, por conseguinte, puníveis, encontram-se vinculadas a sentimentos de ordem política, patriótica, religiosa, comunitária, quando não se referirem à honra, à liberdade individual, à vida, à defesa da propriedade e a outros bens jurídicos socialmente relevantes e protegidos pela ordem legal. Por isso mesmo é que a vingança e o ódio não são considerados motivos relevantes, de ordem moral ou social.

5.4 Procurado, por sua espontânea vontade e com eficiência, logo após o crime, evitar-lhe ou minorar-lhe as consequências, ou ter, antes do julgamento, reparado o dano

A atenuante tem como pressuposto a ação voluntária e espontânea do agente em procurar, logo após a prática do crime, evitar-lhe ou minorar-lhe as consequências, cuidando de socorrer, por exemplo, a vítima em caso de acidente de trânsito, ou tratando de diminuir o seu sofrimento, aplicando em seu tratamento toda a atenção que é devida ao acidentado por uma causa de saúde.

Embora não se possa exigir um resultado eficaz na tentativa do autor, para que se justifique a aplicação da minorante é necessário que, além de espontânea e voluntária, ela seja também eficiente e denote o esforço realizado pelo agente para impedir ou minorar as consequências do seu atuar criminoso.

Caracteriza, ainda, esse arrependimento, como causa atenuadora da pena, o fato de o agente haver reparado o dano antes do julgamento da ação penal. Configura essa hipótese o caso do estelionatário que, durante a tramitação do processo criminal e sem a pressão de ação cível executiva em trâmite, paga o valor contido no cheque sem provisão de fundos, com as correções legais. Trata-se, como exige a norma penal, de ato voluntário, espontâneo e eficiente, que impede a ocorrência de prejuízos à vítima.

O arrependimento de que cogita a presente atenuante em nada se assemelha com o arrependimento eficaz, previsto no art. 15 do Código Penal e que ocorre antes da consumação do injusto penal, muito menos com o arrependimento posterior, inscrito no art. 16 do mesmo diploma legal, por ser causa obrigatória de redução da pena, e não mera atenuante.

5.5 Crime cometido sob coação a que podia resistir, ou em cumprimento de ordem de autoridade superior, ou sob a influência de violenta emoção, provocada por ato injusto da vítima

Não fica isento de pena o agente que comete o crime sob coação a que podia resistir. O benefício dessa hipótese restringe-se unicamente à atenuação da pena, posto que não estará configurada a situação prevista pelo art. 22 do Código Penal, que trata da coação irresistível.

O cumprimento de ordem de autoridade superior, manifestamente ilegal, também não exclui a responsabilidade criminal do subordinado, por não constituir causa dirimente. O proveito penalmente auferido pelo agente é simplesmente a minoração da pena, visto que a hipótese não está ao abrigo da obediência hierárquica de que trata o art. 22 do Estatuto Repressivo.

O autor que age sob a influência de violenta emoção, provocado por ato injusto da vítima, tem sua pena atenuada. A expressão "violenta emoção", a que se refere o dispositivo, é também tratada como elemento integrante do homicídio privilegiado (art. 121, § 1.º, CP), quando o autor age sob o domínio desse estado emotivo, logo em seguida a injusta provocação da vítima, para efeito da redução da pena.

A diferença entre a aplicação da minorante e da causa redutora está no fato de que, para a incidência da atenuante, a ação do agente não precisa ocorrer "logo em seguida" à provocação da vítima. Além disso, não se deve confundir as condutas de quem age "sob o domínio de violenta emoção" e de quem atua "sob a influência de violenta emoção", pois a primeira, psicologicamente mais significante, funciona como *causa* especial de diminuição da pena, e a segunda, psicologicamente menos absorvente, como *circunstância* atenuante genérica.

Há, por assim dizer, nas situações postas em evidência, estágios emocionais diversos. Na atenuante (influência) ocorre a emoção-estado. Na privilegiadora (domínio), ocorre o que se denomina emoção-choque.

5.6 Confessado espontaneamente, perante a autoridade, a autoria do crime

A confissão do acusado quanto à autoria do delito, para surtir o efeito atenuador da pena, precisa ser obrigatoriamente espontânea e se verificar perante a autoridade (policial ou judiciária) que estiver presidindo a persecução criminal.

Não se exige, como na legislação revogada, que a confissão tenha por objetivo referir-se a casos de autoria "ignorada ou imputada a outrem". Para beneficiar-se da atenuante, basta que o agente admita, sem rodeios, a autoria da infração penal que está sendo imputada a ele ou a terceiros.

A justificativa para a aplicação dessa atenuante vem do próprio legislador, que, na Exposição de Motivos da Nova Parte Geral do Código Penal (n.º 55), a elege como "estímulo à verdade processual", cuidando para que o agente, que já tendo confessado a autoria do delito perante a autoridade policial encarregada da elaboração do inquérito, não venha a se beneficiar desse prêmio, mesmo depois de expressar, em juízo, perante a autoridade judiciária competente, a retratação da confissão manifestada espontaneamente na fase policial.

Não é admissível, como circunstância atenuadora da pena, a confissão forjada ou que tenha sido obtida por meio da extorsão, da tortura ou de qualquer outro meio fraudulento que, comumente, certos policiais inescrupulosos utilizam nos porões das delegacias para rechear o inquérito, pois se constitui em prova viciada que somente trará prejuízos para a formação da convicção íntima do magistrado e do juízo de desvalor que se tenha criado, desde o oferecimento da peça acusatória, contra o réu.

Quem falseia uma confissão criminal ou concorre para o perjúrio não está apenas alterando a verdade sobre um fato penalmente relevante, mas contribuindo decisivamente para o engano do juiz. O erro do julgador, principalmente em matéria criminal, é algo horripilante, assustador, aterrorizante, pelos malefícios que pode trazer à credibilidade da Justiça e ao próprio julgamento em que se verificou a sua equivocada persuasão.

É preciso que o juiz tenha muito cuidado nesse campo para não se deixar convencer da autoria do delito, à primeira confissão ou negação do réu, pois está entre as suas incumbências a tarefa de colher pessoalmente os elementos probatórios e compará-los um a um com o interrogatório do acusado e com as demais provas colhidas na fase indiciária da *persecutio criminis* para, após isso tudo reunido e sopesado, lavrar a sentença adequada.

A imaturidade, que nunca deve dominar a racionalidade do juiz, precisa estar bem longe nesse momento, haja vista que a confissão do acusado, por si só, não é fator determinante para concluir que ele é o autor do delito. É indispensável que a mesma esteja corroborada por outros elementos de prova colhidos durante a instrução processual.

5.7 Crime cometido sob a influência de multidão em tumulto, se não o provocou

Trata a atenuante em relevo da prática delituosa sob a influência de multidão em tumulto, não tendo o agente provocado o referido tumulto. Não importa que o tumulto tenha sido originado de reunião lícita ou ilícita de que o agente estivesse participando. Fundamental para a aplicação da atenuante é que o sujeito não tenha sido o causador do tumulto.

Dá-se, geralmente, a hipótese em passeatas, carreatas, motociatas, ciclismo, festivais de música, encontros de grupos radicais, comícios populares, espetáculos futebolísticos, em que o agente acaba se contagiando pela influência da multidão em completa desordem, escutando sempre a voz dos líderes ou agindo em face da excitação coletiva.

6. ATENUANTES INOMINADAS

O art. 66 do Código Penal dispõe que "a pena poderá ser ainda atenuada em razão de circunstância relevante, anterior ou posterior ao crime, embora não prevista expressamente em lei". Trata-se, à evidência, de atenuante genérica inominada ou inespecífica, de aplicação facultativa e de conteúdo variável.

A Exposição de Motivos da Nova Parte Geral do Código Penal (n.º 55), como que preenchendo lacuna deixada pela disposição em relevo, admite também o reconhecimento dessa atenuante inominada como circunstância relevante ocorrida durante a prática do crime.

Apesar de o dispositivo conter em sua redação a expressão "poderá", deve o juiz encarar referida circunstância como direito subjetivo do réu e concedê-la, em fundamentada decisão, sempre que entender ser ela relevante para atenuar a pena. A facultabilidade conferida ao magistrado diz respeito simplesmente ao exame da relevância da circunstância ocorrente, para efeito de considerá-la ou desconsiderá-la.

7. NOTA EXPLICATIVA

Feito o estudo de cada uma das minorantes, deve ser esclarecido, ainda, que as circunstâncias atenuantes não se confundem com as causas de diminuição de pena. É que estas possuem seus valores estabelecidos, na Parte Geral ou na Parte

Especial do Código, em quantidade fixas ou em limites variáveis, enquanto aquelas têm seus limites fixados a critério do prudente arbítrio do juiz e não podem sofrer redução abaixo do valor mínimo da pena cominada *in abstrato* no dispositivo incriminador. Numa linguagem mais clara, significa dizer que a circunstância atenuante não pode ser fixada em quantitativo inferior ao limite mínimo da pena cominada pelo tipo, ou seja, aquém do mínimo legal previsto para a disposição incriminadora *in abstrato*, o que não é vedado em relação à causa de diminuição de pena.

No julgamento pelo júri, deve ser sempre formulado quesito referente à existência de circunstâncias atenuantes, ou alegadas, conforme o disposto no art. 484, parágrafo único e inciso III, do CPP.

8. CONCURSO DE CIRCUNSTÂNCIAS AGRAVANTES E ATENUANTES

Quando da aplicação da pena, o magistrado sempre se depara com situações que necessitam ser esclarecidas para que não pairem dúvidas sobre o trabalho desenvolvido para a fixação da *sanctio juris* prevista para o caso sob julgamento.

Nesse particular, pode o juiz se defrontar com o concurso de circunstâncias genéricas (agravantes e atenuantes) que desafiem a correta escolha para sua aplicação. Verificada essa hipótese, deverá o julgador examinar qual, dentre essas circunstâncias, é a preponderante que deve ser, entendida como tal, a que resulta dos motivos determinantes do crime, da personalidade do agente e da reincidência, acorde com o disposto no art. 67 do Código Penal.

No concurso de agravantes e atenuantes, a pena deve aproximar-se do limite indicado pelas circunstâncias preponderantes. O termo pena aqui cogitado diz respeito ao momento de fixação da pena-base, que deverá aproximar-se do mínimo legal se preponderantes as circunstâncias de caráter subjetivo favoráveis ao agente.

Embora não se possa negar que o menor tenha consciência do que é certo e errado, é indiscutível ser a menoridade preponderante sobre qualquer outra circunstância, porque diz respeito à personalidade em formação, à sua imaturidade psíquica e à própria maneira de avaliar o sentido das coisas que lhes são dadas a conhecer.

O preclaro penalista Alberto Silva Franco, em lapidar magistério, lembra que

> "As circunstâncias preponderantes são aquelas que devem prevalecer no concurso entre agravantes e atenuantes. O próprio texto legal, para efeito de orientar o julgador, definiu como prioritárias as circunstâncias referentes aos motivos determinantes do crime, à personalidade do agente e à

> reincidência. A enumeração destas circunstâncias indica que o legislador de 84 deu primazia às circunstâncias de conotação subjetiva, em detrimento das de caráter objetivo, numa posição, aliás, coerente com o princípio do direito penal da culpa que informou toda a reformulação da Parte Geral do Código Penal de 1940. Destarte, não poderá causar espécie a posição jurisprudencial que atribui prevalência, no concurso entre agravantes e atenuantes, à menoridade, já que esta se traduz num dado relevante que adere à personalidade do agente"[13].

A equivalência das circunstâncias, tornando-as preponderantes entre si, faz com que ambas se anulem ou tenham seus efeitos neutralizados. Nesse caso, nenhum reflexo haverá sobre a pena em aplicação, salvo se existir, em face da prática do ilícito penal, uma terceira circunstância, que possa modificar a reprimenda.

13 FRANCO, Alberto Silva *et al. Código Penal e sua interpretação jurisprudencial*, cit., 1995, t. I, p. 814.

Capítulo XIV

DOSIMETRIA DA PENA

1. GENERALIDADES

O termo dosimetria, em direito penal, está intimamente ligado à ideia de medida ou quantificação da pena. É por meio das operações matemáticas e da observação das disposições legais que o juiz criminal chega à determinação quantitativa da reprimenda. Para cada tipo delituoso, a espécie e a quantidade da pena foram previstas de forma variada pela lei, a qual também tratou de estabelecer os seus limites no mesmo preceito cominatório.

A individualização da pena, por sua vez, tem como fundamento princípio constitucional (art. 5.º, XLV) segundo o qual nenhuma pena passará da pessoa do condenado. Pontes de Miranda[1] denomina esse enunciado de princípio da incontagiabilidade da pena.

O exame da individualização da pena será procedido pelo juiz quando da sua dosimetria. Relembro novamente que, se houver mais de um réu, o exame da individualização da pena deve ser aferido para cada um deles separadamente, sob pena de nulidade da sentença. Neste passo, cabe, antes de tudo, o esclarecimento sobre o que vem a ser pena-base, a fim de que se afastem possíveis dúvidas que atormentam não só os neófitos, mas também os veteranos na tarefa da correta aplicação desse instituto.

2. OS FUNDAMENTOS DA APLICAÇÃO DA PENA NO SISTEMA TRIFÁSICO

Na aplicação da pena, o Código assume um sentido marcadamente individualizador. O juiz, ao fixar a pena, não deve ter em conta somente o fato criminoso, nas suas circunstâncias objetivas e consequências, mas também o delinquente, a sua culpabilidade, a sua conduta social, a sua personalidade, seus antecedentes,

1 Citação feita por ROSA, Inocêncio Borges da. *Comentários ao Código de Processo Penal.* 3. ed. São Paulo: Ed. RT, 1982. p. 95.

os motivos determinantes, as causas, as consequências do crime e o comportamento da vítima (art. 59, CP).

O comportamento do réu terá de ser analisado por meio de todos os fatores endógenos e exógenos de sua individualidade moral e da maior ou menor intensidade de sua conduta criminosa ou da maior ou menor desatenção à disciplina social.

Ao juiz incumbirá investigar, tanto quanto possível, os elementos que possam contribuir para o exato conhecimento do caráter ou índole do réu – o que importa dizer que serão pesquisados o seu histórico biográfico, as suas condições de vida individual, familiar e social, a sua conduta contemporânea ou subsequente ao crime, a sua maior ou menor periculosidade (probabilidade de vir ou tornar o agente a praticar fato tipificado como crime). Esta, em certos casos, é presumida pela lei, para o efeito de aplicação obrigatória de medida de segurança, mas, fora desses casos, fica ao prudente arbítrio do juiz o seu reconhecimento (art. 96 e seguintes, CP).

No Direito Penal moderno a cominação das penas não é imposta de maneira rígida. É a sanção relativamente indeterminada, a fim de ser atingido o escopo recomendado pela criminologia: a individualização da pena, ante as atuais características predominantes da *sanctio iuris,* atende as situações de prevenção geral e especial. Nos limites legais, o juiz estabelece o *quantum* punitivo recomendado pelo caso concreto, seguindo, fundamentalmente, os ditames do art. 68 do Código Penal. Essa particular dosimetria não gera arbítrio, porque está prevista em lei e obedece ao devido processo legal.

O magistrado, sob pena de nulidade do julgamento, deverá fundamentar a sentença penal condenatória (art. 387, CPP). Mas não só em relação à quantidade da pena é deixada ao juiz uma certa liberdade de apreciação. Em determinados casos, o projeto lhe confere a escolha entre penas alternativamente cominadas, a faculdade de aplicar cumulativamente penas de espécies diversas, a de deixar de aplicar qualquer das penas cominadas, bem como a de substituir a pena privativa de liberdade aplicada por pena restritiva de direitos ou por *sursis* (Exposição de Motivos do CPP, n.º XII).

Entre o máximo e o mínimo, estabelecidos pela lei, o juiz, optando por uma das penas, no caso de cominação alternativa, fixa a pena-base, atendendo às chamadas circunstâncias judiciais (estabelecidas prudentemente pelo magistrado segundo os critérios objetivos do art. 59 do Código Penal). Em seguida, fixa as circunstâncias legais genéricas (agravantes e atenuantes), propriamente ditas, previstas nos arts. 61 e 65 do Código Penal. Por último, estabelece, acaso existam, as causas de aumento e de diminuição da pena, previstas nas Partes Geral e Especial do Código Penal ou da lei extravagante, encontrando, conclusivamente, a pena em definitivo.

Na sequência, em atenção à filosofia despenalizadora do Código Penal, verifica se há possibilidade da substituição da pena privativa de liberdade, fixada em definitivo, por uma ou mais penas restritivas de direitos ou pelo *sursis*.

No caminho para encontrar a pena que seja justa, necessária, adequada e suficiente para reprimir a gravidade do delito e punir o infrator, o juiz nunca estará sozinho. O trabalho que antes era dividido apenas entre ele e o escrivão atualmente é compartilhado por assessores, analistas, técnicos judiciários, conciliadores, estagiários de várias disciplinas e cursos acadêmicos, revelando uma atividade plural ou coletiva coordenada pelo poder hierárquico do magistrado mediante a recíproca troca de informações e de conhecimentos úteis à correta aplicação da pena.

Por isso é que, com absoluta razão, enfatiza Michel Foucault que o juiz

> "não julga mais sozinho. Ao longo do processo penal, e da execução da pena, prolifera toda uma série de instâncias anexas. Pequenas justiças e juízes paralelos se multiplicam em torno do julgamento principal, peritos psiquiátricos ou psicólogos, magistrados da aplicação das penas, educadores, funcionários da administração penitenciária fracionam o poder legal de punir"[2].

É certo que nenhuma dessas instâncias periféricas do juízo julga; todas auxiliam ou interferem na fixação e na execução da pena, porque decisivamente quem estabelece definitivamente todos os pormenores da aplicação da pena e seu cumprimento é o juiz prolator da sentença, o qual deve basear essa importante decisão não apenas no que sua equipe de trabalho informa, contudo nos elementos que ele próprio examinar, lembrando-se sempre que o mais importante não é basear sua sentença no que os códigos e os doutrinadores afirmam, mas primordialmente nos princípios que a Constituição Federal relaciona como garantias fundamentais do cidadão.

3. PENA-BASE

Pena-base é aquela cuja fixação fica ao prudente arbítrio do juiz e deve observar os limites mínimo e máximo da pena cominada em abstrato no dispositivo legal incriminador. Pode-se dizer, também, que pena-base é a pedra fundamental e angular sobre a qual se assenta toda a estrutura trifásica do cálculo de aplicação da pena, em que ela própria é, ao mesmo tempo, o ponto de partida, vale dizer, o alicerce, o espeque, o marco inicial e o tronco principal de toda essa cadeia estrutural, conforme o critério previsto no art. 59 do Código Penal.

2 FOUCAULT, Michel. Op. cit., p. 22.

Diante disso, algumas observações devem ser feitas: 1) pena-base não é o mesmo que pena mínima; 2) a pena mínima, prevista no tipo penal, pode ser a pena-base; 3) a pena-base deve observar o princípio da culpabilidade como critério de maior ou menor reprovação penal; 4) a pena-base deve ser orientada pelo princípio da razoabilidade, porque o arbítrio judicial não deve ser entendido como mero capricho ou arbitrariedade pessoal do julgador, nem como totalitarismo leviano capaz de ditar decisões absurdas e incondicionadas. Deve esse princípio vincular a decisão judicial à garantia do devido processo legal, tomando como pressuposto, dentre outras coisas, a pauta punitiva prevista no ordenamento jurídico e a realidade processual; 5) a pena-base deve ser orientada pelo princípio da proporcionalidade, pois não pode haver uma desproporção ou um desequilíbrio entre a lesão praticada contra o bem jurídico protegido, exposto ao perigo ou ameaçado e a cominação legal imposta *in concreto*[3].

Neste passo, não deve também esquecer o juiz que a pena-base nada tem de particular com a pena média, ao ponto de obrigar, como é costumeiro encontrarmos em algumas sentenças, ao cálculo de um divisor médio entre o máximo e o mínimo da pena cominada ao tipo incriminador em abstrato para identificá-la.

A pena-base é o marco inicial, o ponto de partida para se chegar à pena definitiva. Por essa razão, a pena-base não pode resultar de mera operação aritmética, e sim da análise pormenorizada das circunstâncias judiciais, onde reside o ponto de partida para a exata individualização da pena a ser cumprida pelo infrator. É certo que, se inexistirem circunstâncias legais (atenuantes e agravantes) a serem consideradas, bem assim causas de diminuição ou de aumento da reprimenda, a pena-base deverá ser a pena definitiva.

Não existe um critério fixo e preestabelecido, em nosso ordenamento, para a fixação da pena-base. Por isso, sustenta-se tanto em doutrina quanto em jurisprudência que, se as circunstâncias insertas no art. 59 do Código Penal forem todas favoráveis ao réu, deve a pena-base coincidir com o mínimo da apenação imposta em abstrato. Seguindo o mesmo raciocínio, se houver preponderância dessas circunstâncias, de modo a favorecer o réu, deve a pena-base aproximar-se do mínimo da apenação imposta em abstrato.

---

3 Com base no princípio da proporcionalidade, muitos autores defendem a intervenção mínima do direito penal para casos em que não haja qualquer relevância ou suficiente relevância social do fato para justificar a aplicação de medida restritiva da liberdade ou uma das formas variantes de sanção penal elencadas no diploma repressivo. Esse princípio, pela sua utilidade prática, tem como destinatários não só o legislador, mas também, e principalmente, o juiz, porque cabe a ele estabelecer, dentro da margem de arbítrio que possui, entre o mínimo e o máximo previstos no tipo penal *in abstrato*, uma pena *in concreto* que seja proporcional aos fatos, de ordem objetiva e subjetiva, que digam respeito ao delito consumado.

De outra parte, sustenta-se também, ao contrário, que, se as circunstâncias insertas no art. 59 do Código Penal forem todas desfavoráveis ao réu ou houver preponderância delas, de modo a prejudicá-lo, deve a pena-base aproximar-se do máximo da apenação imposta em abstrato, posto que, nesse caso, não há direito público subjetivo do réu à fixação da pena-base no mínimo legal ou em patamar aproximado.

Fixada a pena-base no mínimo legal, segundo entendimento doutrinário e jurisprudencial majoritário, fica o juiz isento de fundamentar o *quantum* da dosagem. Na hipótese de ser aplicada a pena-base com exacerbação ou mesmo acima do mínimo legal, impõe-se a sua justificação para que não aparente haver resultado apenas da arbitrária e íntima manifestação de vontade do magistrado sentenciante. A doutrina e a jurisprudência dominantes abonam esse ponto de vista.

A jurisprudência, pródiga em exemplos, fornece alguns espécimens que confirmam as duas posições supracitadas:

> "Tendo a pena sido fixada no mínimo legal, não há que se falar em nulidade em favor do réu por falta de fundamentação de sua dosagem" (STF, *RT* 675/447).
>
> "Se o Juiz fixou a pena no mínimo legal, não anula a sentença a circunstância de não conter fundamento quanto à sua dosagem" (*JTACrim* 68/136).
>
> "Indispensável, sob pena de nulidade, a fixação da pena com apreciação e fundamentação das circunstâncias judiciais do art. 59 do CP sempre que a reprimenda for fixada acima do mínimo legal" (STF, *RT* 641/378).
>
> "A fixação da pena-base, acima do mínimo legal, exige fundamentação obrigatória, nos termos do art. 59, CP, não bastando sua simples enunciação" (STJ, *RT* 717/456).

Para que não prevaleça incógnita a convicção íntima ou o livre-arbítrio do juiz sentenciante, a pena-base, quer cominada no mínimo legal, quer acima desse limite, deverá ser sempre fundamentada, a fim de que possam o réu ou seu defensor, a acusação e seu assistente, a própria sociedade e os órgãos da persecução penal (judicial e extrajudicial) saber, sem ambages, se o escarmento resultou de operação criteriosa ou derivou de mero capricho; se foi fruto do convencimento ou da volubilidade do magistrado.

A arbitrariedade e a improvisação também devem ser evitadas. O juiz deve aplicar ao réu a pena mais justa e mais adequada, tendo em conta a presença dos diversos elementos e circunstâncias do delito, bem como a conduta do delinquente.

Tais dados devem ser pesquisados no processo judicial, que é o instrumento que oferece, com total segurança, maior e melhor garantia de justiça e de equidade, em face das provas obtidas, em instrução contraditória, dando força moral à decisão sobre a existência ou não do delito e o grau de culpabilidade do seu autor, assim como sobre o nível de sua periculosidade, sua condição social e situação, assim como a extensão do dano social causado pela infração penal.

Tudo isso identificado e motivado, na sentença penal condenatória, justificará a rigorosa apenação básica ou definitiva fixada pelo juiz e o porá a salvo de qualquer acusação de quebra de imparcialidade, de arbitrariedade ou de falta de moderação.

Corroborando o entendimento de que a aplicação da pena deve ser fundamentada, quer qualitativa quer quantitativamente, o TRF da 3.ª Região afirmou:

> "Ainda que fixada a pena no mínimo legal, deve o Juiz fundamentar a sua decisão, principalmente na hipótese em que há recurso da acusação, pois a ausência de fundamentação impede que os acusados conheçam das razões que levaram o Magistrado a fixá-la no patamar mínimo, abrindo ao julgador de segundo grau a possibilidade de aumentar a reprimenda com surpresa para a defesa" (*RT* 749/769).

A motivação deduzida pelo juiz na fixação da pena-base não precisa ser um primor, pois o poder da argumentação varia de acordo com o preparo intelectual do julgador. Por isso, basta que ela esteja assentada em ponderável fundamentação para receber a nota da razoabilidade a guardar relação de pertinência com cada uma das circunstâncias judiciais elencadas no art. 59 do Código Penal.

Explicado o sentido de pena-base, cumpre-nos agora trabalharmos com a dosimetria ou cálculo da pena, seguindo o próprio roteiro estabelecido pelo Estatuto Repressivo.

4. A FIXAÇÃO DA PENA NA TENTATIVA

A noção de crime consumado é pressuposto inarredável para a compreensão do estudo da tentativa. O próprio legislador tratou, nesse particular, de definir tais institutos dizendo consumado o crime que reúne todos os elementos de sua definição legal. Do mesmo modo, diz ocorrer a tentativa quando, iniciada a execução de um crime, este não se consuma por circunstâncias alheias à vontade do agente (art. 14, I e II, CP).

Para a fixação da pena na tentativa, o juiz deve ter como referência o montante da pena prevista para o crime consumado, porém reduzido de um a dois terços, na forma preconizada pelo parágrafo único do art. 14 do Código Penal. O preceito trata claramente de causa de diminuição de pena, que o juiz está obrigado a reconhecer quando presentes os requisitos legais. Com isso, fica claro também que a pena, na tentativa, deve ser inferior à prevista para o crime consumado.

Não obstante isso, o legislador não cuidou de especificar em que condições a diminuição deve se verificar. Diante disso, o juiz deve examinar o *iter criminis* percorrido pelo agente, a fim de que possa avaliar o quanto se aproximou ou se afastou do momento consumativo da infração penal, para, em face desse resultado, estabelecer o *quantum* da diminuição.

Quanto mais o agente se aproximar do momento consumativo do delito, menor será a diminuição da pena. Será maior a diminuição se menor for a aproximação do agente em relação ao momento consumativo da infração penal. A diminuição deve incidir, na mesma quantidade, tanto sobre a pena privativa de liberdade quanto sobre a pena de multa, quando aplicadas cumulativamente.

Caracterizada a tentativa, no concurso de agentes, a diminuição aplicada a um deles deve ser extensível aos demais, visto que não se pode conciliar a conduta de algum dos coautores como crime consumado e a dos demais como tentativa, sob pena de ferir-se o princípio da equidade. A graduação deverá incidir sobre a pena prevista para o crime consumado, reduzida de um a dois terços em decorrência da menor ou maior proximidade da *meta optata*.

O direito pretoriano, à ausência de definição pela norma legal de como deve incidir a diminuição, construiu um critério prático e objetivo para orientar o julgador no momento da aplicação da pena, no caso da tentativa. Os acórdãos abaixo reproduzidos atestam essa afirmação:

> "Em boa lei, a pena da tentativa deve ser arbitrada por uma base, como se o crime fosse consumado, e depois sofrer a elevação dos acréscimos cabíveis, para chegar, consequentemente, a um resultado provisório; e, só desse resultado, então, deve ser feita a redução correspondente ao crime tentado, na mesma proporção adotada com relação aos demais réus, para um arbitramento final" (TACrimSP, Rel. Juiz Hercílio Sampaio, HC 123.112).
>
> "O critério determinante para a diminuição da pena pela tentativa é objetivo, sendo inadmissível, portanto, que se opere diferentemente a redução da reprimenda imposta a agentes do mesmo delito" (TACrimSP, Rel. Juiz Luiz Pantaleão, *BMJ* 65/11).

A diminuição da pena na tentativa, como já se disse, é variável. Sempre que o juiz aplique a diminuição no mínimo ou no máximo permitido pelo parágrafo único do art. 14 do Código Penal, deverá fundamentar devidamente a sua decisão, a fim de que não transpareça que ela é fruto de puro arbítrio.

5. CÁLCULO DA PENA

A aplicação da pena não é tarefa para matemáticos, muito menos para escritórios de contabilidade. A pena cominada não pode ser medida através de cálculos aritméticos ou algébricos, que buscam tabelas, equações, frações ou outras operações exatas para alcançar a quantificação ideal para a repressão do delito.

Por essa razão, a sanção penal deve ser aplicada com base no binômio necessidade e suficiência, que deve ser aferido exclusivamente pelo juiz, a partir do conjunto probatório constante dos autos. São tais elementos de convicção que fornecerão a fundamentação para o julgador encontrar a justa medida da pena.

Portanto, a chamada inteligência artificial, decorrente da programação de máquinas e de dispositivos eletrônicos para julgar pessoas, jamais substituirá o juiz na constitucional tarefa da aplicação da pena, porque falta-lhe a capacidade de expressar o sentimento essencial de justiça, que é peculiar ao ser humano.

Seguindo essa linha de raciocínio, o Código Penal dispõe em seu art. 68, *ipsis litteris*:

> "A pena-base será fixada atendendo-se ao critério do art. 59 deste código; em seguida serão consideradas as circunstâncias atenuantes e agravantes; por último, as causas de diminuição e de aumento".

Fica claro, com a simples leitura do dispositivo em referência, que o cálculo da pena deve ser realizado em três fases. Daí chamar-se o mecanismo adotado pelo Código Penal brasileiro de sistema trifásico, porque assim o idealizou o consagrado penalista Nelson Hungria, que participou da elaboração do nosso Código Penal.

Como já foram analisados, linhas atrás, os critérios orientadores da fixação da pena-base, trataremos de explicitar, no próximo capítulo, as situações em que devem incidir as circunstâncias atenuantes e as agravantes.

Capítulo XV

ANÁLISE DAS CIRCUNSTÂNCIAS LEGAIS GENÉRICAS: ATENUANTES E AGRAVANTES

1. GENERALIDADES

As circunstâncias legais genéricas são aquelas que podem influenciar a quantidade da pena, no sentido do seu aumento ou da sua diminuição. A lei não estabeleceu um limite preciso para o aumento ou para a diminuição da pena, deixando certa margem de arbítrio para o juiz fazê-lo.

Pesam, nesse particular, os aspectos objetivo e subjetivo dessas circunstâncias a orientarem o juiz no processo de aplicação da pena, visto que são decisivos para a correta formulação que o julgador terá de fazer dentro da discricionariedade que a lei lhe confere.

Como aspectos de ordem objetiva podem ser relacionadas a forma de execução do crime e a gravidade do dano ou do perigo causados. Como aspectos de ordem subjetiva podem ser apontados a culpabilidade do agente e o grau de suas relações com os demais membros do grupo criminoso, em nível de coautoria ou de coparticipação.

2. DAS CIRCUNSTÂNCIAS ATENUANTES

Primeiramente, deve-se entender por circunstâncias atenuantes os elementos ou fatores que favorecem a diminuição ou atenuação da pena, em quantidade indefinida, a critério do juiz sentenciante. A redução da pena, em face da presença de circunstância atenuante, inobstante não estar limitada legalmente, não pode, conforme uníssona e iterativa jurisprudência dos nossos Tribunais, se verificar aquém do mínimo cominado para a pena abstratamente considerada.

As circunstâncias atenuantes, conforme já estudadas, encontram-se relacionadas no art. 65 do Código Penal, e devem ser consideradas pelo juiz, desde que presentes, qualquer que seja o delito imputado ao acusado. A única exceção a essa regra ocorrerá se a circunstância atenuante estiver também prevista como causa de diminuição da pena, quer na Parte Geral, quer na Parte Especial do Código Penal. Nesse caso, aplicar-se-á unicamente a causa de diminuição da pena para evitar a incidência do *bis in idem*.

Na análise das circunstâncias atenuantes, deve o juiz lembrar-se que, além das específicas, que se encontram elencadas no art. 65 do Código Penal, existem as inominadas, que, embora não estejam expressamente enumeradas, vêm referidas no art. 66 do estatuto penal.

3. DAS CIRCUNSTÂNCIAS AGRAVANTES

Como fator de agravamento da pena a ser considerado, têm-se, após as atenuantes, as circunstâncias agravantes, previstas no art. 61 do Código Penal. São elas pressupostos legais genéricos que contribuem para o aumento ou majoração da pena, em quantidade indefinida, a critério do juiz sentenciante.

Não deve o juiz também deslembrar-se, ao proceder o cálculo da pena, das circunstâncias agravantes previstas no art. 62 do Código Penal, no caso de concurso de pessoas.

É imperioso registrar, entretanto, que, qualquer que seja o aumento da pena, aplicado em face da multiplicidade das circunstâncias agravantes, essa exacerbação não poderá ultrapassar o máximo da pena cominada em abstrato.

Para que justifique sua incidência, no instante do proferimento da sentença, a circunstância agravante deve se fazer presente na denúncia explícita ou implicitamente. De outra parte, concorrendo simultaneamente circunstância agravante com circunstância elementar ou qualificadora prevista na própria definição do tipo penal simples ou qualificado, não pode o juiz sentenciante tomá-las em consideração, ao mesmo tempo, sob pena de incidir no *bis in idem*.

Nessa hipótese, deve o magistrado optar unicamente pela aplicação da causa de aumento da pena (elementar ou qualificadora) prevista na própria norma penal incriminadora para não incorrer, insista-se, em dupla valoração da causa de agravamento da reprimenda.

A preocupação, quanto à observação dessa tarefa no trabalho de motivação da pena, tem sido alvo do exame não só dos doutrinadores brasileiros, mas também dos penalistas estrangeiros, conforme demonstram textualmente os estudos a seguir citados:

> "Não devem ser utilizadas pelo juiz para determinação da medida da pena circunstâncias que o legislador já tomou em consideração ao estabelecer a moldura penal do fato; e portanto não apenas os elementos do tipo-de-ilícito em sentido estreito, mas todos os elementos que tenham sido relevantes à determinação legal da sentença"[1].

1 DIAS, Jorge de Figueiredo. *Direito penal português*: as consequências jurídicas do crime. [*S. l.*]: Aequitas, Editora Nacional, 1993. p. 234.

> "El juez no debe, sin embargo, sustituir al legislador. Precisamente aquí adquirirá importancia la distribuición de funciones antes expuesta. El juez, en principio, non debe apreciar, en sentido agravatorio, la 'especial punibilidad' del acto, ni su peligrosidad para el ordenamiento jurídico, para la moralidad o el tráfico; pues, el que el delito muestre estas cualidades, resulta de su inclusión en el catálogo de los tipos, destinado a comprender únicamente procesos punibles. Además, es preciso tener en cuenta que la propia ley comprende, como características del tipo, causas de determinación de la pena, que no deben ser de nuevo apreciadas dentro de la medición de la misma"[2].

Caracterizado o concurso de circunstâncias agravantes e atenuantes, a pena deve aproximar-se do limite indicado pelas circunstâncias preponderantes, entendendo-se como tais, nos termos do art. 67 do Código Penal, as que resultam dos motivos determinantes do crime, da personalidade do agente e da reincidência.

Vencida a etapa em que se mostrou, em síntese apertada, o que deve se entender sobre as circunstâncias legais genéricas (agravantes e atenuantes), tal como previstas nos arts. 61 e 65 do Código Penal, cumpre-nos dizer, em capítulo próprio, algumas palavras sobre as causas de diminuição e de aumento da pena.

2 MAURACH, Reinhart. *Tratado de derecho penal.* Tradução Juan Córdoba Roda. Barcelona: Ediciones Ariel, 1962. v. II. p. 543.

Capítulo XVI

DAS CAUSAS DE AUMENTO E DE DIMINUIÇÃO DA PENA

1. GENERALIDADES

As causas de aumento e de diminuição possuem respectivamente a função de majorar e de minorar a pena em limites devidamente estabelecidos pelo legislador, não deixando, por essa razão, qualquer margem de arbítrio ao julgador para afastar-se das quantidades prefinidas tanto na Parte Geral quanto na Parte Especial do Código Penal.

As causas de aumento e de diminuição da pena encontram-se previstas na Parte Geral do Código Penal ou na sua Parte Especial, desta feita agregadas ao próprio tipo penal. Quando previstas na Parte Geral do Código Penal, podem ser aplicadas a qualquer delito, inclusive àqueles que se encontram definidos em leis especiais (art. 12, CP). Se previstas na Parte Especial, somente podem ser aplicadas aos delitos a que se referirem.

Na ordem estabelecida pelo art. 68 do CP, devem as causas de diminuição ser consideradas pelo juiz sentenciante antes das causas de aumento da pena. A subversão dessa ordem legal acarretará a nulidade da sentença porque restará contaminada indiscutivelmente a terceira e última etapa da dosimetria da pena.

A título de esclarecimento, deve ser dito que as causas de diminuição e de aumento da pena não se confundem com as qualificadoras, com as circunstâncias atenuantes e agravantes, nem com as circunstâncias do crime. Conclui-se, desse modo, que as causas de diminuição e de aumento da pena, diferentemente das circunstâncias legais genéricas, atuam fora dos limites cominados pelo tipo incriminador, podendo, em face dessa particularidade, superar o limite máximo da reprimenda ou ter a sua fixação aquém do mínimo abstratamente previsto, quando da quantificação da reprimenda em concreto.

Prevista alguma causa de diminuição ou de aumento da pena, sua incidência ocorrerá após o resultado da segunda fase, ou seja, depois de examinada a aplicação de qualquer uma das circunstâncias legais genéricas. Não estando presente qualquer uma das circunstâncias supracitadas (atenuantes ou agravantes), a causa de diminuição ou de aumento da reprimenda pode ser considerada imediatamente após o montante fixado para a pena-base.

Isso não significa dizer que foi violado o devido processo legal, pois não houve a preterição da segunda fase de fixação da pena. Simplesmente os pressupostos que a ensejavam não estavam presentes e autorizavam o salto por sobre essa etapa, o que deve ser devidamente fundamentado pelo juiz na sua sentença.

2. DO CONCURSO DE CAUSAS DE AUMENTO E DE DIMINUIÇÃO DA PENA

Havendo concurso de causas de aumento ou de diminuição da pena previstas na Parte Especial, pode o juiz criminal limitar-se a aplicar um só aumento ou uma só diminuição, devendo ser prevalecente, entretanto, a causa que mais aumente ou que mais diminua a reprimenda.

Existindo duas causas de aumento ou de diminuição de pena, o correto será considerar uma delas como causa especial de aumento ou de diminuição e a outra como circunstância legal genérica, atenuante ou agravante, devendo, de qualquer modo, o juiz fundamentar sua decisão.

Capítulo XVII

DO CONCURSO DE CRIMES

1. GENERALIDADES

O concurso de crimes ocorre quando uma pessoa pratica dois ou mais crimes, idênticos ou não, mediante uma ou mais ações ou omissões. Infere-se dessa noção que o instituto referido exige unidade de pessoa e pluralidade de infrações.

Pode ocorrer, entretanto, que várias pessoas sejam acusadas, em concurso, de haver praticado, numa mesma ação, vários crimes, idênticos ou não. Nesse caso haverá, ao mesmo tempo, concurso de agentes e concurso de crimes, devendo a competência jurisdicional para o processo criminal ser determinada pela conexão.

Certas condutas, às vezes, suscitam dúvidas quando envolvem situações que denotem existir concurso de crimes, quando, na verdade, emprestam ao fato delituoso simplesmente o colorido de concurso aparente de normas. Assim se dá quando, sob a ótica do intérprete, os vários comportamentos atribuídos a uma mesma pessoa possam ser, à primeira vista, enquadrados em vários dispositivos penais. Por se tratar, porém, de um conflito fictício de normas, somente uma delas deve ser aplicada, dada a inadaptabilidade de ambas ao mesmo caso.

O conflito aparente de normas tem solução mediante três princípios:

1) Princípio da especialidade, segundo o qual a lei ou norma especial exclui a lei ou norma geral. Para que isso ocorra, é necessário que a mesma matéria esteja regulada pelas duas leis ou normas, ou por alguma disposição delas. Geralmente se dá esse fenômeno porque a norma geral regula a matéria de forma ampla, enquanto a norma especial trata o assunto de maneira específica: *lex specialis derogat legi generali*.
2) Princípio da subsidiariedade, segundo o qual a norma subsidiária somente é aplicada quando não existe norma principal que regulamente a matéria e puna a conduta de forma mais grave. Destarte, quando a norma concernente a crime considera o fato previsto por ela como elemento constitutivo, agravante ou qualificativo de crime descrito por disposição

da mesma norma ou por outra, exclui-se a aplicabilidade daquela, por resultar absorvida por esta: *lex primaria derogat legi subsidiariae.*

3) Princípio da consunção, que ocorre quando o fato previsto por uma norma implica apenas uma das fases de realização do crime previsto por outra. Resulta esse princípio quando um fato incriminado por determinada norma representa meio necessário ou normal fase de preparação ou execução de outro crime e, por essa razão, vem descrito pela norma a ele relativa, a qual exclui aqueloutra, por ser esta de mais amplo alcance. Nessas circunstâncias, seria o mesmo que admitir a ocorrência desse princípio quando o fato previsto por uma norma está contido ou abrangido no fato previsto por outra: *lex consumens derogat legi consumptae.*

Algumas palavras, afirmações ou termos das leis que aparentam conflitar-se podem, por si sós, excluir expressamente a concorrência das mesmas, tais como: "... se o fato não constitui crime mais grave" (arts. 132, 238, 314 e 325, CP); "... se o fato não constitui elemento de outro crime" (art. 249, CP); "... fora dos casos de coautoria..." (leia-se "concurso de agentes" - art. 349, CP); "se resulta morte e as circunstâncias evidenciam que o agente não quis o resultado..." (art. 129, § 3.º, CP) e outras similares.

No concurso de crimes, a interrupção da prescrição concernente a um deles não se estende aos demais, exceto quando, por razão de conexidade, houver unificação do processo. Todavia, a suspensão da prescrição é comum a todas as infrações que possuam sentença penal condenatória passada em julgado.

Confere-se o mesmo tratamento do concurso material e do concurso formal ao crime continuado, no que diz respeito às infrações que o compõem, por expressa disposição do art. 119, *ab initio*, do Código Penal.

Existindo pluralidade de agentes, a suspensão da prescrição relativa a um deles não se estende aos demais. No concurso de infrações, executar-se-á primeiramente a pena mais grave. Desse modo, existindo concurso entre crime e contravenção, a pena privativa de liberdade cominada ao crime (reclusão ou detenção) deverá ser executada primeiramente, e a pena privativa de liberdade cominada à contravenção (prisão simples), posteriormente.

2. CONCURSO MATERIAL

Na definição do Código Penal (art. 69), ocorre concurso material ou real quando o agente, mediante mais de uma ação ou omissão, pratica dois ou mais crimes, idênticos ou não. Extrai-se do conceito que o tipo incriminador requer, para sua configuração, pluralidade de condutas do agente (mais de uma ação ou omissão) e pluralidade de crimes.

Acrescente-se que, para caracterização do referido cúmulo material, não é necessária a dependência de resultados entre si, que podem ser autônomos, tampouco o momento consumativo de cada crime. O importante é que todos os delitos praticados estejam vinculados ao sujeito.

Se os crimes forem da mesma natureza ou estiverem previstos no mesmo tipo penal (idênticos), diz-se que o concurso material é homogêneo. Se, no entanto, os crimes forem de natureza diversa ou estiverem definidos em tipos penais diferentes (não idênticos), diz-se que o concurso material é heterogêneo. Admite-se, portanto, o concurso material de crime doloso e crime culposo, bem como de crime consumado e tentado, ou entre crime e contravenção.

Estabelecida a hipótese de concurso material ou real, aplicam-se cumulativamente as penas privativas de liberdade em que haja incorrido o agente, ou seja, a reclusão e a detenção. Havendo a aplicação cumulativa de tais penas, executa-se primeiramente a de reclusão e depois a de detenção. A cumulação de penas não pode levar o seu cumprimento a exceder o período de 30 (trinta) anos, consoante estabelece o art. 75 do Código Penal.

Por se tratar de concurso material, e para facilitar a execução do julgado, deve o juiz individualizar a pena fixada para cada um dos crimes, somando-as ao final, depois de devidamente fundamentada a aplicação de cada uma das penas cominadas aos sucessivos delitos.

Aplicada, todavia, pena privativa de liberdade, não suspensa, por um dos crimes, para os demais será incabível a substituição de que trata o art. 44 do Código Penal. Portanto, quando para um dos crimes, praticados em concurso material, for aplicada pena privativa de liberdade, sem a concessão do *sursis*, não poderá, para os demais, em consequência das reprimendas aplicadas, haver a substituição por penas restritivas de direitos.

Quando forem aplicadas penas restritivas de direitos, o condenado cumprirá simultaneamente as que forem compatíveis entre si e sucessivamente as demais, quando não houver compatibilidade entre elas.

A prescrição deve ser apurada separadamente para cada infração penal, à medida que for ocorrendo no tempo aprazado, independentemente das demais e sem qualquer vinculação com o cúmulo material.

3. CONCURSO FORMAL

Verifica-se o concurso formal, também denominado ideal, quando o agente, mediante uma só ação ou omissão, pratica dois ou mais crimes, idênticos ou não. Dito de outro modo, dá-se o concurso formal ou ideal quando o agente, mediante uma só conduta, viola várias vezes a norma penal ou infringe várias leis penais. Diz-se homogêneo quando as infrações forem da mesma natureza; e heterogêneo, se de natureza diversa.

Caracterizado o concurso formal, deve o juiz aplicar ao agente a pena mais grave, dentre as cominadas pelos tipos violados, ou, se elas forem iguais em quantidade e espécie, somente uma delas, porém aumentada, em qualquer caso, de um sexto até metade.

Quando se tratar, contudo, de ação ou omissão dolosa e os crimes concorrentes resultarem de desígnios autônomos, as penas devem ser aplicadas cumulativamente, na conformidade do disposto no art. 69 do Código Penal. Retrata essa situação a hipótese de concurso formal imperfeito ou impróprio, em que, embora sendo única a conduta do agente, quis ele mais de um resultado.

O parágrafo único do art. 70 do Código Penal incorpora a regra do concurso material benéfico. A finalidade desse instituto, introduzido em nosso Código com a reforma penal de 1984, a partir de artigos escritos por Celso Delmanto (*RT* 538/470 e *RDP* 29/129), é favorecer o agente que, mediante uma única ação, praticou dois crimes cujas penas sejam diversas, e uma delas, muito superior à outra (exemplo: latrocínio e lesão corporal simples).

No exemplo dado, aplicado o menor aumento previsto para o concurso formal (um sexto) sobre a pena mínima cominada para o latrocínio (20 anos) em abstrato, o resultado dessa operação (três anos e três meses) é muito superior ao máximo da pena prevista para o crime de lesão corporal simples (um ano) em abstrato. Por causa dessa flagrante disparidade, aplica-se a regra do art. 69 do Código Penal, sustentada pela redação clarividente do parágrafo único do art. 70 do mesmo diploma legal, que instituiu o preceito de que, nesse caso, ou seja, na hipótese do concurso formal, não poderá a pena exceder a que seria cabível pela regra do concurso material.

A importância dessa matéria inovadora não passou despercebida pelo então Ministro da Justiça Ibrahim Abi-Achel, quando da apresentação da Exposição de Motivos da Nova Parte Geral do Código Penal (n.º 57), que deu ensejo à edição da Lei n.º 7.209, de 11/07/1984, vazando-a nos seguintes termos:

> "A inovação contida no parágrafo único do art. 70 visa a tornar explícito que a regra do concurso formal não poderá acarretar punição superior à que, nas mesmas circunstâncias, seria cabível pela aplicação do cúmulo material. Impede-se, assim, que numa hipótese de *aberratio ictus* (homicídio doloso mais lesões culposas), se aplique ao agente pena mais severa, em razão do concurso formal, do que a aplicável, no mesmo exemplo, pelo concurso material. Quem comete mais de um crime, com uma única ação, não pode sofrer pena mais grave do que a imposta ao agente que reiteradamente, com mais de uma ação, comete os mesmos crimes".

A solução apresentada foi pensada essencialmente a partir do concurso formal heterogêneo, quando praticados delitos com a cominação de penas diversificadas, principalmente no que tange à enorme diferença de sua quantidade, levando, com isso, ao risco de se obter uma punição superior à que se obteria com a aplicação do cúmulo material.

Para evitar as injustiças, que já vinham sendo apontadas pela doutrina nacional e corrigidas pelos tribunais do país em seus julgamentos, por influência daquela, instituiu-se em boa hora esse mecanismo, cujo objetivo é basicamente impossibilitar distorções punitivas que tornem contraditório o motivo que inspirou a criação do concurso formal, qual seja impedir ou evitar a cominação de pena excessiva.

A prescrição deve ser apurada sem levar em consideração o acréscimo decorrente do concurso formal, pois somente deve ser tomada em conta a pena cominada a cada crime isoladamente.

4. CRIME CONTINUADO

O crime continuado ocorre quando o agente, mediante mais de uma ação ou omissão, pratica dois ou mais crimes da mesma espécie e, pelas condições de tempo, lugar, maneira de execução e outras semelhantes, devem os subsequentes ser havidos como continuação do primeiro.

Configurada essa situação, deverá o agente ser castigado com a pena de um só dos crimes, se idênticas, ou com a mais grave delas, se diversas, aumentada, em qualquer uma das hipóteses, de um sexto a dois terços.

A reforma da Parte Geral do Código Penal operada em 1984 não modificou a musculatura básica do crime continuado nos moldes em que era entendido anteriormente. Apesar disso, tornou-se inevitável, tanto em doutrina como em jurisprudência, a discussão (nem sempre salutar) sobre a presença em sua definição legal de componentes de ordem subjetiva (unidade de desígnios) contrabalançados pela sua atual codificação baseada em elementos de caráter puramente objetivos.

O debate em torno dessa particularidade tem gerado, como se disse, posições extremadas no campo jurisprudencial. Desse modo, tem-se entendido de lado a lado que

> "A jurisprudência predominante, com base em ultrapassada teoria defensionista repudia a identificação da continuidade delitiva prevista no art. 71 do CP, para fins de unificação, argumentando que esse instituto não se aplica em prol de criminosos habituais e persistentes, acolhendo para tanto superada tese da necessidade de comprovação da punição subjetiva referente ao desígnio do sujeito ativo, ou seja, que os crimes provenham de um só impulso delitivo. Contudo, tal requisito deve ser afastado por não constar do texto da lei penal, que, em verdade, só se refere a condições objetivas, únicas exigidas pelo art. 71 do CP, quais sejam: mais de uma ação, que dá origem a crimes da mesma espécie, e pelas condições de tempo, lugar, e maneira de execução, devem os subsequentes ser havidos como continuação do primeiro" (TACrimSP, Rel. Juiz Márcio Bártoli, *RJD* 17/41).

> "Para que ocorra o crime continuado necessário se faz que toda a série de delitos tenha origem num mesmo ímpeto criminoso, numa mesma ideação criminosa. Deve ter, pelo menos, uma genérica unidade de desígnios de tal forma que, na consciência do agente pareça tratar-se de um mesmo crime. É o liame psicológico que, ligando os diversos atos criminosos dentro das características objetivas de tempo, lugar, maneira de execução e outras semelhantes vai definir a existência do crime continuado. Ausente a unidade de desígnio, ainda que preenchidos os requisitos objetivos, as séries de delitos nada mais são que a reiteração de práticas delitivas, indício seguro, não de continuidade criminosa, mas sim de habitualidade delitiva, coisas que não se confundem" (TACrimSP, Rel. Juiz Rubens Gonçalves, *JUTACrim* 91/129).

Examinando-se literalmente o art. 71 do Código Penal, conclui-se que sua redação não subordina a existência da continuidade delitiva a investigações de aspectos subjetivos, pois tem-se a nítida impressão de que o dispositivo cuidou apenas do caráter objetivo da conduta, ao exigir do agente a prática de mais de uma ação ou omissão como condição sinônima de duas ou mais condutas que originam dois ou mais crimes da mesma espécie e, pelas condições de tempo, lugar, maneira de execução e outras semelhantes, devem os subsequentes ser havidos como continuação do primeiro.

A despeito disso, não se pode ignorar que compete ao juiz do processo, dentro do prudente e razoável arbítrio que lhe confere a lei, e à vista do caso concreto, a aferição dos elementos definidores da continuidade delitiva, oportunidade em que deve considerar, igualmente e com o mesmo esmero, a presença das características de ordem subjetiva apenas para verificar se houve unidade de desígnio como resultante da resolução criminosa, a vinculação entre os atos criminosos anteriores e os subsequentes, para que não se cometa o absurdo de considerar continuado o delito praticado muito tempo depois dos primeiros.

Isso em nada afronta a homogeneidade das condutas típicas, que deve restar evidenciada, de modo objetivo, pelas circunstâncias exteriores mencionadas no preceito definidor do crime continuado, mesmo porque sua própria criação resulta de uma *fictio iuris*, considerada, por alguns, uma agravante de caráter especial.

Outra coisa seria considerar, diante do caso concreto já apurado no âmbito processual, que o plano criminoso impulsionava o agente a uma meta previamente estabelecida e duradoura, por meio da prática de condutas conscientes, estudadas e devidamente ajustáveis à peculiar situação, levando a que certos atos fossem fracionados ou até protelados para não levantar suspeitas e manter sob a mais perfeita sigilosidade os crimes que vem perpetrando ao longo da continuidade delituosa.

Aqui não existe a mera reiteração no crime, mas a unidade de desígnio a vestir de juridicidade o perfil legal e a noção conceitual da continuidade delitiva, com todos os seus pressupostos e os elementos objetivos e subjetivos que a compõem, quais sejam: pluralidade de condutas, unidade de tipo, unidade de sujeito passivo, dolo único, unidade ou identidade de ocasião, nexo temporal e espacial, maneira de execução e emprego de meios semelhantes.

Como demonstração dessa hipótese, indica-se o seguinte exemplo: o empregado de uma farmácia que, pretendendo ter o seu próprio estabelecimento, subtrai todos os dias, ou em espaço de tempo superior (semanas, meses), medicamentos desse estabelecimento, durante longo período, camuflando-os entre os materiais que, diariamente, são depositados na lixeira e recolhendo-os posteriormente para efeito de futura comercialização avulsa ou na drogaria a ser inaugurada.

A mesma situação se admite no exemplo do gerente ou do vaqueiro de uma fazenda que, durante o longo período em que permaneceu empregado, adulterava marcas ou sinais dos animais e os vendia a terceiros, ou desviava sementes aptas para o plantio com o mesmo fim, contra o conhecimento do proprietário.

Na repressão da continuidade delitiva, o parágrafo único do art. 71 do Código Penal aduz que nos crimes dolosos, contra vítimas diferentes, cometidos com violência ou grave ameaça à pessoa, poderá o juiz, considerando a culpabilidade, os antecedentes, a conduta social e a personalidade do agente, bem como os motivos e as circunstâncias do crime (art. 59, CP), aumentar a pena de um só dos crimes, se idênticas, ou a mais grave, se diversas, até o triplo, observadas as regras do parágrafo único do art. 70 (cúmulo material benéfico) e do art. 75 do mesmo estatuto penal.

Para Delmanto[1], trata o preceito de crime continuado específico, que o Código Penal erigiu com a possibilidade de apenação mais severa. Prosseguindo com seu ensinamento, aduz esse penalista que, além dos requisitos gerais do crime continuado comum, existem mais três condições específicas que o retratam, a saber: 1. Crimes dolosos - as infrações não podem ser culposas. 2. Contra vítimas diferentes - devem ser diversas as vítimas, pois, se for uma só, a hipótese será a comum, do *caput*. 3. Com violência ou grave ameaça à pessoa - a violência referida na lei é a física, contra pessoa, não sendo suficiente a violência contra coisa.

Por sua vez, a grave ameaça, alternativamente indicada, é a ameaça séria contra pessoa. As três condições específicas apontadas pela lei devem estar presentes, pois, caso contrário, a continuidade aplicável seria a comum, do *caput*, e não esta.

No crime continuado, a prescrição começa a correr do dia em que cessar a continuação. O início do prazo prescricional é contado em relação a cada crime concorrente. Vigora também, para efeito da prescrição do crime continuado, o enunciado da Súmula 497 do STF, cuja ementa enfatiza: "Quando se tratar de crime continuado, a prescrição regula-se pela pena imposta na sentença, não se computando o acréscimo decorrente da continuação".

---

1 DELMANTO, Celso *et al.* Op. cit., p. 134-135.

Capítulo XVIII

DA SUSPENSÃO CONDICIONAL DA PENA

1. CONCEITO E PECULIARIDADES

A suspensão condicional da pena é um instituto de direito penal que tem por finalidade a suspensão do cumprimento da pena privativa de liberdade cominada em concreto, mediante a imposição de determinadas condições ao condenado. Destarte, aplicada pena privativa de liberdade, dentro dos limites temporais exigidos para obtenção do *sursis*, sua execução é suspensa por decisão do próprio juiz prolator da sentença ou pelo juízo da sua execução, desde que preenchidos pelo condenado os requisitos legais. Por essa explicação, veda-se a concessão do *sursis* quando forem cominadas penas restritivas de direitos e de multa (art. 80, CP).

Muito embora essa seja a proposta legislativa do Código Penal, alguns autores, como Heleno Fragoso e Gilberto Ferreira (p. 207 e 211), enxergam o *sursis* como medida sancionatória.

Trata-se de direito subjetivo do condenado que não pode ser negado pelo juiz, quando presentes os requisitos que permitem a sua concessão. Diante da atual fisionomia da Nova Parte Geral do Código Penal, deve o juiz, ao aplicar a pena privativa de liberdade, examinar, primeiramente, a possibilidade de substituí-la por pena restritiva de direitos ou por multa. Não sendo possível qualquer dessas substituições, deve o juiz verificar a possibilidade de conceder ao sentenciado o *sursis*, fundamentando sempre sua decisão, em qualquer das hipóteses mencionadas.

Referido instituto foi introduzido em nossa legislação por meio do Decreto n.º 16.588, de 06/09/1924, mantido, posteriormente, pelo Código Penal de 1940, que passou a viger a partir de 1.º/01/1942. Conhecido também pela denominação francesa de *sursis*, difere da denominada suspensão condicional do processo, introduzida em nosso ordenamento pela Lei n.º 9.099, de 26/09/1995.

O sistema vigente em nosso país instituiu três espécies ou modalidades de *sursis*, a saber: 1) *sursis* comum ou simples, disciplinado nos arts. 77 e 78, § 1.º, do

Código Penal; 2) *sursis* especial, regulamentado pelo § 2.º do art. 78 do Código Penal; 3) *sursis* etário, previsto no § 2.º do art. 77 do Código Penal.

O *sursis* comum ou simples, mais rigoroso, sujeita o condenado, durante o prazo da suspensão, ao cumprimento e à observação das condições estabelecidas pelo juiz (art. 78, CP), bem assim, no primeiro ano desse prazo, à prestação obrigatória de serviços à comunidade ou à limitação de fim de semana, como sanção restritiva de direitos, podendo, ainda, tais exigências ser substituídas por outras condições, especificadas na sentença, a critério do juiz, desde que não submetam o condenado a situação vexatória ou humilhante.

O *sursis* especial, por sua vez, menos rigoroso, está reservado para as hipóteses em que o condenado fica isento do cumprimento obrigatório da prestação de serviços à comunidade ou à limitação de fim de semana, mas sujeito à reparação do dano, salvo a impossibilidade de fazê-lo, a outras condições legais elencadas no art. 77 e no § 2.º do art. 78 do Código Penal. Com exceção do comportamento da vítima, concorrem também para a sua concessão as demais circunstâncias judiciais do art. 59 do diploma retromencionado, as quais devem ser todas favoráveis ao beneficiário da medida.

O *sursis* etário, de cunho específico, está direcionado ao condenado a pena não superior a quatro anos, desde que seja maior de 70 anos de idade, ou que apresente razões de saúde que justifiquem a suspensão (art. 77, § 2.º, CP).

Quer se trate de *sursis* simples, quer se trate de *sursis* especial ou do *sursis* etário, a lei (art. 79, CP) faculta ao juiz o poder de especificar outras condições, além das expressamente previstas, a que ficará subordinada a suspensão, desde que adequadas ao fato e à situação pessoal do condenado.

A suspensão condicional não se aplica aos ilícitos punidos com penas restritivas de direitos ou de multa que tenham sido aplicadas isolada ou cumulativamente com a pena privativa de liberdade, suspensa pela concessão do *sursis* ao condenado.

Na forma disciplinada pelo art. 54 do Código Penal, as penas restritivas de direitos são aplicáveis, independentemente de cominação na Parte Especial, em substituição à pena privativa de liberdade, fixada em quantidade inferior a 1 (um) ano, ou nos crimes culposos.

A condenação anterior por contravenção (art. 77, I, CP) ou por multa não impede a concessão da suspensão condicional da pena (art. 77, § 1.º, CP), o que já era, neste último caso, aceito pela jurisprudência, conforme o enunciado da Súmula 99 do STF.

Por imposição do art. 157 da LEP e do art. 697 do CPP, na decisão que aplicar pena privativa de liberdade, deverá o juiz ou tribunal pronunciar-se motivadamente sobre a suspensão condicional da pena, quer a conceda, quer a denegue, sempre que a sanção cominada em concreto for fixada dentro das quantidades em que o *sursis* é cabível e desde que, obviamente, não seja possível proceder à substituição da pena, tal como previsto no art. 77, III, CP.

Caso isso não ocorra, deve o sentenciado opor embargos de declaração à sentença ou ao acórdão (arts. 382 e 619, CPP), no prazo de dois dias, contados da sua intimação. Havendo rejeição dos embargos, pelo juiz, sem causa justificada, poderá o condenado buscar a obtenção do benefício por meio da impetração de *habeas corpus*, conforme tem sido usual na praxe forense. Se a rejeição dos embargos for manifestada pelo tribunal, a obtenção do benefício deve ser buscada por meio do *habeas corpus* ou do recurso especial junto ao Superior Tribunal de Justiça.

2. REQUISITOS NECESSÁRIOS PARA A SUSPENSÃO DA PENA

Para a obtenção desse benefício, a lei enumera certos requisitos cuja natureza é de ordem objetiva e subjetiva. Entretanto, para que este estudo não seja alvo de conflito do leitor, enumerar-se-á separadamente cada um dos pressupostos das variadas espécies de suspensão condicional da pena.

Constituem requisitos objetivos do *sursis* simples os seguintes: 1) ilícito penal censurado com pena privativa de liberdade; 2) cominação da pena igual ou inferior a dois anos; 3) contraindicação ou impossibilidade da substituição por pena restritiva de direitos (art. 44, CP).

Constituem requisitos subjetivos do *sursis* simples os seguintes: 1) não ser o condenado reincidente em crime doloso; 2) circunstâncias judiciais (art. 59 e 77, II, CP) autorizadoras da concessão do benefício ao condenado.

São requisitos objetivos do *sursis* especial os seguintes: 1) ilícito penal censurado com pena privativa de liberdade; 2) cominação da pena igual ou inferior a quatro anos, ou se o crime for culposo; 3) contraindicação ou impossibilidade da substituição por pena restritiva de direitos (art. 44, CP).

São requisitos subjetivos do *sursis* especial os seguintes: 1) não ser o condenado reincidente em crime doloso; 2) reparação do dano, salvo impossibilidade de fazê-lo; 3) circunstâncias judiciais do art. 59 do Código Penal serem inteiramente favoráveis à concessão do benefício ao condenado.

Além dos requisitos supracitados para a concessão do *sursis* especial, a lei ainda exige a observância das seguintes condições (art. 78, § 2.º, *in fine*, CP): a) proibição de frequentar determinados lugares; b) proibição de ausentar-se da comarca onde reside sem autorização do juiz; c) comparecimento pessoal e obrigatório a juízo, mensalmente, para informar e justificar suas atividades.

Os requisitos objetivos do *sursis* etário são os seguintes: 1) ilícito penal censurado com pena privativa de liberdade; 2) cominação da pena não superior a quatro anos; 3) contraindicação ou impossibilidade da substituição por pena restritiva de direitos (art. 44, CP).

Constituem requisitos subjetivos do *sursis* etário os seguintes: 1) não ser o condenado reincidente em crime doloso[1]; 2) circunstâncias judiciais (arts. 59 e 77, II, CP) autorizadoras da concessão do benefício ao condenado; 3) idade de 70 anos por ocasião da prolação da sentença; 4) razões de saúde que justifiquem a concessão do benefício.

O exame da presença de tais requisitos, para o deferimento do *sursis* etário, é obrigatório, conforme entendeu o seguinte acórdão do STF:

> "Suspensão condicional da pena. A permissão do deferimento, segundo o art. 77, § 2.º, CP, ao condenado a pena de até quatro anos, se maior de 70 anos, não dispensa, para a sua concessão, que se verifique a concorrência dos demais pressupostos do *sursis*, enumerados no *caput* do dispositivo" (STF, Rel. Min. Sepúlveda Pertence, HC 70.998-2, *DJU* 15/04/1994, p. 8048).

Não existe vedação legal ou jurisprudencial para a suspensão condicional do cumprimento da pena privativa de liberdade aplicada em caso de crime hediondo, pois o que justifica a sua concessão não é o regime prisional imposto pela norma reguladora, mas o preenchimento dos requisitos legais estabelecidos nos dispositivos penais que regulamentam a aplicação desse instituto. Portanto, qualquer que seja o regime prisional adotado, cabe o deferimento da suspensão condicional da pena.

Embora se conjugue do sistema do Código Penal (art. 77, III) a ideia de que, ao aplicar a pena, deve o juiz, primeiramente, buscar a sua substituição por restritiva de direitos ou por multa, e somente depois verificar a possibilidade da aplicação do *sursis*, entendo que, preenchidos todos os pressupostos legais para concessão desse instituto, deve o magistrado por ele optar, por constituir medida mais benéfica ao condenado, em determinadas situações.

Um exemplo significativo dessa situação dar-se-ia com a hipótese que envolvesse o cometimento de delito contra a pessoa em acidente de trânsito. Condenado o condutor, na condição de motorista profissional, a uma pena privativa de liberdade que comportasse a substituição por restritiva de direito do tipo interdição temporária de direitos (art. 43, V, CP), em que tivesse suspensa a sua carteira de habilitação ou declarada a proibição de dirigir veículos automotores durante determinado período (art. 47, II e III, CP), essa reprimenda resultaria pior do que o *sursis*, posto não haver para esse instituto outras obrigações senão as impostas no art. 78 e seus parágrafos, de cunho eminentemente ressocializador. O mesmo

1 Veja-se o disposto no art. 44, § 3.º, do Código Penal.

exemplo serve para a hipótese que envolva profissional da medicina condenado por imprudência, negligência ou imperícia.

3. MOMENTO SOLENE PARA A CONCRETIZAÇÃO DA SUSPENSÃO CONDICIONAL DA PENA

Para a concretização da suspensão condicional da pena, não basta que o benefício seja concedido ao réu na sentença. É indispensável que se materialize mediante ato processual solene denominado audiência admonitória, que se realizará nos moldes do art. 160 da Lei de Execução Penal.

A audiência admonitória somente será realizada após o trânsito em julgado da sentença condenatória. O condenado deverá estar presente para assistir à leitura daquela decisão e ser advertido pelo juiz das consequências da prática de nova infração penal e do descumprimento das condições impostas.

Se o réu deixar de comparecer injustificadamente à audiência admonitória, embora tenha sido intimado pessoalmente ou por edital com o prazo de vinte dias, a concessão do *sursis* ficará sem efeito e a pena será executada imediatamente.

Quando, em virtude do provimento de recurso interposto pelo Ministério Público, pelo ofendido ou por qualquer das pessoas enumeradas no art. 31 do CPP (art. 598, CPP), a pena cominada pelo juiz for aumentada pelo tribunal, de modo a excluir a concessão do benefício, será este revogado ou cassado, porque a decisão que concede ou denega a suspensão condicional da pena não faz coisa julgada material.

4. REVOGAÇÃO DA SUSPENSÃO CONDICIONAL DA PENA

O Código Penal adotou dois tipos de revogação da suspensão condicional da pena: o obrigatório e o facultativo.

A revogação obrigatória do *sursis* dá-se quando, no curso do prazo do seu cumprimento, o probacionário: 1) é condenado, em sentença irrecorrível, por crime doloso; 2) frustra, embora solvente, a execução da pena de multa ou não efetua, sem motivo justificado, a reparação do dano; 3) descumpre a condição estabelecida no § 1.º do art. 78 do Código Penal.

Para que ocorra a revogação obrigatória do *sursis*, basta que exista prova nos autos do trânsito em julgado da sentença penal condenatória e que essa prova se faça durante o curso do prazo originário da suspensão da execução da pena ou da sua prorrogação. A lei não exige, portanto, que o fato sobre o qual sobreveio a condenação se consume antes ou depois da infração que originou o *sursis*.

Se, embora solvente, o beneficiário do *sursis* frustra a execução da pena de multa, recusando-se injustificavelmente a solver a dívida e criando embaraços para sua cobrança, deve a medida ser obrigatoriamente revogada. Será também revogado o *sursis* se o beneficiário não efetua, sem causa justificada, a reparação do dano, podendo fazê-lo.

O descumprimento obrigatório e injustificado de prestação alternativa de serviços à comunidade ou de limitação de fim de semana, no primeiro ano de vigência do *sursis*, também conduz à sua revogação compulsória, mediante a execução integral da pena que foi imposta na sentença.

A revogação obrigatória do *sursis*, em qualquer uma de suas modalidades, não dispensará sua motivação legal pelo juiz, pois os atos judiciais devem sempre trazer associados à sua existência a nota da idoneidade, marcada mediante princípios fundamentais, tais como os previstos nos arts. 1.º, III, e 93, IX, da Constituição Federal. Outro motivo para exigir a revogação obrigatória do *sursis*, mediante ato judicial fundamentado, é a possibilidade de sua impugnação por meio de recurso específico ou de *habeas corpus*.

Dá-se a revogação facultativa do *sursis* quando, no curso do prazo do seu cumprimento, o beneficiário: 1) descumpre qualquer outra condição imposta; 2) é condenado, em decisão irrecorrível, por crime culposo ou por contravenção, à pena privativa de liberdade ou restritiva de direitos.

O juiz poderá revogar a suspensão da pena se o beneficiário descumprir alguma condição imposta na sentença. A lei refere-se não somente às condições obrigatórias, mas também àquelas que forem determinadas pelo próprio magistrado, dentro da margem de arbítrio que lhe confere a norma e desde que adequadas ao fato e à situação pessoal do condenado.

Poderá, entretanto, nesse caso, o juiz, em vez de revogar o *sursis*, advertir o probacionário, exacerbar as condições impostas na sentença ou optar pela prorrogação do prazo do seu cumprimento, se este ainda não houver expirado, ou, finalmente, prorrogar o período de prova até o limite máximo, se este não foi o fixado.

Conquanto disponham o § 2.º do art. 81 do CP e o parágrafo único do art. 696 do CPP que, processado o beneficiário por outro crime ou contravenção, considerar-se-á prorrogado o prazo da suspensão da pena até o julgamento definitivo, essas diretivas não dispensam, a nosso sentir, despacho judicial, embora se reconheça, no plano doutrinário e jurisprudencial, como automática a prorrogação do *sursis*.

Prevista também no § 1.º do art. 81 do Código Penal, como causa facultativa de revogação do *sursis*, está a condenação, em decisão transitada em julgado, por crime culposo ou por contravenção, a pena privativa de liberdade ou restritiva de direitos. A disposição exclui como causa facultativa da revogação do *sursis* a condenação do beneficiário por pena unicamente de multa.

O cumprimento das condições impostas ocorre com a expiração do prazo de suspensão da pena estabelecido na sentença. Findo o prazo probatório, sem que tenha havido revogação do *sursis*, durante o tempo de sua vigência, considera-se extinta a pena privativa de liberdade, por se tornar inexequível. A hipótese é exclusivamente de extinção da pena, e não da punibilidade, pois os casos em que esta se dá se encontram relacionados no art. 107 do Código Penal, salvo outros exemplos esparsos, que não incluem a expiração do prazo do *sursis*.

A decisão que declara extinta a pena privativa de liberdade deve ser precedida da oitiva do Ministério Público, conforme deixa claro o art. 67 da Lei de Execução Penal.

Capítulo XIX

DO LIVRAMENTO CONDICIONAL

1. CONCEITO E PECULIARIDADES

O livramento condicional é uma forma de dar continuidade ao cumprimento da pena pelo condenado, em meio livre. Por isso, não se pode afirmar, de antemão, que a obtenção dessa possibilidade pelo condenado seja vista apenas como mero benefício, mas deve ser encarada principalmente como medida de caráter penal, posto que resultante de um incidente da execução da pena que nem por isso se extingue, na medida em que apenas libera o sentenciado do seu cumprimento em regime de clausura.

Trata-se de medida de política criminal que visa antecipar a liberdade do condenado, após o cumprimento de certa quantidade da pena, observados outros requisitos legais, podendo-se apontar também, como elementos a serem considerados, o próprio estágio de recuperação do recluso e seu estado de ânimo durante a internação carcerária.

Aborda-se o instituto, neste trabalho, apenas pela sua posição topográfica no Código Penal. Apesar do que dispõe o art. 85 do Código Penal, sua concessão não é exteriorizada mediante sentença, mas por simples decisão que tem como finalidade extinguir a pena, e não o processo.

Justifica-se essa assertiva porque o procedimento para a concessão do livramento condicional é o previsto pela Lei de Execução Penal (art. 194), que especifica como recurso cabível das decisões proferidas o agravo, sem efeito suspensivo (art. 197), o que, aliás, já foi objeto de pronunciamento do Superior Tribunal de Justiça, conforme se colhe da ementa do julgado a seguir transcrito:

> "*Processual Penal. Livramento Condicional. Prova das Condições. Habeas Corpus.* Fundamentada a decisão indeferitória do livramento condicional, segundo os pressupostos subjetivos indagáveis, não prospera o *habeas corpus* para refutar-lhe a motivação, com supressão do recurso previsto – LEP, art. 197" (Ac. un. da 5.ª Turma, Rel. Min. José Dantas, *RSTJ* 11/96 e 36/140).

Aqui faz-se outra ressalva para dizer que não se deve confundir extinção da pena com extinção da punibilidade. São dois institutos completamente diferentes, posto que possuem características e objetivos próprios. Outra particularidade que os distingue é o momento processual em que ocorrem. A extinção da punibilidade possui raio de aplicação muito mais amplo, podendo, inclusive, cessar definitivamente o cumprimento da pena em andamento. Pode se dar em momento processual anterior à própria ação penal; pode também ocorrer em momento antecedente à sentença ou concomitante a ela, no caso, por exemplo, da prescrição, ao ser feita a dosagem da pena definitiva na sentença. A extinção da pena ocorre sempre após o condenado haver cumprido a mesma integralmente, com todas as condições impostas, em meio livre ou fechado.

Por conseguinte, merece ainda ser registrado que a extinção da punibilidade deve ser declarada mediante sentença, porque esse ato jurisdicional extingue também definitivamente o processo. A extinção da pena, por sua vez, deve ser declarada por meio de simples decisão interlocutória.

Os requisitos de ordem objetiva e subjetiva para concessão do livramento condicional ao condenado, bem como as condições a serem especificadas e os motivos que levam à sua revogação ou à extinção da pena privativa de liberdade, encontram-se regulamentados entre os arts. 83 e 90 do Código Penal. O procedimento para viabilizar todos esses incidentes encontra-se disciplinado nos arts. 131 a 146 da Lei de Execução Penal.

Com efeito, sendo o livramento condicional medida de política criminal que antecipa a soltura do condenado, desde que cumprida determinada quantidade da pena privativa de liberdade e respeitados outros requisitos legais, tem ele a finalidade de infirmar o direito penal punitivo como regra, relativizando o *jus puniendi* estatal, que deve ser preservado para os casos extremos em que o interesse público da coletividade o exigir.

Por isso, o livramento condicional não é mais visto como mero benefício, mas como medida, providência ou favor legal, de natureza penal, que limita, flexibiliza e intercepta o cumprimento da sanção imposta na sentença condenatória, reorientando a forma do cumprimento da reprimenda para uma perspectiva que atenda não só os interesses estatais e sociais, mas também os direitos e requisitos que autorizam sua concessão ao condenado.

Capítulo XX

DOS EFEITOS DA CONDENAÇÃO

1. GENERALIDADES

A sentença penal condenatória transitada em julgado sujeita o réu à imposição da pena propriamente dita (efeito principal). Além disso, sujeita-o também a uma série de outros efeitos (secundários) de ordem penal e extrapenal provenientes da mesma condenação criminal.

Entre os efeitos secundários de ordem penal, pode-se arrolar: a revogação, facultativa ou obrigatória, da suspensão condicional da pena (art. 81, CP) e do livramento condicional (art. 86, CP); a revogação da reabilitação, em se tratando o réu de reincidente (art. 95); ser o nome do réu lançado ou inscrito no livro do rol de culpados (art. 393, II, CPP) etc. Entre os efeitos secundários de cunho extrapenal, pode-se destacar: sanções de natureza administrativa, trabalhista, política, civil, que devem ser expressamente motivadas na sentença.

2. EFEITOS GENÉRICOS

O art. 91 do Código Penal, com a nova redação determinada pela Lei n.º 7.209, de 11/07/1984, enumera em seu *caput*, em seus incisos e alíneas, os denominados efeitos genéricos da condenação que ocorrem de maneira automática, independentemente de declaração judicial expressa na sentença penal. Ei-los:

2.1 Tornar certa a obrigação de indenizar o dano causado pelo crime

A sentença penal condenatória, transitada em julgado, representa título executivo judicial, nos termos do art. 515, VI, do CPC, proporcionando a propositura da execução forçada pela parte legitimada, nos termos do art. 63 do CPP. Não obstante isso, serve também a sentença penal condenatória, passada em julgado, para o aforamento da denominada ação civil *ex delicto*, prevista no art. 64 do CPP, para o ressarcimento do dano experimentado pela vítima.

Além da legitimação ordinária conferida, no art. 63 do CPP, ao ofendido, a seu representante legal ou a seus herdeiros, o art. 68 do mesmo diploma legal confere legitimação extraordinária ao Ministério Público para propor a ação reparatória (art. 778, § 1.º, I, CPC), assertiva que guarda inteira sintonia com a regra insculpida nos arts. 17 e 18 do CPC.

Afora essas particularidades, deve ser dito que a própria Constituição Federal (art. 5.º, XLV) permite o manejo da ação judicial respectiva. Quer a nossa Carta de Princípios, com isso, tornar certa a obrigação do réu em indenizar o dano causado com a prática do crime, já que é vedado ao condenado discutir no juízo cível a existência do delito e a sua responsabilidade pela reparação civil.

2.2 A perda em favor da União, ressalvado o direito do lesado ou de terceiro de boa-fé

Neste inciso serão estudadas as hipóteses em que se verifica a perda, em favor da União, dos instrumentos do crime, assim como do produto do crime ou de qualquer bem ou valor que constitua proveito auferido pelo agente com a prática do fato criminoso, como efeito da sentença penal condenatória.

Não se cogita aqui da defesa de situações de confisco, mas de demonstrar hipóteses em que a perda de bens e valores é resultante da regra prevista no § 3.º do art. 45 do Código Penal, que tem natureza compensatória. Registre-se, por oportuno, que o seu valor terá como teto o montante do prejuízo causado ou do provento obtido pelo agente ou por terceiro, em consequência da prática do crime. Nessa análise, prevalecerá o valor que for maior.

2.2.1 Instrumentos do crime, desde que consistam em coisas cujo fabrico, alienação, uso, porte ou detenção constitua fato ilícito

A perda, em favor da União, dos instrumentos do crime ou do produto do crime, ou de qualquer bem ou valor auferido pelo condenado com a prática do crime, é um efeito automático da sentença condenatória que se verifica após o seu trânsito em julgado, independentemente de declaração judicial expressa nesse sentido no referido ato decisório. A disposição final do inciso em estudo ressalva, contudo, o direito do lesado ou do terceiro de boa-fé, que não pode ser atingido pelos efeitos da sentença penal condenatória, ou seja, pelo confisco dela decorrente. Havendo a apreensão da coisa em poder de terceiro de boa-fé, deverá ser instaurado o procedimento determinado no § 2.º do art. 120 do CPP, mantendo-se a coisa em poder do terceiro, se for pessoa idônea, até a solução do incidente.

Não haverá confisco dos instrumentos ou produtos do crime quando o ilícito criminal for resolvido por meio da transação penal de que trata o art. 76 da Lei n.º 9.099/95, porquanto constitui forma de despenalização e porque a sentença do juiz que homologa a aceitação da proposta não gera: 1) condenação; 2) reincidência; 3) o lançamento do nome do autor do fato no rol dos culpados; 4) efeitos civis; 5) efeitos extrapenais; 6) maus antecedentes. Todas essas características, como se sabe, são próprias da sentença penal condenatória, passada em julgado.

Instrumentos do crime são os objetos ou coisas que o agente utilizou para a prática e execução do crime. São os *instrumenta sceleris*, que devem ser alvo de confisco em favor da União.

O confisco deve recair sobre objetos ou coisas cujo fabrico, alienação, uso, porte ou detenção constitua fato ilícito. Para que sejam confiscados é indispensável que tais instrumentos possuam, na sua própria concepção, destinação apropriada para uso em ação delituosa, tais como chave falsa, chuchos, canivetes, armas de guerra, de uso exclusivo das forças armadas, petrechos para falsificação de dinheiro, selos ou documentos etc.

Não cabe o confisco indistintamente sobre todo e qualquer instrumento empregado pelo agente para a prática do crime. O penalista Alberto Silva Franco, em lecionamento esclarecedor, assim dispõe:

> "Não são todos os instrumentos do crime que podem ser confiscados. A doutrina menciona vários casos, como o automóvel do motorista, o bisturi do médico, o machado do lenhador, que podem ser *instrumenta sceleris*, mas não devem ser objetos de confisco. O Código só autoriza a perda dos bens cujo fabrico, alienação, uso, porte ou detenção constitua em si fato ilícito, como por exemplo os petrechos para moeda falsa, armas de uso privativo das forças armadas, gazuas, documentos falsos, armas não registradas e de pessoas sem direito a porte"[1].

O confisco somente deve recair sobre o instrumento pertencente a quem tenha participado da prática delituosa. O terceiro de boa-fé e o lesado não podem ser prejudicados com a adoção dessa medida pelo juiz.

A confiscação a que alude o dispositivo em estudo não deve ser confundida com a apreensão dos instrumentos utilizados na prática do crime, de que se ocupa o art. 240, § 1.º, do CPP. A apreensão de tais instrumentos, como dever da autoridade policial, dá-se ainda na fase inquisitorial (art. 6.º, II, CPP). O confisco ou perda ocorre na fase judicial em relação aos instrumentos do crime, assim considerados na definição do art. 91, II, *a*, do Código Penal.

Apesar de a lei haver empregado a expressão crime, não se pode ignorar que a prática da contravenção penal violando as disposições do art. 91 do Código Penal leva também ao confisco dos *instrumenta sceleris*, porque essa regra não é incompatível com o conceito de contravenção, na medida em que tanto ela como o crime estão obrigatoriamente abrangidos pela definição de infração ou ilícito penal.

---

1 FRANCO, Alberto Silva *et al. Código Penal e sua interpretação jurisprudencial*, cit., p. 1075.

A prescrição da pretensão executória atinge unicamente o cumprimento da pena pelo agente, não sendo circunstância suficiente para impedir a ocorrência dos demais efeitos da condenação, de modo que prevalece inatingível o dever de confisco dos instrumentos empregados na prática criminosa em favor da União, por tratar-se de efeito secundário extrapenal genérico e automático, que independe de declaração expressa na sentença condenatória.

2.2.2 *Produtos do crime ou de qualquer bem ou valor que constitua proveito auferido pelo agente com a prática do fato criminoso*

Produto do crime é tudo que represente vantagem ou proveito (direta ou indiretamente) para o agente em razão do delito praticado. Nesse rol, incluem-se as coisas obtidas diretamente com o delito (*res furtiva*) ou que resultaram de alguma alteração do bem subtraído (veículo clonado), bem assim as que sofreram completa modificação decorrente do crime (moeda falsa) e as que foram adquiridas com dinheiro proveniente de sua venda (casas, carros, móveis, joias etc.).

Ressalvado o direito do lesado e do terceiro de boa-fé, os produtos do crime devem ser confiscados automaticamente, como efeito da sentença condenatória, transitada em julgado, em favor da União.

A prescrição da pretensão executória atinge unicamente o cumprimento da pena pelo agente, não sendo fator suficiente para impedir os demais efeitos da condenação, de modo que prevalece inatingível o dever de confisco dos bens oriundos da prática criminosa em favor da União, independentemente de essa penalidade haver sido declarada expressamente na sentença condenatória, por tratar-se de efeito secundário extrapenal genérico e automático.

3. EFEITOS ESPECÍFICOS

O art. 92 do Código Penal, por sua vez, enumera os denominados efeitos específicos da condenação que ocorrem de maneira não automática e dependem de expressa declaração judicial.

Trata o dispositivo das hipóteses tidas como efeitos extrapenais específicos, que dependem de declaração judicial expressa, em virtude de a condenação, por si própria, não produzi-los automaticamente, porque estão sujeitos à explícita e à obrigatória fundamentação legal na sentença.

Dentre tais efeitos específicos, existem os de natureza administrativa, os de caráter político e os de cunho civil, todos tidos como efeitos extrapenais da condenação, de ordem jurídica estanque, que não podem ser confundidos com pena acessória ou com penas restritivas de direitos. Ei-los:

3.1 A perda de cargo, função pública ou mandato eletivo

A perda de cargo, função pública ou mandato eletivo tem como pressuposto comum: 1) condenação a pena igual ou superior a 1 (um) ano; 2) expressa e motivada declaração na sentença da perda de tais predicativos.

O conceito de funcionário público, para efeitos penais, deve ser buscado no art. 327 do Código Penal. Nesse dispositivo também está contida a noção de cargo e de função pública, para fins penais.

O conceito de mandato eletivo é puramente político-administrativo e consiste no poder concedido ao cidadão, pelo povo, para exercer sua representação no Legislativo ou no Executivo.

3.1.1 Aplicação de pena privativa de liberdade por tempo igual ou superior a 1 (um) ano, nos crimes praticados com abuso de poder ou violação de dever para com a Administração Pública

Para que se opere a perda de cargo, função pública (natureza administrativa da condenação) ou mandato eletivo (natureza política da condenação), é necessário que o agente tenha praticado o crime com abuso de poder ou violação de dever para com a Administração Pública durante o exercício de qualquer uma das situações retromencionadas.

A declaração da perda de cargo, função pública ou mandato eletivo está subordinada à condenação do agente a pena privativa de liberdade por tempo igual ou superior a 1 (um) ano, por sentença penal transitada em julgado.

3.1.2 Aplicação de pena privativa de liberdade por tempo superior a 4 (quatro) anos nos demais casos

O agente perderá o cargo, função pública ou mandato eletivo se, em razão da prática de qualquer crime tipificado pelo Código Penal, for condenado a pena privativa de liberdade superior a quatro anos.

Neste caso, independe a perda de cargo, função pública ou mandato eletivo de haver o condenado praticado o crime com abuso de poder ou violação de dever para com a Administração Pública, pois o que é levado em conta é o montante da condenação imposta, e não a maneira como a infração foi praticada.

3.2 A incapacidade para o exercício do pátrio poder, tutela ou curatela, nos crimes dolosos, sujeitos à pena de reclusão, cometidos contra outrem igualmente titular do mesmo poder familiar, contra filho, filha ou outro descendente, tutelado ou curatelado

Por esta disposição, será declarada, por sentença, a incapacidade do agente para o exercício do pátrio poder, tutela ou curatela, quando praticar crime doloso, sujeito a pena de reclusão, contra filho, filha ou outro descendente, assim como contra tutelado ou curatelado.

Deve o juiz, ao declarar a perda da incapacidade do agente para o exercício das obrigações supracitadas, usar de muita cautela e prudência, a fim de não causar inconveniências, constrangimentos graves e desnecessários ao condenado e à sua vítima.

3.3 A inabilitação para dirigir veículo, quando utilizado como meio para a prática de crime doloso

Somente será declarada a inabilitação para dirigir veículo do agente que haja se utilizado desse instrumento de transporte humano como meio para a prática de crime doloso, punido com reclusão. A expressão veículo, na disposição sob comento, quer se referir ao meio de transporte que dependa de habilitação humana para dirigi-lo.

Não se deve confundir a penalidade aqui cominada com a interdição temporária denominada "suspensão de autorização ou de habilitação para dirigir veículo", prevista no Código Penal como pena restritiva de direitos (arts. 43, V, e 47, III).

É que a inabilitação para dirigir veículo se verificará quando este for utilizado como meio ilícito de transporte para a prática de crime doloso, não sendo indispensável, para a caracterização da reprimenda, que o agente seja habilitado, pois não se trata de suspensão da autorização ou de habilitação para dirigir veículo, mas sim da declaração da inabilitação do condenado para esse fim, o que equivale a dizer que o agente não poderá obter tal certificado, no futuro, se não o possuía antes do cometimento da infração penal.

> "Art. 92. (...)
>
> Parágrafo único. Os efeitos de que trata este artigo não são automáticos, devendo ser motivadamente declarados na sentença".

Os efeitos extrapenais da condenação, constantes do art. 92, não ocorrem automaticamente e dependem, para que produzam consequências no plano jurídico, de declaração expressa na sentença penal condenatória.

Como foi dito inicialmente, não basta a simples indicação do efeito extrapenal específico da condenação. É indispensável que ele seja motivadamente declarado na sentença, mesmo que se encontrem presentes os requisitos legais (subjetivos e objetivos) que fundamentam sua imposição.

Cumpre acrescentar que os efeitos da condenação não podem ser confundidos nem equiparados, quer com penas acessórias, quer com penas restritivas de direitos. Isso se dá por duas razões. A primeira, porque a reforma penal de 1984 aboliu as penas acessórias. A segunda, em face da inexistência de prazo certo para duração do efeito extrapenal da condenação, ao contrário do que ocorre com as penas restritivas de direitos (art. 43, CP), que são temporárias (art. 55, CP). A propósito disso, o art. 47 do Código Penal não permite qualquer dúvida.

Capítulo XXI

DAS MEDIDAS DE SEGURANÇA

1. CONCEITO E PECULIARIDADES

Medida de segurança é a sanção, de natureza penal, cominada por tempo indeterminado a quem praticou um crime. Tem a medida de segurança a finalidade de defesa social contra o agente que apresentar reconhecida periculosidade.

Aníbal Bruno[1], conceituado penalista brasileiro, assinala que "Medidas de Segurança, portanto, são meios jurídico-penais de que se serve o Estado para remover ou inocuizar o potencial de criminalidade do homem perigoso. Seu fim não é punir, mas corrigir ou segregar".

Na verdade, a medida de segurança tem também caráter retributivo no sentido de privar o infrator da convivência social nos moldes em que convivia e se relacionava socialmente antes da prática criminosa. Enquanto a pena pode ser entendida como um mal ou sofrimento que é infligido pelo Estado ao agente considerado culpado, na proporção da gravidade de sua conduta, a medida de segurança tem cunho corretivo e intimidativo aos infratores que se revelam inadaptáveis às condições da vida social e contra os quais é improdutiva qualquer imposição de sanção penal. A medida de segurança fundamenta-se no aspecto nocivo ou perigoso do agente infrator, com o fim de segregá-lo do ambiente social, de tratá-lo e de preservar a defesa social.

Como sustenta Celso Delmanto, "enquanto as penas têm caráter retributivo-preventivo e se baseiam na culpabilidade, as medidas de segurança têm natureza só preventiva e encontram fundamento na periculosidade do sujeito"[2]. Colhendo esse raciocínio, pode-se apontar também, como elemento diferenciador entre referidos institutos, o fato de a pena ter duração determinada, e a medida de segurança, indeterminada.

1 *Perigosidade criminal e medidas de segurança*. Rio de Janeiro: Editora Rio, 1977. p. 145.
2 DELMANTO, Celso *et al.* Op. cit., p. 168.

Esse problema referente à temática da duração da medida de segurança reflete na aplicação da lei aos casos concretos de execução de penas por prazos desproporcionais à infração cometida pelo inimputável, fato este que é agravado ainda pela omissão estatal diante da perpetuação dos indivíduos internados nos estabelecimentos psiquiátricos.

Tal desproporcionalidade pode ser verificada, por exemplo, em casos em que tão somente, pela discricionariedade do magistrado responsável pela execução da pena, o inimputável pode cumprir a reprimenda no limite máximo da duração da pena prevista na nova redação do art. 75 do Código Penal alterada pela Lei n.º 13.964/2019, que corresponde a 40 (quarenta) anos internado, após cometer um crime de furto, não levando em consideração os aspectos subjetivos do agente colhidos durante a prolação da sentença condenatória.

É válido ainda evidenciar a constante violação à segurança jurídica que essa indeterminação de duração pode desencadear, tendo em vista que se observa uma nítida incoerência e discrepância entre os diversos casos de aplicação de medida de segurança e a real condição psíquica do agente internado.

A medida de segurança é positivamente prevista como uma modalidade sancionatória penal. Dessa forma, deve ser interpretada e tratada dentro dos limites existentes no Código Penal, que, por sua vez, deve observar os alicerces jurídicos previstos na Constituição Federal e no Estado Democrático de Direito. Portanto, pode-se afirmar que qualquer decisão proferida deverá observar os limites impostos pelos princípios constitucionais às discricionariedades dos magistrados.

Por isso, a solução adequada para dirimir essa questão consiste em aplicar o entendimento firmado pelo STJ na Súmula 527[3], como parâmetro único no sistema jurídico brasileiro, para limitar o cumprimento da medida de segurança ao prazo máximo da pena abstratamente cominada para o delito praticado, sem qualquer possibilidade de prorrogação. Este entendimento se coaduna com os princípios constitucionais. Além disso, é capaz de garantir ao sujeito o respeito às normas inerentes ao devido processo legal, porque se harmoniza com o princípio da legalidade.

Sua aplicação pode ser feita tanto pelo juiz prolator da sentença no processo de conhecimento, quanto pelo juiz da execução, neste caso em face do que dispõem os arts. 66, V, *d*, e 183 da Lei de Execução Penal. O início do cumprimento da medida de segurança dar-se-á após o trânsito em julgado da sentença penal, quando o juiz da execução deverá expedir a guia para internação ou tratamento

3 Súmula 527 do STJ: "O tempo de duração da medida de segurança não deve ultrapassar o limite máximo da pena abstratamente cominada ao delito praticado".

ambulatorial do réu (arts. 171 a 173, LEP), que se verificará, de preferência, em hospital psiquiátrico.

Para a aplicação da medida de segurança, é indispensável que: 1) tenha o agente praticado um fato típico punível, ou seja, realizado um injusto penal, ou, na linguagem mais comum, cometido um crime; 2) seja o agente dotado de periculosidade.

Se o fato não for típico nem punível, ou estiver presente causa de exclusão da antijuridicidade, ou se a prática do crime não resultar provada, impossível será a aplicação da medida de segurança.

A periculosidade decorre do receio de vir o agente (que constitui ameaça para a sociedade) a novamente delinquir, representando sua soltura perigo para a normalidade da vida coletiva. As hipóteses em que se verifica a periculosidade do sujeito vêm apontadas no próprio Código Penal.

Isso posto, tem-se no art. 26, *caput*, do Código Penal a periculosidade presumida, por força da própria norma, quando o agente for inimputável. Entretanto, dessume-se a periculosidade real ou concreta, aferível pelo próprio juiz (parágrafo único do art. 26 do Código Penal), quando o sujeito for semirresponsável e necessitar de tratamento médico-psiquiátrico.

As medidas de segurança atendem, para sua aplicação, a alguns princípios, tais como: a) legalidade: assim como ocorre com as penas e com os delitos, só se aplicam medidas de segurança quando existe previsão legal; b) anterioridade: para que possa ser aplicada medida de segurança ao agente, é imprescindível que a lei que a contemple entre em vigor antes da prática do fato ilícito punível; c) jurisdicionalidade: qualquer que seja a espécie de medida de segurança, sua aplicação deve ser obrigatoriamente feita pela autoridade judiciária competente.

Outros princípios, não menos importantes, poderiam ser relacionados, contudo os aqui distinguidos são basicamente aqueles que dão identidade constitucional e feição jurígena mais familiar ao entendimento do instituto em estudo.

A medida de segurança não será imposta quando for declarada, por sentença, extinta a punibilidade do agente. Do mesmo modo, uma vez determinada a extinção da punibilidade pelo juiz, será tornada insubsistente a medida de segurança que tenha sido imposta ao agente. Assim está escrito no parágrafo único do art. 96 do Código Penal.

A absolvição do réu não obsta à aplicação da medida de segurança. Com efeito, a Súmula 422 do Supremo Tribunal Federal assegura: "A absolvição criminal não prejudica a medida de segurança, quando couber, ainda que importe privação da liberdade".

O enunciado dessa súmula foi idealizado a partir do disposto no art. 753 do Código de Processo Penal, o qual permite, mesmo depois de transitada em julgado a sentença absolutória, a imposição da medida de segurança a indivíduo perigoso, desde que não decorrido tempo equivalente ao da sua duração mínima.

Conquanto isso seja inegável, a reforma penal de 1984, nesse ponto mais benigna, eliminou a possibilidade de aplicação e execução simultânea ou cumulativa de pena e medida de segurança, assim como a antevisão de periculosidade presumida aos imputáveis e aos semi-imputáveis.

Já que estamos falando de mudanças, cabe aqui noticiar que o Superior Tribunal de Justiça, contrariamente ao que disciplina a Súmula 525[4] do Supremo Tribunal Federal, entendeu ser admissível a imposição da medida de segurança em substituição da pena, em grau de recurso de apelação, mesmo que apenas o réu tenha recorrido contra a decisão que impôs essa providência de defesa social (REsp 1.732, *DJU* 09/04/1990, p. 2752).

2. ESPÉCIES DE MEDIDAS DE SEGURANÇA

As medidas de segurança, segundo o art. 96 do Código Penal, são das seguintes espécies: 1) internação em hospital de custódia e tratamento psiquiátrico ou, à falta, em outro estabelecimento adequado; 2) sujeição a tratamento ambulatorial.

A primeira espécie possui caráter detentivo. A segunda modalidade é de cunho restritivo. Ambas visam à recuperação social do agente mediante tratamento e acompanhamento médico-psiquiátrico. Mas nem sempre a clínica terapêutica utilizada consegue a reinserção social do indivíduo submetido à medida de segurança, posto que cabe aos profissionais não apenas tratá-lo, mas escutá-lo com o objetivo de fazê-lo escutar a si próprio. Essa clínica é necessária, a fim de que o tratamento não se transforme numa terapia sem respostas, nem agrave as angústias da pessoa em recuperação e, muito menos, fomente as frustrações do profissional da psiquiatria.

Há quem não acredite no tratamento psiquiátrico como forma de recuperação do criminoso. O penalista italiano Giuseppe Bettiol afirma que a "ressocialização é um mito". Seguindo o raciocínio do jurista peninsular, o criminólogo brasileiro Augusto Alvino de Sá aborda a ideia de reintegração social "como uma resposta à realidade mítica da relação de contradições entre o cárcere e a sociedade, entre o cidadão preso e o cidadão não preso, entre o 'delinquente' e o 'não delinquente'"[5].

4 Súmula 525 do STF: "A medida de segurança não será aplicada em segunda instância, quando só o réu tenha recorrido".

5 SÁ, Augusto Alvino de. *Criminologia clínica e execução penal*: proposta de um modelo de terceira geração. São Paulo: Ed. RT, 2011. p. 309.

A medida detentiva tem como alvo os inimputáveis, os quais, quando a infração for punida com reclusão, devem sofrer internação em hospital de custódia e tratamento psiquiátrico. Caso o fato previsto como crime seja punível com detenção, poderá o juiz submetê-lo a tratamento ambulatorial. Em qualquer das situações, é obrigatório o exame psiquiátrico, o criminológico e o da personalidade do agente (arts. 100 e 174, LEP).

De outra parte, a medida restritiva destina-se tanto aos inimputáveis quanto aos semi-imputáveis que tenham cometido crime apenado com detenção. O tratamento é ambulatorial, devendo o agente comparecer ao hospital de custódia e ao tratamento psiquiátrico ou, à falta destes, a outro estabelecimento médico compatível, bem como a outro local dotado de dependência médica adequada, *v.g.*, clínica particular, casa de saúde, centro médico etc., na conformidade do que dispõe o art. 101 da Lei Execução Penal.

O juiz da execução poderá determinar, em qualquer fase do tratamento ambulatorial, a internação do agente, se essa providência for necessária para fins curativos. Essa decisão deve ser obrigatoriamente fundamentada, a fim de que se entenda ter havido nela comedida discricionariedade e não apenas inadmissível arbitrariedade.

Por falta de previsão legal, é vedada a substituição da internação por tratamento ambulatorial. Exigem-se também para o cumprimento da medida de segurança restritiva da liberdade os exames a que aludem os arts. 100 e 174 da Lei de Execução Penal, desde que necessários ao tratamento.

Tanto a internação como o tratamento ambulatorial terão duração indeterminada, persistindo enquanto não for averiguada, mediante perícia médica, a cessação da periculosidade do agente. É prudente, contudo, que o juiz sentenciante, ao aplicar a medida de segurança, estabeleça logo o prazo mínimo de sua vigência, o qual deverá ser de um a três anos.

A perícia médica será realizada após findo o prazo mínimo fixado e deverá ser repetida anualmente, ou a qualquer tempo, se o juiz da execução assim o determinar.

Caso suceda do resultado da perícia médica a cessação da periculosidade, a consequência será a sua desinternação, ou liberação do agente (art. 97, § 3.º, CP), a qual será sempre condicional, no sentido de que deve ser restabelecida a situação anterior se o agente, antes de decorrido um ano, pratica fato (não apenas crime) indicativo de persistência de sua periculosidade.

A desinternação (suspensão da medida detentiva) e a liberação (suspensão do tratamento ambulatorial) serão sempre condicionais e dar-se-ão nas mesmas situações em que é concedido o livramento condicional (art. 178, LEP). Isto significa que o desinternado ou liberado estará sujeito às condições que o juiz da execução fixar, acorde com o disposto nos arts. 132 e 133 da Lei de Execução Penal.

Decorrido o prazo de um ano sem que o desinternado ou liberado pratique qualquer fato indicativo de persistência de periculosidade, ficará a medida de segurança definitivamente extinta, vedada a possibilidade de restauração ao estado anterior.

3. SUBSTITUIÇÃO DA PENA POR MEDIDA DE SEGURANÇA

Configurada a hipótese do parágrafo único do art. 26 do Código Penal e necessitando o agente de especial tratamento curativo, a pena privativa de liberdade pode ser substituída pela internação, ou tratamento ambulatorial, pelo prazo mínimo de um a três anos.

O parágrafo único do art. 26 do CP cuida da situação do agente semirresponsável. Conjugando a regra contida nesse dispositivo com a prevista no art. 98 do diploma legal retromencionado, observa-se que o juiz pode optar pela aplicação, alternativa, ao agente da: 1) redução obrigatória da pena de um a dois terços; 2) substituição da pena privativa de liberdade por medida de segurança.

Caso a opção seja pela medida de segurança, que é o que nos interessa agora estudar, deve o juiz observar em tudo o disposto no art. 97 e seus parágrafos.

Não obstante isso, a pena privativa de liberdade pode também ser substituída pela medida de segurança, quando, no curso da sua execução, o condenado apresentar doença mental ou perturbação da saúde mental (LEP, art. 183). Dar-se-á a conversão, do modo como a sanção penal passará a ser executada, em face do superveniente estado de alienação do condenado. Não se poderá fazer a conversão mencionada se o agente já houver cumprido a pena privativa de liberdade na sua integralidade.

O prazo de duração dessa medida de segurança não pode ser superior ao tempo restante da pena, em respeito à coisa julgada. Deve ser computado, em favor do agente, no tempo de recolhimento aos estabelecimentos referidos no art. 41 do Código Penal, o período em que esteve preso provisória ou definitivamente, na conformidade do disposto no art. 42 do mesmo diploma legal.

4. DIREITOS DO INTERNADO

O internado deverá ser recolhido a estabelecimento dotado de características hospitalares e será submetido a tratamento médico-psiquiátrico. A internação das mulheres deverá ser feita em estabelecimento próprio ou em seção especial.

Não se admite a permanência do condenado em penitenciária ou em cadeia pública. O sentenciado portador de periculosidade ou de insanidade mental deverá ser internado ou tratado em estabelecimento adequado, que possa prover o seu completo restabelecimento, não importando, nesse particular, seja hospital psiquiátrico, ambulatório público, consultório médico, clínica particular ou similar.

Destarte, inegável que um dos instrumentos mais importantes para a análise na execução da medida de segurança consiste na definição dos estabelecimentos penais responsáveis por abrigar e fornecer instrumentos para a remediação e reinserção do inimputável na sociedade. E, para haver a determinação dos aspectos e circunstâncias relacionados a esses estabelecimentos, é utilizada como parâmetro a sanção prevista no dispositivo correspondente à infração penal cometida.

A ausência de vagas em hospital psiquiátrico ou em estabelecimento adequado não autoriza o recolhimento do condenado a qualquer espécie de prisão, pois isso, além de causar inaceitável constrangimento ilegal e abuso contra sua liberdade individual, só trará malefícios à sua recuperação pelo contato que passará a ter com pessoas que podem piorar o seu estado de saúde, contrariando, desse modo, as expectativas da própria sociedade, que deseja a sua cura.

Afinal, a internação do condenado não foi idealizada para servir de simples confinamento. Sua finalidade é tratar o sentenciado, nem que seja mediante a permissão de contratação de médico particular para orientar e acompanhar o tratamento.

E isso não pode ser olvidado porque a lei (LEP, art. 3.º) assegurou ao condenado e ao internado o exercício de todos os direitos não atingidos pela sentença, inclusive o de contratar.

Desse modo, a natureza da pena é determinante para a definição das circunstâncias intrínsecas ao estabelecimento indicado para sua execução, no qual haverá o cumprimento da sanção do agente condenado à medida de segurança, ao egresso e ao preso provisório. Cumpre ressaltar que um mesmo edifício poderá abranger setores distintos e com destinações divergentes, preenchidos os requisitos do estabelecimento, valendo-se de critérios como a natureza do delito, a idade, o sexo do apenado e o regime de cumprimento da sanção penal para subdivisão desses locais.

Nesse sentido, dispõe a Constituição Federal em seu art. 5.º e seu inciso XLVIII que:

> "Art. 5.º Todos são iguais perante a lei, sem distinção de qualquer natureza, garantindo-se aos brasileiros e aos estrangeiros residentes no País a inviolabilidade do direito à vida, à liberdade, à igualdade, à segurança e à propriedade, nos termos seguintes: (...)
>
> **XLVIII – a pena será cumprida em estabelecimentos distintos, de acordo com a natureza do delito, a idade e o sexo do apenado**".

Dessa forma, dentro dos moldes assistencialistas supracitados, na decisão de aplicação da medida de segurança, o magistrado responsável pela absolvição do inimputável ou semi-imputável, tem o dever de optar pelo tratamento mais adequado ao caso concreto levando em consideração todos os aspectos objetivos e, primordialmente, os subjetivos para analisar a compatibilidade da decisão sancionatória ao indivíduo sentenciado.

Logo, sendo constatada a necessidade de internação do agente ou o tratamento ambulatorial, deve o magistrado, antecipadamente, determinar essa resolução no mérito de sua decisão, tratando de demonstrar, cabalmente, a inadaptação do infrator à norma sancionatória, as ameaças que sua liberdade incondicional possam provocar aos valores existenciais da sociedade, bem como a periculosidade que pode impor inelutável temor à legítima defesa social.

Capítulo XXII

DA EXTINÇÃO DA PUNIBILIDADE

1. GENERALIDADES

O Estado detém o monopólio da jurisdição. Em face disso, é-lhe conferido pela ordem jurídica o direito de punir (*jus puniendi*) o criminoso, mediante a observância do devido processo legal, o qual compreende desde a apuração do fato delituoso, passando pela garantia do direito de defesa, até o julgamento final da causa.

A punibilidade do agente é uma consequência da tipicidade de sua conduta, tida pela norma reguladora como antijurídica e culpável. Alguns fatores, entretanto, podem concorrer para impedir que o *jus puniendi* estatal venha a consumar-se. Os fatores que inviabilizam o direito de punir do Estado podem surgir antes da instauração ou da conclusão do processo penal ou mesmo depois de proferida a sentença condenatória irrecorrível ou não. Desse modo, qualquer que seja o momento em que se dê a ocorrência do fato impeditivo (anterior ou posterior), dir-se-á que houve extinção da punibilidade.

Se o fato for anterior ao trânsito em julgado da sentença penal condenatória, dar-se-á a extinção da pretensão punitiva. Se for posterior, dar-se-á a extinção da pretensão executória. Duas causas, porém, excepcionam essa regra, quais sejam: a anistia e a *abolitio criminis*, que, independentemente do momento em que ocorrerem, levam inexoravelmente à extinção não só da punibilidade, mas também da própria pena, se esta já estiver sendo executada.

A extinção da punibilidade pode derivar também - e isso se dá com frequência - da inércia do Estado, que negligencia *opportuno tempore* a punição do agente, dando margem a que este se livre da imputação que lhe é feita ou escape da pena que lhe é imposta sem ser detido, embora nem sempre tenha contribuído para isso.

As causas mais comuns e conhecidas de extinção da punibilidade vêm relacionadas no art. 107 do Código Penal. Não obstante isso, outras causas de extinção da punibilidade podem ser encontradas em leis ordinárias, como é o caso das situações previstas no art. 74 e no § 5.º do art. 89 da Lei n.º 9.099/95. Inúmeros outros exemplos são apontados pela doutrina e pela jurisprudência como causa de extinção da punibilidade do agente, cujo rol extensivo pode ser encontrado nos mais variados ramos do Direito, com destaque para o tributário e o previdenciário. Na avaliação da causa extintiva da punibilidade, veda-se o recurso à analogia para decretá-la com base em fato semelhante previsto em lei como causa de extinção.

O *sursis* e o livramento condicional pressupõem a aplicação anterior de pena privativa de liberdade. Sendo assim, ambos não evitam a punibilidade do agente, razão por que não podem extingui-la. Num raciocínio técnico e mais acertado, pode-se dizer que extinguem a pena, após a expiração do prazo de cumprimento das condições impostas, sem revogação.

2. CAUSAS DE EXTINÇÃO DA PUNIBILIDADE

Seguindo a orientação legislativa dominante, veremos neste tópico a enumeração das causas mais comuns de extinção da punibilidade do agente. Desse modo, extingue-se a punibilidade, segundo a ordem estabelecida pelo art. 107 do Código Penal:

> "I - pela morte do agente;
>
> II - pela anistia, graça ou indulto;
>
> III - pela retroatividade de lei que não mais considera o fato como criminoso;
>
> IV - pela prescrição, decadência ou perempção;
>
> V - pela renúncia do direito de queixa ou pelo perdão aceito, nos crimes de ação privada;
>
> VI - pela retratação do agente, nos casos em que a lei admite;
>
> VII - (Revogado pela Lei n.º 11.106, de 28/03/2005)
>
> VIII - (Revogado pela Lei n.º 11.106, de 28/03/2005)
>
> IX - pelo perdão judicial, nos casos previstos em lei".

Ficou devidamente esclarecido no item anterior que o art. 107 do Código Penal não esgota o elenco de causas extintivas da punibilidade e que outras situações podem ser apontadas como exemplos de extinção da punibilidade, no próprio estatuto penal ou fora dele, dentre as quais se pode enumerar a reparação do dano anterior à sentença penal condenatória irrecorrível no crime de peculato culposo (art. 312, § 3.º, CP).

A extinção da punibilidade pode ser declarada, pelo juiz, de ofício, em qualquer fase do processo (art. 61, CPP). Pode ocorrer, todavia, que o pedido para sua decretação seja formulado pelo Ministério Público, pelo querelante ou pelo réu. Nesse caso, deve o juiz mandar autuá-lo em apartado e ouvir a parte contrária, concedendo, se julgar conveniente, o prazo de cinco dias para a produção da prova, se a mesma não houver sido feita com o petitório. A decisão quanto a referido pedido deverá ser proferida no prazo de cinco dias ou, a critério do juiz, no momento da prolação da sentença final.

Porque encerra o processo, a extinção da punibilidade deve ser sempre declarada mediante sentença, cuja natureza é processual. Na maioria dos casos, essa declaração é feita antes da prolação da sentença penal condenatória ou antes do seu trânsito em julgado. Competente, nessas hipóteses, para a decretação da extinção da punibilidade é o juiz criminal ou o tribunal, no âmbito de suas respectivas competências.

Contudo, se acaso sua incidência ocorrer após esse julgamento meritório, ela se torna irrecorrível, como se dá quando o condenado é favorecido pela prescrição, pela anistia ou pela retroatividade de lei penal mais benéfica, ou que deixa de considerar crime um fato anterior assim definido (*novatio legis* ou *abolitio criminis*), a competência para declarar a causa extintiva da punibilidade é do juiz da execução (art. 66, I e II, LEP).

Se a extinção da punibilidade for decretada em decisão monocrática anterior ao início da execução da sentença ou de sua prolação, cabível é o recurso no sentido estrito. No entanto, se a causa extintiva da punibilidade for declarada após o trânsito em julgado da sentença penal condenatória, o recurso cabível é o agravo, previsto no art. 197 da LEP.

3. DO PERDÃO JUDICIAL

Aspecto relevante dentro das causas extintivas da punibilidade enumeradas no art. 107 do Código Penal é o atinente ao perdão judicial. O instituto é considerado por alguns setores da doutrina e da jurisprudência como de aplicação facultativa pelo juiz em face da presença, em certos tipos penais, de determinadas circunstâncias que o convencem da inaplicabilidade do preceito sancionatório, por entender que as consequências do fato atingiram o agente de forma tão grave que dispense ou torne desnecessária a aplicação da pena. Sua concessão pressupõe a prática de ilícito penal, pelo agente, e está restrita aos casos especialmente apontados pelo legislador.

A desnecessidade da aplicação da pena encontra base legal nas situações ressalvadas no próprio Código Penal. Dentre elas, pode-se enumerar o homicídio culposo (art. 121, § 5.º, CP), quando determinada mulher, que se encontra em avançado estado de gestação, embora atropelando e matando a vítima, vem a abortar em razão do acidente e a perder um irmão que viajava com ela.

O juiz, nesse caso, pode deixar de aplicar a pena se verificar que a infração penal também causou traumas e melancolia, além de consequências desastrosas e irreversíveis à condutora do automóvel, a qual também foi punida pelo resultado da sua ação criminosa. Castigar com sanção penal quem já foi naturalmente penitenciado com o erro da sua conduta é condenar duas vezes, pelo mesmo e único fato, aquele que já se encontra exaurido em sua dor.

O sofrimento do agente causador do acidente pode ser físico ou moral, como resultante da grave consequência da infração. Físico, quando atinge direta ou indiretamente o agente. Moral, quando ocorre a perda ou o ferimento em pessoa da família, tida como ente querido, como pessoa bem próxima em afinidade e em parentesco.

Alista-se também, como exemplo, o caso do indivíduo que, não dispondo de recursos para efetuar o pagamento, desloca-se em veículo de aluguel de um bairro para outro da cidade, de um município para outro do Estado ou de um Estado para outro da Federação (art. 176, CP). Diante do caso concreto, pode o juiz deixar de aplicar a pena, entendendo se encontrarem presentes as circunstâncias de ser o infrator trabalhador honesto, possuir prole numerosa e estar se deslocando pela premente necessidade de tratar assunto de interesse familiar.

Discute-se, no campo doutrinário e jurisprudencial, sobre a natureza jurídica da sentença que concede o perdão judicial. Filio-me à corrente que defende ter referida sentença natureza declaratória extintiva da punibilidade. A grande polêmica, a meu ver, gira em torno da expressão substantiva "perdão", que nos leva, embora inconscientemente, a entendê-la como pressuposto antecedente e necessário de conteúdo condenatório, pelo fato de essa palavra ensejar a existência de culpabilidade.

A teor dessa explanação, não se pode admitir como condenatória a sentença concessiva do perdão judicial, pois essa conclusão restaria paradoxal na medida em que toda condenação criminal pressupõe a aplicação de pena ao infrator. É do conhecimento geral que, nos casos de admissão do perdão judicial, a lei é taxativa e afasta a possibilidade de aplicação de pena, porque essa não foi a intenção do legislador.

Não havendo pena, não existe título executivo a ser exigido, como é próprio de toda sentença condenatória. Finalmente, não sendo condenatória a sentença concessiva do perdão judicial, nenhum dano inerente a essa modalidade de julgamento ela produz sobre a ficha penal do agente beneficiado, tais como: a reincidência, a obrigatoriedade pelo pagamento das custas processuais, a certeza da reparação do dano causado, o lançamento do nome do réu no rol dos culpados e os demais efeitos da condenação penal.

Apesar das disposições legais em que se permite a concessão do perdão judicial conterem o vocábulo "pode" ou "poderá", *v.g.*, "o juiz *poderá* deixar de aplicar a pena" (art. 121, § 5.º, CP); "o juiz *pode* deixar de aplicar a pena" (art. 140, § 1.º, CP); "o juiz *pode*, conforme as circunstâncias, deixar de aplicar a pena" (art. 176, parágrafo único, CP); "*pode* o juiz, tendo em consideração as circunstâncias, deixar de aplicar a pena" (art. 180, § 5.º, CP) etc., isso não significa dizer que o reconhecimento desse direito esteja sempre ao alvedrio exclusivo do julgador, que o negará quando e como entender.

A melhor interpretação da norma permissiva deve levar à conclusão de que, estando provados os elementos que ensejam o deferimento da medida, deve sempre o juiz concedê-la ao agente porque se trata de medida de política criminal erigida pelo Estado cuja finalidade é favorecer o infrator.

Em reforço desse argumento, acredito que o verbo "poder" e sua variação "pode" estão empregados na oração de forma imperativa, estando implícito no preceito o sentido de dever e de sua variante deve, a vincularem a decisão judicial. Isso significa que o juiz não tem a faculdade de deferir o perdão judicial, mas a obrigação de concedê-lo, conformando-se tal assertiva com a ideia, aceita por todos, de que a lei não contém palavras inúteis. Sendo assim, consentânea também com essa noção deve ser a proposta do legislador, que, certamente, não erigiu esse instituto para ser aplicado quando e como bem entender o juiz criminal.

A concessão do perdão judicial sujeita-se à presença das circunstâncias em que se consumou a infração penal ou das consequências que ela causou ao próprio agente. A atuação do juiz, nesses casos, passa, antes de tudo, pela constatação de encontrarem-se satisfeitas essas condições.

Premido pela presença de tais pressupostos legais, nada mais restará ao juiz a não ser conceder o benefício ao réu, posto tratar-se de uma garantia da lei, e não de um favor do julgador, posto tratar-se de direito subjetivo inerente à liberdade do acusado, e não de indulto pessoal do juiz, posto tratar-se de renúncia por parte do Estado em punir o infrator, e não de desejo exclusivo do juiz em perdoá-lo.

Caso contrário, resultaria a norma legal em preceito inútil, o que contrastaria com a finalidade para a qual foi criado esse instituto. Reforça, assim, o entendimento de prevenção especial, considerando que prega, sem disfarces, a concessão do perdão judicial ao réu, independentemente de sua aceitação (art. 107, IX, CP).

A sentença que conceder o perdão judicial não será considerada para efeitos de reincidência, di-lo o art. 120 do Código Penal. A disposição referida não resolveu de todo o problema, mas deu margem ao surgimento de sua interpretação por meio da Súmula 18 do Superior Tribunal de Justiça, *in verbis*:

> "A sentença concessiva do perdão judicial é declaratória da extinção da punibilidade, não subsistindo qualquer efeito condenatório".

Não há dúvida de que o enunciado da súmula retromencionada confirma o que já se encontrava legalmente estatuído pelo inciso IX do art. 107 do Código Penal, qual seja o fato inconteste de que o perdão judicial, que independe da aceitação do acusado, é causa extintiva da punibilidade expressa mediante sentença penal de natureza declaratória.

Mesmo que a situação ainda não estivesse sumulada, a discórdia quanto à natureza da sentença que concede o perdão judicial não teria sentido, em face do que explicou o Ministro da Justiça Ibrahim Abi-Ackel no item 98 da Exposição de Motivos da Nova Parte Geral do Código Penal:

> "Afastam-se, com isso, as dúvidas que ora têm suscitado decisões contraditórias em nossos tribunais. A opção se justifica a fim de que o perdão, cabível quando expressamente previsto na Parte Especial ou em lei, não continue, como por vezes se tem entendido, a produzir os efeitos da sentença condenatória".

A explicação, longe de ser ociosa, vem significar que o perdão judicial não protege apenas a primariedade do acusado que obteve o benefício, mas elimina também qualquer efeito condenatório que possa resultar do delito anterior perdoado, acaso volte novamente a delinquir.

O legislador fez a opção sabiamente correta ao dar à sentença que concede o perdão natureza declaratória. Quando isso ocorre, mormente em se tratando de norma penal, deve o intérprete evitar o argumento *a contrario sensu* por ser temerário. Em matéria penal, deve-se sempre reservar à norma benéfica a interpretação que mais favoreça o acusado, sobretudo quando existe texto expresso nesse sentido permitindo que o exegeta avance cada vez mais na direção indicada pelo legislador. O Direito Penal, porque sempre persegue a certeza e a verdade das coisas, é avesso à interpretação inexata ou dúbia.

Não se pode restringir o que a norma não pretendeu limitar. Tendo, ademais, o legislador se contentado em enumerar, na parte final do art. 120 do Código Penal, apenas o afastamento da reincidência como efeito da sentença penal, não implica dizer que estava excluindo do alcance do referido ato judicial consequências jurídicas penais comuns às condenações criminais, razão pela qual se conclui que o legislador não necessita prever tudo e que a especificação de uma hipótese não redunda em exclusão das demais - *positio unius non est exclusio alterius.*

Com efeito, não se pode confundir o perdão judicial com o perdão do ofendido. Aquele é concedido pelo juiz, na sentença penal, independentemente da vontade ou intervenção do ofendido na ação penal privada ou pública; estoutro ocorre quando é aceito pelo acusado, ou quando fica configurado pela manifestação expressa ou tácita da vítima, nos autos ou fora deles, de conduta ou atitude incompatível com o desejo de prosseguir com a ação penal de iniciativa privada já instaurada.

Não se deve confundir também o perdão do ofendido com a renúncia. É que, enquanto o perdão do ofendido pressupõe ação penal privada em curso, na renúncia a ação penal ainda não foi aforada.

Finalmente, deve ser dito que o perdão do ofendido somente produz efeito se ocorrer antes do trânsito em julgado da sentença penal condenatória, conforme dispõe o art. 106, § 2.º, do Código Penal.

Capítulo XXIII

DEFINIÇÃO JURÍDICA DO FATO

1. GENERALIDADES

Vigora em Direito o entendimento de que o juiz conhece as normas legais e sabe aplicá-las, mesmo quando isso não é expressamente requerido pelas partes em seus arrazoados. Esse postulado se assenta na parêmia latina *iuria novit curia*, que tem seu fundamento no princípio axiomático *narra mihi factum dabo tibi jus*, de largo emprego na praxe forense.

A legislação processual vigorante – e de modo expresso o art. 371 do CPC – permite que o juiz aprecie livremente os fatos e as circunstâncias constantes dos autos, ainda que não alegados pelas partes, indicando em sua decisão os motivos que lhe formaram o convencimento.

O Código de Processo Penal (art. 155) adotou o princípio do livre convencimento motivado, da livre convicção ou da verdade real, constituindo o juiz em árbitro da decisão que melhor corresponder à realidade processual, a partir dos elementos por ele colhidos durante a instrução criminal.

Ao prolatar a sentença, o juiz não está obrigado a acatar a definição jurídica idealizada pelo Ministério Público. Este promove a ação penal pública, mas é o juiz quem preside a instrução processual e define a lide penal. A mesma regra serve também para a ação penal privada.

Nesse percurso investigatório, cujo objetivo é a descoberta da verdade material, pode o juiz se convencer de que, ante os fatos constantes da peça acusatória e os que foram efetivamente apurados, haja incontestável falta de correspondência, seja porque a classificação delituosa não guarda identidade com o fato criminalizado (art. 383, CPP), seja porque existe prova nos autos de circunstância elementar não contida, explícita ou implicitamente, na queixa ou na denúncia (art. 384, CPP). A esses fenômenos jurídicos dá-se o nome respectivamente de *emendatio libelli* e de *mutatio libelli*, os quais serão estudados doravante, cada um de *per si*.

2. *EMENDATIO LIBELLI*

Ao se deparar com o julgamento do processo criminal, o juiz poderá dar ao fato criminalizado definição jurídica diversa da que constar da queixa ou da denúncia, mesmo que, em consequência, tenha de aplicar pena mais grave ao infrator.

Essa regra, que se denomina *emendatio libelli*, vem prevista no art. 383 do CPP e permite que o juiz, a qualquer tempo e antes da prolação da sentença, corrija a errônea ou equivocada classificação legal do crime, seja o delito de ação penal pública ou privada.

A *emendatio libelli* significa também uma forma de delimitação do poder acusatório do Ministério Público, uma vez que evita arbitrariedades na imputação do órgão acusador e o cometimento de injustiças contra o infrator. Por isso mesmo, a *emendatio libelli* não só corrige a regularidade da imputação como também prestigia a defesa, porque estabelece paridade de tratamento entre as partes, fixa parâmetros para a produção das provas e critérios seguros para a prolação da sentença.

Para que seja possível a correção da classificação criminosa pelo juiz, é necessário que o fato delituoso esteja legalmente descrito na peça acusatória. Ao executar esse procedimento, não estará o juiz extrapolando a sua função jurisdicional, mas ajustando o fato delituoso à correta capitulação penal, baseado no pressuposto de que o acusado não se defende da classificação feita na denúncia ou na queixa, mas sim da imputação a ele dirigida.

É evidente que os fatos não se alteram com a *emendatio libelli*, nem a legitimidade de quem os imputa ao acusado, mas apenas a tipificação penal, que é corrigida para a justa adequação aos mesmos. Isso equivale a dizer que a titularidade da ação penal não é afetada, muito menos seus primitivos termos.

Em direito penal vigoram os princípios da verdade real e da materialidade do crime. Ao Estado interessa não só punir o infrator, mas sobretudo estabelecer corretamente o ilícito criminal para ajustar de modo proporcional e suficiente a exata sanção penal. É o que chamamos de correlação entre a acusação e a sentença.

A retificação ou emenda do libelo pode ter como consequência, no plano da aplicação da lei penal, com base na nova capitulação: 1) a inalterabilidade da pena; 2) a modificação da situação do réu para melhor, com a atenuação ou diminuição da pena; 3) a modificação da situação do réu para pior, com a agravação ou o aumento da pena.

Nesse estágio não será permitido o aditamento da queixa ou da denúncia para inclusão de fato novo. Ao corrigir a definição jurídica constante do pedido acusatório, visa o juiz atender ao princípio da correlação entre a imputação dirigida ao acusado e a sentença que será elaborada. O trabalho restaurador do magistrado, nesse momento, assemelha-se ao do editor de arte que procura corrigir as distorções deixadas na imagem, por defeito da sua produção, da ação do tempo, da fotocomposição ou da revelação.

Por se tratar de simples correção operada pelo magistrado, em face de flagrante equívoco da acusação, nada obriga a que haja intervenção da defesa nessa fase, considerando-se que não haverá o fator surpresa a justificar o atendimento a esse direito, o qual, nem por isso, estará sendo cerceado.

Deve ser assinalado que a *emendatio libelli* se caracteriza pelo fato de haver o titular da ação penal (queixa ou denúncia) laborado em equívoco ao atribuir ao réu a autoria de fato criminoso diverso do imputado na peça acusatória, sem atinar para o manifesto engano.

Do ponto de vista legal, a correção dessa impropriedade acusatória é perfeitamente possível e aceitável, não somente porque representa norma expressa do Código de Processo Penal, mas principalmente porque a Constituição Federal assegura sua aplicação, na medida em que confere ao juiz o papel de distribuir justiça de maneira justa e acertada.

Afinal, o trabalho do juiz, nessa ocasião, representa apenas um estágio transitório do processo que somente se tornará estável e definitivo quando a decisão que o declarou transitar em julgado. Isto não quer dizer que a *emendatio libelli* não possa ser também aplicada pelo tribunal, em grau de recurso, por exemplo, no exame da apelação. Todavia, se o recurso for exclusivo do acusado, o tribunal não poderá aplicar a *emendatio libelli* para agravar a pena cominada na instância monocrática, porque o art. 617 do CPP veda a *reformatio in pejus*.

Ao determinar a correta classificação delituosa, não estará o juiz infringindo o contraditório nem agindo *contra legem*, pois a experiência doutrinária endossa essa conduta:

> "Pode-se dizer que a única classificação definitiva é a que se estabilizou com o trânsito em julgado da sentença; as demais são provisórias e podem ser modificadas na decisão seguinte. Desde que os fatos sobre os quais incide sejam sempre os mesmos, a alteração da classificação independe de qualquer providência ou procedimento prévio, inexistindo nisso qualquer cerceamento de defesa ou surpresa, porque o acusado defende-se de fatos e não da classificação legal, ainda que o juiz deva aplicar pena mais elevada em virtude da nova classificação"[1].
>
> "Pela *emendatio libelli*, mantêm-se os fatos narrados - o juiz não poderá modificar a descrição fática contida na exordial -, mas se conclui que esses fatos - que constituem a *causa petendi* da demanda - correspondem a um tipo penal diverso daquele atribuído pela acusação na peça inicial"[2].

1 GRECO FILHO, Vicente. *Manual de processo penal*. São Paulo: Saraiva, 1991. p. 287.
2 BONFIM, Edilson Mougenot. *Curso de processo penal*. 9. ed. São Paulo: Saraiva, 2014. p. 583.

A visão pretoriana preserva o mesmo entendimento doutrinário, assegurando ao juiz, sem ressalvas, o poder para emendar a acusação:

> "Em decorrência da mencionada autonomia decisória do juiz, pode ele dar ao fato definição jurídica diversa da que constar da peça acusatória, ainda que tenha de aplicar pena mais grave (art. 383). Essa a figura da *emendatio libelli*" (STF, HC 94.443/MS, 1.ª Turma, Rel. Min. Carlos Ayres Britto, *DJe* 08/10/2010).
>
> "Nos moldes do entendimento sufragado no âmbito deste STJ, cuidando-se de hipótese de *emendatio libelli*, e não de *mutatio libelli*, mostra-se despicienda a abertura de vista à defesa para prévio contraditório, tendo em conta que o réu se defende dos fatos, e não da capitulação jurídica descrita na inicial acusatória" (STJ, REsp 1520203/SP, Rel. Min. Maria Thereza de Assis Moura, 6.ª Turma, j. 15/09/2015, *DJE* 1.º/10/2015).
>
> "Em se tratando apenas de *emendatio libelli*, e não de *mutatio libelli*, não é necessária a abertura de vista à defesa, pois o réu se defende dos fatos, e não da capitulação jurídica a eles atribuída na denúncia" (STJ, REsp 1095381/PE, Rel. Min. Sebastião Reis Júnior, 6.ª Turma, j. 1.º/10/2013, *DJE* 11/11/2013).
>
> "Quando a nova classificação prescindir de elementar não contida na denúncia, sua concretização ocorre com a simples correção da capitulação legal, em face dos fatos suficientemente narrados, excludente da tese de nulidade por maltrato ao contraditório. Não há, por outro lado, necessidade da baixa dos autos, posto que não se configura a hipótese do art. 384 do CPP - *mutatio libelli*, mas a do art. 383 - emendatio libelli" (STJ, 6.ª Turma, Rel. Min. Fernando Gonçalves, HC 8.613/GO, *DJU* 24/05/1999, *RT* 768/530).

Confirmando o raciocínio exposto, pode-se dizer que na *emendatio libelli* o juiz corrige a errada classificação do delito formulada pelo órgão acusador (privado ou público) sem modificar os fatos, ou seja, os termos da imputação dirigida ao acusado, por representar esta o fato concreto resultante da ação delituosa do agente.

Na verdade, desde a minha estreia como advogado e, posteriormente, como professor universitário, sempre entendi que o juiz criminal pode fazer essa correção desde o recebimento da peça acusatória, pois, prevendo que terá de assim proceder na fase de julgamento do processo, poderá logo antecipar-se a essa etapa da decisão meritória, a exemplo do que faz em casos que envolvem, *mutatis mutandi*, a aplicação da prescrição antecipada ou virtual.

A constatação de erro jurídico na classificação penal do fato descrito na denúncia ou na queixa permite ao juiz, antes do seu recebimento, proceder à correção da exordial, pois o recebimento da peça acusatória com a tipificação adequada à imputação narrada estabelecerá, de logo, a fixação da competência, o acerto do procedimento a seguir, a linha de defesa do acusado, bem como outras formalidades legais para o natural desenvolvimento do processo.

Na atualidade existe entendimento doutrinário[3] de que, embora a *emendatio libelli* exista para o ajustamento de eventuais distorções da imputação, é prudente que o juiz leve ao conhecimento das partes a intenção de dar aos fatos nova classificação jurídica, a fim de que tomem conhecimento e não sejam surpreendidos com a emenda que pretende fazer em relação à classificação delituosa outrora entendida como equivocada.

Os juristas que assim entendem partem do pressuposto de que essa é uma influência que o vigente CPP sofreu do CPC de 2015, que manda observar o contraditório sempre que o juiz for proferir decisão surpresa, que possa violar direito ou resultar em prejuízo dos interesses de qualquer uma das partes.

Discordo do entendimento novidadeiro[4], *data venia*, porque não enxergo nesse ato o que se denomina, em processo civil, decisão surpresa. Não obstante essa nova diretriz do Código de Processo Civil (art. 9.º), que se pretende estender para o processo penal, entendo que, caso o juiz do processo penal não aplique essa diligência, em nada se poderá acoimar de arbitrária ou de nula a sentença que decida pela correção *inaudita altera pars* da capitulação legal e, de logo, julgue o processo com a nova definição jurídica, conforme o convencimento motivado do prolator desse ato. É que a situação fática imputada ao acusado não será alterada com a correção da capitulação penal, a qual objetiva apenas eliminar equívocos de natureza jurídica e assegurar a estabilidade da sentença a ser prolatada.

Situação pior ocorrerá se, ao oportunizar a oitiva das partes, alguma delas ou ambas, com o intuito claro de balburdiar a marcha processual, postular medidas procrastinatórias, por exemplo, a suspeição do juiz por entender que está antecipando o propósito de julgar o processo de determinada maneira.

Ressalvo, no entanto, que a única situação que poderá exigir do juiz a observação do princípio do contraditório será quando, ao proceder à *emendatio libelli*, a nova capitulação penal elevar a pena a ser cominada, pois neste caso as consequências da sanção penal poderão ser mais graves.

Todos os sujeitos da relação processual têm o dever de garantir coerência e segurança jurídica aos atos que praticam, visto que eles são praticados no interesse da dinâmica, e não da desordem processual. Ao corrigir a capitulação penal para ajustá-la aos fatos narrados, o juiz não pretende instaurar insegurança jurídica nos autos, nem exercer função própria da parte acusadora, mas estabelecer um

---

3 Assim entendem Gustavo Badaró, Diogo Malan e Benedito Roberto Garcia Pozzer.

4 Guilherme de Souza Nucci, Tourinho Filho, Nestor Távora, Rosmar Rodrigues Alencar, Fabrício Castagna Lunardi e Luiz Otávio Rezende comungam da minha opinião.

elo entre o que se alega contra o acusado e a exata tipificação penal, olvidada pela peça acusatória. É o que se chama princípio da correlação *iudex iudicare debet secundum allegata et probata partium.*

Desse modo, penso que a tentativa de ouvir as partes sobre a correção da classificação penal - ainda que elas concordem - em nada vai alterar a convicção do juiz, nem colaborar para o resultado do julgamento do processo, porque a hipótese aqui estudada nenhuma semelhança guarda com a *mutatio libelli.*

Ressalto, porém, que, se em consequência de definição jurídica diversa, houver possibilidade de proposta de suspensão condicional do processo, o juiz deverá ouvir as partes previamente, pois sua decisão importará na aplicação de medidas que dependem da manifestação do acusador e do acusado. O Ministério Público, a despeito de manifestar-se obrigatoriamente como parte, pode ainda manifestar-se como *custos legis*. Essa regra também se aplica à *mutatio libelli*, tema que será objeto de análise a seguir.

3. *MUTATIO LIBELLI*

Embora a Constituição Federal tenha reservado ao Ministério Público a exclusividade da ação penal pública, dando-lhe a primazia da imputação penal, ao órgão ministerial não cabe dizer o direito. Ao juiz, sim, por ser função exclusiva do Poder Judiciário. Compete, portanto, ao magistrado cooperar para o ajustamento do fato narrado na peça acusatória, diante das provas apuradas durante o sumário de culpa, e adequá-lo à correta definição jurídica, porque a persecução penal deve se dirigir contra fatos consumados e não contra situações ou hipóteses subsequentes e futuras.

Na *mutatio libelli*, os fatos narrados na denúncia ou na queixa não se alteram por ingerência do juiz, mas em face da instrução probatória ulterior, ou seja, de prova existente nos autos de elementar ou circunstância da infração penal não contida na peça acusatória oferecida inicialmente, mas que circunvolveram a hipótese ventilada na acusação, embora não estivessem presentes implícita ou explicitamente ao tempo do aforamento da exordial.

Concluída a instrução criminal e não tendo o juiz ordenado diligências para sanar qualquer nulidade ou suprir falta que prejudique o esclarecimento da verdade, estando, por essa razão, pronto o processo para julgamento, pode o juiz decidir pela desclassificação do delito se reconhecer a possibilidade de nova definição jurídica do fato, em consequência, repita-se, de prova existente nos autos de elementar ou circunstância, não contida explícita ou implicitamente, na denúncia ou na queixa.

O que move a conduta do juiz nessa hipótese de *mutatio libelli*, arrolada na atual redação do art. 384, *caput*, do CPP, é essencialmente a prova nos autos da existência de elemento ou circunstância da infração penal não referida pela peça acusatória, a ponto de prejudicar o julgamento da causa sobre esse fundamento, porque o réu dela não se defendeu por falta de conhecimento. A *mutatio libelli* significa, no processo penal, mudança de acusação em virtude do surgimento de fatos, durante a instrução criminal, não mencionados no pedido inicial acusatório.

Apesar de o legislador haver empregado na nova redação do dispositivo antecitado as expressões elemento e circunstância, os autores costumam explicá-los de maneira individual, dizendo o que é circunstância e o que é elementar. A discussão é muito mais acadêmica do que essencialmente prática, principalmente porque o legislador não tratou de explicitá-la na lei nem lhe garantiu a importância que a doutrina lhe dispensou necessariamente.

A circunstância é tida como o ente processual que não faz desaparecer o delito tipificado, pois sua função é simplesmente fazer com que a pena aumente ou diminua. A elementar vem a ser a entidade jurídica que possui a finalidade de modificar a tipificação originária ou fazê-la desaparecer.

Portanto, num conceito basilar, deve-se entender como circunstância elementar o fenômeno que possui a capacidade de deslocar a definição jurídica do fato contido na peça acusatória para outra, em face de dados colhidos durante a instrução criminal, que atingem a própria natureza e fisionomia do fato criminoso apontado na denúncia ou na queixa, modificando-a jurídica e substancialmente. Por esse motivo, referidos dados podem conduzir ao desaparecimento da infração penal primitiva, à sua redefinição, ao aumento ou à diminuição da pena, bem como à inalteração desta.

Clarificando mais ainda o enunciado, pode-se dizer que, ante a presença de elemento ou circunstância, nos termos previstos no art. 384, *caput*, do CPP, podem ocorrer as seguintes hipóteses: a) o reconhecimento da circunstância elementar, pelo juiz, em nada afetará a pena a ser aplicada, deixando-a inalterada; b) o acolhimento da circunstância elementar atingirá a pena a ser aplicada, diminuindo-a; c) a modificação da situação do réu para pior, com a agravação ou o aumento da pena.

Detectada a existência de circunstância elementar, não contida explícita ou implicitamente na denúncia ou na queixa, em consequência de prova existente nos autos, o Ministério Público deverá aditar a denúncia ou queixa, no prazo de cinco dias, reduzindo-se a termo o aditamento quando feito oralmente. Havendo necessidade de produção de prova, o órgão acusador poderá arrolar, para inquirição na instrução que se procederá, até três testemunhas. Neste caso, não se está dando definição jurídica diversa ao fato, mas nova definição jurídica.

A nova regra encontra respaldo na doutrina, conforme lecionamento de Benedito Roberto Garcia Pozzer, *in verbis*:

> "Inconcebível alguém ser acusado por um fato e condenado por outro. A simetria entre acusação e sentença é reclamada como garantia da fidelidade

> do julgamento judicial, ao fato concreto. Pelo confronto, entre uma e outra, resulta possível a apuração da correspondência. Indispensável, portanto, conhecer cada elemento formador da acusação, para constatá-los na sentença"[5].

Embora ministrado anterior a nova redação do art. 384 do CPP, o lecionamento de Eugênio Pacelli de Oliveira é bastante esclarecedor:

> "Enquanto na *emendatio* a definição jurídica refere-se unicamente à classificação dada ao fato, aqui, na *mutatio libelli*, a nova definição será do próprio fato. Não se altera simplesmente a capitulação feita na inicial, mas a própria imputação do fato (...). Assim, uma vez realizada a instrução criminal, se o juiz entender provada a existência de outro fato, não contido (nem implicitamente) na denúncia ou na queixa, poderá ele mesmo alterar a inicial da ação penal, para o fim de nela incluir a circunstância elementar que entendeu provada. Uma observação: circunstância elementar contida implicitamente seria aquela decorrente de simples processo dedutivo, lógico, independentemente, por isso mesmo, de explicitação (...). Na *mutatio*, o que ocorre não é simples alteração do elemento subjetivo da conduta, mas a imputação de ocorrência de novo fato. A espécie de desclassificação que dela surge não decorre também de simples juízo de adequação do fato à norma, mas, repetimos, de nova imputação fática (...). Quem detém a titularidade da ação é justamente quem pode se convencer da existência de fato novo, ou circunstância elementar, que poderia implicar a alteração da acusação, com a consequente alteração da definição jurídica"[6].

Baseado no fato de que o juiz não pode ficar refém de classificação jurídico-penal da qual discorde, Pedro Malan vaticina que:

> "O dispositivo em análise prevê que a iniciativa do aditamento do Ministério Público, tratando-se de poder-dever decorrente do princípio da obrigatoriedade da ação penal de iniciativa pública. Não obstante, caso o Juiz entenda ter havido omissão quanto ao sobredito poder-dever, pode remeter a questão à chefia da instituição ministerial (CPP, art. 28). Essa função judicial anômala de fiscalização da obrigatoriedade da ação penal é indispensável, podendo implicar juízo de valor extemporâneo sobre o mérito da causa. (...) O aditamento ministerial cabe em caso de ação penal de iniciativa pública (incondicionada, condicionada à representação ou requisição) ou de iniciativa privada subsidiária da pública"[7].

---

5 POZZER, Benedito Roberto. *Correlação entre acusação e sentença no processo penal brasileiro*. São Paulo: IBCCrim, 2001. p. 127.

6 OLIVEIRA, Eugenio Pacelli de. *Curso de processo penal*. 4. ed. Belo Horizonte: Del Rey, 2005. p. 479-480.

7 MALAN, Pedro. *Código de Processo Penal comentado*. Coordenação Antonio Magalhães Gomes Filho, Alberto Zacharias Toron e Gustavo Henrique Badaró. 4. ed. rev., atual. e ampl. São Paulo: Thomson Reuters Brasil, 2021. p. 815.

Com a nova redação do art. 384 do CPP, introduzida pela Lei n.º 11.719/2008, fica claro que somente pode ocorrer a *mutatio libelli* mediante a iniciativa do Ministério Público. No entanto, essa inquestionável legitimidade não retira a iniciativa do juiz em provocar a manifestação do referido órgão acusador, se este permanecer inerte. Se, embora provocado, nenhuma atitude tomar, pode o juiz dirigir expediente ao procurador-geral de justiça. A prova inconteste disso está no fato de o juiz poder utilizar o disposto no art. 28 do CPP, caso o *parquet* permaneça omisso ou se recuse a proceder ao aditamento, conforme dispõe o § 1.º do art. 384.

O aditamento da peça acusatória, quer tenha sido resultante da iniciativa do Ministério Público, quer tenha sido provocado ao referido órgão acusador pelo juiz, não retira a independência do magistrado para apreciar com liberdade a adequação do conteúdo da acusação aos fatos apurados durante a instrução probatória. Nessa perspectiva, o juiz pode condenar ou absolver o acusado com base no aditamento (art. 384, § 4.º, CPP). Pode também rejeitar o aditamento, nos termos do art. 395 do CPP, se verificar que a alteração da acusação não é compatível com a nova definição jurídica do fato, em consequência de prova existente nos autos de elemento ou circunstância da infração penal não contida na queixa ou na denúncia. Neste caso, a tramitação do processo prosseguirá com base na acusação originária (art. 384, § 5.º, CPP) para julgamento final, conforme o entendimento do juiz.

Feito o aditamento, não haverá nova citação do acusado, mas apenas a intimação do seu defensor para que fale nos autos, no prazo de cinco dias, e arrole testemunhas, em número máximo de três, para serem inquiridas na audiência que o juiz designará oportunamente, se não rejeitar o aditamento.

A instrução processual deverá ser reaberta integralmente e ter prosseguimento normal até os seus ulteriores termos, independentemente do requerimento das partes, devendo ser realizada nova oitiva da vítima, inquirição de testemunhas, interrogatório do acusado, diligências, realização de debates orais e julgamento. De qualquer modo, o processo seguirá o rito procedimental normal até seus atos derradeiros, repita-se, ainda que o juiz rejeite o aditamento.

O que não deve ser admitido é a retomada do curso do processo sem a observância dessa formalidade, posto malferir direitos que se encontram protegidos por inúmeros princípios constitucionais e processuais previstos na carta constitucional e nas leis do processo penal em vigor. Nesse sentido, é unânime o entendimento jurisprudencial:

> "Processo penal. *Mutatio libelli.* É nula a sentença que condena o acusado por crime não descrito na denúncia, sem oferecer-lhe oportunidade para manifestar-se, na forma do art. 384 do CPP. Observância dos princípios da

> ampla defesa e do contraditório" (REsp 111.642/MG, Rel. Min. Fernando Gonçalves, *DJ* 19/05/1997, p. 20700, *RT* 762/568).
>
> "O princípio da correlação entre a imputação e a sentença representa uma das mais relevantes garantias do direito de defesa, que se acha tutelado por via constitucional. Qualquer distorção, sem observância do disposto no art. 384 da Lei Processual Penal, significa ofensa àquele princípio e acarreta a nulidade da sentença" (REsp 44.619/AM, Rel. Min. Pedro Acioli, *DJ* 30/05/1994, *RT* 762/569, p. 1521).
>
> "A correlação entre a imputação e a sentença é uma garantia constitucional assegurada ao réu, pois permite que ele se defenda apenas dos fatos que lhe forem imputados, sendo que a sua inobservância constitui nulidade insanável. (...) O princípio da correlação entre a imputação e a sentença representa uma das mais relevantes garantias do direito de defesa, que se acha tutelado, por via constitucional. Ninguém pode ser punido por fato que não lhe foi imputado. Na medida em que se descreve, com pormenores, um episódio criminoso atribuindo-o a alguém, a denúncia fixa os limites de atuação do Juiz, que não poderá decidir além ou fora da imputação. A sentença espelha, portanto, a imputação, refletindo-a nos seus exatos contornos. Qualquer distorção na imagem significa uma ofensa ao princípio da correlação e acarreta a nulidade da sentença. É fundamental a existência de correlação entre a acusação e sentença, princípio que representa uma das garantias constitucionais do direito de defesa" (Apelação Criminal n.º 70010430874, 7.ª Câmara Criminal, TJRS, Rel. Sylvio Baptista Neto, j. 19/05/2005).

As hipóteses que antes estavam condensadas no art. 384 e seu parágrafo único atualmente se encontram distribuídas entre o *caput* e os cinco parágrafos desse dispositivo, a partir da nova redação que lhe foi dada pela Lei n.º 11.719/2008. A *mutatio libelli* agora vem mais bem explicada. O objetivo é afastar suposições que outrora existiam sobre se a iniciativa do juiz em provocar a *mutatio libelli* junto ao Ministério Público implicaria invasão de legitimidade do órgão acusador, assim como manifestação antecipada de prejulgamento. Essa questão está superada atualmente, haja vista que o juiz somente provocará a manifestação do órgão acusador se este for omisso.

Seguindo essa ótica, deverá o juiz, em decisão fundamentada, caso ocorra a inércia do Ministério Público em aditar a peça acusatória, no prazo de cinco dias, abrir vista ao referido órgão, a fim de que seja aditada a denúncia ou a queixa, intimando-se, em seguida, o acusado, na pessoa de seu defensor, para, no prazo de cinco dias, oferecer defesa escrita e produzir prova contrária à nova capitulação, bem como arrolar testemunhas, até o máximo de três.

O texto do art. 384, *caput*, do CPP dissipa dúvidas da redação anterior e traz algumas particularidades que necessitam ser analisadas. A primeira constatação deixa claro que o Ministério Público tem a obrigação de aditar a queixa ou a denúncia, acaso esteja provada a existência nos autos de elemento ou circunstância da infração penal não contida na acusação.

Outro aspecto a ser considerado é o relativo ao fato de que, embora não resulte claro da disposição em estudo, é possível também a incidência da *mutatio libelli*, e o consequente aditamento da peça acusatória pelo *parquet*, quando tratar-se de ação penal exclusivamente privada pela aplicação analógica do art. 3.º do CPP, caso o querelante não o faça, no quinquídio legal, após ser provocado pelo juiz ou pelo próprio representante do órgão ministerial.

A nova classificação do delito visa ao aperfeiçoamento da atividade penal acusatória com base nos elementos circunstanciais que a realidade processual suscitou. Tem-se em mira a correção material da hipótese preambular imputada ao infrator, a qual se desfigurou com a instrução criminal ultimada.

Na atribuição que é conferida ao Ministério Público para aditar a peça acusatória, não lhe é permitido o direito ou poder para a inclusão de fato novo, tendente a modificar completamente o histórico processual ou a desvirtuar o motivo que deu margem à definição jurídica do fato imputado originariamente ao réu. Dessarte, a *mutatio libelli* deve ficar restrita à nova definição jurídica do fato concebida pelo representante ministerial, na forma preconizada pelo art. 384, *caput*, do CPP.

Bem apropriada, nesse particular, é a ensinança de Pedro Malan:

> "O juiz não pode julgar nenhum fato naturalístico estranho ao objeto da imputação (*ne eat iudex extra acusatio*), nem fato naturalístico além (*ne eat iudex ultra acusatio*) ou aquém (*ne eat iudex citra acusatio*) do sobredito objeto, do contrário haverá nulidade absoluta da sentença penal"[8].

O julgamento da ação penal com base na *mutatio libelli*, sem o conhecimento prévio do acusado, na forma e no prazo legal, implica a nulidade da sentença por representar violação aos princípios do contraditório, da ampla defesa e do devido processo legal, bem como ao princípio da correlação e ao direito que a lei lhe assegura de conhecer a nova definição jurídica do fato imputado para defender-se amplamente.

Por isso é que é defeso o reconhecimento da *mutatio libelli* na segunda instância, em razão do que dispõem o art. 384 do CPP e seus parágrafos. Na verdade, a vedação resulta de entendimento sumulado por meio do verbete 453 do STF.

Desse modo, se o acusado ao qual foi imputado o crime do art. 157 do Código Penal foi absolvido na instância *a quo*, não pode o Ministério Público

8 MALAN, Pedro. Op. cit., p. 815.

pleitear, em sede recursal, a desclassificação do delito para o art. 155 do mesmo código e a condenação do réu nas penas desse dispositivo incriminador, porque esse fato não foi submetido ao procedimento do art. 384, *caput*, do CPP[9] no primeiro grau de jurisdição.

4. PRONÚNCIA E DEFINIÇÃO JURÍDICA DO FATO

Nos processos da competência do Tribunal do Júri, ao concluir a instrução criminal, o juiz poderá pronunciar o acusado, impronunciá-lo, absolvê-lo sumariamente, declarar extinta a sua punibilidade ou desclassificar a infração penal mantendo a competência do próprio júri ou deslocando-a para outro juízo. O argumento para a adoção dessa conduta encontra-se calcado nos arts. 413, 418 e 419 do CPP.

Interessa-nos, porém, estudar nesta oportunidade apenas a matéria atinente à desclassificação da infração penal na fase da pronúncia. Antes de mais nada, é necessário esclarecer que o vocábulo *desclassificação*, tal como está empregado em processo penal, mormente no código respectivo, é expressão sinônima de nova classificação delituosa, no sentido de deslocar a tipificação concebida inicialmente pelo titular da *persecutio criminis in judicio* para outra em face do surgimento de elementos definidores e constitutivos da nova figura penal durante a instrução criminal. Em resumo, a desclassificação de crime pode ser conceituada como nova classificação ou definição jurídica do fato.

Por isso, no sentido jurídico do termo, é correto afirmar que a desclassificação penal pode: a) remeter a delito mais grave (agravação da pena); b) incidir sobre delito de igual gravidade (manutenção da pena); c) recair sobre delito de menor gravidade (diminuição da pena), acorde com o disposto nos arts. 383, 384, 413, 418 e 419 do CPP.

O ato processual que desclassifica a infração penal é manifestado mediante decisão interlocutória, quer seja alterada ou não a competência do júri, por não decidir a questão meritória. A via recursal impugnativa, entretanto, somente será aberta se a desclassificação concluir pela incompetência do Tribunal do Júri e pela competência do juiz singular ou do Juizado Especial Criminal (art. 581, II, CPP).

Não há previsão recursal ordinária quando, embora desclassificada a infração penal, a competência permanece sendo do júri. Nessa hipótese, e dependendo

9 O mesmo raciocínio deve ser utilizado para a hipótese em que alguém é condenado pela prática do crime do art. 121, *caput*, do Código Penal, mas, em razão da interposição de recurso de apelação, o tribunal resolve fazer a desclassificação para o art. 129, § 3.º, do mesmo diploma legal. Trata-se de vedada *mutatio libelli* que desloca a competência do júri para a do juiz singular sem a precedente observância do contraditório, da ampla defesa e do devido processo legal na instância monocrática.

do procedimento judicial adotado (erro, abuso ou inversão tumultuária do processo), pode a decisão ser atacada mediante correição parcial ou por meio de reclamação, conforme o que dispuser o regimento interno do tribunal ou a Lei de Divisão e Organização Judiciárias do Estado. Outra opção seria a impetração de *habeas corpus*. Os demais casos, não alcançados pelo inciso II do art. 581 do CPP, e aqui não examinados, devem ser suscitados por via da apelação, após o julgamento do mérito (art. 593, I, CPP), como matéria preliminar.

Quando o juiz desclassifica a infração penal para outro crime doloso que não seja contra a vida ou para crime culposo, os autos do processo deverão ser remetidos ao juízo para o qual for feita a declinação, se o próprio autor da decisão não for o competente para julgá-lo, nos termos do art. 419 do CPP.

Algumas questões de ordem técnica podem surgir, a saber: 1) Pode o juiz, ao remeter o processo ao juízo para o qual declinar a competência, apontar a nova classificação da infração penal? 2) Pode o juiz que recebe o processo, após a desclassificação da infração penal, suscitar o conflito de competência?

Quanto à primeira indagação, entendo que sempre haverá necessidade do juiz dizer, na decisão que expressa a desclassificação, qual a nova infração a ser apurada, mesmo que haja na comarca apenas uma vara. Explica-se: toda decisão judicial deve ser fundamentada e clarividente. O magistrado que fez a desclassificação pode licenciar-se posteriormente, entrar em gozo de férias, ser promovido ou removido, aposentar-se etc., deixando com o seu afastamento inconclusa a operação que iniciou e causando, assim, verdadeira perplexidade ao seu sucessor ou substituto.

Além disso, contribuirá, com a ausência de fundamentação, para o entorpecimento da defesa do acusado que não saberá do que se defender perante o juízo para o qual for deslocada a competência jurisdicional. Não obstante ser obrigatória a reabertura do procedimento previsto no art. 400 e seguintes do CPP, a nova tipificação, ainda que genérica, impõe-se por uma questão de respeito a inúmeros princípios processuais, dentre os quais sobrelevam o do contraditório e o da ampla defesa.

Não se pode deslembrar também que, após a entrada em vigor da Lei n.º 9.099/95, algumas infrações que eram julgadas pelo juiz singular passaram a ser da competência dos Juizados Especiais Criminais. Assim, ao desclassificar uma infração da competência do Tribunal do Júri (tentativa de homicídio) para outra (lesão corporal) que importe o deslocamento do julgamento para outro órgão (juiz singular ou juizado criminal), deverá o magistrado desde logo afirmar, pelo menos num exame preambular ou hipotético, qual a nova capitulação penal, a fim de que seja efetuado o direcionamento imediato dos autos do processo ao juízo pelo qual a tramitação processual deva prosseguir até os seus ulteriores termos.

No tocante ao segundo ponto, temos que se apresenta impossível ao juízo para o qual foram remetidos os autos do processo suscitar o conflito de competência, pois não se poderá mais reabrir a discussão sobre questão que já sofreu o efeito da preclusão. Havendo, entretanto, equívoco manifesto de julgamento por parte do juiz declinante ao remeter o processo, poderá sempre o juiz que receber os autos corrigi-lo, reencaminhando o feito para o juízo competente.

Tal situação se verificará, por exemplo, quando, em vez de determinar a remessa dos autos do processo para o juizado criminal, o juiz declinante, por um lapso, remetê-los para uma vara criminal, estando assim escrito em sua decisão. Por se tratar de equívoco pessoal ou erro material de julgamento, poderá o próprio juiz prolator removê-lo se detectá-lo a tempo, independentemente da provocação da parte interessada ou do juiz para onde foi declinada a competência.

É sabido que a decisão que conclui pela incompetência do juízo, em matéria penal, é suscetível de impugnação por meio do recurso no sentido estrito. Se a parte interessada não se insurgiu tempestivamente contra essa decisão, deixando-a transitar em julgado, descabe ao novo juiz suscitar conflito negativo, sob pena de subversão da ordem processual e de instituir-se em seu favor a criação de novo prazo e de novo recurso.

Estando essa nova definição jurídica sedimentada pela aceitação das partes ou pelo trânsito em julgado da decisão, não poderá o juiz que receber os autos do processo restaurar a classificação anterior afastada pelo *decisum* desclassificatório. O argumento em questão guarda correspondência com o entendimento pretoriano:

> "Se o juiz que recebeu o processo entender pela restauração da classificação penal afastada pela decisão desclassificatória proferida com base no art. 410, estará vulnerando uma decisão irretratável" (STJ, Rel. Min. Barros Monteiro, *RTJ* 47/313).

Existe, no entanto, posição doutrinária[10] e jurisprudencial em contrário que entende ser possível a provocação da matéria, mediante conflito negativo de jurisdição, pelo juiz que recebeu o processo, a fim de que seja confirmada pela instância superior a competência do júri. Veja-se o julgado abaixo:

> "Na hipótese do art. 410 do CPP mesmo se, da decisão desclassificando a competência do júri, não houver recurso (CPP, art. 581, II), não fica por ela obrigado o juízo a que os autos se remetam. Se este discordar, suscitando

10 TOURINHO FILHO. *Manual de processo penal*. São Paulo: Saraiva, 2001. p. 498. Ainda, apoiado em lecionamento de Magarinos Torres, Espínola Filho, *Código de Processo Penal Brasileiro anotado*. Campinas: Bookseller, 2000. v. IV. p. 332.

> conflito negativo de jurisdição, julgado procedente pelo Tribunal, dando-se pela competência do júri, não há falar em nulidade do processo, porque transitada em julgado a decisão desclassificando o delito" (STF, Rel. Min. Néri da Silveira, HC 59.593-6/SP, *DJU* 05/12/1982, *RTJ* 104/589, p. 12485).

O argumento não convence, muito embora esteja auspiciado por acórdão da Suprema Corte. A ausência de impugnação à decisão desclassificatória tornou definitivo o juízo para o qual foi deslocada a competência, a qual somente poderá ser removida se, a partir daí, surgir algum fato superveniente diverso do que foi objeto da declinatória.

Havendo recurso contra a decisão desclassificatória e desde que confirmada pela instância superior, a possibilidade do juízo para o qual foi determinada a remessa dos autos suscitar conflito negativo para restabelecer a definição penal anterior e, por consequência, a competência do juízo declinante é totalmente inviável, porque o juízo *a quo* fica obrigado a cumprir o julgamento de segundo grau.

Ao desclassificar a infração penal tendente a deslocar a competência de um juízo para outro, o magistrado prolator da decisão orienta-se pelas leis de processo penal e de divisão e organização judiciárias do Estado para definir o juízo a quem deve ser remetido o caso. Aí reside, de maneira insofismável, a competência jurisdicional de todos os órgãos e autoridades judiciais do Estado em matéria criminal, conforme a natureza do delito. Não há como o juiz errar nessa transposição jurídica.

Estabelecido o novo juízo competente, deverá ser retomado o curso da ação penal, acorde com o disposto nos arts. 394 e seguintes do CPP, se o julgamento for deslocado para o juiz singular. De outra parte, passando o julgamento a ser da competência do Juizado Especial Criminal, a tramitação processual deve obedecer ao disposto no art. 60 e seguintes da Lei n.º 9.099/95, no que for aplicável, conforme a natureza da infração penal.

Na hipótese da desclassificação recair em crime da competência específica dos Juizados Especiais Criminais, nada impede que o juiz prolator da decisão desclassificatória tenha sua jurisdição prorrogada e permaneça na direção do processo até decisão final. Aqui estarão sendo preservados os princípios da economia e celeridade processuais, dentre outros. Nesse caso, deve o juiz cumprir obrigatoriamente o procedimento adotado pela Lei n.º 9.099/95, como anteriormente demonstrado.

Apenas para reforçar o argumento, deve ser dito que essa prática pode ser recomendada aos juízes, por meio de provimentos e de resoluções dos tribunais do país, com o intuito de evitar o assoberbamento de serviço nos Juizados Especiais Criminais. Pergunta-se: existe prejuízo nessa prática? Evidente que não, desde que seja respeitado o *due process of law* instituído para os delitos da competência de tais unidades jurisdicionais.

Ressalto, porém, que, se em consequência de definição jurídica diversa, houver possibilidade de proposta de suspensão condicional do processo, o juiz deverá ouvir as partes previamente, pois sua decisão importará na aplicação de medidas que dependem da manifestação do acusador e do acusado.

É importante essa observação, porque o procedimento do júri (bifásico) é marcado por duas fases distintas e procedimentos específicos. Sendo assim, exige a correlação obrigatória entre pronúncia e a posterior quesitação, uma vez que o libelo foi excluído de sua tramitação processual. Correlação essa que decorre não só da garantia da plenitude de defesa e do contraditório do réu - que não pode ser surpreendido com nova imputação em plenário –, mas também da necessidade de observância da paridade de armas entre acusação e defesa.

Daí a impossibilidade de alteração, na segunda fase do procedimento do júri (*judicium causae*), das teses balizadas pelas partes na primeira fase (*judicium accusationis*), haja vista que o conselho de sentença não dispõe dos amplos poderes conferidos ao juiz togado para aplicar a *mutatio libelli*, considerando que a pronúncia, principal fonte do questionário e linha divisória do procedimento bifásico, fixa os limites da acusação em plenário, mantendo o necessário equilíbrio para o exercício da plenitude de defesa.

Nessa perspectiva é desarrazoado confundir, para efeito da *mutatio libelli*, a classificação da infração penal feita na pronúncia (sempre provisória) com a que vai ser ditada definitivamente pelo conselho de sentença, pois, se esse órgão soberano discordar do convencimento do juiz e desclassificar a infração penal, não estará, com isto, aplicando a regra do art. 384 do CPP, mas apenas afirmando sua incompetência jurisdicional para o julgamento do novo tipo penal, que será conhecido quando o titular da *persecutio criminis in judicio* peticionar ao juízo competente para instauração da consequente ação penal ou prosseguimento da que se encontra em curso, caso a nova capitulação jurídica ainda não tenha sido atingida pela extinção da punibilidade.

Capítulo XXIV

JUIZADO ESPECIAL CRIMINAL E DEFINIÇÃO JURÍDICA DO FATO

I. GENERALIDADES

Os Juizados Especiais Cíveis e Criminais possuem previsão constitucional. Com efeito, o art. 98, I, da Constituição da República estabelece a criação de tais unidades jurisdicionados, pela União, pelo Distrito Federal e pelos Estados, providas por juízes togados, ou togados e leigos, com competência para a conciliação, o julgamento e a execução de causas cíveis de menor complexidade, bem como de infrações penais de menor potencial ofensivo, mediante os procedimentos oral e sumaríssimo, permitido, nas hipóteses previstas em lei, a transação e o julgamento de recursos por turmas de juízes de primeiro grau.

A lei prevista no dispositivo constitucional somente passou a ter vigência, no âmbito estadual, sete anos depois, com a Lei n.º 9.099, de 26 de setembro de 1995. Na esfera federal, somente treze anos depois, com a Lei n.º 10.259, de 13 de julho de 2001.

A desclassificação do delito da competência do juiz singular ou do Tribunal do Júri pode recair em infração penal da exclusiva competência do Juizado Especial Criminal. Recebidos os autos nesse órgão jurisdicional, a tramitação deverá obedecer ao que disciplina a Lei n.º 9.099/95, de acordo com a natureza do delito e a quantidade da pena aplicada ao mesmo em abstrato.

Suponha-se que, ao desclassificar delito da competência do Tribunal do Júri (tentativa de homicídio), o juiz ou o conselho de sentença entenda que a nova tipificação deva ser a do art. 129, *caput*, do Código Penal. Passada em julgado a decisão, devem os autos ser remetidos ao Juizado Especial Criminal para cumprimento do que disciplina o rito procedimental estabelecido pela Lei n.º 9.099/95. Nas comarcas onde não existirem Juizados Criminais instalados, a competência para a prática dos atos processuais será do juiz criminal a quem for o processo distribuído, na forma da Lei de Divisão e Organização Judiciárias do Estado.

Recebidos os autos, deve o juiz determinar, antes de tudo, a intimação da vítima para, no prazo de 30 dias, oferecer representação[1] contra o autor do fato, sob pena de decadência (arts. 88 e 91). Qualquer julgamento que se fizer sem a observância desse requisito será nulo, posto que a manifestação da vítima constitui verdadeira condição de procedibilidade e de prosseguibilidade da ação penal em curso.

Há entendimento em contrário. Contudo, a intimação da vítima para oferecer representação propiciar-lhe-á: a) confirmação do desejo de ver processado o autor do fato penal; b) oportunidade para, omitindo-se quanto ao exercício desse direito, deixar transparecer que não tem mais interesse na persecução penal, talvez até, como observamos muitas vezes, por já se encontrarem decorridos vários meses da prática infracional, o que faria incidir a decadência, repita-se, e não deixaria de refletir também uma espécie de perdão tácito, considerando o fato de que, na realidade da vida cotidiana, muitas vezes os contendores já se reconciliaram.

A mesma posição está manifestada em julgamento recentemente proferido pelo Superior Tribunal de Justiça:

> "Uma vez desclassificada pelo Conselho de Sentença a tentativa de homicídio para lesão corporal, o feito só poderá ser sentenciado com observância ao art. 91 da Lei n.º 9.099/95" (AC, 5.ª Turma, Rel. Min. Félix Fischer, RHC 7.908, *DJU* 09/11/1998, *RT* 762/565).

Algumas vezes, como juiz do interior, tive oportunidade de, após desclassificar a infração penal, determinar a observância do rito procedimental a que alude, na parte criminal, a Lei n.º 9.099/95, e ser surpreendido com a visita da vítima, na maioria das vezes esposa ou companheira do autor do fato penal, que, após intimada para oferecer representação (art. 91), vinha comunicar pessoalmente não mais pretender processá-lo em razão da lesão sofrida, posto já haver se reconciliado com o marido ou companheiro, deixando claro, e derramando-se em lágrimas, que o prosseguimento do feito somente poderia infelicitar o seu lar e ser causa de sua separação.

Nada mais restava a fazer senão atender ao desejo da vítima, reduzi-lo a termo e extinguir a punibilidade. Aqui o legalismo e o formalismo cedem lugar à realidade da vida.

2. DA CONCILIAÇÃO

Superada essa fase, e atendido o pressuposto supracitado, deve o juiz tentar a conciliação das partes interessadas, mediante proposição do Ministério Público,

1 O enunciado 117 do FONAJE estabelece que "A ausência da vítima na audiência, quando intimada ou não localizada, importará renúncia tácita à representação."

na presença da vítima, do autor do fato penal, do responsável civil, se possível, e de seus advogados, obedecendo à seguinte ordem: 1) composição dos danos civis; 2) transação penal.

A composição dos danos civis (art. 74) consiste no pagamento de quantia relativa aos prejuízos experimentados pela vítima em razão da conduta ilícita praticada pelo autor do fato penal. Esse pagamento é efetuado pelo próprio autor do fato penal ou pelo responsável civil.

A transação penal (art. 76) consiste na aceitação, pelo autor do fato penal, da aplicação imediata de pena não privativa de liberdade, concernente em restrição de direitos ou multa, decorrente de proposta formulada pelo Ministério Público. Uma vez aceita, pelo autor do fato penal e seu defensor, qualquer uma das propostas, será ela apreciada pelo juiz que a homologará, se não violar os interesses das partes em conflito.

Até aqui ainda não existe denúncia ou queixa, nos moldes desejados pelo rito procedimental idealizado para as infrações da alçada do Juizado Especial Criminal. Estamos trabalhando, ainda, no estágio da fase preliminar (art. 72). Cumpre enfatizar que nesta fase não é possível a intervenção do assistente da acusação, porque ainda não existe ação penal em curso.

Tratando-se da composição dos danos civis, o acordo escrito será homologado pelo juiz, mediante sentença irrecorrível, apenas sujeita à oposição de embargos de declaração (art. 83), que terá eficácia de título judicial a ser executado no juízo cível competente (CPC, art. 515, II) em cumprimento de sentença. A composição dos danos civis é entendida como forma de despenalização, porque referido acordo impedirá o exercício da ação penal de natureza privada, bem assim o direito de representação pela vítima nos casos em que a ação pública é dependente dela, o que, em resumo, importa na inevitável extinção da punibilidade do autor do fato penal. Por óbvio, exclui-se desse rol a ação penal pública incondicionada, pois a homologação do acordo civil não impede o prosseguimento do processo, conforme veremos adiante.

Não sendo obtida a composição dos danos civis e oferecendo a vítima a representação, nos crimes em que ela é imprescindível ou, por outro lado, tratando-se de crime de ação penal pública incondicionada, afastada a hipótese de arquivamento, o Ministério Público fará proposta de aplicação imediata de pena restritiva de direitos ou multa ao autor do fato penal, devidamente especificada na sua proposição, *v.g.*, espécie, quantidade, duração, valor, independentemente da presença da vítima na audiência.

Deixando o órgão ministerial de fazer a proposta de transação penal, embora estejam presentes os requisitos legais, poderá o juiz optar pelo procedimento do art. 28 do CPP, ou atender a requerimento do próprio autor do fato penal, por intermédio do seu advogado ou defensor, no sentido da aplicação imediata de multa ou de pena não privativa de liberdade. A proposta de transação penal competirá ao querelante, quando se tratar de ação penal exclusivamente privada, devendo, nesse caso, o Ministério Público apenas opinar sobre a sua proposição ou, de outro modo, fazer a proposta[2], caso o querelante se recuse a fazê-lo ou descure o dever de assim proceder no tempo oportuno[3].

A proposta de transação penal pode ser feita até o final da instrução processual[4]. Porém, será inadmitida se ficar comprovado: a) ter sido o autor da infração condenado, pela prática de crime, à pena privativa de liberdade, por sentença definitiva; b) ter sido o agente beneficiado anteriormente, no prazo de cinco anos, pela aplicação de pena restritiva de direitos ou multa, nos termos do art. 76 da Lei n.º 9.099/95; c) não indicarem os antecedentes, a conduta social e a personalidade do agente, bem como os motivos e as circunstâncias do crime, ser necessária e suficiente a adoção da medida. Para o deferimento da transação penal, é indispensável que todas as condições estejam reunidas e provadas nos autos. Ausente qualquer uma delas, não poderá o benefício ser concedido.

Atendidas as condições supracitadas e aceita a proposta de transação penal, pelo autor da infração e seu defensor, o juiz, após apreciar a sua legalidade, a homologará e aplicará a pena restritiva de direitos ou multa, que não importará em reincidência, sendo registrada apenas para impedir novamente a obtenção do mesmo benefício pelo infrator no prazo de cinco anos.

A imposição da sanção penal em referência não constará de certidão de antecedentes criminais, salvo para os fins previstos no art. 76 da Lei n.º 9.099/95. A sentença, que não é condenatória, nem gera a reincidência, nem obriga o lançamento do nome do autor do fato no rol dos culpados, está sujeita ao recurso de apelação (art. 76, § 5.º).

3. DO PROCEDIMENTO SUMARÍSSIMO

Não obtida a transação penal, pela inaceitação da proposta pelo autor do fato penal ou em face da sua ausência, e desde que se trate a ação penal de iniciativa pública, o Ministério Público oferecerá ao juiz, de imediato e na própria audiência preliminar, denúncia oral, entregando-se cópia ao acusado, que com ela ficará citado para comparecer em dia e hora previamente designados, a fim de

2 STJ, RHC 8.123/AP, 6.ª Turma, Rel. Min. Fernando Gonçalves. Ver também STJ, RHC 8.480/SP, 5.ª Turma, Rel. Min. Gilson Dipp.

3 O enunciado 112 do FONAJE esmerou a questão ao estabelecer que: "Na ação penal de iniciativa privada, cabem transação penal e a suspensão condicional do processo, mediante proposta do Ministério Público".

4 Enunciado 114 do FONAJE.

participar da audiência de instrução e julgamento, para a qual deverão também ser cientificados o órgão ministerial, o ofendido, o responsável civil, havendo, e seus advogados.

Estando presentes os requisitos do art. 89 da Lei n.º 9.099/95, deverá o Ministério Público, ao oferecer a denúncia, fazer a proposta de suspensão condicional do processo, por dois a quatro anos. O procedimento aqui referenciado também permite o oferecimento de queixa oral, quando se tratar de crime cuja ação penal for de iniciativa exclusiva do ofendido.

Se houver necessidade da realização de diligências imprescindíveis para o oferecimento da denúncia ou da queixa, esta ou aquela não poderá ser apresentada de imediato pelo titular da *persecutio criminis in judicio*, devendo, então, ser requisitado à autoridade policial esse trabalho, o que deslocará o julgamento da ação penal para o juízo comum (art. 66, parágrafo único), especialmente em se tratando de fato complexo ou de difícil elucidação que exija investigação aprofundada e duradoura.

Estando ausente desse ato, o acusado será citado pessoalmente[5] para comparecer à audiência de instrução e julgamento, acompanhado de advogado, o que deverá constar do mandado, com a advertência de que, na sua falta, ser-lhe-á nomeado defensor público. Inexistindo na comarca o serviço de defensoria pública, nada impede que o juiz nomeie defensor dativo ao acusado.

Não existe, no procedimento do Juizado Especial Criminal, citação por edital. Não sendo o acusado encontrado para ser citado pessoalmente, deverá o juiz remeter as peças ou documentos existentes ao juízo comum para adoção do procedimento previsto em lei, para a infração penal tipificada na autuação sumária.

Ausente o acusado da audiência preliminar, poderá o juiz, antes de receber a denúncia ou queixa, oferecer-lhe oportunidade para a composição dos danos civis e acolhimento da transação penal. De outra parte, tentada, sem êxito, a conciliação na fase preliminar, pode o juiz repeti-la novamente ao abrir a audiência de instrução e julgamento, pois num caso ou noutro não haverá qualquer prejuízo para o acusado, que só será beneficiado com a possibilidade de aplicação de pena mais branda, por ele aceita voluntariamente na presença de seu defensor.

---

5 O enunciado 129 do FONAJE, cuja redação expressa que "Serão válidas as intimações por telefone, *e-mail*, *whatsapp* ou outro aplicativo de envio de mensagens eletrônicas, sem prejuízo das formas convencionais estabelecidas em lei, sempre quando precedida de adesão expressa ao sistema por parte do interessado, em qualquer fase da investigação ou mesmo do procedimento", deixa claro, pelo vocábulo "interessado", que tanto o acusado quanto o Ministério Público, a vítima e as testemunhas podem ser intimados na forma que estabelece. Essa medida visa, certamente, dar ênfase ao sistema do processo judicial eletrônico na busca da celeridade e da economia processuais.

Todas as pessoas que devam comparecer deverão estar intimadas, inclusive as testemunhas de acusação e de defesa, cuidando o juiz para que seja feita a condução coercitiva do recalcitrante, quando imprescindível a sua presença (art. 80), posto que nenhum ato deverá ser adiado, a não ser excepcionalmente.

Apregoadas as partes e aberta a audiência, será dada a palavra ao defensor do acusado para responder à acusação, após o que o juiz decidirá sobre o recebimento ou não da denúncia ou queixa. O recebimento da acusação provocará o início da instrução probatória, que, contrariando o rito anterior do processo penal[6] comum, começa com a oitiva da vítima, seguida da inquirição das testemunhas de acusação e de defesa. Somente após isso o acusado é interrogado. Cuida-se, por esse critério, de permitir ao acusado conhecer, por antecipação, do fato que lhe está sendo imputado e do relato das testemunhas, a fim de que possa exercer, por meio do interrogatório, sua autodefesa da forma mais ampla possível.

Encerrada a colheita de tais provas, será dada a palavra sucessivamente à acusação e à defesa para os debates orais, em prazo que deverá ser estabelecido pelo juiz, findo o qual deverá ser proferida sentença. A oralidade, como um dos princípios que orientam o processo da competência do Juizado Especial Criminal, não permite a substituição dos debates orais pela apresentação de memoriais escritos.

A sentença, que não conterá o relatório, deverá ser fundamentada, a fim de que sejam conhecidos os elementos de convicção que levaram o juiz a decidir desta ou daquela maneira. Na sua elaboração, deve ser observado, no que for aplicável, o disposto nos arts. 381 a 387 do CPP. Sendo condenatória a sentença, deve observar, ainda, as diretrizes previstas no art. 59 do Código Penal, de aplicação subsidiária.

As partes ficarão intimadas da sentença na própria audiência em que for prolatada. Caso o réu não seja encontrado para ser intimado da sentença, admite-se sua intimação por edital[7]. Da decisão que rejeita a denúncia ou queixa, bem assim da sentença, caberá apelação, no prazo de dez dias, que será julgada por turma recursal composta de três juízes em exercício no primeiro grau de jurisdição, com funcionamento na própria sede do juizado ou em local designado pelo tribunal de justiça.

---

6 Com a entrada em vigor da Lei n.º 11.719/2008, a oitiva da vítima passou a ser o primeiro ato da instrução probatória e o interrogatório do acusado passou a ser o último, obedecendo-se, assim, aos princípios do devido processo legal, do contraditório e da ampla defesa.

7 Enunciado 125 do FONAJE: "É cabível, no Juizado Especial Criminal, a intimação por edital da sentença penal condenatória, quando não localizado o réu". Nessa linha de raciocínio, válida também é a intimação da sentença na pessoa de seu advogado, quer seja ela condenatória ou absolutória.

Nos Estados onde ainda não houverem sido criadas as turmas recursais, a competência para julgamento da apelação será do tribunal (de alçada ou de justiça) competente. Registra-se essa circunstância apenas por uma questão doutrinária, posto que na prática tal possibilidade é inexistente.

Finalmente, deve o operador do direito atentar para o fato de que, com a entrada em vigor da Lei n.º 10.259/2001 (Juizados Criminais Federais), o conceito de infração de menor potencial ofensivo (art. 2.º, parágrafo único) foi estendido aos crimes a que a lei comine pena máxima não superior a 2 (dois) anos, ou multa. Essa nova regulamentação derrogou o art. 61 da Lei n.º 9.099/95. Por ser ela mais benéfica ao acusado, deve ser aplicada ao âmbito dos Juizados Criminais Estaduais, inclusive retroativamente, aos processos em curso ou a serem iniciados, visto se tratar de preceito de ordem penal.

Isso significa que, a partir da vigência da Lei n.º 10.259/2001, deve ser observado no âmbito estadual, para os crimes cuja pena máxima cominada em abstrato não ultrapasse 2 (dois) anos, o procedimento especial previsto na Lei n.º 9.099/95 para os seguintes atos: termo circunstanciado de ocorrência policial, fase preliminar, conciliação (composição dos danos civis e transação penal) e procedimento sumaríssimo. Exclui-se da incidência desse novel diploma legal a figura do *sursis* processual (art. 89, Lei n.º 9.099/95), porque esse instituto trabalha com a hipótese dos crimes em que a pena mínima cominada seja igual ou inferior a 1 (um) ano.

Capítulo XXV

DO PROCESSO COMUM DA COMPETÊNCIA DO JUIZ SINGULAR

1. GENERALIDADES

O Código de Processo Penal registra em seu art. 394 que o procedimento será comum ou especial. E, para maior clareza, estabelece no § 1.º do referido artigo que o procedimento comum será ordinário, sumário ou sumaríssimo, especificando que será:

> "I – ordinário, quando tiver por objeto crime cuja sanção máxima cominada for igual ou superior a 4 (quatro) anos de pena privativa de liberdade;
>
> II – sumário, quando tiver por objeto crime cuja sanção máxima cominada seja inferior a 4 (quatro) anos de pena privativa de liberdade;
>
> III – sumaríssimo, para as infrações penais de menor potencial ofensivo, na forma da lei".

No intuito de facilitar a atuação do profissional das carreiras jurídicas, finaliza observando que se aplica a todos os processos o procedimento comum, salvo disposições em contrário do CPP ou de lei especial.

Convém esclarecer que, nos processos da competência do Tribunal do Júri, o procedimento observará as disposições estabelecidas nos arts. 406 a 497 do CPP, não sendo olvidado que as disposições dos arts. 395 a 398 do referido Código aplicam-se a todos os procedimentos penais de primeiro grau, ainda que não regulados por ele.

Por conseguinte, aplicam-se subsidiariamente aos procedimentos especial, sumário e sumaríssimo as disposições do procedimento ordinário.

2. DENÚNCIA. REQUISITOS. SEU RECEBIMENTO OU REJEIÇÃO

A denúncia, no processo penal, estabelece os limites da acusação porque é ela que contém a imputação dirigida ao acusado firmada, não raras vezes em sede de inquérito policial.

Sabe-se que a responsabilidade penal reside na culpabilidade, posto ser o resultado da ação ou omissão da conduta humana, isto é, o vínculo de natureza psicológica, o nexo etiológico que se estabelece entre o agente e o evento danoso.

Para que a ação penal aforada autorize o seu recebimento é indispensável que a atividade desenvolvida pelo agente, consoante a narrativa da peça acusatória esteja subsumida em algum tipo penal, de acordo com a definição que lhe empregou o legislador, sob pena de refletir um indiferente penal, algo que pode até interessar ao mundo do Direito, mas não merece repressão criminal porque *nullum crimen, nulla poena sine praevia lege poenalis.*

Por essa razão, os requisitos da peça acusatória (denúncia ou queixa) devem ser rigorosamente observados, tal como exigidos no art. 41 do CPP, sob pena de sua rejeição liminar pelo juiz. Resolvida a questão do recebimento da inicial acusatória, que deve ser devidamente fundamentado, o magistrado deverá mandar citar o acusado para, no prazo de 10 (dez) dias, apresentar resposta escrita.

O acusado tem o direito de ser citado pessoalmente para tomar conhecimento dos termos da denúncia ou da queixa. O fato de o acusado recusar-se a dar o seu ciente no mandado judicial ou ocultar-se para não receber a citação não pode ser encarado como ato de rebeldia contra a Administração da Justiça, muito menos como revelia, posto que tal conduta está abrangida pelo seu direito de autodefesa, o qual, nestas circunstâncias, se traduz pela discordância com o conteúdo da acusação que lhe é feita. Destarte, essa atitude não deve ser motivo para tratá-lo como revel; ao contrário, deve ser razão para garantir-lhe defesa técnica de qualidade, acaso o prazo para apresentação da resposta escrita a que tem direito expire *in albis.*

De outra parte, cumpre enfatizar que a citação por edital somente deve ser utilizada quando esgotadas todas as possibilidades para a citação do acusado por mandado cumprido por oficial de justiça ou por hora certa.

A defesa escrita deverá ser formulada por advogado habilitado na área penal ou pelo próprio acusado, se for advogado, em causa própria. Essa peça defensória deve ser ampla e conter toda a matéria de defesa. Deve, por conseguinte, ser manejada com o intuito de obter decisão preliminar favorável ao acusado, quer pela via do art. 395, quer pela ótica do art. 397 do CPP.

Noutra perspectiva, ou seja, no caso de rejeição da peça acusatória, é importante, de logo, verificar se existe justa causa para a instauração da ação penal, considerando que o juízo exercido no momento do recebimento da denúncia ou da queixa exige, como dever de cuidado, independentemente de futura análise do mérito da causa, o exame conjunto dos requisitos previstos nos arts. 41 e 395 do CPP, uma vez que a denúncia deve "ser rejeitada quando patente a ausência de justa causa ou a atipicidade da conduta narrada, diagnosticáveis *primu icto oculi*" (STF, Inquérito n.º 2.589/RS, Rel. Min. Luiz Fux, 1.ª Turma, j. 16/09/2014).

Do mesmo modo, a inépcia da denúncia deve ser suscitada pela defesa até antes da prolação da sentença de procedência da imputação criminal, sob pena de preclusão. Põe-se em ressalva, na esteira do entendimento do STF, a possibilidade de arguição posterior "se a sentença é proferida na pendência de *habeas corpus* contra o recebimento da denúncia alegadamente inepta" (STF, HC 96. 883 AgR/SP, Rel. Min. Cármen Lúcia, 1.ª Turma, j. 02/12/2010).

Outrossim, a rejeição da denúncia, mesmo após o seu recebimento, é possível, desde que a resposta à acusação traga elementos seguros de convicção ao juiz, notadamente porque a decisão de recebimento da peça acusatória não constitui preclusão *pro judicato*. Essa circunstância autoriza o magistrado a rever sua decisão posteriormente (STJ, AgRG no REsp 1.218.030/PR, Rel. Min. Laurita Vaz, 5.ª Turma, j. 1.º/04/2014).

Caso a denúncia seja rejeitada pelo juiz, caberá recurso no sentido estrito para o tribunal, devendo o acusado ser intimado para oferecer contrarrazões, como garantia fundamental, assegurada na Constituição Federal, não sendo o caso de o juiz nomear-lhe defensor público ou dativo para fazê-lo, sob pena de violação da Súmula 707 do STF.

Por outro lado, salvo quando nula a decisão de primeiro grau, o acórdão que provê o recurso contra a rejeição da denúncia vale, desde logo, pelo recebimento dela, nos termos da Súmula 709 do STF, não merecendo "guarida a alegação de supressão de instância, ainda que decisão de primeira instância tenha rejeitado a denúncia por inépcia e pela ausência de justa causa para a ação penal. Assim, o provimento do recurso interposto contra essa decisão implica, desde logo, o recebimento da inicial acusatória, sem que, com isso, ocorra supressão de instância". Nessa ótica, a Súmula 709 do STF, conforme HC 124.711, Rel. Min. Teori Zavascki, 2.ª Turma, j. 16/12/2014, *DJE* 28 de 11/2/2015.

Não é à toa que a Constituição Federal assegura a toda pessoa acusada em processo administrativo ou penal o direito à ampla defesa e ao contraditório, com todos os meios e recursos a ela inerentes. Aliás, a nossa Carta Magna possui inúmeros princípios constitucionais que são aplicáveis ao processo penal.

3. CONCEITO DE PRINCÍPIO

A noção de princípio, como preceito axiomático, surgiu posteriormente ao costume. Com base nessa assertiva pode-se afirmar que, no início, foi o costume. Depois veio a norma e, no bojo dela, os costumes e os princípios em forma de regra de direito. Não se pode perder de vista, no entanto, o fato de que os princípios existem, por si sós, como fenômeno natural das coisas, independentemente de sua formulação jurídica.

Os princípios jurídicos têm sua fundamentação básica no direito natural, pois sua vigência independe da existência de qualquer documento ou preceito escrito. A ampla defesa, por exemplo, é invocada diariamente, por pessoas leigas e pela classe operária do direito, sempre que uma situação concernente à acusação de alguém se apresente sem que haja concessão de oportunidade para a sua oitiva. O leigo invoca esse princípio por pura intuição, enquanto o profissional do direito o faz pela concepção que possui do alcance desse postulado na vida do indivíduo e do ordenamento jurídico do Estado.

Uma questão, no entanto, pode ser levantada para suscitar a investigação sobre o exercício do direito de defesa, qual seja a de saber se existe no sistema judicial brasileiro a real preservação do princípio da ampla defesa. Antes de responder ao questionamento proposto, entendo por bem esclarecer, primeiramente, o que vem a ser a palavra princípio, quer no seu significado comum, quer no seu conceito jurídico, para, no decorrer da explanação deste estudo, responder ao questionamento proposto.

Numa acepção comum ou vulgar, a palavra princípio denota início, começo, origem. Assim se pode observar, inclusive, da criação do mundo, segundo a versão bíblica[1].

No sentido jurídico do termo, a palavra princípio isoladamente possui o mesmo significado do seu entendimento comum. Quando, no entanto, se emprega essa palavra no plural (princípios), modifica-se completamente a sua significação, pois passa a dar a ideia de regras ou de preceitos que antecedem a própria norma ou podem influenciar a criação desta, exercendo, com isso, raio de ação aplicável a toda espécie de movimento jurídico.

Apenas para fixar melhor o entendimento dos termos em análise, colhe-se do eminente vocabularista De Plácido e Silva a seguinte preleção:

> "Princípio. É, amplamente, indicativo do começo ou da origem de qualquer coisa. Princípios. No sentido jurídico, notadamente no plural, quer significar as normas elementares ou os requisitos primordiais instituídos como base, como alicerce de alguma coisa.
>
> (...) Princípios jurídicos, sem dúvida, significam os pontos básicos, que servem de ponto de partida ou de elementos vitais do próprio Direito. Indicam o alicerce do Direito"[2].

Os princípios são entes fundamentais para a vida do direito e sua prática diária, quer na atividade forense, quer no trato das pessoas em suas relações

1 Gênesis, capítulo 1, versículo 1.
2 SILVA, De Plácido e. *Vocabulário jurídico*. Rio de Janeiro: Forense, 1989. v. III e IV. p. 447.

cotidianas. A propósito disso, inúmeros são os conceitos que a doutrina emprega para definir o que sejam princípios jurídicos fundamentais.

Não obstante o que foi dito, e para não tornar repetitiva a ideia traduzida por cada um dos estudiosos do tema, traz-se à colação apenas dois conceitos. Na ordem em que estão dispostas as citações a seguir, o primeiro vem enunciado pelo jurista lusitano José Joaquim Gomes Canotilho[3], e o segundo firmado pelo juslaboralista pátrio Coqueijo Costa, *in verbis*:

> "Consideram-se princípios jurídicos fundamentais os princípios historicamente objectivados e progressivamente introduzidos na consciência jurídica e que encontram uma recepção expressa ou implícita no texto constitucional. (...)
>
> Princípio fundamental é algo que devemos admitir como pressuposto de todo ordenamento jurídico e aflora de modo expresso em múltiplas e diferentes normas, nas quais o legislador muitas vezes necessita mencioná-los. São linhas diretrizes que informam algumas normas e inspiram direta ou indiretamente uma série de soluções, promovem e embasam a aprovação de normas, orientam a interpretação das existentes e resolvem os casos não previstos"[4].

A compreensão dos princípios fundamentais parte, geralmente, dos conceitos que se encontram expressos na Carta Magna do País. Não se pode, contudo, descurar a existência de certos princípios fundamentais que, a despeito de não se encontrarem expressamente consignados no texto constitucional vigente ou em leis ordinárias, devam ser levados em consideração pelo profissional da ciência jurídica, porque representam axiomas universais indicativos de proteção de direitos que toda sociedade organizada tem a obrigação de assegurar ao cidadão.

Paralelamente aos princípios constitucionais fundamentais vamos encontrar os princípios gerais do Direito Constitucional, que não se confundem com os primeiros. Na lição incensurável do constitucionalista José Afonso da Silva, *in exthensis*:

> "Temos que distinguir entre princípios constitucionais fundamentais e princípios gerais do Direito Constitucional. Vimos já que os primeiros integram o Direito Constitucional positivo, traduzindo-se em normas fundamentais, normas-síntese ou normas-matriz, 'que explicitam as valorações

3 CANOTILHO, José Joaquim Gomes. *Direito constitucional e teoria da Constituição.* Coimbra: Livraria Almedina, 1997. p. 1038.

4 COSTA, Coqueijo. Processo do trabalho: princípios e peculiaridades, *apud Curso de direito do trabalho em homenagem a Mozart Victor Russomano.* São Paulo: Saraiva, 1985. p. 686.

políticas fundamentais do legislador constituinte', normas que contêm as decisões políticas fundamentais que o constituinte acolheu no documento constitucional. Os princípios gerais formam temas de uma teoria geral do Direito Constitucional, por envolver conceitos gerais, relações, objetos, que podem ter seu estudo destacado da dogmática jurídico-constitucional"[5].

Não é demasiado dizer que o preâmbulo das constituições possui força normativa em seu conteúdo, porque ele apresenta a epítome do projeto e do caráter político que o Estado pretende instituir. É, portanto, no pródromo da Constituição que o legislador constituinte deve antecipar os valores constitucionais, como parte integrante da referida carta de princípios. Daí por que andou bem nossa Constituição Federal ao incluir a fraternidade nesse rol, certamente para conferir-lhe a condição de princípio, partindo do pressuposto de que o preâmbulo é parte fundamental da carta republicana e derivou da mesma intenção constituinte originária.

Ser fraterno na aplicação da lei penal não significa ser generoso com o crime ou com o criminoso, mas entender que o ser humano infrator precisa ser corrigido com sanções penais que o humanizem, e não com reprimendas que o brutalizem, pois é sabido que a retribuição do mal causado com o crime não pode ser objeto da vindita pública, muito menos da jurisdição privada, considerando que não se obtém a recuperação de qualquer indivíduo impondo-lhe flagelos intermináveis, mas com o corretivo equivalente ao delito perpetrado.

Resumindo, a função do Estado é recuperar o infrator e não mantê-lo o tempo todo sob duras e longas penas, a exemplo de alguém que é lançado num purgatório como um prisioneiro insensível, irrecuperável, invisível e sem identidade, que não inspira cuidados, nem ressocialização. Se nada for feito pelas autoridades do sistema jurídico-penitenciário para modificação desse *statu quo*, um novo homem delinquente e sem domínio será formado dentro dos muros das prisões.

Ele será mais violento, sem freios, nem regras, e renascerá com seu próprio código da criminalidade, desafiando o poder e o ordenamento jurídico estatal, com a pujança da milícia constituída por escravos recrutados, nas favelas e nas palafitas da miséria, ou em outras áreas populacionais da pobreza extrema, pelos implacáveis comandantes da marginalidade arranjada, com o intuito de constituírem organizações criminosas para prática de lucrativos negócios ilegais que colocam diariamente em perigo a vida dos cidadãos.

---

5 SILVA, José Afonso da. *Curso de direito constitucional positivo*. 5. ed. São Paulo: Ed. RT, 1989. p. 84.

4. CONCEITO DE DIGNIDADE HUMANA

Nada que existe sobre a Terra teria sentido sem a presença do ser humano. Ele é o legítimo dom da natureza. Por isso que Deus, após a criação do mundo, descansou no sétimo dia, entregando ao homem a tarefa de seguir adiante, porque a ele foi conferida vontade, inteligência, livre-arbítrio e semelhança com o criador.

Mas o homem é um ser curioso e complexo. Sua natureza falível faz com que esteja em permanente acabamento. Como um diamante bruto, vai polindo-se ao longo de sua existência como ourives de si mesmo. Ele é a medida de todas as coisas, como afirmou acertadamente o filósofo Protágoras.

Inobstante despertar o interesse primordial da ciência do Direito, a dignidade humana constitui, na atualidade, objeto de estudo e discussão em todos os ramos do conhecimento científico, porque envolve questões complexas que reclamam o incessante pronunciamento de abalizadas opiniões de especialistas de distintos setores de pesquisa sobre o assunto, sejam elas doutrinárias, legislativas ou jurisprudenciais, sempre em busca de paradigmas que possam sustentar as garantias que esse dogma confere à sociedade.

Os temas ou institutos jurídicos precisam ser identificados pelos pesquisadores e compreendidos por uma gama variada de pessoas que se interessam pelo conhecimento de suas nuances, de suas aplicações e de suas limitações. Para isso, é preciso defini-los com precisão cirúrgica ou de ourives, se possível.

A dignidade do homem, como norma e como fato, tem sido tema recorrente em nossos dias. Todos os segmentos sociais a discutem por despertar interesse transindividual que transcende a própria existência humana. Com efeito, tanto a fraternidade quanto a dignidade humana estão inseridas no grupo dos denominados direitos fundamentais de terceira dimensão.

Ocupando-se do assunto, o jurista alemão Werner Maihofer, em obra traduzida para o espanhol, apostila com irretorquível acerto que:

> "En época alguna expresiones como dignidad o personalidad del hombre estuvieron tan en boca de todos como hoy. Sin embargo, en ningún tiempo fue tan radicalmente problemático aquello que significa y quiere decir en realidad eso que calificamos y designamos, en los textos de las Constituciones estatales y los programas de los partidos políticos, como 'dignidad humana', 'dignidad del hombre' o, expresado de outra manera, dignidad de la persona"[6].

6 MAIHOFER, Werner. *Estado de Derecho y dignidad humana*. Buenos Aires: Euro Editores, 2008. p. 1.

Partindo de tais pressupostos, como se conceituaria a expressão dignidade humana? Os antigos jurisconsultos[7] afirmavam que, em direito, toda definição é perigosa. No entanto, é sempre salutar, para o cidadão e para o estudioso dos institutos jurídicos e sociais, ter noções, ainda que básicas, sobre as questões de interesse geral para orientação de todos em sociedade.

Não há receio de que se comece por uma aporia, pois as perplexidades, os desencontros e as contradições terminológicas são fatores que sempre serão encontrados nos escritos dos juristas que buscam a súmula de significado único para esse princípio universal, coisa que é impossível. Afastado o temor do equívoco, pode-se se dizer que a dignidade, como atributo inerente unicamente à pessoa humana, constitui conceito vago, abstrato, aberto, ambíguo, amplo, polissêmico e interdisciplinar.

Dignidade Humana, portanto, é uma qualidade inerente a todo ser humano, cuja concepção jurídica, social, econômica, religiosa, política ou de outra natureza pode variar e ser relativizada de acordo com a ética, a moral, os costumes, os valores[8], a cultura e os hábitos de cada povo ou grupo de pessoas[9], em suas relações sociais concretas, fazendo-os merecedores de direitos e deveres fundamentais, que devem ser assegurados e respeitados pelo Estado e pela sociedade, a fim de que possam usufruir de condições existenciais mínimas para o bem da criatura humana[10], do meio ambiente e dos demais seres vivos.

---

7 *Vide* Javoleno, *in Digesto*, Livro 50, Título XVII, de *regulis juris*, fragmento 202.

8 Hoje mais do que nunca, a expressão "dignidade da pessoa humana" está em voga, isto é, na ordem do dia, como uma locução inflacionária usada por um enorme contingente de profissionais com o intuito de atribuir-lhe o mais amplo significado e alcance em face de valores sociais definidos a partir das relações do homem com seus semelhantes e outros seres vivos. Como afirmam os doutores Augustin Narducci e José Luis Guzmán, em prefácio à tradução para o espanhol do livro *Estado de Derecho y dignidad humana* (Buenos Aires: Euros Editores, 2008), de autoria do jurista alemão Werner Maihofer, "'dignidad humana', 'dignidad del hombre' o 'dignidad de la persona', constituyen expresiones que remiten al valor especial que ese ser vivo tiene entre todos los seres igualmente vivos".

9 Poderíamos aqui enumerar uma série de situações que, para determinada pessoa ou grupo de indivíduos (vinculados ou não a setor cultural específico), não seriam consideradas ofensivas à sua dignidade, enquanto para outros se trata de ofensa indelével, notadamente do significado essencial da honra e da dignidade da pessoa, com reflexos particulares na esfera das relações privadas de cada pessoa ofendida e na pacificação no âmbito do Direito Penal mediante a aplicação judicial de sanção ao culpado. Esse paradoxo pode ser percebido nitidamente, nos dias atuais, entre os centros urbanos e as cidades do interior, assim como entre os indivíduos civilizados e os aborígenes ou silvícolas.

10 Recentemente, alguns órgãos governamentais claudicaram a assistência à saúde de vários cidadãos que testaram positivo para a denominada Covid-19, os quais vieram a óbito por causa da omissão de governantes que não disponibilizaram nas unidades de atendimento leitos suficientes, máscaras, luvas, álcool gel e remédios eficazes que, certamente, salvariam essas vidas humanas. Impuseram ao povo o isolamento social sem a estratégia de uma política sanitária de proteção medicamentosa aos indivíduos que contraíram o coronavírus.

Não obstante a amplitude do conceito acima apresentado, o estudo aqui desenvolvido ficará restrito ao exame da dignidade da pessoa humana no âmbito do Direito Criminal. No campo penal, o princípio da dignidade da pessoa humana é aplicado com o propósito de garantir o direito de ampla defesa e do contraditório ao indivíduo acusado da prática de algum delito. Essa garantia deve ser ampla, mas varia de acordo com o ordenamento jurídico de cada nação, havendo mesmo países[11] que não respeitam o direito a um julgamento justo às pessoas acusadas da prática de delitos, ou o garantem de maneira limitada e restrita.

A conquista desses e de outros direitos, que, atualmente, gozam de *status* constitucional, foi paulatina e gradual, decorrendo, portanto, de intenso labor do meio acadêmico, em especial de pensadores que dedicaram suas ideias à defesa intransigente de tal desiderato. Muitos sacrificaram a própria vida, mas não abdicaram da obstinação de sustentar até o fim a importância do reconhecimento dos direitos concernentes à dignidade da pessoa humana.

O primeiro passo para a obtenção do reconhecimento internacional dos denominados Direitos Humanos se deu com a Carta de São Francisco, tratado que criou a Organização das Nações Unidas em 1945. Esse marco histórico propiciou a posterior edição de inúmeros diplomas legais internacionais, notadamente a Declaração Universal dos Direitos Humanos, no ano de 1948, que foi ratificada por vários países, dentre os quais o Brasil, que é membro signatário.

Os princípios de direito humanitário, por representarem fundamento essencial da existência humana, constituem também princípios elementares da humanidade, razão por que todos os países devem cumpri-los como normas fundamentais, tenham ou não ratificado os tratados que os estabeleceram, porque são princípios invioláveis do Direito Internacional Consuetudinário.

Uma vez instalado qualquer conflito envolvendo a dignidade da pessoa humana, não deve o julgador olvidar a existência do princípio da primazia da norma mais favorável ao indivíduo, de tal sorte que deve optar pela aplicação da regra que mais favoreça o infrator, quer seja de origem interna ou internacional.

Mas essa regra não é de todo infalível. Pode ocorrer que direitos pertencentes a indivíduos diferentes entrem em colisão. Qual norma, então, deve ser aplicada? A nacional ou a internacional? O incidente, a nosso sentir, deve ser solucionado mediante o respeito à justiça do caso concreto e, *ipso facto*, tomando por base os princípios da razoabilidade/proporcionalidade, aqui entendidos como sinônimos de equidade.

---

11 No Brasil, embora tais direitos estejam garantidos na Constituição Federal e no Código de Processo Penal, em certas situações têm sido negado a indivíduos acusados da prática de ilícitos penais, bem como a réus que necessitam de cuidados especiais dos órgãos governamentais. Exemplo disso está refletido em alguns processos da chamada Operação Lava Jato em que não se observou o devido processo legal e foram aplicadas penas excessivas.

É aceitável esse ponto de vista, considerando o fato de que o direito deve se utilizar da lógica do razoável. A resolução do conflito pode estar no detalhe de sua instalação, motivo por que deve ser investigada no contexto da demanda a intenção psicológica do litigante.

Tratando da equidade, Aristóteles a equiparou a uma régua de lesbos. Miguel Reale, jusfilósofo brasileiro, explica o sentido que o mencionado estagirita conferia à palavra equidade, *ipsis verbis*:

> "Para o autor da ética a Nicômaco, a eqüidade é uma forma de justiça, ou melhor, é a justiça mesma em um de seus momentos, no momento decisivo de sua aplicação ao caso concreto. A eqüidade para Aristóteles é a justiça do caso concreto, enquanto adaptada, ajustada à particularidade de cada fato concorrente. Enquanto a justiça em si é medida abstrata, suscetível de aplicação a todas as hipóteses que se refere, a eqüidade já é a justiça no seu dinâmico ajustamento ao caso. Foi por esse motivo que Aristóteles a comparava à régua de Lesbos. Esta expressão é de grande precisão. A régua de Lesbos era a régua especial de que se serviam os operários para medir certos blocos de granito, por ser feita de metal flexível que lhe permitia ajustar-se às irregularidades do objeto. A justiça é uma proporção genérica e abstrata, ao passo que a eqüidade é específica e concreta, como a régua de Lesbos flexível, que não mede apenas aquilo que é normal, mas, também as variações e curvaturas inevitáveis de experiências humanas"[12].

Por sua vez, Chaïm Perelman, profetiza que a equidade é "a muleta[13] da justiça", por entender que "o recurso à equidade só é permitido quando a lei parece manca"[14]. O raciocínio do jusfilósofo belga apoia-se na concepção de que, na maioria das vezes, a aplicação da justiça formal é impossível, porque a lei aplicada indistintamente pode conduzir a consequências iníquas, motivo pelo qual se faz necessário resolver a questão da maneira justa e equânime.

Não só na jurisdição penal, mas em qualquer outro campo do Direito, pode-se lançar mão da equidade, quando a situação fática de natureza fundamental envolver categorias que se tornam essenciais na apreciação dos fatos, porém revelam solução por meio de normas ou de princípios colidentes.

Seria o caso, por exemplo, de dois operários desempregados que resolvem assaltar um mercado, onde furtam pessoas e objetos. Um deles é solteiro, agrediu as

12 *Lições preliminares de direito*. São Paulo: Saraiva, 27. ed. 2002; 10.ª tir., 2011. p. 123.

13 A comparação de Perelman é falaciosa, pois sabemos que nenhuma muleta se adapta a todas as situações dos desvalidos. Diferentemente, a régua de lesbos de que trata Aristóteles se adaptava a qualquer superfície, plana ou não, encaixando-se perfeitamente na adequação apresentada.

14 PERELMAN, Chaïm. *Ética e direito*. São Paulo: Martins Fontes, 1999. p. 163.

vítimas e participou do projeto criminoso, porque tem como estilo de vida subtrair coisas alheias. O outro aderiu à empreitada porque é arrimo de família e tem mulher e filhos para sustentar. Aquele, por ser contumaz e reincidente, furtou indistintamente produtos e valores, além de suas necessidades. Já o seu comparsa, sendo arrimo de família, furtou apenas gêneros alimentícios suficientes para alimentar sua enorme prole durante um mês e numerário necessário para fugir do local em segurança.

Presos horas depois pela polícia, foram acusados pelo mesmo fato, em face da competência jurisdicional pela conexão, visando à unidade de processo e de julgamento. Ao apreciar as circunstâncias em que a hipótese concreta se consumou, por ocasião da fixação da reprimenda, o juiz pode aplicar ao caso a equidade (fraternidade e dignidade humana), visto que tal julgamento é perfeitamente viável, por força da aplicação do princípio da individualização da pena, que tem como um dos pilares fundamentais a culpabilidade do agente como limitação do poder de punir estatal. Afinal, a culpabilidade do infrator não pode ser vista apenas como grau de reprovabilidade de sua conduta, mas também como pressuposto da aplicação da pena.

Destarte, ao trabalhador que agiu com egoísmo, subtraindo gêneros alimentícios e dinheiro em quantidade superior às suas necessidades, deve ser aplicada a norma sem ressalvas. Com relação ao operário que agiu de forma comedida, deve a norma ser aplicada com as atenuações ou inculpações que apontam as circunstâncias do caso concreto.

É importante registrar que a legislação penal latino-americana é pródiga quanto à normatização de tal particularidade, como circunstância atenuante da aplicação da pena. Assim se verifica na Argentina (art. 41, CP), quanto à maior ou menor dificuldade do autor para prover seu sustento ou de familiares. O mesmo fenômeno ocorre no Equador (art. 45, CP), quando se refere à indulgência, família numerosa e à falta de trabalho do imputado. No Paraguai (art. 32, CP), vincula-se a conduta do infrator ao seu estado de miserabilidade. Em outros países, como a Colômbia (art. 55, CP), o Peru (art. 46, CP), o México (art. 52, CP), a Bolívia (art. 40, CP), procura-se atenuar a pena em face da indulgência do agente criminoso.

No Brasil (art. 66, CP), a pena pode ser atenuada em razão de circunstância relevante, anterior ou posterior ao crime, embora não prevista expressamente em lei. Pratica-se, com isso, fraternidade legislativa e jurídica, porque a Justiça não pode dissociar-se do conceito de dignidade humana que o moralista ignora.

5. PRINCÍPIO DA DIGNIDADE DA PESSOA HUMANA

Alguns países, como o Brasil e a Alemanha, lançaram no pórtico de suas Constituições o respeito à dignidade da pessoa humana como princípio fundamental. No caso específico do Brasil, pode-se afirmar sem equívocos que a dignidade humana constitui, na conformidade do que dispõe o art. 1.º, III, da Constituição Federal, o principal fundamento jurídico da nossa República.

A regra sobredita serviu como passo decisivo para a afirmação de que o Brasil aderiu à Convenção Interamericana de Direitos Humanos, na medida em que produziu mudanças profundas na jurisprudência do STF, colocando nosso país entre aqueles que entendem que os tratados internacionais de direitos humanos se encontram no mesmo nível hierárquico das normas e princípios consagrados na Constituição Federal, além de permitir que outros tratados que não gozam da mesma categoria tenham maior hierarquia que as leis infraconstitucionais.

Muito embora alguns países não reconheçam qualquer validade às normas decorrentes do denominado Direito Internacional dos Direitos Humanos, suas disposições não representam mais apenas um discurso isolado, nem são aplicáveis somente ao mundo ocidental. Nas últimas décadas, tal direito, de cunho universal, tem tido uma influência enorme e crescente nas legislações dos Estados contemporâneos, posto que sua aplicação tornou-se uma prática generalizada decorrente dos tempos modernos para salvaguarda dos povos no âmbito doméstico e o afastamento de situações que ponham em risco a paz, a segurança e a estabilidade de outros Estados.

A proteção efetiva dos Direitos Humanos, por isso, encontra guarida na ordem jurídica internacional, onde o costume, as convenções e os princípios gerais do Direito são fontes inesgotáveis de resoluções e de outros instrumentos similares que constituem o denso ordenamento jurídico denominado Direito Internacional dos Direitos Humanos, bastante utilizado não só pelas Cortes Internacionais de Direitos Humanos, como também por juízes e tribunais de diversos países.

Ante tais premissas, observa-se que a lei (Direito interno), na maioria das vezes, chega atrasada. Isso se deve, quase sempre, a sua lenta tramitação, à constante dinâmica da sociedade e à negligência do poder legiferante. O Direito nela assegurado é entregue, comumente, após as mudanças sociais, políticas, éticas, morais, culturais, tecnológicas, econômicas etc. vivenciadas pelos cidadãos.

A dignidade da pessoa humana tem sido o princípio reitor de todas as Constituições dos países civilizados. Dentro dessa concepção formal, é correto afirmar que todos os demais princípios decorrem desse postulado fundamental, afirmando a ideia de que nada deve ser feito juridicamente sem a observância do preceito que proclama a valorização da pessoa como ser humano dotado de direitos e de deveres processuais que envolvam: a) o acesso ao Judiciário e à justiça; b) garantia do juízo natural; c) igualdade de tratamento e paridade das armas entre as partes; d) respeito à ampla defesa e ao contraditório; e) garantia do devido processo legal; f) assistência jurídica integral (e gratuita aos necessitados); g) razoável durabilidade do processo; h) direito à produção de prova; i) publicidade dos atos processuais; j) motivação das decisões; l) confiança e segurança jurídica na estabilidade dos atos decisórios.

Não é impossível, nem difícil, obter a concretização de tais garantias, inobstante algumas vezes tais direitos sejam ignorados por agentes públicos, em flagrante violação à Constituição Federal, quando não à vista de leis rígidas ou mal interpretadas por seus aplicadores, bem como em face da tenacidade do julgador tendencioso em submeter o destino da parte, que é seu alvo, ao seu desejo pessoal, desvirtuando a finalidade da norma e o papel de isenção que lhe é outorgado pelo poder estatal para dirimir os interesses individuais e coletivos.

O que deve ser reivindicado pelo povo, no exercício do poder que lhe confere a Constituição Federal, é o cumprimento de tais políticas públicas, uma vez que o pacto social obriga seus representantes, junto às câmaras legislativas e aos governantes, em especial, ao dever de cumprir o que a lei maior estabelece. Nesse particular o jurista Carlos Bernal Pulido, com percuciente acuidade, lembra que:

> "Casi todas las constituciones del mundo incorporan un catálogo de derechos fundamentales. De esta manera, quienes las promulgan persiguen ofrecer la máxima protección jurídica en el derecho interno a intereses humanos que se consideran esenciales, frente a vulneraciones y amenazas provenientes de poderes públicos y privados"[15].

Por essa razão, adverte o mencionado Professsor Carlos Bernal Pulido, magistrado da Corte Constitucional da Colômbia, no estudo supracitado:

> "De esta manera, el principio de proporcionalidad permite que haya una crítica informada de las decisiones judiciales. A su vez, este principio impide decisiones arbitrarias atinentes a los derechos. Los jueces y las autoridades políticas deben justificar las limitaciones a los derechos fundamentales una vez que hayan considerado todos los argumentos e intereses en juego".

O homem reivindica constantemente o cumprimento do rol de direitos prometidos na Constituição Federal e nas leis infraconstitucionais, levando a sociedade organizada a exigir do Estado sua efetivação mediante legislação específica que tenha respaldo no Direito Constitucional; afinal, o ser humano, conforme a concepção kantiana, é um fim em si mesmo, e não um meio, como infelizmente ainda pensam algumas autoridades sem olharem a si próprias.

---

15 PULIDO, Carlos Bernal. *Constituciones sin constitucionalismo y la desproporción de la proporcionalidad*: dos aspectos de la encrucijada de los derechos fundamentales en el neoconstitucionalismo. Disponível em: https://www.unioviedo.es/constitucional/fundamentos/noveno/pdfs/03_carlosbernal.pdf.

O homem se distingue dos outros seres vivos porque é dotado de racionalidade. Essa particularidade lhe confere o atributo de ser considerado como pessoa, ou seja, como indivíduo pensante e integrante do organismo estatal. Daí a importância de ter assegurados o respeito e a garantia à sua dignidade como pessoa humana, por tratar-se não somente de regra legislativa, de *status* constitucional ou de princípio jurídico, mas de qualidade inalienável outorgada pela natureza a todo homem para construção de uma sociedade fraterna.

6. PRINCÍPIO DA AMPLA DEFESA

A noção de ampla defesa remonta às priscas eras, posto ser da natureza humana a inconformação. Bem conhecido, por isso, o exemplo bíblico do julgamento de Adão, caso em que o próprio Deus concedeu-lhe o direito de defesa, ao aduzir "Adam, ubi es?". Surgia, com isso, já no paraíso, segundo o jurista Afonso Fraga, citado por Tourinho Filho[16], o instituto da citação. Era a *vocatio*, característica ínsita da jurisdição, que permite ao juiz processante ordenar, atualmente, o comparecimento do réu à sua presença ou a praticar determinado ato, sob as penalidades da lei.

Acrescento que, seguido daquele ato citatório, veio o interrogatório do primeiro homem e sua autodefesa[17], tudo na forma oral, dando a entender que, no começo, a jurisdição se orientava pelo princípio da oralidade.

Mas não se encerrou aí o julgamento de Deus. Como Juiz supremo, deu seguimento aos atos instrutórios, interrogando separadamente Eva, mulher de Adão, e a serpente. Ao final, condenou a todos e aplicou a cada um deles castigos diferentes, dando origem ao que, em nossos dias, chamamos de princípio da individualização da pena. É importante registrar que, no referido julgamento, Deus tratou a todos os acusados com dignidade, igualdade e fraternidade, aplicando-lhes penas proporcionais às suas culpabilidades.

Rica em exemplos, a Bíblia também narra o caso em que o evangelista Paulo[18], após ser preso e levado à enxovia, exige o direito à ampla defesa, por ser cidadão romano e a ser levado à presença do pretor. Para que não passe despercebido, tenha-se em mente que nos dois exemplos bíblicos se encontra evidente a presença do **devido processo legal**, como pressuposto necessário para a imposição da medida sancionatória que se perseguia.

Aglutinada também nesses episódios se encontra a ideia do contraditório como elemento preponderante da ampla defesa. O contraditório é o exercício da dialética processual, plasmada a partir da pretensão deduzida em juízo pela

16 TOURINHO FILHO, Fernando da Costa. *Processo penal*. 11. ed. São Paulo: Saraiva, 1989. v. III. p. 170.

17 Gênesis, capítulo 3, versículos 9 a 12.

18 Livro dos Atos dos Apóstolos, capítulos 22, 25 e 26, versículo 1.

parte demandante. Trata-se de princípio constitucional do processo, cujo escopo é oportunizar ensanchas à parte demandada de ser informada a respeito do que está sendo alegado pelo demandante, a fim de que possa produzir defesa de qualidade e indicar prova necessária, lícita e suficiente para alicerçar sua peça contestatória. A impugnação da pretensão varia, em sua forma bilateral, de acordo com o interesse ou direito que se pretende resguardar ou obter.

O contraditório implica também o direito que têm as partes de serem ouvidas nos autos. O processo é marcado pela bilateralidade da manifestação dos litigantes. Essa regra de equilíbrio decorre do denominado princípio da igualdade das partes ou da isonomia processual, tão importante para o embate processual quanto qualquer um dos demais princípios orientadores do processo.

A ampla defesa representa garantia constitucional prevista no art. 5.º, LV, da Constituição Federal brasileira. Sua concepção possui fundamento legal no direito ao contraditório, segundo o qual ninguém pode ser condenado sem ser ouvido – *nemo inauditus debet damnari.*

Por força do que foi enunciado, não seria demasiado dizer que a ampla defesa também está intimamente ligada a outro princípio constitucional mais abrangente, qual seja o devido processo legal, seu epifenômeno, pois é inegável que o direito a defender-se amplamente implica consequentemente a observância de providência que assegure legalmente essa garantia.

Tão importante é o devido processo legal, como princípio constitucional, que representa a base legal para a aplicação de todos os demais princípios, qualquer que seja o ramo do direito processual. Essa afirmação não afasta, por outro lado, a incidência desse postulado também no âmbito do direito material ou administrativo.

Numa concepção primária, trata-se a ampla defesa de direito constitucional processual assegurado ao réu subjetivamente. Por esse postulado, a parte que figura no polo passivo da relação processual exige do Estado-Juiz, a quem compete a prestação da tutela jurisdicional, o direito de ser ouvida, de apresentar suas razões e de contra-argumentar as alegações do demandante, a fim de elidir a pretensão deduzida em juízo.

A ampla defesa é garantia do demandado inerente ao Estado de Direito. Mesmo quando se está diante de regime de exceção, a noção desse instituto não desaparece porque é algo que se encontra arraigado ao ser humano, é uma necessidade inata do indivíduo, é algo que resulta do próprio instinto de defesa que orienta todo ser vivo.

Apesar de esse princípio vir expresso pela fórmula "ampla defesa", seu raio de aplicação não se limita exclusivamente a beneficiar o réu, posto que visa também favorecer outros sujeitos da relação processual. Sendo assim, não é errôneo dizer que a ampla defesa constitui direito que protege tanto o réu quanto o autor, bem como terceiros juridicamente interessados.

Diante disso, é forçoso reconhecer que somente haverá ampla defesa processual quando todas as partes envolvidas no litígio puderem exercer, sem limitações, os direitos que a legislação vigente lhes assegura, dentre os quais se pode enumerar o relativo à dedução de suas alegações e à produção, sem restrições, de prova admitida em juízo.

7. DIREITO DE DEFESA

Um dos fundamentos do Estado Brasileiro é a dignidade da pessoa humana, assim estatuído no art. 1.º, III, da Constituição Federal. No Estado Democrático de Direito todos os princípios que o regem devem se basear no respeito à pessoa humana, pois esta funciona como princípio estruturante, ou seja, representa o arcabouço político fundamental constitutivo do Estado e sobre o qual se assenta todo o ordenamento jurídico. Por isso, é considerado como princípio maior na interpretação de todos os direitos e garantias conferidos às pessoas no texto constitucional.

O direito de defesa é um dos princípios decorrentes da dignidade da pessoa humana e da fraternidade. Somente o ser humano pode usufruir dessa prerrogativa, porque não é possível atribuir a animais irracionais a prática de crimes. Não se trata de privilégio, mas de garantia fundamental assegurada constitucionalmente ao infrator. Por essa razão, é dever do Estado conceder a todo indivíduo acusado da prática de um delito a oportunidade de exercer o direito de defesa técnica de maneira ampla e irrestrita. Dito de outro modo, não basta a concessão pura e simples do direito de defesa. É imprescindível que o acusado tome ciência do conteúdo da acusação em idioma que lhe seja acessível e que o ente estatal lhe garanta o exercício dessa prerrogativa por meio de profissional da advocacia que tenha especialização específica na área penal, sob pena de não se cumprir tecnicamente a finalidade para o qual foi concebido esse irrenunciável preceito de nível constitucional.

Partindo da premissa chamada "dignidade da pessoa humana", que tem íntima relação com o Direito Penal da ofensividade (garantista), faz-se necessário entender que, num Estado Democrático de Direito, um fato punível deve ser encarado tendo em vista a finalidade do Direito Penal, que é a proteção de bens jurídicos penais.

Para o entendimento do que seja o valor bem jurídico, não basta a leitura gramatical da figura típica, ou seja, a compreensão da tipicidade, porque esta não se esgota na literalidade da lei. O que o intérprete precisa descobrir é o que está por trás do tipo penal, isto é, na norma, porque é ela quem revela a percepção que necessitamos ter do bem jurídico protegido. Concluindo, podemos afirmar que o que pune o infrator não é a lei, e sim a norma.

O saudoso penalista Luiz Flávio Gomes[19], relacionando a dignidade humana com o Direito Penal, transmite-nos a ideia de que, sendo a dignidade humana o fundamento máximo do modelo de Estado de Direito, parece não haver dúvida de que a sanção penal só deve incidir quando há uma concreta lesão ou perigo para o bem jurídico protegido pela norma. O princípio da ofensividade, destarte, decorre naturalmente dos fundamentos do Estado Constitucional e Democrático de Direito, a partir das garantias e dos princípios assegurados pela Constituição do país. Na incensurável ensinança do penalista argentino Eugenio Raúl Zaffaroni:

> "El derecho penal tiene la función de prover a la seguridad jurídica mediante la tutela de bienes jurídicos, previniendo la repetición o realización de conductas que los afectan en forma intolerable, lo que ineludiblemente, implica una aspiración ético-social. Cabe consignar que en este sentido usamos 'ético' para denotar lo que hace al comportamiento social, expresión que nada tiene que ver con la moral, que la entendemos como cuestión que incumbe a la conciencia individual y que, por ende, es autónoma. En este sentido, la 'aspiración ética' del derecho, es la aspiración que éste tiene de que no se cometan acciones prohibidas por afectar bienes jurídicos ajenos. La coerción penal busca materializar esta aspiración ética, pero la misma no es un fin en sí misma, sino que su razón, su 'por qué' (y también su 'para qué') es la prevención especial de futuras afectaciones intolerables de bienes jurídicos"[20].

Com efeito, dispõe a Constituição Federal brasileira, em seu art. 1.º, III, *verbis*:

> "Art. 1.º A República Federativa do Brasil, formada pela união indissolúvel dos Estados, dos Municípios e do Distrito Federal, constitui-se em Estado Democrático de Direito e tem como fundamento: (...)
> III – a dignidade da pessoa humana;".

Notória, portanto, a consagração do valor da dignidade da pessoa humana como princípio máximo, diga-se, fundamental do Estado Brasileiro, lançado no pórtico da Carta Magna (art. 1.º, III). Segundo José Afonso da Silva, "a dignidade da pessoa humana é um valor supremo que atrai o conteúdo de todos os direitos fundamentais do homem, desde o direito à vida"[21].

---

19 GOMES, Luiz Flávio. *Norma e bem jurídico no direito penal*. São Paulo: Ed. RT, 2002 (Série As Ciências Criminais no Século XXI, v. 5). p. 29 e 30.

20 ZAFFARONI, Eugenio Raúl. *Tratado del derecho penal*: Parte Geral. Buenos Aires: Ediar, 1987. v. I. p. 50.

21 SILVA, José Afonso da. *Aplicabilidade das normas constitucionais*. 3. ed. São Paulo: Malheiros, 2000. p. 109.

O constitucionalista J. J. Gomes Canotilho também entende que,

> "concebido como referência constitucional unificadora de todos os direitos fundamentais, o conceito de dignidade humana obriga a uma densificação valorativa que tenha em conta o seu amplo sentido normativo constitucional e não uma qualquer ideia apriorística do homem, não podendo reduzir-se o sentido da dignidade humana à defesa dos direitos pessoais tradicionais, esquecendo-se nos casos de direitos sociais, ou invocá-la para construir teoria do núcleo da personalidade individual, ignorando-a quando se trate de garantir as bases da existência humana"[22].

Vê-se, a partir desses ensinamentos, que a dignidade da pessoa humana é um conceito que permeia todo o ordenamento jurídico, em todas as suas formas, em todos os ramos do Direito, até por não ser apenas um direito fundamental, mas um fundamento do nosso próprio modelo de Estado Democrático de Direito.

Os penalistas são unânimes em afirmar que a história da pena coincide com a história da humanidade. Desde os tempos primitivos, cada povo ou agrupamento humano, não importando a raça, governo ou origem étnica, tinha sua forma de aplicação da pena, ainda que rude ou degenerada, pela qual era permitida a inflição de variados suplícios ao condenado, todos corporais, por autoridades públicas ou por pessoas investidas de autoridade familiar, numa verdadeira barbárie em que se destacava uma espécie de Direito Penal do terror e do martírio instituído ao alvedrio do executor.

Assim, eram aplicadas, sem qualquer critério, penas cruéis e desumanas que levavam a homicídios decorrentes de apedrejamentos, enforcamentos, sufocamentos[23], torturas, crurifrágios, castrações, crucificações, tudo em defesa de um poder punitivo que os arcontes julgavam possuir, proveniente de uma moral divina que autorizava a prática de tais horrores sem a instauração de processo justo e sem a concessão do direito de defesa ao acusado, muito menos da concepção de fraternidade e dignidade humana.

Como não se permite, entre nós, condenação judicial tendente ao sacrifício corporal do réu, alguns juízes de coração empedernido aplicam penas excessivas, que chegam a centenas de anos de reclusão, sem darem a devida importância

22 Canotilho *apud* SILVA, José Afonso da. *Aplicabilidade das normas constitucionais*, cit., p. 109.

23 No dia 25 de maio de 2020, em plena pandemia da Covid-19, o mundo inteiro assistiu um policial branco americano (Derek Chauvin), do Estado de Minneapolis, matar um homem negro (George Floyd) em face de permanecer, com seu joelho, premendo o pescoço da vítima por oito minutos e quarenta e seis segundos, tempo suficiente para matá-lo sufocado. O fato repercutiu não apenas nos Estados Unidos, mas em todo o planeta, provocando movimentos sociais liderados por políticos e ativistas.

aos aspectos educativo e ressocializador da sanção penal. Partem de conclusões deturpadas de suas consciências, violando os parâmetros mínimos e máximos do preceito legal para, numa atitude de ostentação pessoal, cominar reprimendas recheadas de citações doutrinárias nacionais e estrangeiras, assim como de jurisprudências escolhidas ao seu talante com o propósito de abrilhantar suas imagens na sentença.

Numa atitude de puro arbítrio, esquecem que estão julgando seres humanos, vale dizer, pessoas com nome, idade, profissão, endereço e família, pervertendo os interesses da sociedade, que as quer de volta regeneradas, promessa que o cárcere não pode cumprir. Tais magistrados julgam como Deus e entregam a execução da pena ao Diabo, mantendo-se tranquilos e regozijados em seus refrigerados gabinetes, durante o longo período de cumprimento da pena imposta, sem sequer fazerem alguma visita à enxovia para averiguar o estágio de recuperação do condenado em todos os aspectos da natureza humana.

Vivemos, atualmente, um período de humanização da pena. O Direito Penal moderno concebe a pena como fator de recuperação do infrator condenado, considerando que a reprimenda não deve ter caráter apenas retributivo, mas principalmente ressocializador. Dessa forma, a Constituição Federal aboliu as denominadas penas aflitivas e infamantes[24]. Na atualidade, sua aplicação adquire especial destaque, conquanto é sabido que a nenhum julgador é permitida a inflição de pena ao acusado sem o devido processo legal ou acima dos parâmetros da proporcionalidade e da razoabilidade.

Essa assertiva decorre da confirmação de vários aforismos jurídicos, dentre os quais, na concepção de seus idealizadores, se destacam o *nullum crimen, nulla poena sine praevia lege poenali*, assim como o *nulla poena sine judicio*, ou o apotegma *nulla poena sine culpa*, posto que o princípio da humanidade das sanções proíbe a imposição de penas sem processo e de caráter desumano.

8. DIGNIDADE HUMANA NO PROCESSO PENAL

O processo penal existe no ordenamento jurídico da maioria dos países com a finalidade de assegurar uma série de garantias ao acusado, que vão desde o direito de defesa até a aplicação de pena proporcional ao dano causado. Cada país tem suas próprias leis, as quais variam conforme o bem jurídico a ser protegido ou de acordo com sua cultura e costumes. Por isso mesmo, algumas condutas que são punidas em determinados países não guardam qualquer importância para outros.

24 Em alguns países, onde a legislação ainda é bastante rudimentar ou o Direito vigente se baseia na religião, ainda é possível encontrarmos a aplicação de penas cruéis que submetem o condenado a verdadeiro sofrimento, tais como açoites, lapidações, castração, dilaceração de membros, fuzilamentos, enforcamentos etc.

O certo, no entanto, é que, com os olhos voltados para o mundo inteiro, a ONU e outros organismos internacionais têm lutado pela uniformização do procedimento processual de todas as nações, integrantes ou não dessa organização mundial, principalmente em matéria de direitos humanos.

O *jus puniendi* estatal tem como seu contrapeso natural o *jus libertatis* do indivíduo. Aliás, deve ser interesse do próprio Estado garantir ao acusado o direito ao justo processo legal, por força do contrato social celebrado com o povo, que lhe outorga o monopólio da jurisdição.

Valor básico fundamentador de todos os direitos humanos, a dignidade da pessoa humana[25] tem sido violada constantemente em prol de uma pretensa segurança e da busca frenética pela verdade real no âmbito do processo penal, sonho pueril que à realidade compete negar, posto que o juiz sempre julga com base na verdade processual. Enquanto persistir essa busca incessante pela autonomia da sociedade, ou um rigor excessivo do Direito Processual Penal existir, a função primordial deste como instrumento de distribuição de justiça e pacificação social é que será afistulada.

Se o Direito brasileiro é fundado na fraternidade e na dignidade da pessoa humana, como o processo penal pode, para conseguir a verdade real, por exemplo, violar o binômio fraternidade/dignidade em prol de outros princípios que orientam a colheita da prova? Aqui temos uma colisão de princípios, que deverá ser resolvida, em último caso, por uma ponderação.

Tratando dessa questão, afirma J. L. Mackie, citado pela jurista argentina Mirta F. Bokser, *ipsis verbis*:

> "La colisión entre reglas produce el efecto de excluir una, porque el resultado de aplicar las dos es incompatibile (...). En estos casos, la actividad de intérprete consiste en una opción: o una o la otra. En cambio, cuando se trata de principios y valores, no hay opción, sino ponderación. (...) No se trata entonces de una antinomía en el sentido tradicional, sino de un campo de tensión. El coflicto entre principios se soluciona mediante un juicio de ponderación de intereses opuestos. Se trata de cuál de los intereses abstractamente del mismo rango, tiene mayor peso en el caso concreto. Si se entiende a los principios como mandatos de optimización, como aspiraciones a algo que encierran una referencia a la ideia del derecho justo, debe estimarse en qué medida se puede realizar en el caso concreto (...). Los principios son normas que tienen una estructura deóntica, ya que establecen

25 É bem conhecida a forma como os Estados Unidos da América tratam essa questão. Arvorando-se de Juiz do mundo, desrespeitam a soberania de outros países, prendendo cidadãos em seu território de origem e os levando para prisões indevassáveis, onde permanecem incomunicáveis, sem direito de defesa e de julgamento por um tribunal internacional, anos após anos até morrerem ou receberem pena-castigo de duração indeterminada.

> juicios de deber ser; son normas prima facie sin una terminación acabada, y por lo tanto flexibles, susceptibles de ser completados (...). Los principios son normas que receptan valores y como tales no pueden ser sino aspiraciones cuyo grado de concreción varía según los sistemas jurídicos, los períodos históricos, y la relación con las reglas. De manera que el juego de los principios jurídicos de rango constitucional aporta la determinación de valores necesaria para llenar de contenido la cláusula general, conforme a un criterio normativo (...). Desde nuestro punto de vista, los principios como normas son fundamentales cuando están reconocidos en una de las fuentes constitucionales y son susceptibles de argumentación iusfundamental"[26].

Por sua vez, o penalista Luiz Flávio Gomes, em bem lançada assertiva, obtempera:

> "Considere-se, de outro lado, que é da essência da lei contemplar casos genéricos, não casos concretos, podendo estabelecer regras favoráveis a um ou outro dos princípios em eventual conflito, mas nunca desvirtuar a priori nenhum deles, porque isso equivaleria à violação da Constituição. O legislador, em suma, pode orientar a ponderação do juiz, mas, ainda que queira, por sua própria posição, carece de faculdades para substituí-lo nesse trabalho, determinando a decisão que proceda (em cada caso concreto) à vista do jogo conjunto dos preceitos constitucionais e das circunstâncias do caso (dado que precisamente não pode ter essa 'visão'). Dito de outro modo: os conflitos entre princípios são resolvidos pelo juiz no caso concreto, e jamais podem ser definitivamente cancelados pelo legislador, pois eliminar a colisão (entre princípios), como regra geral, requereria postergar um princípio em benefício de outro e, com isso, estabelecer, por via legislativa, uma hierarquia entre preceitos constitucionais que, simplesmente, suporia assumir um poder constituinte que o legislador não ostenta"[27].

A interpretação acadêmica a respeito da resolução dos conflitos entre princípios jurídicos é invariável, quer ela proceda do jusfilósofo, quer do constitucionalista, quer do civilista, quer do penalista ou do processualista, visto que a ciência do Direito não pode vulgarizar seus conceitos em relação a institutos que devam ser aplicados de forma equânime, isto é, na exata medida de sua importância e relevância jurídica.

O intérprete imparcial deve ser justo em suas conclusões e fiel à comunidade que acredita em suas percepções. Daí por que deve trabalhar com extremo rigor a mensagem que é empregada em cada palavra da lei, fazendo uma investigação sistêmica de sua aplicação, a fim de fornecer subsídios àqueles que necessitam utilizá-la no dia a dia forense.

---

26 BOKSER, Mirta F. *Seres humanos – personas – (su) personalidad jurídica (viceversa y recíprocamente)*. Buenos Aires: Editora Colihue, 2009. p. 43-44.

27 GOMES, Luiz Flávio. Op. cit., p. 144.

A mesma regra aplica-se ao juiz isento, posto que não deve agir como um servo da lei. Ao contrário: se a regra da lei exige uniformidade de tratamento para aqueles que estão sob o seu império, o juiz pode romper com essa concepção e aplicar, de acordo com o modelo de conduta que achamos razoável ser praticada em sociedade, quer em relação a nós ou a nossos semelhantes, os corretivos que o legislador não editou e que editaria, se tivesse tido conhecimento do caso em questão, para garantia da segurança jurídica, ainda que, para isso, tenha que recorrer à equidade.

O juiz não pode ser um leguleio. Devemos sempre conceder a ele o poder da interpretação, porque não é a lei que representa a noção que devemos ter da palavra Justiça, e sim o resultado de sua intelecção diante das peculiaridades do caso concreto. Destarte, por não ser a lei um produto fabril, pronto para consumo, compete ao juiz interpretá-la, alheio a qualquer paixão, sopesando as provas apresentadas e a pretensão deduzida para encontrar a justa medida da Justiça.

No entendimento lapidar de Raphael Boldt:

> "Mesmo em períodos de grande clamor popular por penas mais severas e maior repressão à violência, inexiste qualquer justificativa para afronta aos ideais democráticos e humanitários, cuja preservação é imprescindível. De acordo com Rodrigo Boldrini (2006), '(...) essa preservação não impede nem a realização da prevenção geral positiva nem o combate ostensivo ao crime (...)'"[28].

A visão autoral no final do texto transcrito, por mais justificável que possa parecer, afigura-se-nos míope e equivocada. É que, no âmbito dos direitos fundamentais, por mais acertada ou definitiva que pareça uma posição, ela sempre deve ser posta em debate em caso de colisão com outro princípio. Como dissemos alhures, a dignidade humana ainda é um conceito por demais abstrato, que não podemos tomar como certo e definitivo; ela se analisa caso a caso. E caso a caso, mesmo que a opinião manifestada goze de valor altíssimo, em face de quem a tenha emitido, ela representa sempre um ponto de vista que deve ser aferido na medida de sua razoabilidade.

Um ponto de vista diferente do esposado pelo doutrinador pode ser ponderado, qual seja: o balanceamento da dignidade da pessoa humana com o princípio da verdade substancial no processo penal. Em cada caso se fará uma ponderação levando em conta: 1) o nível de agressão à parte demandada; 2) o bem jurídico protegido; 3) o interesse público em jogo; 4) a possibilidade de meios alternativos

28 BOLDT, Raphael. A dignidade da pessoa humana e as provas no processo penal. *Jus Navigandi*, Teresina, ano 11, n. 1.033, 30 abr. 2006. Disponível em: http://jus.com.br/revista/texto/8323. Acesso em: 8 maio 2011.

de aplicação da pena, entre outros, à vista do caráter subsidiário e fragmentário do Direito Penal.

O Juiz, como agente político que conduz e resolve o processo, deve ter as condições necessárias para analisar e decidir sobre tais questões. Afinal, além de administrador do processo, ele é o destinatário da prova e se encontra investido de poderes legais para interpretar a norma vigente e emitir a prestação jurisdicional (em nome do Estado), na forma que melhor atenda aos fins previstos no ordenamento jurídico.

Mas essa prestação jurisdicional não pode ser realizada de maneira leviana e improvisada. É indispensável que o juiz vasculhe a intenção da lei, vale dizer, interprete a norma conforme a gramática da Constituição, cuidando para que sua sentença seja a fiel radiografia da realidade concreta da vida a partir dos fatos noticiados; para que a decisão declare o que o dinamismo social espera, e não aquilo que a letra fria e inerte da lei estabelece em abstrato, pois do contrário qualquer pessoa ou até mesmo uma máquina poderia emitir o que a literalidade da lei informa, e não necessitaríamos de juízes para interpretá-la.

A nenhuma autoridade, muito menos ao juiz, é conferido o direito de aplicar a lei de maneira iníqua. Processo sem garantias é o mesmo que vida sem liberdade. Não há injustiça maior do que a promovida pelo próprio Judiciário. É como se, de repente, o mundo desabasse sobre a cabeça do indivíduo e, num passe de mágica, perdesse todo o patrimônio e sua liberdade, tornando-se um desprezível arremedo de figura humana.

Um dos exemplos mais significantes desse absurdo vem da literatura. Na clássica obra *O processo* de Franz Kafka[29], encontramos a descrição perfeita do que significa um processo sem garantias. Um homem acorda pela manhã na pensão onde reside e, antes do desjejum, é visitado por desconhecidos que o avisam sobre sua detenção. Embora tenha tentado, o prisioneiro não conseguiu apurar qual o crime que lhe fora imputado. Quem eram os homens que o detiveram e a serviço de qual autoridade estavam? Quem era o seu acusador? Qual o conteúdo da acusação? Para onde seria levado?

Sem contato com qualquer autoridade governamental ou judicial e sem direito a defender-se em qualquer processo, esse homem tem um fim trágico. Levado como um animal cativo ao local da execução, por ruas escuras, ermas e tortuosas, ainda no trajeto, foi morto com uma profunda facada no coração, aplicada impiedosamente por um dos carrascos. Antes, porém, a caminho do cadafalso, abstraído em seus pensamentos, teve a ilusão de haver avistado a figura da mulher amada, mas logo prescindiu dela e, curvando-se à sua triste realidade,

29 KAFKA, Franz. *O processo*. 3. ed. São Paulo: Martin Claret, 2010. p. 39 e 256.

questionou-se: "Onde estava o Juiz que nunca tinha visto? Onde estava o alto tribunal ante o qual nunca comparecera? Elevou as mãos e separou todos os dedos".

Sabemos que ainda hoje fatos dessa natureza acontecem em várias partes do mundo, inclusive no Brasil, não obstante inúmeros setores da sociedade, na mais completa pervigília, se esforcem para evitar essa prática espúria. A lógica do processo visa à pacificação social, mediante a composição da lide. Todos nós caminhamos em busca dessa satisfação. Por isso, não se pode consentir na violação dessa lógica inquebrantável, sob pena de permitirmos a desordem e a anarquia sociais.

No Brasil, o Supremo Tribunal Federal, guardião de nossa Constituição, em vários de seus julgados, tem tomado posições semelhantes. No *Habeas Corpus* n.º 97.346/SP, Rel. Min. Eros Grau, foi decidido que a dignidade da pessoa humana é fundamento suficiente para proibir a prisão provisória fundada apenas na gravidade do crime, que não é critério hábil para essa decisão:

> "(...) 4. Entendimento respaldado na inafiançabilidade do crime de tráfico de entorpecentes, estabelecida no artigo 5.º, inciso XLIII da Constituição do Brasil. Afronta escancarada aos princípios da presunção de inocência, do devido processo legal e da dignidade da pessoa humana. (...) 6. A inafiançabilidade não pode e não deve – considerados os princípios da presunção de inocência, da dignidade da pessoa humana, da ampla defesa e do devido processo legal – constituir causa impeditiva da liberdade provisória"[30].

Ainda segundo o STF, também ofende a dignidade da pessoa humana a duração excessiva da prisão cautelar, como defende o Min. Celso de Mello, na ementa de seu voto:

> "'HABEAS CORPUS' – PRISÃO CAUTELAR – DURAÇÃO IRRAZOÁVEL QUE SE PROLONGA, SEM CAUSA LEGÍTIMA – CONFIGURAÇÃO, NA ESPÉCIE, DE OFENSA EVIDENTE AO 'STATUS LIBERTATIS' DOS PACIENTES – INADMISSIBILIDADE – PRECEDENTES DO SUPREMO TRIBUNAL FEDERAL – INJUSTO CONSTRANGIMENTO CONFIGURADO – PEDIDO DEFERIDO EM PARTE. – O excesso de prazo, mesmo tratando-se de delito hediondo (ou a este equiparado), não pode ser tolerado, impondo-se, ao Poder Judiciário, em obséquio aos princípios consagrados na Constituição da República, a imediata devolução do 'status libertatis' ao indiciado ou ao réu. – A duração prolongada, abusiva e irrazoável da prisão cautelar de alguém ofende, de modo frontal, o postulado da dignidade da pessoa humana, que representa – considerada a centralidade desse princípio essencial (CF, art. 1.º, III) – significativo vetor interpretativo, verdadeiro valor-fonte que conforma e inspira todo o ordenamento

30 STF, 2.ª Turma, HC 97346/SP, Rel. Min. Eros Grau.

constitucional vigente em nosso País e que traduz, de modo expressivo, um dos fundamentos em que se assenta, entre nós, a ordem republicana e democrática consagrada pelo sistema de direito constitucional positivo. Constituição Federal (Art. 5.º, incisos LIV e LXXVIII). EC 45/2004. Convenção Americana sobre Direitos Humanos (Art. 7.º, ns. 5 e 6). Doutrina. Jurisprudência"[31].

A partir de tais precedentes, concluímos que o Estado Democrático de Direito, que preza pelas liberdades e direitos dos seus cidadãos, não pode estar dissociado do princípio da dignidade da pessoa humana, posto ser fundamento basilar para a proteção de qualquer ser humano que esteja sob seu poder. Na verdade, esse princípio essencial abrange não só a proteção das pessoas, ou de classes sociais, mas especificamente do ser humano, porque esse deve ser um dos fins precípuos do Estado moderno.

Essa garantia constitucional, de caráter inalienável, não pode ser negada a qualquer ser humano, ainda que se encontre despido da própria dignidade; mesmo que desconheça ou ignore a noção a respeito do conceito de dignidade humana, ou que seja autor da mais atroz conduta criminal, tendo em vista o fato de que toda pessoa deve ser protegida pela ordem jurídica estatal.

O processo penal, que regula a aplicação do Direito Penal, e que atinge diretamente o ser humano, é intimamente e intrinsecamente ligado ao princípio da dignidade da pessoa humana, não podendo dele se divorciar, sob pena de regredirmos a um tempo em que apenas a vontade do soberano prevalecia; em que tudo girava em torno das coisas que interessavam somente ao monarca, sob a égide do Estado totalitário.

Na mesma categoria de importância se localiza a fraternidade humana, como princípio constitucional essencial, considerando que funciona como ponto de equilíbrio, porque a sanção penal não impede, segundo Reynaldo Soares da Fonseca, a "construção de uma Justiça restaurativa que não ignora as exigências de reparação da ordem violada", posto que "a pena humanizada não é, em rigor, violência destinada a dominar quem é punido", nem "a execução da pena pode inviabilizar a possibilidade de reconciliação"[32].

9. CONCLUSÃO

A vida do Direito não é diferente da vida das pessoas. Ao longo da sua existência, o homem vai polindo aquele diamante bruto que ele é quando nasce,

31 STF, 2.ª Turma, HC 85988/PA, Rel. Min. Celso de Mello.

32 FONSECA, Reynaldo Soares da. *O princípio constitucional da fraternidade*: seu resgate no sistema de justiça. Belo Horizonte: Editora D'Plácido, 2019.

sendo, por isso, joalheiro de si mesmo. O Direito também necessita desse constante polimento, a fim de que possa conferir utilidade social àqueles que labutam nas relações sociais do dia a dia.

Os princípios do Direito são dogmas que se estabeleceram socialmente desde o surgimento do homem sobre a face da Terra e existem independentemente de sua previsão em normas ou preceitos escritos, pois assim já demonstrou a história no exemplo de *Antígona*, clássica peça de Sófocles, que bem representa o atendimento a direito não escrito, vale dizer, o respeito a princípio que não estava previsto em nenhuma norma ou lei do Estado.

Por conseguinte, podemos afirmar, sem o menor exagero, que os princípios são postulados derivados do Direito Natural e que antes de se tornarem preceitos dogmáticos já existiam, porque têm sua sede na natureza e independem de qualquer fórmula escrita para se tornarem estáveis.

A lei envelhece, cai em desuso; o princípio a tudo resiste, vence o túnel do tempo, sobrevive a todos os regimes jurídicos e enfrenta todas as espécies de governo, mesmo que não seja contemplado no ordenamento legislativo do País. Por isso, seu estudo resulta de fundamental importância, como fonte basilar de tudo.

Expostas essas considerações, é imperioso admitir que a dignidade da pessoa humana está reconhecida na legislação brasileira, como princípio fundamental, e se encontra preservada em nossa ordem jurídica processual penal, gozando de *status* constitucional, ao lado de uma série variada de outros princípios, de igual importância, porém de menor grandeza, que asseguram o direito ao exercício do *ius postulandi* do jurisdicionado, não importando a posição que ocupe na relação processual.

Alguns exemplos da real preservação desse princípio podem ser enumerados para a aplicação no plano processual penal, como garantia do acusado[33], a saber: 1) o direito à citação; 2) o direito à ampla defesa; 3) o direito ao contraditório; 4) o direito de ter respeitada sua dignidade como pessoa humana; 5) o direito à apresentação de provas perante os tribunais; 6) o direito à assistência judiciária gratuita, provada sua condição de pobreza ou não; 7) o direito ao processo justo, em que sejam respeitadas garantias mínimas; 8) o direito a julgamento pelo juízo natural; 9) o direito a uma pena proporcional ao mal causado com o delito; 10) o direito à interposição de recursos às instâncias superiores; etc.

A análise da dignidade da pessoa humana, como princípio fundamental do Direito Constitucional, traduz-se em algo da maior importância para a sua aplicação no campo do Direito Penal (e do Processual Penal) constitucional. Por isso é que, a cada dia, torna-se mais frequente e fascinante o estudo desse instituto pelos

33 Algumas dessas garantias também são asseguradas à parte contrária.

juristas de nosso tempo, visando sempre a que se descortinem novos horizontes onde a sua temática deva fincar profundas raízes.

Mas não basta investigar e descobrir a imensa utilidade do princípio da dignidade da pessoa humana. É curial que haja uma política criminal voltada para o respeito à sua efetividade no processo penal como *conditio sine qua non* para o exercício do sagrado direito de defesa do acusado, desde o primeiro momento do conhecimento da imputação a ele dirigida ou da privação de sua liberdade, pois do contrário faremos tábula rasa desse princípio e ficaremos apenas pregando no deserto, como dantes faziam os sermonistas inveterados.

Não se deve descurar, por outro lado, que o Direito Penal e o Processual Penal possuem outras insígnias tão significantes quanto o princípio da dignidade da pessoa humana, que reclamam aplicação simultânea, no decurso da tramitação processual, a exemplo do que ocorre com os ingredientes que se misturam para temperar uma saborosa comida. O desrespeito a qualquer formalidade processual pode ensejar a nulidade insanável do ato, assim como a ausência de qualquer condimento pode tornar a refeição insípida.

Daí por que se espera que a vida do Direito, pós-pandemia da Covid-19, seja inspirada em princípios transindividuais, tais como a fraternidade e a dignidade humana, a fim de que seja possível a solução dos conflitos processuais com o olhar voltado para a finalidade precípua da pena, qual seja a certeza da punição, porém com a garantia da recuperação do condenado, pois essa é a expectativa da coletividade e deve ser a missão indeclinável dos órgãos encarregados da execução penal, considerando que a pena não se fundamenta essencialmente no fato de punir, mas na garantia de devolver o condenado recuperado à sociedade.

Na verdade, deveria haver, na entrada das penitenciárias, uma frase escrita num grande portal, onde se possa ler "Aqui se pratica a Fraternidade e a Dignidade Humana". Não seria essa frase uma carta de seguro para o condenado, muito menos um favor penitenciário, mas um alerta para os visitantes e, principalmente, para os agentes públicos que aí trabalham de que suas instalações abrigam pessoas que, não obstante tenham praticado delitos, devem ser tratadas com fraternidade e dignidade, posto que o objetivo primordial da pena não é embrutecer o recluso, mas reeducá-lo para a convivência entre seus semelhantes, o que somente será possível se for tratado sem discriminação no cárcere e fora dele.

Mas essa reinserção social passa também pelo dever de conservação da sociedade, obrigação de todos, principalmente do egresso penitenciário, considerando que somente a piedade, como consectário jurídico da fraternidade humana, não é capaz de assegurar a transformação ética do homem na reconstrução dos bons valores que permitirão sua virtuosa interação social. Nisso tudo está refletida a ideia de responsabilidade solidária, como um dever de natureza jurídica. Afinal, não devemos desejar para os outros o que não desejamos a nós mesmos.

Capítulo XXVI

DO PROCESSO DOS CRIMES DA COMPETÊNCIA DO JÚRI

1. GENERALIDADES

A instituição do júri foi reconhecida pela Constituição Federal (art. 5.º, XXXVIII), com a organização que lhe der a lei, assegurados:

1.1 A plenitude de defesa

A plenitude de defesa é um princípio constitucional atinente ao Tribunal do Júri que implica o asseguramento ao réu do exercício de defesa técnica de qualidade prestada por advogado, defensor constituído ou nomeado.

Trata-se a plenitude de defesa de princípio axiomático do Estado Democrático de Direito, embora não se possa concordar que tal prerrogativa do réu possa ser utilizada para malferir os fins a que se destina a democracia como disciplina política dos povos civilizados, pois conforme preconiza Nelson Hungria com esmerado vaticínio:

> "A democracia liberal protege os direitos do homem e não os crimes do homem. Maldita seria a democracia, se se prestasse a uma política de cumplicidade com a delinqüência"[1].

Esse direito de matriz constitucional deve ser sempre assegurado ao réu, ainda que ele não tenha interesse em sua defesa, na medida em que constitui uma garantia que a própria lei lhe confere. Portanto, não pode ser negligenciada pelo juiz, pelo Ministério Público e, muito menos, pelo defensor.

O princípio da plenitude da defesa permite que o jurado, partindo de sua íntima convicção, absolva o réu por argumentos emocionais, sociais e de política criminal. Em função disso, o Tribunal do Júri permite um julgamento baseado em um entendimento socioemocional, uma vez que o acusado é julgado por um conselho de sentença constituído de membros da comunidade e não por juízes

---

1 HUNGRIA, Nelson. Op. cit., p. 48.

togados de carreira, que observam, essencialmente, a técnica jurídica em seu julgamento.

Esse postulado confere ao jurado o poder de julgar sem o conhecimento técnico da lei. Embora possuam, como é dever de todos os cidadãos, o conhecimento presuntivo da lei, os jurados não estão obrigados a decidir de acordo com seus canônes, regras ou fórmulas.

Do mesmo modo, a exorbitância da oratória utilizada na acusação ou na defesa, em plenário, nem sempre aproveita a uma ou a outra parte da relação processual. Como enfatiza Roberto Lyra:

> "A fluência sem substância é diarréia verbal que não ofende apenas o olfato intelectual. (...). Os jurados ouvem, a cada passo do julgamento, advertências dos promotores e, se estes são relaxados ou imperitos, não devem transferir seus pecados ao júri. (...). Mas os jurados trazem a mesma desconfiança vulgarizada pelo jornal, pela revista, pelo cinema, pelo teatro, pelo rádio, pela televisão, contra a magia e a alquimia profissionais"[2].

Questão interessante é saber se ampla defesa e plenitude de defesa são a mesma coisa. A resposta é não, porque a Constituição Federal não repetiria as referidas expressões mais de uma vez na carta constitucional brasileira como sinônimas, nem para atribuir-lhes o mesmo significado.

Embora os dois pressupostos processuais estejam asseguradas no capítulo dos direitos e garantias fundamentais da nossa carta de princípios, o propósito de um e do outro é totalmente diferente na medida em que o inciso XXXVIII, *a*, do art. 5.º da CF trata especificamente do Tribunal do Júri, enquanto o inciso LV do mesmo dispositivo antecitado generaliza as hipóteses mencionadas, sugerindo, numa compreensão teleológica, que a razão finalística que motivou a produção das duas normas é diversa e possui objetivo próprio.

No entanto, o próprio art. 468, *caput*, do CPP, ao tratar das recusas peremptórias, torna induvidoso que a plenitude defesa possui finalidade e definição diversa da ampla defesa e, por isso mesmo, dá a ideia de farto, repleto, a exemplo de um recipiente que se encontra completamente cheio.

O exemplo contido no art. 468, *caput*, do CPP, acima referido, inverte a lógica da iniciativa processual das partes, porquanto permite que a defesa do réu se manifeste antes da acusação para rejeitar o jurado sorteado para composição do conselho de sentença sem a necessidade de justificar tal recusa. Essa inversão permite, por exemplo, que a própria parte acusada escolha, preferencialmente, os juízes de fato que irão compor o órgão encarregado da decisão da causa.

2 LYRA, Roberto. *Como julgar, como defender, como acusar*. Rio de Janeiro: José Konfino Editor, 1975. p. 134.

Ante tais premissas, tem-se que o art. 468 do CPP confere ao réu a garantia de uma defesa plena ao permitir que o mesmo participe, antes mesmo da manifestação do Ministério Público, da escolha dos jurados que comporão o conselho de sentença e, consequentemente, contribua para que essa escolha recaia sobre pessoas de diversas classes sociais, alistadas para esse serviço obrigatório, na forma do § 1.º, do art. 436, do CPP.

Com efeito, essa possibilidade não é permitida em qualquer outro tipo de procedimento judicial ou grau jurisdicional, porque a regra reinante em nosso país é a ação ser distribuída, por sorteio, ao órgão judicial competente para o seu julgamento na forma prevista na lei de divisão e organização judiciária dos estados.

O conceito da plenitude de defesa é tão absoluto que, se o juiz, no curso do processo, verificar que o réu está indefeso, (art. 497, V, CPP), poderá *sponte sua* dissolver o conselho de sentença e designar novo dia para o julgamento, com a nomeação ou a constituição de novo defensor.

Outra circunstância que é também apontada como exemplo de plenitude de defesa é a possibilidade de, na elaboração do questionário, o juiz presidente indagar os jurados a respeito de fato declinado pelo réu em seu interrogatório, ainda que esteja em contradição com a tese da defesa técnica ou as versões apresentadas sejam diversas e não guardem nexo de causalidade entre si ou entre a conduta e o resultado. Nesse caso, deverá ser elaborado quesito específico, sobre as teses expostas, para que os jurados respondam se absolvem o acusado ou desclassificam a infração penal, tudo na forma dos arts. 482, parágrafo único, segunda parte, e 483, §§ 4.º e 5.º, do CPP.

Defende-se também em doutrina e jurisprudência que a defesa pode inovar na tréplica sem que com isso haja surpresa para a acusação ou violação aos princípios do contraditório, da lealdade e da boa-fé processual. É que a plenitude de defesa é princípio de *status* constitucional, enquanto os retrocitados postulados são de nível processual, portanto hierarquicamente inferiores aos que se encontram agasalhados na Constituição Federal.

Quanto a este aspecto, Guilherme de Souza Nucci entende que é legítimo direito do réu arguir tese nova na tréplica. E argumenta que "impedir a defesa, quando lhe ocorre ideia inédita, por vezes em decorrência da manifestação do órgão acusatório, em réplica, de levantar tese nova equivale à defenestração do princípio constitucional da plenitude de defesa. Não pode ser perfeita uma defesa manietada e cerceada.[3]"

1.2 O sigilo das votações

Algumas dúvidas acometem os estudiosos e especialistas sobre o que seja e qual finalidade possui o sigilo das votações para o sistema do tribunal popular do

3 *Tribunal do Júri*. 9. ed. Rio de Janeiro: Forense, 2022. p. 4.

júri, assim previsto na Constituição Federal, considerando que o soberano conselho de sentença tem a competência constitucional para o julgamento dos crimes dolosos contra a vida tentados ou consumados.

A Constituição Federal (art. 93, IX) apostila que todos os julgamentos do Poder Judiciário serão públicos e fundamentadas todas as decisões. Não obstante assim apregoar, o procedimento dos crimes da competência do Tribunal do Júri possui tratamento diferenciado pela própria carta constitucional, que autoriza o sigilo das votações pelo jurado, a exemplo do que ocorre com o cidadão eleitor quando da escolha dos candidatos a cargos eletivos pelo exercício do voto livre, também conhecido como sufrágio universal.

O princípio do sigilo das votações baseia-se na incomunicabilidade dos jurados que compõem o conselho de sentença na sessão do júri. Dentro dessa perspectiva, admite-se a utilização da denominada "sala secreta" para procedimento da votação dos quesitos pelos jurados, mesmo diante da publicidade dos debates e dos julgamentos.

O sigilo das votações tem como pressuposto garantir a integridade da manifestação isenta do jurado em face do compromisso assumido de manter em segredo seu voto. A própria sala secreta, para onde o conselho de sentença é levado para o exercício da votação monossilábica, demonstra a intenção da lei em proteger, no ambiente hermético, a vontade derivada da convicção íntima do jurado declarada por maioria de votos.

Isto representa uma verdade indeclinável, porque o próprio CPP (art. 487) aduz que, "para assegurar o sigilo do voto, o oficial de justiça recolherá em urnas separadas as cédulas correspondentes aos votos e as não utilizadas". Essa providência legal não tem, repita-se, a finalidade de demonstrar doçura ou amargura no julgamento dos jurados, porquanto nem mesmo do coração dos juízes togados escorrem somente gotas de mel ou de fel. Visa, como se disse, apenas manter em segredo o resultado majoritário do julgamento ou a concordância da maioria dos jurados a respeito do fato criminalizado submetido à apreciação do soberano conselho de sentença.

Porém, ainda que a Constituição Federal não consagrasse a sigilosidade das votações, como princípio protetor da autonomia e independência do Tribunal do Júri popular, a aplicação dessa regra estaria permitida *mutatis mutandi* pela disposição contida no art. 792, § 1.º, do CPP, a qual obtempera que, "se da publicidade da audiência, **da sessão** ou do ato processual, puder resultar escândalo, inconveniente grave ou perigo de perturbação da ordem, o juiz, ou o tribunal, câmara, ou turma, poderá, de ofício ou a requerimento da parte ou do Ministério Público, determinar que o ato seja realizado a portas fechadas, limitando o número de pessoas que possam estar presentes", permanecendo no recinto somente as pessoas mencionadas no *caput* do art. 485 do CPP.

Tem, portanto, o sigilo das votações, como preceito constitucional aplicado ao Tribunal do Júri, a finalidade de evitar qualquer intervenção que possa perturbar a livre manifestação do conselho de sentença, que decidirá a causa, por maioria de votos, com base na convicção íntima do jurado.

Por essa razão, o sigilo das votações, como princípio constitucional de magna importância, guarda a vontade popular expressada pelo conselho de sentença, a qual não pode ser colhida em audiência pública para não colocar em risco a integridade física dos jurados, muito menos propiciar a rebeldia da plateia inconformada com o resultado do julgamento.

A maior razão para isso se encontra na inovação trazida com a Lei n.º 11.689/2008, que determina agora ao juiz encerrar a apuração da votação após o quarto quesito (art. 483, § 1.º, CPP). Portanto, a proclamação do resultado da apuração pelo número integral de votos "sim" e de votos "não" foi abolida, devendo o juiz presidente do Tribunal do Júri anunciar o resultado unicamente por maioria de votos, quando forem apurados mais de três votos com respostas afirmativas ou negativas, na conformidade dos arts. 488 e 489 do CPP.

1.3 A soberania dos veredictos

O princípio da soberania dos veredictos diz respeito ao fato de que a vontade soberana dos jurados não pode ser, a princípio, afrontada pelo juiz togado ou pelo tribunal de segundo grau. Todavia, tal princípio pode ser mitigado pela possibilidade de desconsideração do julgamento do mérito em grau de recurso, ainda que apenas uma vez, em face do princípio da unirrecorribilidade das decisões.

Da mesma forma, esse relevante princípio constitucional do Tribunal do Júri pode ser desconstituído pela possibilidade de revisão criminal que, desde logo, possa absolver o indivíduo condenado, modificar a pena, afastar a qualificadora (alterando a classificação da infração) ou anular o processo. Esse entendimento pode ser justificado pelo fato de que a soberania dos veredictos é garantia individual prevista constitucionalmente e, por se tratar de proteção do indivíduo contra o Estado, não pode ser utilizada contra o apenado.

Atualmente temos acompanhado, no meio jurídico e no noticiário nacional, grande discussão envolvendo diversos setores da sociedade a respeito do significado da expressão "soberania dos veredictos", como atributo do julgamento proferido pelo conselho de sentença nos crimes da competência do Tribunal do Júri.

A questão, por demais instigante, tem suscitado a opinião de várias pessoas, sejam juristas ou não, levando a maioria delas a atribuir à expressão supracitada significado que não condiz com o real objetivo previsto na Constituição Federal.

Situado topograficamente no capítulo dos direitos e garantias fundamentais do cidadão, o Tribunal do Júri tem a "soberania dos veredictos" como princípio primordial que visa garantir aos jurados autonomia, independência e imparcialidade para decidir o caso sem a interferência de qualquer autoridade do Poder Judiciário, inclusive do magistrado que preside a sessão periódica, porque eles representam a vontade popular.

Muito embora a soberania dos veredictos tenha essa finalidade, alguns profissionais de áreas estranhas à ciência do Direito, assim como membros do próprio Judiciário, ignorando essa característica peculiar do Tribunal do Júri, têm procurado ampliar o sentido dessa expressão, conferindo-lhe valor absoluto e outorgando-lhe o sinônimo de onipotência.

Com isso não podemos concordar, porquanto é sabido que o Tribunal do Júri é constituído por pessoas leigas que decidem por convicção íntima e por maioria de votos sem a necessidade de fundamentar a decisão, haja vista que a resposta aos quesitos elaborados pelo juiz togado, que preside o conselho de sentença, é sigilosa e monossilábica.

Demais disso, o sistema constitucional brasileiro não concede a ninguém grau de abertura suficiente para interpretar e avaliar a aplicação do instituto em análise de acordo com suas próprias pautas valorativas. Destarte, nenhuma pessoa pode ignorar que o sistema jurídico se encontra vinculado, em definitivo, pela Constituição da República, e não pelas valorações pessoais do intérprete.

É que o ordenamento jurídico não permite que cada um seja pregoeiro da solução que mais lhe interessar. Se existe uma Constituição Federal ou nacional, que foi elaborada pelos representantes legais do povo, temos que aceitá-la e assumir o compromisso de cumpri-la e acreditá-la tal como se encontra, inclusive no âmbito internacional, porque constitui um documento histórico, cujos princípios, normas e diretrizes não podemos ignorar.

Sabemos que não há necessidade, atualmente, de o juiz togado revelar o resultado da apuração da votação dos jurados por inteiro, mas apenas apurar até o quarto voto, a fim de preservar sua integridade física e o sigilo das votações. Um resultado unânime de cada série de quesito pode colocar em risco o sigilo hermético da votação e a própria vida do jurado.

Diante desse quadro, não é possível concordar também com a opinião daqueles que defendem o cumprimento imediato da sentença penal condenatória pelo réu, porque a decisão dos jurados pode ser manifestamente contrária à prova dos autos. Além disso, pode-se imaginar que esse julgamento tenha resultado bem apertado, por exemplo, quatro votos pela condenação e três pela absolvição, já que os juízes leigos decidem por maioria simples e não há necessidade de esclarecimento quanto ao número de votos que constitui essa superioridade numérica.

É que a soberania dos veredictos não pode ser equiparada ao julgamento de Procusto, muito menos à bíblia de Hitler. Na verdade, a soberania dos veredictos representa limitação ao poder punitivo do Estado. Melhor explicando, significa dizer que seu contrapeso é o direito à liberdade individual como resultante dos princípios constitucionais do estado ou presunção de inocência e da plenitude de defesa.

Pondere-se também que a limitação ao princípio da soberania dos veredictos não visa proteger apenas os interesses do réu, mas também da sociedade; e, mais que isso, refrear os excessos e equívocos cometidos pelo conselho de sentença, constituído, como se sabe, por juízes leigos investidos de poderes do Estado para decidir o caso.

Nessa perspectiva, percebe-se que concorrem entre si vários princípios de mesma hierarquia constitucional, dentre os quais destacamos a plenitude de defesa, a soberania dos veredictos e o princípio do estado ou presunção de inocência. Veja-se que todos se encontram localizados no capítulo dos direitos e garantias fundamentais do cidadão, mas apenas dois deles estão inscritos como específicos do Tribunal do Júri.

Apesar dessa constatação, não é correto privilegiar o princípio da soberania dos veredictos, emprestando ao vocábulo "soberania" significado semântico ou filológico que não se coaduna com o sentido técnico-jurídico do termo, muito menos com a interpretação sistêmica de nosso ordenamento jurídico. Essa soberania, por isso mesmo, não é absoluta; ao contrário, é relativa.

É natural que as expressões "tribunal e júri", ambas substantivo coletivo, sugiram a noção de órgão composto por várias pessoas. Contudo, a Constituição Federal não lhe outorgou *status* de órgão de instância superior, muito menos de revisor de decisões monocráticas. É essa a correta interpretação que a nossa Carta Magna empresta aos termos, e não a de órgão colegiado semelhante aos existentes nos tribunais de justiça.

Do mesmo modo, não é correto entender que a expressão "tribunal" que antecede o complemento "do júri" confere a esse órgão, repita-se, *status* de colegiado de segundo grau. A decisão proferida pelo conselho de sentença, ainda que condenatória, é originada em primeira instância. Por essa razão, não pode ser executada de imediato; ela não está imune à via impugnativa, nem constitui uma obra divina.

A decisão do júri é obra humana. E, por isso mesmo, pode vir carregada de vícios, erros, equívocos e imperfeições que a falibilidade humana não consegue evitar. O próprio CPP estabelece que cabe apelação para corrigir decisão do Tribunal do Júri manifestamente contrária à prova dos autos.

O uso da apelação para corrigir decisão manifestamente contrária à prova dos autos é a possibilidade prevista no art. 593, III, *d*, do CPP, para desfazer o mito da soberania dos veredictos. Nada obsta que o tribunal de justiça acolha o recurso, anule a decisão e determine que o réu seja submetido a outro julgamento com renovada composição do júri popular.

Esse recurso pode ser usado uma única vez, sob esse fundamento, tanto quando o júri condena como quando ele absolve. Como sustentar o cumprimento imediato da pena resultante do veredicto dos jurados se é possível a sua anulação pelo tribunal de justiça?

A prudência, neste caso, recomenda que seja observado o esgotamento das instâncias recursais, como manda a Constituição Federal, até porque os princípios asseguradores da garantia da inviolabilidade dos direitos do réu, no procedimento da competência do júri, estão escritos com os nomes de plenitude de defesa e soberania dos veredictos, cuja característica peculiar é equilibrar o sistema de pesos e contrapesos, não apenas com a participação democrática de representantes do povo no julgamento, mas também garantindo o direito inviolável do acusado de defender-se plenamente. Oriundos do mesmo preceito jurídico, ambos devem ser colocados nos pratos da mesma balança como símbolo da igualdade, do equilíbrio e da justiça.

Isto implica também na garantia de o réu insurgir-se contra o cumprimento imediato da pena, pois a ordem constitucional vigente destaca a presunção de inocência como um princípio que harmoniza o sistema legal, porque permite o manejo de recursos perante os diversos graus de jurisdição até o esgotamento das vias recursais.

Destarte, a soberania dos veredictos não foi assegurada ao Tribunal do Júri com um viés ditatorial. Ao contrário, ela deve ser aplicada mediante seu ajustamento aos demais princípios supremos da Constituição Federal, que garantem ao réu o direito de insurgir-se contra a decisão do conselho de sentença, a fim de que não sejam violados direitos que protegem seu *jus libertatis*. Com inteira razão, apostila Nelson Hungria, *in verbis*:

> "A limitação da soberania do júri, entre nós, visou, principalmente, a coibir as escandalosas absolvições sistemáticas do tribunal popular e, portanto, salvaguardar o indeclinável interêsse da defesa social contra o crime. Resultou de uma experiência nossa, e não sob inspiração dos regimes políticos totalitários, segundo se assoalha com a mais requintada má-fé. É preciso acabar com êsse estribilho de que se trata de uma medida de sêlo fascista ou nazista"[4].

Merece registro, por oportuno, ponderar que a soberania dos veredictos não é o canto das sereias que seduz e atrai os incautos, nem a metáfora que simboliza o insuperável, conforme retrata Homero na *Odisseia*. O profissional do

4 HUNGRIA, Nelson. Op. cit., p. 47-48.

Direito denodado, ainda que se encontre, como o herói Ulisses, diante da possibilidade de perecer, reage sem fechar os olhos e sem tapar os ouvidos, seguindo em busca do seu objetivo, que é alcançar a justiça, a qual nem sempre é obtida num primeiro julgamento, mas na reiteração à vista de protestos, da interposição de recursos judiciais ou da revisão criminal.

Longe de ser um mito, a soberania dos veredictos deve ser encarada, conforme dissemos alhures, como um limite ao *jus puniendi* estatal, na medida em que seu verdadeiro significado se situa no julgamento do réu por pessoas simples da comunidade que, embora possuam imparcialidade, independência e autonomia, são portadoras da falibilidade humana, atributo negativo que pode levá-las a erros e a equívocos, cuja correção deve ser feita pelo próprio tribunal popular, após reapreciação recursal do veredicto por instância superior, que determina novo julgamento, porque o júri proferiu decisão manifestamente contrária à prova dos autos.

Além disso, essa apregoada soberania dos veredictos pode também ser desmistificada a partir do julgamento da revisão criminal pelo tribunal de jurisdição superior, na forma do art. 621 do CPP, quando a sentença condenatória for contrária ao texto expresso da lei penal ou à evidência dos autos.

Finalmente, necessário esclarecer que a soberania dos veredictos, como decisão condenatória do Tribunal do Júri, é retratada numa sentença, escrita por um juiz togado, que é o presidente do referido tribunal. Esse ato decisório, repita-se, é chamado de sentença e contempla o exame dos fatos que foram apreciados pelos jurados (quesitos), bem como a dosimetria da pena, cuja errônea aplicação leva à revogação/anulação do julgado pelo órgão de jurisdição superior e submissão do réu a novo julgamento por outro conselho de jurados.

Sendo sentença condenatória, está sujeita à regra do art. 283, do CPP, segunda parte, o qual somente autoriza a prisão após o trânsito em julgado, salvo se o réu já estiver preso em razão de flagrante ou de preventiva.

Daí por que a ideia do cumprimento imediato da pena é equivocada. Destarte, mesmo a pena que for aplicada no âmbito do julgamento pelo Tribunal do Júri, salvante as exceções acima apontadas, somente deve ser executada quando a sentença proferida estiver transitada em julgado e se encontre afastada a possibilidade de qualquer ofensa ao princípio da segurança jurídica.

Para concluir, e sem a pretensão de ser romântico ou de esgotar o debate, lanço mão de frase de Jorge Luis Borges que bem se adéqua ao caso em estudo: "*No creo en la creación absoluta, porque no hay nada absoluto: ni colores, ni líneas, ni formas*".

1.4 A competência para o julgamento dos crimes dolosos contra a vida

A lei de que trata a disposição constitucional em relevo diz respeito ao Código de Processo Penal (arts. 74, § 1.º, e 394 a 497) e à Lei de Divisão e Organização

Judiciária dos Estados, em que se encontram estabelecidos a competência jurisdicional e o procedimento a ser observado no desenvolvimento do processo da competência do Tribunal do Júri.

O Código de Processo Penal foi submetido recentemente a uma ampla revisão que incluiu, dentre outras coisas, alterações profundas no procedimento dos crimes da competência do Tribunal do Júri. Tal revisão resultou na promulgação da Lei n.º 11.689, de 9 de junho de 2008, que entrou em vigor sessenta dias após essa data.

Nota-se, à simples leitura do Código reformado, que o procedimento dos crimes da competência do Tribunal do Júri era escalonado ou bifásico e, como tal, permanece. A primeira fase se iniciava com o oferecimento da peça acusatória (denúncia ou queixa) e se encerrava com a pronúncia. A segunda fase se iniciava com o libelo e se encerrava com o julgamento de mérito propriamente dito, feito perante o Tribunal do Júri, mediante sentença lavrada pelo juiz presidente, em face do que decidiu soberanamente o conselho de sentença. Essa configuração bifásica ainda persiste, repita-se, contudo alguns institutos que permeavam as duas fases, como o libelo e a contrariedade, foram excluídos do procedimento para dar-lhe mais celeridade, conforme demonstraremos mais adiante.

a) **a primeira** (fase preliminar) começa com o recebimento da denúncia (art. 406, CPP) e encerra-se com a pronúncia (art. 413, CPP). É a chamada fase do *judicium accusationis*;

b) **a segunda** (fase final) inicia-se com a preclusão da pronúncia e o início dos procedimentos de preparação do julgamento (arts. 422 a 452, CPP). É encerrada com o julgamento pelo Tribunal do Júri em plenário (arts. 453 a 497, CPP). Esta fase chama-se de *judicium causae.*

No encerramento da fase preliminar, se não for caso de pronúncia, outras decisões devem ser proferidas, alternativamente, conforme o caso: a impronúncia (art. 414, CPP); a absolvição sumária (art. 415, CPP); ou, ainda, a desclassificação da imputação (art. 419, CPP).

Veremos, agora, como ficou a nova tramitação desse procedimento em face das mudanças imprimidas ao Código de Processo Penal de 1941, principalmente em razão da reforma trazida pelas Leis n.º 11.689/2008 e 11.719/2008.

2. FASE INSTRUTÓRIA

A reforma do processo penal, como se asseverou, deu nova fisionomia ao processo da competência do Tribunal do Júri. Portanto, respeitando o princípio da plenitude de defesa (de raiz constitucional), o qual entendo deva ser observado em todos os atos desse procedimento, na primeira e na segunda fase, deve o juiz, ao receber a denúncia ou a queixa, oportunizar ao acusado o direito de defesa (art. 406) mediante a expedição de mandado de citação para responder, por escrito, a acusação, no prazo de dez dias. Esse prazo deve ser contado da data da citação, qualquer que seja sua modalidade, e não da juntada do mandado cumprido aos autos, conforme se observa da induvidosa redação do § 1.º do art. 406 do CPP.

Chama-se a atenção para o fato de que o legislador não utilizou a expressão "contestar", mas "responder a acusação". Significa dizer que o direito de resposta é mais amplo do que o direito de contestar, visto que permite, a um só tempo, contestar, excepcionar e deduzir outras matérias que possam beneficiar o acusado, como é o caso das relacionadas no art. 107 do Código Penal e as previstas nos arts. 395 e 397 do CPP.

Os incidentes da citação do acusado deverão ser resolvidos na forma prescrita pelos arts. 351 a 369 do CPP. Destacam-se, nesse particular, com especial atenção as inovações trazidas pela Lei n.º 9.271, de 17 de abril de 1996[5].

Nessa peça de defesa, deve o acusado suscitar todas as questões que entender cabíveis para debelar a ação penal aforada. Desse modo, matérias como inépcia da inicial, ausência de pressuposto processual ou de condição da ação penal, bem como de justa causa para o seu exercício, também devem ser levantadas (art. 395). Na mesma diretriz, questões como extinção da punibilidade, incompetência do juízo, impedimento ou suspeição do juiz também devem ser abordadas, por ser essa a primeira oportunidade em que o acusado estará se manifestando nos autos. Nada impede, neste último exemplo, que o faça posteriormente. Porém, deve demonstrar que tomou conhecimento do fato motivador em data posterior, ou seja, em período superveniente.

Matérias como causa de exclusão da culpabilidade do agente, assim como excludente da ilicitude do fato, negativa de autoria, *abolitio criminis*, ausência de justa causa e atipicidade do fato narrado na peça causatória também devem ser arguidas na resposta à acusação.

Caso as hipóteses de absolvição sumária (art. 397, CPP) não estejam devidamente demonstradas e provadas, desde o nascedouro da ação penal, como uma certeza visível a olho nu, constantes em documentos do inquérito policial, por exemplo, ou em outros pergaminhos, bem como em mídias eletrônicas, deve o defensor postergar sua alegação para fase posterior, após o encerramento da instrução processual, nas alegações finais (art. 415, CPP), pois o fator surpresa para a acusação e a ausência de dúvida do juiz, no instante de sua decisão, são fatores muito importantes quando se trata de pedido que envolva a absolvição sumária.

Na defesa, o acusado poderá oferecer também documentos e justificações, especificar as provas que pretende produzir em juízo e arrolar testemunhas, até

5 A respeito do assunto, *vide* livro de minha autoria denominado *Suspensão do processo e da prescrição penal*. Belo Horizonte: Del Rey, 1998.

o máximo de oito. Deve o acusado, ao arrolar suas testemunhas, qualificá-las e requerer suas intimações, se necessário.

Se não for apresentada a defesa no prazo assinalado, o juiz nomeará defensor ao acusado para oferecê-la, no prazo de dez dias. Apresentada a defesa, o Ministério Público ou o querelante e o assistente da acusação, conforme o caso, serão ouvidos sobre as preliminares suscitadas e documentos juntados, em cinco dias. A reforma processual penal, nesse particular, deu máxima importância à defesa preliminar do acusado, cuidando para que este não fique sem defesa técnica, nem seja estigmatizado com a pecha de revel.

Obviamente que a peça de resposta do acusado deverá ser apresentada por advogado constituído pelo acusado ou por defensor público ou dativo nomeado pelo juiz. Não se trata aqui de impedir o próprio acusado de formular sua defesa técnica, caso possua capacidade postulatória e condições psicológicas para fazê-lo. A questão é evitar que a situação de desconforto e de desvantagem em que se encontra o acusado atrapalhe a sua estratégia de defesa e dê margem a que as alegações do órgão acusador sejam acatadas sem grandes perplexidades pelo julgador.

Do mesmo modo, deve-se exigir defesa técnica de qualidade por profissional da advocacia capacitado para o exercício de tal mister no âmbito penal; não porque o acusado o queira, mas porque o próprio ordenamento jurídico nacional assim exige, a fim de que se preserve a inviolabilidade do direito constitucional de defesa e para equilibrar os valores jurídicos que estão em jogo decorrentes do *jus libertatis* e do *jus puniendi*, bem como do princípio da verdade real ou material.

Nesta perspectiva, o trabalho do advogado deve primar pela melhor técnica de defesa, bem como pela tempestiva e célere apresentação da resposta à acusação, atento a que a angústia e ansiedade do acusado, notadamente se estiver preso, são fatores que devem também pesar na rápida impugnação das alegações formuladas pela acusação, com o intuito de recuperar a autoestima de quem está passando por grave crise emocional em face da imputação de fatos sem justa causa ou sem suporte probatório mínimo.

A constituição de defensor, por si só, confere ao advogado poderes de autonomia e independência para assumir linha de defesa completamente diferente da vontade do acusado ou da versão que tenha declarado em seu interrogatório. E não importa a fase em que se encontra o processo, nem a condição processual do imputado (acusado ou condenado) para que se manifeste o poder de autodeterminação do defensor. Ele é inerente ao papel que deve assumir a defesa técnica, em todas as fases do processo, independentemente da vontade pessoal do acusado e da própria nomeação dativa feita pelo magistrado, porque tem como fim último a garantia constitucional do exercício de direito inviolável assegurado a toda pessoa suspeita da prática de infração penal.

Na forma preconizada pelo novo procedimento do júri, a ação penal se inicia com o recebimento da queixa ou da denúncia, momento em que o juiz determinará a citação do acusado para responder a acusação, por escrito, no prazo de dez dias. A compelação do acusado pressupõe não ter o juiz encontrado elementos para rejeitar liminarmente a peça acusatória. Daí por que, ao recebê-la, deve o juiz demonstrar que se encontram ausentes os motivos impedientes do art. 395 do CPP.

Superada a análise de tais questões, e não existindo, repita-se, elementos para a rejeição da peça acusatória (art. 395), assim como para a absolvição imediata do acusado (art. 397), o juiz deverá designar dia, hora e local para a realização da audiência de instrução e julgamento. Nesse mesmo ato determinará a intimação do acusado, do Ministério Público, do assistente de acusação (se houver), do querelante (no caso de ação penal subsidiária da pública), do defensor do acusado e das testemunhas arroladas.

No dia, hora e local designados, o juiz abrirá a audiência e tomará a iniciativa da coleta dos depoimentos. Será ouvido primeiramente, se possível, o ofendido. Em seguida, serão inquiridas as testemunhas arroladas pela acusação e pela defesa, nessa ordem, seguindo-se à tomada dos esclarecimentos dos peritos, às acareações e ao reconhecimento de pessoas e coisas, interrogando-se, ao final, o acusado. Não só o juiz, mas as partes que o quiserem poderão perguntar diretamente ao ofendido, às testemunhas, ao acusado, assim como pedir esclarecimentos aos peritos, a respeito dos fatos que interessam ao estabelecimento da verdade processual.

O comparecimento do perito para prestar esclarecimentos dependerá de prévio requerimento da parte e de deferimento pelo juiz. Somente quando entender que os pontos indicados pelas partes não suscitam dúvidas deverá o juiz indeferir o pedido. O indeferimento do pedido deve resultar não apenas da convicção do juiz, mas também da desnecessidade da produção da prova. Nesse particular, é preciso ser enfatizado que não se deve confundir a convocação do perito para prestar esclarecimentos sobre o laudo elaborado com a sua convocação para depor como testemunha. Neste caso, embora não proibida, deve ser evitada, pois o profissional que participou da elaboração do laudo ou já prestou esclarecimentos sobre ele não correrá o risco de ser contraditório consigo mesmo e procurará sustentar a versão já explicitada.

Compete ao juiz também indeferir as provas consideradas irrelevantes, impertinentes ou protelatórias. Encerrada a instrução probatória, proceder-se-á, se for o caso, nos termos dos arts. 383 e 384 do CPP, já examinados em capítulo específico deste livro.

Concluída a instrução processual sem a ocorrência da *emendatio libelli* ou da *mutatio libelli*, será concedida a palavra às partes para apresentação das alegações finais, pelo prazo de vinte minutos, prorrogáveis por mais dez. Acusação e defesa se pronunciarão nessa ordem sucessiva. Se houver assistente de acusação, este falará após o Ministério Público, pelo prazo de dez minutos. Nesse caso, será prorrogado por igual período o tempo de manifestação da defesa. Em se tratando de ação privada subsidiária da pública, ao querelante competirá exercer as funções inerentes ao Ministério Público, mas isso não impede que o órgão ministerial não se manifeste nos autos, querendo.

Finalmente, havendo mais de um acusado, o tempo estabelecido para a acusação e a defesa de cada um deles será individual. Encerrados os debates, o juiz proferirá de imediato a sua decisão, ficando ressalvada a possibilidade de fazê-lo no prazo de dez dias para melhor examinar a questão.

Pode ocorrer de o juiz considerar o caso complexo ou excessivo o número de acusados. Nessa hipótese, por analogia ao § 3.º do art. 403 do CPP, deverá conceder às partes o prazo de cinco dias sucessivamente para a apresentação de memoriais. Se isso ocorrer, proferirá sua decisão no prazo de dez dias.

Se houver necessidade da apresentação de memoriais escritos, os autos permanecerão em cartório à disposição das partes (se forem físicos[6]), não se podendo privilegiar, como no passado, o Ministério Público, a quem somente era concedido o direito de retirar os autos para elaboração de sua peça. Por outro lado, entendo que, se for permitido à acusação retirar os autos do cartório, também deverá ser permitido à defesa, por uma questão de paridade.

Contudo, atualmente, com a digitalização dos feitos relativos à tramitação eletrônica do processo penal, o prazo para apresentação das alegações finais se verifica em ambiente virtual, por meio de memoriais escritos. Portanto, sendo o prazo comum, deve ser contado, igual e sucessivamente para as partes, nos termos da Lei n.º 11.419/2006 e do art. 403, § 3.º, do CPP.

Cumpre enfatizar, por oportuno, que, embora seja permitida a apresentação das alegações finais, em forma de memoriais escritos, o prazo assinalado é impróprio, circunstância que implica reconhecer que, se a parte não apresentá-las no prazo fixado, deverá o juiz comunicar a Procuradoria de Justiça (no caso da omissão ser do órgão ministerial) para fazê-lo e, de ofício, nomear defensor público ou dativo, no caso de a inércia haver partido da defesa, para oferecer essa peça derradeira, haja vista que, em ambos os casos, sua apresentação é obrigatória.

Caso a omissão para a apresentação das alegações finais seja da defesa, o defensor desidioso poderá, a critério do juiz, ser multado em quantia que vai de 1 a 100 salários mínimos, nos termos do art. 265 do CPP.

---

6 Sabe-se que, atualmente, com a implantação do PJe, o processo eletrônico fica o tempo todo à disposição para consulta das partes e de terceiros interessados, salvante as hipóteses em que incida a vedação pela tramitação do feito em segredo de justiça.

Deve ser também lembrado que não cabe ao Ministério Público suscitar, no bojo das alegações finais, eventual presença da *mutatio libelli*, posto que a fase apropriada para questionar a referida mudança na acusação é anterior aos debates orais. Assim sendo, caso o órgão acusador queira sustentar a *mutatio libelli*, deverá argui-la no tempo oportuno para que seja garantido ao acusado o direito ao contraditório e à ampla defesa.

A justificativa para essa conclusão encontra amparo em várias razões, a saber: 1) o Ministério Público, no processo penal, é parte. Sendo assim, não se pode privilegiar uma das partes, principalmente a que se encontra investida de poderes oficiais para acusar, em detrimento da outra, no caso o acusado, notadamente se estiver enfrentando situação de hipossuficiência de qualquer natureza; 2) o simples fato de alguém se encontrar respondendo a processo penal já é suficiente para configurar uma *capitis diminutio*, verdadeiro constrangimento e ofensa ao seu *status dignitatis*. Impedir a retirada dos autos do cartório pela defesa, em qualquer fase processual, seria desprestigiar direito resguardado constitucionalmente e discriminar mais ainda o réu que já se encontra submetido aos rigores sociais e processuais; 3) a Constituição Federal, ao reconhecer a instituição do júri, garantiu ao acusado a *plenitude de defesa*, o que significa dizer que o legislador se preocupou muito mais com o réu, reservando-lhe, repita-se, *defesa plena*, numa forma de obsequiar-lhe, no mínimo, o mesmo tratamento processual que a lei conferiu ao órgão acusador; 4) tratando-se de processo que apura a prática de crime da competência do Tribunal do Júri, entendo que a regra constitucional da plenitude de defesa não se aplica apenas à segunda fase do julgamento (fase plenária), devendo incidir desde o início do processo, pois nenhum prejuízo haverá nisso para a acusação ou para o desenvolvimento regular do processo; 5) é dever do juiz garantir defesa eficiente ao réu, no processo penal, declarando-o indefeso, quando evidente e necessário, razão suficiente para se permitir que sua defesa, ressalvada a que deva ser feita em audiência ou no plenário do júri, seja elaborada em ambiente sossegado, como sói acontecer no escritório do seu defensor; 6) a plenitude de defesa, como princípio constitucional, passa também pela garantia assegurada ao réu de escolher, a qualquer tempo, seu próprio defensor e de mudar a linha de defesa antes palmilhada; 7) o poder conferido ao juiz na condução do processo permite-lhe romper com preceitos carregados de iniquidades e formalismos exagerados para assegurar o tratamento igualitário, o equilíbrio de forças e a equivalência de direitos que deve sempre existir entre as partes no âmbito do debate processual.

Nada impede que o juiz admita, nessa fase, a juntada aos autos de determinado documento. Se isso ocorrer, deve facultar à parte contrária a manifestação sobre o respectivo pergaminho antes de proferir decisão de pronúncia, impronúncia ou de absolvição sumária. O argumento de que o legislador proibiu a juntada de documento nessa fase para imprimir celeridade ao feito não convence, pois a prova da inocência ou da culpabilidade do réu pode estar exatamente nesse instrumento.

No primeiro caso, poderá ensejar a sua absolvição ou a impronúncia; no segundo caso, poderá reforçar a sua pronúncia. Todavia, seria de se perguntar: para a comprovação da verdade real, que é um dos primados do processo penal, não seria permitido ao próprio juiz, tomando conhecimento da existência de determinado documento relativo à causa, determinar sua juntada aos autos, independentemente da provocação de qualquer das partes? A resposta é afirmativa e encontra respaldo no art. 234 do CPP, desde que o documento contenha notícia sobre ponto relevante da acusação ou da defesa.

Portanto, a necessidade do exame do documento deve ficar ao prudente arbítrio do juiz, que não deve, em hipótese alguma, prender-se aos frios grilhões da lei, porque sua principal função é fazer justiça, ainda que necessite contrariar o direito vigente ou desagradar as partes. O que deve motivar sua decisão é o primado da busca da verdade real. Porém, na prática, o juiz sempre decide com base na verdade processual, porque nem sempre as partes e as testemunhas relatam o fato criminoso tal como ocorreu.

3. PRONÚNCIA, IMPRONÚNCIA E ABSOLVIÇÃO SUMÁRIA

A pronúncia retrata a procedência da queixa ou da denúncia, após vencida a primeira etapa do procedimento escalonado do júri. Por essa razão, é pacífico o entendimento de que o procedimento da competência do Tribunal do Júri é bifásico. A primeira fase começa com o recebimento da denúncia (art. 406, CPP) e encerra-se com a pronúncia (art. 413). A segunda inicia com a preclusão da pronúncia e os atos procedimentais de preparação do julgamento (arts. 422 a 452). Esta segunda fase é encerrada com o julgamento definitivo pelo conselho de sentença em plenário (arts. 453 a 497).

Convencido da materialidade do fato e da existência de indícios suficientes de autoria ou de participação, o juiz, fundamentadamente, pronunciará o acusado, dando os motivos do seu convencimento, de maneira sóbria e comedida, evitando cometer excesso de linguagem ou fomentar alguma motivação que implique a suposição de prejulgamento ou de interferência na decisão soberana que o Tribunal do Júri haverá de proferir por intermédio do conselho de sentença.

Os elementos inquisitoriais produzidos pela autoridade policial não são colhidos sob a égide das garantias constitucionais do contraditório, da plenitude de defesa, da publicidade e do controle judicial. Assim, nos termos do art. 155 do CPP, os elementos inquisitoriais não servem para embasar a procedência das alegações deduzidas na denúncia, nem para a pronúncia nem para a decisão dos jurados. Contudo, servem para embasar o juízo de admissibilidade da acusação, que não se presta ao exame da procedência ou não da pretensão acusatória que instrui a denúncia.

Portanto, esses elementos, que dão lastro à acusação, devem ser mencionados, expressamente, na fundamentação da decisão de recebimento da denúncia, ainda que de modo sucinto. Nesse momento de mero juízo de prelibação, é defeso ao magistrado fazer análise valorativa desses elementos inquisitoriais. Entretanto, se não existir nenhum elemento no inquérito policial para respaldar a imputação, a denúncia deve ser rejeitada liminarmente, principalmente se não houver justa causa para o aforamento da ação penal.

Como já decidiu de forma esclarecedora o TRF da 4.ª Região, depois do oferecimento da resposta à acusação,

> "... os fatos narrados na peça incoativa passam a ser examinados em cotejo com os argumentos apontados pela defesa (art. 397) para, somente assim, sob os auspícios do contraditório e da ampla defesa, aferir o julgador se, efetivamente, há justa causa para a ação penal, iniciando-a, se for o caso, com o recebimento da denúncia. 3. Portanto, não há mácula na decisão que, após a apresentação das respostas preliminares, realiza novo juízo de prelibação para, revendo decisão anterior, concluir pela ausência de justa causa ao exercício da ação penal. Até porque inexiste utilidade no prosseguimento do feito quando não evidenciado um suporte probatório mínimo acerca da autoria e da materialidade delitivas atribuídas aos ora recorridos" (RSE 2009.71.02.000450-0, 7.ª Turma, Rel. Min. Taadaqui Hiroshe, j. 26/05/2009, *DJ* 08/07/2009).

É prudente realçar que a pronúncia representa juízo de verossimilhança e de probabilidade sobre os indícios suficientes de autoria ou de participação do delito pelo acusado. Por isso, é sempre encarada como um juízo provisório sobre a culpabilidade do acusado e somente faz coisa julgada formal, considerando que a classificação definitiva do dispositivo legal em que estiver incurso o acusado será sempre definida pelo Tribunal do Júri por ocasião do seu veredicto soberano.

Por último, sendo a pronúncia um nexo de ligação entre a primeira e a segunda etapas do procedimento bifásico do Tribunal do Júri, tem como função o impulsionamento do processo para a fase de preparação do julgamento propriamente dito que o conselho de sentença fará a respeito do fato posto sob sua jurisdição soberana.

Com efeito, a pronúncia, como foi dito algures, não constitui o julgamento do mérito do processo, mas exige a devida fundamentação, porque decide, de qualquer modo, uma etapa do procedimento processual dos crimes da competência do Tribunal do Júri, que é de suma importância para o sucesso da fase subsequente mediante o julgamento definitivo pelo órgão naturalmente competente.

Questão relevante sobre a pronúncia liga-se à velha ideia de que, na dúvida quanto aos indícios suficientes de autoria, deve o juiz pronunciar o acusado ao júri com base na regra *in dubio pro societate*. Essa questão é bem polêmica e não pode mais ser aceita, nos dias atuais, sem oposição, haja vista a frequente banalização desse instituto por muitos juízes que atuam perante o Tribunal do Júri. Considera-se também que tal postulado, não estando escrito na nossa Carta Magna, nem na lei processual penal, destaca-se como mero aforismo e carece da prerrogativa de *status* constitucional ou infraconstitucional, porque viola a primazia do princípio do estado de inocência. Para melhor compreensão do tema, remetemos o leitor ao Livro II, Capítulo II, desta obra.

Por outro lado, caso não se convença da materialidade do fato e da existência de indícios suficientes de autoria ou de participação, o juiz, fundamentadamente, julgará improcedente a queixa ou a denúncia, isto é, impronunciará o acusado. Ressalto que, enquanto não ocorrer a extinção da punibilidade, poderá ser formulada nova denúncia ou queixa contra o acusado, se houver prova nova.

Nessa fase poderá também o juiz absolver sumariamente o acusado, quando se convencer da existência de qualquer das hipóteses do art. 415 do CPP, sem a necessidade de recorrer de ofício da sua decisão. O recurso de ofício, outrora obrigatório, foi banido do procedimento do júri, posto que, além de inadequado passava a ideia de que, recorrendo de sua decisão, poderia o juiz ter algum interesse processual, o que não é justo pensar, quando sabemos que não há obrigação de recorrer de suas próprias decisões, por não ser esse seu dever, mas sim da parte sucumbente.

Da pronúncia cabe o recurso no sentido estrito, enquanto da impronúncia, tal como da absolvição sumária, cabe o recurso de apelação. Tais recursos devem ser encaminhados para o Tribunal de Justiça para julgamento. Com a reforma trazida pela Lei n.º 11.698/2008, apenas no caso do recurso em sentido estrito continua o juiz com a obrigação de exercer o juízo de retratação ou de confirmação da decisão, na forma do art. 589 do CPP.

Outra novidade trazida pelo art. 3.º da Lei n.º 11.719/2008 foi a expressa revogação do art. 594, que estabelecia a obrigatoriedade de o réu recolher-se à prisão ou prestar fiança, salvo se condenado por crime de que se livre solto, como condição para apelar. Essa revogação expressa implicou a interpretação do art. 585 do CPP com a nova redação que a Lei n.º 11.689/2008 emprestou ao art. 413, § 2.º, do referido código de ritos, não obstante, antes de tais reformas processuais penais, o STJ haver superado a questão ao decretar em sua Súmula 347 que "o conhecimento de recurso de apelação do réu independe de sua prisão".

4. DA INTIMAÇÃO DA PRONÚNCIA

Um dos maiores entraves dos crimes da competência do Tribunal do Júri, no que diz respeito ao prosseguimento do processo, era exatamente o concernente à intimação do réu da pronúncia. É que a redação do revogado art. 414 do CPP exigia a intimação pessoal do réu para conhecimento da pronúncia, e a do também revogado art. 413 do mesmo diploma legal, com a redação anterior, asseverava que o processo não prosseguiria sem que o réu fosse intimado pessoalmente da pronúncia. Tudo estava disposto para o processo não ter andamento salvo se o réu fosse intimado pessoalmente da pronúncia. Se o réu não era encontrado, ficava suspenso o curso do processo, mas não era suspenso o curso da prescrição penal. Da maneira como estava escrito, privilegiava-se o réu com impunidade processual penal legislativa e prejudicava-se o *jus puniendi* estatal.

Se ainda houvesse a obrigatoriedade da intimação pessoal do réu, nos crimes inafiançáveis (CPP, anterior art. 414, revogado pela Lei n.º 11.698/2008), existiria sempre uma forma legal de ele eximir-se da responsabilidade penal, pois a paralisação da tramitação processual não possui o poder de estancar o curso da prescrição, o que significa dizer que o réu que se furtasse à ação judicial para não ser intimado da pronúncia acabaria sendo beneficiado pela própria lei que pretendia vê-lo julgado. O Superior Tribunal de Justiça no julgamento do *Habeas Corpus* n.º 32.485, 5.ª Turma, *DJU* 25/04/1994, p. 9263, entendeu que o réu revel não tem direito à intimação pessoal da pronúncia.

Não obstante o respeitável entendimento do STJ, entendo que a aplicação da revelia no processo penal não impede a intimação pessoal do réu a respeito da pronúncia. A uma, porque os efeitos da revelia no processo penal devem ser vistos de maneira diferente dos aplicados no processo civil. A duas, porque no processo penal o acusado não tem o dever de se defender, muito menos de comparecer ao interrogatório e aos atos da instrução criminal. Prova disso está no fato de que sua inércia, quanto ao exercício do direito de defesa, pode ser suprida com a nomeação de defensor pelo juiz com a finalidade de apresentar defesa escrita e acompanhar todos os atos da instrução processual até os seus ulteriores termos.

No que tange ao interrogatório, não está obrigado a produzir prova contra si mesmo; e, ainda que compareça, não está obrigado a responder a qualquer pergunta que lhe for feita. Por último, deve ser realçado que o julgamento pelo conselho de sentença se verifica na segunda fase autônoma do procedimento escalonado ou bifásico do Tribunal do Júri, o que implica dizer que se instaura nova instância na medida em que se reabre oportunidade para o exercício de instrução probatória, debates orais, réplica, tréplica e permite-se a ausência do réu ao julgamento sem qualquer prejuízo para sua defesa. Daí por que não se pode confundir a ausência legitimada por preceito legal (que não autoriza a aplicação de revelia) com o resguardado direito (constitucional e processual) à intimação da decisão de pronúncia ou da proferida pelo soberano conselho de jurados.

Dentro dos critérios estabelecidos pela comissão de estudos para a reforma ou revisão do Código de Processo Penal, o caso do art. 414 deveria ser visto com bastante atenção, a fim de que a movimentação da máquina judiciária no sentido da repressão dos delitos não se torne inútil e dispendiosa para o poder público, porém lucrativa para o réu, que, ocultando-se deliberadamente para não ser intimado, continuaria na senda criminosa ou mesmo zombando da autoridade constituída, que não conseguiria dar continuidade à tramitação processual ou processá-lo regularmente por causa de uma legislação que o beneficiava e o protegia.

Nessa linha de raciocínio, a Lei n.º 11.689/2008 deu nova redação ao art. 420 do CPP, estabelecendo que a intimação da pronúncia será feita ao réu pessoalmente, ao defensor nomeado e ao defensor constituído. Além disso, estabeleceu, em seu parágrafo único, que será intimado por edital o acusado solto que não for encontrado.

Essa nova visão legislativa desburocratizou a engessada tramitação processual que outrora existia para a intimação do réu da pronúncia, afastando os obstáculos que o favoreciam e impediam a atuação eficaz dos órgãos da persecução criminal. Agora, se o réu se evade para não ser intimado pessoalmente da pronúncia ou livrar-se do julgamento perante o júri, sua intimação pode ocorrer na pessoa de seu defensor ou por edital. Foi uma forma encontrada pelo Estado para impedir a impunidade do agente cujo julgamento pelo Tribunal do Júri foi deferido pelo juiz togado, como expressão da existência dos indícios suficientes de autoria e da prova da materialidade do fato, por ser aquele órgão o juízo natural onde será aferida a provável culpabilidade do réu.

5. FASE PREPARATÓRIA

Em alguns Estados da Federação, a primeira fase do procedimento dos processos da competência do júri é presidida por um Juiz de Direito com jurisdição criminal e somente após o trânsito em julgado da pronúncia é que os autos são remetidos ao juiz da vara ou Tribunal do Júri, o qual deverá mandar intimar as partes para, no prazo de cinco dias, apresentarem rol de testemunhas que irão depor em plenário, até o máximo de cinco, oportunidade em que poderão também juntar documentos e requerer diligências.

Com o desaparecimento do libelo do procedimento do júri, a tramitação ficou mais simplificada, pois essa etapa retardava o andamento célere do processo e sua inclusão em pauta, favorecendo, inclusive, a possibilidade de a defesa postergar a apresentação da contrariedade, bem como apontar defeitos e nulidades inexistentes no libelo crime acusatório para forçar a possibilidade de apresentação de medida impugnativa ao tribunal de justiça.

Tudo agora é bem mais prático, simples e sumário. Estando a pauta organizada e os jurados selecionados, será designado dia, hora e local para a realização da reunião periódica do júri. Terão preferência para julgamento os processos mais antigos e, dentre os mais antigos, os que estiverem com réu preso.

O serviço do júri é a todos obrigatório. O alistamento compreenderá os cidadãos maiores de 18 (dezoito) anos de notória idoneidade. As isenções ao serviço do júri e os impedimentos para servir no mesmo conselho estão relacionados nos arts. 437 e 448 do CPP, respectivamente. O impedimento ocorrerá também em relação às pessoas que mantenham união estável reconhecida como entidade familiar[7] nos termos da lei e da Constituição Federal. Aplica-se aos jurados as disposições sobre os impedimentos, as suspeições e as incompatibilidades dos juízes togados.

6. DO DESAFORAMENTO

Os delitos devem ser julgados no lugar onde se consumaram. Essa é a regra de competência firmada pelo art. 70 do CPP. Alguns motivos, entretanto, podem modificar essa competência territorial no âmbito do julgamento dos crimes da competência do Tribunal do Júri. São eles: 1) interesse da ordem pública; 2) dúvida sobre a imparcialidade do júri; 3) dúvida sobre a segurança pessoal do réu; 4) demora ou atraso[8] no julgamento do processo, desde que para isso não tenham concorrido o réu ou a defesa. A esses motivos denominamos desaforamento.

O desaforamento deve ser requerido por qualquer das partes ao Tribunal de Justiça (art. 427, CPP). O instituto em estudo estava disciplinado anteriormente no art. 424 do CPP, e não permitia a formulação do pedido pelo assistente de acusação. Pelo menos isso não estava explícito no texto revogado. Na edição anterior desta obra, enfrentei o tema para explicar que o dispositivo não podia ser interpretado no sentido literal do texto.

Naquela ocasião, expliquei que era preciso entender que o assistente de acusação age, no processo penal, como representante legal do ofendido e, sob esse aspecto, tem a obrigação de defender seus interesses, o que inclui, dentre outras coisas, o dever de requerer, no caso de omissão do Ministério Público, o desaforamento do julgamento do réu, posto que, acima de tudo, deve o assistente

7 Atualmente, com os novos conceitos de família ministrados pelo Direito Civil Constitucional, necessário se faz observar o que se entende por família ou entidade familiar nas relações humanas, considerando os variados e complexos formatos de família existentes hodiernamente de acordo com a vontade exclusiva e os interesses pessoais ou coletivos das partes envolvidas.

8 Esse atraso na realização do júri deve ser motivado pelo comprovado excesso de serviço, ouvidos o juiz presidente e as partes, se o julgamento não puder ser realizado no prazo de 6 (seis) meses, contados do trânsito em julgado da decisão de pronúncia.

de acusação zelar pela exemplar representação judicial, bem como pelo correto desfecho da ação penal pública. Vejo agora que tinha razão, porque a nova redação do art. 427 do CPP, dada pela Lei n.º 11.689/2008, permite explicitamente a postulação do desaforamento pelo assistente de acusação.

Permite também o art. 427 do Código de Processo Penal que o desaforamento possa ser formulado pelo juiz, mediante representação deste para o Tribunal de Justiça. A opinião do juiz é fundamental para o órgão superior, pois traz a preocupação da própria autoridade judiciária local quanto à necessidade de garantir julgamento seguro e imparcial do réu.

O pedido de desaforamento somente será possível nos crimes da competência do Tribunal do Júri, após o réu já haver sido pronunciado. A pronúncia deverá estar transitada em julgado. Não caberá mais o desaforamento se o réu já houver sido julgado pelo júri, pois o primeiro julgamento cria uma espécie de preclusão quanto a isso, que impede, inclusive, o seu deferimento no recurso de apelação, sob pena de atropelar-se a soberania do tribunal popular.

A regra de que não poderá mais ser requerido o desaforamento, após o trânsito em julgado da pronúncia, deve ser mitigada na hipótese prevista na ressalva feita na segunda parte do § 4.º do art. 427 do CPP, o qual estabelece que, na pendência de recurso contra a decisão de pronúncia ou quando efetivado o julgamento, não se admitirá o pedido de desaforamento, salvo, nesta última hipótese, quanto a fato ocorrido durante ou após a realização de julgamento anulado.

Sempre que uma das partes formular o pedido de desaforamento, a outra deverá ser ouvida sobre ele. Se o desaforamento não houver sido provocado pelo juiz presidente, mediante representação, o tribunal solicitará informações a esse magistrado. Apesar de a nova redação do art. 427, *caput*, do CPP, não haver determinado claramente a oitiva do Ministério Público e da defesa, entendo que devem ambos se manifestar sobre o pedido, independentemente de quem tenha partido a iniciativa sobre o requerimento. Quando o pedido não tenha partido da defesa, esta deverá ser sempre ouvida. Acrescento que, nos termos da Súmula 712 do STF: "É nula a decisão que determina o desaforamento de processo da competência do júri sem audiência da defesa".

O pedido de desaforamento será distribuído imediatamente e terá preferência para julgamento na Câmara ou Turma competente. Em decisão monocrática e, sendo relevantes os motivos alegados, o relator poderá determinar, fundamentadamente, a suspensão do julgamento pelo júri. Observado o procedimento para a tramitação do desaforamento, o órgão fracionário de segundo grau competente para o julgamento decidirá mantendo o julgamento na comarca onde a infração se consumou ou desaforando o julgamento para comarca da mesma região (ou termo próximo), do mesmo Estado, onde não subsistam os motivos antes relacionados. Não cabe recurso da decisão que defere ou indefere o desaforamento.

Apesar de o dispositivo (art. 427, CPP) asseverar que o desaforamento pode ser deslocado para comarca da mesma região (inclua-se também o termo judiciário) mais próxima, essa regra não é absoluta, podendo o tribunal de justiça deslocar o julgamento para comarca ou termo judiciário mais distante, dependendo da relevância dos motivos que ensejaram o pedido.

No Estado do Maranhão, o tribunal de justiça[9] assim já procedeu por mais de uma vez[10], por entender que o deslocamento para termo ou comarca mais próximo pode afetar a isenta colheita da prova testemunhal[11] e a independência e imparcialidade dos jurados[12], que já tenham sofrido inclusive ameaças[13], além de comprometer a soberania dos veredictos pelos motivos que ensejaram o desaforamento na comarca lindeira.

7. FASE DE JULGAMENTO PELO TRIBUNAL DO JÚRI

Sanadas todas as nulidades processuais e esclarecidos eventuais pontos obscuros, estando o processo pronto para julgamento, o juiz marcará dia, hora e local para a sua realização, determinará a intimação das partes e das testemunhas e convocará o júri mediante publicação de edital, depois do sorteio dos 25 jurados que tiverem de servir na sessão. Em algumas comarcas, por força de lei estadual, o preparo dos processos para o julgamento é feito por outro juiz com jurisdição criminal. Quando isso ocorre, deve o juiz preparador remeter os autos preparados ao juiz que presidirá o júri até cinco dias antes do sorteio dos jurados.

O serviço do júri é obrigatório a todo cidadão (nato ou naturalizado), de notória idoneidade, maior de 18 anos, estando isentos os maiores de 70 anos[14] que requeiram sua dispensa. Na forma do art. 436, § 1.º, do CPP, nenhum cidadão

9 Processo n.º 0000728-27.2019.8.10.0000/TJMA, 3.ª Câmara Criminal, Rel. Des. Josemar Lopes Santos, j. 17/02/2020, *DJe* 21/02/2020.

10 Processo n.º 0279262019.8.10.0000/TJMA, 2.ª Câmara Criminal, Rel. Des. José Luiz Oliveira de Almeida, j. 05/03/2020, *DJe* 16/03/2020.

11 É muito comum ocorrerem no interior do Estado ameaças e intimidações a testemunhas e a seus familiares feitas pelo acusado ou por parentes dele para retirar a capacidade dos testigos deporem com tranquilidade. Do mesmo modo, jurados também são intimidados para não exercerem com independência essa função cívica, a todos obrigatória, mediante ameaças dirigidas a eles e a seus familiares.

12 Processo n.º 0000788-97.2019.8.10.0000/TJMA, 3.ª Câmara Criminal, Rel. Des. Froz Sobrinho, j. 07/10/2019, *DJe* 11/10/2019.

13 Processo n.º 0007742-67.2016.8.10.0000/TJMA, 3.ª Câmara Criminal, Rel. Des. Tyrone José Silva, j. 03/07/2017, *DJe* 11/07/2017.

14 O ideal seria que o CPP ampliasse a idade para 75 anos, a fim de alinhar com a idade-limite para a aposentadoria compulsória do juiz togado.

poderá ser excluído dos trabalhos do júri ou deixar de ser alistado em razão de cor ou etnia, raça, credo, sexo, profissão, classe social ou econômica, origem ou grau de instrução. O dispositivo deixa claro que fica vedada qualquer forma de discriminação.

O Tribunal do Júri compõe-se de um juiz de direito, que é o seu presidente, e de 25 jurados, que se sortearão dentre as pessoas alistadas anualmente. Dos 25 jurados sorteados, sete constituirão o conselho de sentença em cada sessão de julgamento e serão sorteados no plenário do júri. Nada impede que o mesmo conselho conheça de mais de um processo na mesma sessão de julgamento. Para isso, é necessário que as partes o aceitem e que seus integrantes prestem individualmente novo compromisso.

A recusa do jurado, durante o sorteio para formação do conselho de sentença, pode ser peremptória ou motivada. É peremptória quando a parte recusante não necessitar dar as razões de sua recusa. É motivada quando a parte recusante necessitar justificar sua recusa em qualquer motivo legal. A recusa peremptória foi limitada pelo 468, *caput*, do CPP até três jurados para cada uma das partes. A recusa motivada não foi limitada pela lei, mas deve escudar-se em dispositivo legal que a justifique, sob pena de ser indeferida pelo juiz, logo após a sua arguição.

A suspeição arguida contra o juiz presidente do Tribunal do Júri, o órgão do Ministério Público, os jurados, os serventuários ou qualquer funcionário da justiça deverá ser feita oralmente em plenário, logo que surgir o motivo que a justifique. Poderá, entretanto, ser elaborada previamente por escrito, pela própria parte ou mediante procurador com poderes especiais, e entregue ao juiz, que mandará autuá-la em apartado, prolatando, em seguida, decisão, que não estará sujeita a recurso.

Caso a suspeição não se baseie em motivo superveniente, deve ela ser arguida na primeira oportunidade em que a parte se manifestar nos autos, sob pena de não ser acolhida. A arguição se dará na forma prevista nos arts. 96 a 106 do CPP, na parte que for aplicável. Quando não for reconhecida, não suspenderá o julgamento, devendo, entretanto, constar da ata a arguição. A suspeição não será declarada nem reconhecida quando a parte injuriar o excepto ou der propositadamente motivo para criá-la.

Dentre os processos prontos para julgamento, terão preferência, pela ordem, os seguintes: 1) os que estiverem com réus presos; 2) dentre os presos, os que forem mais antigos na prisão; 3) em igualdade de condições, os que tiverem sido pronunciados há mais tempo. Essa ordem de julgamento pode sofrer alteração quando estiver presente algum motivo de interesse público que a justifique.

Constituído o conselho de sentença e prestado o compromisso a que seus membros estão obrigados, será iniciada a instrução plenária, ocasião em que o juiz presidente, o Ministério Público, o assistente, o querelante e o defensor do acusado tomarão, sucessiva e diretamente, as declarações do ofendido, se possível, e inquirirão as testemunhas[15] arroladas pela acusação e pela defesa. É facultado aos jurados formular perguntas ao ofendido e às testemunhas, por intermédio do juiz presidente.

No procedimento do Tribunal do Júri, o juiz presidente sempre inicia a tomada do depoimento da vítima, das testemunhas e do réu. O registro dos depoimentos e do interrogatório será feito por sistema audiovisual, por vídeo presencial ou on line e pelos meios ou recursos de gravação magnética, eletrônica, estenotipia ou técnica similar, destinada a obter maior fidelidade e celeridade na colheita da prova.

As testemunhas prestarão o compromisso legal e podem ser inquiridas direta e sucessivamente pelas partes e pelos jurados[16], neste caso por intermédio do magistrado, após se esgotarem as perguntas formuladas pelo juiz presidente do júri. É permitida a reinquirição de qualquer das testemunhas já ouvidas em plenário, mesmo após a réplica e a tréplica.

Tomado o interrogatório do réu, se este estiver presente[17] (art. 474, *caput*, CPP) e quiser falar[18], encerrada a instrução, será concedida a palavra ao Ministério Público, que fará a acusação, nos limites da pronúncia ou das decisões posteriores que julgaram admissível a acusação, sustentando, se for o caso, a existência de circunstância agravante. O assistente de acusação falará depois do Ministério Público.

Sendo caso de ação privada subsidiária da pública, não haverá a figura do assistente de acusação. Nesta hipótese, o querelante falará antes do Ministério Público, podendo o *parquet* retomar a titularidade da *actio poenalis* em caso de negligência ou de abandono pelo acusador particular.

Ao fazer a acusação, que deve ser oral, o Ministério Público deverá vinculá-la, como foi dito alhures, aos termos da pronúncia e dos dispositivos da lei penal em que o réu se encontrar incurso. Não é demasiado relembrar que, havendo assistente de acusação, este falará depois do Ministério Público. Se o processo houver iniciado mediante queixa da parte ofendida, o promotor falará depois do

15 A vítima, as testemunhas e o réu podem ser perguntados diretamente pelo Ministério Público, pelo defensor do acusado e pelo assistente de acusação (art. 473 e art. 474, § 1.º, CPP).

16 Os jurados devem perguntar à vítima, às testemunhas e ao réu por intermédio do juiz presidente (art. 473, § 2.º, e art. 474, § 2.º, CPP).

17 O réu não é obrigado a comparecer para o julgamento perante o tribunal do júri. Isso não implicará a aplicação da pena de revelia, como veremos adiante em análise minuciosa (art. 457, § 2.º, CPP).

18 O réu tem o direito constitucional de permanecer calado (art. 5.º, LXIII, CF). Essa regra também está prevista no art. 186, *caput*, do CPP.

acusador particular, tanto na acusação quanto na réplica. O tempo destinado para a acusação, em qualquer caso, será de uma hora e meia, devendo tais acusadores combinar entre si a distribuição do tempo, sob pena de ser determinado pelo juiz.

Encerrada a acusação, o defensor fará uso da palavra para fazer a defesa do réu, pelo prazo de uma hora e meia[19]. Se o réu tiver mais de um defensor, o tempo deverá ser combinado entre ambos. Caso haja necessidade de réplica e de tréplica, acusação e defesa terão uma hora para fazê-lo. Havendo, contudo, mais de um réu, o tempo para a acusação e para a defesa será, em relação a todos, acrescido de uma hora, e elevado ao dobro o da réplica e da tréplica, cuja distribuição deverá ser combinada entre acusadores e defensores respectivamente, dentro do momento em que, pela ordem, tiverem de se manifestar. Na falta de acordo, o juiz presidente decidirá sobre a divisão do tempo[20].

Durante o julgamento em plenário, é vedada pelo art. 479 do CPP a produção ou leitura de documento que não tiver sido comunicada à parte contrária com antecedência de, pelo menos três dias, compreendida nessa vedação a leitura de jornais ou qualquer escrito cujo conteúdo versar sobre matéria de fato constante do processo. Quanto a este último aspecto, entendo que não se pode impedir, à primeira vista, que uma notícia veiculada em jornal de grande circulação ou audiência possa deixar de ser lida ou mostrada em vídeo durante o julgamento em plenário, pois o que a imprensa divulga reiteradamente deixa de ser segredo e passa a compor fato de domínio público e notório, que não pode ser olvidado, especialmente se, em face do interesse que venha despertando em sociedade, saiu das páginas internas e das inexpressivas locuções televisivas para transformar-se em manchete diária de primeira página ou em chamada obrigatória da abertura dos telejornais. Não pode também ser proibido o uso de telefone celular, nem de *notebook* ou aparelho similar pelas partes para acessar legislação, doutrina e jurisprudência que precisam ser lidas no plenário.

A Lei n.º 11.689/2008 deu nova redação ao art. 478 do CPP, proibindo as partes de fazer referências, durante os debates: à decisão de pronúncia, às decisões posteriores que julgaram admissível a acusação ou à determinação do uso de algemas como argumento de autoridade que beneficiem ou prejudiquem o acusado, assim como ao silêncio do acusado ou à ausência de interrogatório por falta de requerimento, em seu prejuízo, sob pena de nulidade do julgamento.

Neste particular, vejo essa vedação como enorme contradição entre dispositivos do próprio CPP, notadamente em relação à proibição da leitura da pronúncia, haja vista que a cautela empregada não obedece a uma lógica razoável.

---

19 Art. 477, *caput*, do CPP.

20 Art. 477, § 1.º e 2.º, do CPP.

Ora, se o art. CPP diz que a acusação terá por parâmetro os termos da pronúncia, não será ilícito a leitura dessa decisão judicial, posto que ela é o documento processual que serve como fundamento legal da acusação em plenário e provável autoria do delito.

Demais disso, o conselho de sentença é soberano, e não será a leitura de uma decisão judicial proferida pelo juiz presidente que irá influenciar o julgamento, na medida em que os jurados decidem por maioria, por convicção íntima e com independência.

Terminados os debates, e não havendo réplica nem tréplica, o juiz perguntará aos jurados se estão habilitados a proferir o julgamento ou se precisam de mais esclarecimentos. Respondendo afirmativamente ou sanados pelo presidente do júri ou, à sua ordem, pelo escrivão os esclarecimentos solicitados, à vista dos autos, o juiz fará a leitura dos quesitos, ainda em plenário, e explicará o significado legal de cada um, ao mesmo tempo que indagará das partes se têm requerimento ou reclamação, devendo constar da ata qualquer requerimento ou reclamação não atendida.

Caso entenda ser procedente o requerimento ou reclamação de alguma das partes, o juiz deverá ouvir a parte contrária, que se pronunciará de imediato. Se não houver consenso entre as partes, deverá o juiz elaborar os quesitos de acordo com o entendimento extraído dos debates em plenário e dos fatos constantes dos autos, explicando a significação legal de cada um deles aos jurados. Havendo impugnação, deverá constar da ata.

Após isso, o juiz anunciará que se procederá ao julgamento e, determinando a retirada do réu do plenário, fará também com que os circunstantes ou as pessoas que estejam ocupando o auditório sejam retirados do recinto. Se houver sala especial no local onde estiver sendo realizado o julgamento, não haverá necessidade da retirada dos espectadores do auditório, pois, nesse caso, o juiz se dirigirá a ela em companhia dos jurados, do escrivão, de dois oficiais de justiça, bem como dos acusadores e dos defensores, e, uma vez aí, colherá os votos dos membros do conselho de sentença, sem a intervenção de quem quer que seja na votação dos quesitos propostos.

O juiz mandará retirar da sala aquele acusador ou defensor que, já tendo sido advertido, continuar a se portar de maneira inconveniente, perturbando a livre manifestação do conselho de sentença ou a normalidade dos trabalhos. Pela revogada redação do art. 483 do CPP, estava o juiz presidente do Tribunal do Júri autorizado, ainda, a impor multa no valor de duzentos a quinhentos mil réis a qualquer dos profissionais referidos que demonstrasse intolerância ou imoderação durante a realização da votação e apuração dos votos dos jurados. A multa, em si, acabava sendo ridícula, posto que atualmente, em decorrência da incontrolável inflação, vivemos uma realidade monetária completamente diversa e incompatível com a idealizada pelo legislador do Código de Processo Penal que vigia outrora. Por isso que foi abolida.

As decisões do Tribunal do Júri serão tomadas por maioria de votos. O conselho de sentença será questionado sobre matéria de fato e se o acusado deve ser absolvido. Os quesitos obedecerão às regras estabelecidas no art. 483 do CPP e serão redigidos em proposições afirmativas, simples e distintas, de modo que cada um deles possa ser respondido com suficiente clareza e necessária precisão. Na sua elaboração, o juiz presidente levará em conta os termos da pronúncia ou das decisões posteriores que julgaram admissível a acusação, o conteúdo do interrogatório e das alegações das partes.

Os quesitos serão formulados na seguinte ordem, indagando sobre: a materialidade do fato, a autoria ou participação, se o acusado deve ser absolvido, se existe causa de diminuição de pena alegada pela defesa, se existe circunstância qualificadora ou causa de aumento de pena reconhecidas na pronúncia ou em decisões posteriores que julgaram admissível a acusação.

Se pelo menos quatro jurados responderem negativamente a qualquer dos quesitos referidos nos incisos I e II do *caput* do art. 483 do CPP, será encerrada a votação e declarada a absolvição do acusado. Se, por outro lado, quatro jurados responderem afirmativamente aos quesitos relativos aos incisos I e II do *caput* do referido artigo, será formulado quesito específico perguntando aos membros do conselho de sentença se absolvem o réu.

A votação de cada quesito será precedida de sua leitura e nova explicação, bem assim da distribuição de duas pequenas cédulas aos jurados, feitas de papel opaco e facilmente dobráveis, uma contendo a palavra "sim" e a outra contendo a palavra "não", a fim de que sejam recolhidas secretamente em cada uma das urnas, ou em outros receptáculos que assegurem o sigilo da votação, que os oficiais de justiça apresentarem ao conselho de sentença na seguinte ordem: 1) a primeira urna recolherá as cédulas contendo os votos dos jurados; 2) a segunda urna recolherá as cédulas que não foram utilizadas. Sendo o conselho de sentença constituído de sete jurados, obviamente só deverão existir sete votos na primeira urna. Caso apareça cédula a mais ou a menos, deverá o juiz anular a votação e repeti-la, pela simples razão de algum jurado haver votado de forma errada. Para evitar esse tipo de equívoco, deve o juiz orientar o jurado para segurar cada uma das cédulas em mãos diferentes.

Quando a resposta a qualquer dos quesitos estiver em contradição com outra ou outras já respondidas, o juiz explicará aos jurados em que consiste a contradição e submeterá novamente os quesitos a que se referirem tais respostas. Assim, quando o conselho de sentença reconhecer, à unanimidade, a existência de circunstâncias atenuantes e, posteriormente, negar a presença de cada uma das que forem sendo indagadas, o juiz, nos termos do art. 490 do CPP, deverá explicar aos jurados em que consiste o conflito e repetir a votação. Acaso persista a contradição, nem por isso deixará o juiz de atenuar a pena do réu, pois as respostas conflitantes dos jurados quanto a tais indagações não poderão fomentar prejuízo a direito assegurado ao réu pela ordem jurídica.

Se, pela resposta dada a qualquer dos quesitos, o juiz verificar que ficam prejudicados os seguintes, deverá declarar essa circunstância e dar por encerrada a votação. Concluída a votação de cada quesito, o juiz presidente do júri verificará os votos e as cédulas não utilizadas e mandará que o escrivão escreva o resultado em termo especial e que sejam declarados o número de votos afirmativos e o de negativos. Finda a votação, será referido termo assinado pelo juiz e pelos membros do conselho de sentença.

Encerrada a votação, o juiz lavrará a sentença com observância dos requisitos enumerados no art. 492 do CPP. A sentença será fundamentada, salvo quanto às conclusões que resultarem das respostas aos quesitos. Quer dizer, então, que o presidente do júri deverá deter-se apenas na fundamentação da aplicação da pena, em caso de condenação do réu, ou das razões que levaram à sua absolvição, mormente se tiver de aplicar medida de segurança. Dispensará a sentença o relatório, que será escrito e sucinto, posto já haver sido feito anteriormente (art. 423, II, CPP). Não haverá necessidade de fundamentação exaustiva como ocorre com a sentença proferida no procedimento comum da competência do juiz singular, mas apenas os fundamentos para a compreensão das respostas dos jurados aos quesitos formulados.

A sentença será assinada e lida pelo juiz, em público, no plenário do salão do júri, na presença do réu (a menos que esteja ausente[21]), do seu defensor, do Ministério Público, do assistente de acusação (se houver), do conselho de sentença e das pessoas do auditório. Com esse ato, dar-se-á por publicada a sentença e encerrados os trabalhos, devendo de tudo ser lavrada obrigatoriamente ata pelo escrivão, a qual conterá a assinatura do juiz, do Ministério Público, do assistente de acusação, se houver, e do defensor do réu.

O prazo para interposição do recurso começará a contar dessa data. Quer seja a sentença condenatória, quer seja absolutória, o recurso cabível será o de apelação, que poderá ser interposto imediatamente ou no prazo de cinco dias. Manifestado o desejo de recorrer, por petição ou por termo nos autos, desde que devidamente assinado pela parte recorrente ou por seu representante legal, será

21 Estar ausente não é a mesma coisa de ser revel ou de ser julgado à revelia, conforme veremos em item deste capítulo.

aberta vista dos autos para, no prazo de oito dias, oferecer suas razões. Em seguida será o apelado intimado para, em igual prazo, oferecer suas contrarrazões. Havendo assistente de acusação, este arrazoará no prazo de três dias, após o Ministério Público.

Quando houver assistente de acusação habilitado e o Ministério Público deixar transcorrer *in albis* o prazo para apelação, caberá àquele interpor tal recurso, no prazo de cinco dias, contados da data em que houver sido intimado da sentença. Ocorrendo de a intimação do assistente de acusação se verificar simultaneamente com a do Ministério Público, na mesma audiência ou ocasião, o prazo do assistente para apelar supletivamente começa a fluir do dia em que se encerrar o do Ministério Público, por expressa orientação do art. 798, § 5.º, do CPP e da Súmula 448 do STF.

O prazo para o acusador particular recorrer será o enumerado no art. 593, *caput*, do CPP. O prazo para apresentar suas razões será de oito dias. O Ministério Público oferecerá suas razões no prazo de três dias, após se esgotar o prazo conferido ao acusador particular, conforme disposição expressa pelo § 2.º do art. 600 do diploma processual supracitado.

Transcorrendo o prazo legal sem que o acusador particular interponha a apelação, caberá ao Ministério Público, por força do entendimento firmado por meio da Súmula 448 do STF e do § 5.º do art. 798 do CPP, interpor o apelo supletivamente, posto ser seu dever retomar a condução do processo sempre que, em caso de ação penal pública, o querelante negligenciar a prática de qualquer ato que possa prejudicar o interesse público (art. 29, CPP).

Se, entretanto, não for interposta, no prazo legal, apelação pelo Ministério Público, o ofendido, ou qualquer das pessoas relacionadas no art. 31 do CPP, ainda que não haja se habilitado como assistente de acusação, poderá interpor o apelo, o qual não terá efeito suspensivo (art. 598, *caput*, CPP). O prazo para interposição dessa apelação será de 15 dias e se iniciará do dia em que terminar o prazo do Ministério Público.

8. DA REVELIA NO PROCESSO PENAL

Muito tem sido discutido, em processo penal, sobre a aplicação do instituto da revelia ao acusado ou réu que inatende à citação ou a intimação para se defender ou para comparecer em juízo, a fim de participar de audiência criminal ou sessão do júri, para ser interrogado, ou simplesmente para acompanhar diligência de seu interesse.

A questão a ser examinada aqui não pretende fincar raízes nos motivos que levam o réu a proceder dessa maneira, muito menos quanto à ausência da apresentação da resposta ou defesa escrita a que alude o art. 396 do CPP, mas unicamente sobre as implicações de sua ausência ou não comparecimento se intimado ou citado para esse fim.

O objetivo é investigar se o entendimento que, na esfera doutrinária e judicial, professa a aplicação da revelia do acusado (ou réu) nos casos aqui apontados está limitado à simples redação literal do Código de Processo Penal ou resulta de interpretação equivocada que não guarda correspondência com os princípios adotados pela Constituição Federal Brasileira.

Todo conceito em direito é perigoso. Essa regra comezinha é do conhecimento de qualquer profissional ou estudante de Direito, de modo que não nos alongaremos em apontar as minúcias do que a doutrina e a jurisprudência entendem sobre o instituto da revelia.

Não obstante isso, para que não pairem dúvidas sobre o que significa, na prática, esse instituto, diz-se que revelia é a inércia do réu, isto é, a ausência de comparecimento ou de atividade do demandado, quando provocado a manifestar-se em juízo, posto ser considerado refratário e insubmisso ao poder da autoridade. Revel, por sua vez, é aquele que não contesta a ação no prazo legal; vale dizer, que não se defende no momento oportuno; que age como um rebelde, contumaz, teimoso, recalcitrante ou equivalente.

Por isso mesmo, vigora na doutrina o entendimento de que a contumácia é um dos graves efeitos da revelia. Mas esse é um conceito abstrato que não pode incidir sobre o processo penal, posto que nesta esfera judicial há um interesse público em que o acusado se defenda, ou seja, representado por um profissional da advocacia, que ficará encarregado de sua defesa em todas as instâncias, independentemente de possuir procuração para o exercício dessa atividade. Diante disso, embora o acusado manifeste inexplicável inércia em se defender, não ficará inerme, porquanto terá em seu favor a nomeação, pelo juiz criminal, de um defensor para cuidar dos atos defensórios e acompanhar o processo até os seus ulteriores termos.

Tecnicamente, pode incorrer em contumácia qualquer das partes que deixa de exercer atividade no processo no momento em que deveria agir. Por isso, tanto o autor quanto o réu podem incorrer em contumácia, independentemente do momento processual em que deveriam manifestar-se em juízo.

Incorre, por exemplo, em contumácia o acusador ou o réu que, no prazo para se manifestar sobre o laudo pericial, permanece inerte; o acusador ou o réu que, no prazo para arrolar testemunhas, nada faz; o acusador que, no prazo assinado pelo juiz, não corrige um defeito da peça acusatória; e o réu que, intimado para se manifestar sobre um incidente processual (*mutatio libelli*), silencia. Mas nenhum desses casos se assemelha à revelia.

A concepção mais evidente da revelia, entre nós, encontra-se corporificada no processo civil, considerando a hipótese de inércia do réu no momento em que ele deve apresentar a contestação e não o faz. Trata-se de uma contumácia que pode produzir efeitos bem mais graves, porque a ela é também acrescentada a figura da confissão ficta[22] quanto a matéria fática alegada pelo autor, conferindo presunção de veracidade aos fatos, censura que é incompatível com o processo penal. Por isso, há quem diga que a revelia é a contumácia total do réu.

Mas, à evidência, tais fenômenos não podem ser encarados no campo do processo penal como hipóteses de revelia, haja vista prevalecer a faculdade do réu de comparecer em juízo para se defender, ou se autodefender, no momento em que é compelido, conforme veremos adiante.

9. DA AUSÊNCIA DO RÉU AO JULGAMENTO PELO TRIBUNAL DO JÚRI

O instituto da revelia, como professa o processo civil, é estranho ao processo penal. Basta ver que em nenhum dispositivo legal do CPP essa expressão é utilizada como sinônimo de pertinácia ou de rebeldia, porque, embora ausente o réu, ele tem direito a defender-se, quer por meio de advogado constituído, quer por meio de defensor público ou dativo.

O Estado, como titular do *jus persequendi in judicio*, tem a obrigação de assegurar defesa técnica de qualidade ao acusado, a fim de que o sistema de pesos e contrapesos equilibre a relação processual instaurada.

Da pesquisa realizada, só conseguimos encontrar a palavra revelia três vezes no CPP. A primeira está no art. 79, § 2.º; a segunda no art. 564, III, *g*; e a terceira no art. 610. Em nenhuma delas a expressão revelia tem o caráter de sancionar (com os efeitos danosos dessa figura processual) o réu que não comparece em juízo para se defender ou para os demais atos do processo.

Sempre que o CPP se refere ao acusado que não atende a citação ou a intimação para prática de algum ato processual, menciona-o como ausente. Veja-se, inclusive, que, mesmo quando o acusado não apresenta defesa escrita (resposta – art. 396-A, § 2.º, CPP), não é tratado como revel, visto que não há no dispositivo legal o emprego dessa expressão. E, quando é indispensável a presença do réu em juízo, o código arma o juiz dos poderes previstos no art. 260 do referido diploma legal.

A revelia, por isso mesmo, não pode ser vista, no processo penal, com os mesmos olhos do processo civil, visto que fere inúmeros princípios de ordem constitucional e processual, que protegem direitos indisponíveis do réu, dentre os quais sobrelevam o contraditório, a ampla defesa, a presunção de inocência e o *jus libertatis*, como consectários do devido processo legal.

22 A confissão ficta é figura estranha ao processo penal. A culpa do réu tem que ser provada por quem a alega. Por isso, diz-se que é subjetiva.

Com efeito, a matéria não é pacífica, existindo certa controvérsia na doutrina e na jurisprudência. Ainda que seja majoritário o posicionamento em reconhecer a aplicação do instituto da revelia, para certos casos, no processo penal, existem entendimentos contrários, que têm como marco teórico, repita-se, os paradigmas dogmáticos consolidados na nossa Carta de Princípios e no Pacto de São José da Costa Rica.

Guilherme de Souza Nucci, por exemplo, obtempera que:

> "O réu citado, que não comparece para ser interrogado, desinteressando-se por sua defesa, uma vez que os direitos são sempre indisponíveis, nesse caso, terá defensor nomeado pelo juiz, nos termos do art. 261 do CPP.
>
> Enfim, o que ocorre na esfera penal é a simples ausência do processo, consequência natural do direito de audiência. O réu pode acompanhar a instrução pessoalmente, mas não é obrigado a tal. Estando presente seu defensor, o que é absolutamente indispensável, ainda que *ad hoc*, não pode ser considerado revel... é preciso, pois, terminar com o hábito judicial de se decretar a revelia do réu ausente à instrução, como se fosse um ato constitutivo de algo"[23].

Nesse mesmo sentido, apostila Aury Lopes Jr., *in verbis*:

> "Não existe, no processo penal, revelia em sentido próprio. A inatividade processual (incluindo a omissão e a ausência) não encontra qualquer tipo de reprovação jurídica. Não conduz a nenhuma presunção, exceto a de inocência, que continua inabalável"[24].

Como visto, a inatividade do réu, no processo penal, deve gerar a noção de ausência ou de não comparecimento (e não de revelia), tanto quando for citado pessoalmente para se defender (ou por edital) como quando for intimado para comparecer, sendo inapropriado aplicar-lhe qualquer tipo de reprimenda por comportar-se de tal modo. Estar ausente ou não comparecer não é a mesma coisa de ser revel ou de dever ser julgado à revelia.

O réu tem o direito constitucional de ser tratado como inocente. Se não é permitida a confissão ficta no processo penal, quando ele não se defende, não comparece, se omite ou quando se cala, não deve também permitir-se ser tratado como revel quando está ausente, quando deixa de comparecer para os atos da instrução processual ou de se defender, porque o princípio da presunção de inocência é um estado jurídico que imuniza o réu contra o *status* de culpado,

23 NUCCI, Guilherme de Souza. *Código de Processo Penal comentado*. 15. ed. Rio de Janeiro: Forense, 2016. p. 826.

24 LOPES JR., Aury. *Direito processual penal*. 13. ed. São Paulo: Saraiva, 2016. p. 580.

considerando que ninguém pode sofrer qualquer tipo de sanção penal a não ser por uma sentença condenatória inatacável.

Pode-se dizer que, no sistema de provas adotado pelo processo penal brasileiro, jamais se poderá decretar a revelia do acusado porque deixou de comparecer para a audiência de interrogatório, pois essa regra se encontra mitigada pela redação cristalina dos arts. 196 e 616 do CPP.

Essa garantia também protege o direito de permanecer calado ou de não comparecer para ser interrogado. Vejamos o lecionamento de Marcelo Riquert e Eduardo Jimenez:

> "La regra de la defensa en juicio y ciertas circunstancias vedadas. Nadie puede ser obligado a declarar en su contra, con el corolario de la existencia del derecho a no declarar, prohibiendo la Constitución, todo modo de tormento y azotes. Asiste también al imputado el derecho a no prestar juramento, ya que el acusado debe ser tenido como sujeto, y no como objeto de prueba"[25].

Veja-se também que o art. 367 do CPP, com a redação trazida pela Lei n.º 9.271/96, esclarece que "O processo seguirá sem a presença do acusado que, citado ou intimado pessoalmente para qualquer ato, deixar de comparecer sem motivo justificado, ou, no caso de mudança de residência, não comunicar o novo endereço ao juízo". Aqui não há menção de aplicação de revelia para qualquer uma das hipóteses referidas, que são as comumente verificadas na tramitação dos variados tipos de procedimento no processo penal brasileiro.

Convém destacar, por oportuno, que as garantias do processo penal não são produto de um capricho legislativo, mas resultado do sacrifício, experiência e conquista da humanidade ao longo de vários séculos com o intuito de garantir o *jus libertatis* do cidadão contra o arbítrio do poder estatal. Não pode haver paridade de armas no processo penal se não forem observados os postulados que colocam acusação e defesa no mesmo plano de tratamento.

A ideia de efetiva prestação jurisdicional impõe que o direito da sociedade defender-se contra o delito seja conjugado com o da presunção de inocência do indivíduo submetido ao devido processo penal, de forma que nenhum deles seja sacrificado no altar da justiça pela interpretação equivocada da lei.

Sendo assim, quando o réu deixa de comparecer à audiência ou à sessão em que será julgado, no processo da competência do juiz singular ou do júri, esse comportamento não pode ser interpretado como rebeldia, mas como o exercício de uma faculdade ou direito que a lei lhe assegura. Observe-se que, mesmo

25 RIQUERT, Marcelo Alfredo; JIMENEZ, Eduardo Pablo. Op. cit., p. 171.

quando for citado ou intimado pessoalmente para qualquer ato do processo, e deixar de comparecer sem motivo justificado, o legislador não utilizou a expressão revelia (art. 367, CPP). E, ainda que a tivesse utilizado, tal circunstância não retiraria do réu o direito de ser intimado para conhecer o conteúdo da sentença[26] que o condenou.

Deixar o réu de comparecer ou estar ausente à audiência ou à sessão do júri em que foi condenado não lhe suprime a condição de sujeito passivo, de parte sucumbente que precisa ser legalmente informada sobre os fundamentos jurídicos da sanção penal que lhe foi imposta. Descumprir essa regra comezinha é, no mínimo, cercear o direito ao duplo grau de jurisdição e, ao mesmo tempo, obstruir a possibilidade de o próprio réu (única parte legitimada) avaliar se deve ou não reagir contra a reprimenda imposta.

A coercitividade, como elemento da jurisdição, não existe para a violação de regras jurídicas de proteção, muito menos para incutir medo ou um estado de terror ao réu. Ao contrário, ela existe também como uma garantia do devido processo legal e do estado de inocência do réu, porque o poder coercitivo do juiz no processo penal deve estar limitado ao interesse de submeter as partes ao que for decidido de acordo com a legislação de regência e a verdade processual, e não conforme entenda o julgador. Nisso está incluído, sem qualquer margem de dúvida, o direito do réu ausente (ou que não compareceu aos atos processuais) ser intimado pessoalmente da sentença penal para saber o que ficou decidido, principalmente se a decisão for contrária aos seus interesses.

O bom julgador não deve incutir medo ao réu; deve, ao contrário, tratá-lo com justiça e sem hostilidades. A motivação decisória é o elo entre a segurança jurídica e o princípio da confiança na jurisdição em face do estado de inocência que garante a liberdade do réu contra o arbítrio do Estado. A esse respeito, esclarecedor é o lecionamento de Luigi Ferrajoli, *in exthensis*:

> "O medo que a justiça inspira nos cidadãos é o signo inconfundível da perda de legitimidade política da jurisdição e da sua involução irracional e autoritária. Toda vez que um imputado inocente tem razão para temer um juiz, quer dizer que isto está fora da lógica do Estado de Direito: o medo e mesmo só a desconfiança ou a não segurança do inocente assinalam a falência

---

26 Analisando essa questão, Nestor Távora e Rosmar Rodrigues Alencar, apesar de firmados em ponto de vista que reputamos equivocado, entendem que, embora revel, o réu tem direito a ser intimado da sentença, conforme apostilam que "uma vez declarada a revelia, o acusado sofrerá seus efeitos, não sendo mais intimado dos atos processuais subsequentes, **ressalvada a sentença**" (*Curso de direito processual penal*. 9. ed. Salvador: Juspodivm. p. 850).

da função mesma da jurisdição penal e a ruptura dos valores políticos que a legitimam"[27].

Destarte, tem o réu ausente, ou que não compareceu ao ato de seu julgamento, o direito de ser intimado pessoalmente da decisão judicial que for proferida no processo, principalmente quando o não comparecimento se verificou especificamente na sessão em que fora proferida sentença penal condenatória, pois o fato de não ter comparecido não autoriza sofrer abusos, nem lhe retira o direito de ser informado pessoalmente sobre o resultado do julgamento, acaso conste ou seja conhecido seu endereço nos autos.

Estando o réu preso, é inquestionável o seu direito de ser intimado pessoalmente da sentença penal, mormente se for condenatória. Se estiver solto e for conhecido seu endereço, também tem direito a ser intimado pessoalmente da sentença. Se não for conhecido seu endereço, não basta a intimação do seu defensor ou advogado dativo; é necessário que este seja intimado por edital. O fundamento está no fato de que resulta incompatível com o princípio do estado de inocência executar uma sentença condenatória sem a observância das garantias constitucionais do processo penal que assegurem direitos e oportunidades ao réu equivalentes aos órgãos de persecução do Estado na defesa de seus interesses.

Aqui não se está privilegiando o direito do réu em sentido *stricto* ou *lato sensu*, mas valorizando o homem em sua dignidade de ser humano e de sujeito passivo da relação processual posta em evidência de acordo com o modelo acusatório republicano adotado na Constituição Federal Brasileira.

Nesse particular, é interessante frisar que os códigos não pensam por nós, nem foram elaborados com esse intuito. Na verdade, eles representam a estagnação do Direito, levando o intérprete a preencher os interstícios existentes e a perceber que mais importantes são os princípios que podem ser extraídos da codificação pela leitura da gramática da Constituição Nacional. Nessa intelecção percebemos, muitas vezes, que existe um grande abismo entre o que é pregado pela Constituição Federal e o que é estatuído nos códigos.

A tradição legislativa brasileira, influenciada por diplomas legais de outros países, sempre tratou o instituto da revelia como rigorosa sanção imposta ao réu que não se defende ou não comparece à audiência ou sessão para a qual foi intimado.

Essa velha prática não pode mais ser utilizada, em nossos dias, no âmbito do processo penal, porque nossa legislação avançou no sentido de privilegiar o

27 FERRAJOLI, Luigi. *Direito e razão*: teoria do garantismo penal. São Paulo: Ed. RT, 2002. p. 441.

direito ao contraditório, a ampla defesa e a presunção de inocência sem impor ao réu o dever de estar presente em juízo, salvo se estiver respondendo ao processo preso. Mesmo que esteja preso, pode requerer ao juiz que dispense sua presença[28] no julgamento, isto é, seu comparecimento[29] à sessão do julgamento pelo júri, conforme dispõe o § 2.º do art. 457 do CPP. Como privá-lo da intimação pessoal da sentença, neste caso?

Veja-se que o réu não está obrigado a comparecer[30] ao interrogatório para depor ou se autodefender. E, se comparecer voluntariamente, ou em razão de intimação, não está obrigado a responder a qualquer pergunta que lhe for feita. O princípio aqui prevalecente é o do direito ao silêncio ou de permanecer calado – *nemo tenetur se detegere.*

No processo da competência do Tribunal do Júri, em que a sessão plenária conjuga, não raras vezes, atos de teatralização, ofensas, ultrajes, injúrias, abusos generalizados, galhofas, escárnio e achincalhes contra o réu, promovidos pela acusação ou pela assistência da acusação, senão pela própria imprensa, é muito comum notar-se a ausência do réu para não ser submetido a humilhações e a linchamento moral de toda ordem, ainda que tenha sido intimado pessoalmente.

Essa postura não pode ser interpretada como sendo ele revel e, por consequência, que será julgado à revelia, posto que haverá na sessão um profissional do direito que se encarregará de exercer sua defesa plena. Não comparecer ou estar ausente à sessão do júri em que será julgado não pode ser interpretado como sinônimo de rebeldia ou de desdém, mas de estratégia de sua plenitude de defesa e extrema cautela em favor do réu, pois no plenário do júri devem ser evitadas exposições desnecessárias.

A intimação do acusado para comparecimento à audiência criminal ou sessão do tribunal júri não pode ser equiparada à citação civil para efeitos de revelia, notadamente porque a ausência aos atos processuais retromencionados deve, no máximo, demonstrar o desinteresse do réu em fornecer material probatório ao

28 Se o réu preso pode pedir para não comparecer à sessão do júri em que será julgado, por que o réu que está solto não pode estar ausente ao julgamento?

29 Examinando atentamente o disposto no § 2.º do art. 457 do CPP, concluo que o juiz não pode indeferir o pedido do réu preso para não comparecer à sessão de julgamento perante o júri. Se não pode indeferir o pedido do réu preso, não pode também obrigar o réu que está solto a comparecer, muito menos aplicar-lhe a pena de revelia e deixar de mandar intimá-lo da sentença penal condenatória.

30 Os arts. 185 e 474, *caput*, do CPP estabelecem a facultatividade da presença do réu para ser interrogado. Por isso, o termo revelia deve ser evitado no âmbito do processo penal quando o réu não comparecer ou estiver ausente à audiência ou à sessão do tribunal do júri. A imposição da revelia, neste e noutros casos aqui ventilados, constitui *error in judicando* e abuso de autoridade.

processo em andamento ou por algum incidente que a ele – e somente a ele – não interessa protagonizar. Destarte, caso haja intenção do juiz na aplicação de revelia[31] ao acusado, no processo penal essa advertência deve constar do mandado[32] de citação ou de intimação do mesmo, no qual devem constar as consequências que advirão de sua eventual ausência ou não comparecimento à audiência.

Sendo assim, não deve preponderar a decisão do juiz togado[33] que, isolada e unilateralmente, impõe sanção de caráter vindicativo ao réu (no caso a revelia) somente porque esteve ausente ou deixou de comparecer à sessão do júri. A prevalência deve ser unicamente do veredicto soberano dos jurados, este sim derivado de órgão popular dotado de competência constitucional, como juízo natural da causa, que sequer é perguntado sobre essa circunstância (ausência do réu) na quesitação elaborada para resposta.

Daí por que o réu ausente à sessão do júri, ainda que apontado como revel, tem o direito de ser intimado da decisão do conselho de jurados, materializada na sentença penal assinada pelo juiz togado, mormente se for condenatória, a fim de avaliar a necessidade de recorrer para a instância superior na perspectiva da continuidade do exercício do princípio da plenitude de defesa.

Finalmente, há de se concluir também que a mesma razão fundamental aqui exposta deve ser aplicada aos demais procedimentos criminais, na situação em que o acusado ou sua defesa técnica entender prudente estar ele ausente ou não comparecer à audiência, ainda que intimado, porque a tendência da legislação moderna é cada vez mais facilitar a colheita dos elementos probatórios por meio de ferramentas e técnicas que auxiliam a atividade forense e judicante, sem o emprego de medidas prisionais ou coercitivas que fomentem temor ao réu e propiciem a obtenção de delações premiadas ou confissões extorsivas nem sempre voltadas para sua proteção, mas unicamente para a solução, a qualquer custo, do processo.

31 Sinceramente, essa hipótese se me apresenta impossível no nosso Código de Processo Penal. Porém, não podemos duvidar da possibilidade de algum magistrado, no exercício de jurisdição criminal, proceder de modo a sancionar com a revelia o réu que não se defender ou não comparecer em juízo.

32 A advertência deve constar do mandado até para que o réu possa avaliar, com antecedência, sua constitucionalidade, e se insurgir contra ela, se entendê-la arbitrária e inadequada.

33 O juiz não dita a lei. Ao contrário, aplica a lei existente. Nisso residem os limites ao exercício da jurisdição.

Capítulo XXVII

DA JUSTIÇA MILITAR

1. GENERALIDADES

A Justiça Militar existe tanto em nível federal quanto em nível estadual. Para o nosso estudo, examinaremos apenas a estrutura da Justiça Militar, bem como o procedimento para o julgamento dos crimes da sua competência.

No plano constitucional, deve ser dito que a Justiça Militar se encontra enumerada como órgão do Poder Judiciário (art. 92, VI, CF) com competência para processar e julgar os crimes militares definidos em lei (art. 124, CF). A lei a que se refere o dispositivo constitucional é o Decreto-lei n.º 1.001, de 21 de outubro de 1969 (Código Penal Militar), nada obstante possa alguma lei ordinária federal também vir a definir determinada conduta como crime militar. O procedimento para repressão dos delitos definidos nesse diploma legal encontra-se, por sua vez, estabelecido no Decreto-lei n.º 1.002, de 21 de outubro de 1969 (Código de Processo Penal Militar).

A Lei n.º 13.491/2017 deu nova redação ao inciso II do art. 9.º do Código Penal Militar, ampliando a competência da Justiça Militar para julgamento de crimes cometidos contra outros militares ou civis, ainda que definidos na lei penal comum, ressalvada a competência do Tribunal do Júri para crimes dolosos contra a vida cometidos por militares estaduais contra civis.

Não obstante haver alterado a competência jurisdicional, a lei sobredita criou odiosa discriminação ao estabelecer que os crimes de que trata o art. 9.º, § 2.º, do Código Penal Militar, quando dolosos contra a vida e cometidos por militares das Forças Armadas contra civil, serão da competência da Justiça Militar da União, se praticados no contexto das situações previstas no supracitado dispositivo.

Com a devida vênia, não vejo motivos para essa diferença de tratamento. Parece-me preconceituoso, pois trata-se de hipóteses iguais ou semelhantes, considerando que o homicídio praticado por militares estaduais em serviço contra civil não é diferente do que é cometido contra civil por militares das Forças Armadas em serviço. O nome para essas condutas criminosas, qualquer que seja o agente militar infrator, continua sendo o mesmo: homicídio.

Em nível estadual, a Justiça Militar é constituída, em primeiro grau, pelos Conselhos de Justiça, que podem ser permanentes ou especiais. Em segunda instância, pelo próprio Tribunal de Justiça ou por Tribunal de Justiça Militar nos Estados em que o efetivo da polícia militar seja superior a 20 mil integrantes. O juiz que preside o Conselho de Justiça é denominado Auditor Militar e goza dos mesmos direitos, das mesmas vantagens e dos mesmos vencimentos conferidos aos Juízes de Direito togados, mormente porque, atualmente, só pode exercer tal judicatura se for concursado. Ao Auditor Militar também são aplicadas as mesmas vedações previstas para os Juízes de Direito, assim como os mesmos direitos.

2. DA COMPETÊNCIA

Compete à Justiça Militar Estadual processar e julgar os policiais militares e bombeiros militares nos crimes militares, previstos em lei federal, cabendo ao tribunal competente decidir sobre a perda do posto e da patente dos oficiais e da graduação das praças.

A Justiça Militar possui também ramificação em nível federal, competindo-lhe processar e julgar os militares das forças armadas (art. 22, CPM), nos crimes militares definidos em lei federal. Ao referir-me à atuação da Justiça Militar em nível federal, não estou afirmando que seja ela órgão da Justiça Federal Comum, posto efetivamente não ser. Quero reportar-me à Justiça Militar da União.

A Constituição Federal deixou ao legislador ordinário a opção de incluir ou não o civil como sujeito ativo do crime militar da competência da Justiça Militar Federal. O constituinte, nesse ponto, não quis, como o fez em relação à competência penal da Justiça Militar Estadual, defini-la *ratione personae*, ao indicar sujeitos ativos de tais delitos os policiais militares e os bombeiros militares (art. 125, § 4.º, CF).

Cumpre esclarecer, por oportuno, que somente o militar da ativa é que está sujeito a ser processado ou julgado pela Justiça Militar (estadual ou federal). O militar da reserva e o reformado são civis. O civil, por expressa disposição da Constituição Federal (art. 125, § 4.º), não pratica crime militar da competência da Justiça Militar Estadual. Sendo assim, responderá perante a justiça comum (estadual ou federal), se os atos praticados estiverem definidos como crime na lei penal comum.

Os crimes militares encontram-se definidos no art. 9.º do Código Penal Militar. A Lei n.º 9.299/96 acrescentou parágrafo único ao mencionado dispositivo, excluindo da competência da Justiça Militar os crimes de que trata esse artigo, quando dolosos contra a vida e cometidos contra civil, que serão da competência da justiça comum. Houve alteração correspondente para o Código de Processo Penal Militar, acrescentando-se ao art. 82, o § 2.º, assim disposto:

> "Nos crimes dolosos contra a vida, praticado contra civil, a Justiça Militar encaminhará os autos de Inquérito Policial Militar à Justiça Comum".

Um exemplo ilustrará a hipótese. Suponha-se que um militar cometa homicídio doloso contra um civil, mesmo que em local sob administração militar. Pela nova regra, a competência será da justiça comum, no caso, o Tribunal do Júri. Relembre-se o episódio da "chacina do Carandiru", no Estado de São Paulo, em que policiais militares mataram muitos detentos. Embora o local não estivesse sob a administração militar, os executores estavam em serviço ativo. E, apesar disso, não deixaram de ser julgados pela justiça comum, no caso específico, pelo Tribunal do Júri.

Imagine-se também o caso do militar que pratique homicídio doloso (diga-se feminicídio) contra sua cônjuge ou companheira em sua residência, estando esta localizada dentro de local sob administração militar. Embora o imóvel pertença ao patrimônio da instituição militar, a competência será da justiça comum, especificamente do Tribunal do Júri, pois, segundo entendimento pretoriano, "a administração militar não penetra no interior das casas cedidas a oficiais e praças, interferindo nas suas relações civis e de suas famílias" (TJGB, Ap. 33.756, *DJ* 21/10/1964, p. 509).

O imóvel residencial localizado em vila militar, e sob essa administração, não está sujeito ao controle interno por parte da corporação a qual pertence o morador, porque a conduta doméstica não pode ser alvo do controle castrense se não representa atentado à disciplina e à hierarquia militar. O julgado abaixo transcrito esmera essa questão:

> "Embora o militar tenha matado sua mulher no interior da casa em que ambos residiam, situada em zona sob a administração militar, a justiça comum é a competente para julgar o crime, porque a aludida administração não interfere na privacidade do lar conjugal, máxime no relacionamento do casal, do qual resultou o uxoricídio" (STF, Ac. da 1.ª Turma, HC 58.883/RJ, *DJ* 09/10/1981, p. 10055).

Situação oposta comportaria a definição de crime militar e, consequentemente, o seu julgamento pela justiça castrense. Seria, num exemplo modesto, a hipótese do crime de lesão corporal leve (art. 209, CPM) praticado por militar contra outro militar que se encontra enfermo em leito de hospital militar, mesmo que os dois estejam de licença e que desconheçam um e outro a condição de militar de ambos.

Era pacífico o entendimento de que competia à Justiça Estadual Militar processar e julgar o policial militar pela prática do crime militar, e à Justiça Comum, pela prática do crime comum simultâneo àquele, acorde com os termos da Súmula 90 do Superior Tribunal de Justiça.

Ocorre que, com a entrada em vigor da Lei n.º 13.491/2017, as Súmulas 6, 75, 90 e 172 do STJ perderam a vigência, uma vez que os delitos por elas retratados passaram a ser exclusivamente da competência da Justiça Militar.

Sendo assim, o policial militar em serviço ativo (mesmo que em desempenho de policiamento civil) que praticar crime de abuso de autoridade e de lesões corporais simultaneamente contra civil, em local sujeito à administração militar ou fora dele, responderá, nos dois casos, perante a Justiça Militar.

Livro II

PARTE PRÁTICA

Capítulo I

REDIGINDO A SENTENÇA PENAL

1. DO PLANO DA SENTENÇA

A sentença é o ato de comunicação do juiz com as partes, seus advogados, terceiros interessados, a sociedade e os órgãos de jurisdição superior. Por isso, alguns cuidados devem ter o magistrado ao proferi-la, que vão desde o seu aspecto redacional, passando pelo conteúdo científico, até sua existência estrutural.

Clareza, concisão, objetividade e completitude é o que se espera de toda sentença. Deixar de ser concisa, entretanto, não é defeito irremediável da sentença. O defeito pode estar na sua ambiguidade, obscuridade, contradição ou omissão, que se corrige com a oposição dos embargos de declaração, cuja finalidade é o aprimoramento do julgado no sentido único de sua compreensão pela parte interessada em seu cumprimento ou na sua execução.

A técnica da redação de sentenças o juiz adquirirá na prática diária e pelo hábito da leitura constante de livros, romances, revistas, manuais de toda espécie, mas principalmente de obras de direito, de filosofia e de sociologia. A prolixidade e o uso da linguagem simples ou do português castiço não devem ser motivo de preocupação para o juiz. As decisões podem vir recheadas de expressões latinas de uso corrente no meio forense ou de citações em idiomas estrangeiros. Nada disso enodoa o seu julgamento, desde que não haja excessos ou abusos nessa prática. O fundamental é que o juiz mantenha-se fiel ao seu estilo, circunstância que vai aprimorando ao longo de sua escrita diuturna.

Muitas vezes a solução para o embate processual se mostra difícil e inusitada para o juiz. Quando isso acontece, é preciso meditar bastante para encontrar o resultado que satisfaça o seu convencimento pessoal e a norma de direito que o corrobore, cabendo apelar sempre para o seu senso jurídico e para a lógica que inspirariam uma decisão justa sem os anteparos da dúvida.

O juiz não deve se abalar com a pressão que a comunidade ou certos segmentos sociais estiverem exercendo sobre a causa trazida ao seu conhecimento, pois o que deve inspirar sua decisão é o sentimento de justiça comum em todo cidadão honesto. A condição mais perfeita do juiz, nesse momento, é estar em paz com a sua consciência e seguir sua rotina diária sem ter que parar para pensar em remorsos, isto é, no mal que possa causar ao condenado com a sua sentença ou no juízo que os detratores da sua toga possam fazer do seu julgamento, quando optar pela condenação ou absolvição do réu. Esse é um drama a que não escapa o juiz.

Antes de proferir a sentença, deve o juiz ler atentamente os autos do processo, desde a petição inicial até as alegações finais, quantas vezes forem necessárias, até o completo e perfeito entendimento dos fatos que compõem a lide. Feito isso, deve pesquisar toda a legislação, doutrina e jurisprudência a respeito do assunto que vai examinar, posto que esses elementos constituem ingredientes de fundamental importância para o seu convencimento pessoal. Tendo em suas mãos o fato processual, as provas produzidas em juízo e a regra de direito que o alicerça, nada deterá o juiz na elaboração de sua decisão definitiva.

Imbuído do propósito de fazer justiça, o magistrado não deve se preocupar se o seu convencimento pessoal é minoritário perante os tribunais, pois o voto vencido de hoje pode ser o julgamento exemplar no futuro. O que não pode faltar, em hipótese alguma, na sua decisão é a motivação, posto ser ela o atestado de que não houve puro capricho do julgador.

Com efeito, a fundamentação da sentença é o principal indício de que não houve improvisação no julgamento elaborado, nem a intenção de livrar-se do processo a qualquer custo. Por isso, o livre convencimento motivado deve ser aplicado com moderação e racionalidade, posto que ele é formado na consciência do juiz antes de ser escrito na decisão a ser prolatada.

Não é à toa que a origem latina da palavra sentença passa a ideia de sentir, de sentimento. Esta realidade não impede o juiz de ser imparcial, mas pode retirar-lhe a neutralidade em razão de sua condição humana lhe proporcionar habilidades, memórias, valores, aprendizagens, influências, preconceitos e outras experiências obtidas por meio dos sentidos, resultantes de suas relações familiares ou de convivências sociais, que lhe conferem certa margem de discricionariedade no momento de decidir.

2. ASPECTOS FORMAIS

A sentença deve trazer em sua folha de rosto, na parte superior esquerda, preferencialmente, alguns dados que têm por objetivo facilitar rapidamente a identificação de inúmeros elementos, quais sejam: 1) o número do processo; 2) o número da unidade jurisdicional por onde tramita; 3) o nome da ação; 4) os nomes das partes; 5) os nomes de seus respectivos advogados; 6) a incidência penal; 7) a solução da lide.

Num exemplo prático, seria o seguinte:

PROCESSO N.º ... /2001[1] - 2.º Cartório Criminal
AÇÃO PENAL
AUTOR: Ministério Público Estadual
ACUSADO: Fulano de Tal
ADVOGADO (ou defensor): Dr. Sicrano de Tal
INCIDÊNCIA PENAL: art. 155, *caput*, do Código Penal.
SOLUÇÃO: (Im)Procedência da Ação Penal (ou do pedido).

A sentença, tal como o acórdão, pode conter ementa. A ementa é a epítome do julgamento, o resumo dos tópicos mais relevantes da decisão, a súmula que contém a sinopse do conteúdo do *decisum*, o verbete que encima o decreto judicial. Deve, por isso, a ementa ser colocada na parte preambular da sentença, vale dizer, em seu frontispício ou página de rosto, logo após os elementos ou dados identificadores da ação penal que está sendo julgada. O dispositivo da ementa deve ser redigido depois do seu verbete. Sendo assim, há de se concluir que a ementa se constitui de dois elementos: Verbete e dispositivo. Veja-se o exemplo abaixo:

> **FURTO QUALIFICADO. SUBTRAÇÃO DE COISA ALHEIA MÓVEL. EMPREGO DE CHAVE FALSA. CONCURSO DE AGENTES. CONFISSÃO ESPONTÂNEA DOS ACUSADOS.** Comete o crime de furto qualificado o agente que penetra em imóvel residencial, de onde furta vários objetos de grande valia, utilizando-se de instrumento ou ferramenta confeccionada por comparsa para acionar o mecanismo da fechadura, tal como provado pela confissão dos acusados e pelo resultado da perícia técnica.

A parte escrita em letras maiúsculas e em negrito constitui o verbete da ementa. A parte escrita em letras minúsculas e sem sombreamento é o seu dispositivo.

Seguem-se à ementa o relatório, a fundamentação[2] e a conclusão[3] da sentença, já estudados exaustivamente no Livro I desta obra. Mas um pormenor é preciso ser relembrado. Trata-se do conhecimento, pelo Juiz, das questões preliminares antes do exame do mérito.

Entende-se por questão preliminar aquela que tem como escopo impedir o julgamento processual de mérito, por isso que deve ser solucionada previamente, antes de qualquer outra decisão. Admitido esse conceito, não se pode confundir questão prejudicial com questão preliminar, posto ser aquela um tópico desta.

1 A numeração relativa ao processo eletrônico (PJe) é mais extensa.
2 Alguns juízes utilizam a expressão motivação ou motivos da sentença.
3 É o dispositivo da sentença.

Desse modo, é correto afirmar que toda questão prejudicial pode ser preliminar, mas nem toda questão preliminar é prejudicial.

O exame das questões preliminares, dentre as quais se pode enumerar as condições da ação, as exceções em geral (art. 95, CPP), as questões prejudiciais (art. 92, CPP), deve anteceder o julgamento da questão principal. Vencido esse estágio, restará apenas ao Juiz enfrentar o *meritum causae*, pondo termo ao processo de forma definitiva.

A sentença condenatória, no âmbito criminal, sempre comina pena ao infrator, seja ela de ordem celular, seja ela de ordem restritiva de direitos ou pecuniária. A aplicação da pena é algo que interessa de perto a todos os profissionais do direito que labutam nos juízos e varas criminais. Daí a importância do seu estudo pormenorizado em tópico destacado.

3. APLICAÇÃO DA PENA

O art. 59 do Código Penal, já examinado detalhadamente, quando do seu estudo no primeiro módulo deste livro, contém disposição de fundamental importância para a aplicação da sanção penal, pois estabelece, conforme seja necessário e suficiente para reprovação e prevenção do crime:

> "I - as penas aplicáveis dentre as cominadas[4];
>
> II - a quantidade de pena aplicável, dentro dos limites previstos;
>
> III - o regime inicial de cumprimento da pena privativa de liberdade;
>
> IV - a substituição da pena privativa de liberdade aplicada, por outra espécie de pena, se cabível".

Essa diretriz impele o juiz a observar, ainda, os seguintes pormenores, decorrentes do desdobramento do art. 59 do CP, no momento em que estiver proferindo a sentença penal condenatória:

3.1 Escolha da pena a ser aplicada, quando for cominada mais de uma alternativamente (art. 59, I)

Exemplo: o preceito secundário do art. 321 do Código Penal, que define o crime de advocacia administrativa, comina a quem apresentar essa conduta pena de detenção de 1 (um) a 3 (três) meses ou multa. Levando em conta as circunstâncias do art. 59 do CP, o juiz escolhe uma delas e aplica ao condenado.

4 As penas, no nosso ordenamento jurídico penal, podem ser aplicadas isolada, cumulativa ou alternativamente.

3.2 Exame individualizado das circunstâncias judiciais para indicação da pena-base

Exemplo: sendo as circunstâncias do art. 59 do Código Penal todas favoráveis ao agente, o *quantum* da pena-base será estabelecido no mínimo legal. Caso contrário, será ela cominada acima do mínimo legal, conforme o peso de cada uma das circunstâncias analisadas (art. 68, CP). Nesta operação, o juiz terá como referencial unicamente a pena prevista em abstrato pelo tipo penal.

3.3 Exame das circunstâncias legais genéricas (atenuantes e agravantes), previstas nos arts. 61, 62, 65 e 66 do Código Penal, sem descurar para a aplicação da que for preponderante

As circunstâncias a que se referem o presente item foram devidamente examinadas no módulo I deste livro, para onde remetemos o leitor.

3.4 Exame das causas de diminuição e de aumento de pena

As causas de aumento ou de diminuição de pena se encontram previstas tanto na Parte Geral quanto na Parte Especial do Código Penal. Exemplo: arts. 14, parágrafo único; 28, § 2.º; 29, § 2.º; 121, § 1.º; 155, § 1.º, do CP.

3.5 Determinação do regime inicial de cumprimento da pena privativa de liberdade, se for esta a conclusão definitiva a que chegar o juiz (arts. 33 e 59, III, CP)

Os regimes prisionais são os seguintes: fechado, aberto e semiaberto.

3.6 A substituição da pena privativa da liberdade aplicada, quando cabível, por outra espécie de pena

Exemplo: aplicada pena privativa de liberdade igual a três anos de reclusão, pode ela ser substituída pela prestação de serviços à comunidade ou a entidades públicas (restritiva de direitos - arts. 44 e 46, CP).

3.7 Concessão do *sursis* ou suspensão condicional da pena (art. 77, CP)

Este instituto somente deve ser deferido ao condenado quando a pena cominada for a privativa de liberdade. Por ser mais benéfico ao réu, deve ser examinado antes da substituição da pena privativa de liberdade por outra.

Dentro desse critério legal, conclui-se que a fixação da pena passa por várias etapas ou fases, cabendo ao juiz, como condutor do processo, adotar o roteiro que melhor se adapte à situação concreta. O Código Penal, acatando critério defendido por Nelson Hungria, estabeleceu, em seu art. 68, o sistema trifásico de aplicação da pena, o qual consiste na determinação inicial da pena-base (1.ª fase); feito isso, devem ser consideradas em seguida as circunstâncias atenuantes e agravantes (2.ª fase) e, finalmente, as causas de diminuição e de aumento da pena (3.ª fase).

No campo processual penal, o juiz deve cuidar também de determinar na sentença: 1) a condenação do réu ao pagamento das custas processuais; 2) a condenação do Estado ao pagamento dos honorários advocatícios, em caso de réu pobre assistido por defensor dativo, quando entender cabíveis; 3) o valor mínimo para reparação dos danos causados pela infração, considerando os prejuízos sofridos pelo ofendido; 4) o lançamento do nome do réu no rol dos culpados; 5) sua publicação, seu registro e a intimação das partes; 6) a comunicação dos seus termos a autoridades ou terceiros que dela devam tomar conhecimento; 7) o direito de o réu apelar ou não em liberdade, de maneira fundamentada; 8) a data do término da pena; 9) a expedição de carta de guia ou guia de recolhimento.

4. FASES DE FIXAÇÃO DA PENA

A pena possui função de prevenção geral. Cada juiz reage de modo diferente ao fixar a reprimenda. Não obstante isso, há de mover-se sempre dentro do espaço garantista que lhe oferece o art. 59 do Código Penal, o qual representa, ao mesmo tempo, liberdade e limite de atuação no trabalho de aplicação da pena.

O mesmo fenômeno ocorre no que diz respeito ao cálculo da pena (art. 68). O Direito é ciência que não depende de fórmulas matemáticas ou conceitos exatos para cumprir sua finalidade. Diante disso, não cabe ao juiz elaborar equações complexas ou cálculos aritméticos confusos para encontrar o *quantum* da pena a ser cominada em definitivo, pois a lei penal se encarregou de estabelecer e mostrar todas as proporções numéricas quando quis agravar ou minorar a situação do infrator, certamente no intuito de facilitar o trabalho de dosimetria da pena pelo juiz.

A operação matemática é simples e não poderia ser diferente, considerando que o fundamental, para a correta fixação da pena, será fazer a subsunção do caso concreto à norma punitiva. Pondo em relevo o que foi dito, resta apresentar uma sugestão prática para direcionamento do roteiro indicado pelo Código Penal para aplicação da pena.

5. HIPÓTESE CONCEBIDA

Suponha-se que, por volta das 23 horas, determinado indivíduo tenha penetrado em uma casa residencial, através de um buraco feito na parede, e desse imóvel familiar tenha subtraído a quantia de R$ 1.000,00 (mil reais), além de vários objetos de uso pessoal dos moradores avaliados em R$ 500,00 (quinhentos reais). Registre-se, como dado valioso à aplicação da pena, que o ladrão confessou espontaneamente a autoria do delito, que já possui condenação anterior pela prática do mesmo delito e que sempre foi dado à prática de pequenos furtos na sua adolescência, com apontamentos sobre esses fatos na repartição policial. O crime praticado se encontra tipificado no art. 155, § 4.º, I, do Código Penal, posto ter havido rompimento de obstáculo. A circunstância de o furto haver ocorrido durante o repouso noturno não permite o aumento da pena, conforme previsto no § 1.º do dispositivo supracitado, pois a majorante somente teria aplicação se se tratasse de furto simples. A razão para esse entendimento está no fato de que o legislador considerou essa causa de aumento antes das circunstâncias qualificadoras. Como se redigiria, então, o dispositivo da sentença?[5] A conclusão abaixo apresentada esclarece o problema proposto.

6. CONCLUSÃO OU DISPOSITIVO

Ante o exposto, julgo procedente a denúncia para condenar o réu Fulano de Tal como incurso nas penas do art. 155, § 4.º, I, do Código Penal, e passo em seguida a fazer a dosimetria da pena, de forma individualizada atento aos dizeres do art. 59 do mesmo diploma legal.

Atendendo à culpabilidade do réu, o qual agiu com dolo específico, acostumado que estava à prática de delitos com ações similares; aos seus antecedentes, que são desabonadores, sendo portador, inclusive de condenação anterior pelo mesmo delito, transitada em julgado, o que o faz ser classificado como reincidente, conforme registro constante dos autos; à sua conduta social, que revela não ter profissão definida, sendo, por assim dizer, desocupado e indolente, com tempo de sobra para cometer delitos; à sua personalidade, comprovadamente voltada para a prática de crimes; aos motivos do crime, necessariamente inexplicáveis, por isso banais e egoísticos; às circunstâncias do crime, praticado durante a noite, mediante o rompimento da parede da casa das vítimas, meio utilizado para o réu ter acesso ao seu interior; às consequências do crime, que resultou na subtração de quantia que estava destinada ao sustento da família do proprietário do imóvel, bem assim das mensalidades escolares do seus filhos menores, além da perda de objetos de uso pessoal dos moradores do imóvel, causando insegurança e prejuízo para todos, sem a restituição incólume e na mesma quantia da coisa ao seu proprietário; ao comportamento das vítimas, que souberam ser previdentes com sua moradia e demonstraram não haverem contribuído para a conduta criminosa do réu, fixo-lhe a pena privativa de liberdade em 4 (quatro) anos de reclusão e multa no total de 80 (oitenta) dias-multa à base de um trigésimo do salário mínimo mensal vigente à época do fato, a qual transformo em pena-base.

5 Não é demasiado lembrar ao leitor que antes da conclusão ou dispositivo da sentença deve vir exposto o relatório e a sua motivação ou fundamentação.

Reconheço, entretanto, em favor do réu a circunstância atenuante haurida do art. 65, III, *d*, do Código Penal, razão por que reduzo a pena aplicada contra o mesmo em 1 (um) ano estabelecendo-a definitivamente em 3 (três) anos de reclusão e multa de 50 (cinquenta) dias-multa à base de um trigésimo do salário mínimo vigente à época da prática do fato delituoso, observado o regramento do art. 49 e seus parágrafos do diploma legal supracitado, em face da inexistência de circunstância agravante ou de causas de aumento ou de diminuição de pena.

Condeno também o réu ao pagamento das custas processuais. Deixo de favorecer o réu com a substituição a que alude o art. 59, IV, do Código Penal, visto que não preenche os requisitos dos arts. 44 e 60, § 2.º, do mesmo diploma legal[6]. O cumprimento da reprimenda deverá verificar-se inicialmente no regime fechado[7], facultada a sua progressão nos termos das leis penal e de execução penal, permitido ao condenado o trabalho, na forma do art. 34 e seus parágrafos do Código Penal.

Recomende-se o réu na prisão onde se encontra custodiado[8]. Transitada em julgado a presente sentença, lance-se o nome do réu no rol dos culpados e expeça-se guia de recolhimento (art. 105, LEP)[9], com os requisitos indicados no art. 106 da Lei n.º 7.210, de 11 de julho de 1984, para cumprimento da pena junto à Penitenciária de Pedrinhas[10], visto tratar-se de criminoso reincidente, tal como provado nos autos e justificado na parte dispositiva da sentença referente à análise das circunstâncias judiciais do art. 59 do Código Penal.

Visto que o réu permaneceu preso durante todo o tempo da tramitação processual e que sua vida *anteacta* recomenda a manutenção de sua segregação social, nego-lhe o direito de apelar em liberdade (art. 594, CPP). Com efeito,

---

6 Para a obtenção do direito à substituição da pena privativa de liberdade por outra restritiva de direitos, não basta que seja atendido apenas o disposto no inciso I do art. 44 do Código Penal. É imprescindível que todos os requisitos enumerados nesse dispositivo estejam presentes, pois a substituição depende essencialmente da presença de dados de caráter subjetivo que indiquem, de modo cristalino, que essa substituição é suficiente e necessária.

7 Mesmo que a sentença reconheça ser o réu reincidente, pode o juiz, fundamentadamente, aplicando a regra do art. 33, § 2.º, *b*, do Código Penal, determinar que o início do cumprimento da pena se verifique no regime semiaberto.

8 Se o réu respondeu o processo em liberdade, é prudente, para garantir o cumprimento da sentença e a execução da pena, que seja determinada a expedição de mandado de prisão contra ele. Aí, então, dirá o juiz na fase apropriada: "Expeça-se mandado de prisão contra o réu".

9 O Código de Processo Penal utiliza, em seu art. 674, a expressão "carta de guia" para referir-se ao mesmo documento.

10 Referência que se faz à única penitenciária existente no Estado do Maranhão.

estando o réu preso desde o dia 21 de abril de 2000, a pena de reclusão cominada expirará no dia 20 de abril de 2003.

Façam-se as comunicações necessárias.

Publique-se. Registre-se. Intimem-se[11].

São Luís (MA), 17 de dezembro de 2001.

Dr. BELTRANO SICRANO DE TAL

Juiz de Direito

11 Pode o Juiz limitar-se apenas a colocar as abreviaturas P. R. I. No entanto, a palavra que determina a intimação deve vir sempre no plural (Intimem-se), porque da sentença deve ser intimado não só o réu, mas seu defensor, o querelante, o assistente de acusação, o Ministério Público ou outras pessoas habilitadas nos autos, como é o caso do curador especial do menor (art. 33, CPP).

Capítulo II

CASUÍSTICA

1. REDIGINDO A PRONÚNCIA

O modelo a seguir apresentado de decisão de pronúncia é resultante de aula ministrada pelo magistrado e professor José Henrique Rodrigues Torres, titular da Vara do Júri da Comarca de Campinas, Estado de São Paulo, na Escola de Magistratura do Estado do Maranhão - ESMAM, no período de 18 a 19 de agosto de 2022.

A utilização da hipótese aqui ventilada, que foi estudada em sala de aula, foi devidamente utilizada pelo eminente professor e magistrado acima citado, o qual autorizou sua reprodução neste livro.

Vistos etc.

MARIA VELLIA, qualificada nos autos (fls. 41), foi denunciada como incursa (1) no artigo 121 (dolo direto), § 2.º, I (motivo torpe) e IV (surpresa, pelas costas, recurso que dificultou a defesa da vítima) do CP (vítima Serafim da Paz) e, também, (2) como incursa no artigo 121 (dolo eventual), § 2.º, I (motivo torpe) e III (meio insidioso e cruel), do CP, c/c artigo 14, II, e artigo 13, § 2.º (omissão relevante), do CP (vítima Serafim da Paz Júnior), e ANA MOSSA, qualificada nos autos (fls. 159), foi denunciada como incursa (1) no artigo 121, § 2.º, I (motivo torpe) e IV (surpresa, pelas costas, recurso que dificultou a defesa da vítima), do CP, c/c artigos 14, II, do CP e 29 (instigação) do CP (vítima Serafim da Paz Júnior), e (2) no artigo 121, § 2.º, I (motivo torpe) e III (meio insidioso e cruel), do CP, c/c artigos 14, II, 29 e 13, § 2.º (participação por omissão relevante), do CP (vítima Serafim da Paz Júnior), pelos seguintes fatos: no dia 15 de junho de 2015, por volta das 20 horas, em uma lanchonete localizada no Km 97 da Rodovia Bahia, a ré Maria Vellia, instigada pela corré Ana Mossa, matou a vítima Serafim da Paz, mediante golpes a faca, por motivo torpe e com uso de recurso que dificultou a defesa da vítima.

Consta da denúncia que, pouco antes, a ré Maria Vellia, agindo com dolo eventual, ou seja, assumindo o risco de causar a morte da vítima Serafim da Paz

Júnior, colocou veneno em uma refeição que foi servida para Serafim da Paz e da qual se serviu também a vítima Serafim da Paz Júnior, que sofreu lesões corporais em razão da ingestão da comida envenenada e somente não morreu porque foi socorrida e medicada a tempo; esse crime tentado foi praticado por motivo torpe e com uso de meio insidioso e cruel; e a corré Ana Mossa concorreu para a prática desses crimes, porque instigou Maria Vellia a matar a vítima Serafim da Paz e, por omissão, aderiu à conduta de Maria Vellia na tentativa de homicídio contra a vítima Serafim da Paz Júnior, porque, tendo servido a comida envenenada, agindo também por motivo torpe e com insídia e crueldade (fls. 01d/06d).

A denúncia foi recebida (fls.), as corrés foram citadas (fls.) e apresentaram resposta à acusação (fls.). Durante a audiência de instrução, foram ouvidas a vítima supérstite (fls.) e três testemunhas (fls.). As corrés foram interrogadas (fls.).

Nos debates orais, as partes alegaram o seguinte:

I) o Ministério Público pediu a pronúncia das duas corrés nos termos da denúncia (fls.);

II) o Defensor da corré Maria Vellia alegou que o veneno não foi colocado voluntariamente nem dolosamente na refeição das vítimas, que o veneno era ineficaz para produzir a morte das vítimas, o que configura um crime impossível; que ela não tinha conhecimento de que a vítima Júnior chegaria ao local nem que iria alimentar-se da mesma refeição; que agiu em legítima defesa de Ana Mossa quando golpeou a vítima Serafim da Paz com a faca e, subsidiariamente, que não há falar na configuração das qualificadoras (fls.);

III) a defesa da corré Ana Mossa alegou que ela não agiu com dolo nem com culpa. Que ela não sabia que havia veneno na comida que serviu às vítimas; que o veneno era ineficaz para produzir a morte das vítimas, o que configura o crime impossível; que a omissão a ela imputada não é penalmente relevante, pois ela não tinha a obrigação de evitar a morte das vítimas, que, na dúvida, a impronúncia é de rigor, pois não se pode aplicar o *in dubio pro societate*, e, subsidiariamente, que não ficaram caracterizadas as qualificadoras (fls.).

Eis o relatório. Decido.

2. DO CONTROLE DE CONSTITUCIONALIDADE E CONVENCIONALIDADE

Todos os dispositivos legais aplicados nesta decisão foram submetidos ao controle difuso de constitucionalidade e, também, ao controle difuso de convencionalidade. Como ensina Cançado Trindade, "os órgãos do Poder Judiciário de cada Estado Parte da Convenção Americana devem conhecer a fundo e aplicar devidamente, não apenas o Direito Constitucional, mas também o Direito Internacional dos Direitos Humanos; devem exercer, de ofício, o controle tanto de constitucionalidade como de convencionalidade, tomados em conjunto, pois os ordenamentos jurídicos internacional e nacional encontram-se em constante interação no contexto de proteção da pessoa humana".

O Brasil, no art. 5.º, §§ 2.º e 3.º, da Constituição Federal, incorporou o sistema de proteção dos direitos humanos em sua ordem normativa interna, e a Corte Interamericana de Direitos Humanos afirmou, recentemente, que, quando um Estado ratifica um tratado internacional, como a Convenção, seus juízes, como parte do aparato do Estado, também estão submetidos a ela, o que os obriga a velar para que os efeitos das disposições da Convenção não se vejam prejudicados pela aplicação de leis contrárias ao seu objeto e fim, e que, desde o seu início, carecem de efeitos jurídicos.

Em outras palavras, o Poder Judiciário deve exercer uma espécie de controle de convencionalidade entre as normas jurídicas internas que aplicam nos casos concretos e a Convenção Americana sobre Direitos Humanos. Nessa tarefa, o Poder Judiciário deve ter em conta não somente o tratado, senão também a interpretação que dele tem feito a Corte Interamericana, intérprete última da Convenção Americana (CASO ARELLANO e outros *vs.* CHILE).

Como se vê, essa decisão da Corte Interamericana de Direitos Humanos deixou absolutamente claro que, além do dever de verificação da compatibilidade das normas com o sistema constitucional, constitui dever dos juízes internos, também, controlar a convencionalidade das leis em face do disposto nos tratados de direitos humanos em vigor no país, observando suas normas positivadas, seus princípios e, ainda, a sua interpretação *pro homine.*

O controle de compatibilidade das leis com o sistema internacional de proteção dos direitos humanos, portanto, não é mera faculdade conferida aos magistrados nacionais, mas sim uma irrenunciável incumbência. Em sua atividade jurisdicional, os juízes e juízas devem, sempre, verificar se as normas internas guardam ou não compatibilidade com as normas e princípios do sistema internacional de proteção dos Direitos Humanos e, especialmente, com os dispositivos normativos e princípios da Convenção Americana de Direitos Humanos (Pacto de San José da Costa Rica). Cabe aos magistrados, em suas decisões, afastar a aplicação de normas jurídicas de caráter legal que contrariem tratados internacionais que versam sobre Direitos Humanos, como a Convenção Americana de Direitos Humanos de 1969 (Pacto de São José da Costa Rica), o Pacto Internacional sobre Direitos Civis e Políticos de 1966 e o Pacto Internacional dos Direitos Econômicos, Sociais e Culturais de 1966 (PIDESC), bem como as orientações expedidas pelos denominados *treaty bodies* da Comissão Interamericana de Direitos Humanos e Conselho de Direitos Humanos das Nações Unidas, e, ainda, a jurisprudência das instâncias judiciárias internacionais de âmbito americano e global da Corte Interamericana de Direitos Humanos e Tribunal Internacional de Justiça da Organização das Nações Unidas, respectivamente.

3. DA PRONÚNCIA

A pronúncia das rés é de rigor, nos termos do art. 413 do Código de Processo Penal.

3.1 Da materialidade dos fatos

3.1.1 Da materialidade do homicídio consumado contra a vítima Serafim da Paz

Estou convencido da materialidade do fato, pois, de acordo com o laudo necroscópico, a vítima Serafim da Paz morreu em razão de anemia aguda devido a ferimentos provocados por um instrumento perfurocortante (fls.).

3.1.2 Da materialidade do homicídio tentado contra a vítima Serafim da Paz Júnior

Estou convencido da materialidade do fato, pois, de acordo com o laudo de exame de corpo de delito, a vítima Serafim da Paz Júnior sofreu lesões nos órgãos digestórios, causados por ingestão de veneno (fls.).

3.2 Dos indícios de autoria e participação

Também estou convencido da existência de indícios suficientes de autoria e participação para autorizar o prosseguimento da acusação contra as duas corrés. A corré Maria Vellia, em seu interrogatório judicial, admitiu que preparou a comida que Ana Mossa serviu às vítimas e, também, que desferiu golpes da faca contra a vítima Serafim da Paz (fls.).

A corré Ana Mossa, por sua vez, em interrogatório judicial, admitiu que serviu a refeição para as vítimas (fls.). E os laudos toxicológicos afirmam que havia veneno para rato na comida que a corréu Maria Vellia preparou e foi servida às vítimas pela corré Ana Mossa (fls.). A vítima Serafim da Paz, em juízo, sob a égide do contraditório, declarou que passou mal depois de ter comido a refeição servida pela corré Ana Mossa e, também, que viu a corré Maria Vellia desferir facadas em seu pai, a vítima Serafim da Paz (fls.).

A testemunha João Pacífico, policial militar, afirmou que, ao chegar ao local, a corré Maria Vellia declarou que havia esfaqueado a vítima Serafim da Paz e que a corré Ana Mossa e a vítima Júnior confirmaram esse fato (fls.). A testemunha Inácio Aurora, em juízo, asseverou que estava trabalhando na cozinha do restaurante e ouviu a corré Maria Vellia dizer que a corré Ana Mossa deveria colocar veneno para rato na refeição de uma pessoa que estava no restaurante (fls.). E a testemunha Armando Guerra, também em juízo, afirmou que estava no restaurante, quando viu a corré Ana Mossa servir um prato de batatas fritas "a cavalo" para a vítima Serafim da Paz, que viu "o rapaz" passar mal depois que comeu algumas batatas fritas e, ainda, que viu a corré Maria Vellia desferir golpes de faca contra aquela vítima (fls.).

Há, portanto, indícios suficientes de autoria e participação das corrés nos fatos a elas imputados. Caberá, então, aos jurados, em razão de sua competência constitucional, examinar o conjunto probatório com profundidade e percuciência, realizar a análise axiológica dos elementos de convicção coletados e decidir se há ou não provas suficientes para afirmar a autoria do fato imputada à corré Maria Vellia, bem como se há ou não elementos de prova bastantes para afirmar a participação da corré Ana Mossa nos fatos.

3.3 Das alegações da corré Maria Vellia: exclusão da vontade e do dolo, crime impossível e legítima defesa

A defesa da corré Maria Vellia, em apertada síntese, alegou que o veneno não foi colocado voluntariamente nem dolosamente na refeição das vítimas, que o veneno era ineficaz para produzir a morte das vítimas, o que configura um crime impossível, que ela não tinha conhecimento de que a vítima Júnior estava no local nem que iria alimentar-se da mesma refeição e que agiu em legítima defesa de Ana Mossa, quando golpeou a vítima Serafim da Paz com a faca (fls.). E é verdade que a corré Maria Vellia afirmou em seu interrogatório que não colocou o veneno voluntariamente na refeição que preparou para a vítima Serafim da Paz, que não teve a intenção de envenenar essa vítima, que não sabia que a vítima Júnior chegaria ao local nem que iria alimentar-se da mesma refeição e que somente desferiu os golpes de faca contra aquela quando a viu agredindo a corré Ana Mossa (fls.).

Aliás, também é verdade que a corré Ana Mossa, a testemunha Armando Guerra e a vítima Júnior afirmaram que a vítima Serafim da Paz estava agredindo aquela corré quando a corré Maria Vellia desferiu os golpes de faca contra Serafim da Paz (fls.). Todavia, as alegações da corré Maria Vellia não encontraram pleno respaldo nas provas coletadas em juízo e os elementos de convicção coligidos não são bastantes, neste momento, para acolher as teses sustentadas pela defesa da corré Maria Vellia.

Ademais, a grande quantidade de golpes desferidos pela corré Maria Vellia contra a vítima Serafim da Paz constitui elemento bastante para afastar, neste momento, a possibilidade do reconhecimento da moderação de sua reação, moderação essa que deverá ser avaliada pelos jurados diante das demais circunstâncias do fato. Caberá aos jurados examinar o conjunto probatório, fazer a devida avaliação dos depoimentos e das palavras das corrés, para decidir se a corré Maria Vellia colocou ou não o veneno na refeição voluntária e dolosamente, se esse veneno era ou não absolutamente ineficaz para produzir a morte das vítimas, se ela tinha ou não conhecimento de que a vítima Júnior alimentava-se da mesma refeição por ela preparada, se ela tinha ou não o dever de impedir a morte das vítimas e se ela agiu ou não em legítima defesa da corré Ana Mossa.

3.4 Das alegações da corré Ana Mossa: exclusão da instigação com relação ao crime consumado, legítima defesa da corré Maria Vellia, inexistência de adesão dolosa, crime impossível, omissão irrelevante

A defesa da corré Ana Mossa alegou que ela não instigou a corréu Maria Vellia a matar a vítima Serafim da Paz, que ela não agiu com dolo nem com culpa, que ela não sabia que havia veneno na comida que serviu às vítimas, que a omissão a ela imputada não é penalmente relevante, pois ela não tinha a obrigação legal de evitar a morte das vítimas, que, na dúvida, a impronúncia é de rigor, pois não se pode aplicar o *in dubio pro societate*, e, subsidiariamente, que não ficaram caracterizadas as qualificadoras (fls.). E essas alegações realmente encontraram respaldo no interrogatório judicial da corré Ana Mossa (fls.).

Contudo, a testemunha Inácio Aurora, que estava na cozinha, ouviu as corrés conversando sobre a colocação de veneno na comida de um homem que estava no restaurante e que, depois, Ana Mossa serviu a comida para esse homem (fls.). Assim, caberá aos jurados examinar se as palavras da corré Ana Mossa têm ou não credibilidade e se há ou não elementos de prova bastantes para afirmar a sua participação nos fatos por instigação, com relação à vítima do homicídio, e, por omissão, com relação à vítima da tentativa de homicídio.

É verdade que, para a pronúncia, não se pode aplicar o princípio *in dubio pro societate*, como sustenta a Defesa da corré Ana Mossa, pois a exigência legal de suficiência de indícios de autoria ou participação, nos termos do artigo 413 do CPP, realmente exclui a possibilidade de uma pronúncia com base na dúvida.

Com efeito, não há falar realmente na aplicação do princípio *in dubio pro societate*, pois a decisão de pronúncia não pode estar embasada na dúvida, e sim no convencimento sobre a certeza da existência de prova da materialidade do fato e, também, na certeza da suficiência de indícios de autoria. Aliás, segundo o ensinamento de Tourinho Filho, "afirmar, simplesmente, que a pronúncia é mera admissibilidade da acusação e que estando o juiz em dúvida aplicar-se-á o princípio do *in dubio pro societate* é desconhecer que num país cuja Constituição adota o princípio da presunção de inocência torna-se heresia sem nome falar em *in dubio pro societate*" (*Código de Processo Penal comentado*, 11. ed, São Paulo: Saraiva, 2008, v. 2, p. 408). E é também o que ensinam Sérgio Moraes Pitombo (Pronúncia – *in dubio pro societate*, *in Revista da Escola Paulista da Magistratura*, ano 4, n. 1, 2003, p. 9), Márcio Bártoli (O princípio *in dubio pro reo* na pronúncia, *Revista*

Brasiliera de Ciências Criminais, 1992, v. 0, p. 126) e Daniel Guimarães Zveibil (O arbítrio palavreado no processo penal: breve ensaio sobre a pronúncia e o *in dubio pro societate*, *Revista Brasiliera de Ciências Criminais*, v. 74, p. 281).

Todavia, neste caso, não há falar em dúvidas, pois os elementos de convicção coletados, aplicando-se o critério da suficiência, são bastantes para conferir a necessária certeza sobre a existência de indícios suficientes da participação da corré Ana Mossa nos fatos. Decididamente, ficou provado, à saciedade, que as corrés conversaram sobre a colocação de veneno na refeição da vítima fatal, que Ana Mossa, em seguida, serviu a comida para essa vítima e que, em seguida, a vítima Júnior comeu parte da comida servida àquela vítima.

Portanto, caberá aos jurados decidir se esses indícios são ou não suficientes para afirmar a participação da corré Ana Mossa, tanto no homicídio consumado quanto na tentativa. Com relação à alegação de crime impossível, como ficou comprovado que o veneno fez efeito parcial com relação à vítima Júnior, caberá aos jurados examinar as provas, sobretudo a prova pericial, para decidir se houve ou não uso de recurso absolutamente impotente para a produção do resultado.

3.5 Das qualificadoras

Também caberá aos Jurados decidir se estão ou não caracterizadas as qualificadoras invocadas pelo Ministério Público na denúncia. Com efeito, os elementos de convicção coligidos nesta fase processual, sob o arnês do contraditório, são bastantes para garantir lastro à sustentação das qualificadoras pelo Ministério Público em plenário. A testemunha Inácio Aurora, em juízo, afirmou que ouviu a corré Ana Mossa dizer que a vítima Serafim da Paz havia causado problemas para a sua família, o que é bastante para autorizar o Ministério Público, pelo menos, a sustentar que esse foi o motivo dos crimes imputados e, também, que esse motivo configura torpeza (fls.).

A prova pericial confirmou que havia veneno na refeição servida às vítimas, o que é suficiente para autorizar o Ministério Público, pelo menos, a sustentar as alegadas insídia e crueldade (fls.). E a testemunha Armando Guerra, também em juízo, asseverou a corré Maria Vellia aproximou-se da vítima Serafim da Paz pelas costas e desferiu contra ela vários golpes de faca, o que basta para autorizar o Ministério Público a sustentar perante os jurados que o homicídio foi praticado mediante o uso de recurso que dificultou a defesa da vítima Serafim da Paz (fls.). Caberá, então, aos jurados decidir se esses elementos de prova são ou não suficientes para o reconhecimento das qualificadoras invocadas pelo Ministério Público.

4. DA DECISÃO DOS JURADOS

Nos termos do art. 155 do Código Penal, os jurados, na sessão de julgamento, deverão decidir sobre a procedência ou não da acusação, formando a sua convicção pela livre apreciação da prova produzida em contraditório judicial, mas sem levar em consideração, com exclusividade, os elementos informativos colhidos na investigação policial. É que elementos colhidos durante a fase policial, meramente investigatória e inquisitorial, desenvolvida sem as garantias constitucionais do controle judicial, do contraditório e da ampla defesa, são absolutamente imprestáveis para a formação do convencimento jurisdicional. Com efeito, no processo penal democrático, que deve desenvolver-se sob os auspícios do contraditório e da ampla defesa, como lembra Aury Lopes Jr., "os atos praticados na instrução preliminar esgotam sua eficácia probatória com a admissão da acusação, (...) mas não podem ser valorados na sentença", pois "a única verdade admissível é a processual, produzida no âmago da estrutura dialética do processo penal e com plena observância das garantias de contradição e defesa"[1].

Aliás, as lições de Carnelutti e Vagas Torres[2] demonstram que a validade das "provas" produzidas durante o inquérito policial devem limitar-se aos fins investigativos e podem servir para a formação da convicção do Ministério Público no momento da eleição da hipótese da acusação, mas jamais poderão servir para a convicção do juiz no curso do processo penal.

Com efeito, substancialmente distintos dos atos de prova, os atos de investigação, praticados durante a fase inquisitória, meramente investigativa (instrução preliminar), têm as seguintes características:

> "a) não se referem a uma afirmação, mas a uma hipótese; b) estão a serviço da investigação preliminar, isto é, da fase pré-processual e para o conhecimento de seus objetivos; c) servem para formar um juízo de probabilidade, e não de certeza; d) não exigem estrita observância da publicidade, contradição e imediação, pois podem ser restringidas; e) servem para a formação da *opinio delicti* do acusador; f) não estão destinadas à sentença, mas a demonstrar a probabilidade do *fumus commissi delicti* para justificar o processo (recebimento da ação penal) ou não processo (arquivamento); g) também servem de fundamento para decisões interlocutórias de imputação (indiciamento) e adoção de medidas cautelares pessoais, reais ou outras restrições de caráter provisional"[3].

É inadmissível que as atividades inquisitórias realizadas sem função endoprocedimental, durante as investigações policiais, possam substituir a instrução processual para servir de fundamento ao convencimento do juiz. E a Constituição Federal Brasileira, no seu art. 5.º, LIII, LIV, LV e LVI, a Convenção Americana

1 LOPES JR., Aury. *Sistema de investigação preliminar no processo penal.* Rio de Janeiro: Lumen Juris, 2006. p. 137 e 138.

2 *Derecho processual civil y penal*, p. 340.

3 LOPES JR., Aury. *Sistema de investigação preliminar no processo penal*, cit., p. 138.

sobre Direitos Humanos, em seu artigo 8.º, e o Pacto Internacional dos Direitos Civis e Políticos, nos artigos 14.1 e 14.3, instrumentos internacionais de Direitos Humanos ratificados pelo Brasil e incorporados ao sistema jurídico brasileiro com natureza constitucional, e com caráter vinculante no plano interno, também afastam a validade probatória dos atos praticados durante as investigações policiais, de forma inquisitória, sem a observância plena dos princípios democráticos da publicidade, da oralidade, da imediação, do contraditório e da ampla defesa.

É por isso que "é absolutamente inconcebível que os atos praticados por uma autoridade administrativa, sem a intervenção do órgão jurisdicional, tenham valor probatório na sentença"[4]. Assim, a pretensão acusatória merece prosseguir, para que os jurados decidam soberanamente e de acordo com os preceitos constitucionais de garantia regentes do nosso sistema jurídico democrático.

5. DO DISPOSITIVO DA PRONÚNCIA

ISSO POSTO, forte no artigo 413 do Código de Processo Penal: (1) PRONUNCIO a corré MARIA VELLIA, qualificada nos autos (fls. 41), como incursa (1) no artigo 121, § 2º, I e IV, do CP (vítima Serafim da Paz) e, também, (2) como incursa no artigo 121, § 2º, I e III, do CP, c.c. artigo 14, II, do CP (vítima Serafim da Paz Júnior), e (2) PRONUNCIO a corré ANA MOSSA, qualificada nos autos (fls. 159), como incursa (1) no artigo 121, § 2º, I e IV do CP, c.c. artigo 29 do Código Penal (vítima Serafim da Paz) e, também, (2) como incursa no artigo 121, § 2º, I e III, do CP, c.c. artigos 14, II, e 29 do Código Penal (vítima Serafim da Paz Júnior).

As corrés serão submetidas a julgamento pelo Tribunal do Júri, de acordo com o artigo 5.º, inciso XXXVIII, da Constituição Federal e nos termos do artigo 74, § 1º, do Código de Processo Penal. Devo lembrar, entretanto, que a pronúncia

> "... é decisão interlocutória, proferida no curso do procedimento e que fixa uma classificação penal para ser decidida pelos Jurados; é, portanto, decisão processual de conteúdo declaratório em que o Juiz proclama admissível a imputação, e aceita e encaminha para o julgamento pelo Tribunal do Júri"[5].

Com efeito, no procedimento desta ação penal, específico para o julgamento dos delitos dolosos contra a vida, nem mesmo há falar em pretensão condenatória deduzida na denúncia. Na realidade, na denúncia, o Ministério Público deduz mera pretensão acusatória, visando à pronúncia, ou seja, objetivando a autorização do Juízo para deduzir ao Tribunal do Júri a pretensão condenatória. Limito-me, pois, nesta decisão de pronúncia, a julgar a viabilidade da pretensão

---

4 *Presunción de inocencia y prueba en el proceso penal*, p. 116.
5 PORTO, Hermínio Marques. *Júri*. 1984. p. 71-72.

acusatória do Ministério Público, gizando os seus limites, nos termos do artigo 413 do Código de Processo Penal.

AUTORIZO, pois, o prosseguimento da pretensão acusatória deduzida nesta ação penal, nos seguintes termos:

1. OS JURADOS DEVERÃO DECIDIR SOBRE AS SEGUINTES IMPUTAÇÕES FEITAS CONTRA A CORRÉ MARIA VELLIA

1.1. Da imputação de homicídio consumado contra a vítima Serafim da Paz

Da materialidade do fato:

a - no dia 15 de junho de 2015, por volta das 20 horas, em uma lanchonete situada no Km 97 da Rodovia Bahia, nesta cidade de Salvador, a vítima Serafim da Paz morreu em razão dos ferimentos descritos no laudo de fls., causados por arma branca, instrumento perfurocortante;

Da autoria do fato:

b - a corré Maria Vellia foi a autora desses golpes de arma banca deferidos contra a vítima Serafim da Paz, causando-lhe a morte;

Das qualificadoras:

d - o crime foi cometido por motivo torpe, ou seja, por vingança, em razão de problemas causados pela vítima Serafim da Paz à família da corré Ana Mossa, pois, segundo a corré Ana Mossa, a vítima Serafim da Paz causara o suicídio de seu pai e assediara a sua mãe;

e - o crime foi cometido com uso de recurso que dificultou a defesa da vítima Serafim da Paz, pois Maria Vellia esfaqueou essa vítima quando ela estava de costas e distraída, ocupada em admoestar Ana Mossa, não tendo condições de apresentar reação eficaz.

1.2. Da imputação da prática de homicídio tentado contra a vítima Serafim da Paz Júnior

Da materialidade do fato:

a - no dia 15 de junho de 2015, por volta das 20 horas, em uma lanchonete situada no Km 97 da Rodovia Bahia, nesta cidade de Salvador, a vítima Serafim da Paz Júnior sofreu as lesões corporais descritas no laudo de fls., causadas por envenenamento;

Da autoria do fato:

b - a ré Maria Vellia foi a autora das lesões corporais sofridas pela vítima Serafim da Paz Júnior, pois colocou veneno na comida por ele ingerida;

Do dolo eventual:

c - a ré Maria Vellia, embora tenha colocado veneno na comida que seria servida para a vítima Serafim da Paz, deixou de impedir que a vítima Serafim da

Paz Júnior ingerisse também a refeição envenenada, assumindo, assim, o risco de causar a sua morte;

Da tentativa:

c - assim agindo, a corré Maria Vellia deu início à execução de um homicídio contra a vítima Serafim da Paz Júnior, que não morreu por circunstâncias alheias à vontade da corré Maria Vellia, porque a vítima Serafim da Paz Júnior foi socorrida e medicada a tempo, o que impediu a sua morte;

Das qualificadoras:

d - o crime foi cometido por motivo torpe, ou seja, por vingança, em razão de problemas causados pela vítima Serafim da Paz, pai de Serafim da Paz Júnior, à família da corré Ana Mossa, pois, segundo a corré Ana Mossa, a vítima Serafim da Paz causara o suicídio de seu pai e assediara a sua mãe;

e - o crime foi cometido mediante uso de meio insidioso e cruel, pois as vítimas foram atendidas na lanchonete, como era feito com qualquer cliente, mas veneno foi colocado de forma insidiosa na comida que a vítima Serafim da Paz Júnior ingeriu, causando-lhe, por crueldade, sofrimento desnecessário.

2. OS JURADOS DEVERÃO DECIDIR SOBRE AS SEGUINTES IMPUTAÇÕES FEITAS CONTRA A CORRÉ ANA MOSSA:

2.1. Da imputação de participação no homicídio consumado contra a vítima Serafim da Paz

Da materialidade do fato:

a - no dia 15 de junho de 2015, por volta das 20 horas, em uma lanchonete situada no Km 97 da Rodovia Bahia, nesta cidade de Salvador, a vítima Serafim da Paz morreu em razão dos ferimentos descritos no laudo de fls., causados por arma branca, instrumento perfurocortante;

Da participação

b - a corré Ana Mossa concorreu para a prática desse fato, pois instigou a autora do fato a matar a vítima Serafim da Paz;

Das qualificadoras

c - o crime foi cometido por motivo torpe, ou seja, por vingança, em razão de problemas causados pela vítima Serafim da Paz à família da corré Ana Mossa, pois, segundo a corré Ana Mossa, a vítima Serafim da Paz causara o suicídio de seu pai e assediara a sua mãe;

d - o crime foi cometido com uso de recurso que dificultou a defesa da vítima Serafim da Paz, pois Maria Vellia esfaqueou essa vítima quando ela estava de costas e distraída, ocupada em admoestar Ana Mossa, não tendo condições de apresentar reação eficaz.

2.2. Da imputação de participação no homicídio tentado contra a vítima Serafim da Paz Júnior

Da materialidade do fato:

a – no dia 15 de junho de 2015, por volta das 20 horas, em uma lanchonete situada no Km 97 da Rodovia Bahia, nesta cidade de Salvador, a vítima Serafim da Paz Júnior sofreu as lesões corporais descritas no laudo de fls., causadas por ingestão de veneno;

Da tentativa de homicídio:

b – a autora do fato deu início à execução de um homicídio, que somente não se consumou por circunstâncias alheias à sua vontade, ou seja, porque a vítima Serafim da Paz Júnior foi socorrida e medicada a tempo, o que impediu a sua morte;

Da participação no fato:

c – a corré Ana Mossa concorreu para a prática desse fato, pois, ciente de que a comida estava envenenada, e tendo sido a pessoa que serviu a comida, deixou de impedir que a vítima Serafim da Paz Júnior comesse a comida envenenada;

Das qualificadoras:

d – o crime foi cometido por motivo torpe, ou seja, por vingança, em razão de problemas causados pela vítima Serafim da Paz, pai de Serafim da Paz Júnior, à família da corré Ana Mossa, pois, segundo a corré Ana Mossa, a vítima Serafim da Paz causara o suicídio de seu pai e assediara a sua mãe;

e – o crime foi cometido mediante uso de meio insidioso e cruel, pois as vítimas foram atendidas na lanchonete, como era feito com qualquer cliente, mas veneno foi colocado de forma insidiosa na comida que a vítima Serafim da Paz Júnior ingeriu, causando-lhe, por crueldade, sofrimento desnecessário.

Por derradeiro, não verificando a presença de motivos concretos bastantes para caracterizar o *periculum libertatis*, deixo de decretar a prisão preventiva da corré ANA MOSSA, que permanecerá em liberdade, especialmente em homenagem ao princípio constitucional de garantia da presunção de inocência, todavia, com fundamento no artigo 312 do CPP, mantenho a segregação cautelar da corré MARIA VELLIA, pois subsistem os motivos e fundamentos que determinaram a decretação de sua prisão preventiva.

P. R. I. C.

São Luís, 12 de setembro de 2022.

Fulano de Tal

Juiz de Direito

Capítulo III

CASOS CONCRETOS

1. EXPLICAÇÃO NECESSÁRIA

No presente capítulo serão apresentadas inúmeras hipóteses de julgamentos criminais, que vão desde simples declarações de extinção da punibilidade até condenações envolvendo concurso de pessoas e de infrações penais.

Nesse universo haverá também julgamentos proferidos em nível de segundo grau de jurisdição, com destaque para acórdãos envolvendo integrantes do crime organizado no Estado do Maranhão.

O rol de situações da multifária prática forense será aberto com o célebre exemplo histórico do julgamento realizado pelo Supremo Tribunal de Justiça[1], em 13 de maio de 1874, do crime de homicídio, à época sustentado pela defesa como passional[2], cometido pelo então Desembargador Pontes Visgueiro contra a sua amante Maria da Conceição de Carvalho, uma menor de 15 anos de idade, conhecida por "Mariquinha Devassa", ocorrido na cidade de São Luís, capital do Estado do Maranhão, no dia 14 de agosto de 1873[3].

O velho magistrado conheceu sua incauta vítima quando esta bateu à porta de sua casa em busca de esmola, como pedinte. Olhou-a, de logo, com a visão detida e imoderada, própria de quem descobriu novamente o argumento concupiscente para viver um grande amor, embora de forma suicida, tal como realmente se sucedeu, posto que inspirado exclusivamente por interesses sexual e financeiro.

1 O Supremo Tribunal de Justiça representava à época o que hoje representa o Supremo Tribunal Federal.

2 Sobre essa história de amor, paixão, ódio e tragédia, existe um livro de minha autoria chamado *O crime do Desembargador Pontes Visgueiro*, publicado no ano de 2018 pela Editora Ponto a Ponto Gráfica Digital, São Luís-MA.

3 O livro de minha autoria *O crime do Desembargador Pontes Visgueiro* deu origem à Lei Estadual n.º 1.005, de 08/04/2019, que instituiu o dia 14 de agosto como dia maranhense de combate à violência de gênero contra a mulher. O projeto da referida lei é de autoria da Deputada Ana do Gás.

Foi uma paixão avassaladora, dessas que o coração do jovem não consegue resistir e que o peito ardente de um velho sexagenário, diante de uma insinuante menina de 15 anos, não oferece resistências. Paixão insana daquelas que o homem se desmancha em devaneios e passa a fazer bobagens, perdendo-se em inquietudes nunca antes experimentadas, afogando-se em escândalos inimagináveis e atirando-se ao lodaçal da mais completa loucura pela falta de censura moral que o empurra cada vez mais para o abismo da ridicularidade.

Sobre o crime nefasto escreveu o magistrado e jornalista Luís Gonzaga dos Reis:

> "O velho magistrado, levado por desvairada paixão, que lhe aniquilou o senso moral, resvalou-se impudentemente na prática dos atos dissolutos, perdendo por completo o respeito de si mesmo, sem atender ao decoro exigido pela elevada posição social e avançada idade.
>
> Andava com a amante em pleno dia, publicamente, pelas ruas mais concorridas da cidade: acompanhava-a às lojas visitada pelo escol e também às tavernas frequentadas pela ralé. Chegou ao ponto de lhe fazer companhia até nos chinfrins, antros abjectos da libertinagem, para onde afluía a escória da sociedade, a patuleia da capital, vagabundos e meretrizes.
>
> Os garotos da rua, por vezes, vaiaram-no e apedrejaram-no nas suas constantes exibições escandalosas, ao que diziam ser por insinuações da própria amante, que o detestava, para dele livrar-se suportando-o por mera conveniência, em atenção aos reclamos do proxenetismo materno.
>
> (...) Detestava o incômodo amante - surdo, grosseirão, já no ocaso da virilidade, arranjado por indústria pela mãe proxeneta, o qual lhe inspirava instintiva repugnância, mas o suportava, por conveniência, porque era ele quem lhe pagava a casa, dava alimentação, roupas, joias e até luxo, em suma, satisfazia-lhe todas as exigências e caprichos, procurando, para ser-lhe agradável, adivinhar-lhe os pensamentos, enquanto que ela só se lembrava dele para extorquir dinheiro, para explorá-lo descerimoniosamente"[4].

O escritor maranhense Josué Montello também retratou, em um dos seus célebres romances, a trágica relação amorosa entre o Desembargador ensandecido e a sua corrompida amante, destacando que:

> "Na rua, ao dar com ela, o velho se ajoelhava, beijava-lhe os pés. Se não a encontrava, andava a procurá-la pelos prostíbulos, pelo cais do porto, pela redação dos jornais, pelas igrejas, por toda a cidade. E como era totalmente surdo, trazia constantemente os olhos à tona do rosto, na ânsia de ouvir o que lhe diziam, e isto acentuava o seu ar desvairado. Fazia pouco mais de

4 Luís Gonzaga dos Reis, *O crime sensacional*, *apud Por trás da toga*, de Eulálio de Oliveira Leandro ([*S. l.*]: Ética, 2000. p. 65, 66 e 69).

> um mês que arrombara a alcova onde ela se entregava, e tivera ali uma crise de choro, ajoelhado aos pés da cama, ao vê-la nua e zangada sobre o lençol revolto, enquanto seu companheiro se esgueirava por uma nesga de porta, também despido, levando a roupa que pudera arrebanhar. (...) Toda gente sabia, ali em São Luís, que o desembargador Pontes Visgueiro tinha perdido a cabeça com a sua paixão desvairada pelas Mariquinhas. (...) Toda a cidade sabia que o desembargador não está no seu juízo"[5].

Muitos outros autores retrataram a funesta história que envolveu o Desembargador Pontes Visgueiro e sua amante Mariquinha, dentre os quais se destacam Viveiros de Castro, Afrânio Peixoto, Evaristo de Morais e o maranhense Humberto de Campos. Para quem estudou o caso à luz do Direito Penal e das ciências correlatas, ainda no século passado, trata-se o julgamento de verdadeiro erro judiciário do qual fora vítima o infeliz e celibatário Desembargador Pontes Visgueiro.

Na edição anterior deste livro, alinhei-me, sem um exame profundo dos autos do processo-crime instaurado contra o Desembargador Pontes Visgueiro, ao entendimento de "que, em nossos dias, em face da legislação penal em vigor, se o réu não fosse absolvido teria contra si aplicada, no máximo, medida de segurança, visto seu quadro histórico e clínico se amoldar perfeitamente à figura da demência senil"[6].

Nessa perspectiva é justo compreender que o Desembargador Pontes Visgueiro sofria de distúrbios da personalidade, agravados na senectude, provavelmente em decorrência do desequilíbrio mental e psíquico que passa a dominar autores de crimes sexuais. No seu caso particular, entendo que ocorreu o homicídio principalmente em virtude de perturbações neuropsiquiátricas, provenientes da doença otológica que adquirira desde os primeiros meses de existência e que se tornou irreversível, com a sua total surdez, ao completar 40 anos de idade.

Ainda acrescentei que,

> "com o avanço da ciência, em todos os seus quadrantes, temos hoje na legislação brasileira, na doutrina jurídica, na jurisprudência nacional, nos compêndios de medicina legal, de psicologia, de psiquiatria e de biologia fundamentos mais que suficientes para decretar a absolvição do velho Desembargador Pontes Visgueiro, pois a criminalidade na velhice constitui alteração mórbida da personalidade do agente, causada frequentemente por sintomas de origem genética que só se manifestam de forma aguda na idade provecta".

5 MONTELLO, Josué. *Os tambores de São Luís.* [S. l.]: Editora Nova Aguilar, 1996. p. 385, 386 e 388.

6 A demência senil de outrora é o que hoje chamamos de mal de Alzheimer.

Atualmente, após haver me debruçado sobre os autos do processo para escrever o livro aqui mencionado na nota de rodapé n.º 288, descobri o quanto fui precipitado e o quanto não se deve emitir opinião apenas com base na análise de outros escritores, principalmente quando eles não tiveram em suas mãos os elementos probatórios para emissão de um parecer seguro sobre o assunto.

Hoje tenho plena convicção de que Pontes Visgueiro cometeu crime de ódio e matou a menor Maria da Conceição de forma premeditada em conluio com seus escravos; que cometeu o delito de homicídio de maneira cruel, impiedosa, violenta e consciente, sem oferecer oportunidade mínima de defesa à vítima.

Quem comete um crime em decorrência de premeditação não pode ser considerado um criminoso passional, posto que teve tempo suficiente para planejar tudo e também para recuar na execução de seu projeto criminoso. A mesma regra, *mutatis mutandi*, aplica-se a quem se encontra acometido de alguma anomalia psicopatológica, ainda que a suposta motivação seja a paixão, porque o demente não é capaz de esboçar esse sentimento, nem de entender o caráter ilícito de suas ações, muito menos de arrepender-se[7] dos atos criminosos praticados.

Em nossos dias, o Desembargador Pontes Visgueiro seria acusado da prática de pedofilia, estupro de vulnerável, feminicídio, sexismo, misoginia e de tantas outras condutas ilícitas que envolvem questões de gênero e crimes de ódio contra a mulher em face do aparecimento de novos conceitos a respeito da criminologia feminista.

Resumindo, não foi apurada, ao tempo dos fatos consumados, qualquer debilidade biopsicológica que apontasse a inimputabilidade ou semi-imputabilidade do réu confesso José Cândido Pontes Visgueiro. Não estava ele isento, portanto, de culpabilidade. Agiu com dolo e mereceu a aplicação do juízo de reprovabilidade sobre a conduta típica e ilícita que se propôs a realizar de forma premeditada, conforme entendimento unânime do Supremo Tribunal de Justiça (atualmente STF).

2. CASO ESPECIAL

Como anunciado no capítulo anterior, passaremos à transcrição do inteiro teor da decisão proferida pelo Supremo Tribunal de Justiça[8] sobre o funesto episódio acontecido no Estado do Maranhão no século XVII, envolvendo o Desembargador Pontes Visgueiro e a sua incauta amante Maria Conceição de Carvalho, conhecida em toda a cidade como "Mariquinha Devassa", de apenas 15 anos de idade:

7 O Desembargador Pontes Visgueiro nunca esteve em condições de inimputabilidade. Prova disso é que, como afirmou seu advogado ao concluir a defesa, "incessante arrependimento punge-lhe o coração". A pessoa demente não teria capacidade cognitiva para arrepender-se do que fez. O argumento da defesa é falacioso. Por isso, não obteve respaldo jurídico.

8 A redação do acórdão guarda inteira fidelidade com a regra ortográfica da época em que foi escrito.

"Vistos os autos crimes, e devidamente examinados a accusação, a defesa, o interrogatório, testemunhas inquiridas e mais provas do processo:

Attendendo a que por taes provas, e até pela confissão livre e expontanea do réo, está plenamente provado ter elle matado no dia 14 de agosto último a Maria da Conceição, pela fórma articulada no libello á fls.;

Attendendo a que, entre o designio, formado pelo réo, de commetter o crime e o acto de commettel-o mediáram mais de 24 horas, o que é evidente em face dos depoimentos e declarações de fls. e fls.;

Attendendo a que o réo, para vencer a repugnancia e receio que Maria da Conceição mostrava de ir á sua casa procedeu com fraude, empregando affagos e excitando-lhe o interesse por promessas falsas, como se vê de fls.;

Attendendo a que no réo havia superioridade de sexo, forças e armas, de maneira que a offendida não podia repellir a ofensa;

Attendendo a que o réu foi impellido por um motivo reprovado, considerada a natureza torpe de suas relações com Maria da Conceição;

Attendendo que o delicto foi commetido com surpreza, lançando-se o réo e seu cumplice sobre Maria da Conceição, e ferindo-a o réo quando ella descuidosa entrava no quarto, onde lhe dissera o mesmo réo estarem os presentes que elle lhe prommettêra;

Attendendo, finalmente, a que, pelos mesmos depoimentos e interrogatorios, está plenamente provado que entre o réo e a assassinada tinha deixado de existir a confiança mutua que naturalmente se presume entre dois entes, que se amam ou prezam, manifestando ella, aliás, mêdo e receio de que elle a quizesse offender, em vingança de não lhe guardar fidelidade em suas relações illicitas e consequentemente que não podia o réo abusar de uma confiança que já não existia;

Attendendo igualmente a que o convite feito a Guilhermino para dar uma surra em Maria da Conceição, sem nunca lhe revelar o designio de matal-a, não póde ser considerado ajuste para commetter este delicto, nos termos do art. 16 § 17:

Julgam o réo incurso no art. 193 do Código Criminal e o condemnam na pena de galés perpetuas, grão maximo, por concorrerem as circunstâncias aggravantes mencionadas no art. 16 § § 4.º, 6.º, 8.º, 9.º e 15, pena que será substituida pela de prisão perpetua com trabalho, nos termos do art. 45, § 2.º, do mesmo Código, por ser o réo maior de sessenta annos, e nas custas.

Rio de Janeiro, 13 de maio de 1874.

Brito, presidente – Simões da Silva, relator sem voto – Marianni – Leão – Cerqueira – Barbosa – Villares – Valdetaro – Couto – Costa Pinto"[9].

9 Acórdão unânime do Supremo Tribunal de Justiça, extraído do livro *O Caso Pontes Visgueiro*, de autoria de Evaristo de Morais (Rio de Janeiro: Ariel Editora, 1934. p. 179).

3. CASOS PARTICULARIZADOS

Neste tópico serão transcritas algumas sentenças de minha autoria e de outros magistrados, assim como alguns acórdãos, material esse gentilmente cedido por colegas de primeiro e de segundo graus de jurisdição, a quem aproveito a oportunidade para externar o meu mais profundo agradecimento.

Os nomes das partes e de seus advogados ou defensores foram propositadamente omitidos nas sentenças que figuram neste trabalho, para evitar constrangimentos de qualquer natureza.

I – SENTENÇAS TERMINATIVAS

1. Extinção da punibilidade pela prescrição

PROCESSO N.º 013/88 – Cartório do 1.º Ofício

AÇÃO PENAL

AUTORA: A JUSTIÇA PÚBLICA

RÉU: S. de M. da S.

Adv.: Dr. J. M. da S.

VÍTIMA: J. R. M.

INCIDÊNCIA: Arts. 129, § 6.º, do Código Penal.

SOLUÇÃO: Extinção da Punibilidade pela Prescrição

EMENTA: CRIME CONTRA A VIDA. LESÃO CORPORAL CULPOSA. ACIDENTE DE TRÂNSITO. AÇÃO PENAL. PRESCRIÇÃO. DECRETAÇÃO. A prescrição da ação penal, antes do trânsito em julgado da sentença penal condenatória ou de sua prolação, regula-se pelo máximo da pena cominada em abstrato pelo dispositivo repressor. Sua decretação pode ser feita, a qualquer tempo ou em qualquer grau de jurisdição, a requerimento da parte ou de ofício, máxime porque se trata de matéria de ordem pública que deságua obrigatoriamente na extinção da punibilidade, causa impeditiva do exame do mérito da questão.

Vistos etc.

S. de M. da S., qualificado às fls. 02, foi denunciado pelo Ministério Público como incurso nas penas do art. 121, *caput*, combinado com o art. 14, II, do Código Penal, por haver no dia 28 de junho de 1987, aproximadamente às 10 horas, na Av. Santos Dumont, nesta cidade, utilizando-se do seu veículo automotor de marca Belina, cor amarela, de placas..., atropelou propositadamente a vítima J. R. M., não a matando por circunstâncias alheias à sua vontade.

Afirma também o órgão ministerial que, no dia do crime, o denunciado trafegava no veículo acima descrito na Av. Santos Dumont e, por já ser rixado com a vítima, atropelou-a de propósito, jogando-a a uma distância de aproximadamente oito metros, sucedendo que, após a prática do delito, o acusado prosseguiu sua viagem sem acudir o vitimizado, o qual recebeu socorro dos populares que ali se encontravam.

A denúncia foi recebida em 4 de março de 1988 (fls. 27), dando-se curso normal ao feito com a oitiva do acusado. Defesa prévia às fls. 35. Na fase das alegações finais, o Ministério Público promoveu a desclassificação do delito para o art. 129, § 6.º, do Código Penal, ante a prova apurada durante o sumário de culpa e requereu a declaração da extinção da punibilidade do acusado pela prescrição da pretensão punitiva. A defesa do denunciado, por sua vez, requereu a sua absolvição. Vieram os autos conclusos para sentença.

É o relatório.

FUNDAMENTOS DA SENTENÇA

A *persecutio criminis in judicio* é atribuição do Estado como uma das impostergáveis manifestações da sua soberania. A possibilidade jurídica da aplicação da *sanctio juris*, entretanto está condicionada à rigorosa observância dos prazos determinados pelo Direito Material.

Por isso mesmo, é necessário o máximo empenho dos órgãos da persecução criminal para evitar que a ação do tempo venha a obstruir os objetivos do processo penal decorrente da declaração da extinção da punibilidade do infrator pela incidência da prescrição, em qualquer de suas formas.

Sendo matéria de ordem pública, a prescrição pode ser declarada em qualquer fase do processo, de ofício, pelo juiz, ou a requerimento da parte interessada. Examina-se, aqui, a hipótese a requerimento do Ministério Público.

Se ainda não foi proferida sentença condenatória, o prazo da prescrição da pretensão punitiva é regulado pelo máximo da pena privativa de liberdade cominada ao crime *in abstrato*, consoante obtempera o art. 109, *caput*, do Código Penal. Dessarte, havendo a denúncia sido recebida no dia 4 de março de 1988, tem-se como consumado o lapso prescricional às 24 horas do dia 3 de março de 1992, acorde com o disposto nos arts. 10 e 109, V, do Código Penal, pelo que se torna, agora, impossível o exame meritório da conduta punível para possível imposição de pena ao infrator, visto haver sido beneficiado pela inércia do poder público.

CONCLUSÃO

Face ao exposto, com fundamento nos arts. 10; 107, IV e 109, V, do Código Penal, combinados com o art. 61, do Código de Processo Penal, declaro de ofício a **extinção da punibilidade** do acusado **S. de M. da S.** pela **prescrição da pretensão punitiva** exclusivamente ao crime imputado na denúncia de fls. 02, determinando, decorrido o prazo para recurso voluntário, o arquivamento dos autos, dando-se baixa na distribuição e oficiando-se à repartição policial para os devidos fins de direito.

Publique-se. Registre-se. Intimem-se.

Codó (MA), 21 de março de 1996.

Dr. JOSÉ EULÁLIO FIGUEIREDO DE ALMEIDA

Juiz de Direito da 2.ª Vara

2. Extinção da punibilidade pela decadência

Vistos etc.

M. L. L. da C., qualificada às fls. 02, foi denunciada como incursa nas penas do art. 129, § 1.º, I, do Código Penal, por haver lesionado a vítima E. B., no dia 26 de janeiro de 1995.

Cumprida a instrução criminal, decidi pela desclassificação da infração penal, entendendo haver a denunciada cometido exclusivamente o delito do art. 129, *caput*, do Código Penal. Quando da prolação da decisão penal de fls. 72/79, transitada livremente em julgado, já havia entrado em vigor novo diploma legal disciplinando a matéria e, por isso, determinei, primeiramente, a intimação pessoal do ofendido para, no prazo de trinta dias, formular representação contra o autor do fato penal, sob pena de ser declarada a extinção da punibilidade pela decadência, *ex vi* do art. 91 da Lei n.º 9.099, de 26 de setembro de 1995 (fls. 79).

Ocorre, entretanto, que a vítima não foi localizada pelo meirinho, razão de se determinar a sua compelação pela via editalícia (fls. 84), como permite o art. 19 do diploma supracitado. O prazo concedido transcorreu *in albis* sem que nada fosse requerido, consoante faz prova a certidão de fls. 86.

É o relatório.

FUNDAMENTOS DA SENTENÇA

A Lei dos Juizados Especiais Criminais alcançou, por imperativo legal, os processos penais que se encontravam em curso quando da sua entrada em vigor em face do princípio da retroatividade da lei penal mais benéfica.

Sua abrangência é inquestionável e suas disposições aplicam-se até mesmo nas Comarcas que não possuem Juizados Especiais Criminais devidamente instalados, porque são mais benéficas ao infrator e visam simplificar o procedimento frente às infrações penais de menor potencial ofensivo, conforme obtempera o seu art. 60.

Apesar de o delito de que trata os autos ter sido praticado antes da entrada em vigor do referido diploma legal, aplica-se ao caso vertente em face do princípio da retroatividade da lei penal mais benéfica prevista em nosso ordenamento jurídico.

Nos termos dos arts. 88 e 91, tem a vítima o prazo de trinta dias para oferecer representação contra o autor do fato penal. Trata-se, na hipótese, da denominada

representação especial, cujo prazo decadencial ficou reduzido justamente para obedecer aos princípios orientadores da nova lei, quais sejam: **oralidade, simplicidade, informalidade, economia processual e celeridade**, visando, sempre que possível, a conciliação ou a transação.

Tendo o ofendido deixado transcorrer totalmente o prazo que lhe foi concedido para manifestar o desejo de ver processada a acusada sem nada aduzir, tem-se que incidiu a decadência do direito de exercer tal faculdade, razão por que nos termos do art. 107, IV, do Código Penal, combinado com o art. 91 da Lei n.º 9.099, de 26 de setembro de 1995, declaro de ofício extinta a punibilidade do réu.

Transitada em julgado a presente sentença, arquivem-se os autos com baixa na distribuição. Oficie-se ao Sr. Delegado de Polícia para excluir dos escaninhos de sua repartição quaisquer anotações criminais relativas ao ilícito retratado no presente apuratório.

Publique-se. Registre-se. Intimem-se.

Codó (MA), 10 de abril 1997.

Dr. JOSÉ EULÁLIO FIGUEIREDO DE ALMEIDA

Juiz de Direito da 2.ª Vara

II – SENTENÇAS REJEITANDO A PEÇA ACUSATÓRIA

1. Acusação confusa e imprecisa

PROCESSO N.º 016/95 – Cartório do 1.º Ofício

AÇÃO PENAL

AUTORA: A JUSTIÇA PÚBLICA

RÉUS: D. da S. S.; J. A. da S. B.; M. F. S. e W. R. de S.

Adv.: Nihil

VÍTIMA: D. da S. S. e W. R. de S.

INCIDÊNCIA: Arts. 129, § 1.º, I; e 121, caput, c/c o art. 14, II, do Código Penal.

SOLUÇÃO: Rejeição Liminar da denúncia.

EMENTA: LESÃO CORPORAL. OFENSAS RECÍPROCAS. TENTATIVA DE HOMICÍDIO. DENÚNCIA CONFUSA E IMPRECISA. Se a narrativa da peça acusatória é claudicante a ponto de não distinguir-se os elementos definidores do crime imputado e de quem realmente seja copartícipe ou coautor, pela falha na individuação da ação transitiva, o modo de agir de cada acusado, os meios utilizados e a indicação do mal produzido, não pode ser recebida, pois não é permitido, no atual sistema de garantias constitucionais, que o cidadão seja alvo de acusações penais temerárias, sem um mínimo de prova que

convença da existência do crime em sua definição técnica e de que, havendo vários acusados, suas condutas estejam interligadas por nexo subjetivo que denote a adesão espontânea ao projeto criminoso.

Vistos etc.

O Ministério Público Estadual ofereceu denúncia contra D. da S. S.; J. A. da S.; M. F. S. e W. R. de S., ambos qualificados às fls. 02, imputando aos três primeiros respectivamente a autoria do delito tipificado no art. 129, § 1.º, do Código Penal e ao derradeiro o crime previsto no art. 121, c/c o art. 14, II, do mesmo diploma legal.

Afirma o órgão acusador que, no dia 30 de junho de 1995, por volta de 1 hora da madrugada, em uma festa dançante que se realizava no lugar "Melancia", neste município, houve um confronto de que saíram lesionados os denunciados D. da S. S. e W. R. de S. Alega também o *parquet* que o referido desentendimento foi antecedido por desavenças entre as famílias desses denunciados, pelo fato de um irmão do acusado D. da S. S. haver mantido relações sexuais com a filha do denunciado W. R. de S.

Por isso é que, segundo o *parquet,* no dia, hora e local supracitados, os três primeiros denunciados avistaram a vítima e dirigiram-na a seguinte provocação: "Ei velho, tu pensas que a gente tem medo do teu bigode?", concluindo por aduzir que W. sacou de seu revólver e efetuou dois disparos contra D., atingindo-lhe as nádegas com o objetivo de ceifar a sua vida, o que somente não se concretizou por circunstância alheia à sua vontade, ou seja, em face das agressões que, ao mesmo tempo, recebia de seus rivais, os denunciados D. da S. S.; J. A. da S. e M. F. dos S.

A ação penal originou-se de inquérito policial instaurado a partir de portaria baixada pelo delegado de polícia e se encontram os autos instruídos com o auto de apresentação e apreensão de arma de fogo (fls. 07); o exame de corpo de delito de fls. 09 e 11; e apenas o boletim de vida pregressa e a folha de antecedentes do acusado W. R. de S. (fls. 17 e 18).

É o relatório.

FUNDAMENTOS DA SENTENÇA

A denúncia, no processo penal, estabelece os limites da acusação porque é ela que contém a imputação dirigida ao acusado firmada, não raras vezes, em sede de inquérito policial. Desse modo, cumpre ao titular da *persecutio criminis* ser cauteloso ao aforar a *actio poenalis* para não cometer excessos ou incorrer em equívocos, que mais tarde poderão demonstrar quão inútil foi o acionamento da máquina judiciária.

Sabe-se que a responsabilidade penal reside na culpabilidade, posto ser o resultado da ação ou omissão da conduta humana, isto é, o vínculo de natureza psicológica, o nexo etiológico que se estabelece entre o agente e o evento danoso.

Para que a ação penal aforada autorize o seu recebimento é indispensável que a atividade desenvolvida pelo agente, consoante a narrativa da peça acusatória, esteja subsumida em algum tipo penal, de acordo com a definição técnica que lhe empregou o legislador, sob pena de refletir um indiferente penal, algo que pode até interessar ao mundo do Direito, mas não merece repressão criminal porque *nullum crimen, nulla poena sine praeviae lege poenalis.*

A ação dos acusados não pode ser encarada como conduta criminosa nos termos em que cogita a denúncia, porquanto não há como se vislumbrar pela sua confusa e ininteligível narrativa, *permissa maxima venia,* os elementos componentes dos tipos imputados a esmo a pessoas que figuram, ao mesmo tempo, na peça vestibular, como vítimas e acusados, gerando perplexidades na consciência do juiz, ou, mais que isso, a impressão de que a acusação foi fruto da criação imaginária do seu subscrevente, que não se ocupou em adotar a diretriz estabelecida pela lei para a formulação da *res in judicium deducta.*

Isso induz a que se opte pela rejeição liminar da denúncia para que se evite a instauração de verdadeira balbúrdia processual e a probabilidade de se chegar a um suicídio (aqui, diga-se, suicídio jurídico), como ocorrera com a rixa, isto é, com o sempiterno confronto familiar existente entre Montequios e Capuletos, tão brilhantemente imortalizada na obra intitulada *Romeu e Julieta*, do genial dramaturgo Inglês William Shakespeare, onde não se podia identificar com absoluta precisão quem era vítima ou agressor visto a simultaneidade de ofensas surgindo a todo instante de parte a parte, num verdadeiro exercício de jurisdição privada.

a) DO DELITO DO ART. 129, § 1.º, I, DO CÓDIGO PENAL

No caso vertente, não se anota da exordial a narração circunstanciada dos fatos, como apostilam nossos doutrinadores, visto como a denúncia apenas classificou sem critérios a infração penal como sendo a do art. 129, § 1.º, do Código Penal, sem cuidar de apontar em que consistia essa figura, bem como se houve concurso formal, concurso material ou de normas e concurso de agentes, deixando uma incógnita em torno disso, cujo desconhecimento dificulta o exercício da ampla defesa, pois quando a lei dá ênfase à narração circunstanciada dos fatos não leva em consideração a pessoa do juiz, mas a do destinatário da acusação, o qual deve ter pleno e inteiro conhecimento dela para poder montar a sua defesa com todos os meios e recursos a ela inerentes.

Acrescente-se, ainda, que a denúncia deve trazer as circunstâncias elementares do delito ou as *essentialia delicti,* pois se constituem basicamente na descrição dos elementos do tipo penal. Dessarte, não é suficiente para a admissibilidade da peça acusatória que se impute conduta ilícita a alguém repetindo o texto frio da lei.

Para a configuração do delito de lesão corporal de natureza grave a que alude o art. 129, § 1.º, do Estatuto Repressivo, não basta a referência ao fato em si mesmo e a existência do exame de corpo de delito. Há imperiosa necessidade de descrever-se a conduta pormenorizadamente, sobretudo quando se imputa a conduta a mais de uma pessoa, em concurso de agentes e de crimes.

In casu, por inescrutáveis arcanos, não se revelou na denúncia se houve a incapacidade para as ocupações habituais da vítima, por mais de trinta dias e em que consistiu a provável incapacidade. Nem mesmo o exame complementar referido no art. 168, § 2.º, do CPP, foi elaborado para justificar a classificação do delito no artigo supracitado do Código Penal. Essa deficiência inviabiliza a *persecutio criminis in judicio* na forma adotada pelo *parquet*, porquanto não explicou os motivos que o levaram a imputar aos denunciados a lesão corporal de natureza grave.

De conseguinte, para a configuração do delito do art. 129, § 1.º, I, do Código Penal, imprescindível é que a vítima seja submetida, repita-se, a exame complementar 30 (trinta) dias após a data da consumação do crime, o que não ocorreu no caso *sub examine*. Além disso, deve o laudo complementar realizar verdadeiro diagnóstico (**enunciando a natureza e a sede da lesão corporal**) e não simples prognóstico do risco letal, reportando-se os legistas ao quadro patológico apresentado pela vítima da agressão, mormente se foi a mesma submetida a intervenção cirúrgica ou se haverá necessidade premente de fazê-lo para evitar a sua morte. Isto é o que têm decidido reiteradamente nossos Tribunais (*RT* 596/336; *RT* 556/346; *RT* 554/348 e *RT* 590/334).

b) DO DELITO DO ART. 121, CAPUT, C/C ART. 14, II, DO CÓDIGO PENAL

Só se pode cogitar de tentativa quando ficar positivada, claramente, a intenção direta e inequívoca de matar (TJSP, *RT* 613/294; *RJTJSP* 75/293; *RT* 644/261). Só há tentativa quando o resultado morte não sobreveio por circunstâncias alheias à vontade do agente, **que atuou com intenção de matar** (TJMS, *RT* 568/344).

Por isso é que houve por bem o legislador penal, em vista do critério adotado pelo art. 14, II, do CP, em não punir os atos preparatórios, nem a cogitação do crime ou aquilo que está no pensamento do indivíduo – *cogitationis nemo poenam patitur*. Essa é a razão bastante para exigir-se da acusação narração segura e inconcussa dos fatos e a apresentação da sua prova para avaliar-se, no limiar da ação penal, da plausibilidade do seu acolhimento.

Pois não se deve confundir o dolo que vem definido no tipo penal com a expressão **conduta dolosa,** uma vez que sua validade somente se opera desde que considerada a sua finalidade na realização de uma vontade e atividades objetivas (**conduta penalmente censurável**) voltadas deliberadamente para o alcance do resultado final a que se propôs o agente.

Dessa concepção também já se ocupou o jurista José Henrique Pierangeli (*Escritos jurídico-penais*, São Paulo: Ed. RT, 1992, p. 31), para o qual é necessário "distinguir entre o dolo e finalidade. A finalidade é encontrável em toda e qualquer conduta humana. O dolo, por seu turno, nada mais é do que a captação que a lei faz, eventualmente, dessa finalidade, para individualizar a conduta que proibe. Como esclarece Maurach, o dolo é o querer realizar o tipo objetivo, regido pelo conhecimento. O dolo, portanto, é a finalidade, pois a conduta com finalidade típica (que é matéria da proibição) é dolosa".

Por sua vez, o insigne jurista eclético José Frederico Marques, citado pelo professor Paulista retromencionado (Op. cit., p. 24), apostila que "sem que a vontade, ou ato psíquico interno, se incorpore a um ato externo, não há fato punível nem ação delituosa". Para que a vontade externa do agente seja penalmente relevante é necessário, vaticina o jurista alemão Mezger Blei, também referido na mesma obra, p. 24, "que se transforme em acontecimento natural, em um movimento corporal, em um processo do mundo externo e sensível".

Na tentativa, também é indispensável que se demonstre que o meliante tinha um plano criminoso previamente elaborado para pôr em prática. Essa a razão por que a locução "**começo de execução**", usada à abundância, nem sempre permite verificar o que seja o ponto de partida de uma cadeia causal. Nem se diga quanto à preparação do ato criminoso, de difícil verificação, conquanto geralmente se revele vago, indefinido, nebuloso e crepuscular.

Não seria demasiado, por isso, trazer à colação vetusta ensinança do penalista italiano Nicola Framarino del Malatesta, pela sua atualidade, *in exthensis*:

> "A prova específica da intenção, portanto, **É SEMPRE IMPORTANTE**, e mais ainda em **MATÉRIA DE TENTATIVA** que de crime consumado. (...)
>
> Perante o fato criminoso verificado, é natural que tê-lo previsto como coisa certa ou incerta, não tem uma importância tal que exclua a imputabilidade. A imputação radica-se, de certo modo, no fato material produzido pela ação, bastando sua simples previsão para se afirmar o dolo do agente.
>
> **Mas, quando se trata de tentativa, o fato criminoso não existe ou pelo menos não existe como correspondente ao maior fim criminoso que se imputa. A imputação radica-se totalmente no elemento moral, isto é, na intenção, que, para ser imputável, deve ser bem determinada. E a vontade excedente à ação, que se imputa na tentativa, para ser imputada, deve dirigir-se explicitamente ao crime que se pretende imputar em razão da tentativa. Logo, se o dolo é indeterminado, não se fala mais de tentativa, existirá uma ação não imputável ou uma imputável pelo que é e não pelo que poderia ser, pelo que produziu e não pelo que poderia produzir. Disso provém a grande importância da prova subjetiva da intenção na tentativa**" (*A lógica das provas em matéria criminal*, Conan Editora, 1995, v. I, p. 185-186 – grifamos).

Na jurisprudência, quando é necessária a abordagem do tema, têm nossos Pretórios também dado ênfase aos elementos vontade e finalidade, como resultante da conduta do agente, consoante se percebe dos arestos abaixo reproduzidos:

> "A tentativa de morte exige para o seu reconhecimento atos inequívocos da intenção homicida do agente. **NÃO BASTA, POIS, PARA CONFIGURÁ-LA, O DISPARO DE ARMA DE FOGO E A OCORRÊNCIA DE LESÕES CORPORAIS NO OFENDIDO,** principalmente quando o réu não foi impedido de prosseguir na agressão e dela desistiu" (TJSP, *RT* 458/344 - grifamos).
>
> "**Não é apenas o instrumento utilizado e o local atingido que demonstram a tentativa de matar. É necessário indagar-se do elemento intencional**" (TJSP, *RT* 527/335 - grifamos).
>
> "Um disparo de arma de fogo, na direção de uma pessoa, **não significa**, só por só, **TENTATIVA DE HOMICÍDIO**. Para reconhecê-la, é mister que se verifique a ocorrência de uma série de sinais objetivos de identificação anteriores, coetâneos e posteriores à própria ação ofensiva. A existência de precedente ameaça ou de ressentimentos entre o agente e a vítima, o meio vulnerante empregado, a região afetada pela agressão, as palavras ou atitudes do autor diante do resultado produzido, tudo isto deve ser observado, medido e avaliado. A coordenação desses sinais objetivos deve conduzir ao dado essencial: **A VERIFICAÇÃO DA DIREÇÃO DE VONTADE DO AGENTE**. O fato externo carece, em si mesmo, de toda e qualquer relevância para efeito de tipificação se ignora qual foi o coeficiente subjetivo que moveu o agente à realização de sua **conduta**. Com razão, WELZEL observa que 'na tentativa, não é, em absoluto, possível estabelecer de que tipo se trata, sem ter conta **A INTENÇÃO SUBJETIVA DO AGENTE**'" (TJSP, Rel. Des. Alberto Silva Franco, *RT* 525/345 - grifamos).

Não há como negar, porque comperto, a ausência de *animus necandi* na ação do acusado W. R. de S., pois, se é verdade que estava sendo, ao mesmo tempo, agredido por "seus rivais, os 3 (três) primeiros denunciados" (fls. 03, *in fine*), esse fato não pode ser considerado como "circunstância alheia à sua vontade", mas verdadeiro empecilho a qualquer ato de reação, pois também se defendia da agressão dos seus desafetos.

Aliás, esse fato até permitiria o exercício da legítima defesa própria pelo acusado W. R. de S., não só pelo motivo de estar sendo agredido, mas também porque estava em desvantagem, já que era atacado por 3 (três) pessoas, como bem frisou o *parquet* na proemial acusatória.

Demais disso, deve ser enfatizado que o denunciado W. R. de S. é um septuagenário (fls. 15 e 20), enquanto os demais acusados – seus agressores –, segundo o próprio órgão ministerial, são todos jovens (fls. 02; 11; 12 e 13), ou seja, J. A. da S., com 19 anos de idade; D. da S. de S., com 27 anos e M. F. S., com 32 anos.

É inadmissível, portanto, entender-se que o **princípio da obrigatoriedade** da ação penal cerceie a garantia do magistrado exercer o controle jurisdicional do aforamento da *actio poenalis* com ampla liberdade e sob a exclusiva orientação dos arts. 41 e 43 do Código de Processo Penal, pois do contrário se estaria reduzindo o juiz a simples protocolista insensível de toda sorte de acusações penais, indiferente ao universo jurídico em que gravita, a exemplo do que sucede com o faquir em relação à dor.

Nisto é que reside o *fumus boni iuris* como garantia da admissibilidade da acusação e do seu exercício pelo titular da *persecutio criminis in judicio.* É, por outras palavras, a inequívoca demonstração do **interesse de agir** exteriorizada pela idoneidade e seriedade do pedido acusatório, pela utilidade da prestação jurisdicional, pela justa causa do pedido, pois ao exigir tal formalidade o legislador teve em mira evitar acusações temerárias e sem qualquer fundamento com o intuito de impedir o réu de sofrer constrangimento ilegal e inaceitável, uma vez que o processo penal atinge, por si só, o *status dignitatis* do cidadão, constituindo mesmo a quem o responde uma *capitis diminutio* em face do temor de desconstituição do princípio do estado de inocência que deve sempre militar em favor do imputado até ser quebrado por decisão judicial definitiva.

De resto, traz-se a lume o escólio do membro do *parquet* paulista Maurício Antônio Ribeiro Lopes, que bem dilucida a questão:

> "**Inaceitável restringir-se, num estado democrático de direito, o fumus boni iuris à verificação de requisitos formais para instauração da ação penal, que o promotor de justiça, sem vislumbrar com razoável discernimento o desfecho da persecução, inicie-a.**
>
> **O pedido pode firmar-se em fato típico e, portanto, em providência do texto legal que o torne possível, mas não ser adequado à situação concreta que é deduzida na acusação. Nesse caso, faltará legítimo interesse para a propositura da ação penal. Para que haja interesse de agir é necessário que o autor formule uma pretensão adequada, ou seja, um pedido idôneo a provocar a atuação jurisdicional**" (O reconhecimento antecipado da prescrição: o interesse de agir no processo penal e o Ministério Público, *apud Revista Brasileira de Ciências Criminais*, São Paulo: Ed. RT, v. 3, p. 140 - grifamos).

Por isso, não bastam meras conjecturas ou vagas menções para a conformação dos requisitos hauridos dos arts. 41 e 43 do CPP, que orientam a *persecutio criminis in judicio*, pois, "no campo penal, não basta a simples referência de que houve um crime e de que fulano ou sicrano foi o seu autor. É preciso, para que o pedido da acusação consubstanciado na denúncia ou queixa seja afinal apreciado, que no limiar da ação veja o magistrado se o que se pede traz a nota da idoneidade.

Consiste, assim, o interesse de agir, ou legítimo interesse, no processo penal, na idoneidade do pedido, consubstanciado na peça inaugural, seja denúncia ou queixa", para plagiar o lecionamento do processualista Tourinho Filho (*Processo penal*, 11. ed., São Paulo: Saraiva, 1989, v. I, p. 338).

c) DA COAUTORIA OU COPARTICIPAÇÃO

Outro elemento que macula a peça acusatória, tornando-a imprópria para o mundo jurídico, é sem dúvida a ausência de abordagem em relação à coautoria ou coparticipação dos denunciados nos delitos descritos na denúncia. Isso a torna inepta e de nenhuma valia, não se permitindo que sobreviva na imortalidade do processo para conhecimento dos pósteros, porquanto flagrantemente despida de circunstância essencial à definição *pari passu* da atividade criminosa de cada denunciado.

A jurisprudência brasileira também não distoa dessa realidade incontrastável, sendo pródiga em exemplos *ad curiam*, consoante se infere dos arestos abaixo reproduzidos:

> "**DENÚNCIA. INÉPCIA.** A denúncia não é um libelo. É a descrição imparcial do fato criminoso com todas as suas circunstâncias. Tratando-se de coautoria, deve descrever a ação livre e consciente de cada um à concretização do evento, a fim de proporcionar-lhes meios de, eficazmente, se defenderem. Despida de tais características, a denúncia é inepta" (Ac. unân. do TJMT, *RF* 254/381).
>
> "**DENÚNCIA.** Tratando-se de coautoria, a peça vestibular deve narrar com clareza e detalhes em que consiste a real participação de cada um, porque, para que o partícipe responda penalmente, não basta a simples cooperação na atividade coletiva, mas a vontade livre e consciente de concorrer, com a própria ação, na ação de outrem. A ausência desses elementos, clareza e detalhes, acarreta a inépcia da denúncia porque contraria o princípio da ampla defesa. Não basta afirmar que o réu foi o escudo, o coadjutor eficiente, se não se esclarece qual foi a sua efetiva participação à concretização do fato" (Ac. unân. do TJMT, *RT* 419/314).
>
> "Tratando-se de coautoria, é indispensável ao seu reconhecimento, sob pena de inépcia, contenha a denúncia ou queixa não só a descrição pormenorizada da conduta de cada acusado, como, ainda, referência descritiva do nexo subjetivo entre a participação individual e a prática delituosa" (Ac. unân. da 1.ª Câm. Criminal do TACrimSP, *RT* 471/338).

Leva-se também em consideração, como razão de decidir, o fato de que a máquina judiciária somente deve ser movimentada, em tema de lesão corporal ou de tentativa de homicídio, quando o dano causado for juridicamente apreciável. Se isso não ocorre, como no caso presente (*vide* exame complementar de fls. 35), tecnicamente estaremos diante do ocaso jurídico, ou, se se preferir diante das denominadas

vias de fato, que, embora representem ofensa, constituem-se em lesões insignificantes sobre o ponto de vista jurídico-penal, que poderiam mais se ajustar a um belo exemplo de contravenção penal, se presentes os elementos definidores dessa forma.

CONCLUSÃO

Ante o exposto, **rejeito liminarmente a denúncia** pelo fato da sua total inépcia e por falta de justa causa para a instauração da ação penal, e o faço com espeque nos arts. 41 e 43, I, do Código de Processo Penal, determinando, preclusa esta sentença, o arquivamento dos autos com baixa na distribuição, comunicando-se à repartição policial para cancelar os registros existentes em seus escaninhos em relação aos denunciados no que tange exclusivamente aos delitos imputados na denúncia de fls. 02, ora rejeitada.

Publique-se. Registre-se. Intimem-se.

Codó (MA), 28 de março de 1996.

Dr. JOSÉ EULÁLIO FIGUEIREDO DE ALMEIDA

Juiz de Direito da 2.ª Vara

2. Arma de fogo

PROCESSO N.º 001.98.014100-2 – 3.º Cartório Criminal

AÇÃO PENAL

AUTORA: A JUSTIÇA PÚBLICA

RÉU: J. M. M.

Adv.: Nihil

VÍTIMA: A COLETIVIDADE

INCIDÊNCIA: Art. 10, caput, da Lei n.º 9.437/97

SOLUÇÃO: Rejeição Liminar da Denúncia

EMENTA: ARMA DE FOGO. REVÓLVER. PORTE ILEGAL. CONFIGURAÇÃO. A nova lei incriminadora do porte ilegal de arma de fogo representa, em seu art. 10, caput, tipo misto alternativo, de ação múltipla ou conteúdo variado, razão por que deve o órgão acusador, ao formular sua pretensão, individualizar a conduta imputada ao agente para que não se verifique o bis in idem e se obedeça ao fundamento retratado pelo princípio da alternatividade, bem como demonstrar o perigo concreto de sua atividade para se aquilatar da lesividade ou ofensividade dela resultante a bem jurídico coletivo ou particular protegido pelo ordenamento jurídico.

Vistos etc.

O Ministério Público Estadual ofereceu denúncia contra J. M. M., qualificado às fls. 02, imputando-lhe o delito tipificado no art. 10, *caput*, da Lei n.º 9.437/97.

Alega o órgão ministerial que no dia 27 de dezembro de 1998, por volta das 4 horas, o denunciado foi preso por policiais militares por conduzir em via pública um revólver calibre 38 Especial, cabo de madeira, número E113017, com projéteis intactos.

Afirma também o órgão ministerial que os referidos policiais diligenciavam pelo bairro da "Cidade Olímpica", nesta cidade, quando ouviram três disparos de arma de fogo e, imediatamente, se dirigiram ao local de onde procediam, o qual se tratava de uma festa, razão pela qual, mediante vistoria, encontraram em poder do acusado a mencionada arma de fogo, ocasião em que lhe foi dada voz de prisão em flagrante, havendo o apetrecho sido apreendido.

A ação penal originou-se de inquérito policial instaurado a partir de auto de prisão em flagrante, e se encontram os autos instruídos com o auto de apresentação e apreensão do *corpus criminis* (fls. 10); com o termo de fiança (fls. 12); com o boletim de vida pregressa do acusado (fls. 20) e a sua folha de antecedentes (fls. 23).

É o relatório.

FUNDAMENTOS DA SENTENÇA

A denúncia, no processo penal, estabelece os limites da acusação porque é ela que contém a imputação dirigida ao acusado firmada, não raras vezes, em sede de Inquérito Policial.

Sabe-se que a responsabilidade penal reside na culpabilidade, posto ser o resultado da ação ou omissão da conduta humana, isto é, o vínculo de natureza psicológica, o nexo etiológico que se estabelece entre o agente e o evento danoso.

Para que a ação penal aforada autorize o seu recebimento é indispensável que a atividade desenvolvida pelo agente, consoante a narrativa da peça acusatória, esteja subsumida em algum tipo penal, de acordo com a definição que lhe empregou o legislador, sob pena de refletir um indiferente penal, algo que pode até interessar ao mundo do Direito, mas não merece repressão criminal porque *nullum crimen, nulla poena sine praevia lege poenalis.*

A ação do acusado não pode ser encarada como conduta criminosa nos termos em que cogita a denúncia, porquanto não há como se vislumbrar haver o mesmo criado situação de perigo para a vida de quem quer seja porque, segundo o auto de prisão em flagrante, o fato ocorreu de forma diversa da narrada, *data venia,* pelo Ministério Público, na medida em que não houve sequer o disparo de qualquer projétil constante da arma de fogo portada pelo denunciado na ocasião de sua prisão.

O art. 10 da Lei n.º 9.437/97, segundo a doutrina penal, incorpora crime de ação múltipla ou conteúdo variado, comum, formal, de perigo. Veja-se, portanto, que dezoito condutas diferentes compõem esse tipo penal. Pode-se dizer, ainda, que trata-se o dispositivo de tipo misto alternativo, cuja realização de mais de uma conduta pelo mesmo agente importará sempre um único delito, em face da aplicação do princípio da alternatividade, que não admite o *bis in idem*.

Presume-se (porque não foi dito) da denúncia que o comportamento que pretende incriminar é "**portar**" arma de fogo, sem a autorização e em desacordo com determinação legal ou regulamentar. Ora, a objetividade jurídica desse comportamento é a incolumidade pública, isto é, a garantia e preservação do estado de segurança, a integridade corporal, a vida, a saúde e o patrimônio dos cidadãos indefinidamente considerados contra possíveis atos que os exponham a perigo. Visa, então, a segurança coletiva ou a proteção da coletividade.

Mas isso não significa perigo abstrato que dispense a demonstração da real probabilidade da ocorrência de efetivo dano à coletividade, já que a conduta do agente que desobedece o art. 10 da Lei n.º 9.437/97 lesiona, via de regra, a segurança pública, enquanto bem jurídico independente.

Isso tem levado setores mais informados da Escola Penal Brasileira a inadmitir pura e simplesmente que, confiado na referida objetividade jurídica, membros do Ministério Público formulem denúncias sem um mínimo de prova da demonstração da intenção do agente em lesionar bem jurídico devidamente protegido por lei, ou que a arma possa apresentar algum potencial ofensivo, constatado através de realização de prova técnica.

Nem poderia ser diferente, pois a nova ordem constitucional não permite que ninguém seja considerado culpado até prova em contrário, ou que seja processado sem um suporte mínimo de elementos que justifiquem a instauração da ação penal de cunho condenatório. Tais pressupostos se baseiam na presunção de inocência e no princípio da dignidade da pessoa humana, que impedem seja alguém levado à justiça, como objeto de investigação, somente porque é tido como autor de determinado delito.

Não se pode acusar pelo simples prazer de acusar, ou pela necessidade de se cumprir estatísticas funcionais. O **princípio da obrigatoriedade** da ação penal não existe para conferir ao órgão ministerial amplos poderes ou excesso no direito de acusar, mesmo porque o juiz exerce o controle sobre o mesmo.

Nessa ordem de ideias, a doutrina nacional é precisa quanto à afirmação de que o cerne de todo o Direito Penal situa-se no injusto, ou seja, no tipo de antijuridicidade. Para a moderna escola penal, a proibição de ações só terá sentido se essas implicarem um resultado lesivo ou perigoso ao bem jurídico, demonstrável processualmente. Encerra, por excelência, esse pensamento o vaticínio de Juarez Tavares, *in verbis*:

> "No fundo de toda norma penal, por exigência constitucional, derivada da proteção à dignidade da pessoa humana e dos objetivos fundamentais explicitados no art. 3.º, subsiste a proteção de bem jurídico, como objeto concretamente apreensível.

> Sob a visão da necessidade de participação de todos nos destinos e nos objetivos do Estado, **a conduta proibida deve ser encarada como realidade concreta, não como uma relação causal, neutra e formal. O legislador, ao proibir ou determinar condutas, não pode deixar de tomar em atenção que essas condutas são produto de seres humanos inseridos socialmente em condições reais de motivação e formação, e que TANTO A PROIBIÇÃO QUANTO A DETERMINAÇÃO SÓ TERÃO SENTIDO SE OBJETIVAREM IMPEDIR UMA LESÃO CONCRETA DE BEM JURÍDICO.**
>
> **ESSA REALIDADE QUE SUBSISTE NO PROCESSO DE PROIBIÇÃO FAZ COM QUE SE EXPRESSEM COMO INCONSTITUCIONAIS AS DISPOSIÇÕES QUE PROIBAM POR PROIBIR, QUE SANCIONEM PENALMENTE AS INFRAÇÕES AS NORMAS MERAMENTE REGULAMENTARES, OU QUE FAÇAM DA NORMA PENAL APENAS O REFORÇO PARA A OBEDIÊNCIA, SEM QUALQUER REFERÊNCIA À PROTEÇÃO DE BEM JURÍDICO**" (*apud Revista Brasileira de Ciências Criminais*, São Paulo: Ed. RT, edição especial de lançamento, p. 79 - destacamos).

O penalista Luiz Flávio Gomes, com a clareza de sempre, revela, em longo artigo, sua indignação com preceitos que reprovam condutas através da simples presunção de perigo contida na norma, violando flagrantemente o princípio da ofensividade ou lesividade ou do *nullum crimen sine iniuria*. Vejamos, então, trechos do irreprochável lecionamento:

> "No moderno Direito Penal, no entanto, é cada vez mais intensa **a reprovação de presunções legais, PARTICULARMENTE A PRESUNÇÃO DE PERIGO**, que enseja a punição penal por **mera desobediência do preceito legal**.
>
> (...)
>
> **A doutrina moderna**, em geral, inclusive consoante a advertência do Min. Cernicchiaro, **vem se posicionando contra a existência de infrações de perigo abstrato** (presumido) porque conflitam, inevitavelmente, com o princípio do *nullum crimen sine iniuria*. Em um Direito Penal garantidor, voltado para a proteção de bens jurídicos, só existe espaço para o perigo concreto (demonstrado, real, efetivo). **O perigo, em outras palavras, para caracterizar a infração penal, precisa ser demonstrado no processo; não pode ser presumido pelo legislador**. Sendo presumido pelo legislador desobriga o acusador de comprovar ao menos a potencialidade lesiva da conduta (a *iniuria*).
>
> (...)
>
> A lei, em suma, não pode presumir fatos ou a culpabilidade. Não pode presumir, em consequência o perigo, como algo inerente à conduta. A presunção legal de perigo, como sabemos, desobriga o acusador de demonstrar o perigo concretamente. É exatamente isso que conflita flagrantemente com **a**

> **presunção de inocência**, pois esta **impõe o dever ao acusador de comprovar legalmente a culpabilidade** (V. o art. 8.º, n.º 1, do Pacto de San José). Comprovar legalmente a culpabilidade significa demonstrar dentro do processo a existência de um fato lesivo ou perigoso para algum bem jurídico e, ao mesmo tempo, que ele é atribuível ao seu agente. **É preciso demonstrar, não basta invocar a presunção legal, até porque a presunção de inocência tem hierarquia constitucional. QUALQUER PRESUNÇÃO DE HIERARQUIA INFERIOR É ABSOLUTAMENTE INCONSTITUCIONAL. NO CONFLITO ENTRE DUAS PRESUNÇÕES, É PATENTE QUE VALE A SUPERIOR, DENTRO DA VISÃO KELSENIANA**" (*Revista Brasileira de Ciências Criminais*, São Paulo: Ed. RT, n.º 8, p. 69, 78 e 81 - destacamos).

Tais entendimentos foram abonados recentemente em decisão unânime da 6.ª Turma do STJ, por meio de acórdão relatado pelo Min. Vicente Cernicchiaro, o qual destacou:

> "**A infração penal não é só conduta. Impõe-se, ainda, o resultado no sentido normativo do termo, ou seja, dano ou perigo ao bem juridicamente tutelado. A doutrina vem, reiterada e insistentemente, renegando os delitos de perigo abstrato. Com efeito, não faz sentido punir pela simples conduta, se ela não trouxer, pelo menos, probabilidade (não possibilidade) de risco ao objeto jurídico**" (REsp 34.322-0-RS, j. 1.º/06/1993, *DJU* 02/08/1993, p. 14295 - destacamos).

A doutrina suscitada nesse acórdão nos obriga a refletir sobre o desajuste que representa punir alguém por infração que tem como **objetividade jurídica o perigo abstrato ou presumido**, quando vigora entre nós uma ordem constitucional que resguarda o respeito à dignidade da pessoa humana e o princípio do estado de inocência, mormente se considerarmos também que a proibição de condutas só terá sentido se essas implicarem um resultado danoso, lesivo ou perigoso ao bem jurídico, o que vem contemporizar o princípio do *nullum crimen sine iniuria*, tantas vezes aqui invocado.

A própria Exposição de Motivos do Código Penal enfatiza, desde a sua edição original, em 1940, essa realidade incontrastável ao aduzir "**que o projeto acolhe o conceito de que não há crime sem resultado. Não existe crime sem que ocorra, pelo menos, um perigo de dano**...". Quer com isso o legislador evitar e excluir do Direito Penal todo tipo de presunção, não sendo possível nenhuma acusação ou condenação com base em mera suspeita, com base em mero perigo abstrato, com base em mera desobediência, posto que não haverá delito sem uma determinada lesividade ou afetação do bem jurídico.

Por outras palavras, quer-se demonstrar que a atividade lesiva, a conduta danosa ou a afetação real do bem jurídico, expondo a **perigo concreto** a coletividade ou alguém em particular, é que dá conteúdo à tipicidade ou à antijuridicidade, como desvalor do ato e do resultado para configuração do injusto. As ações presumidas, neutras ou abstratas não podem, de modo algum, ensejar punibilidade.

Sem a concreta e efetiva demonstração da lesão ou perigo de lesão não haverá crime, nem possibilidade de punir, a menos que se pretenda violar os direitos supremos de liberdade, de dignidade e de inocência, resguardados pelos arts. 1.º, 3.º e 5.º da Constituição Federal.

Nesse diapasão, para configuração do crime imputado ao paciente, ainda em homenagem à demonstração da lesão ou perigo da lesão, somente se poderia aquilatar de tal predicado se demonstrada, através de exame de balística, prova pericial, portanto, a potencialidade efetiva da arma de fogo. Como visto, isso foi descurado pelo Ministério Público e, principalmente, pela autoridade policial, que sequer ouviu outras pessoas no procedimento inquisitorial e, embora tendo apreendido a arma, foi negligente, deixando de proceder aos fins colimados pela lei (arts. 240, *d,* e 158, CPP).

Sem maiores delongas, passamos a palavra aos nossos doutrinadores, os quais em lapidares ensinamentos esmeram a questão:

> "Conforme dissemos, se a arma for inapta a efetuar disparos equiparar-se-á à arma obsoleta, para a qual não se exige sequer registro, e, que, por conseguinte, não se confundirá com a elementar prevista no art. 10, *caput.* **Sendo assim, a realização de prova pericial é imprescindível para se aferir sua potencialidade lesiva. Sem a perícia, não será tecnicamente possível saber se se tratava ou não de arma de fogo**" (Fernando Capez, *Arma de fogo*, São Paulo: Saraiva, 1997, p. 41 - destacamos).
>
> "Não basta que o comportamento do agente esteja adequado aos requisitos estruturais do tipo (verbos e requisitos normativos) se não for possível identificar no objeto material da conduta uma efetiva **potencialidade lesiva.** De tal sorte, torna-se necessário constatar, no caso concreto, **se a arma estava apta a ser utilizada**, sendo idônea para causar danos ou expor a perigos o bem jurídico protegido pela norma.
>
> Encontramos, em razão disso, um requisito de índole funcional para a existência do crime, que, apesar de não estar estampado na lei, deve ser atendido por força da lógica.
>
> Este é o entendimento quase uniforme da doutrina internacional, que acolhe a exigência de que a arma de fogo esteja em condições de uso (podendo ser disparada pelo agente) e oferecendo um mínimo de ofensividade. No Brasil, a jurisprudência já decidiu nesse sentido.
>
> **Dentro desta linha de raciocínio, A PROVA PERICIAL É ALGO IMPRESCINDÍVEL QUANDO TRATARMOS DOS CRIMES PREVISTOS NO ART. 10. Somente através da perícia, em princípio, podemos**

> **verificar se a arma é idônea para efetuar disparos, e cumprir seu destino natural. As condições de funcionamento devem estar detalhadas em um laudo específico, pois uma arma imprestável ou inapta ao disparo não pode inserir-se no conceito típico de arma de fogo. Além disso, a perícia deverá identificar detalhadamente a arma de fogo** (seu tipo, calibre, características, marca, natureza e se é de uso permitido ou proibido).
>
> **A INAPTIDÃO DA ARMA GERA A ATIPICIDADE DA CONDUTA, PORQUE, COM SUA IMPROPRIEDADE MATERIAL, ELA PERDERÁ A POTENCIALIDADE LESIVA QUE CARACTERIZA O CONTEÚDO DO INJUSTO. ISSO DECORRE DO FATO DE QUE A FINALIDADE DO TIPO É EVITAR O PERIGO EMERGENTE DO RELACIONAMENTO ILÍCITO COM ARMAS DE FOGO, DE MANEIRA QUE, NO EXATO DO MOMENTO EM QUE NÃO EXISTIR MAIS ESTE PERIGO** (porque o objeto material é incapaz de produzir qualquer tipo de dano), **DEIXARÁ DE EXISTIR O DELITO**" (Luiz Flávio Gomes e William Terra de Oliveira, *Lei das Armas de Fogo*, São Paulo: Ed. RT, 1998, p. 78-79 – destacamos).

A jurisprudência nacional, ainda sob a ótica do art. 19 da Lei das Contravenções Penais, não destoa do entendimento doutrinário:

> "**CONTRAVENÇÃO PENAL. PORTE DE ARMA. INFRAÇÃO NÃO CONFIGURADA SEQUER EM TESE. AUSÊNCIA DE EXAME DA ARMA. FALTA DE JUSTA CAUSA, POIS, PARA A AÇÃO PENAL. CONCESSÃO DE *HABEAS CORPUS* PARA O SEU TRANCAMENTO. INTELIGÊNCIA DO ART. 19 DA LEI DAS CONTRAVENÇÕES PENAIS E ART. 648, I, DO CÓDIGO DE PROCESSO PENAL. Para configuração do porte de arma é necessário provar-se, através do competente exame, que esta apresenta condições de uso. A ausência do mesmo retira da ação penal a justa causa para o seu prosseguimento**" (TACrimSP, *RT* 436/374 - destacamos).
>
> "**CONTRAVENÇÃO PENAL. PORTE DE ARMA. PERÍCIA. No processo contravencional de porte de arma impõe-se a perícia técnica no instrumento, para dizer da sua prestabilidade, vez que, se não se encontra ele em condições de ser utilizado, não traz riscos à vida e integridade física do indivíduo, deixando de ser considerado objeto material da infração penal**" (TAMG, Ac. unân. da 1.ª Câm., Rel. Juiz Costa Rios, *RT* 594/395 - destacamos).
>
> "**CONTRAVENÇÃO PENAL. PORTE DE ARMA. EFICÁCIA NÃO COMPROVADA EM EXAME PERICIAL. ABSOLVIÇÃO DECRETADA. INTELIGÊNCIA DO ART. 19 DA LEI DAS CONTRAVENÇÕES PENAIS. É indispensável o exame pericial para comprovar a eficiência da arma apreendida. Sua omissão impede que se configure a contravenção do art. 19 da lei**" (TACrimSP, Ac. unân. da 6.ª Câm., Rel. Juiz Cunha Camargo, *RT* 533/365 - destacamos).

Do exame da denúncia, verifica-se que o seu titular em momento algum da sua narrativa apontou a potencialidade ofensiva da arma de fogo que afirma se encontrar portando o denunciado, tampouco justificou a ausência ou impossibilidade da realização do exame pericial na mesma para constatação de sua eficiência, não sendo permitida, por falta de perícia, uma presunção jurídica quanto ao seu funcionamento, especialmente porque os depoimentos constantes do auto de prisão em flagrante revelam que a arma foi apreendida contendo cinco projéteis intactos.

Não se enxerga também no inquérito policial e na peça acusatória qualquer alusão concernente ao fato de o acusado se encontrar portando ostensivamente a arma, ou intimidando algum circunstante com ela, ou, finalmente, que era sua intenção lesionar alguém com o apetrecho, ou, finalmente, que havia sido ele o autor dos disparos ouvidos minutos antes pelo condutor.

Essas circunstâncias fomentam não só a nulidade da ação penal, mas a sua total inépcia, por faltar-lhe suporte indispensável para caracterização da infração dirigida contra o acusado. Do mesmo modo, representa a ausência de justa causa para o aforamento ou prosseguimento da ação penal, tudo em conformidade com o disposto nos arts. 43, I, e 564, III, *b*, e IV, do CPP.

Tais situações, por isso, têm sido desabonadas pelas nossas Cortes Pretorianas, conforme se examina do aresto abaixo reproduzido:

> **"Sem que o fumus boni iuris ampare a imputação, dando-lhe os contornos de razoabilidade, pela existência de justa causa, ou pretensão viável, a denúncia ou queixa não pode ser recebida ou admitida. Para que seja possível o exercício do direito de ação penal é indispensável haja, nos autos do inquérito ou nas peças de informação ou representação, elementos sérios, idôneos, a mostrar que houve uma infração penal, e indícios, mais ou menos razoáveis, de que seu autor foi a pessoa apontada no procedimento informativo ou nos elementos de convicção"** (*RT* 643/299).

Examinando-se atentamente a narrativa da denúncia, conclui-se, com o respeito devido, que a tipificação do fato constitui pura imaginação da acusação, pois, sabendo-se que o delito do art. 10 da Lei n.º 9.437/97 encarna **dezoito condutas diferentes**, era indispensável que o *parquet* enquadrasse perfeitamente a ação do acusado no comportamento portar.

Veja-se, no entanto, o que fez a minúscula denúncia em seu arremate:

> **"A materialidade do delito encontra-se comprovada através do auto de apresentação e apreensão de fls. 05. No que se refere à autoria, restou provada e confessada pelo próprio acusado"** (*sic*).

A materialidade do delito está ligada ao fato típico, que, por sua vez, compõe-se da ação e do resultado. Nem mesmo os policiais que prenderam e conduziram o acusado à repartição policial afirmaram ter sido ele o autor dos disparos ouvidos a distância. E, se o fosse, a tipificação deveria ser outra obrigatoriamente, em face do princípio da consunção, demonstradas as *essentialia delicti*.

A denúncia, em sua essência, firmada como ela própria obtempera em peça investigatória, nada contém de jurídico. Por isso, amolda-se mais a uma peça de ficção, em face de ter apenas imputado ao paciente, em curta e efêmera exposição, conduta penal prevista em tipo de ação múltipla e alternativa, sem individualizá-la e defini-la isoladamente, violando, com isso, o **princípio da alternatividade**.

A propósito disso, bem elucidativo é o aresto adiante reproduzido:

> "**A DENÚNCIA DEVE ENCONTRAR SUPORTE NO INQUÉRITO POLICIAL E NÃO NO PODER DE FANTASIA DE SEU SUBSCRITOR. A AUSÊNCIA DESSE SUSTENTÁCULO GERA CONSTRANGIMENTO ILEGAL SANÁVEL POR HABEAS CORPUS**" (TJMT, Rel. Des. Otair Bandeira, *RT* 516/355 - destacamos).

Sabe-se que a "ação", componente inicial do fato típico, é finalista, em face da inexistência de ação humana sem direção, sem finalismo. "A conduta consolida-se através da participação de conteúdo subjetivo (o dolo, parte essencial do tipo subjetivo) ou normativo (a culpa, pela negligência, imprudência ou imperícia). O comportamento, para inserir-se no contexto da tipicidade, deve ser animado por uma vontade dirigida a um fim, ou, então, produzir resultado involuntário, graças à inobservância, por parte do agente, dos cuidados objetivos em relação a bem jurídico de terceiro" (Geraldo Batista Siqueira, Aspectos processuais da teoria finalista da ação, *RT* 600/286).

É imprescindível a colocação do dolo no conteúdo subjetivo da ação (sem mencionar os demais elementos subjetivos do tipo), pois só assim há possibilidade de distinção de uma figura penal para outra e da tentativa para o crime consumado.

Em face do dolo, precipuamente, tem-se a diferença entre os diversos tipos penais (dado subjetivo essencial à formação da figura típica), considerando-se que o nosso Código, com a visão voltada para o Direito Penal moderno, redefiniu o conceito constante da parêmia *nullum crimen sine culpa* e baniu qualquer hipótese de responsabilidade objetiva.

Isso em face de que, "**para justificar a imposição de uma sanção, não é suficiente que o autor tenha obrado típica e antijuridicamente. O juízo de desvalor somente pode ser emitido quando existir a possibilidade de formular uma reprovação ao autor do fato. E essa possibilidade só existirá quando, no momento do fato, o autor puder determinar-se de outra maneira, isto é, pelo**

dever jurídico", para parafrasear o penalista Cezar Roberto Bitencourt (*Erro jurídico-penal*, São Paulo: Ed. RT, 1996, p. 38).

Conclui-se, por isso, que a presença do dolo é indispensável à tipificação penal do fato e a ausência de sua narração formal na peça acusatória, consubstanciada em elementos informativos da investigação inviabiliza *ab initio* a instauração da instância penal, fazendo-se mister, para melhor entendimento, transcrever a lição do Professor Geraldo Batista de Siqueira:

> **"Integrado o dolo no fato típico, imprescindível é o juízo de sua verificação no momento de iniciar-se a atividade persecutória. Voltando à lição do consagrado Autor paulista, na mesma página e obra, temos que basta, por isso, à autoridade policial a notícia de um fato típico para que iniciem as investigações em que se corporifica o momento inicial da persecutio criminis. Despiciendo o exame da ocorrência da antijuridicidade e da culpabilidade; mas por outro lado, imperiosa é a valoração do dolo ou da culpa, conforme o caso concreto, no âmbito do tipo, sob pena de constituir a persecução penal constrangimento ilegal sanável através de habeas corpus, fundado na falta de justa causa (art. 648, I, do CPP). A ausência de um dos elementos citados acarreta a atipicidade do fato, circunstância impeditiva da ação penal e do inquérito policial (arts. 43, I, e 6.º, do CPP). (...).**
>
> **Indiscutível a aceitação, pelo STF, da teoria finalista da ação, eis que colocara ponto-final à persecução penal, antecipando-se o julgamento, visto carente a atividade persecutória de seu elemento básico, que é o tipo, não configurável, à míngua de seu conteúdo subjetivo, que é o dolo.**
>
> **A viabilidade da persecução penal, portanto, deve subordinar-se a um juízo mais amplo dos aspectos típicos da infração penal, nele inserindo-se o dolo ou a culpa. (...)**
>
> **A definição do fato típico compete ao acusador através de queixa ou denúncia, como condição ao surgimento da instância. Se desta definição exclui-se a exigência dos outros requisitos genéricos do crime, o fato típico, entretanto, deverá ser alcançado em toda sua extensão, para incluir as demais componentes do tipo: descritiva, normativa e subjetiva. (...)**
>
> **Em trabalho anterior, afirmamos: 'integrantes do fato típico, e sendo esse o objeto da imputação, constante da denúncia ou da queixa, dolo ou culpa devem vir descritos na denúncia ou na queixa, conforme o caso'"** (Op. cit., p. 288-289).

A jurisprudência, de forma pacífica, acatando a teoria finalista da ação, vem exigindo o dolo na composição do tipo, "como condição de validade da acusação formal, através da denúncia ou queixa. Na revista jurispenal do STF 27/108 e na *RT* 512/383 há decisões do STF e do TJSP, respectivamente, cujo desfecho fora a anulação dos processos, *ab initio*, via *habeas corpus*, por inépcia das peças acusatórias, visto veicularem, na imputação, fatos atípicos, por lhes faltar o dolo. E seria a inépcia substancial, em face da ausência de tipo, que se integra a partir da presença do dolo. A abstração do elemento subjetivo no momento acusatório inicial inviabiliza o surgir do processo, conforme já deixamos registrado" (Geraldo Batista de Siqueira, op. cit., p. 289).

A denúncia está para o processo penal assim como a petição inicial está para o processo civil. Deverá, portanto, conter a exposição do fato criminoso com todas as suas circunstâncias. É o que reza o art. 41 do CPP.

Essa é a razão por que se entende sempre atual o vetusto lecionamento do inolvidável jurista João Mendes, o qual, referido por Borges da Rosa (*Comentários ao Código de Processo Penal*, 3. ed., São Paulo, RT, p. 128), afirma dever a queixa ou denúncia narrar "**não só a ação transitiva, como a pessoa que a praticou (quis), os meios que empregou (quibus auxiliis), o malefício que produziu (quid), os motivos que o determinaram a isso (cur), a maneira por que a praticou (quomodo), o lugar onde praticou (ubi), o tempo (quando)**".

A denúncia é também demonstrativa porque o titular da acusação deve descrever o exame de corpo de delito e revelar as razões do seu convencimento ou presunção acerca do fato praticado, indicando as provas necessárias a esse convencimento.

Na hipótese idealizada pelo Ministério Público, não se vislumbra da denúncia a narração pormenorizada dos fatos, mas apenas indicação imprecisa e a esmo da conduta que pretende atribuir foros de cidadania jurídica e debitar ao denunciado.

É por essa razão que não pode prosperar a pretensão ministerial, uma vez que a ação penal não pode ser movimentada por simples espírito emulativo. Ela - porque representa ofensa ao *status dignitatis* do acusado - deve conter um mínimo de certeza jurídica, traduzida pela idoneidade do pedido, pois o Judiciário não pode referendar expedientes inconsequentes e inúteis, despidos de qualquer proveito, na medida em que a movimentação da máquina judiciária gera custos altíssimos para o poder público e estimula o aparecimento dos males que a má formação da relação processual ocasiona, sendo inconcebível que se permita a órgão de representatividade oficial agir com leviandade no desempenho de sua função institucional.

A doutrina nacional, atenta a essa realidade meridiana, assim também tem entendido, conforme se dessume do magistério autorizado dos nossos escoliastas, *ipsis verbis*:

> **"Exigindo a lei a exposição do fato criminoso com todas as suas circunstâncias, haverá necessidade, sempre que possível, de se fazer referência à hora, dia, mês, ano e local em que o crime foi cometido. Além da**

indicação do tempo e do lugar, deve ser feita referência ao modo como foi perpetrado e aos instrumentos usados. TAL EXPOSIÇÃO CIRCUNSTANCIADA TORNA-SE NECESSÁRIA, NÃO SÓ PARA FACILITAR A TAREFA DO MAGISTRADO, COMO TAMBÉM PARA QUE O ACUSADO POSSA FICAR HABILITADO A DEFENDER-SE, CONHECENDO O FATO QUE SE LHE IMPUTA" (Tourinho Filho, *Processo penal*, 11. ed., São Paulo: Saraiva, 1989, v. I, p. 338 - destacamos).

"O CPP, em seu art. 648, I, ao tratar do *habeas corpus*, dispõe que **A COAÇÃO** provinda de algum instrumento de persecução penal, seja investigatório ou instrutório, **CONSIDERAR-SE-Á ILEGAL QUANDO NÃO HOUVER JUSTA CAUSA.**

ASSIM O INTERESSE LEGÍTIMO, OU O INTERESSE DE AGIR, DESCANSA NA IDONEIDADE DO PEDIDO. No processo civil o interesse legítimo pode repousar na simples afirmação da existência de uma lesão. **PARA A PROPOSITURA DA AÇÃO PENAL, CONTUDO, QUE VISA, PREFERENTEMENTE, A IRROGAÇÃO DE UMA PENA, ESTANDO, DE CONSEGUINTE, EM JOGO A LIBERDADE INDIVIDUAL, PROCUROU O LEGISLADOR EVITAR ACUSAÇÕES TEMERÁRIAS SEM QUALQUER FUNDAMENTO, OBRIGANDO O RÉU A SOFRER UM VERDADEIRO CONSTRANGIMENTO ILEGAL. ASSIM, NÃO BASTA A SIMPLES AFIRMAÇÃO DE QUE HOUVE UM CRIME E DE QUE FULANO OU SICRANO FOI SEU AUTOR. É PRECISO, PARA QUE O PEDIDO DA ACUSAÇÃO, CONSUBSTANCIADO NA DENÚNCIA OU QUEIXA, SEJA APRECIADO, QUE NO LIMIAR DA AÇÃO VEJA O MAGISTRADO SE O QUE SE PEDE TRAZ A NOTA DA IDONEIDADE"** (Maurício Antônio Ribeiro Lopes, *Revista Brasileira de Ciências Criminais*, São Paulo: Ed. RT, v. 3, p. 134 - destacamos).

O interesse processual, vale dizer, o interesse de agir como condição da ação penal, é de suma importância para fixar os contornos da acusação, posto que reflete ao mesmo tempo o interesse legítimo e a utilidade do provimento jurisdicional, que, na linguagem processual moderna, justifica-se pela avaliação precoce da idoneidade do pedido para conceder ao lesado a proteção reconhecida pelo direito existente.

A denúncia foi formulada em bases frágeis, aqui incluídos os fatos e as provas constantes dos autos. Não se pode alegar, por outro lado, para refutar a tese aqui sustentada, que o princípio da obrigatoriedade impede o magistrado de fulminar, em decisão liminar, a nascente ação penal, pois nenhum princípio pode sobreviver à existência de situações que ensejam o aviltamento do cidadão, a sua dignidade pessoal, a sua honorabilidade e senso de liberdade.

O processo penal constitui uma *capitis diminutio* para o imputado. O controle exercido pelo juiz sobre a *res in judicium deducta*, no nascedouro do processo acusatório, **como fiscal do princípio da obrigatoriedade**, abona-lhe não só o direito, mas, inegavelmente, o dever de evitar que se instaure persecução criminal contra o imputado quando destituída de possibilidade jurídico-material de prosperar; quando estiver fora, portanto, das regras de ordem pública hauridas dos arts. 41 e 43 do CPP.

A acusação, conteúdo da denúncia, para validamente viabilizar a instauração da instância, deve, com exatidão, corresponder a um tipo penal. A imputação deve ter seu objeto em fatos que, descritos, traduzam um acontecimento para o qual se tenha a adequação típica necessária.

Formular em juízo a acusação criminosa, segundo uma técnica que, a um só tempo, assegure a validade do processo e a possibilidade de ampla defesa, é a mais importante atividade do Ministério Público. Tal enunciado, sobre ser o coroamento do contraditório com a amplitude do direito de defesa, dele decorrente, requer como requisito que a denúncia, no momento descritivo, aponte o elemento instrumental da imputação, seja abrangente do tipo penal em toda sua constituição.

Veja-se sobre o assunto o que entendem nossos Tribunais:

> **"DENÚNCIA. REJEIÇÃO. REQUISITOS. Se os fatos descritos na peça inaugural não conduzem à prática delituosa, quer pelos vícios jurídicos contidos na norma definidora do crime, quer pela ausência de tipificação penal, impõe-se a rejeição da denúncia"** (STJ, Ac. da Corte Especial, Rel. Min. William Patterson, *Boletim ADCOAS,* 1991, verbete 130869 - destacamos).
>
> **"DENÚNCIA. REQUISITOS. O processo penal atinge o status dignitatis do cidadão, donde exigir-se, para a instauração da ação penal, a existência de fumus boni iuris, a fim de que possam ser minimizados os riscos de sujeitar-se alguém indevidamente à condição de réu em um processo-crime. Por isso é que a denúncia, além de conter a descrição de crime em tese, deve, também e obrigatoriamente, apoiar-se em indícios razoáveis de autoria, guardando estreita compatibilidade com o elenco das provas amealhadas na fase investigatória que lhe serviu de base. NÃO PODE SER RECEBIDA, POR EXEMPLO, A DENÚNCIA QUE, EMBORA DESCREVENDO CRIME EM TESE, POSSA TER SIDO FRUTO DA CRIAÇÃO MENTAL DE SEU SUBSCRITOR, SEM O MÍNIMO AMPARO EM ALGUMA PROVA"** (TACrimSP, Ac. Unân. Da 1.ª Câm., *Boletim ADV-COAD,* 1993, verbete 60813 – destacamos).

Os tipos aparecem em composição diversificada. Tipos há mais ricos quanto aos elementos que os constituem. E essa riqueza elementar deve figurar na fase descritiva da denúncia, sob pena de inépcia, vício que, não sanado, quando possível, compromete o princípio maior do processo penal, que é o contraditório. Isso inegavelmente ocorreu na vertente hipótese.

O ato acusatório, como dispõe o art. 41 do CPP, deve descrever a totalidade dos componentes do tipo, ou isolar a conduta imputável em contendo o tipo de disposição mista alternativa para evitar o *bis in idem*. O elemento descritivo da imputação deve abranger o tipo na sua integralidade: **objetiva, normativa e subjetiva**.

Ora, para instauração válida do processo penal é pressuposto o oferecimento de denúncia com exposição clara e precisa de um fato criminoso com todas as suas circunstâncias.

In casu, a denúncia não descreve fatos representativos do elemento subjetivo do porte ilegal de arma. Destarte, não há viabilidade para a ação penal, por faltar-lhe uma condição: a possibilidade jurídica do pedido, pois sem isso o fato narrado na denúncia não constitui crime.

A respeito, preleciona Tourinho Filho:

> **"Da possibilidade jurídica do pedido cuida o inciso I do art. 43 do CPP, in verbis:**
>
> **'Art. 43. A denúncia ou queixa será rejeitada, quando:**
>
> **I - O fato narrado evidentemente não constitui crime'.**
>
> **Portanto, se o fato narrado não puder ser subsumível a um tipo penal, vale dizer, se o fato narrado for manifestamente atípico, ausente estará a possibilidade jurídica do pedido, pois o que se pretende, o que se quer, não é agasalhado pelo ordenamento jurídico: a inflição de pena pela prática de um ato que não constitui infração penal"** (*Processo penal*, 11. ed., São Paulo: Saraiva, 1989, v. I, p. 440 - destacamos).

Rogério Lauria Tucci, em sua obra *Habeas corpus, ação e processo penal* (São Paulo: Saraiva, 1978, p. 326), menciona acórdão da 2.ª Câmara Criminal do Tribunal de Justiça do então Estado da Guanabara sobrelevando esse aspecto:

> **"É dogma do direito repressivo brasileiro que não se admite analogia penal. Ou o fato corresponde ao modelo legal, à definição do crime que dá a lei penal - fonte única do direito penal - ou é inocente penal, ou um indiferente penal. Inexistindo a correspondência, não ocorrendo tipicidade, não há justa causa nem para a propositura, nem para o êxito da ação penal".**

Não carece de dificuldade, em face dessas expressivas circunstâncias, afirmar que a denúncia oferecida contra o acusado é tecnicamente inepta, pois descreve fato que não corresponde a tipo penal, principalmente àquele referido em sua narrativa.

Da lavra do ilustre Rogério Lauria Tucci, invoca-se a seguinte lição:

> **"Como, preleciona José Frederico Marques, 'pretensão sem fundamentação é inerme e inútil, como o disse Carnelutti. Por isso mesmo, quando a pretensão punitiva se transfunde na acusação, imprescindível se faz que o órgão da ação penal exponha a razão de seu pedido acusatório: Ao subsumir os fatos em descrição de figura típica, para mostrar que se trata de fato criminoso, o acusador faz concomitantemente o que o art. 41 do Código de Processo Penal denomina classificação do crime. Com isso, formula ele o titulus condemnationis, i.e., a norma jurídica que deve legitimar a imposição de pena e outras sanções jurídico-penais.'**
>
> **Daí por que, e como lembrado em lúcido parecer da Procuradoria Geral de Justiça, com lastro no magistério de Basileu Garcia, e transcrito em acórdão da Câmara Criminal de Férias de nosso Tribunal de Justiça, ao referir-se à exposição do fato criminoso, com todas as suas circunstâncias, O ART. 41 DO CPP TEVE EM MIRA TODOS OS ELEMENTOS QUE INTEGRAM O TIPO DO DELITO: consequentemente, a indispensabilidade de que 'a denúncia aborde não só o elemento objetivo, como também o subjetivo, mui especialmente, em certas manifestações delituosas que reclamam um fim especial, apto a diversificá-las de outras ou de condutas indiferentes ao direito penal. Deve-se, principalmente, tê-lo em conta quando o preceito reclama, de modo expresso, um particular escopo ou motivo"** (Basileu Garcia, *Instituições*, 2. ed., v. 1, p. 257 - destacamos).

Forçoso, portanto, convir que a denúncia ora oferecida, descrevendo fato atípico, não pode ser recebida, pois é, repita-se, tecnicamente inepta, por lhe faltar o requisito essencial do art. 41 do CPP, tornando inviável a ação penal por impossibilidade jurídica do pedido.

Por outro lado, a instauração de uma ação penal, que se efetiva com o recebimento da denúncia, deve ser um ato de extrema ponderação, devendo o juiz realizar uma profunda análise das peças em que se amparou o órgão acusador, principalmente aquelas que este indica como conclusivas à sua convicção da existência do crime e sua autoria, para que forme também o juiz sua convicção, que pode coincidir ou não com a do titular da ação penal.

Uma ação penal só deve ser proposta e instaurada quando existem elementos suficientes de convencimento que demonstrem a existência de um crime e de sua autoria.

O festejadoTourinho Filho assim dispõe sobre o assunto:

> **"Se não há elemento idôneo de que houve uma infração penal, é como se não existisse o direito material, e, não existindo direito, não há o que tutelar.**
>
> **Por outro lado, no Penal, dezenas de vezes mais que na esfera extrapenal, a propositura de uma ação penal acarreta vexames mais ou menos**

sérios, graves, à pessoa contra quem foi proposta, e, por isso, indispensável que a denúncia ou queixa encontre, nos elementos que lhes serviram de suporte, indícios mais ou menos sérios de que a pessoa contra quem se propôs a ação penal seja tido como o responsável. (...).

Daí se infere que, para a propositura da ação penal, é preciso haja elementos de convicção quanto ao fato criminoso e sua autoria. O juiz jamais receberá uma queixa ou uma denúncia que esteja desacompanhada daqueles elementos de convicção. (...)

Então, o 'interesse legítimo' ou 'interesse de agir' descansa na idoneidade do pedido, ou como, em síntese, diz Liebman, a pretensão deve ser apresentada como digna de ser julgada. O titular da ação deve formular um pedido idôneo, arrimado em elementos que convençam o Magistrado da seriedade do que se pede" (Op. cit., p. 445, 446 e 448).

A esse propósito, trazem-se as seguintes decisões pretorianas:

"A tese de que o Ministério Público é absoluto senhor da ação penal já pertence ao passado, não se concebendo que se possa sustentar seja o juiz súdito da denúncia. Muito ao contrário, é dever do magistrado, antes de proferir despacho, quando uma denúncia lhe é apresentada, examinar se a acusação nela formulada tem algum suporte nos fatos apurados" (*RT* 307/126).

"Inexistindo nos autos suficientes elementos de convicção abonadores da acusação contida na denúncia, deve ela ser rejeitada porque o simples fato de alguém ficar sujeito a ação penal, como réu, acarreta inevitável transtorno e preocupações" (*RT* 197/322).

"A denúncia tem de se calcar em fatos previamente averiguados. Não pode nem deve ficar na dependência do maior poder de imaginação do promotor público. Se a sua narrativa não estiver em sintonia com os elementos informativos básicos do procedimento criminal, é curial a sua insubsistência" (*RT* 285/165).

"No bom sentido pronunciou-se o STF, por sua 2.ª Turma, relator o Min. Leitão de Abreu, no RECr. N.º 88.118: 'Habeas Corpus. Justa causa. A denúncia deve reportar-se a um fato delituoso, corroborado quantum satis por elementos probatórios idôneos. Não pode a denúncia amparar-se em suposições, visto não existir vestígio que ligue o paciente aos fatos denunciados. O ato acusatório deve basear-se pelo menos em indícios, no que concerne à autoria'" (*DJ* 1.º/12/1978, p. 9734).

Desse modo, o juiz somente deve instaurar uma ação penal quando, pelos elementos probatórios que acompanham a denúncia, se convença da existência do crime e de sua autoria. Em caso contrário, o juiz deverá rejeitar a denúncia. É o mandamento contido no art. 43 do Código de Processo Penal.

Os elementos que acompanham a denúncia evidenciam de modo incontes-te que a ação do denunciado não foi antijurídica. Quando isso acontece, deve o juiz rejeitar *in limine* a peça acusatória. A ensinança é do penalista de escol Francisco de Assis Toledo:

> **"Assim é que onde houver uma causa de justificação, já suficientemente caracterizada, faltará uma condição da ação penal, pois se o fato, que deve ser narrado com todas as suas circunstâncias (CPP, art. 41), não constitui crime autorizado está o pedido de arquivamento pelo ministério público ou a rejeição da denúncia ou da queixa pelo Juiz (CPP, art. 43, I).**
>
> **Creio que aqueles que militam nas atividades forenses compreenderão o alcance dessa conclusão, bem como o equívoco de certos julgados que simplesmente recusam o exame dessa questão por ocasião do despacho de recebimento da denúncia ou da queixa, mesmo quando o inquérito contenha suficientes elementos de convicção"** (*Princípios básicos de direito penal*, 5. ed., São Paulo: Saraiva, p. 169 – destacamos).

Em sede de jurisprudência, a situação é perfeitamente possível, conforme atesta o aresto abaixo transcrito:

> **"É hoje pacífico o entendimento de que o Juiz, ao examinar a denúncia, não se limita à verificação das condições da ação, havendo que perquirir, como o faz o Juiz prolator do despacho recorrido, a existência do chamado fumus boni iuris. Já decidiu o Supremo Tribunal Federal que o 'procedimento criminal, com todo o séquito de gravames que acarreta ao indiciado, só é de instaurar-se quando a denúncia reportar-se ao fato, em tese, corroborado quantum satis por elementos probatórios idôneos. A DESARMONIA ENTRE OS TERMOS DA DENÚNCIA E OS PRESSUPOSTOS EM QUE ELA DEVA ESTRIBAR-SE GERA CONSTRANGIMENTO ILEGAL SANÁVEL POR VIA DE HABEAS CORPUS'"** (TJSP, Rel. Des. Carlos Ortiz, *RT* 416/113 – destacamos).

Sabe-se que, para a existência de um delito, é necessária uma conduta humana positiva ou negativa (ação ou omissão) que se subsuma a uma norma incriminadora, ou seja, deve haver a nota da tipicidade. Porém, não é suficiente que o fato seja típico para que exista o delito. É indispensável que seja contrário ao direito, antijurídico.

A antijuridicidade é a contradição entre a conduta e o ordenamento jurídico. Não havendo essa oposição, a conduta, mesmo sendo típica, não se caracteriza como delituosa, em face da falta do elemento antijuridicidade.

CONCLUSÃO

Ante o exposto, **rejeito liminarmente a denúncia** oferecida contra J. M. M., por não se constituir crime o fato nela narrado, em face de não haver sido individualizada a conduta do denunciado, frente à multiplicidade de comportamentos aventados pelo dispositivo incriminador, nem haver a concreta e efetiva demonstração da lesão ou perigo de lesão ao bem jurídico protegido pela norma penal, o que resulta, por conseguinte, na sua inquestionável inépcia, bem assim na ausência de justa causa para a instauração da ação penal, e o faço com espeque no arts. 41 e 43, I, do Código de Processo Penal, determinando, preclusa esta sentença, o arquivamento dos autos com baixa na distribuição, comunicando-se à repartição policial para cancelar os registros existentes em seus escaninhos em relação ao denunciado no que tange exclusivamente ao delito imputado na denúncia de fls. 02, ora rejeitada. Publique-se. Registre-se. Intimem-se.

São Luís (MA), 1.º de fevereiro de 1999.

Dr. JOSÉ EULÁLIO FIGUEIREDO DE ALMEIDA

Juiz de Direito Auxiliar da 3.ª Vara Criminal

III – SENTENÇAS CONDENATÓRIAS

1. Crime de curandeirismo

Processo n.º 751/97 – Cartório do 1.º Ofício

Autor: O Ministério Público Estadual

Acusado: J. B. dos S.

Vistos,

O Ministério Público Estadual, por conduto do Dr. Promotor de Justiça desta Comarca, ofereceu denúncia contra J. B. dos S., qualificado como natural de São João dos Patos, neste Estado, onde reside, na Rua das Cacimbas, s/n.º, casado, lavrador, filho de A. R. N. e de H. T. dos S., imputando-lhe a conduta delituosa prevista no art. 284 do Código Penal, ao fundamento de que o acusado, no dia 7 de outubro de 1997, foi procurado pelo cidadão F. A. F. em busca de tratamento para uma supostamente incurável doença venérea, posto que o réu encontrava-se *"consultando"* diversas pessoas no povoado Arara, neste Município.

Entrevistando-se com o denunciado, este cobrou à vítima a importância de R$ 800,00 (oitocentos reais) pela *"consulta"*, prescrevendo, como remédio para o mau, uma estranha receita à base de vinho e ervas, sem que o incauto A. F. tenha alcançado a tão esperada cura.

Discorre o órgão ministerial que o acusado, há doze anos, vive a fazer consultas e promessas milagrosas por toda a região centro-sul maranhense, mediante pagamento daqueles que o procuram, incidindo, assim, nas penas a que se sujeitam os autores do crime de curandeirismo.

Recebida a denúncia (fls. 02), foi o réu pessoalmente citado por carta precatória à Comarca do seu domicílio (fls. 34v), deixando de comparecer a este juízo a fim de ser interrogado (fls. 36), providência esta tentada mais uma vez, sem êxito, através de chamamento editalício (fls. 37 e 38), após o que considerado revel, nomeando-se-lhe defensor (fls. 38), o qual ofereceu alegações preliminares, às fls. 40.

Testemunhas arroladas na denúncia inquiridas às fls. 49/52, suspendendo-se o processo e o curso do prazo prescricional, com a decretação da prisão preventiva do agente (fls. 54), cumprida às fls. 58/63.

Recambiado para esta Comarca, procedeu-se ao interrogatório (fls. 71/73), sendo o réu posto em liberdade pelo despacho de fls. 76, após apreciação do pedido de fls. 66/68.

Nenhuma diligência foi requerida pelas partes, oferecendo o Ministério Público suas alegações finais às fls. 80/82, ratificando os termos da denúncia, enquanto as da defesa vieram às fls. 84/86, suplicando pela absolvição.

Relatados. Decido.

Trata-se de **crime de curandeirismo**, previsto no art. 284, I, do Código Penal, ilícito este que a doutrina aponta como de perigo abstrato, sendo sujeito passivo a coletividade, já que atenta diretamente contra a incolumidade pública.

Os agentes, via de regra, segundo Mirabete, são "*indivíduos atrasados, ignorantes, grosseiros ou místicos (feiticeiros, magos, cartomantes, adivinhos, médiuns, pais de santo etc.), eventualmente contraventores, que tentam a cura por processos não científicos*" (J. F. Mirabete, *Manual de direito penal,* 5. ed., São Paulo: Atlas, v. 3, p. 173).

Uma breve inspeção d'olhos no interrogatório do acusado J. B. dos S., às fls. 71/73, é o bastante para perfilá-lo ao protótipo de autores de tais crimes a que se refere o consagrado jurista bandeirante.

Analfabeto, disse que anteriormente fora preso na cidade de São João dos Patos, onde reside, porque estaria vendendo água de jatobá para tratamento de doenças em pessoas, embora já tivesse sido advertido pelo Delegado daquela urbe para abandonar tais iniciativas.

Afirmou ainda que, em dias de outubro de 1997, chegou ao povoado Arara, neste Município, indo hospedar-se na casa de parentes, ali se identificando como "**BITA BRUNO**" (fazendo alusão a "*Bita do Barão*", renomado feiticeiro da cidade de Codó).

Com essa credencial onomástica, não tardou a percorrer a região a informação da presença em terras tutunenses do afamado macumbeiro "**Bita do Barão**", o que chegou aos ouvidos do vaqueiro F. A. F., portador de grave doença venérea, como um verdadeiro sinal de deuses pagãos.

Após ser recepcionado na casa do ingênuo homem com uma galinhada ao molho leve, J. B. literalmente arrancou-lhe R$ 800,00 (oitocentos reais), prescrevendo-lhe, como infalível remédio para a gonorreia que o atormentava, uma receita à base de vinho moscatel, pílulas-contra, aguardente alemã, três pílulas quatro-moura, pena de urubu torrada com mel de teúba.

Disse o acusado que essa *"receita"* foi ministrada ao preço de R$ 120,00 (cento e vinte reais), enquanto o restante do pagamento recebido deveu-se ao *"trabalho"* que o mesmo fez em favor do paciente, na área da macumba, que ousa nominar como *"ciência"*.

Omitiu o denunciado alguns detalhes de sua receita maluca.

Ouvido às fls. 52, F. A. F., a vítima disse que, em meados de outubro de 1997, padecia de uma doença venérea que imaginava incurável, e, ao saber que na localidade *Arara,* neste Município, encontrava-se o afamado macumbeiro **"Bita do Barão"**, de Codó, imediatamente se dirigiu àquele povoado.

Disse que J. B., o **"Bita clonado"**, aconselhou-o a comer cobra cascavel, passando a banha do réptil na barriga, além, é claro, para coroamento da cura, de pena de urubu torrada.

Tal receita, seguida à risca, é ululante, jamais alcançou o fim buscado pelo *"paciente"*.

Nenhuma dúvida existe, portanto, quanto à autoria, livremente confessada em sede judicial pelo próprio acusado, incorrendo nas sanções do art. 284, I, do Código Penal, no núcleo *prescrever,* com igual sentido de receitar, recomendar, indicando, enfim, qualquer substância como eficaz no tratamento de doenças, conduta esta mais agravada ainda pelo fato de ser exigido pagamento, sujeitando-o também à pena de multa, nos termos do parágrafo único desse mesmo dispositivo legal, conforme bem decidiu o Egrégio Tribunal de Justiça do Maranhão, através da Colenda 2.ª Câmara Criminal, em acórdão relatado pelo eminente Desembargador Mário Barros Ferraz, vazado com a seguinte ementa:

> **"Processo Penal. Apelação. Curandeirismo. Sentença condenatória. Para que se configure o delito descrito no art. 284, do Código Penal, não se faz necessária a comprovação de um dano concreto, visto que o delito em tela trata-se de um crime de perigo abstrato, onde o bem protegido é a saúde pública. O fim não é elemento formador do tipo, devendo ser observado somente quando da aplicação da pena, conforme disposto no parágrafo único do já citado artigo. Recurso improvido"** (TJMA - Ac 00023108 - *DJ* 11.09.97 - Apelação Criminal 02006/97 - São Luís - 2ª Câmara Criminal - Rel. Des. Mário Barros Ferraz - *CD Rom Ementário de Jurisprudência do TJMA*).

Isto posto, com arrimo nas provas carreadas aos autos, roboradas pela confissão do próprio réu, julgo **PROCEDENTE** a denúncia de fls. 02/04, **condenando** o acusado **J. B. dos S.**, no início qualificado, nas penas previstas no art. 284, inciso I e parágrafo único, do Código Penal.

Adstrito às diretrizes do art. 59 do CP, sobretudo ao fato de ter agido o réu sob induvidosa culpabilidade; aos seus antecedentes, que não são bons - já foi preso doutra feita em São João dos Patos, por conduta análoga à descrita na denúncia; às consequências do crime - a vítima é um modesto vaqueiro que, dentro de suas possibilidades financeiras, viu-se privado de vultosa importância em dinheiro, agindo o acusado, dessa forma, mediante remuneração (art. 284, parágrafo único, CP), fixo a pena-base em **1 (um) ano de detenção e pagamento de 50 (cinquenta) dias-multa**, cada um destes equivalente a um trigésimo do salário mínimo vigente no País, a ser recolhido em favor do Fundo Penitenciário Estadual, penas estas que torno definitivas, à falta de circunstâncias atenuantes, agravantes e de causas de aumento e de diminuição.

Presentes os requisitos constantes do art. 77 do CP, hei por bem conceder ao réu o benefício da **suspensão condicional da pena privativa de liberdade, pelo prazo de 2 (dois) anos**, mediante o cumprimento das seguintes condições: 1) Abster-se de ministrar ou prescrever substância de qualquer natureza, a quem quer que seja, indicando-a como agregadora de poder terapêutico; 2) Não se ausentar da Comarca de São João dos Patos, local do seu domicílio, por período superior a vinte dias, sem prévia autorização judicial; 3) Comparecer mensalmente àquele mesmo juízo, a fim de informar e justificar suas atividades.

Condeno o réu, também, no pagamento das custas cartorárias. Certificado o trânsito em julgado, lance-se o nome do sentenciado no Livro Rol dos Culpados, oficie-se à Zona de onde o mesmo seja eleitor, para os fins do art. 15, III, da Constituição da República, e, por fim, expeça-se carta precatória à Comarca de São João dos Patos, para designação de audiência admonitória e acompanhamento das condições ora impostas ao apenado.

P. R. I.

Tuntum, 24 de junho de 1998.

Juiz SIMEÃO PEREIRA E SILVA

Titular da Comarca de Tuntum

2. Roubo qualificado

Processo n.º 401/2001

1. Cartório Criminal

Roubo qualificado, art. 157, § 2.º, I e II, CP.

Acusados: W. M. M. U.

N. D. S. P.

C. R. de A. G.

W. M. M. U., N. D. S. P. e **C. R. de A. G.**, qualificados nos autos, foram denunciados pelo fato de roubo que praticaram na madrugada do dia 28.02.2001, contra o posto de gasolina Vitória, na cidade de Mirinzal-MA, com o uso de arma de fogo e ameaça de morte ao frentista J. de J. T. dos S., de onde levaram a importância de cerca de R$ 904,00. Foram presos em flagrante com parte do produto do roubo e da arma usada no crime, fls. 28 de Inquérito Policial, autos apensos. Consta ainda do IP, fls. 56, laudo de eficiência positiva da arma apreendida.

A denúncia foi recebida em 21.03.2001. Foram interrogados em 28.03.2001 e confessaram a autoria do crime. A defesa prévia do acusado W. foi apresentada em 02.04, com indicação de testemunhas que foram ouvidas. O acusado N. apresentou defesa prévia em 16.04.2001, indicando testemunhas com endereços inexistentes, razão pela qual não foram localizadas. Intimado para apresentar novas testemunhas, fez nova indicação, mas desistiu de ouvi-las, ao fundamento de que as provas até então produzidas bastavam para o esclarecimento dos fatos. O acusado C. R. apresentou defesa prévia em 30.05.2001, indicando testemunhas que foram ouvidas. O Ministério Público renunciou a ouvir testemunha não localizada. A instrução foi encerrada em 06.06.2001, com a inquirição das testemunhas. Não houve requerimento de diligências.

Em Alegações finais, o Ministério Público requer a condenação dos acusados, dando relevância à coerência da confissão de cada acusado, com as declarações do frentista J. Pugna pela qualificadora de uso de arma de fogo, dado que **"todos eram cientes deste fato e dele se beneficiaram"**. Arma essa usada por C. R., no momento do roubo e adquirida por W. e N. Pugna ainda pela qualificadora do concurso de agentes, configurada mediante a prova testemunhal produzida dando conta de que os três acusados **"tiveram participação efetiva na combinação e na execução do delito, inclusive com divisão de tarefas"**.

Em alegações finais, o acusado W., fls. 59/64, reconhecendo provada a materialidade e autoria, pela confissão e provas produzidas, pugna pela diminuição da pena, nos termos do art. 29, § 1.º, do Código Penal, dado que **"a participação no delito foi de menor relevância"**. Pugna finalmente pelos benefícios das circunstâncias processuais, que alega favoráveis.

O acusado C. R. requer a desclassificação para o delito de furto simples, indicando, no entanto, que, diante de agravante demonstrada, trata-se do delito tipificado no art. 155, § 4.º, II, **furto qualificado.** Requer finalmente, em caso de condenação, que esta se dê na tarifa mínima de quatro anos, de modo que possa o acusado beneficiar-se da conversão da pena privativa de liberdade em restritiva de direitos.

N. D. apresentou alegações finais, fls. 95/108. Pugna pelo reconhecimento da atenuante da menoridade ao tempo da infração, que lhe é favorável, de modo que lhe possa ser conferido o regime aberto o que permitirá o cumprimento da eventual pena em Casa de Albergado.

Os acusados N. e W. requereram, perante este juízo, Liberdade Provisória, que lhes foi indeferida. Reiteradas impetrações de *Habeas Corpus* perante o Tribunal de Justiça do Estado do Maranhão foram igualmente denegadas. Autos apensos. Exame de eficiência da arma apreendida positivo, nos autos do Inquérito Policial, fls. 57, autos apensos.

Decido.

A conduta típica do delito de roubo é subtrair coisa móvel alheia, com o emprego de grave ameaça ou violência a pessoa. A violência empregada deve ser aquela dirigida à vítima, destinada a vencer resistência concreta ou não. Foi o que aconteceu neste caso. O frentista J. de J. T. dos S., na madrugada de 28.02.2001, enquanto trabalhava em um posto de gasolina em Mirinzal - MA, foi rendido por três elementos e, mediante ameaça com arma de fogo, teve subtraído o valor de R$ 904,00 que se encontravam em seu bolso e em uma gaveta no posto. Essas circunstâncias caracterizam o delito como roubo duplamente qualificado, pelo emprego de arma e concurso de agentes.

O delito foi praticado pelos denunciados, que confessaram tanto na fase do Inquérito Policial como em Juízo, fls. 12/15 e 10/15, respectivamente. Com eles foi encontrada parte do produto do roubo e a arma utilizada no crime, fls. 28 do Inquérito Policial, e as testemunhas ouvidas, os incriminaram, fls. 41/47.

O acusado W., em seu depoimento, informa haver em conjunto com os demais, planejado o roubo, fls. 12, dizendo: **"que os três deliberaram a prática do roubo, motivado pela falta de dinheiro para retornarem a São Luís... o combinado foi que os acusados N. e C. praticariam o roubo e o interrogado aguardava a distância, receoso de ser reconhecido, pois era pessoa que costumava estar em Mirinzal"**. O acusado W., juntamente com seu companheiro N., adquiriram a arma utilizada no crime. Do seu depoimento fls. 12, **"quando da travessia no Ferry Boat, o interrogado e N. compraram por cem reais o revólver utilizado no roubo, de pessoa que não conheciam"**. Foi o acusado W. que fez o encerramento da operação, conferindo se tudo tinha transcorrido como planejado, além de ser a pessoa que recolheu parte do dinheiro roubado, fazendo a distribuição, fls. 11: **"após a realização do roubo o interrogado, ato contínuo, entregou para o acusado N. cem reais e para o acusado C. R. cento e cinquenta reais"**.

O acusado N., também confesso, fls. 13, confirma que, juntamente com o acusado W., adquiriu a arma do crime, quando da travessia no *Ferry Boat*. Confirma que participou do roubo, desde a sua deliberação, fls. 13: **"encontrando-se sem dinheiro, o interrogado sugeriu que fizessem algum assalto"**. Confirma a versão do acusado W., quanto ao modo como seria realizada a operação: **"Combinaram que a ação seria realizada pelo interrogado e o C. R., dado que o primeiro acusado era conhecido em Mirinzal... O interrogado com um vasilhame de plástico atraiu o frentista simulando a compra de combustível"**. O primeiro interrogado nesse caso era o acusado W., aliás, a quem pertencia o controle da operação; **"sob essa ameaça, o frentista abriu uma gaveta e entregou o dinheiro aos acusados que foi recebido pelo acusado W., que a essa hora já tinha chegado ao local"**.

Confessando também o delito, o acusado C. R. confirma as informações dos demais acusados, fls. 14: **"Que no último dia de carnaval resolveram praticar o roubo ao posto de gasolina porque se achavam sem dinheiro. ... A operação foi feita com o acusado N. simulando a compra de combustível com um vasilhame de plástico e o interrogado encostando a arma no corpo do frentista. ... Que o dinheiro na ocasião do roubo foi pego pelo W. Após o delito dirigiram-se para a casa da mãe do W., onde fizeram a repartição do dinheiro"**.

A grave ameaça com o uso de arma, elemento de qualificação do delito, acha-se descrita pelos próprios acusados, como, por exemplo, no depoimento do acusado W., fls. 12: **"ouviu quando o frentista pediu para não matar ele que tinha três filhos para criar" ... "viu quando o acusado C. R. apontou a arma na direção do frentista, pelas costas"**. Também no depoimento do acusado N., fls. 13: **"em seguida o acusado C. R., encostando a arma no frentista, informou que se tratava de um assalto, pedindo que lhes entregasse o dinheiro"**.

Essas declarações foram confirmadas pelas testemunhas, em especial pela vítima J., o frentista do posto, fls. 44: **"Enquanto se abaixava para fazer a venda, tendo à sua frente N. e atrás de si C., ouviu deste último que se tratava de um assalto, encostando-lhe na cabeça um revólver... O acusado R., sempre portando a arma, fazia as ameaças do tipo 'fica calado senão eu te mato'"**. Recebeu do mesmo modo ameaça do acusado W., durante a operação, este dizendo à vítima **"fica na tua que eu conheço a tua família"**.

No que respeita ao concurso de agentes, restou demonstrado que os acusados todos atuaram na realização do roubo. Não importa quantos tenham executado os atos típicos. O certo é que todos desenvolveram atividades para a realização do roubo e, portanto, são todos responsáveis pela totalidade do fato. Agiram conjuntamente, de acordo com o que tinham previamente ajustado. Houve pluralidade de condutas para um só fim. Juntos acertaram que praticariam o roubo, elegeram o posto como alvo e escolheram o modo como agiriam. W. e N. adquiriram a arma do crime. N. e C. R. fizeram a abordagem, com o acusado W., encapuzado a distância vigiando o local, tendo recolhido o dinheiro quando a situação estava sob controle dos outros dois. W. fez a divisão do produto do roubo e providenciou para que ficassem todos escondidos na casa de sua mãe, onde foram presos, mediante diligência policial.

Essa distribuição de atividades e o modo como foi executado o roubo revelam que voluntária e conscientemente cooperaram para a sua realização, com o que pretendiam obter dinheiro para gastar durante a viagem de retorno a São Luís, onde têm residência.

Desse modo, presentes os elementos do tipo, com as suas qualificadoras. Houve a subtração, mediante grave ameaça, com o emprego de arma e o concurso de agentes.

Sem razão a alegação do acusado C. R., ao pretender a desclassificação para a figura do furto. É que a existência da circunstância da grave ameaça a pessoa, com o emprego de arma, cujo exame de eficiência foi positivo, afasta essa hipótese. É de se afastar a pretendida desclassificação do delito de roubo para furto em concurso material com constrangimento ilegal. A vítima foi intimidada pelos acusados, com o uso de arma de fogo, durante o tempo que durou o roubo.

Sem razão também o acusado W. ao pretender aplicar-se ao caso da sua participação a minorante da menor relevância. Na verdade, foi o acusado W. quem adquiriu a arma juntamente com o acusado N. Planejou o roubo com os demais. Não participou da abordagem, por ser pessoa de fácil reconhecimento, daí permanecer o tempo todo com o rosto encoberto. No entanto, ficou dando cobertura para que a operação fosse consumada; foi quem veio ao final, quando tudo estava sob controle, conferir o resultado da operação e apanhar o dinheiro; além de ser a pessoa, dentre os acusados, que efetuou a distribuição do produto do roubo.

Por outro lado, o benefício da participação de menor importância não se aplica ao coautor, mas sim ao partícipe, que, pelo demonstrado, não é o caso do acusado W.

Sua participação não foi de menor relevância. Adquiriu a arma do crime. Planejou com os demais a realização do roubo. Escolheu juntamente com os demais o local a ser objeto do roubo, cuidou de manter-se protegido contra eventual reconhecimento. Fez a colheita do dinheiro que se achava na gaveta do posto. Fez a distribuição do dinheiro, atribuindo a cada um a parcela que achava a mais adequada, ficando com a maior parte do dinheiro, atitude típica de quem está efetivamente integrado na operação. Permaneceu encapuzado e em vigia, garantindo a ação segura de seus parceiros, durante a prática do roubo. Quem assim age, durante roubo, não pode ser beneficiado com a minorante de participação de menor relevância. Executou, no roubo, a atividade que lhe coube na divisão das tarefas.

Nos delitos em que a grave ameaça a pessoa é elemento do tipo, havendo concurso de agentes, a estes se estende a responsabilidade penal pelo resultado mais gravoso, independentemente de qual tenha sido especificamente a atuação de cada agente. Quando se trata de concurso de agentes, é suficiente que apenas um deles utilize a arma, que é circunstância objetiva, para que essa qualificadora se veja estendida a todos os demais agentes, principalmente, como no caso, quando empregada de modo ostensivo e intimidador.

Ante esses motivos, verifico que o conjunto probatório coligido aos autos é o suficiente para demonstrar a materialidade delitiva, assim como sua autoria pelos acusados W. M. M. U.; N. D. S. P. e C. R. de A. G.

Com esses fundamentos, **julgo procedente a denúncia e CONDENO** W. M. M. U., N. D. S. P. e C. R. de A. G., **nas penas do art. 157, § 2.º, incisos I e II, do Código Penal.**

Passo à individualização das penas.

Quanto à conduta do réu W. M. M. U., cuja CULPABILIDADE denota acentuado grau de reprovabilidade, em especial pelo constrangimento e temor causados à vítima, mediante o emprego de arma, juntamente com outros agentes, os ANTECEDENTES lhe são favoráveis, dado que é tecnicamente primário; a CONDUTA SOCIAL não registra dado desabonador; a sua PERSONALIDADE não aponta tratar-se de pessoa voltada para o crime; os MOTIVOS indicam que o acusado foi impelido pela vontade de subtrair dinheiro alheio, com o uso de arma; as CONSEQUÊNCIAS do crime foram de maior gravidade, tanto pelos momentos de pavor a que ficou submetida a vítima, que durante toda a operação viu-se ameaçada por arma de fogo, como pela repercussão desse tipo de delito na comunidade, não só pelo fato de afastar do local possíveis usuários dos serviços do posto como também pela fragilização a que fica submetida a sociedade local todas as vezes que alguém, achando-se sem dinheiro, decida tirá-lo de outrem usando para tanto a ameaça mediante o uso de arma; o COMPORTAMENTO DA VÍTIMA em nada contribuiu para a causação do delito.

Atentando para o *quantum* necessário e suficiente à reprovação do crime, levando em conta que o acusado, consciente da reprovabilidade da conduta, assumiu levá-la a termo, impondo medo e constrangimento à vítima, fixo a pena-base em cinco anos de reclusão. Em face da ocorrência de mais de uma qualificadora, tomo aquela do inciso II do § 2.º do art. 157, concurso de duas ou mais pessoas, para aumentar a pena em um terço, fixando-a em seis anos e oito meses de reclusão.

Reconheço a atenuante do art. 65, inciso I, do Código Penal e diminuo da pena seis meses, ficando esta em seis anos e dois meses de reclusão. Não há agravantes a considerar. Não havendo outras circunstâncias de aumento ou diminuição da pena, torno-a definitiva em seis anos e dois meses de reclusão, que será cumprida inicialmente em regime semiaberto.

Ausentes os requisitos do art. 44 do Código Penal, deixo de aplicar a substituição da pena privativa de liberdade por pena restritiva de direitos.

Quanto à conduta do réu N. D. S. P., cuja CULPABILIDADE denota acentuado grau de reprovabilidade, em especial pelo constrangimento e temor causados à vítima, mediante no emprego de arma, juntamente com outros elementos, os ANTECEDENTES lhe são favoráveis, dado que é tecnicamente primário; a CONDUTA SOCIAL não registra dado desabonador; a sua PERSONALIDADE não aponta tratar-se de pessoa voltada para o crime; os MOTIVOS indicam que o acusado foi impelido pela vontade de subtrair dinheiro alheio, com o uso de arma; as CONSEQUÊNCIAS do crime foram de maior gravidade, tanto pelos momentos de pavor a que ficou submetida a vítima, que durante toda a operação viu-se ameaçada por arma de fogo, como pela repercussão desse tipo de delito na comunidade, não só pelo fato de afastar do local possíveis usuários dos serviços do posto como também pela fragilização a que fica submetida a sociedade local todas as vezes que alguém, achando-se sem dinheiro, decida tirá-lo de outrem usando para tanto a ameaça mediante o uso de arma; o COMPORTAMENTO DA VÍTIMA em nada contribuiu para a causação do delito.

Atentando para o *quantum* necessário e suficiente à reprovação do crime, levando em conta que o acusado, consciente da reprovabilidade da conduta, assumiu levá-la a termo, impondo medo e constrangimento à vítima, fixo a pena-base em cinco anos de reclusão. Em face da ocorrência de mais de uma qualificadora, tomo aquela do inciso II do § 2.º do art. 157, concurso de duas ou mais pessoas, para aumentar a pena em um terço, fixando-a em seis anos e oito meses de reclusão.

Reconheço a atenuante do art. 65, inciso I, do Código Penal e diminuo da pena seis meses, ficando esta em seis anos e dois meses de reclusão. Não há agravantes a considerar. Não havendo outras circunstâncias de aumento ou diminuição da pena, torno-a definitiva em seis anos e dois meses de reclusão, que será cumprida inicialmente em regime semiaberto.

Ausentes os requisitos do art. 44 do Código Penal, deixo de aplicar a substituição da pena privativa de liberdade por pena restritiva de direitos.

No que respeita à conduta do réu C. R. de A. G., cuja CULPABILIDADE denota acentuado grau de reprovabilidade, em especial pelo constrangimento e temor causados à vítima, mediante no emprego de arma, juntamente com outros elementos, os ANTECEDENTES lhe são favoráveis, dado que é tecnicamente primário; a CONDUTA SOCIAL não registra dado desabonador; a sua PERSONALIDADE não aponta tratar-se de pessoa voltada para o crime; os MOTIVOS indicam que o acusado foi impelido pela vontade de subtrair dinheiro alheio, com o uso de arma; as CONSEQUÊNCIAS do crime foram de maior gravidade, tanto pelos momentos de pavor a que ficou submetida a vítima, que durante toda a operação viu-se ameaçada por arma de fogo, como pela repercussão desse tipo de delito na comunidade, não só pelo fato de afastar do local possíveis usuários dos serviços do posto como também pela fragilização a que fica submetida a sociedade local todas as vezes que alguém, achando-se sem dinheiro, decida tirá-lo de outrem usando para tanto a ameaça mediante o uso de arma; o COMPORTAMENTO DA VÍTIMA em nada contribuiu para a causação do delito.

Atentando para o *quantum* necessário e suficiente à reprovação do crime, levando em conta que o acusado, consciente da reprovabilidade da conduta, assumiu levá-la a termo, impondo medo e constrangimento à vítima, fixo a pena-base em cinco anos de reclusão. Em face da ocorrência de mais de uma qualificadora, tomo aquela do inciso II do § 2.º do art. 157, concurso de duas ou mais pessoas, para aumentar a pena em um terço, fixando-a em seis anos e oito meses de reclusão.

Reconheço a atenuante do art. 65, inciso II, letra *d*, confissão espontânea, para diminuir a pena em seis meses, ficando esta em seis anos e dois meses de reclusão. Não há agravantes a considerar. Não havendo outras circunstâncias de aumento ou diminuição da pena, torno-a definitiva em seis anos e dois meses de reclusão, que será cumprida inicialmente em regime semiaberto.

Ausentes os requisitos do art. 44 do Código Penal, deixo de aplicar a substituição da pena privativa de liberdade por pena restritiva de direitos.

Custas legais, pelos acusados, em partes iguais. Intimem-se os acusados e seus defensores. Intime-se o Ministério Público.

Com o trânsito em julgado, após a certificação, lance-lhes os nomes no rol dos culpados. P. R. I.

Guimarães (MA), 10 de julho de 2001.

Juiz CÂNDIDO JOSÉ MARTINS DE OLIVEIRA

Titular da Comarca de Guimarães

3. Latrocínio

PROCESSO n.º 13/2000 (Ação Penal).

Autor: Ministério Público

Promotor(a) de Justiça: Dra. S. M. M. N.

Réu: J. da C.

Advogado: Dr. J. B. S. (constituído)

Incidência: Arts. 157, § 3.º, do Código Penal

Vistos etc.

Cuida-se de ação penal ajuizada pelo Ministério Público Estadual, por sua Promotora de Justiça nesta Comarca, contra **J. da C.**, vulgo "J. C.", brasileiro, solteiro, vendedor ambulante, 24 anos de idade, nascido em 30.06.1975 em Coroatá – MA, filho de A. da C. e M.ª R. da C., residente e domiciliado na Av. João castelo, sem número, Pirapemas – MA.

Narra o *Parquet* que o acusado, no dia 22.12.1999, por volta das 9 horas, no Povoado Lagoinha, neste Município de São Mateus, cometeu o delito tipificado no art. 157, § 3.º, última parte, do Código Penal, assaltando o mototaxista **L. F. S. dos S.**, tirando-lhe a vida mediante emprego de arma de fogo e em seguida levando a motocicleta Honda CG 125, de placa....

Denúncia recebida em 02.05.2000. Inquérito policial às fls. 05/63. Exame cadavérico às fls. 18.

Réu interrogado no dia 9 de maio último, negando a autoria do fato, afirmando que estava na cidade de Coroatá na data do crime.

Defesa prévia protestando pela absolvição do acusado.

Testemunhas de acusação e de defesa foram ouvidas em 2 de junho seguinte, num total de nove depoimentos.

Às fls. 60, a viúva da vítima formula pedido de assistência, com o qual concordou a Promotora de Justiça às fls. 86.

Na fase do art. 499, as partes nada requereram.

Em alegações finais, o Ministério Público ratifica os termos da denúncia, pedindo a condenação do acusado pelo crime lá capitulado, uma vez que a seu entender restou provada a autoria, mormente pelo depoimento da infante S. C. de M., o qual ao seu ver merece maior crédito que os prestados pelos álibis.

A defesa, por seu turno, antes da manifestação do assistente da acusação, requer a absolvição porque insuficientes as provas colhidas, afirmando que não pode a condenação basear-se apenas e tão somente no depoimento de uma criança de dez anos. Segue também o defensor a linha de que o verdadeiro autor do crime teria sido um indivíduo conhecido por D., também de Pirapemas, de compleição física, segundo diz, semelhante à do réu e que teria falado para uma das testemunhas que fora o responsável pelo assalto seguido da morte praticado aqui em São Mateus.

O assistente de acusação pugna pela condenação do acusado, na mesma linha de raciocínio esboçada pelo Ministério Público.

Após as alegações finais, o advogado do réu informou sobre a apreensão da motocicleta roubada, o que motivou esse magistrado a cobrar explicações do Sr. Delegado de Polícia, que por sua vez informou haver sido o veículo encontrado abandonado na Portaria da Fazenda Juíza, em Miranda do Norte, após o recebimento de denúncia anônima.

Às fls. 134, o Delegado Regional de Bacabal informa a fuga do acusado da prisão em que se encontrava.

É o relatório. Decido.

De início, insta frisar que a apresentação pela defesa de alegações finais antes mesmo das razões do assistente de acusação não importa em nulidade, já que o defensor constituído do acusado, por sua conta, retirou os autos em carga mesmo sem aquela manifestação dos profissionais constituídos pela viúva da vítima. Também não se vê qualquer prejuízo às partes com respeito às informações do Delegado sobre a localização da moto, já que nada contribuiu para a verdade real.

Dito isto, quanto à materialidade do delito, esta é irrefutável, já que houve a morte da vítima e a subtração de seu patrimônio. Passando à valoração das provas, da análise dos depoimentos acostados, onde muito me valeram as impressões pessoais decorrentes do contato com as testemunhas, tenho a firme e resoluta convicção de que o acusado foi o autor do crime.

É que vislumbro ampla credibilidade nas afirmações da informante **S. C. de M.**, perfeitamente coincidente com as declarações de uma testemunha compromissada, o Sr. **O. C. da S.**, conforme se verá adiante.

Às fls. 93, disse a menor:

> **"Que das pessoas que estão presentes na sala de audiências, conhece o acusado sentado ao fundo; Que já o viu no dia em que ele atirou em outro homem; Que isto foi num dia de manhã, mais ou menos 8 horas; Que a informante estava em seu terreiro, na estrada Lagoinha; Que ouviu o acusado antes de dar o tiro pedir o capacete do outro homem; Que a informante não conhecia a pessoa que morreu; Que o rapaz (o acusado) levou a moto da vítima; Que a vítima levou o tiro com o capacete na cabeça; Que foi só um tiro que o acusado deu na vítima (...) Que a informante, antes de ver o rapaz dar o tiro no outro, viu os dois chegarem por lá na moto; Que o acusado estava de camisa verde; Que a informante tem certeza absoluta que o acusado J. foi quem matou a vítima e levou a sua moto; Que jura por seu pai, por sua mãe e por Deus que o rapaz aqui presente foi quem deu o tiro no motoqueiro; Que a depoente faz a 3.ª série, sabendo ler e escrever um pouco".**

E às perguntas do advogado de defesa, respondeu ainda a informante:

> **"Que o rosto do acusado a informante marcou antes de ele dar o tiro na vítima; Que na Delegacia, o Delegado mostrou a informante para o acusado, que foi por ela reconhecido sem que a autoridade lhe influenciasse ou lhe mandasse dizer que era ele".**

Além da considerável seriedade das declarações reduzidas a termo, referido depoimento ganha maior relevo à medida em que a criança, após ter sido apregoada, com medo, mas sem hesitação, à primeira pergunta deste magistrado respondeu que já tinha visto ser alguém na sala de audiências, indicando sem qualquer indução dos presentes o acusado J. da C., que estava ao fundo. E tamanha foi a riqueza de detalhes do depoimento da menor que difícil é refutar-se a sua idoneidade, mesmo que tivesse ela apenas 11 anos, já que, acaso estivesse mentindo, alguma incoerência surgiria, mesmo porque somente uma criança de personalidade genial e completamente desviada da ética seria capaz de fornecer no ambiente de uma audiência um relato tão seguro, ainda mais ante a sabatina promovida pelo ilustre advogado de defesa.

Sobre o valor do testemunho de uma criança, mesmo fazendo objeções, já dizia o célebre Nicola Framarino dei Malatesta:

> "À parte as precocidades maravilhosas, como a de Heinecken Cristiano Enrico, é fora de dúvida que de criança para criança há infinitas diferenças de desenvolvimento intelectual; há muitas crianças precoces, assim como retardadas. **Ora, seria prejudicial à Justiça privá-la, por razões de idade, de um testemunho que talvez seja o único possível e apto a gerar a legítima certeza (...)**" (grifei).

Por outro lado, conforme já salientado, percebe-se claramente que as declarações da infante não são prova única, haja vista que se veem sensivelmente corroboradas pelo depoimento do Sr. **O. C. da S.**, às fls. 94, o qual, mesmo não tendo sido testemunhas ocular do disparo contra o mototaxista, narrou ter visto os momentos que antecederam e que se seguiram ao crime, quando primeiro viu a vítima conduzindo a moto na estrada da Lagoinha com alguém com as descrições do acusado em sua garupa, em velocidade normal, para observar depois que esta tal pessoa fazia o caminho inverso, em direção à sede de São Mateus, dirigindo o veículo em alta velocidade.

Com efeito, por duas vezes disse o depoente compromissado não ter certeza absoluta ou total de que **J. da C.** era o acompanhante da vítima **L. F.**, mas que sem dúvida era ele muito parecido, sendo o tempo todo sua postura mais persuasiva no sentido do reconhecimento do acusado, demonstrando pouquíssima dúvida perante este magistrado, que assim, escorado no sistema da íntima convicção ou da certeza moral que vigora no ordenamento processual brasileiro, considera procedente a tese ministerial.

Outrossim, com relação aos depoimentos das testemunhas de defesa, as quais foram trazidas em banca e cujos endereços não foram fornecidos pelo advogado para eventual intimação, rejeito-lhes maior credibilidade. É que, na audiência, restou-me claro que se tratava de pessoas que vinham a juízo com respostas automáticas, sabendo precisar a data e a hora que supostamente estiveram com o acusado **J. da C.** no município de Coroatá, mas não sabendo entretanto apontar em que dia da semana teria sido tal contato. E, como bem apontou a Promotora, perfeitamente possível é que numa motocicleta alguém se desloque para Coroatá ou Pirapemas de São Mateus pelos caminhos de ligação aqui existentes em menos de duas horas, em menos tempo até do que pela via asfáltica, cuja distância é maior e as condições de tráfego são notoriamente precárias e perigosas para tal tipo de veículo, dados os buracos existentes.

Já no que atine à tese da defesa no sentido de que o crime teria sido cometido por um sujeito chamado D., que seria muito parecido com J. da C. e que teria confessado a um dos testigos a autoria, não vejo como possa isso preponderar sobre as outras provas e indícios extraídos dos depoimentos antes referidos, os quais dão a este julgador a plena certeza de que o Sr. **J. da C.** foi realmente o autor do crime de latrocínio consumado praticado contra o mototaxista, ante a sua perfeita coerência.

Assim, uma vez definida a conduta delitiva do acusado, passo à dosimetria das penas.

Percorrendo o *iter* do art. 59 do Código Penal, vejo que o acusado é primário e sem antecedentes. Sua culpabilidade é acentuada, sendo sua ação reprovável ao extremo. A conduta social não é boa, pois é pessoa que admite inclusive viver de agiotagem. A personalidade é de pessoa voltada para o crime e perigosa, tanto que ameaçou a testemunha **S.** após esta haver prestado depoimento no corredor do Fórum, depoimento de fls. 96, sendo advertido por este Juiz. Os motivos do crime não lhe favorecem, sendo os inerentes à espécie: o lucro fácil. As circunstâncias do fato são indiferentes. As consequências extrapenais foram graves, já que foi retirada a vida de um arrimo de família. O comportamento da vítima não propiciou a ação do réu. Destarte, estabeleço a pena privativa de liberdade, a princípio, em **22 (vinte e dois) anos de reclusão.**

No que atine a circunstâncias atenuantes e agravantes, observo a utilização da emboscada (art. 65, II, *c*), o que importa um acréscimo de mais um ano àquela pena inicial, que alcança o seu patamar definitivo em **23 (vinte e três) anos de reclusão**, já que inexistem causas de aumento ou de diminuição. Quanto ao regime, este deverá ser o fechado, integralmente, dado o disposto na Lei dos Crimes Hediondos (Lei n.º 8.072/90).

Passando à pena pecuniária, pelas circunstâncias judiciais acima mencionadas, estabeleço-a em **100 (cem) dias-multas**, cada um valendo 1/30 do salário mínimo então vigente quando do evento.

Isto posto, julgo procedente a ação penal para condenar **J. da C.**, qualificado acima, a **vinte e três anos de reclusão** pelo crime do art. 157, § 3.º, parte final do CP, integralmente em regime fechado, nos termos do art. 33, § 2.º, *a*, do mesmo diploma, no Complexo Carcerário de Pedrinhas, e a **100 (cem) dias-multa,** correspondendo cada dia-multa a um trigésimo do salário mínimo, devendo ser pago tal débito até 10 (dez) dias após o trânsito em julgado da ação, atualizado desde a data do evento.

Após o trânsito em julgado da condenação, lance-se o nome do réu no rol dos culpados, comunique-se à Justiça Eleitoral e oficie-se à Gerência de Segurança.

Por haver se evadido da Delegacia Regional de Bacabal, nego ao acusado a possibilidade de recorrer enquanto não se recolher à prisão.

Expeça-se novo mandado de prisão, em virtude do presente título.

Condeno ainda o réu às custas do processo.

Publique-se. Registre-se. Intimem-se.

São Mateus (MA), 24 de agosto de 2000.

Juiz MARCIO CASTRO BRANDÃO

Titular da Comarca de São Mateus

4. Furto qualificado

PROCESSO N.º 296/99

AÇÃO PENAL PÚBLICA - ART. 155, § 4.º, incisos I e IV, do CPB

AUTOR: MINISTÉRIO PÚBLICO

RÉUS: L. P. F.; J. T. N. e J. S. de A.

CARTÓRIO: 1.º OFÍCIO

I - RELATÓRIO

O Ministério Público Estadual formulou **DENÚNCIA** contra **L. P. F.; J. T. N. e J. S. de A.**, todos devidamente qualificados nos autos, como incursos na prática do delito previsto no **art. 155, § 4.º, incisos I e IV, do Código Penal Brasileiro**.

Narra a **denúncia** que:

> *"No dia 7 de abril do ano em curso, por volta das 10:30 horas, os acusados transitavam pela estrada da Raposa/MA, em um veículo FIAT UNO MILLE SX, de cor vermelha, placa... SÃO LUÍS/MA, quando avistaram dois carros estacionados em frente à CLÍNICA T. R. P., quais sejam, um GOL 1000 Plus, cor branca, placa... e um Corsa Super, cor azul, placa..., oportunidade em que resolveram efetuar o arrombamento dos referidos veículos e subtrair alguns objetos que estavam no interior dos mesmos.*
>
> *Assim é que, fazendo uso de uma chave de fenda, os acusados, em concurso, efetuaram o corte da borracha de sustentação e vedação do vidro lateral traseiro direito do veículo GOL supracitado, subtraindo do interior do mesmo os objetos relacionados nos itens 02 a 12, 14 e 14 do auto de apresentação de apreensão constante dos autos.*
>
> *Após, estilhaçaram o vidro traseiro direito do mencionado veículo Corsa, sem, no entanto, efetuar qualquer subtração de objetos, em virtude do disparo do alarme de segurança, o que ensejou a fuga dos mesmos.*
>
> *O referido disparo do alarme do carro despertou a atenção de várias pessoas que se encontravam no interior da CLÍNICA T. R. P., inclusive do vigia da mesma, o qual observou os três acusados adentrarem no veículo FIAT UNO MILLE, imprimindo fuga na direção da Avenida dos Holandeses, em alta*

velocidade. Por consequência, o citado vigia comunicou o fato à administração da mencionada clínica, tendo a funcionária, de nome R., telefonado para a Delegacia de Homicídios, solicitando providências".

Prossegue a **denúncia**:

"Agentes de Polícia lotados naquela Especializada, então saíram em diligências (...).

Em dado instante, nas proximidades do retorno do Araçagi, referidos policiais avistaram o carro procurado, iniciando, então, perseguição dos ora denunciados, os quais foram interceptados nas imediações da Delegacia de Homicídios e presos em flagrante.

Interrogados pela autoridade policial, os denunciados confessaram a prática criminosa, confissão esta que, corroborada pelos depoimentos testemunhais, demonstra as autorias delitivas.

A materialidade do delito, por sua vez, resta provada pelo auto de apresentação e apreensão de fls. 15/16 e pelos laudos de exames de vistoria em veículo, acostado às fls. 44 e 45...".

Recebida a **peça acusatória**, às **fls. 58**, foi designada data para qualificação e interrogatório dos acusados, cujo **Termo de qualificação** e **interrogatório** resta acostado às **fls. 81/89**.

Em **defesa prévia**, os acusados, através de seus advogados constituídos, negaram a autoria do delito, sustentando como inverdades as imputações a eles atribuídas, conforme fls. **94/110**.

Iniciada a **instrução criminal**, ouviram-se **9 (nove) testemunhas**, sendo que **2 (duas)** foram através de **Carta Precatória**, expedida a um dos Juízos da Comarca de Açailândia (MA), conforme fls. **168/172; 197/200** e **236/237**.

Na fase do **art. 499**, o **Ministério Público**, às fls. **206**, requereu a expedição de ofício ao Cartório Distribuidor da Comarca de Paço do Lumiar (MA), bem como ao da Comarca de Açailândia, para informar acerca da existência de processos e ou condenações contra os acusados, enquanto os seus patronos nada requereram, conforme se constata às fls. **207, 208**, bem como, com relação ao acusado J. T. N., foi certificado que o seu advogado não apresentou nenhuma manifestação quanto a esta fase da instrução.

Com **vista dos autos**, o **Ministério Público**, em **alegações finais**, requereu o julgamento procedente da pretensão punitiva, com a consequente condenação dos denunciados nas reprimendas do **art. 155, § 4.º, incisos I e IV, do CPB.**

Os acusados, através de seus advogados constituídos, de forma individual, apresentaram as suas **alegações finais**, às fls. **252 a 265**, sendo que o **primeiro**

advogado pugnou pela improcedência da denúncia, com relação ao seu cliente, J. S. de A., por insuficiência de provas quanto à autoria; o **segundo advogado** do acusado, L. P. F., argumentou que o seu cliente não pode ser condenado por presunção, requerendo, também, a improcedência da denúncia e por último, o **terceiro advogado** do acusado, J. T. N., apresentou duas defesas alternativas, sendo a primeira de crime impossível, enquanto a segunda diz respeito à "inexistência de qualquer laudo de avaliação dos bens furtados, que prove o seu valor, para efeito de aplicação ou não da substituição de pena prevista no § 2.º do art. 155 do CPB. Este fato (a falta de laudo) implica na afirmação do princípio *in dubio pro reo*, por presunção, para beneficiar o réu...".

Por fim, vieram-me os autos conclusos.

É o relatório. Decido.

II - FUNDAMENTAÇÃO

Trata-se de **ação penal** em que se pretende apurar a responsabilidade criminal atribuída aos **acusados L. P. F., J. T. N. e J. S. de A.**, pela prática do delito previsto no **art. 155, § 4.º, incisos I e IV**, do **Código Penal Brasileiro**.

1 - DA MATERIALIDADE DELITIVA

Conforme se constata pelos laudos de exame de vistoria em veículos, às fls. **50/51** dos autos, as **conclusões** lançadas retratam, sem sombra de dúvida, a **materialidade do ilícito penal**, tipificado no **art. 155, § 4.º, incisos I e IV, do Código Penal**, bem como pela **confissão**, na fase de investigação policial, pelos denunciados, com riqueza de detalhes, cujos interrogatórios estão apensos às fls. **12 a 17** dos autos.

2 - DAS CONDUTAS DELITIVAS

Conforme se depreende da denúncia de fls. **02/06, a tese acusatória** é no sentido de que, efetivamente, devem os acusados ser responsabilizados.

Quanto às **teses defensivas**, são unânimes em descaracterizar a prática do delito por parte dos acusados.

Destarte, entende este **Juízo** que assiste **razão** à **tese da acusação**, diante das confissões dos acusados, quando foram presos em flagrante, ainda na fase de investigação, ao relatarem à autoridade policial o seguinte:

A) L. P. F.:

> *"... Que o interrogado chegou a são Luís na sexta-feira, dia 02/04/99, oriundo do município de Açailândia/MA, com seu amigo J. S. de A. (...); Que, no dia 04/04/99, o interrogado e J. foram até o Conjunto Bequimão, onde reside o seu amigo J., pois estiveram presos e fazia tempo que não viam seu amigo; Que, naquela ocasião, detalharam de que forma estiveram presos no município de*

Balsas e no município de Grajaú (...); Que hoje, por volta das 09:30 horas, o interrogado e J. saíram da casa de J., no Conjunto Bequimão, onde dormiram, com destino à praia da Raposa, comprar peixe (...); Que, o interrogado estava dirigindo o veículo acima em alusão e que, quando chegaram ao município de Raposa, estava chovendo, resolveram retornar com destino a São Luís. Quando passaram em frente à Clínica T. R. P., o seu amigo J. pediu para o interrogado parar o veículo, pois tinha um conhecido seu parado na esquina da clínica; Que J. e J. foram até onde estava a referida pessoa, a qual, é conhecida como 'L.', segundo comentários dos seus amigos; Que permaneceu no interior do veículo, enquanto J., J. e L. entraram no pátio da clínica, retornando cerca de 6 minutos depois, correndo em direção de onde estava o interrogado; Que naquela ocasião o interrogado ouviu o alarme de um veículo soar, enquanto os seus companheiros corriam; Que L. estava com uma chave de fenda na mão e um toca-CDs, enquanto J. e J. estavam com uma carteira porta-cédulas e vários documentos, além de cartões de crédito e um telefone celular e uma bateria de celular; Que J. e J., quando chegaram próximo do interrogado, jogaram vários objetos no interior do veículo; Que L. também, jogou os objetos dentro do veículo, inclusive uma chave de fenda de cabo verde, que serviu para arrombar dois automóveis que estavam estacionados no pátio da Clínica T. R. P. ..." **(ver fls. 12/13 dos autos)**.

B) J. T. N.:

"*... Que hoje, por volta da 09:30 horas, o interrogado foi procurado, em sua residência, por J. e L., com a finalidade de darem uma volta na praia da Raposa/MA, inclusive este último dissera que naquele local havia tubarões; Que, no entanto, em razão de estar chovendo muito, retornaram com destino a São Luís/MA, porém, quando se aproximaram da Clínica T. R. P., L., que estava conduzindo o veículo, falou as textuais palavras – 'vamos parar aqui, que o carro está sem desembaçador'; Que L. olhou para o interior do veículo de marca VW tipo GOL, cor branca, dizendo que o mesmo tinha um toca-CDs; Que L. falou: 'rapaz, o nosso carro está sem som...'; Que, J. desceu do veículo e se dirigiu até o GOL, depois retornou até o veículo Fiat, onde pegou uma chave de fenda de cabo verde, tendo chamado o interrogado para acompanhá-lo; Que o interrogado ficou observando se vinha alguém, enquanto J. arrombava o GOL branco com a chave de fenda, inclusive quebrando o vidro lateral, e L. permanecia em seu veículo Fiat; Que o interrogado assistiu quando J. retirou um toca-CDs do interior do GOL de cor branca, além de um telefone celular, uma bateria de reserva e vários documentos pessoais; Que J., após arrombar o GOL, jogou os objetos no interior do Fiat de L., tendo se dirigido para fazer outro arrombamento no veículo de marca Chevrolet, tipo Corsa, de cor azul, após ter quebrado o vidro do lado direito do passageiro, quando o alarme soou, ocasião em que saíram correndo em direção ao Fiat onde estava L.;* **QUE O INTERROGADO ESTÁ ESCLARECENDO, A BEM DA VERDADE, QUE NÃO EXISTIA UMA QUARTA PESSOA CONHECIDA**

POR L., COMO AFIRMOU L. (grifamos); *Que, segundo o interrogado, L. e J., quando retornaram para São Luís/MA, foram abordados e presos em flagrante delito por policiais desta delegacia de Homicídios..."* **(ver fls. 14/15 dos autos)**.

C) **J. S. de A.**:

"... Que no Domingo, dia 04/04/99, por volta das 13 horas, o interrogado e L. foram até a residência de J., no Conjunto Bequimão, e de lá foram ao 'Carnaubar', localizado na Avenida Litorânea (...); Que o interrogado foi convidado por L. para irem até a Raposa/MA, para olharem tubarões, porém, antes, passaram na residência de J. e saíram os três com destino ao referido município (...); Que L. estava dirigindo o Fiat Uno vermelho, e, quando estavam nas proximidades da Clínica T. R. P., o mesmo parou o veículo para arrombar o veículo de marca VW, tipo GOL, cor branca, o qual estava estacionado no pátio da referida Clínica; Que o interrogado, com uma chave de fenda cabo verde, arrancou o vidro lateral do referido veículo, de onde retirou um porta-CDs, um telefone celular e vários documentos pessoais; Que o interrogado colocou os objetos subtraídos no interior do Fiat, onde estava L., enquanto J. observava para ver se vinha alguém; Que o interrogado viu quando J. arrombou um outro veículo que estava ao lado do GOL, de marca Chevrolet, tipo Corsa, de cor azul, utilizando uma vela de veículo já usada, quebrando o vidro e provocando o acionamento do alarme; Que o interrogado, L. e J. saíram do local, no interior do veículo Fiat vermelho, em direção ao município de São Luís/MA; Que, quando estavam em frente à Delegacia de Homicídios, foram interceptados por uma viatura da referida Delegacia, onde foram presos por vários policiais e conduzidos à presença da autoridade que preside o feito; Que o interrogado já foi preso em Grajaú/MA, por formação de bando ou quadrilha e por porte ilegal de arma, enquanto no município de Balsas/MA foi preso por ter subtraído vários pacotes de cigarros, um computador, uma sandália tipo 'Raider' do Supermercado Sul-Maranhense e por ter subtraído de uma ótica vários relógios e óculos, onde ficaram presos por sessenta dias por força da decretação de Prisão Preventiva..." **(ver fls. 16/17 dos autos)**.

Apesar de os acusados terem negado a autoria delitiva, **em juízo**, este fato não invalida a confissão extrajudicial, tendo em vista que as defesas não comprovarem que, na fase inquisitiva, os acusados teriam confessado a autoria do crime, mediante violência ou arbítrio de autoridade policial. Além de se constatar, ainda, que as confissões se fazem acompanhadas de outros indícios que levam à conclusão de que os acusados são, efetivamente, os autores da prática delitiva, fato este corroborado pelos depoimentos das testemunhas acostados às fls. **168/170** e **197/199**.

Com relação às testemunhas de defesa, em nada contribuíram em favor dos acusados, uma vez que se reportam apenas, aos antecedentes dos mesmos.

Sabido que a confissão plenamente válida é aquela feita com observância de todas as formalidades legais, isto não significa, contudo, que outra confissão seja despida de qualquer valor probante, tendo o **STF**, ao enfrentar a questão, assim se pronunciado:

> **"As confissões judiciais ou extrajudiciais valem pela sinceridade com que são feitas ou verdade nela contidas, desde que corroboradas por outros elementos de prova, inclusive circunstanciais"** (STF - *RTJ* 88/371).

O **Tribunal de Alçada Criminal de São Paulo**, também ao enfrentar tal matéria, assim se manifestou:

> **"PROVA - CONFISSÃO EXTRAJUDICIAL - RETRATAÇÃO EM JUÍZO - CONDENAÇÃ0 - POSSIBILIDADE - Ainda que retratada em juízo, a confissão do réu na polícia é válida, basta a demonstração da autoria do fato criminoso, principalmente se acompanhada de outros indícios. E a aplicação da velha paremia 'nulla est maior probatio quam própria ore confessio' (em vulgar não há prova maior do que a confissão de boca própria)..."** (TACRimSP - AP. 1.048.877 - 15.ª C. - Rel. Juiz Carlos Biasotti - j. 13.03.1997).
>
> **"PROVA - CONFISSÃO EXTRAJUDICIAL - VALOR - A menos se demonstre cumpridamente que foi obra de violência ou arbítrio, a confissão, ainda quando produzida na fase de inquérito policial, tem cunho de prova excelente (Regina Probationum), porque não é o lugar onde se presta que a acredita, senão o poder de convencimento que encerra; ..."** (TACrimSP - AP. 1.049.093 - 15.ª C - Rel. Juiz Carlos Biasotti - j. 24.04.1997).

Fica, portanto, patente a **culpabilidade** quando incontestáveis a **autoria** e a **materialidade** do **crime**, bem como o **dolo** dos **agentes**, em face dos elementos probatórios e em face da própria confissão dos acusados na polícia. Mesmo que haja retratação em juízo, esse fato não lhes retira o caráter de culpáveis e nem desfaz os efeitos das confissões extrajudiciais.

Em assim sendo, é de se reconhecer que os acusados realmente praticaram a conduta delitiva a que se reporta a denúncia.

Constata ainda este **Juízo** que os acusados praticaram a conduta de **"subtrair, para si ou para outrem, coisa alheia móvel"**. O fato de o acusado **L.** ter permanecido no carro enquanto os outros dois, **J. e J.**, executavam o furto não descaracteriza a **coautoria**, uma vez que foi o próprio acusado **L.** quem idealizou o delito, tornando-se conivente quando da execução do crime pelos outros acusados acima identificados.

Assim, caracterizada a conduta descrita no **art. 155, § 4.º, incisos I e IV, do CP**, é de se **condenar** os **acusados.**

III - CONCLUSÃO

Isto posto, **JULGO PROCEDENTE a denúncia formulada pelo Ministério Público estadual para condenar os acusados, L. P. F.; J. T. N. e J. S. de A.**

IV - DOSIMETRIA E FIXAÇÃO DA PENA

Impõe-se, agora, a **análise** das **circunstâncias judiciais** elencadas no **art. 59 do Código Penal**, referente a cada acusado:

1) L. P. F.: a **culpabilidade** restou evidenciada, tendo este agido, conscientemente, bem como requer uma reprimenda maior; tecnicamente primário, entretanto, possui **péssimos antecedentes criminais**, conforme **certidões** às fls. **63/93**; a **conduta social** do réu **não é boa**; possui **personalidade** em formação; os **motivos** lhe são **desfavoráveis**, bem como as **circunstâncias** e as **consequências extrajudiciais**; o **comportamento das vítimas** não contribuiu para a conduta do réu.

Analisadas as **circunstâncias judiciais**, verifica-se que em quase sua totalidade pesam em desfavor do acusado. Sendo assim, **fixo** a **pena-base** em **5 anos e 8 meses de reclusão e 60 dias-multa, a um trigésimo do salário mínimo**.

Reconheço em favor do condenado a **atenuante** contida no **art. 65, inciso I**, bem como o **inciso III, alínea d**, do **Código Penal**.

Reconheço a **agravante** referida no **art. 62, inciso I, do Código Penal Brasileiro**. Em face de haver **concurso** disposto no **art. 67**, também do **CP**, minoro as penas em **um sexto**, fixando-a em **4 anos, 8 meses e 20 dias de reclusão e 50 dias-multa** tornando-as **definitivas**, em face da inexistência de causas de **diminuição** e de **aumento** de pena.

Inaplicável no caso, a substituição da pena privativa de liberdade, bem como o *sursis*.

2) J. T. N.: culpabilidade evidenciada, tendo agido com consciência em sua conduta; é primário e de **bons antecedentes**; **conduta social** boa; possui **personalidade** em formação; os **motivos** lhe são desfavoráveis, bem como as **circunstâncias** e as **consequências extrapenais**; o **comportamento** das vítimas não contribuiu para a realização do delito.

Analisadas as **circunstâncias judiciais**, verifica-se que não são de todo desfavoráveis ao acusado. Sendo assim, **fixo a pena-base em 4 anos de reclusão e multa de 30 dias-multa, a um trigésimo do salário mínimo**.

Reconheço em favor do condenado as **atenuantes** descritas no **art. 65, incisos I e III**, **alínea d do CP**, para minorar a pena em **um terço**, fixando-a, em definitivo, em **2 anos e 8 meses de reclusão e multa de 10 dias-multa**, em face da inexistência de **causas** de **diminuição** e de **aumento** da pena.

Assim, em face do preenchimento dos requisitos dispostos nos **incisos I, II e III do art. 44 do Código Penal**, **substituo** a pena **privativa de liberdade** pela **pena restritiva de direito**, de **prestação de serviço à comunidade**, devendo o **apenado** prestar serviços junto ao **CEMA - "UNIDADE ESCOLAR TÁCITO CALDAS", Paço do Lumiar,** em uma **jornada de 5 (cinco) horas semanais**, pelo período de, no mínimo, **a metade da privativa de liberdade anteriormente aplicada.**

Oficie-se o **Sr. Escrivão** à entidade educacional supramencionada, para os fins de apresentação do apenado.

Expeça-se o **alvará de soltura**, em favor de **J. T. N.**, para fiel cumprimento da **pena substitutiva.**

3) J. S. de A.: a **culpabilidade** restou evidenciada, tendo o apenado agido com consciência da ilicitude; é tecnicamente primário, contudo possui **péssimos antecedentes criminais**; **conduta social** não é boa; **personalidade** em formação; os **motivos**, as **circunstâncias** e as **consequências extrapenais** lhe são **desfavoráveis**; o **comportamento das vítimas** não contribuiu para a conduta delitiva do réu.

Finalizando o exame das **circunstâncias judiciais**, verifica-se que em quase sua totalidade são **desfavoráveis** ao acusado. Em assim sendo, fixo a **pena-base** em **5 anos e 6 meses de reclusão** e **50 dias-multa**, a **um trigésimo do salário mínimo.**

Reconheço em favor do **condenado** as **atenuantes da menoridade** e de **confissão expontânea (na fase inquisitiva)**, para **minorar** a pena em **um terço**, fixando-a, em **definitivo**, em **3 anos e 8 meses de reclusão** e **43 dias-multa**, em face da inexistência de causas de aumento e de diminuição da pena.

Inaplicável ao **condenado** a substituição da pena, uma vez que, da análise das **circunstâncias judiciais**, depreende-se que a substituição não seria suficiente para reprimir, a contento, a conduta praticada pelo condenado **(art. 44, inciso III, do CP)**.

Inaplicável, também, ao condenado o *sursis*, uma vez que não preenchidos os seus requisitos.

V - CONDIÇÕES GERAIS

Os **condenados L. P. F.** e **J. S. de A.** devem cumprir suas respectivas **penas privativas de liberdade**, inicialmente, em **regime semiaberto**, este último em face do disposto no **§ 3.º do art. 33 do Código Penal**, na **Penitenciária de Pedrinhas**, em **São Luís (MA)**.

Quanto **às penas de multa**, estas deverão ser depositadas em favor do **Conselho Penitenciário Estadual**, no prazo de **10 (dez) dias**, contados do **trânsito em julgado desta decisão**, juntando-se aos autos os respectivos **comprovantes de recolhimento**. Em caso de não pagamento, deve-se aplicar a **regra** contida no **art. 51 do Código Penal.**

Condeno os **apenados** ao pagamento das **custas processuais**, na forma da lei.

Recomendo que os **apenados L. P. F. e J. S. de A.** permaneçam na prisão onde se encontram, caso venham a recorrer desta sentença.

Após o **trânsito em julgado**, lance-se os nomes dos apenados no livro do rol dos culpados e expeça-se **Carta de Guia**.

Expeçam-se as **comunicações** de praxe.

Publique-se. Registre-se. Intimem-se o **Ministério Público**, nos termos do **art. 390 do CPP**; e os **apenados** conforme a regra disposta no **art. 392** do mesmo diploma legal.

Paço do Lumiar (MA), 17 de janeiro de 2000.

Marilse Carvalho Medeiros

Juíza de Direito

5. Roubo qualificado

PROCESSO Nº 0000000-00.0000.0.00.0000

AÇÃO PENAL: art. 157, § 2º, ii e vii c/c art. 307, ambos do CPB e art. 244-B do ECA.

RÉU: TTTT

VÍTIMA: PPPP

SENTENÇA:

O representante do Ministério Público, baseado em Inquérito Policial, ofereceu denúncia contra **TTTT**, com incurso nas penas do art. 157, § 2º, II e VII do CPB, art. 244-B do ECA, em concurso formal com o art. 307 do CPB, em concurso material de crimes (art. 69 do CPB).

Narra à denúncia em síntese, conforme Id 71358189:

> "No dia 12 de junho de 2022, por volta das 03h00min., nas proximidades do Posto de Combustível Carone e do Shopping Rio Anil, bairro Turu, nesta cidade, o ora denunciado TTTT, mediante prévio ajuste de desígnios com o adolescente YYYY (16 anos), mediante violência e grave ameaça empreendida pelo uso de arma branca, tipo faca, subtraiu 01 (um) aparelho celular, Samsung, de cor cinza, pertencente a vítima PPPP, sendo ambos localizados instantes depois na posse da res furtiva, escondidos no referido posto de combustíveis, ocasião em que o adolescente YYYY estava na posse do aparelho celular tomado de assalto, consoante investigado no Inquérito Policial n.º 000/0000-DP.
>
> No dia, hora e local alhures mencionados, a ofendida PPPP, inicialmente estava participando de uma festa junina no Shopping Rio Anil, nesta cidade e, logo após, se dirigiu ao posto de combustível ao lado, enquanto esperava por seu pai PPSS buscá-la.

Na ocasião, o denunciado TTTT se aproximou da vítima e lhe disse algo que ela não entendeu, anunciando o assalto, tendo em seguida o incriminado TTTT subtraído o aparelho de telefone da vítima e empreendido em fuga do local, enquanto YYYY (16 anos) o aguardava naquelas proximidades.

Na sequência, PPPP saiu correndo atrás de TTTT com a intenção de recuperar o seu celular, mas acabou caindo ao chão.

Ademais, de acordo com a oitiva da ofendida PPPP (ID 69059692, Pág. 6-7), um popular que estava no local dos fatos também tentou correr atrás do incriminado, mas não conseguiu alcançá-lo, tendo esse mesmo popular contado para a ofendida que TTTT estava armado com uma faca.

Ato contínuo, o pai da vítima, PPSS, chegou para buscá-la e foram para casa. Ao chegarem em sua residência o irmão da ofendida PPPP conseguiu acessar a localização do seu aparelho celular e munido dessa informação, o pai de PPPP ligou para a Polícia Militar, por meio do telefone 190, e passou a localização do aparelho aos policiais militares.

Após receberam a denúncia, os policiais militares PX e ECX (ID 69059692 - Pág. 2-5), estavam realizando rondas no bairro da Cohab, nas proximidades do Supermercado Mateus, nesta urbe, por volta das 05h50min., ao acompanharem a localização do aparelho celular roubado da ofendida, conseguiram avistaram avistar o denunciado TTTT e seu comparsa YYYY (16 anos) próximos de um posto de combustível naquelas imediações, os quais, ao verem a aproximação da viatura, tentaram se esconder no posto, demonstrando atitude suspeita, o que levou a guarnição dos referidos militares procederem com a abordagem.

Durante a incursão policial, na revista pessoal do denunciado TTTT foram encontradas 02 (duas) facas de serra, enquanto o adolescente YYYY estava na posse do celular roubado da vítima, além de uma tesoura. Nessa oportunidade, o denunciado se identificou falsamente como RJG, sendo autuado em flagrante com esse nome em razão da sua intenção de enganar a Justiça Pública.

Na sequência, a testemunha PPSS identificou o celular encontrado na posse de YYYY como sendo da sua filha, ora vítima.

Em seguida, os indigitados TTTT e YYYY foram encaminhados ao Plantão Central do Cohactrac para as devidas providências.

Ademais, a vítima PPPP no ID 69059692, Pág. 6-7 reconheceu TTTT como sendo a pessoa que mediante violência roubou o seu aparelho celular.

Ouvido em sede policial no ID 69059692 - Pág. 8, o adolescente YYYY narrou que encontrou o seu amigo TTTT alcunha "TT", estando este na posse do aparelho celular roubado, que na ocasião confidenciou ao adolescente que o havia roubado. Contou que TTTT lhe deu o referido celular para que guardasse, até que fosse vender, para que ambos dividissem o dinheiro, mas quando estavam andando nas proximidades do Supermercado Mateus, no bairro da Cohab, nesta capital, foram abordados por policiais militares que encontraram em sua posse o aparelho celular roubado.

> Interrogado no ID 69059692, Pág. 9, o incriminado TTTT, confessou ter roubado o celular, relatou que por volta das 03h00min., estava próximo ao Shopping Rio Anil, quando avistou a vítima, momento em que resolveu roubar o seu celular. Disse ainda que estava munido de uma faca, bem como usou essa arma branca para praticar o roubo. Já no bairro da Cohab encontrou com YYYY, ao passo que lhe entregou o celular até que o vendessem para que dividirem o dinheiro, no entanto, ao serem abordados pelos policiais militares, encontraram o celular na posse de YYYY e presos em flagrante. Ainda no bojo do interrogatório, o incriminado TTTT continuou se identificando como RJG (nome falso), afirmando que nunca fora preso antes.
>
> Ademais, vale-se ressaltar que inicialmente TTTT se identificou como RJG (nome falso), em Ofício de ID 69281257, Pág. 1, foi informado que foi efetuada identificação civil e o nome correto do incriminado é TTTT. (...)"

Consta que acusado foi preso em flagrante delito em 12/06/2022, e foi solto em sede de audiência de custódia, mediante o cumprimento de medidas cautelares diversas da prisão, haja vista que o mesmo forneceu nome falso de "RJG", sendo que todo o inquérito fora realizado neste nome. Ocorre que, após realização de identificação criminal, conforme Ofício em ID 69281257, observou-se que o acusado em verdade se chama TTTT, e que este fornecera nome falso, por essa razão o Ministério Público, em parecer ID 73670556, representou pela prisão preventiva de TTTT, considerando a gravidade dos delitos perpetrados pelo representado, como forma de garantia à ordem pública, ante a gravidade dos delitos por ele perpetrados.

A denúncia foi recebida em 18 de julho de 2022, conforme se verifica em ID 71567143. O(a) acusado(a) foi citado(a), conforme certidão em ID 72484301 e apresentou resposta à acusação, através de Defensor Público, em ID 72818291.

Não sendo caso de absolvição sumária, foi designada audiência de instrução e julgamento, conforme Id 72906896.

Consta no Id 79115676, a decisão em que deferiu o pedido do Ministério Público e decretou a prisão preventiva do acusado.

Na data designada para audiência, procedeu-se a oitiva das vítimas e das testemunhas presentes. O representante do Ministério Público desistiu da oitiva de **YYYY**, **ECX** e **Sgt AX**, tendo em vista encontra-se o réu preso, não havendo oposição da Defensoria Pública. Procedeu-se o interrogatório do acusado. Nada foi requerido na fase do art. 402 do CPB. O Ministério Público e a defesa apresentaram alegações finais orais, conforme Id 80417888.

O Ministério Público, em suas alegações finais, conforme se extrai do link do Id 80459288, ratificou os termos da denúncia, fez um relato e análise do processo, justificou seu ponto de vista com base na jurisprudência, ao final pugnou pela CONDENAÇÃO do acusado **TTTT**, com incurso nas penas do Art. 157, § 2º, II e VII do CPB, Art. 244-A do ECA, em concurso formal com o Art. 307 do CPB, em concurso material de crimes (Art. 69 do CPB).

A defesa do acusado **TTTT**, em sede de alegações finais, através da Defensoria Pública, conforme se extrai do link do Id 80459288, pugnou que a ação seja julgada parcialmente procedente coma desclassificação para crime de furto, tendo em vista que confirme a versão do acusado, o mesmo puxou o aparelho celular da vítima e correu, não sendo ouvida a testemunha que teria corrido atrás do acusado, a qual teria dito que o acusado puxou uma faca, fato este não presenciado pela vítima e nenhuma testemunha; Quanto o delito de corrupção de menores, por insuficiência de provas, assim como pelo fato do acusado não aparentar ser menor, fato descoberto somente na delegacia, assim como não ficou comprovado a participação do menor na empreitada; Quanto ao delito de falsa identidade pugnou pela absolvição, nos art. 386, III do CPP, por atipicidade da conduta.

É o relatório. Passo a decidir.

A **materialidade e autoria delitiva** encontram-se consubstanciada nas provas produzidas desde a fase de inquérito e submetidas ao contraditório judicial conclui-se que a materialidade do delito e autoria foram devidamente demonstradas, assim vejamos:

A vítima PPPP, conforme se extrai do link do Id 80459288, **em síntese** declarou "*que no dia dos fatos estava saindo de uma festa e aguardando seu pai,* **quando o acusado chegou por trás, disse perdeu e puxou o seu celular, saindo correndo**. *Que ainda tentou correr atrás do acusado, mas não conseguiu e* **uma pessoa que viu o assalto lhe ajudou e tentou alcançar o acusado, todavia este lhe mostrou uma faca e por esta razão o acusado se evadiu do local**. *Que seu pai chegou e foram embora, quando chegou em casa, seu irmão conseguiu rastrear o seu aparelho, fato informado aos policiais, que conseguiram efetuar a prisão do acusado com o objeto do crime. Que teve seu aparelho devolvido na delegacia. Que por ter caído, só viu a pessoa correr atrás do acusado.* **Que reconhece o acusado como sendo a pessoa que lhe assaltou.** *Que não olhou o acusado puxar a faca, por ter ficado caída, só viu a pessoa correr atrás e* **essa pessoa voltou e lhe contou que tentou correr atrás para pegar o celular, mas o acusado mostrou uma faca e por isso desistiu**". (Grifado)

A testemunha **PPSS**, conforme se extrai do link do Id 80459288, **em síntese** *afirmou "que sua filha foi em uma festa e quando chegou a um determinado horário, ela lhe ligou para ir buscá-la, pois sempre faz isso.* **Que quando estava chegando no local, viu sua filha gritar por seu celular e com arranhões, chegando ali um taxista que disse que tentou ainda correr atrás do acusado.** *Que ainda fez rondas para tentar localizar, mas não conseguiu, quando chegaram em casa, seu* *filho conseguiu rastrear o aparelho, fato comunicado para a polícia.* **Que foram até o local indicado, localizaram o acusado com o aparelho celular, por essa razão ele foi preso e levado a delegacia, local onde foi devolvido o aparelho celular de sua filha.** *Que o acusado foi preso com um menor de idade. Que não conhecia o acusado. Que sua filha fez o reconhecimento do acusado na delegacia*". (Grifado)

A testemunha, *PX*, conforme se extrai do link do Id 80459288, **em síntese** *afirmou "que no dia dos fatos foram procurados pelo pai da vítima, que teria tido o aparelho celular roubado pelo acusado e que ele tinha a localização de onde o acusado estava, por conta que rastreavam o aparelho. Que após rondas conseguiram localizar o acusado e um menor de idade, em atitude suspeita e* **após a busca pessoal foi encontrado com o menor o celular da vítima e com o acusado uma arma branca.** *Que de posse do celular, levaram até o pai da vítima que reconheceu o aparelho de sua filha. Que foram todos para a delegacia e lá a vítima reconheceu o acusado.* **Que não se recorda qual nome foi identificado na hora, só se recorda que o acusado deu nome errado no momento em que confeccionou o boletim de ocorrência. Que foi o depoente quem encontrou o aparelho celular da vítima**". (Grifado)

No interrogatório do acusado **TTTT**, conforme se extrai do link do Id 80459288, disse "*que é verdadeira a acusação que lhe é feita, pois puxou o aparelho celular da vítima e correu, sendo mentira que tenha apontado faca para uma pessoa que correu atrás. Que estava sozinho no momento em que tomou o celular e encontrou o menor de idade depois dos fatos e pediu para segurar o aparelho celular, enquanto iria comprar bombom. Que não tinha faca nenhuma, somente depois que pegou a faca de serra do adolescente. Que teve uma pessoa que correu atrás, mas ele desistiu, pois entrou em um matagal, não por ter mostrado faca. Que o menor disse que só pegaria o celular se o interrogado segurasse a faca. Que não sabia o adolescente fosse menor de idade, pois não o conhecia. Que deu nome falso, pois a polícia tinha lhe batido muito e por medo. Que já foi preso e processado por assalto*".

QUANTO AO DELITO DO ART. 157, § 2.º, II E VII DO CPB

Consoante às provas colhidas, conforme se depreende desde o curso das investigações do Inquérito Policial e das provas produzidas em Juízo, destacando-se o reconhecimento do acusado **TTTT** em fase investigativa e confirmado em juízo pela vítima PPPP, a qual narra com riqueza de detalhes toda ação, que no dia dos fatos, estava aguardando seu pai, após ter saído de uma festa, quando foi abordada pelo acusado, que chegou e logo puxou seu aparelho celular de sua mão, falando apenas "perdeu", saindo correndo logo em seguida, acrescentou ainda a vítima que ainda tentou correr atrás, mas caiu, todavia um popular que viu a ação, saiu correndo atrás do acusado, voltando logo em seguida, informando a vítima que pelo fato do acusado ter mostrado uma faca, desistiu de tentar reaver o aparelho celular, por fim, a vítima descreveu que após seu pai chegar e irem para casa, seu irmão conseguiu rastrear o aparelho celular e assim informaram a polícia, e juntos foram até o local, onde estava sendo indicado, conseguindo encontrar o aparelho celular e o acusado, fatos estes que vão ao encontro com os depoimentos do pai da vítima e do policial militar que participou da prisão e condução do acusado, somados ainda ao auto de Apresentação e Apreensão de pág. 13 do Id 69059692, assim como Termo de Restituição de Pág. 23 do mesmo Id.

Importante destacar que apesar da denúncia descrever o crime de roubo qualificado pelo concurso de pessoas e uso de arma branca, pelas provas produzidas na instrução, tem-se inicialmente o crime de furto, tendo em vista que o acusado quando retirava o objeto (celular) da mão da vítima, não usou de violência ou grave ameaça, todavia quando este foi perseguido por um popular, que tentou ajudar a vítima que ficou caída, o acusado puxou uma faca para àquele, para assegurar seu intento, fugindo logo em seguida, sendo pego minutos depois do rastreamento do aparelho, por policiais, caracterizando assim o roubo impróprio consumado.

Vale ressaltar, que não reconheço a confissão espontânea do acusado pelo crime de roubo, não obstante a sua confirmação em seu interrogatório em juízo, de que realmente puxou o aparelho celular da vítima, confessando assim parcialmente, o crime de furto, alegando em sua defesa que não usou nenhuma faca, todavia a vítima foi clara em dizer que o popular que lhe ajudou, correu atrás do acusado e lhe alcançou, mas por este ter apontando uma faca, desistiu de tentar reaver o aparelho, fato este que somente não foi presenciado pela vítima, por esta ter caído quando tentou correr atrás do acusado, ainda tem-se contra o acusado, o fato deste ter sido preso em poder de uma faca, prova esta que serve para embasar a sua condenação pelo roubo impróprio, tornando assim a confissão incompleta, o que não serve para fins de reconhecimento da atenuante.

Quanto às majorantes do uso de arma de fogo e do concurso de pessoas, restando apenas configurada o uso de arma branca, desde a fase policial até a instrução criminal, tendo em vista que a prisão do acusado na posse da arma branca e a palavra da vítima, a qual foi segura e firme em declarar a existência de uma faca, a qual foi usada pelo acusado no momento em que um popular correu atrás do acusado, que puxou a faca para conseguir o seu intento de ficar na posse do bem da vítima, corroboradas pelo auto de Apresentação e Apreensão de pág. 13 do Id 69059692, não restando dúvida quanto a ação ter sido praticada com uso de arma branca. Já quanto ao concurso de pessoas, não restou evidenciada a participação efetiva de uma outra pessoa, pois em nenhum momento a vítima declarou que viu uma outra pessoa com o acusado, restando assim a dúvida se houve a colaboração de uma outra pessoa na empreitada, por essa razão afasto a presente majorante.

A prova testemunhal é consistente na palavra da palavra vítima, pois tem suficiente valor probante para o amparo de um decreto condenatório, especialmente quando se trata de delito praticado sem testemunhas presenciais, conforme jurisprudência abaixo:

> **Os depoimentos policiais quando coerentes, firmes e consonantes com as demais elementos carreados aos autos são suficientes a embasar um decreto condenatório. (JCAT 80/588).**
>
> *Ementa: APELAÇÃO. CRIMES CONTRA O PATRIMÔNIO. CONDENAÇÃO MANTIDA. PROVA SUFICIENTE. ENQUADRAMENTO LEGAL DAS CONDUTAS. PRINCÍPIO DA ISONOMIA DOS JULGADOS. ROUBO DUPLAMENTE MAJORADO E LATROCÍNIO TENTADO. DOSIMETRIA DA PENA. REDIMENSIONAMENTO. - MANUTENÇÃO DO DECRETO CONDENATÓRIO.* **As provas existentes no caderno processual são suficientes para o julgamento de procedência do pedido condenatório deduzido na denúncia. Materialidade e autoria suficientemente demonstradas pela prova produzida. Palavra das vítimas e testemunha. Reconhecimento do acusado por testemunha, na fase investigatória, e por um dos ofendidos, em audiência. - PALAVRA DA VÍTIMA. VALOR PROBANTE. Conforme tranqüilo entendimento jurisprudencial, a prova testemunhal consistente na palavra da vítima tem suficiente valor probante para o amparo de um decreto condenatório, especialmente quando se trata de delito praticado sem testemunhas presenciais. Os relatos das vítimas, pai e filho, ao se mostrarem seguros e coerentes, merecem ser considerados elementos de convicção de alta importância. -** CLASSIFICAÇÃO JURÍDICA. ISONOMIA DOS JULGADOS. LATROCÍNIO TENTADO. ROUBO MAJORADO. Crimes praticados contra vítimas diferentes, pai e filho. Animus necandi retirado com clareza da prova oral, subsumindo-se, ambas as condutas, ao tipo penal descrito no artigo 157, § 3.º, última parte, na forma do artigo 14, inciso II, ambos do CP. Correção do enquadramento legal da conduta criminosa praticada contra a vítima Orlando que se faz necessária, atentando-se ao resultado do acórdão proferido por ocasião do julgamento da Apelação-Crime n.º 70054691258, confirmando a sentença que condenou os co-réus pela prática dos crimes de latrocínio tentado (contra a vítima Rayan) e roubo duplamente majorado (contra o ofendido Orlando), em concurso formal, em sede de recurso exclusivo da defesa. Princípio da Isonomia dos Julgados. - DOSIMETRIA DA PENA PRIVATIVA DE LIBERDADE. REDUÇÃO. Latrocínio tentado. Redução da pena-base ao mínimo legal. Afastada a nota negativa atribuída a circunstância objetiva não considerada em relação aos co-réus condenados. Pela tentativa, mantida a redução de 1/3. Pena redimensionada para 13 anos e 04 meses de reclusão. Roubo duplamente majorado. Pena-base fixada em 04 anos e 03 meses de reclusão, pouco acima do mínimo legal, por prejudiciais ao agente as circunstâncias do crime. Acréscimo de 3/8 na última fase (em se tratando de crime cometido por três agentes armados, com idêntico fracionamento aplicado aos co-réus), que resultou na pena de 05 anos, 10 meses e 03 dias de reclusão. Ao final, pelo concurso formal,

> a pena foi exasperada em 1/6, resultando definitiva em 15 anos, 06 meses e 20 dias de reclusão. Apelo parcialmente provido. (Apelação Crime Nº 70059488627, Oitava Câmara Criminal, Tribunal de Justiça do RS, Relator: Dálvio Leite Dias Teixeira, Julgado em 29/04/2015) (Grifado)

O roubo é considerado consumado quando a coisa saí completamente da alça de domínio da vítima, ou, como salienta Júlio Fabbrini Mirabete: "*O delito de roubo, tal como o de furto, somente se consuma quando a coisa saí da esfera de vigilância da vítima*". Mas o crime estará consumado, se o agente, tendo a posse calma da coisa, mesmo que por pouco tempo, tendo que se desfazer dela para evitar o flagrante ou a perde durante a perseguição estaremos diante do delito na sua forma consumada. O lapso temporal em que há a posse tranquila é irrelevante para a consumação do fato típico. O requisito é a existência dessa posse em algum momento, não precisando desse liame entre a pacificidade da posse e o tempo decorrido do alcance da posse.

Complementando a questão, o roubo próprio é o descrito no *caput* do art. 157, quando o agente usa a violência ou grave ameaça para retirar os bens da vítima, já no roubo impróprio, o agente emprega a violência ou grave ameaça a fim de assegurar a impunidade do crime, garantindo a posse do objeto e a impunidade do crime. Previsão no § 1° do art. 157 do CPB:

> "Subtrair coisa móvel alheia, para si ou para outrem, mediante grave ameaça ou violência a pessoa, ou depois de havê-la, por qualquer meio, reduzido à impossibilidade de resistência: Pena - reclusão, de quatro a dez anos, e multa. § 1º - Na mesma pena incorre quem, logo depois de subtraída a coisa, emprega violência contra pessoa ou grave ameaça, a fim de assegurar a impunidade do crime ou a detenção da coisa para si ou para terceiro".

Damásio de Jesus anota que:

> "Entretanto, a jurisprudência vencedora considera que o roubo impróprio atinge a consumação com emprego da violência ou grave ameaça, sendo inadmissível a figura da tentativa. Assim já se pronunciou o STF (HC n.º 49.436, RT, 453/436, RTJ, 63/345). Ou o sujeito emprega violência contra a pessoa ou grave ameaça, e o delito está consumado, ou não emprega esses meios de execução, permanecendo furto tentado ou consumado".

As provas colhidas, tanto na fase investigativa, como na instrução do processo, destacando-se o reconhecimento do réu pela vítima, que o reconhece sem sombra de dúvidas como sendo a pessoa que pegou seu celular, assim como pelo fato do acusado ter sido preso, após rastreamento do aparelho celular, conforme narrado pelo pai da vítima e pelo policial que participou da prisão do acusado, com quem foi entrado uma faca e com o menor com quem estava acompanhado, encontrou-se o aparelho celular da vítima, provas estas que não podem ser desprezadas, portanto, não restando dúvida que o acusado iniciou sua ação como furto, terminou em roubo impróprio, disposto no art. 157, § 1º c/c § 2º, VII do Código Penal, pelo fato do acusado ter usado de uma faca para intimidar a pessoa que tentou ajudar a vítima e conseguir assim se evadir do local, na posse do bem subtraído. Assim é o entendimento jurisprudencial:

> **Ementa:** APELAÇÃO CRIMINAL. ART. 157, §§ 1.º E 2.º, INC. I, DO CÓDIGO PENAL. EXISTÊNCIA DO FATO E AUTORIA COMPROVADAS. ATIPICIDADE NÃO VERIFICADA. MAJORANTE MANTIDA. 1. Comprovada a existência do roubo (impróprio) e recaindo a autoria sobre a pessoa do acusado, a manutenção da condenação mostra-se impositiva. Palavra da vítima que adquire especial relevância, pois coerente desde a fase policial. Condenação mantida. 2. **A subtração com posterior grave ameaça ou violência (para fins de assegurar a detenção da coisa ou impunidade) caracteriza o crime de roubo impróprio. 3. A majorante do emprego de arma deve ser mantida. A vítima, desde a fase policial, confirma a utilização da faca (apreendida) para fins da grave ameaça.** APELAÇÃO DESPROVIDA. (Apelação Crime N.º 70074417163, Quinta Câmara Criminal, Tribunal de Justiça do RS, Relator: Lizete Andreis Sebben, Julgado em 30/08/2017) (grifado)

Sendo assim, examinando os elementos de convicção existentes no bojo dos autos, a conclusão que se extrai, é que a presente ação deve ser julgada parcialmente procedente, nas penas do crime cometido pelo denunciado, ou seja, crime tipificado no art. 157, § 1.º c/c § 2.º, VII do CPB, uma vez que se encontra provado à prática desse delito.

Ademais, nessa condição, há que se reconhecer ainda que além, do delito tipificado no art. 157, § 1º c/c § 2.º, VII do CPB, o acusado praticou também o crime de corrupção de menores, previsto no art. 244-B, da Lei 8.069/1990 em concurso formal com o crime de roubo majorado, nos termos do art. 70, do Código Penal, já que o agente, mediante uma só ação ou omissão, pratica dois ou mais crimes, idênticos ou não, aplicando-se assim, a pena mais grave cabível ou, se iguais, somente uma delas, mas aumentada, em qualquer caso, de um sexto até metade.

A prática de corrupção de menores, eis que se trata de concurso formal, consoante jurisprudência já consolidado do Colendo Tribunal de Justiça do Estado do Maranhão, conforme ementa de caso análogo, que, por oportuno, trago à colação:

> **EMENTA: PENAL. PROCESSO PENAL. APELAÇÃO CRIMINAL. ROUBO CIRCUNSTANCIADO. CORRUPÇÃO DE MENORES.** *AUTORIA E MATERIALIDADE COMPROVADAS. ABSOLVIÇÃO DO DELITO DE*

CORRUPÇÃO DE MENORES. COMPROVAÇÃO DA IDADE DA VÍTIMA POR MEIO IDÔNEO. SÚMULA 74 DO SUPERIOR TRIBUNAL DE JUSTIÇA. **RECONHECIMENTO DO CONCURSO FORMAL ENTRE OS DELITOS DE ROUBO CIRCUNSTANCIADO E O DE CORRUPÇÃO DE MENORES. REDIMENSIONAMENTO DA PENA. MANUTENÇÃO DO REGIME DE CUMPRIMENTO DE PENA. RÉU REINCIDENTE. APELO PARCIALMENTE PROVIDO. UNANIMIDADE. 1.** *Pelos depoimentos colhidos em juízo, sobretudo a confissão do apelante, observa-se que este e seu comparsa Thiago, simulando estar armados, abordaram as vítimas que estavam sentadas na porta da residência de uma delas, oportunidade em que subtraíram um cordão, um relógio e uma sandália havaiana, sendo posteriormente presos por policiais, quando ainda portavam os referidos objetos, que foram devolvidos aos ofendidos.* **2. Sobre a comprovação da menoridade, o Superior Tribunal de Justiça editou a Súmula n.º 74, onde define que "para efeitos penais, o reconhecimento da menoridade do réu requer prova por documento hábil". 3.** *Verifica-se que consta dos autos o Auto de Qualificação e Interrogatório de fl. 07, a Guia de Recolhimento de fl. 27, bem como o Dossiê Individual de fl. 31, no qual consta o Registro Geral nº 478350220131 - SSP/MA de Tiago Mendonça Mendes, nascido em 10.06.2000, documento hábil, munido de fé pública e apto a comprovar que na época dos fatos ele possuía 17 (dezessete) anos de idade, considerado adolescente na forma da lei.* **4.** *Na espécie, resta cristalino nos autos que a corrupção de menores se deu em razão da prática dos delitos de roubo majorado, constatando-se, assim,* **uma só ação para a prática de vários crimes, situação que configura a hipótese de concurso formal de crimes. 5.** *Não obstante a quantidade de pena aplicada, por se tratar de réu reincidente, mantenho o regime inicialmente fechado, nos termos do art. 33, § 2.º, alínea "b", do Código Penal.* **6.** *Apelo conhecido e parcialmente provido. Unanimidade.* **ACÓRDÃO** *Vistos, relatados e discutidos estes autos, onde são partes as acima descritas, ACORDAM os Senhores Desembargadores da Terceira Câmara Criminal do Tribunal de Justiça do Estado do Maranhão, unanimemente e em desacordo com o parecer da Douta Procuradoria Geral de Justiça, em dar parcial provimento ao recurso, nos termos do voto do Desembargador Relator. Participaram do julgamento os Senhores Desembargadores José de Ribamar Froz Sobrinho, Tyrone José Silva e Vicente de Paula Gomes de Castro. Funcionou pela Procuradoria Geral de Justiça a Dra. Maria de Fátima Rodrigues Travassos Cordeiro. Relator desembargador Froz Sobrinho. Julgado em 08/04/2019.* **(grifado)**

O crime de corrupção de menores é de natureza formal, bastando a participação do menor de 18 anos na prática de infração penal para que se verifique a subsunção da conduta do agente imputável ao tipo descrito no art. 244-B da Lei n.º 8.069/1990. A configuração do crime do art. 244-B do Estatuto da Criança e do Adolescente independe da prova da efetiva corrupção do menor, por se tratar de delito formal, conforme Súmula 500 do Superior Tribunal de Justiça.

> Súmula 500: a configuração do crime previsto no artigo 244-B do Estatuto da Criança e do Adolescente independe da prova da efetiva corrupção do menor, por se tratar de delito formal. A súmula vem para solidificar entendimento de que a simples presença de um menor acompanhando um adulto na hora em que este pratica uma infração penal, já é capaz de ensejar a configuração do crime do artigo 244 do ECA que diz:
>
> Art. 244-B. Corromper ou facilitar a corrupção de menor de 18 (dezoito) anos, com ele praticando infração penal ou induzindo-o a praticá-la
>
> A súmula permite ainda o entendimento de que pouco importa para a configuração do crime de corrupção de menor, o fato deste já ter sido "corrompido" em momento anterior e que já tenha praticado inclusive ato infracional ou mesmo já ter cumprido medida socioeducativa.

Esse entendimento decorre do fato que a corrupção pode ser vista não só pela introdução do menor no mundo do crime, como também no fato de impedir seu distanciamento de tal mundo.

Portanto, não resta dúvida quanto a prática do delito de corrupção de menores, tendo em vista que no momento em que o acusado entrega o bem subtraído da vítima ao um menor de idade, este passa a corromper o mesmo, para que escondesse um objeto de crime, para ludibriar os policiais militares no momento da abordagem, sendo ele: YYYY com 16 anos de época dos fatos, assim como resta bem provada sua idade, através do documento de identificação, conforme ID 69059692 - pág. 25, restando provado o delito de corrupção de menores, não merecendo razão a tese da defesa de absolvição do referido delito.

QUANTO AO DELITO DO ART. 307 DO CPB

Diante das provas colhidas, tanto na fase investigativa, como na instrução processual, destacando-se os depoimentos das testemunhas e peças do inquérito de Id 69059692, assim como interrogatório de pág. 09 e após realização de identificação criminal, conforme Ofício em ID 69281257, observou-se que o acusado em verdade se chama TTTT, e que este fornecera nome falso, fato este descoberto após o mesmo ter sido beneficiado com a liberdade provisória em sede de plantão criminal, restou demonstrado assim, que o acusado **TTTT**, praticou o delito tipificado no art. 307 do Código Penal, em que no momento de sua prisão, com o intuito de omitir sua verdadeira identidade, atribuiu a si nome de outra pessoa: de "RJG", somado a sua confissão em juízo, portanto resta demonstrada a autoria e materialidade delitiva do crime de falsidade ideológica, tipificado no art. 307 do CPB:

> Art. 307. Atribuir-se ou atribuir a terceiro falsa identidade para obter vantagem, em proveito próprio ou alheio, ou para causar dano a outrem: Pena – detenção, de três meses a um ano, ou multa, se o fato não constitui elemento de crime mais grave.

Trata-se de crime contra a fé pública, que demanda da conduta a aptidão para iludir terceiros. Assim é o entendimento jurisprudencial:

> Ementa: APELAÇÃO CRIMINAL. PORTE ILEGAL DE ARMA DE FOGO. ART. 14 DA LEI N.º 10.826/03. FALSA **IDENTIDADE. ART. 307 DO CODIGO PENAL. PROVAS DA MATERIALIDADE E DA AUTORIA. CONDUTAS TÍPICAS. CONDENAÇÃO MANTIDA**. PENAS INALTERADAS. 1. A partir das provas disponíveis nos autos, não houve dúvida de que a arma de fogo apreendida estava sendo portada pelo acusado, assim como de que ele indicou nome diverso do seu aos autores da prisão, levando-se em conta o relato fidedigno apresentado pelos policiais que participaram da prisão, o qual é corroborado pela confissão. 2. O porte ilegal de arma de fogo é crime de perigo abstrato e de mera conduta, mostrando-se prescindível a demonstração de perigo concreto. Precedentes. Na esteira do entendimento dos Tribunais, em especial o Supremo Tribunal Federal, não são inconstitucionais os crimes de perigo abstrato, a exemplo daqueles previstos na Lei 10.826/03, que teve sua constitucionalidade assentada na ADI 3.112/DF. 3. Inviável o reconhecimento da atipicidade do delito sob o argumento de que a conduta estava abarcada pela abolitio criminis temporalis. Tal se daria somente na posse de arma de fogo de uso permitido (art. 12, da Lei n.º 10.826/03), na residência do acusado, o que não ocorreu, nas datas limites compreendidas no Decreto Presidencial. 4. **O delito de falsa identidade é crime formal, tendo sua consumação na simples auto-atribuição da identidade falsa. 5. Não se pode considerar a auto-atribuição de identidade falsa como exercício de defesa. Precedentes.** 6. Compete ao Juízo da origem definir a pena adequada ao caso, comportando alteração, em grau de recurso, apenas em situações em que a modificação não for arrazoada, proporcional ou contrariar disposição legal ou preceito constitucional. Caso concreto em que as penas estão adequadas. Penas mantidas. APELAÇÃO NÃO PROVIDA. (Apelação Crime Nº 70069678159, Quarta Câmara Criminal, Tribunal de Justiça do RS, Relator: Julio Cesar Finger, Julgado em 21/07/2016) (grifados)

Portanto, é de se reconhecer ainda o Concurso Material de crimes quanto a conduta do acusado (art. 69 do CPB), tendo em vista que houve dois delitos, roubo e falsa identidade. Nesse passo, verifica-se a existência do concurso material de crimes conforme propõe o doutrinador Rogério Sanches:

> "O concurso material surge quando o agente, mediante mais de uma ação ou omissão, pratica dois ou mais crimes que tenham entre si uma relação de contextos, ou que ocorra a conexão ou a continência, cujos fatos criminosos poderão ser analisados no mesmo processo, quando, a final, se comprovados, farão com que o agente seja condenado pelos diversos delitos que cometeu."

Dessa forma, a incidência do Concurso Material de crimes se mostra imperiosa.

Quanto ao pedido da defesa de absolvição por atipicidade da conduta, não merece prosperar, tendo em vista que o acervo probatório é suficiente para o édito condenatório, pois a conduta praticada pelo agente amolda-se perfeitamente ao tipo capitulado pelo art. 307 do CPB, primeiro porque seu objetivo, a toda evidência, não era a autodefesa, mas evitar as consequências de seu reprovável ato, isto é, atribuindo-se a identidade de outrem. Segundo, porque a jurisprudência não se coaduna com a afirmação de uso do direito de autodefesa, através de artifícios fraudulentos, para o fim de furtar-se à tipificação do fato, incriminando inocente e ludibriando a fé pública. Tal conduta em nada assemelha-se ao exercício da autodefesa, muito menos é respaldada pela garantia constitucional da presunção de inocência. Assim é o entendimento jurisprudencial:

> AGRAVO REGIMENTAL NO RECURSO EXTRAORDINÁRIO. CONSTITUCIONAL E PENAL. **ATRIBUIÇÃO DE FALSA IDENTIDADE PERANTE A AUTORIDADE POLICIAL COM O FITO DE OCULTAR MAUS ANTECEDENTES. CONDUTA TÍPICA NÃO AFASTADA PELO EXERCÍCIO DA AUTODEFESA (ARTIGO 5º, LXIII, DA CONSTITUIÇÃO FEDERAL(...). AGRAVO REGIMENTAL NO RECURSO EXTRAORDINÁRIO DESPROVIDO.** 1. Atribuir-se falsa identidade com o fito de acobertar maus antecedentes perante a autoridade policial consubstancia fato típico, porquanto não encontra amparo na garantia constitucional de autodefesa, prevista no artigo 5º, LXIII, da Constituição Federal(...). 2. Precedentes: RE 561.704-AgR, Rel. Min. Ricardo Lewandowski, 1ª Turma, DJe de 02/04/2009; HC 92.763, Rel. Min. Eros Grau, 2ª Turma, DJe de 24/04/2008; HC 73.161, Rel. Min. Sydney Sanches, 1ª Turma, DJ de 03/09/1996; HC 72.377, Rel. Min. Carlos Velloso, 2ª Turma, DJ de 30/06/1995 3. Agravo regimental desprovido." (STF, RE 639732 AgR/DF, DISTRITO FEDERAL, AG. REG. NO RECURSO EXTRAORDINÁRIO. Relator Min. LUIZ FUX, Julgamento: 23/08/2011, Órgão Julgador: Primeira Turma, Publicação: 13-09-2011) (grifado)

Ante o exposto, e tudo o mais que dos autos consta, **JULGO PARCIALMENTE PROCEDENTE A AÇÃO PENAL**, para **condenar** o acusado **TTTT,** nos termos dos art. 157, § 1º c/c § 2º, VII do CPB, art. 244-A do ECA, em concurso formal com o art. 307 do CPB, em concurso material de crimes (art. 69 do CPB).

Passo ao atendimento das disposições do art. 59 e 68 do mesmo Código Penal, e analiso as circunstâncias judiciais, para fixação da pena.

Verifica-se no caso em apreço que a **culpabilidade** encontra-se evidenciada, muito embora a conduta delitiva, isoladamente considerada não consegue ultrapassar os limites estabelecidos pela norma penal, o que torna sua conduta inserida no próprio tipo. No que tange **aos antecedentes criminais** o réu possui outras ações penais: em tramitação, na 1ª vara Criminal sob nº 1111111-11.1111.1.11.1111 e outra que tramitou na Vara de crime organizado sob nº 2222222-22.2222.2.22.2222, com sentença condenatória com trânsito em julgado em 05/10/2012, sendo que nesta fase não há o que se considerar negativamente e sim, somente na segunda fase da dosimetria. Não é possível de se analisar a **conduta social**, visto que não existem elementos nos autos capaz firmar um juízo de deliberação. Não há elementos para verificar a **personalidade do réu**. Vislumbro que **os motivos do crime** se limitam a própria objetividade jurídica tutelada pela norma incriminadora. **Quanto às circunstâncias do crime** estas evidenciam dentro dos parâmetros normais do tipo penal. No caso em tela **não vislumbro consequências extrapenais** resultantes da prática delitiva, as mesmas são próprias do tipo. Por fim, observo **que as vítimas**, não contribuíram para que o crime viesse a ocorrer, razão pela qual aplico-lhe as seguintes penas:

Assim, considerando uma das circunstâncias judiciais favoráveis ao réu, fixo a pena-base em **04 (quatro) anos de reclusão e 10 (dez) dias-multa.**

Não existem circunstâncias atenuante nesta fase, razão pela qual fixo a pena provisória no parâmetro já encontrado. Já enquanto a agravante, tem-se o da reincidência, razão pela qual agravo em 1/6 (um sexto), fixando a pena em 04 (quatro) anos e 08 (oito) meses de reclusão.

Na terceira fase, sem causas especiais ou gerais de diminuição. Já quanto as causas de aumento, reconheço uma, em razão do disposto no inciso VII do § 2º, razão pela qual aumento em 1/3 (dois terços) a reprimenda anteriormente fixada, **ficando em 06 (seis) anos, 02 (dois) meses e 20 (vinte) dias de reclusão, e 14 dias-multa.**

Do Art. 244-B, da Lei n.º 8.069/1990.

Segundo o critério trifásico de aplicação das penas (art. 68 do CP), e atento às diretrizes do art. 59 do referido Código, quanto à **culpabilidade** do acusado, própria do tipo penal transgredido, extremada por ter usado um menor como comparsa; No que tange **aos antecedentes criminais** o réu possui outras ações penais: em tramitação, na 1.ª Vara Criminal sob n.º **1111111-11.1111.1.11.1111** e outra que tramitou na Vara de crime organizado sob n.º 2222222-22.2222.2.22.2222, com sentença condenatória com trânsito em julgado em 05/10/2012, sendo que nesta fase não há o que se considerar negativamente e sim, somente na segunda fase da dosimetria. Não há nada nos autos que desabone sua **conduta social e sua personalidade**; ao **motivo do crime**, que visou lucro fácil e de forma vil. Inexistem **às circunstâncias e consequências**, e **ao comportamento** desta que em nada contribuiu para o crime, razão pela qual aplico-lhe as seguintes penas:

Assim, considerando as circunstâncias judiciais favoráveis ao réu, fixo a pena-base em **01 (um) ano de reclusão.**

Não existem circunstâncias atenuante nesta fase, razão pela qual fixo a pena provisória no parâmetro já encontrado. Já enquanto a agravante, tem-se o da reincidência, razão pela qual agravo em 1/6 (um sexto), fixando a pena em 01 (um) ano e 02 (dois) meses de reclusão.

Por fim, adentrando a terceira fase, por não vislumbrar nenhuma causa de aumento ou diminuição de pena, **fixo em definitivo a pena de 01 (um) ano e 02 (dois) meses de reclusão, e 11 dias-multa.**

Em face do reconhecimento do Concurso Formal de crimes entre os crimes de roubo e corrupção de menores, aumento mais 1/6 (um sexto) da pena maior, perfazendo um total de **07 (sete) anos, 03 (três) meses e 03 (três) dias de reclusão, e 16 dias-multa.**

QUANTO AO DELITO DO ART. 307 DO CPB

Verifica-se no caso em apreço que a **culpabilidade** encontra-se evidenciada, muito embora a conduta delitiva, isoladamente considerada não consegue ultrapassar os limites estabelecidos pela norma penal, o que torna sua conduta inserida no próprio tipo. No que tange **aos antecedentes criminais** o réu possui outras ações penais: em tramitação, na 1ª vara Criminal sob nº 1111111-11.1111.1.11.1111 e outra que tramitou na Vara de crime organizado sob nº 2222222-22.2222.2.22.2222, com sentença condenatória com trânsito em julgado em 05/10/2012, sendo que nesta fase não há o que se considerar negativamente e sim, somente na segunda fase da dosimetria. Quanto à sua **conduta social e personalidade**, poucos elementos foram colecionados, razão pela qual deixo de valorá-los. Vislumbro que **os motivos do crime** se limitam a própria objetividade jurídica dos crimes contra o patrimônio. Quanto **às circunstâncias do crime** estas evidenciam que o mesmo foi praticado com intuito de macular sua verdadeira identidade, que já fazem parte do próprio tipo penal. Não existiram **consequências extrapenais** a serem observadas. Por fim, observo que a **vítima**, por ser o próprio Estado, não contribuiu para que o crime viesse a ocorrer, razão pela qual aplico-lhe as seguintes penas:

Assim, considerando que as circunstâncias judiciais são favoráveis ao réu, **fixo a pena-base em 06 (seis) meses de detenção,** pelo crime tipificado no art. 307 do CPB.

Viável a compensação da agravante da reincidência com a atenuante da confissão espontânea. Assim sendo, mantenho a pena provisória no parâmetro já encontrado.

No caso em tela, inexistem causas gerais ou especiais de diminuição ou aumento de pena a serem consideradas, **torno-a definitiva, portanto, em 06 (seis) meses de detenção, e 10 dias-multa.**

Recolha-se a pena pecuniária na conformidade do que dispõe o art. 686, CPP ou do art. 164 e seguintes da Lei de Execuções Penais. A multa deverá ser paga dentro de 10 (dez) dias do trânsito em julgado. Fixo o dia multa em 1/30 (um trigésimo) do salário mínimo vigente à época do fato delituoso. O *quantum* deverá ser atualizado, por ocasião da execução (art. 49, § 2º, CP).

DO CONCURSO MATERIAL DE CRIMES

Em face do reconhecimento do Concurso Material de crimes, somam-se as penas, perfazendo **um total de 07 (sete) anos, 03 (três) meses e 03 (três) dias de reclusão,** que deverá ser cumprida em regime mais gravoso, tendo em vista sua reincidência, ou sejam, em **REGIME FECHADO, bem como 06 (seis) meses de detenção, assim como 32 (trinta e dois) dias-multa,** que deverá ser cumprida em regime **SEMIABERTO.**

Recolham-se a pena pecuniária na conformidade do que dispõe o art. 686, CPP do art. 164 e seguintes da Lei de Execuções Penais. A multa deverá ser paga dentro de 10 (dez) dias do trânsito em julgado. Em análise fixo o dia multa em 1/30 (um trigésimo) do salário mínimo.

Em atenção à regra do § 2º, do art. 387 do CPP, para fins de detração penal, verifica-se que o réu encontra-se preso desde o dia 12.06.2022 até a presente data, perfazendo cerca de 05 (cinco) meses e 04 (quatro) dias, restando ainda para cumprimento da pena, **06 (seis) anos, 09 (nove) meses e 29 (vinte e nove) dias de reclusão**, todavia deixo de analisar possível detração penal, pois o referido tempo não modificara o regime inicial da pena, assim como a necessidade de unificação de penas.

Reexaminando a pertinência da custódia cautelar do réu. A prisão preventiva é regulada no art. 312, do Código de Processo Penal, *in verbis*:

> "Art. 312. A prisão preventiva poderá ser decretada como garantia da ordem pública, da ordem econômica, por conveniência da instrução criminal, ou para assegurar a aplicação da lei penal, quando houver prova da existência do crime e indício suficiente de autoria.
>
> Parágrafo único. A prisão preventiva também poderá ser decretada em caso de descumprimento de qualquer das obrigações impostas por força de outras medidas cautelares (art. 282, § 4º)."
>
> Art. 313. Nos termos do art. 312 deste Código, será admitida a decretação da prisão preventiva:
>
> I - nos crimes dolosos punidos com pena privativa de liberdade máxima superior a 4 (quatro) anos;
>
> II - se tiver sido condenado por outro crime doloso, em sentença transitada em julgado, ressalvado o disposto no inciso I do caput do art. 64 do Decreto Lei 2.848, de 7 de dezembro de 1940 - Código Penal; Redação dada pela Lei n.º 12.403, de 2011).
>
> III - se o crime envolver violência doméstica e familiar contra a mulher, criança, adolescente, idoso, enfermo ou pessoa com deficiência, para

> garantir a execução das medidas protetivas de urgência; (Redação dada pela Lei nº 12.403, de 2011).
>
> IV – (revogado) (Redação dada pela lei nº 12.403, de 2011).
>
> Parágrafo único. Também será admitida a prisão preventiva quando houver dúvida sobre a identidade civil da pessoa ou quando esta não fornecer elementos suficientes para esclarecê-la, devendo o preso ser colocado imediatamente em liberdade após a identificação, salvo se outra hipótese recomendar a manutenção da medida. (Incluído pela Lei nº 12.403, de 2011).

Verifica-se que o réu TTTT após consulta ao Sistema SIISP. Possui 4 ciclos prisionais, assim como no JURISCONSULT, verificou-se que este possui réu possui uma ação pena em tramitação na 1ª Vara Criminal e uma sentença condenatória com trânsito em julgado, fatos que demonstram sua periculosidade e reiteração delitiva.

Ademais, no que concerne à manutenção da custódia cautelar do réu, verifico a necessidade de conservação do status da mesma, pois além da grave ameaça empreendida por meio de uma faca, deve ser sopesado a este sua periculosidade, demonstrando-se latente a possibilidade de reiteração delitiva por parte do mesmo, caso seja posto em liberdade, mostrando-se imprescritível o reforço crível às instituições públicas quando se fala em combate à criminalidade, avigorando o cumprimento das leis com as respectivas cominações legais, sempre que estas forem descumpridas. Não se trata de abordagem de um direito penal do inimigo, mas de que, como sociedade, todos estamos submetidos às regras do Estado Democrático de Direito, não sendo viável direitos individuais se sobreporem à paz social e a segurança coletiva.

Necessário se faz mencionar o entendimento do Superior Tribunal de Justiça no que concerne ao *periculum libertatis*, demonstrado através do novo requisito trazido com a Lei n. 13.964/2019 para a decretação/manutenção da prisão preventiva, devendo se demonstrar o perigo à ordem pública gerado pela liberdade do acusado, de modo que a referida medida se mostre imprescindível:

> *HABEAS CORPUS* IMPETRADO EM SUBSTITUIÇÃO A RECURSO PRÓPRIO. ORGANIZAÇÃO CRIMINOSA ARMADA. PRISÃO PREVENTIVA. FUNDAMENTAÇÃO IDÔNEA. MODUS OPERANDI. NECESSIDADE DE GARANTIR A ORDEM PÚBLICA. CONDIÇÕES PESSOAIS FAVORÁVEIS. INSUFICIÊNCIA. NEGATIVA DE AUTORIA. IMPOSSIBILIDADE DE EXAME NA ANGUSTA VIA ELEITA. AUSÊNCIA DE CONSTRANGIMENTO ILEGAL. WRIT NÃO CONHECIDO.
> 1. O Superior Tribunal de Justiça, seguindo entendimento firmado pelo Supremo Tribunal Federal, passou a não admitir o conhecimento de habeas corpus substitutivo de recurso ordinário. No entanto, deve-se analisar o pedido formulado na inicial, tendo em vista a possibilidade de se conceder

a ordem de ofício, em razão da existência de eventual coação ilegal. 2. **A prisão preventiva é uma medida excepcional, de natureza cautelar, que autoriza o Estado, observadas as balizas legais e demonstrada a absoluta necessidade, restringir a liberdade do cidadão antes de eventual condenação com trânsito em julgado (art. 5º, LXI, LXV, LXVI e art. 93, IX, da CF). Para a privação desse direito fundamental da pessoa humana, é indispensável a demonstração da existência da prova da materialidade do crime, da presença de indícios suficientes da autoria e do perigo gerado pelo estado de liberdade do imputado, bem como a ocorrência de um ou mais pressupostos do artigo 312 do Código de Processo Penal. 3. Embora a nova redação do referido dispositivo legal tenha acrescentado o novo pressuposto - demonstração do perigo gerado pelo estado de liberdade do imputado -, apenas explicitou entendimento já adotado pela jurisprudência pátria ao abordar a necessidade de existência de periculum libertatis. Portanto, caso a liberdade do acusado não represente perigo à ordem pública, econômica, à instrução criminal ou à aplicação da lei penal, não se justifica a prisão. 4. Exige-se, ainda, na linha inicialmente perfilhada pela jurisprudência dominante deste Superior Tribunal de Justiça e do Supremo Tribunal Federal Federal, e agora normatizada a partir da edição da Lei n. 13.964/2019, que a decisão esteja pautada em motivação concreta de fatos novos ou contemporâneos, bem como demonstrado o lastro probatório que se ajuste às hipóteses excepcionais da norma em abstrato e revelem a imprescindibilidade da medida, vedadas considerações genéricas e vazias sobre a gravidade do crime.** 5. No caso, a prisão preventiva está devidamente justificada, sobremaneira porque a segregação cautelar foi decretada pelo magistrado de primeiro grau, e mantida pelo Tribunal estadual que, na oportunidade, destacou que a restrição cautelar à liberdade teve como esteio a periculosidade do acusado, evidenciada pela gravidade concreta do crime imputado, patente no modus operandi e no risco concreto de reiteração criminosa. 6. A periculosidade do paciente foi evidenciada, uma vez que seria ele um dos líderes (atividade de comando) da organização criminosa armada ("PCC") na sua região, deixando evidente, portanto, a necessidade da segregação como forma de garantia da ordem pública. 7. Insta registrar que não merece guarida a alegação de que as condições subjetivas favoráveis ao paciente são impeditivas à decretação do cárcere cautelar. Na esteira de entendimento de nossos Tribunais, eventuais circunstâncias pessoais favoráveis aos agentes, ainda que comprovadas, não são suficientes à concessão de liberdade provisória se presentes os requisitos autorizadores da custódia cautelar. 8. **Mostra-se indevida a aplicação de medidas cautelares diversas da prisão, quando evidenciada a sua insuficiência para acautelar a ordem pública.** 9. Por fim, é de se notar que a tese de ausência das provas de autoria e materialidade quanto ao tipo penal imputado consiste em alegação de inocência, a qual não encontra espaço de análise na estreita via do habeas corpus, por demandar exame do contexto fático-probatório.

> 10. Com efeito, segundo o STF, "não se admite no habeas corpus a análise aprofundada de fatos e provas, a fim de se verificar a inocência do Paciente" (HC n. 115.116/RJ, Relatora Ministra CÁRMEN LÚCIA, Segunda Turma, julgado em 16/9/2014, DJe 17/11/2014). 11. Habeas corpus não conhecido. (HC 542.382/SP, Rel. Ministro REYNALDO SOARES DA FONSECA, QUINTA TURMA, julgado em 04/02/2020, DJe 10/02/2020) (Grifado)

Nesta fase, com o disposto no art. 387, § 1º, do CPP, entendo subsistirem os elementos da Prisão Preventiva, eis que presente a necessidade de garantia da ordem pública, no art. 312 do CPP, bem como a existência do requisito contido no inciso I do art. 313 do CPP, posto que se trata de crime doloso punido com pena privativa de liberdade máxima superior a 04 (quatro) anos.

De mais a mais, além da justificativa acima para manutenção da prisão do acusado, há de se observar também que este permaneceu preso durante toda a instrução criminal desde sua prisão em flagrante, somado ainda a reincidência do réu, bem como o regime inicial da pena ora fixado, e por consectário lógico de que não se trata de concessão de quaisquer medidas cautelares, eis que incabíveis ao caso, razão pela qual mantenho a prisão preventiva do réu, por garantia da ordem pública e para assegurar a aplicação da lei penal, eis que inalteradas as condições que a justificaram, **e determino que aguarde no estabelecimento penal onde se encontra custodiado, até posterior deliberação.**

Nos termos do art. 387, inciso IV do CPP, implementado pela Lei n.º 11.719/2008, o juiz ao proferir sentença condenatória deverá fixar o valor mínimo para a reparação do dano civil, contudo, deixo de fixar a mesma, tendo em vista que o bem foi recuperado, assim como não se apurou nos autos, qualquer elemento objetivo que possa consubstanciar uma indenização mínima, deixo de fixar a mesma, devendo a vítima em via própria requerê-la.

Nos termos do art. 15, III, da Constituição Federal suspendo os direitos políticos dos sentenciados pelo prazo do transcurso da pena. Com o trânsito em julgado desta, deverá ser calculada a pena de multa, e os réus deverão ser intimados para o pagamento, oficiando-se ao TRE para as providências quanto à sua situação eleitoral.

Após, expeça-se **Carta de Guia** ao Juízo da 1.ª Vara de Execuções Penais.

Isento de custas.

Publique-se. Registre-se. Intimem-se.

São Luís/MA, 17 de novembro de 2022.

PATRÍCIA MARQUES BARBOSA

Juíza de Direito Titular da 3.ª Vara Criminal

6. Tráfico de entorpecente

INDÍGENA. TRÁFICO DE ENTORPECENTE. PRISÃO EM REGIME FECHADO. POSSIBILIDADE. INCAPACIDADE RELATIVA. NÃO CONFIGURAÇÃO.

Vistos etc.

O **MINISTÉRIO PÚBLICO ESTADUAL**, por seu Promotor de Justiça, perante este Juízo, ofereceu **DENÚNCIA** contra **A. C. G.**, alegando que no dia 8 de abril de 1999 fora preso em flagrante delito em uma residência localizada no Bairro Piquizinho, nesta cidade, por ter em depósito, destinados ao comércio ilícito, aproximadamente 11 (onze) quilos e 900 (novecentos) gramas da erva *Cannabis Sativa Lineu*, conhecida popularmente por maconha.

O Inquérito Policial encontra-se acostado às fls. 04 a 36 dos autos, precedido pela Denúncia que foi oferecida capitulando o acusado no artigo 12 da Lei Antitóxico, contendo um rol de 5 (cinco) testemunhas, havendo sido recebida no dia 20 de abril deste ano, com a determinação da citação do Réu para ser interrogado. Conquanto, no dia 28 seguinte, **A. C. G.** compareceu em juízo, havendo o seu interrogatório sido reduzido a termo, às fls. 41/43, e após oferecida a Defesa Prévia e rol com 4 (quatro) testemunhas, por advogado constituído, via *fac-simile*, às fls. 48/49 (originais juntados às fls. 71/72).

O Laudo Definitivo de Exame Químico da substância entorpecente repousa às fls. 59 e 60, com a conclusão de que *"a amostra analisada da substância vegetal supracitada é* Cannabis Sativa Lineu *(maconha), e seu principal componente psicoativo THC (delta-9-tetra-hidrocanabinol)..."*.

Proferido o despacho saneador às fls. 61, designei data para a realização da Audiência de Instrução e Julgamento, quando foram inquiridas apenas três testemunhas arroladas pelo *parquet* estadual, posto que duas outras não foram encontradas e intimadas, motivo que me levou a suspender e adiar a solenidade pela imprescindibilidade invocada pelo representante ministerial em ouvi-las. Todavia, foi inquirida uma apenas pelo fato de que o Dr. Promotor de Justiça desistiu da oitiva da testemunha C. O. Também, nessa mesma solenidade, foram ouvidas uma testemunha referida na audiência anterior, assim como as de defesa.

Alegações finais juntadas às fls. 97/99 e 100, respectivamente.

É, pois, o relatório. Passo à decisão.

O artigo 12 da Lei n.º 6.368/76 indica, de modo pormenorizado, as ações que podem importar em crime. Conquanto, para a configuração do delito previsto pela norma não se exige qualquer ato de tráfico, mas que o infrator traga consigo, tenha em depósito etc., a substância entorpecente.

Na espécie dos autos, o Réu foi flagrado por policiais em uma residência localizada no Bairro Piquizinho, com uma razoável quantidade de *Cannabis Sativa*

Lineu, vulgarmente conhecida por maconha, totalizando 11 (onze) quilos e 900 (novecentos) gramas, consoante o Auto de Apreensão acostado às fls. 15 dos autos.

Neste caso, entendo estar revelado o dolo intenso por parte do Réu, na medida em que essa quantidade serve efetivamente para denunciar o comércio, não importando que a erva estivesse em diversas partes da casa em que fora encontrada ou em suas próprias mãos, posto que o depoimento prestado quando do seu interrogatório, somado aos das testemunhas, forma um conjunto perfeitamente válido e convincente para levar-me ao entendimento de que efetivamente houve tráfico de entorpecente.

É importante notar o sincronismo havido no depoimento das testemunhas ao jogarem por terra a afirmativa do acusado quando disse em seu interrogatório que teria passado na casa onde fora preso apenas para pedir um prato de comida. Na verdade, dizem as testemunhas que o Réu encontrava-se hospedado naquela residência, onde, ao chegarem os policiais, ele próprio os recebeu à porta e deu permissão para que revistassem a casa. Já em seu interior, **A. C.** passou a agir com poder de decisão, na medida em que advertiu aos policiais que não iria permitir que tocassem em certos objetos, a exemplo de um saco contendo grande quantidade de maconha que estava escondido em uma travessa no alto do teto.

Ora, se a maconha não lhe pertencia, como poderia saber **A. C. G.** de detalhes sobre uma encomenda feita a um certo "N.", que viria da cidade de São Luís na noite em que fora preso, para recebê-la das mãos de uma certa pessoa que não revelou a identificação, para imediatamente fazer a viagem de volta?

É comum em situações em que envolvem o tráfico de drogas o acusado usar de dissimulações várias para tentar escapar da aplicação da lei, tal como o fez o índio **A. C. G.** Primeiro, afirmando que não era hóspede da casa, apenas pediu um prato de comida quando por ali passava em sua viagem de volta à aldeia; segundo, atribuiu a propriedade da erva entorpecente ao próprio dono da casa que lhe acolhia como hóspede.

Seguramente concluo que o Réu encontrava-se nesta cidade de Barra do Corda para cumprir seu compromisso em entregar a encomenda ao "N.", ainda naquela mesma noite. Daí poder afirmar que o tráfico resta sobejamente provado nos autos, em razão dos próprios elementos caracterizadores do dolo, tais como a quantidade da droga apreendida e o próprio comportamento do acusado em presença dos policiais, além das circunstâncias do flagrante, não sendo mister fosse ele colhido somente no próprio ato da venda da mercadoria proibida.

O Tribunal de Justiça de São Paulo, em acórdão da lavra do Desembargador Geraldo Gomes, *in RT* 584/347, assim decidiu, *verbis:*

> "... O próprio artigo 37 da Lei Antitóxicos dá as 'coordenadas' da caracterização do tráfico ao estipular que 'essa classificação se fará em consonância

com a natureza' e a quantidade da substância apreendidada, o local e as 'condições em que se desenvolveu a ação criminosa', as 'circunstâncias da prisão', bem como a conduta e os 'antecedentes do agente'".

A materialidade do delito do tráfico ilícito de entorpecentes encontra-se sobejamente provada nos autos, devendo a sua autoria ser imputada ao Réu **A. C. G.**, que, muito embora seja índio, deve ser submetido ao crivo da Justiça Comum, consoante entendimento já firmado pelo Superior Tribunal de Justiça quando editou a Súmula 40, que diz:

> "Compete à Justiça Comum Estadual processar e julgar crime em que o indígena figure como autor ou vítima".

Comungando com o entendimento sumular acima transcrito, fácil nos será fundamentar contra o argumento sustentado pela brilhante defesa do acusado, considerando-se o posicionamento de que o Réu **A. C.**, pelo fato de ser índio, deve ser considerado relativamente incapaz, conforme a norma contida no art. 6.º, inciso III, do Código Civil.

Creio não haver confundir-se *índio* com *silvícola*. Aquele é um adjetivo que significa o mesmo que aborígine, isto é, habitante de uma determinada terra ou região; *silvícola* não é seu sinônimo em face de que o seu significado é do adjetivo de quem mora ou vive *permanentemente* na selva, portanto um selvagem, um selvático. Daí o entendimento do legislador da norma civil acima aludida em considerar o índio que é silvícola, isto é, ao aborígine em estado selvagem e não ao índio aculturado, como é a hipótese dos autos.

Querer dar uma interpretação extensiva ao Estatuto do Índio, cuja finalidade precípua é preservar a sua cultura e integrá-los progressiva e harmoniosamente à comunhão nacional e não preocupar-se com os atos criminosos praticados por eles, individualmente ou em coparticipação, seria o mesmo que tentar desvirtuá-la do seu objetivo, senão tentar livrar o agente da ação penal.

Forçoso ressaltar que o réu é realmente um *índio*, mas não é um silvícola. É ele aculturado, em face de que é eleitor (leia-se cidadão brasileiro) e que teria votado nas últimas eleições, conforme afirmou quando interrogado. Disse ser frequentador da Igreja Cristã Evangélica, ressaltando peremptoriamente o fato de que é "crente" e que por tal motivo "não pode plantar e nem fumar maconha... e que vender maconha é proibido e é crime" (*vide* interrogatório, fls. 42).

Percebe-se, sem muita despesa de raciocínio, que, sendo **A. C.** capaz para votar e ser votado (uma vez que é eleitor e não é analfabeto); capaz para praticar religião da cultura civilizada, é também capaz para figurar como réu pelo tráfico ilícito de entorpecentes. Obviamente não é o caso de invocar-se o artigo 9.º da Lei n.º 6.001/73, pois ali se trata de sua emancipação para que possa investir-se na plenitude da capacidade civil.

Diante do exposto, em consequência do minucioso exame dos elementos probatórios carreados aos autos, julgo PROCEDENTE a pretensão punitiva do Estado, e, por consequinte, **CONDENO** o Réu **A. C. G.** como incurso nas penas do artigo 12 da Lei n.º 6.368/76.

Impondo-se, contudo, a indispensável análise das circunstâncias judiciais contidas no artigo 59 do Código Penal, condeno-o à pena-base de 4 (quatro) anos de reclusão e no pagamento de 70 (setenta) dias-multa, estes fixados em 1/30 (um trigésimo) do salário mínimo. Todavia, não vislumbrando nos autos casos de aumento ou de diminuição de pena, mas tão somente a circunstância atenuante pelo fato de ser índio, contida no artigo 56 da Lei n.º 6.001/73 (Estatuto do Índio), reduzo a pena em 1 (um) ano, fixando-a, em definitivo, em 3 (três) anos de reclusão, a ser cumprida, inicialmente, em regime fechado, e no pagamento de 50 (cinquenta) dias-multa, os quais hei por bem dispensar-lhe o pagamento, haja vista a sua situação econômica.

Outrossim, diante da faculdade esculpida no parágrafo único do mesmo dispositivo legal contido no Estatuto do Índio, deixo de determinar o cumprimento da pena no prédio onde funciona a Fundação Nacional do Índio - FUNAI, nesta cidade, em regime de semiliberdade, em face da sua total falta de estrutura. Também, pela inviabilidade e temeridade seria remetê-lo para cumpri-la no Posto Indígena localizado na própria aldeia onde reside, considerando-se as constantes obstruções das estradas pelos indígenas guajajaras, a cuja etnia pertence o Réu, fato que nos leva a crer que o próprio órgão federal, impotente e omisso em casos desse jaez, também não terá condições para garantir à Justiça Comum Estadual fiscalizar e executar a pena ora aplicada ao acusado, devendo, pois, ser cumprida na Penitenciária de Pedrinhas, localizada na Capital do Estado.

Importante é frisar-se, ainda, que o Estatuto do Índio data dos idos de 1973, quando ainda estávamos sob a égide da Constituição Federal que pouco se preocupava com a saúde pública e com o bem-estar social, ao contrário da novel Carta Magna de 1988, que define o tráfico ilícito de entorpecentes como insuscetível de graça ou anistia. Significando dizer, a exemplo da Lei n.º 8.072/90 (Lei dos Crimes Hediondos), que deverá a pena ser cumprida integralmente em regime fechado.

Condeno-o, ainda, no pagamento das custas processuais.

Lance-lhe o nome no rol dos culpados, após o trânsito em julgado desta decisão.

Registre-se. Publique-se. Intime-se.

Barra do Corda (MA), 31 de julho de 1999.

MARCO ANTONIO NETTO TEIXEIRA

Juiz de Direito da 2.ª Vara

7. Tráfico de entorpecente e associação para o tráfico

Processo n.º: 30442-68.2015.8.10.0001 (325702015)

Autor: Ministério Público Estadual

Acusados: E S dos S e F de S S

Delito: Artigo 33 *caput*, c/c artigo 35 ambos da Lei n.º 11.343/2006.

Vistos etc.

O MINISTÉRIO PÚBLICO ESTADUAL, por seu representante, apresentou denúncia contra **E S dos S** e **F de S S**, devidamente qualificados nos autos, atribuindo-lhes a prática do crime previsto no art. 33, *caput*, c/c o art. 35, ambos da Lei n.º 11.343/2006.

Consta da inicial acusatória, em resumo que "no dia 03/07/2015, policiais militares faziam ronda e rotina nas proximidades da rua da Alegria, n.º 02, bairro Santa Clara, nesta cidade, quando avistaram um indivíduo empreendendo fuga de uma residência, tendo sido necessário adverti-lo com um disparo de arma de fogo, mas, mesmo assim, o elemento conseguiu se evadir. Em seguida a guarnição realizou a detenção de outro indivíduo também flagrado durante tentativa de fuga, o qual fora posteriormente identificado como **E S dos S**. Ato contínuo, todos se dirigiram até a residência da qual os dois homens haviam saído, onde encontraram o denunciado F de S S escondido no banheiro da habitação. A equipe passou a vistoriar o imóvel, ocasião em que lograram êxito em apreender 15 papelotes de crack; 01 pequena porção de maconha; 01 tubo de linha e 01 rolo de papel filme, momento em que lhes foi dado voz de prisão.

Perante a autoridade policial os denunciados admitiram a posse da maconha e que a mesma era para consumo pessoal, porém afirmaram desconhecer a existência do crack apreendido no local, pois não fazem uso de tal substância. Ao final, requereu a condenação do acusado nas penas aflitivas do art. 33 *caput*, c/c o artigo 35, ambos da lei nº 11.343/2006.

Auto de apresentação e apreensão, bem como laudo preliminar de constatação às fls. 26/27 e 33/34, onde consta a apreensão da droga e o resultado positivo para a presença de *Cannabis* Sativa Lineu, substância vulgarmente conhecida como "maconha", com massa líquida total de 18,514g, e Alcalóide cocaína, respectivamente, na forma pulverizada com massa líquida total de 2,680g, resultados confirmados pelo laudo definitivo de fls. 153/158.

Às fls. 120/121 consta decisão concedendo liberdade provisória aos acusados cumulada com medidas cautelares.

Notificados nos termos do art. 55 da Lei n.º 11.343/2006, os acusados, por meio de advogado nomeado, apresentaram defesa prévia às fls. 179/180 e 182/183, pugnando pela absolvição, mas reservando-se para manifestar sobre o mérito em sede de alegações finais.

Recebida a denúncia por força da decisão de fls. 186, onde foi designada audiência de instrução e julgamento. Na data designada, foram ouvidas duas testemunhas arroladas na denúncia, interrogado os acusados, conforme assentada e mídia de fls. 197/199.

Em sede de alegações finais o Ministério Público pugnou pela desclassificação da imputação prevista no artigo 33 *caput*, para o artigo 33, § 3.º da lei n.º 11.343/2006 quanto à conduta do acusado E S dos S, bem como a desclassificação da imputação prevista no artigo 33 *caput*, para o artigo 28 da referida lei quanto a conduta do acusado **F de S S**, omitindo-se quanto ao crime previsto no artigo 35 da lei n.º 11.343/2006 imputado aos acusados.

A defesa dos acusados requereu inicialmente a sua absolvição por ausência de provas para a condenação, e subsidiariamente, a desclassificação para a conduta prevista no artigo 28 da lei n.º 11.343/2006 e ainda, em caso de condenação a aplicação da causa de diminuição prevista no artigo 33, § 4.º da referida lei, nada requerendo quanto ao crime previsto no artigo 35 da Lei n.º 11.343/2006.

É o relatório.

Trata-se de ação penal proposta pelo Ministério Público contra **E S dos S** e **F de S S** pela prática do crime capitulado no art. 33, *caput* c/c o art. 35, ambos da Lei n.º 11.343/2006, pelo fato de ter sido encontrado dentro da casa do acusado E, que estava associado com o acusado F, que também estava no imóvel, certa quantidade de drogas do tipo maconha e Crack, sem autorização e em desacordo com determinação legal.

Os delitos capitulados na denúncia são catalogados, doutrinariamente como formal, isto é, basta que a ação do agente se subsuma a um dos verbos do tipo penal para se consumar. Os crimes de Tráfico de entorpecentes, conforme narra a Denúncia, está emoldurado no art. 33 da Lei n.º 11.343/2006, *verbis*:

"Art. 33. Importar, exportar, remeter, preparar, produzir, fabricar, adquirir, vender, expor à venda, oferecer, ter em depósito, transportar, trazer consigo, guardar, prescrever, ministrar, entregar a consumo ou fornecer drogas, ainda que gratuitamente, sem autorização ou em desacordo com determinação legal ou regulamentar:

Pena - reclusão de 5 (cinco) a 15 (quinze) anos e pagamento de 500 (quinhentos) a 1.500 (mil e quinhentos) dias-multa.

> Art. 35. Associarem-se duas ou mais pessoas para o fim de praticar, reiteradamente ou não, qualquer dos crimes previstos nos arts. 33, *caput* e § 1º, e 34 desta Lei:

Pena – reclusão, de 3 (três a 10 (dez) anos, e pagamento de 700 (setecentos) a 1.200 (mil e duzentos) dias multa.

Passo a analisar a acusação quanto à prática do delito de Tráfico de Droga previsto no artigo 33, *caput*, da lei n.º 11.343/2006, atribuída aos acusados.

A materialidade delitiva restou comprovada através do laudo definitivo de constatação de substâncias entorpecentes, colacionado às fls. 153/158, realizado nas substâncias vegetal, amarelo sólido e branco pastoso que apresentaram resultados positivos para a presença de Cannabis Sativa Lineu, substância vulgarmente conhecida como "maconha", com massa líquida total de 18,514g, e Alcalóide cocaína, respectivamente, na forma pulverizada com massa líquida total de 2,680g, substâncias psicotrópicas de uso proscrito no Brasil, constante da portaria n.º 344, da ANVISA e suas atualizações.

Quanto à autoria delitiva, divirjo do Ministério Público e da defesa, por entender que a prova oral produzida nos autos não deixa dúvida de que os acusados **E S dos S** e **F de S S** praticaram a conduta descrita no tipo penal consubstanciada nos verbos "guardar/preparar".

Com efeito, as testemunhas **V L dos S B**; **B O S** e **A B de C N**, são uníssonas em afirmar que ao chegarem no local dois indivíduos que acabara de sair de dentro de uma residência empreenderam fuga, mas apenas um deles foi capturado e levado de volta à casa, onde foi detido um outro elemento e apreendia dois tipos de drogas e material para embalagem. Afirmam ainda que com o elemento detido na rua nada ilícito foi encontrado e que as drogas se encontravam no banheiro.

Durante o interrogatório o F afirma que estava na porta da casa junto com outro indivíduo (não identificado nos autos), e quando avistou a polícia correu para dentro da residência, ao passo que o acusado **E** diz que se encontrava no interior da casa e percebendo a ação do seu companheiro, se assustou e saiu em fuga, mas foi capturado e levado de volta. Dentro da residência, precisamente no banheiro, havia uma pequena barra de maconha e 15 papelotes de crack prontos pra venda, além de material para embalagem de droga.

A versão dos acusados **F** e **E** não encontra amparo nos fatos nem na lógica, pois as testemunhas são unânimes em afirmar que nenhuma substância entorpecente foi encontrada com o elemento capturado na rua, e que toda a droga foi localizada no banheiro da casa. Ora, se o acusado **F** afirma que estava fora da casa e trazia consigo uma porção de substância entorpecente para consumo próprio, não faria sentido o mesmo se refugiar exatamente no interior da casa onde estava estocada o crack e os materiais para embalagem quando poderia ter dispensado tal substância durante a fuga, assim como também não faz sentido a versão do acusado **E**, que deixou a segurança da sua casa para empreender fuga ante a presença dos policiais quando poderia ter permanecido oculto e ganhado tempo para esconder o material ilícito.

O que se depreende da prova oral coligida aos autos (mídia CD de fls.198) é que o acusado **F** estava no interior da casa, onde embalaria a porção avulsa de maconha, enquanto o acusado **E** estava na porta da sua residência com outro indivíduo, provavelmente um usuário, e quando a polícia chegou tentou fugir para se desvincular das drogas, mas foi capturado, enquanto o acusado **F** foi surpreendido e detido no interior do imóvel por que não teve tempo de se evadir e dispensar as substâncias.

A casa pertence ao acusado **E** e fica localizada numa vila conhecida como local de venda de droga, e no seu interior foram encontrados, além de dois tipos de droga (Maconha e Crack) materiais para embalagem. Com efeito, a forma como parte da droga foi encontrada, já devidamente fracionada em pequenas porções individualizadas, a quantidade e diversidade de substâncias, a apreensão de material para embalagem e a localidade onde o fato aconteceu, revelam que essas substâncias, eram destinadas à comercialização. Assim, a alegação dos réus de que não sabiam da existência do Crack e que a maconha era para consumo próprio, não encontra suporte nos fatos descortinados nos autos, vez que as drogas estavam dentro da casa, adredemente escondidas no banheiro.

Não resta dúvida que a casa do acusado **E** servia como local para armazenar, preparar e distribuir drogas, as quais seriam destinadas a terceiro, e que no dia do fato o mesmo teve o auxílio do acusado **F** na preparação do material entorpecente, ressaltando-se que este acusado, segundo informe do disque denúncia de fls. 161/169 tem seu nome vinculado a essa prática criminosa desde 2010, estando, pois configurada a conduta criminosa prevista no artigo 33 *caput*, da Lei n.º 11.343/2006, consubstanciada nos verbos guardar/preparar a desafiar um decreto condenatório.

Nessa esteira, divirjo da tese da desclassificação sustentada pelo ilustre promotor de justiça e da defesa vez que a prova coligida aos autos demonstra que as substâncias apreendidas, principalmente o Crack se destinavam a comercialização. A despeito, das divergências das testemunhas quanto à identidade do elemento capturado durante a fuga, não vejo essa circunstância como essencial ou relevante para afastar a autoria delitiva, mormente porque em nenhum momento as testemunhas claudicaram em apontar o acusado Elivan como proprietário da casa onde as substâncias foram encontradas.

Diante desse contexto, não é razoável lançar suspeição sobre os depoimentos das testemunhas, principalmente porque não é crível que os agentes do Estado, tenham se prestado, a incriminar levianamente os acusados, mormente porque sequer os conheciam, de modo que não subsiste no espírito deste julgador qualquer dúvida quanto à autoria delitiva.

Ressalto que em se tratando do crime de tráfico de droga, tendo em vista a violência com que agem os traficantes contra aqueles que colaboram com a polícia para elucidação dos fatos, torna-se difícil ouvir outras testemunhas que não sejam os próprios agentes do Estado. Ademais, os depoimentos de policiais colhidos nestes autos possuem o mesmo valor probatório de outros testemunhos, sendo, portanto, meio de prova apto a embasar o édito condenatório, máxime porque são coerentes e harmônicos entre si. Nesse sentido, trago à colação acórdão do Supremo Tribunal Federal, da lavra do Eminente Ministro CELSO DE MELLO, quanto à validade do depoimento de policiais:

> "O valor do depoimento testemunhal de servidores policiais - especialmente quando prestado em juízo, sob a garantia do contraditório - revestese de inquestionável eficácia probatória, não se podendo desqualificá-lo pelo só fato de emanar de agentes estatais incumbidos, por dever de ofício, da repressão penal. O depoimento testemunhal do agente policial somente não terá valor, quando se evidenciar que esse servidor do Estado, por revelar interesse particular na investigação penal, age facciosamente ou quando se demonstrar - tal como ocorre com as demais testemunhas - que as suas declarações não encontram suporte e nem se harmonizam com outros elementos probatórios idôneos. Doutrina e jurisprudência." (HC 73.518-5/SP, 1.ª T STF, Rel. Min. CELSO DE MELLO, DJ 18.10.1996).

Quanto à imputação do delito de associação para o tráfico, para sua configuração é imprescindível a demonstração concreta do vínculo permanente e estável entre duas ou mais pessoas, com a finalidade de praticarem os delitos do art. 33, *caput* e § 1º e/ou do art. 34, da Lei de Drogas (HC 354.109/MG, Rel. Ministro JORGE MUSSI, QUINTA TURMA, julgado em 15/9/2016, DJe 22/9/2016; HC 391.325/SP, Rel. Ministra MARIA THEREZA DE ASSIS MOURA, SEXTA TURMA, julgado em 18/5/2017, DJe 25/5/2017). No presente caso, contudo, o órgão ministerial não apresentou elementos concretos que demonstrem efetivamente o vínculo permanente e estável entre os acusados **E** e **F**, considerando que não houve investigação prévia, campana, nem nenhum outro levantamento pela polícia que evidenciasse o animus associativo de forma estável e duradoura, estando as provas coligidas a indicar que a atuação conjunta ocorreu de forma eventual (coautoria), motivo pelo qual entendo não restar configurado o crime previsto no artigo 35 da Lei nº 11.343/2006, sendo a absolvição dos réus a medida que se impõe.

Diante do exposto e de tudo mais que dos autos consta, julgo procedente em parte a denúncia para: condenar os réus **E S dos S** e **F de S S** nas penas do artigo 33, *caput* da Lei n.º 11.343/2006, nas modalidades "guarda/preparar" e absolvê-los da imputação do crime previsto no artigo 35 da Lei n.º 11.343/2006.

Assim sendo, atento às disposições do art. 42, da Lei n.º 11.343/2006 e art. 59 e seguintes do Código Penal, especialmente o art. 68 do aludido diploma legal, passo à fixação da pena dos acusados:

1 - **Acusado E S dos S:**

Quanto a culpabilidade está comprovada, pois sua conduta é altamente censurável, eis que tinha conhecimento da sua ilicitude, tendo agido com intenso dolo; o réu não registra antecedentes; não existem elementos para valorar sua conduta social; personalidade comum; os motivos do crime normais à espécie; as circunstâncias do crime são normais a espécie; as consequências do crime não foram graves, pois, apesar de pôr em perigo a saúde pública, a ação do réu não produziu, efetivamente, um dano à sociedade: comportamento da vítima, resta prejudicado, vez que a vítima é a própria sociedade.

Assim sendo, fixo-lhe a pena base privativa de liberdade em 5 (cinco) anos de reclusão e 500 (quinhentos) dias-multa.

Não existem circunstâncias atenuantes ou agravantes a serem consideradas. Presente a causa especial de diminuição de pena prevista no § 4.º do art. 33 da Lei n.º 11.343/2011, eis que o mesmo é primário, de bons antecedentes e não se dedique às atividades criminosas nem integre organização criminosa, de modo reduzo a pena em 2/3 (dois terços), fixando-a em definitivo em 01 (um) ano e 08 (oito) meses de reclusão, à míngua de causas de aumento prevista na Lei n.º 11.343/2006.

2 - **Acusado F de S S**:

Quanto a culpabilidade está comprovada, pois sua conduta é altamente censurável, eis que tinha conhecimento da sua ilicitude, tendo agido com intenso dolo; o réu não registra antecedentes; não existem elementos para valorar sua conduta social; personalidade comum; os motivos do crime normais à espécie; as circunstâncias do crime são normais a espécie; as consequências do crime não foram graves, pois, apesar de pôr em perigo a saúde pública, a ação do réu não produziu, efetivamente, um dano à sociedade: comportamento da vítima, resta prejudicado, vez que a vítima é a própria sociedade.

Assim sendo, fixo-lhe a pena base privativa de liberdade em 5 (cinco) anos de reclusão e 500 (quinhentos) dias-multa.

Presente a causa especial de diminuição de pena prevista no § 4º do art. 33 da Lei n.º 11.343/2011, eis que o mesmo é primário, de bons antecedentes e não se dedique às atividades criminosas nem integre organização criminosa, de modo que reduzo a pena em 2/3 (dois terços), fixando-a em definitivo em 01 (um) ano e 08 (oito) meses de reclusão, à míngua de causas de aumento prevista na Lei nº 11.343/2006.

Levando em consideração as circunstâncias judicial, e o princípio da proporcionalidade aplico-lhes a pena de multa de 166 (cento e sessenta e seis) dias-multa, correspondendo o dia multa a um trigésimo do salário-mínimo vigente à época do fato, a qual deverá ser atualizada atendendo o critério estabelecido no artigo 49 do CP e recolhida ao Fundo Penitenciário.

No entanto, como os acusados são primário e possuidores de bons antecedentes, preenchidos os requisitos do art. 44 do código Penal, com fulcro no art. 43, inciso IV, c/c o art. 46, ambos do Código Penal, substituo a pena privativa de liberdade, por duas restritivas de direitos consubstanciada em prestação de serviços à comunidade e limitação de fim de semana, pelo mesmo tempo da pena, em estabelecimento a ser fixado pelo Juízo da Vara de Execuções Penais.

A pena de reclusão deverá ser cumprida na Casa do Albergado deste Estado, em regime aberto, consoante inteligência do art. 33, § 2º, "c", do Código Penal, devendo a pena de multa ser paga no prazo de 10 (dez) dias após o trânsito em julgado da sentença (art. 50, CP).

Por conseguinte, revogo as medidas cautelares impostas às fls. 120/121. Autorizo a incineração das drogas, cuja autoridade de polícia judiciária deverá enviar a este juízo cópia do auto de incineração (art. 50, §§ 3º ao 5º, c/c art. 50-A, da Lei de Drogas).

Quanto ao celular apreendido às fls. 26, determino sua devolução ao acusado **E S dos S**, mediante a comprovação de aquisição lícita. Expeça-se mandado de restituição. Decorridos 90 (noventa) dias, sem a devida comprovação, determino a sua destruição.

Intime-se os acusados da sentença nos termos do art. 392 do CPP, caso necessário, expeça-se edital com prazo de 90 (noventa) dias. Após o trânsito em julgado, tomem-se as seguintes providências:

1) Lance-se o nome dos acusados no rol dos culpados;

2) Expeça-se Guia de Execução e encaminhem-se ao Juízo competente, via sistema VEP/CNJ;

3) Intime-se os acusados para o pagamento da pena de multa, em valores atualizados, no prazo de 10 (dias), (CP, art. 50);

4) Em caso de inadimplência da pena pecuniária no prazo referenciado, expeça-se certidão circunstanciada sobre a condenação referente à pena de multa e respectivo encaminhamento à Fazenda Pública Estadual, através da Procuradoria-Geral do Estado, para que tome as medidas que entender necessárias para a efetivação da inscrição na dívida ativa do Estado e respectiva cobrança, de acordo com as normas da Lei n. 6.830/80 e art. 39, § 2.º, da Lei n. 4.320/64 e Súmula 521 do STJ.

5) Comunique ao Tribunal Regional Eleitoral do Maranhão, via aplicação disponível na WEB, para fins de suspensão dos direitos políticos dos réus (CE, art. 71, § 2.º, c/c CF., art. 15, III).

6) Oficie-se ao Instituto de Identificação do Estado, informando sobre o julgamento e respectiva condenação dos ora sentenciados.

Sem custas.

P.R.I.

São Luís/MA, 26 de agosto de 2019.
Antonio Luiz de Almeida Silva
Juiz Titular da 1ª Vara de Entorpecentes

IV – SENTENÇAS ABSOLUTÓRIAS

1. Furto qualificado. Absolvição

PROCESSO N.º 578/91 - Cartório do 3.º Ofício

AÇÃO PENAL

AUTORA: A JUSTIÇA PÚBLICA

RÉU: A. L. F., vulgo "J."

Adv.: Dr. D. S. dos R.

VÍTIMA: A. G. B.

INCIDÊNCIA: Art. 155, § 4º, Inciso II, c/c os arts. 14, II, e 61, do Código Penal.

SOLUÇÃO: Improcedência da denúncia

EMENTA: FURTO QUALIFICADO. TENTATIVA DE SUBTRAÇÃO DE COISA MÓVEL. CONFISSÃO EXTRAJUDICIAL DO ACUSADO. AUSÊNCIA DE PROVA DA CULPABILIDADE DURANTE O SUMÁRIO. Se o autor da ação penal não cuida de demonstrar durante o sumário a procedência das suas alegações nem se obtém, por outro modo legal, a prova da culpabilidade do acusado, é de se julgar improcedente a denúncia e proclamar a absolvição do imputado, mormente porque a prova indiciária isoladamente não autoriza o decreto condenatório, nem alforria a acusação da incumbência de exprimir a veracidade das suas alegações.

Vistos etc.

O Ministério Público Estadual ofereceu denúncia contra A. L. F., vulgo "J.", qualificado às fls. 02, imputando-lhe o delito tipificado no art. 155, § 4.º, II, combinado com os arts. 14, II, e 61, do Código Penal.

Alega o órgão ministerial que no dia 18 de novembro de 1991, por volta das 10 horas, o denunciado, a pretexto de comprar algumas mercadorias na loja de propriedade da Sr.ª A. G. B., escondeu dentro de sua camisa cartelas e pacotes de lâmina de barbear, colocando-as embaixo dos braços.

Afirma também o órgão ministerial que o denunciado, ao ser descoberto, tentou evadir-se. Contudo, foi impedido por populares que atenderam aos apelos da vítima e chamaram a polícia.

A ação penal originou-se de inquérito policial instaurado a partir de auto de prisão em flagrante, e se encontram os autos instruídos com o auto de apresentação e apreensão da *res furtiva* (fls. 12); com o termo de entrega (fls. 13); com o auto de avaliação da coisa subtraída (fls. 15); e com o boletim de vida pregressa do acusado (fls. 23), ausente a folha de antecedentes do acusado.

Recebida a denúncia, foi o acusado citado pessoalmente. Tendo comparecido, foi qualificado e interrogado, havendo negado a autoria do delito. Ato contínuo, formulou defesa prévia às fls. 36, sem o arrolamento de testemunhas.

Durante a instrução criminal, foi inquirida apenas uma testemunha arrolada na denúncia, eis que as demais não foram encontradas, tendo o Ministério Público desistido da sua oitiva. As partes ofereceram alegações finais às fls. 83/85 e 87, propugnando a acusação pela condenação do denunciado e a defesa pela sua absolvição.

É o relatório.

FUNDAMENTOS DA SENTENÇA

A denúncia, no processo penal, estabelece os limites da acusação porque é ela que contém a imputação dirigida ao acusado firmada, geralmente, em sede de inquérito policial.

Sabe-se que a responsabilidade penal reside na culpabilidade, posto ser o resultado da ação ou omissão da conduta humana, isto é, o vínculo de natureza psicológica, o nexo etiológico que se estabelece entre o agente e o evento danoso.

Para que a ação penal aforada fomente a condenação, é necessário que, no decorrer da instrução criminal, o seu titular traga aos autos elementos seguros para demonstração das suas alegações. Não basta, portanto, para a inculpação do denunciado que se lhe impute na peça acusatória determinado ilícito penal. É indispensável que o titular da *persecutito criminis* demonstre, repita-se, a veracidade das suas alegações durante o sumário. Por isso é que se afirma, em refrão doutrinário e jurisprudencial, que a denúncia é uma peça narrativa e demonstrativa.

Adota-se com essa diretriz o conhecido sistema da autorresponsabilidade das partes, em que cada litigante assume a obrigação de provar os fatos alegados, suportando os reveses e as consequências dos seus erros, da sua negligência, da sua falta de zelo profissional, pois a perplexidade, a verossimilhança, a inquietação criam geralmente a incerteza no espírito dos juízes quanto à culpabilidade do imputado.

Releva notar que nestes autos, por absoluta falta de esmero do *parquet* (fls. 76), deixou-se de ouvir outras pessoas, além da própria vítima, durante a instrução criminal. Inobstante isso, o Ministério Público apesar de haver reconhecido esse fato (fls. 84), ainda encontrou fôlego, em inanes alegações finais, para pedir a condenação do denunciado, consagrando valor apoteótico à prova indiciária, sob o argumento de que se tem como provada a denúncia porque "as provas produzidas na fase indiciária são bastante para isso" (fls. 85).

Ora, é inconcebível que se pretenda, nos dias atuais, obter condenação de criminosos com base exclusiva em elementos colhidos apenas na repartição policial. Não vinga, para isso, o argumento de que a prova constante do inquérito policial indica a autoria do delito, máxime pela confissão do indiciado. Isto porque se trata de procedimento administrativo inquisitorial, cujos elementos indiciários de prova somente terão força vinculativa se efetivamente vierem a ser confirmados em juízo pela autoridade judiciária competente.

Nem mesmo se o acusado fosse revel, tal circunstância não autorizaria a formação de juízo desfavorável à conduta que lhe foi imputada porque, em processo penal, não se admite a *ficta confessio*, posto que a culpa penal não pode ser presumida. De outra parte, é sabido que a confissão no procedimento penal é **retratável**, e de nada valeria a sua existência extrajudicial sem a confirmação na fase judicial, em processo contraditório.

Diga-se, por conseguinte, que do exame dos autos constata-se que o denunciado somente admitiu a autoria do delito em seu depoimento policial, vindo a negá-la em seu interrogatório, onde acrescentou, inclusive, que "ao chegar na Delegacia não fez nenhum depoimento, apenas foi chamado pelo escrivão para assinar o auto de prisão em flagrante e o interrogatório" (fls. 34 verso). É provável realmente que a versão do acusado seja procedente, porque nem ao menos cuidou a autoridade policial de lembrar-lhe sobre os direitos constitucionais quando da lavratura do auto flagrancial.

A ação penal não nasce com o inquérito policial. Ela é fruto da queixa ou denúncia formulada pelo seu titular originário. Se alguém pudesse ser condenado com base no que foi apurado em procedimento inquisitório, não haveria papel para o Ministério Público nem necessidade do Estado chamar a si o monopólio da jurisdição com a criação de órgão específico para o julgamento dos conflitos humanos, mediante o respeito a princípios de prática milenar como o contraditório e a garantia à mais ampla defesa, com todos os meios e recursos a ela inerentes, o que, por outras palavras, resultaria no cumprimento e observância do *due process of law.*

Se toda condenação pudesse basear-se exclusivamente na confissão havida no depoimento policial do acusado, ficaria definitivamente a acusação alforriada do seu dever constitucional de comprovar, no limiar da ação penal, ou durante o seu curso, a culpa do infrator, entendendo por provado o que deveria provar.

É defeso, por conseguinte, à polícia substituir o Ministério Público na sua tarefa processual. Com o curso do processo, deve o órgão acusador (público ou particular) abandonar o comodismo do napeiro e seguir, como soldado estrênuo, os passos do panorama processual para confirmação dos fatos investigados pela polícia judiciária.

É certo que, em processo penal, não é prefixada uma hierarquia de provas, pois todas elas são relativas. É certo também que o juiz tem papel fundamental na apuração dos fatos deduzidos em juízo, dada a possibilidade de agir de acordo com o seu livre convencimento e determinar, de ofício, a produção das provas que lhe parecerem úteis ao esclarecimento da verdade, sem sujeitar-se a preclusões.

Contudo, entendo que essa função processante do juiz somente deve ser movimentada quando, a despeito de haver se esforçado, o Ministério Público ou o querelante, não conseguir cumprir a incumbência de fazer a prova das suas alegações como ônus que lhe é imposto pelo Diploma Processual Penal em vigor. Com efeito, neste processo, a acusação esteve o tempo todo a cargo do *parquet*, mas nem por isso, *data venia*, cuidou de cumprir o indeclinável dever de trazer aos autos os elementos comprovadores dos fatos alegados - *allegatio et non probatio quasi non allegatio.*

CONCLUSÃO

Ante o exposto, sendo a prova produzida nos autos insuficiente para a condenação do denunciado, e não sendo de se aceitar como merecedora de crédito e autorizadora de condenação prova colhida exclusivamente em procedimento criminal que não atende ao princípio axiomático *audiatur et altera pars*, julgo improcedente a denúncia para absolver o acusado **A. L. F.**, vulgo "J.", da imputação que lhe foi feita às fls. 02, e o faço com espeque no art. 386, II e VI, do Código de Processo Penal, determinando, preclusa esta sentença, o arquivamento do processo com baixa na distribuição, comunicando-se à repartição policial para suprimir de seus escaninhos as anotações relativas ao fato, tido como delituoso, aqui apurado. Isento de custas.

Publique-se. Registre-se. Intimem-se.

Codó (MA), 16 de outubro de 1995.

JOSÉ EULÁLIO FIGUEIREDO DE ALMEIDA

Juiz de Direito da 2.ª Vara

V – SENTENÇAS PROFERIDAS NO PROCEDIMENTO DO JÚRI

1. Absolvição sumária

Processo Eletrônico n.º 0000

Ação Penal Pública

Autor: Ministério Público Estadual

Promotor: Dr. F M da S

1.º acusado: G. C. B.

Advogado: Dr. A. G. de S.

2.º acusado: J. dos S. da S.

Advogado: Dr. A. C. F.

Capitulação legal: Art. 121, § 2.º, I, II e IV, do CP

SENTENÇA

O **Ministério Público Estadual**, através de seu Promotor de Justiça, ofereceu denúncia em desfavor de **G. C. B.**, vulgo "G.". e **J. dos S. da S.**, vulgo "Z.", atribuindo-lhes a prática da conduta descrita no art. 121, § 2.º, I, III e IV, do Código Penal.

Segundo consta da denúncia, no dia 28/09/2014, por volta das 21 horas, nos arredores da ponte que dá passagem ao povoado São Domingos, localizado na zona rural do Município de Brejo de Areia, os acusados, na companhia de um indivíduo conhecido como "C.", ceifaram a vida da vítima E. S. do N.

A denúncia foi recebida em 23/10/2014 (ID. 53801358, fls. 59).

Determinadas as citações dos acusados, estes apresentaram respostas à acusação (ID. 53801364, fls. 66/67 e fls. 71/76).

A audiência de instrução e julgamento foi realizada no dia 26/11/2014, conforme documento de ID. 53801365, fls. 123/124, tendo sido ouvidas oito testemunhas, assim como foram os réus devidamente interrogados. Ante a ausência de laudo de exame cadavérico, o Ministério Público requereu a realização de exame de corpo de delito indireto, o que foi deferido.

Através do documento de ID. 53801365, fls. 160, em 09/05/2018, foi informado que o exame de corpo de delito indireto não poderia ser realizado pelo ICRIM-Timon/MA, em razão da baixa qualidade das fotografias e da insuficiente angulação dos registros, tendo o *Parquet* requerido a realização de exumação do corpo da vítima, o que foi deferido, consoante documento de ID. 53801365, fls. 167/169.

No entanto, a autoridade policial apresentou relatório através do qual informou que não foi possível localizar a sepultura da vítima para cumprimento da diligência determinada (ID. 53801365, fls. 172).

Instado a manifestar-se, o Ministério Público requereu o prosseguimento do feito (ID. 67387659).

Foi, então, declarada encerrada a instrução e as partes foram intimadas para apresentarem as suas alegações finais, tendo o Ministério Público pugnado pela pronúncia dos acusados em razão da prática do crime tipificado no art. 121, § 2.º, I, III e IV, do Código Penal (ID. 71980726).

As defesas dos réus, a seu turno, em sede de alegações finais, requereram a absolvição sumária dos acusados, sob o argumento de ausência de provas quanto à autoria, nos termos do art. 386, IV, do Código de Processo Penal (ID. 73525773 e 73570668).

Vieram os autos conclusos.

Era o que cabia relatar. Passo à fundamentação.

Da decisão de pronúncia

Como é cediço, a decisão de pronúncia possui conteúdo absolutamente declaratório, em que o juiz, utilizando-se de um juízo de probabilidade, admite ou rejeita a hipótese acusatória, sem, no entanto, adentrar o mérito da questão debatida.

Nessa linha, é de se notar que referida decisão deve restringir-se ao exame da presença de prova da materialidade do delito e de indícios suficientes de autoria, e, nesse particular, a doutrina é quase unânime ao afirmar que nessa fase vigora o denominado princípio *in dubio pro societate*, o qual recomenda que, após instruído o feito na primeira fase de competência do juiz singular, acaso persistirem dúvidas quanto à ocorrência do crime ou sobre quem o praticou, deve o magistrado submeter o feito ao exame do Tribunal do Júri, instituição constitucionalmente competente para o julgamento dos crimes dolosos praticados contra a vida.

Da ausência de prova da materialidade do delito

Contudo, considerando-se que não se pode nunca atingir a certeza absoluta sobre o que ocorreu no passado, a reconstrução dos fatos depende do grau de corroboração que os elementos de prova constantes dos autos aportarão a essa hipótese narrada na exordial acusatória.

No caso em comento, observo que a instrução processual não foi capaz de revelar a materialidade do delito, isso porque, após reiteradas requisições de diligências, pelo *Parquet*, para realização do exame de corpo de delito indireto, tomando-se por base as fotografias do corpo da vítima, o Instituto de Criminalística de Timon - ICRIMTimon/MA - informou, por meio do ofício n.º 252/2018 (ID. 53801365, p. 58), a inviabilidade da realização do sobredito exame por meio destes registros fotográficos, em razão da qualidade das imagens e dos planos de incidência fotográfico.

Além disso, o cumprimento da determinação de exumação do cadáver da vítima restou impossibilitado em razão da não localização da sepultura, conforme comunicado em relatório de ID. 53801365, p. 68.

Por outro lado, conquanto o exame cadavérico não seja indispensável para a demonstração da materialidade delitiva, podendo a sua ausência ser suprida por outros meios de prova admitidos pelo ordenamento jurídico brasileiro, tal como a existência de depoimentos testemunhais corroborando outros documentos encartados nos autos[10], observo que no presente caso não há nenhum elemento de juízo nesse sentido.

No curso do processo, os depoimentos das testemunhas pouco ou quase nada esclarecem quanto aos fatos, como passo a demonstrar.

A testemunha Í. F. A. T. limitou-se a afirmar que "a guarnição da Polícia Militar chegou à Delegacia, onde o depoente achava-se de serviço, conduzindo os acusados e que foi-lhe informado que o dono do bar onde eles estavam consumindo bebida alcoólica, havia dito que os conduzidos tinham causado a morte da vítima".

No entanto, quando ouvido em juízo, R. V. S., proprietário do bar, não confirmou essa versão, restringindo-se a afirmar que, "no momento do crime, estava em sua casa e que só veio a saber da ocorrência do delito no dia seguinte, através de relatos de vizinhos, de modo que tomou conhecimento da suposta autoria dos acusados no crime por meio de comentários de terceiros".

Os depoimentos das outras testemunhas seguem a mesma narrativa, apresentando-se apenas como testemunhas de "ouvir dizer", porquanto não presenciaram a ocorrência do suposto fato delituoso, tampouco tiveram contato direto com o que aconteceu durante o suposto crime, de modo que as suas declarações sobre o conhecimento dos fatos baseiam-se apenas em relatos que ouviram de terceiros.

Portanto, o que se tem aqui é um conjunto probatório débil e insuficiente para sustentar uma decisão de pronúncia, visto que referidos depoimentos testemunhais consubstanciam meras repetições do que foi ouvido eventualmente por meio de comentários de terceiros. A esse tipo de depoimento a doutrina denomina de "*hearsay testimony*" e reconhece a sua fragilidade.

Nesse sentido, o Egrégio Superior Tribunal de Justiça já decidiu, *verbis*:

> "RECURSO ESPECIAL. HOMICÍDIO QUALIFICADO E DESTRUIÇÃO E OCULTAÇÃO DE CADÁVER. PRONÚNCIA FUNDAMENTADA EXCLUSIVAMENTE EM ELEMENTO INFORMATIVO COLHIDO NA FASE PRÉ-PROCESSUAL. NÃO CONFIRMAÇÃO EM JUÍZO. RECURSO ESPECIAL NÃO PROVIDO. 1. A decisão de pronúncia é um mero juízo de admissibilidade da acusação, não sendo exigido, neste omento processual, prova incontroversa da autoria do delito; bastam a existência de indícios suficientes de que o réu seja seu autor e a certeza quanto à materialidade do crime. 2. **Muito embora a análise aprofundada dos elementos probatórios seja feita somente pelo tribunal Popular, não se pode admitir, em um Estado Democrático de Direito, a pronúncia sem qualquer**

10 STJ, AgRg no REsp 1861493/SP, Rel. Min. Jorge Mussi, 5.ª Turma, j. 09/06/2020, *DJe* 18/06/2020.

lastro probatório, mormente quando os testemunhos colhidos na fase inquisitorial são, nas palavras do Tribunal a quo, 'relatos baseados em testemunho por ouvir dizer, [...] que não amparam a autoria para efeito de pronunciar os denunciados' (fl. 1.506). **3. O Tribunal de origem, ao despronunciar os ora recorridos, entendeu 'ausentes indícios de autoria e insuficiente o 'hearsay testimony' (testemunho por ouvir dizer)'** (fl. 1.506), razão pela qual, consoante o enunciado na Súmula 7 do STJ, torna-se inviável, em recurso especial, a revisão desse entendimento, para reconhecer a existência de prova colhida sob o contraditório judicial apta a autorizar a submissão dos recorridos a julgamento perante o Tribunal do Júri. 4. Recurso especial não provido"[11].

Crítica à fórmula retórica do *in dubio pro societate*

Com relação à fórmula denominada *in dubio pro societate*, penso que se trata de uma metodologia cunhada pelos tribunais pátrios que não encontra respaldo na legislação nem em qualquer princípio de direito, cuja aplicação, em qualquer fase do processo, ofende a presunção de inocência ou presunção de não culpabilidade, insculpida no art. 5.º, LVII, da CF/1988.

Ora, se houver dúvidas quanto à ocorrência do fato criminoso ou em relação à autoria, a regra que deve ser aplicada é o *in dubio pro reo*, este sim corolário da referida norma constitucional, e isso deve ocorrer indistintamente, não importando se durante a apreciação do recebimento da denúncia ou quando da prolação da pronúncia, ou, ainda, quando da apreciação de recurso de revisão criminal. O preceito constitucional é claro e não comporta nenhuma exceção. Tal princípio deve ser instrumentalizado independentemente da fase na qual se encontra a demanda, porquanto, até que sobrevenha o trânsito em julgado de sentença penal condenatória, ninguém poderá ser considerado culpado.

A razão disso decorre da regra do ônus da prova, que no processo penal é integralmente suportado pelo órgão acusatório. O réu, a seu turno, não tem obrigação nenhuma de provar eventual hipótese alternativa por ele sustentada. Aliás, trata-se de premissa lógica em qualquer argumentação séria que, no Estado democrático de direito, do acusado não se pode exigir que produza prova negativa – isto é, de que não praticou determinado fato –, mormente em se tratando do réu que se encontra em posição desfavorável frente ao aparato estatal investigatório do qual se vale a acusação no processo penal[12].

Assim, após a instrução processual, se remanescerem dúvidas, a regra de julgamento a ser aplicada é a que beneficia o acusado, sob pena de inverter-se os

11 STJ, REsp 1373356/BA, Rel. Min. Rogerio Schietti Cruz, 6.ª Turma, j. 20/04/2017.

12 LUCIO, Rafael Zottis. Standards *de prova e dúvida razoável no processo penal*. Porto Alegre: Livraria do Advogado, 2022. p. 84.

valores do sistema e prestigiar-se uma fórmula que emprega recurso meramente retórico e sem fundamento jurídico - *in dubio pro societate* - em detrimento do princípio constitucional da presunção de inocência.

Recentemente, o Supremo Tribunal Federal exarou precedente nesse sentido, senão vejamos:

> "Penal e Processual Penal. 2. Júri. 3. Pronúncia e *standard* probatório: a decisão de pronúncia requer uma preponderância de provas, produzidas em juízo, que sustentem a tese acusatória, nos termos do art. 414, CPP. 4. **Inadmissibilidade in dubio pro societate: além de não possuir amparo normativo, tal preceito ocasiona equívocos e desfoca o critério sobre o standard probatório necessário para a pronúncia**. 5. Valoração racional da prova: embora inexistam critérios de valoração rigidamente definidos na lei, o juízo sobre fatos deve ser orientado por critérios de lógica e racionalidade, pois a valoração racional da prova é imposta pelo direito à prova (art. 5.º, LV, CF) e pelo dever de motivação das decisões judiciais (art. 93, IX, CF). 6. Critérios de valoração utilizados no caso concreto: em lugar de testemunhas presenciais que foram ouvidas em juízo, deu-se maior valor a relato obtido somente na fase preliminar e a testemunha não presencial, que, não submetidos ao contraditório em juízo, não podem ser considerados elementos com força probatória suficiente para atestar a preponderância de provas incriminatórias. 7. Dúvida e impronúncia: diante de um estado de dúvida, em que há uma preponderância de provas no sentido da não participação dos acusados nas agressões e alguns elementos incriminatórios de menor força probatória, impõe-se a impronúncia dos imputados, o que não impede a reabertura do processo em caso de provas novas (art. 414, parágrafo único, CPP). Primazia da presunção de inocência (art. 5.º, LVII, CF e art. 8.2, CADH). 8. Função da pronúncia: a primeira fase do procedimento do Júri consolida um filtro processual, que busca impedir o envio de casos sem um lastro probatório mínimo da acusação, de modo a se limitar o poder punitivo estatal em respeito aos direitos fundamentais. 9. Inexistência de violação à soberania dos veredictos: ainda que a Carta Magna preveja a existência do Tribunal do Júri e busque assegurar a efetividade de suas decisões, por exemplo ao limitar a sua possibilidade de alteração em recurso, a lógica do sistema bifásico é inerente à estruturação de um procedimento de júri compatível com o respeito aos direitos fundamentais e a um processo penal adequado às premissas do Estado democrático de Direito. 10. Negativa de seguimento ao Agravo em Recurso Extraordinário. *Habeas corpus* concedido de ofício para restabelecer a decisão de impronúncia proferida pelo juízo de primeiro grau, nos termos do voto do relator"[13].

O juiz e a função de gatekeeper do devido processo legal

13 STF, ARE 1067392/CE, Rel. Min. Gilmar Mendes, 2.ª Turma, j. 26/03/2019, *DJe* 02.07.2020.

O juiz, quando da prolação da decisão de pronúncia, funciona como verdadeiro *gatekeeper*, ou seja, atua como guardião do devido processo legal, e, portanto, assume a responsabilidade de evitar que sejam realizados julgamentos pelo Tribunal do Júri sem que haja os pressupostos legais para tanto, já que o conselho de sentença, em regra, é constituído por leigos.

E isso é da natureza do próprio sistema, não ensejando usurpação de competência do conselho de sentença para apreciar delitos dolosos contra a vida. Se por um lado não se desconhece que o Tribunal do Júri é constitucionalmente competente para o julgamento dos crimes dessa natureza (art. 5.º, XXXVIII, *d*, CF/1988), como aponta Zottis, de outro não há como entender como justificável a violação da presunção de inocência quando contraposta ao princípio do juiz natural para o julgamento da causa[14].

Com efeito, o princípio da presunção de inocência consiste em um dos pilares da democracia e do sistema processual brasileiro pós-Constituição Federal de 1988.

Comporta três acepções bem claras que, apesar de diferentes entre si, são inteiramente complementares: *i*) presunção de inocência como regra de tratamento; *ii*) a presunção de inocência enquanto norma de carga probatória; e *iii*) a presunção de inocência como regra de julgamento[15].

Em casos como o dos autos, a referida presunção está a funcionar como verdadeira regra de julgamento e deve ser aplicada à motivação da sentença em matéria de fatos com a finalidade de justificar a subsistência de dúvida sobre a satisfação do *standard* probatório. Nesse caso, persistindo tal estado de dúvida racional sobre a verdade de uma hipótese fática, a absolvição do acusado impõe-se.

A decisão de impronúncia e a ofensa ao princípio da presunção de inocência, na acepção de regra de julgamento

A consequência prática desse raciocínio consiste na percepção de que a decisão de impronúncia no rito bifásico do Tribunal do Júri consubstancia grosseira violação à presunção constitucional de inocência, tendo em vista que permite que

14 LUCIO, Rafael Zottis. Op. cit., p. 142.

15 Esclarece Ferrer Beltrán que, na acepção de regra de tratamento, a presunção de inocência impõe ao Estado que não submeta o imputado a nenhum tratamento nem tome nenhuma decisão no curso do processo que suponha a antecipação da condenação e, em consequência, da pena. Já em relação à dimensão de norma de carga probatória, sustenta que a sentença que declare a culpabilidade do imputado e, portanto, a derrota da presunção de inocência deve observar, necessariamente, que a regra do ônus da prova volta-se exclusivamente em face da acusação para que referida presunção seja, efetivamente, vencida e não violada. Por sua vez, a abordagem que toma a presunção de inocência como regra de julgamento aplica-se ao momento de valoração da prova, de modo que, se a prova presente nos autos não resulta conclusiva para demonstrar a culpabilidade do acusado, a dúvida se resolva a favor da inocência dele (FERRER BELTRÁN, Jordi. Uma concepção minimalista e garantista da presunção de inocência. *Revista Brasileira de Direito Processual Penal,* Porto Alegre, v. 4, n. 1, p. 158-175, jan.-abr. 2018).

o *Parquet* ofereça nova exordial acusatória enquanto não extinta a punibilidade (art. 414, § 1º, CPP). A esse respeito, Rafael Zottis esclarece que "A impronúncia é uma decisão que não configura nem absolvição, nem condenação; trata-se de uma inobservância ao princípio da presunção de inocência em sua dimensão de norma de tratamento, tendo em vista que deixa de tratar o acusado como se inocente fosse por admitir que o Ministério Público, se lhe convier, elabore uma nova imputação fático-jurídica"[16].

Desse modo, quando o juiz deparar-se com uma situação de ausência de provas da materialidade do delito, como é o caso dos autos, a absolvição é o juízo impositivo a ser proferido, sob pena de violação direta à disposição do art. 5.º, LVII, da CF/1988. Nessa situação tampouco pode-se proferir a decisão de impronúncia, que, segundo Zottis, "configura um nada jurídico e submete o acusado a uma situação de insegurança jurídica e submete o acusado a uma situação de insegurança jurídica que pode perdurar até vinte anos (prazo prescricional do delito de homicídio qualificado)"[17].

Capítulo dispositivo

Ante o exposto, com fundamento no art. 5.º, inciso LVII, da CF/1988 c/c art. 415 do CPP, **ABSOLVO SUMARIAMENTE** os acusados **G. C. B.** e **J. DOS S. DA S.**, por não existirem elementos da materialidade do delito.

Intimem-se os acusados por meio de seus respectivos advogados.

Intime-se o Ministério Público.

Após o decurso do prazo recursal, certifique-se o trânsito em julgado da sentença, dando-se baixa no sistema e arquivem-se os autos.

A PRESENTE DECISÃO SERVE COMO MANDADO.

Intimem-se. Publique-se.

Vitorino Freire (MA), data da assinatura eletrônica.

JUIZ RÔMULO LAGO E CRUZ

2. Feminicídio

PROCESSO N.º 000000

ACUSADO: L. L. R. P.

---

16 LUCIO, Rafael Zottis. Op. cit., p. 142. Rangel afirma textualmente que "a decisão de impronúncia foi mantida na Lei n.º 11.689/2008 em verdadeira afronta ao princípio da presunção de inocência, ou seja, não se encontram indícios de autoria ou prova da materialidade do fato, mas, mesmo assim, o réu permanece com a espada de Dâmocles sobre sua cabeça. **Logo, a decisão correta a ser adotada é a decisão absolutória**, pois houve falha do Estado-administração no exercício da pretensão acusatória, que não logrou êxito em provar a acusação" (RANGEL, Paulo. *Tribunal do júri*: visão linguística, histórica, social e jurídica. 6. ed. Rio de Janeiro: Atlas, 2018. p. 162).

17 LUCIO, Rafael Zottis. Op. cit., p. 146.

VÍTIMA: M. M. da A. C. P.

SENTENÇA

O acusado L. L. R. P., já qualificado, foi pronunciado a julgamento pelo Tribunal do Júri pela suposta prática dos crimes de estupro e homicídio qualificado por asfixia, mediante recurso que impossibilitou a defesa da ofendida, objetivando ocultar o crime de estupro, e feminicídio, em concurso material, tipificados, respectivamente, no *caput* do artigo 213 e no artigo 121, § 2º, incisos III, IV, V e VI, c/c artigo 69, todos do Código Penal, ocorridos no período compreendido das 15h14min e 15h54min do dia 13 de novembro de 2016, no interior do quarto da vítima M. M. deA. C. P., no apartamento..., no ... andar do Edifício Condomínio Residencial..., localizado na Avenida..., Bairro..., nesta Capital.

Na sessão do júri popular, hoje realizada, conforme consta da ata, os Promotores de Justiça e os Advogados do assistente de acusação requereram a condenação do acusado na forma da pronúncia. Por outro lado, os Advogados de defesa sustentaram a tese da negativa de materialidade e de autoria para os dois crimes, e requereram que os jurados fossem questionados se o perito N. de S. S. teria praticado o crime de falsa perícia.

Na sala secreta, após leitura e explicação dos quesitos, conforme termo de votação, que consta na própria ata, os jurados, por maioria de votos, reconheceram a materialidade e a autoria dos crimes de homicídio e estupro e as quatro qualificadoras do crime de homicídio; negando a absolvição do acusado nos dois crimes e o crime de falsa perícia.

Em respeito à decisão soberana do Conselho de Sentença, **declaro condenado** o acusado L. L. R. P. pela prática dos crimes de estupro e homicídio qualificado por asfixia, mediante recurso que impossibilitou a defesa da ofendida, objetivando ocultar o crime de estupro e feminicídio, em concurso material, tipificados, respectivamente, no *caput* do artigo 213 e no artigo 121, § 2º, incisos III, IV, V e VI, c/c artigo 69, todos do Código Penal.

Em obediência à regra prevista no artigo 68 do Código Penal, passo a dosar a pena, iniciando pela fixação da pena-base, analisando as circunstâncias judiciais previstas no artigo 59 do diploma substantivo penal, acrescentando, por circunstância judicial desfavorável ao condenado, dois anos e três meses no crime de homicídio e seis meses no crime de estupro, que, respectivamente, correspondem a um oitavo de dezoito anos e quatro anos, que são os intervalos entre as penas mínimas e máximas previstas para os crimes de homicídio qualificado e de estupro.

A boa técnica recomenda que se faça uma dosimetria para cada crime; porém, para evitar repetições desnecessárias, farei uma única dosimetria, apontando as diferenças quando ocorrerem.

Inicio esclarecendo que, por terem os jurados reconhecido quatro qualificadoras no crime de homicídio, usarei o feminicídio para qualificar o tipo penal, deixando as outras três qualificadoras que foram reconhecidas pelo Conselho de Sentença para serem levadas em consideração na segunda fase por serem espécies de circunstâncias agravantes.

A culpabilidade do acusado deve aumentar a pena dos dois crimes pela exteriorização da vontade dele em cometê-los, muito além do normal, devendo sofrer maior censura, demonstrada pela premeditação, pois, após deixar a vítima em sua residência com as filhas dela e as filhas dele no bairro do..., foi até o Bairro da Ponta d'Areia deixar a sua sogra, retornou para o apartamento da vítima, por ter conhecimento do fácil acesso ao apartamento e que ela se encontrava sozinha, dormindo, naquele momento. Registro que este percurso significa trafegar, praticamente, de uma ponta a outra da cidade de São Luís, tendo tempo suficiente para desistir da sua empreitada criminosa. Acrescento, ainda, o fato de o acusado não demonstrar arrependimento, muito pelo contrário, demonstra frieza em seu comportamento durante e após a consumação dos crimes, fato esse externado perante a família e amigos, consolando a mãe e o esposo da vítima, sua própria esposa e outros familiares. Finalizo, apontando o total desprezo que o acusado demonstrou pela vida da sua cunhada, que viu crescer, pois, quando retornou para seu apartamento, foi para a sauna após a prática dos delitos.

Considero bons os antecedentes criminais do acusado porque em consulta ao sistema Themis PG não verifiquei outra ação penal instaurada contra ele.

Não considero boa a conduta social do acusado porque ele tinha compulsão por furtar objetos em lojas, inclusive em viagem para fora do país, além de ter praticado outros pequenos delitos nesta cidade, entre eles fraude em seguradoras de veículos, furto de cheques do pai da vítima e de um *notebook* no *shopping*, e, ainda, o fato de ele fotografar mulheres no banheiro, com câmera fotográfica ou com o celular, inclusive fotografou a cunhada **J. M. A. C. R., e observou a própria vítima no banheiro de uma casa de praia,** conforme relatos das testemunhas em plenário; bem como, informação contida no laudo terapêutico assinado pela Terapeuta Holística M. J. de A. A. juntado aos autos às fls. 374 – volume II; condutas essas reprováveis pela sociedade e inadequadas, devendo elevar a pena dos dois crimes nesta fase.

Tenho como desfavorável a personalidade do acusado nos dois crimes porque, conforme demonstrado nos autos, contido nos depoimentos prestados em plenário e em especial na analise de atendimento psicológico assinado pela Psicóloga Clínica Ruth Júlia do Nascimento Ribeiro, às fls. 351 – volume II, onde registra os traços da personalidade do acusado, em relação ao emocional "era propenso a agir com impulsividade. Não pensava e não previa as consequências dos seus atos. Em alguns momentos manifestava um ego exacerbado e no controle das pessoas e situações orquestradas por ele"; já em relação à maturidade, "Baixo limiar de frustração, com dificuldade de aceitar os limites e os 'não' que a vida impõe".

A motivação do crime de homicídio foi reconhecida pelos jurados como integrante da qualificadora do inciso V e, como dito no início da dosimetria, será levada em consideração na segunda fase para evitar duplicidade. Quanto ao crime de estupro, foi motivado pela curiosidade, admiração e, principalmente, para satisfazer seu desejo, que considero como integrante do tipo penal, razão pela qual deixo de majorar.

As circunstâncias dos crimes de homicídio e estupro são desfavoráveis ao acusado, devendo ser levados em consideração o modo e lugar onde foram praticados, demonstrando a ousadia na ação criminosa, pois o acusado adentrou a residência da vítima enquanto ela estava no momento de descanso e despida em seu quarto, não respeitando o sagrado lar, que a Constituição Federal garante como inviolável. Além do fato das filhas da vítima e inclusive as suas próprias filhas, todas menores de idade, poderiam adentrar o apartamento a qualquer momento, visto que estavam se divertindo na piscina do próprio condomínio.

As consequências dos dois crimes são desfavoráveis ao acusado diante do abalo psíquico, emocional e, sobretudo, uma desestabilização familiar, principalmente as filhas menores da vítima, que ficaram órfãs tão novas, e que vai perdurar a vida toda, diante da brutalidade da ação criminosa.

A maioria da jurisprudência não aceita o comportamento da vítima para prejudicar o acusado na dosimetria da pena; entretanto, essa circunstância deve ser considerada conforme o caso, pois não se trata de súmula vinculante. Nos crimes em julgamento, entendo que a pena deve aumentar, neste momento, porque a vítima nada fez para ser assassinada e foi estuprada e morta somente para saciar a curiosidade e admiração que o acusado nutria por ela. Vale ressaltar que a vítima tinha uma conduta ilibada, com idoneidade moral, visto que sempre agiu de forma honesta, dentro da moral e dos bons costumes, vivendo para sua família, com preceitos religiosos, adorada por todos, gerando a comoção na cidade com sua morte.

Diante dessa análise, por reconhecer em desfavor do condenado, nos dois crimes, a existência de seis circunstâncias judiciais, fixo a pena-base do crime de homicídio em vinte e cinco anos e seis meses de reclusão, e no crime de estupro fixo a pena base em nove anos de reclusão.

Na segunda fase, no crime de homicídio, não existe em favor do condenado nenhuma circunstância atenuante, visto que ele negou a confissão prestada perante as autoridades policiais na presença de três Advogados; porém, como dito no início da dosimetria, por terem ainda três qualificadoras, aumento a pena-base até o máximo previsto no Código Penal. Para o crime de estupro, não existem circunstâncias atenuantes nem agravantes.

Não havendo causas de diminuição ou aumento da pena, fixo, em definitivo, a pena privativa de liberdade a ser cumprida por L. L. R. P. para o crime de homicídio **com quatro qualificadoras** em **trinta anos de reclusão** e para o crime de estupro em **nove anos de reclusão.**

Em atenção à regra prevista no artigo 69 do Código Penal, por se tratar de concurso material de crimes, a pena privativa de liberdade a ser cumprida pelo acusado L. L. R. P. em **trinta e nove anos de reclusão,** inicialmente, em regime fechado em unidade prisional da Secretaria de Estado da Administração Penitenciária

Deixo de considerar o período em que o condenado está preso provisoriamente nestes autos, conforme determina o artigo 387, § 2º, do CPP, por ser irrelevante para alterar o regime inicial de cumprimento da pena.

O acusado está sendo condenado neste julgamento pela prática dos crimes de homicídio quadruplamente qualificado e estupro, tido como crimes hediondos pelo artigo 1º, incisos I – parte final, e V, da Lei n.º 8.072/1990 e, como tal, o juiz deverá decidir fundamentadamente se o acusado tem direito de recorrer em liberdade, conforme prevê o artigo 2.º, § 3.º, da lei dos crimes hediondos; demonstrando que a prisão, neste caso, passou a ser a regra. Considerando o disposto no artigo 492, inciso I, alínea *e* e § 4.º, do CPP, não há motivo para o acusado aguardar em liberdade o julgamento de eventual recurso de apelação.

Expedir o mandado de prisão por sentença, a ser cumprido por Oficial de Justiça no estabelecimento prisional em que ele já se encontra preso e, após o seu cumprimento, expedir a guia de execução provisória. De logo, registro que não haverá necessidade de realização de audiência de custódia porque o condenado já se encontra no sistema prisional.

Condeno o acusado ao pagamento das custas processuais.

Com o trânsito em julgado desta sentença, comunicar à Justiça Eleitoral e ao Instituto de Identificação; expedir a guia de execução definitiva.

Para cumprimento do artigo 201, § 2.º, do Código de Processo Penal, entregar cópia desta sentença aos familiares da vítima.

Lida em sessão, ficam as partes, de logo, intimadas. Registrar no sistema Themis. Publicar no DJEN.

São Luís, 5 de julho de 2020.

JOSÉ RIBAMAR GOULART HELUY JÚNIOR

Juiz de Direito da 4.ª Vara do Tribunal do Júri

3. Desclassificatória (homicídio do índio pataxó)

Processo n.º 17901

Acusados: M. R. A.; A. N. C. V.; T. O. A.; E. C. O.

Vistos etc.[18].

M. R. A., A. N. C. V., T. O. A. e E. C. O., todos qualificados nos autos, foram denunciados pelo Ministério Público, como incursos nas sanções do art. 121, § 2.º, incisos I, III e IV, do Código Penal e art. 1.º da Lei n.º 2.252/54 e art. 1.º da Lei n.º 8.072/90 porque, juntamente com o menor G. N. A. J., jogaram substância inflamável e atearam fogo em G. J. dos S., causando-lhe a morte.

Narra a inicial da acusação que, ao amanhecer, o grupo passou pela parada de ônibus onde dormia a vítima. Deliberaram atear-lhe fogo, para o que adquiriram dois litros de combustível em um posto de abastecimento. Retornaram ao local e, enquanto E. e G. despejavam líquido inflamável sobre a vítima, os demais atearam fogo, evadindo-se a seguir.

Três qualificadoras foram descritas na denúncia: o motivo torpe porque os denunciados teriam agido para se divertir com a cena de um ser humano em chamas, o meio cruel, em virtude de ter sido a morte provocada por fogo, e o uso de recurso que impossibilitou a defesa da vítima, que foi atacada enquanto dormia.

A inicial, que foi recebida por despacho de 28 de abril de 1997, veio acompanhada do inquérito policial instaurado na 1.ª Delegacia Policial. Do caderno informativo constam, de relevantes, o auto de prisão em flagrante de f. 8/22, os boletins de vida pregressa de f. 43 e 45 e o relatório final de f. 131/134. Posteriormente vieram aos autos o laudo cadavérico de f. 146 e seguintes, o laudo de exame de local e de veículo de f. 172/185, o exame em substância combustível de f. 186/191, o termo de restituição de f. 247 e a continuação do laudo cadavérico, que está às f. 509.

O Ministério Público requereu a prisão dos indiciados. A prisão em flagrante foi relaxada, não configurada a hipótese de quase flagrância, por não ter havido perseguição, tendo sido os réus localizados em virtude de diligências policiais. Na mesma oportunidade foi decretada a segregação preventiva dos acusados, com fundamento na necessidade de salvaguardar a ordem pública, evitar o descrédito do Poder Judiciário, para que a liberdade não servisse de incentivo a práticas similares. Além da garantia da ordem pública, a prisão foi decretada por conveniência da instauração criminal, para assegurar a integridade física dos réus e de seus familiares e para salvaguardar a aplicação da lei penal, porquanto tão logo praticado o crime os réus evadiram-se do local, demonstrando que pretendiam furtar-se a eventual condenação.

18 A presente decisão foi confirmada pelo TJDF e reformada pelo STJ, que restaurou a competência do tribunal do júri para julgamento da infração penal. Faz-se sua transcrição, nesta oportunidade, pela força da argumentação nela contida, pela repercussão social do caso e pela relevância do tema debatido (*vide* REsp 192.049-DF, 98/76411-9).

O MM. Juiz Federal da 10.ª Vara oficiou noticiando ter prolatado decisão firmando a respectiva competência para apreciar e julgar os autos da ação penal. Suscitando conflito de competência, o processo ficou paralisado. Julgado pelo Superior Tribunal de Justiça, foi declarado competente o Juízo de Direito da Vara do Tribunal do Júri.

O genitor da vítima foi admitido como assistente do Ministério Público, conforme despacho de f. 286.

Os réus foram interrogados. M. R. afirmou que, ao avistarem a vítima no ponto de ônibus, tiveram a ideia de "pregar um susto para ver a vítima correr". Adquiriram álcool combustível, que foi parcialmente despejado sobre a pessoa que dormia, sendo ateado o fogo. Asseverou que ficaram assustados e saíram do local, tendo em vista a aproximação de um veículo, embora tivessem cogitado ajudar a vítima. Alegou ter consciência de que o álcool combustível é substância altamente inflamável mas que não esperavam que o fogo "tomasse a proporção que tomou" (f. 292/294).

A. N. C. de V. argumentou que resolveram dar um susto na vítima, que a brincadeira seria com uso de álcool e fósforos. Mencionou a ida ao posto de abastecimento para aquisição do combustível, que não seria utilizado por inteiro, razão pela qual E. despejou o conteúdo de um dos litros em um gramado situado próximo à parada de ônibus. Assevera que, enquanto E. deixava cair o combustível sobre a vítima, um dos autores riscou precipitadamente o fósforo, momento em que as labaredas subiram na direção de E., que se assustou e jogou o vasilhame no chão. Narrou que entre os acusados houve o comentário de que "a vítima pegou fogo demais". Mencionou ter consciência de ser o álcool combustível substância altamente inflamável mas alegou que a sua intenção, como a dos demais, era somente derramar o líquido sobre a vítima, a fim de dar-lhe um susto para vê-la correr, sendo que em momento algum lhe passou pela cabeça que a vítima poderia morrer, como também ficar lesionada. Assegurou que a intenção era só dar um susto na vítima.

T. O. de A., interrogado em Juízo, também relatou que ao ser avistada a vítima surgiu a ideia de atear-lhe fogo para que este corresse. Confirmou que adquiriram os dois litros de álcool combustível e que, após darem mais algumas voltas, dirigiram-se ao local do crime, onde decidiram esvaziar um dos vasilhames, pois entenderam que não haveria necessidade de utilização dos dois litros de álcool. Afirmou ter sido E. quem despejou o líquido na vítima e que, ao riscarem os fósforos, a labareda foi em direção à garrafa que estava nas mãos de E., que soltou, tendo todos saído do local. Afirmou também ter consciência de que o álcool combustível é substância altamente inflamável mas que em nenhum momento lhe passou pela cabeça que o fogo "pegasse com rapidez e queimasse toda a vítima".

O acusado E., ao ser ouvido, informou que todos assentiram na ideia de atear fogo à pessoa que estava no abrigo, para o que adquiriram álcool combustível. Alegou que todos imaginaram que a vítima fosse acordar e correr atrás do grupo para agredi-los. Argumentou ter derramado o conteúdo de um dos vasilhames no gramado e que estava jogando o líquido nos pés da vítima quando iniciou o fogo, "que subiu de baixo para cima", vindo em direção às suas mãos. Asseverou ter largado o vasilhame, saindo do local às pressas.

Todos os réus apresentaram as defesas prévias, que estão às f. 337/379, requerendo a realização de diligências. Algumas delas foram deferidas, não o sendo a instauração de incidente de insanidade mental, além de oitiva de testemunha que não constava do rol apresentado com as alegações preliminares.

Na fase instrutória foram ouvidas nove testemunhas arroladas pela acusação e trinta e uma pela defesa, conforme assentadas e termos de audiência de f. 390/409, 434/454 e 470/474.

À f. 485 está carta precatória expedida para depoimento de testemunha de defesa residente em Pau-Brasil - Bahia.

Na oportunidade do art. 406 do Código de Processo Penal, o Ministério Público e as defesas apresentaram alegações finais. A Promotoria de Justiça, por entender presentes os requisitos necessários à pronúncia, manifestou-se pelo julgamento pelo Egrégio Tribunal do Júri, mantidas as qualificadoras e a imputação de corrupção do menor. Asseverou que, "se não tinham os agentes do crime manifesta intenção de causar a morte da vítima, no mínimo assumiram o risco de provocar o resultado lamentavelmente advindo. A pretendida desclassificação, se fosse o caso, só poderia ser feita pelo Conselho de Sentença, após os debates em Plenário de Júri" (alegações de f. 512 e seguintes).

A assistência da acusação ratificou as razões finais do Ministério Público.

A defesa de E. e T. pugnou pela desclassificação do ilícito, argumentando que a prova produzida leva à inconteste conclusão de que os defendentes, ao realizarem as condutas, não previram o resultado morte e sim a lesão corporal, caso pronunciados os réus e a impronúncia com relação ao crime previsto no art. 1.º da Lei n.º 2.252/54.

Na mesma linha, a defesa do réu M. R. Nas alegações, que tecem comentários à personalidade do acusado, diante das informações obtidas quando da oitiva das testemunhas de defesa, pretende também a revogação da prisão preventiva.

Nas alegações finais apresentadas, a defesa de A. N. rechaça os argumentos do Ministério Público e argumenta que o dolo do agente, ainda que eventual, deve ser provado e não presumido. Pretende a desclassificação para o ilícito previsto no art. 129, § 3.º, do Código Penal ou no art. 121, § 3.º, do mesmo *Codex* e a impronúncia em relação ao crime descrito no art. 1.º da Lei n.º 2.252/54.

É o relatório. Decido.

Finda a instrução, apresentadas as alegações finais, o juiz sentenciante terá quatro opções: a *pronúncia*, porque determina o art. 408 do Código de Processo Penal que, se o juiz se convencer da existência do crime e de indícios de que seja o autor, pronunciá-lo-á, dando os motivos do seu convencimento; a *impronúncia*, quando não se convencer da existência do crime ou de indício suficiente da autoria; a *desclassificação*, prevista no art. 410 do mesmo diploma, quando o juiz se convencer, em discordância com a denúncia ou queixa, da existência de crime diverso daquele da competência do Tribunal do Júri, e a *absolvição sumária*, quando ocorrente alguma causa de justificação, na forma do disposto no art. 411 do Código de Processo Penal.

Assim, não tem razão a douta representante do Ministério Público quando afirma que desclassificação só poderá ser feita pelo Conselho de Sentença, após os debates em Plenário de Júri. Se por um lado é certo que também durante a sessão de julgamento, quando da votação do questionário, pode ser operada a alteração da classificação penal, por outro lado não se pode negar vigência ao disposto no art. 410 do Código de Processo Penal.

Os acusados foram denunciados porque, ao praticarem o crime, teriam agido com *animus necandi*, na forma do dolo eventual. É o que consta da peça acusatória: "No dia 20 de abril de 1997, por volta de cinco horas, na EQS 703/704 - W3 Sul - Brasília - DF, os denunciados, juntamente com o menor de idade G. N. A. J., mataram G. J. dos S., índio Pataxó, contra o qual jogaram substância inflamável, ateando fogo a seguir, assumindo claramente o risco de provocar o resultado morte".

Nas alegações finais, o Ministério Público argumentou: *"se não tinham os agentes do crime manifesta intenção de causar a morte da vítima, no mínimo assumiram o risco de provocar o resultado lamentavelmente advindo"*.

Não se contende sobre autoria e materialidade do ilícito. Os acusados assumiram a responsabilidade pela prática delituosa. A confissão está corroborada pela ampla prova trazida aos autos. Já a materialidade, está patenteada no laudo de exame cadavérico. As fotografias anexadas à peça técnica demonstram as lesões sofridas pela vítima do crime e que, certamente, lhe causaram sofrimento atroz. A conduta dos agentes, sem dúvida, deixou a todos indignados, tal a reprovabilidade da selvagem "brincadeira", independentemente de tratar-se de mendigo ou índio - ambos seres humanos.

Assim, o único ponto controvertido é o elemento subjetivo. Deve ser salientado *que a vontade é elemento integrante do tipo penal*. Importante saber se os réus quiseram o resultado morte ou assumiram o risco de produzi-lo, para fixar a competência constitucional deste Tribunal do Júri, ou se ocorreu outro crime com resultado morte, hipótese em que competente para julgamento o juízo singular.

A atividade humana é um acontecimento finalista, não somente causal. Toda conduta humana é *finalisticamente* dirigida a um resultado. Nosso Código Penal é finalista. Neste sentido o entendimento jurisprudencial:

> "Após a reforma da Parte Geral do Código Penal Brasileiro, operada em 1984, a análise do elemento subjetivo que move a conduta do agente de qualquer delito é medida que se impõe em razão da lei, eis que o Diploma Penal Substantivo adotou como seu corolário a teoria da Ação Finalista"[19].
>
> "Hoje, pela doutrina, de *Welzel* (*Das deutesche Strafrechet*) a denominada 'teoria finalista da ação' adotada por nosso CP, a culpa integra o tipo"[20].

A denúncia veio fundada no dolo eventual. Pretendem os réus a desclassificação do ilícito, seja para o crime de lesões corporais seguidas de morte, previsto no art. 129, § 3.º, do Código Penal, para tipo do art. 121, § 3.º ou do art. 250, § 2.º, do mesmo diploma. Desde já afasto a possibilidade de tratar-se somente de crime culposo, pois, no tipo culposo, o agente realiza uma ação cujo fim é lícito mas, por não se conduzir com observância do dever de cuidado, dá causa a um resultado punível. E atear fogo em pessoa que dormia no abrigo de ônibus, para assustá-la, à evidência não é atividade lícita. Também não pode ser aceita a pretendida capitulação do ilícito como incêndio culposo. Os acusados confessaram que atearam fogo na vítima. E o tipo subjetivo do crime de incêndio é a vontade deliberadamente dirigida ao incêndio de alguma coisa, tendo o agente consciência e vontade de produzir uma situação de perigo comum. Um ser humano não é coisa, seja ele índio ou mendigo.

Assim, restam somente o homicídio praticado com dolo eventual e o crime de lesões corporais seguidas de morte, denominado "preterdoloso", em que há dolo quanto à lesão corporal e culpa quanto ao homicídio. A linha divisória entre ambos é tênue. Cumpre trazer a lição dos doutrinadores a respeito do que sejam as duas figuras em cotejo.

Para Assis Toledo,

> "A culpa consciente limita-se com o dolo eventual (CP, art. 18, I, *in fine*). A diferença é que na culpa consciente o agente não quer o resultado nem assume deliberadamente o risco de produzi-lo. Apesar de sabê-lo possível, acredita sinceramente poder evitá-lo, o que só não acontece por erro de cálculo ou por erro na execução. No dolo eventual o agente não só prevê o resultado danoso como também o aceita como uma das alternativas possíveis"[21].

19 TJDF, Rel. Des. Hermenegildo Gonçalves.

20 REsp 40.180/MG, Rel. Min. Adhemar Maciel.

21 TOLEDO, Assis. *Princípios básicos de direito penal*. 4. ed. São Paulo: Saraiva.

O saudoso Heleno Fragoso leciona:

> "Há dolo eventual quando o agente assume o risco de produzir o resultado (CP, 18, I, *in fine*). Assumir o risco significa prever o resultado como provável ou possível, não aceita nem consente. Não basta, portanto, a dúvida, ou seja, a incerteza a respeito de certo evento, sem implicação de natureza volitiva. O dolo eventual põe-se na perspectiva da vontade e não da representação, pois esta última pode conduzir também à culpa consciente. Nesse sentido já decidiu o STF (*RTJ*, 35/282). A rigor, a expressão assumir o risco é imprecisa para distinguir o dolo eventual da culpa consciente que deve ser interpretada em consonância com a teoria de consentimento"[22].

Segundo a teoria positiva do consentimento, formulada por Frank, que é útil como critério prático para identificar o dolo eventual, ocorre tal tipo de dolo quando o agente diz a si mesmo: "Seja assim ou de outra maneira, sucede isto ou aquilo, em qualquer caso agirei".

Fernando de Almeida Pedroso, na obra *Direito penal*, cita Albani Pecoraro: "No dolo eventual, o agente, ao prever como possível a realização do evento não se detém. Age, mesmo às custas de realizar o evento previsto como possível". E, mais adiante, acrescenta: "Dessa maneira, enquanto o dolo direito se respalda e embasa na teoria da vontade (por sua determinação quanto ao crime), tem o dolo eventual supedâneo e alicerce no princípio do assentimento, *ex vi* da anuência manifestada pelo sujeito ativo no que pertine com o delito"[23].

> "Existe dolo eventual, outrotanto, no comportamento do militar que pratica 'roleta-russa', acionando por vezes o revólver carregado com um só cartucho e apontando-o sucessivamente a cada um dos seus subordinados, para experimentar a sorte deles, culminando por matar alguém"[24].

Alberto Silva Franco alerta:

> "Assim, não basta para que haja dolo eventual que o agente considere sumamente provável que, mediante seu comportamento, se realize o tipo, nem que atue consciente da possibilidade concreta de produzir o resultado, e nem mesmo que tome a sério o perigo de produzir possível consequência acessória. Não é exatamente no nível atingido pelas possibilidades de concretização do resultado que se poderá detectar o dolo eventual e, sim, numa determinada relação de vontade entre esse resultado e o agente"[25].

---

22 FRAGOSO, Heleno Cláudio. *Lições de direito penal*. 8. ed. Rio de Janeiro: Forense.
23 PEDROSO, Fernando de Almeida. *Direito penal*. 2. ed. Rio de Janeiro: Leud. p. 407.
24 PEDROSO, Fernando de Almeida. Op. cit., p. 407.
25 FRANCO, Alberto Silva *et al. Código Penal e sua interpretação jurisprudencial*, cit.

Em suma, há dolo eventual quando o agente prevê como provável e não apenas como possível o resultado e o que tenha conscientemente aceito. A situação psíquica do agente em relação ao fato deve ser deduzida das circunstâncias do fato e do caráter dos agentes. No julgamento do AC 285.215-TACrim-SP, o Rel. Silva Franco deixou assentado:

> "O momento volitivo se manifesta na esfera do subjetivo, no íntimo do agente e, deste modo, não é um dado da realidade que possa ser diretamente apreendido. Mas isto não significa que não possa ser extraído do caráter do agente e de todo o complexo de circunstâncias que cercaram seu atuar".

Traçados os balizamentos, tarefa mais árdua é a de pesquisar, no caso concreto, o *animus* que conduziu os agentes ao crime. Coloca-se o julgador à frente do dilema: "Queriam os jovens matar aquele que dormia no abrigo de ônibus ou fazer uma brincadeira cujo resultado foi mais grave do que o desejado?". Para obter a difícil resposta sobre o elemento subjetivo um dos meios a considerar é a potencialidade lesiva do meio empregado, dado bastante relevante. O fogo pode matar, e foi o que ocorreu, mas sem dúvida não é o que normalmente acontece.

No julgamento do *Habeas Corpus* 7651/1997, o Des. Joazil Gardes deixou consignado:

> "Se perguntarmos: tiro mata? Veneno mata? Enforcamento (esganadura) mata? Afogamento mata? A resposta inevitável será: mata; mas, se perguntarmos queimadura mata? A resposta até mesmo de médicos que não sejam especialistas em queimados invariavelmente será: queimadura não mata, isto porque toda sorte de queimadura produzida por fogo ou por substâncias de efeito análogo é possível de ser tratada, sendo natural avistarmos pelas ruas e salões sociais, pessoas com rostos, membros e corpos deformados por queimaduras".

Por outro lado, mais um dado importante evidenciou-se durante a instrução. É que, apesar de terem adquirido dois litros de combustível, logo que chagaram ao *locus delicti* o conteúdo de um dos vasilhames foi derramado na grama. O laudo de exame de local demonstra a afirmativa, principalmente a fotografia de fls. 182. A prova técnica, por seu turno, também vem ao encontro da versão dos acusados de que os fósforos foram acesos precipitadamente, enquanto E. derramava o líquido inflamável sobre a vítima, fazendo-o largar abruptamente o vasilhame. Às fls. 173 dos autos está consignado que "sob o banco do abrigo havia um recepiente plástico, opaco, na cor verde, com as inscrições *Lubrax SJ óleo para motores a gasolina e álcool*". Volume 1.000 ml, vazio, que se encontrava com a parte superior comburida.

No interrogatório A. N. afirmou:

> "... que nesse instante alguém cuja identidade o interrogando não se recorda riscou precipitadamente um fósforo e o jogou na direção do pano, momento em que este começou a pegar fogo e as labaredas subiram na direção de E., o qual estava com o litro de combustível em suas mãos: que o interrogado estava ao lado de E. e pôde sentir as labaredas de fogo bem próximo de si e nesse instante E. assustou-se e jogou o litro de combustível no chão: que nesse instante todos os quatros correram...".

O acusado E. confirmou:

> "... que concomitantemente alguém riscou o fósforo, sem que interrogando saiba quem foi, momento que iniciou-se o fogo 'que subiu de baixo para cima', vindo em direção à mão do interrogado, que imediatamente soltou a garrafa e saiu correndo; ...".

As testemunhas que presenciaram a fuga dos réus informaram o estado de ânimo dos mesmos após os fatos: estavam todos afobados. J. M. C. asseverou que "quando viu os elementos atravessando correndo a via W3 Sul eles pareciam estar com muita pressa e desesperados".

Assiste razão à defesa do acusado A. N. quando afirma que desespero e afobação não se coadunam com aqueles que agem com *animus necandi.*

O caráter dos agentes foi exposto durante a instrução criminal. Por outro lado, as declarações prestadas imediatamente após os fatos demonstraram que não havia indiferença na ocorrência do resultado.

Assim, analisada como um todo, a prova dos autos demonstra a ocorrência do crime preterintencional e não do homicídio. A ação inicial dos réus, sem qualquer dúvida, foi dolosa. Não há como afastar a conclusão de que, ao atearem fogo na vítima para assustá-la, sabiam que iriam feri-la. O resultado morte, entretanto, que lhes escapou à vontade, a eles só pode ser atribuído pela previsibilidade. Qualquer infante sabe dos perigos de mexer com fogo. E também sabe que o fogo queima, ainda mais álcool combustível, líquido altamente inflamável. Os réus também têm este conhecimento. Entretanto, mesmo sabendo perfeitamente das possíveis e até mesmo prováveis consequências do ato impensado, não está presente o dolo eventual. Uma frase constante do depoimento de M., no auto de prisão em flagrante, sintetiza o que realmente ocorreu. Está às fls. 15: "*pegou fogo demais, a gente não queria tanto*". Como já enfocado, assumir o risco não se confunde, em hipótese alguma, com previsibilidade do resultado. Assumir o risco é mais, é assentir no resultado, é querer ou aceitar a respectiva concretização. É necessário que o agente tenha vontade e não apenas a consciência de correr o risco. E o "*ter a vontade*" é elemento subjetivo que está totalmente afastado pela prova dos autos, que demonstrou à saciedade que os acusados pretendiam fazer a brincadeira selvagem, ateando fogo naquele que presumiram ser o mendigo, mas nunca anuíram o resultado morte. Tem razão o Ministério Público quando afirma que "não se brinca com tamanha dor nem de um animal, quanto mais de um desprotegido ser humano". Acrescento que a reprovabilidade da conduta mais se avulta quando estreme de dúvidas que os acusados tiveram muitas e variadas oportunidades de desistir da selvagem diversão. Por outro lado, agiram de forma censurável pois, após avistarem a vítima no ponto de ônibus da EQS 703/604 Sul, deslocaram-se ao posto de abastecimento distante do local, nas quadras 400, para adquirir o combustível dizendo que o faziam porque havia um carro parado por falta de combustível. O acusado A. N., no interrogatório, asseverou:

> "... que o interrogando não se recorda de quem partiu a ideia de dar o susto na vítima, sabendo dizer que todos concordaram com a ideia; (...) que em seguida alguém teve a ideia de que o susto seria aplicado com uso de álcool e fósforo, porém o interrogando não sabe dizer de quem partiu a ideia, mas todos concordaram com a mesma; que, assim combinados, todos se dirigiram para um posto de gasolina, localizado na 405 sul, salvo engano; que ali chegando todos desceram do veículo e se dirigiram ao frentista alegando que tinham um carro ali próximo sem combustível e precisariam de um vasilhame para levar até o carro; que o frentista sugeriu que todos olhassem em um latão de lixo próximo, a fim de procurar um vasilhame vazio; que todos procuraram e o interrogando não recorda quem achou os dois litros de óleo vazio, os quais encheram de álcool combustível; (...) que não foram de imediato ao encontro da vítima, já que depois da compra do combustível ainda rodaram um certo tempo pelas ruas da cidade a fim de procurarem algo para fazer..." (f. 296/297).

Por mais ignóbil que tenha sido a conduta irresponsável dos acusados, não queriam eles, nem eventualmente, a morte de G. J. dos S. A emoção e indignação causadas pelo trágico resultado não podem afastar a razão. Assim os réus devem ser julgados e punidos unicamente pelo crime cometido, que, salvo entendimento diverso do MM. Juiz competente, é o de lesões corporais seguidas de morte. Inexistente o *animus recandi* (por não terem os acusados querido o trágico resultado ou assumido o risco de reproduzi-lo, repita-se), está afastada a competência do Tribunal do Júri, devendo os autos ser encaminhados a uma das varas criminais, a que couber por distribuição.

Por último, cumpre examinar se deve ou não persistir a custódia cautelar dos acusados diante da desclassificação do ilícito.

Em princípio, salvo entendimento diverso do MM. Juiz a quem couber o julgamento do feito, os réus deverão responder pelo crime previsto no art. 129, § 3.º, do CP, *verbis*:

"Art. 129. (*omissis*)

§ 3.º. Se resulta morte e as circunstâncias evidenciam que o agente não quis o resultado nem assumiu o risco de produzi-lo.

Pena – reclusão, de quatro a doze anos".

A nova capitulação que se delineia não afiançável e, como sabido, o fato de os réus serem primários e de bons antecedentes não podem, por si sós, desautorizar prisão fundamentadamente decretada. Por outro lado, persistem, ao menos parcialmente, os motivos que levaram à segregação cautelar. Acrescento que a 2.ª Turma Criminal do Tribunal de Justiça, por maioria, negou o *habeas corpus* impetrado em favor de M. R. A. Assim, não vislumbrando qualquer maltrato a preceito constitucional que justifique antecipação da decisão que o juiz da causa venha tomar, deixo de examinar o pedido de liberdade provisória para não subtrair do Juízo competente a direção do processo.

Diante do exposto e com fundamento nos arts. 408, § 4.º, e 410 do Código de Processo Penal, desclassifico a imputação de homicídio doloso contra M. R. A., A. N. C. de V., T. O. de A. e E. C. e declino da competência para uma das Varas Criminais, determinando que, após o decurso do prazo recursal e feitas as anotações de estilo, remetam-se os autos à Distribuição.

P. R. I.

Brasília, 9 de agosto de 1997.

Sandra de Santis M. de F. Mello

Juíza de Direito

4. Sentença condenatória (júri do homicídio do índio pataxó)

Vistos etc.

M. R. A., T. de O. A., E. C. O. e A. N. C. de V., qualificados nos autos, foram pronunciados e libelados como incursos nas sanções do artigo 121, § 2.º, incisos I, III e IV, do Código Penal e artigo 1.º da Lei n.º 2.252/54, por terem provocado em G. J. dos S. as lesões descritas no laudo cadavérico, em companhia do menor G. N. A. J., utilizando-se de combustível e fósforos, causando-lhe a morte.

Foram submetidos nesta data a julgamento. O E. Conselho de Sentença, por sete votos, reconheceu a autoria e a materialidade do homicídio. Por cinco votos a dois foi afastada a tese defensiva da desclassificação em relação a todos os réus, na resposta afirmativa ao quesito do dolo eventual. Quanto às qualificadoras, foram todas reconhecidas: a do motivo torpe, por seis votos a um em relação ao acusado M. e por sete votos a zero em relação aos demais. Quanto à qualificadora do meio cruel, foi acatada por seis votos a um em relação ao acusado M.

e pela totalidade dos votos quanto aos demais. Finalmente, por unanimidade, foi aceita a qualificadora de uso de recurso que impossibilitou a defesa da vítima, que foi atacada enquanto dormia.

Os senhores jurados reconheceram a existência de atenuantes em favor dos acusados, valorando a confissão espontânea e a menoridade relativa, tudo pela totalidade dos sufrágios.

Quanto à corrupção de menores, por terem praticado o ato delituoso em companhia de G. N. A. J., à época, menor de dezoito anos, os jurados negaram a prática criminosa, em relação ao réu M., por seis votos a um, e, quanto aos demais, pela totalidade dos votos. Ficaram prejudicados os demais quesitos da série.

Ante o exposto e considerada a soberania dos veredictos, julgo parcialmente procedente o libelo para **condenar M. R. A., T. O. de A., E. C. de O. e A. N. C. de V.** como incursos nas sanções do **artigo 121, § 2.º, incisos II, III e IV, do Código Penal e absolvê-los do crime do artigo 1.º da Lei n.º 2.252/54.**

Passo à dosagem da reprimenda, esclarecendo que, por serem idênticas as condições judiciais em relação a todos os acusados, serão elas apreciadas em conjunto.

Os réus são primários e não registram antecedentes. Agiram com culpabilidade, demonstrando desprezo para com um semelhante, independentemente de tratar-se de índio ou mendigo – ambos seres humanos. A reprovabilidade da conduta mais se avulta quando fica estreme de dúvidas que os acusados tiveram muitas e variadas oportunidades de interromper o **iter criminis**. Tiveram tempo de sopesar as consequências da irresponsável conduta. Também deixaram de prestar socorro à vítima, o que poderia, talvez, ter-lhe salvo a vida. A conduta social é boa e a personalidade, embora selvagem o ato praticado, não se mostra deturpada por ora. Os motivos e as circunstâncias do crime deixam de ser valorados nesta fase processual, por terem sido acolhidas as qualificadoras do motivo torpe, do meio cruel e do recurso que impossibilitou a defesa da vítima. As consequências foram graves. A filha da vítima, que era criada por ele, ficou órfã e desamparada. O crime provocou intensa comoção, abalando a comunidade indígena e a sociedade como um todo.

Assim, desfavoráveis aos réus as circunstâncias judiciais, autorizada a fixação da pena-base um pouco acima do mínimo legal. Arbitro-a em 15 (quinze) anos de reclusão. Como concorrem três qualificadoras, duas delas devem incidir como agravantes, se previstas no rol do artigo 61 do Código Penal, o que ocorre na espécie. Filio-me ao entendimento segundo o qual, nos crimes dupla ou triplamente qualificados, há uma só incidência, e não duplo ou triplo aumento. Neste sentido, confiram-se TJSP 695/314, TACrimSP 78/420, TJDF 14435. Entretanto, considerada a regra do artigo 67 do Código Penal e ainda as atenuantes reconhecidas pelo

Corpo de Jurados, sendo que a menoridade tem preponderância sobre todas as demais circunstâncias, atenuo a pena em 1 (um) ano de reclusão. Não há causas de aumento ou diminuição a serem computadas, motivo pelo qual fica fixada a pena definitiva em **14 (quatorze) anos de reclusão**, que serão cumpridos no **regime integralmente fechado**, por tratar-se de crime considerado hediondo. Condeno-os às custas processuais, que deverão ser pagas proporcionalmente.

Os réus devem permanecer encarcerados, pois não fazem jus a apelar em liberdade. Devem ser recomendados na prisão em que se encontram, e, após o trânsito em julgado, seus nomes deverão ser lançados no Rol dos Culpados.

Publicada em Sessão e intimadas as partes, registre-se.

Sala de Sessões do Tribunal do Júri de Brasília, às quatro horas e quinze minutos do dia 10 de novembro de 2001.

Sandra de Santis M. de F. Mello

Juíza de Direito

5. Pronúncia de homicídio qualificado

Processo n.º 000/2000

Ação Penal Pública (art. 121, § 2.º, III e IV, do Código Penal)

Autor: Ministério Público

Réu: A. C. B. F.

Vistos etc.

A. C. B. F., qualificado nos autos, foi denunciado pelo Ministério Público, como incurso nas sanções do art. 121, § 2.º, III e IV, do Código Penal, porque, segundo narra a exordial, no dia 8 de maio do ano de 2000, aproximadamente às 14 horas, na Fazenda Boa Esperança, no Município de São João do Paraíso, desferiu dois disparos de revólver, calibre 38, contra a vítima N. P. da S., levando-a à morte.

Diz ainda a inicial de acusação que momentos antes do disparo encontrava-se a vítima sentada, quebrando cocos, quando o acusado aproximou-se por trás daquela, e, após chamar seu nome, desferiu-lhe dois tiros, a vítima caiu viva ao solo, tendo, ato contínuo, o agente lhe arrancando o globo ocular esquerdo, vindo a vítima a falecer, em decorrência dos ferimentos, no Hospital Santa Terezinha, da cidade de Imperatriz/MA.

O caderno informativo contém de relevante para o processo laudo pericial de arma de fogo (fls. 29), exame cadavérico (fls. 31), e cópia da decisão e respectivo mandado que motivou a prisão do acusado (fls. 37).

A denúncia foi recebida às fls. 50 e o réu interrogado às fls. 57/59, oportunidade em que admitiu ter cometido o delito.

As alegações preliminares de Defesa encontram-se às fls. 62/63.

Foram ouvidas 6 (seis) testemunhas arroladas pela Acusação (74/78) e 4 (quatro) arroladas pela Defesa (fls. 74/78 e 201). Ainda foram ouvidas testemunhas arroladas pela Defesa, via precatória, às fls. 182/183.

Alegações finais de Acusação às fls. 225/227, via da qual pugnou pela pronúncia do réu.

A defesa, por seu turno, insurge-se contra prisão do acusado, sustentando ser ela ilegal, uma vez que não foi preso em flagrante e não há comprovação da prisão determinada pelo juiz. Pede ainda anulação do processo por ter sido o laudo cadavérico assinado por um único perito. Alega, por fim, que o acusado sofre das faculdades mentais, pedindo seja ele submetido a exame médico para ser averiguado o seu grau de insanidade mental.

Esse, em síntese, o relatório. Decido.

Antes de adentar no mérito da acusação com vistas a conduzir ou não o réu a Júri Popular, impõe-se o enfrentamento de uma questão prévia em razão das alegações e requerimentos formulados pela defesa.

No que pertine à alegação de ilegalidade da prisão do acusado, nada obstante não ser este o lugar apropriado para sua discussão, cumpre-me, de forma brevíssima, enfrentar a questão. Certamente o atento defensor do réu não folheou minuciosamente os autos, pois se o tivesse feito teria percebido que repousa às fls. 36 cópia do mandado de prisão, o mesmo ocorrendo às fls. 21 do processo em apenso (Representação de Prisão Preventiva), esta última recibada pela Delegacia de Polícia. Portanto, não há nada de "prisão automática". A prisão que há é a decorrente de determinação judicial.

A segunda alegação é a de que o exame cadavérico é nulo e, por conseguinte, nula é a ação penal. Também esta alegação não procede. Qual o argumento da defesa? A de que o exame cadavérico foi assinado por um só perito, violando o disposto no art. 159 do CPP, que determina que a perícia deve ser assinada por dois expertos. Pois bem, conforme dispõe o art. 158 do mesmo diploma legal, quando a infração deixar vestígios será indispensável o exame de corpo de delito, direito ou indireto, não podendo supri-los a confissão do acusado. Veja-se que a lei fala em exame direto e indireto. Ora, até mesmo naqueles casos em que não é possível a realização do exame direto, é viável a ação penal, desde que realizando por outras provas, como, *verbi gratia*, a testemunhal. Portanto, ainda que se considerasse que neste processo o laudo pericial atestando a morte da vítima contivesse vício, por estar assinado por apenas um perito, tal circunstância não tem o condão de anular o processo, vez que existem outros elementos nos autos que atestam, de modo induvidoso, a morte da vítima. Seria um contrassenso sem tamanho admitir-se prova material respaldado apenas em depoimentos testemunhais e inadimití-la, havendo exame cadavérico e mais prova testemunhal. Aliás, em comentário ao tema, leciona Júlio Fabrini Mirabete, *verbis*: "De outro lado, tem-se admitido que, no caso de laudo pericial firmado por um só experto, quando afirmatória de fato também demonstrado por prova testemunhal, constitui ele corpo de delito indireto, com idôneo valor probante " (*Processo penal*, São Paulo: Atlas, 1998, p. 268).

É esse, aliás, o entendimento do excelso Pretório, *in verbis*:

> "O laudo subscrito por um perito, corroborado por testemunhas, pode ser considerado como corpo de delito" (STF, RE, Rel. Bilac Pinto, *RTJ* 65/816).

Portanto, a alegação de nulidade do laudo cadavérico e do processo, por conseguinte, é, de todo, improcedente.

A terceira alegação suscitada pela defesa, também de natureza processual, diz com a insanidade mental do réu, pedindo seja instaurado incidente respectivo.

É óbvio que tal requerimento não deve ser acolhido. A defesa acompanhou o processo desde a fase policial, manifestando-se diligentemente em todos atos processuais em que lhe faculta a lei falar nos autos, sem que tenha sequer insinuado o requerimento, como que "deixando para o momento certo" o pedido, com evidente e deliberada intenção de procrastinar o andamento do feito. Talvez se o réu não se tivesse evadido da cadeia pública desta cidade de Porto Franco, tal requerimento só seria feito quando da realização do Júri, como ato de chicana processual. A propósito, chega a ser jocoso que somente após a fuga do réu a defesa pugne pela realização da perícia.

Olvidou a Defesa, porém, que o juiz, se não tem interesse na condenação ou absolvição do réu - e efetivamente não o tem -, deve ter na busca da verdade real, e não vislumbrou este Juízo, desde que se iniciou a persecução criminal, quaisquer indícios que pudessem determinar a instauração do incidente de insanidade mental do acusado. Do contrário, teria inaugurado o incidente, já que pode fazê-lo de ofício, *ex vi* do art. 149 do CPP.

Entretanto, podendo o requerimento ser formulado a qualquer tempo, o seu enfrentamento se impõe. *In casu*, como se disse, não há quaisquer indícios de insanidade mental do acusado. Não se pode submeter o réu a perícia médica se não existe, ao menos, algum indicativo sério e idôneo de que sofre das faculdades psíquicas e de que, ao tempo do crime, estava acometido de doença ou retardo mental.

Tudo o que há nos autos são declarações prestadas por testemunhas arroladas pela própria Defesa de que o acusado sofrera ou sofre crises de epilepsia, fato, no entanto, sem comprovação médica. Aliás, durante todo o tempo em que esteve preso, não há qualquer notícia de que tenha ele sofrido alguma crise epiléptica.

Depois, é entendimento consagrado pela melhor doutrina o de que o "exame não deve ser deferido apenas porque foi requerido, se não há elemento algum que revele dúvida razoável quanto à sanidade mental do acusado, não constituindo motivo suficiente a aparente insuficiência de motivo, a forma brutal do crime, atestado médico genérico, simples alegações da família etc., quando despidas de qualquer comprovação" (Júlio Fabrini Mirabete, *Código de Processo Penal interpretado*, 7. ed., p. 388).

Na mesma alheta, a jurisprudência: "Só está o juiz obrigado a determinar que o réu seja submetido a exame médico, quando houver dúvida sobre sua integridade mental" (*RT* 477/434).

Destarte, fica indeferido o requerimento da defesa no sentido de ser o réu submetido a exame de insanidade mental.

No que tange propriamente à acusação, apesar de a defesa não ter apresentado qualquer tese relativa à impronúncia ou absolvição sumária do réu, óbice não há a que a decisão interlocutória mista seja proferida, sob eventual alegativa de ausência de defesa, uma vez que não se trata de sentença de condenação ou absolvição, e a Defesa - advogado constituído que acompanha o processo *ab initio* - teve oportunidade para fazê-lo e limitou-se suscitar de natureza processual.

A materialidade delitiva está inquestionavelmente comprovada, tendo em vista que às fls. 31 dos autos consta laudo de exame cadavérico, corroborado por depoimentos testemunhais, atestando o falecimento da vítima.

Indícios de autoria, de outro lado, estão patentes, tanto pela confissão do acusado em sede policial e em juízo (fls. 19/20 e 57/59) como pelos depoimentos testemunhais colhidos durante a fase administrativa, ratificados em juízo, conforme está contido às fls. 10/16 e 74/78.

Como leciona Fernando Capez, "no caso de o juiz se convencer da existência do crime e de indícios suficientes da autoria, deve proferir sentença de pronúncia, fundamentando os motivos do seu convencimento. Não é necessária prova plena de autoria, bastando meros indícios, isto é, a probabilidade de que o réu tenha sido autor do crime" (*Curso de processo penal*, São Paulo: Saraiva, 1998, p. 533).

Destarte, ante o acima mencionado, PRONUNCIO o acusado A. C. B. F., brasileiro, casado, lavrador, filho de N. G. F. e M. J. B. F., pela prática do delito capitulado no art. 121, § 2.º, III e IV, do Código Penal, em função do crime perpetrado contra N. P. da S., para ser submetido a julgamento pelo Tribunal do Júri Popular, tudo nos termos do artigo 408 do Código de Processo Penal.

Mantenho a prisão preventiva antes decretada pelo fundamento lá existente (garantia da ordem pública), acrescendo-lhe o fundamento da aplicação da lei penal, porquanto se evadiu o réu da prisão em que se encontrava.

Expeça-se novo mandado de prisão, enviando-o ao Cadastro de Foragidos da Corregedoria-Geral da Justiça do Maranhão.

Intime-se pessoalmente o réu.

P. R. I.

Porto Franco (MA), 17 de setembro de 2001.

Delvan Tavares Oliveira

Juiz de Direito Titular da Comarca

6. Pronúncia em crime de feminicídio quadruplamente

Processo n.º 0000

Acusado: L. L. R. P.

Vítima: M. M. de A. C. P.

Trata-se de ação penal proposta pelo Ministério Público contra L. L. R. P. pela prática, em tese, dos crimes de conjunção carnal mediante violência física e homicídio quadruplamente qualificado, por asfixia, mediante recurso que dificultou a defesa da vítima M. M. DE A. C. P., para ocultação de crime anterior e feminicídio, todos em concurso material, ocorrido no dia 13 de novembro de 2016, entre as 15h14min e as 15h54min, no interior do quarto da vítima, no apartamento n.º ... do Edifício..., localizado na Avenida..., Bairro...

Recebida a denúncia, posteriormente, houve aditamento à denúncia (fls. 411/415), sendo o acusado citado, pessoalmente (fls. 317/318 e 475/476), e através de Advogados constituídos, apresentou respostas escritas à acusação e ao aditamento (fls. 328/348 e 518/527). Durante a instrução, foram inquiridas as testemunhas de acusação M. R. R. S. P., L. R. do N., P. R. S. P., C. R. de M. A. C. P., J. M. de A. C., V. F. de O. L., P. R. S. A. e L. C. da S. A.; as testemunhas de defesa R. J. do N. R., G. M. do N. e F. R. C. A.

Instaurado incidente de insanidade mental, a ação penal ficou suspensa até a conclusão da perícia, retomando a sua tramitação após homologação do laudo elaborado pelos peritos. Na presente audiência, foi inquirido o médico J. B. T. S. J. A requerimento da defesa, o acusado foi interrogado e as partes apresentaram suas respectivas alegações finais. É o que me compete relatar.

De início, rejeito qualquer alegação de cerceamento de defesa; pois foram garantidos ao acusado todos os meios inerentes à defesa dele. A prova maior que seus Advogados sempre tiveram acesso a todas as provas dos autos e que estavam preparados para oferecerem as alegações finais orais é a petição por eles apresentadas após o tempo das alegações finais orais. Uma peça consistente e feita por quem teve tempo de estudar previamente todo o processo.

Durante as alegações do Advogado, por um tempo, pensei que não atacariam o mérito da acusação, demonstrando que estavam interessados apenas em anular o processo com os mais diversos requerimentos. As questões de ordem apresentadas nesta audiência já foram rebatidas e não vejo motivos para novamente me debruçar sobre elas, pois já constam nesta ata os motivos dos seus indeferimentos.

A defesa somente pretende a todo custo ficar reanalisando pedidos que já foram indeferidos. Além do mais, não apontam o prejuízo que tiveram com esses indeferimentos, pois foram considerados irrelevantes, impertinentes ou protelatórios. Este é o primeiro processo que eu vejo que o acusado preso não quer que chegue ao fim. A todo momento são formulados pedidos para o processo parar. Todos os pedidos da defesa poderão ser formulados na fase do artigo 422 do CPP.

Sobre o mérito da causa, a defesa, após fazer referências à saúde mental do acusado, terminou por requerer a impronúncia dele por falta de indícios. Nesta fase, só compete ao Magistrado demonstrar que se acha convencido da existência dos crimes e dos indícios de autoria, sem aprofundar-se nas provas, o que se reserva aos jurados. A absolvição sumária é possível, mas só quando a causa de justificação estiver demonstrada de forma peremptória, sem qualquer contradição ou questionamento.

Não tendo sido apresentada nenhuma excludente de ilicitude, analisarei somente os requisitos da pronúncia. O § 1.º do artigo 413 do Código de Processo Penal diz que a fundamentação da pronúncia limitar-se-á à indicação da materialidade do fato e da existência de indícios suficientes de autoria e participação.

A materialidade delitiva restou comprovada pelo Laudo de Exame Cadavérico (fls. 136/138), Mapas Topográficos (fls. 139/143), Laudo de Vistoria em Local de Morte Violenta (fls. 150/160), Laudo Pericial Criminal nº 3889/2016 - Genadotrofina Coriônica Humana (fls. 144/146), Laudo de Exame Pericial n.º 1612/2016 (fls. 166/179), Laudo Pericial Criminal n.º 003/2016 (fls. 268/276), Laudo Pericial Criminal n.º 006/2016 (fls. 463/472), que comprovam a morte da vítima M. M. deA. C. P. e a conjunção carnal ocorrida antes da morte dela.

Apesar de não haver testemunhas oculares dos crimes, verificam-se indícios de autoria com relação ao acusado L. L. R. P.. As testemunhas declararam ter conhecimento que o acusado foi o autor dos crimes, não havendo necessidade de transcrição, porque, como dito antes, não presenciaram o crime; apenas, pelas circunstâncias, atribuem ao acusado a autoria dos dois crimes. A prova testemunhal é reforçada pela prova pericial, baseada na perícia nas imagens do prédio onde ocorreram os crimes, que colocam o acusado na cena dos crimes; e, principalmente, o Laudo de Exame Pericial Criminal n.º 003/2016 - IGF/MA (fls. 268/276 - Natureza da Perícia: Violência Sexual). É o que basta para o acusado ser submetido ao julgamento popular, ou seja, indícios de autoria e prova da materialidade.

A tese de negativa de autoria, sustentada pela defesa do acusado, deverá ser analisada pelo conselho de sentença. Observados, portanto, a materialidade e indícios de autoria, deve-se atentar que a Constituição Federal de 1988 estabelece no seu artigo 5.°, inciso XXXVIII, alínea *d*, a competência do Tribunal do Júri para o julgamento dos crimes dolosos contra a vida, tentados ou consumados, assim definidos no Código Penal.

Em relação à motivação da decisão judicial, como já dito no início, na decisão de pronúncia, o juiz não deve se aprofundar no exame da prova produzida, sendo o que foi dito até aqui suficiente a embasar a decisão de pronúncia. Por oportuno, vejo que as quatro qualificadoras requeridas pelo Promotor de Justiça e pelos Advogados do Assistente da Acusação, em suas alegações finais, deverão ser também analisadas pelos jurados, pois elas só devem ser excluídas neste momento quando totalmente dissociadas do contexto probatório, o que não ocorre no caso em exame.

A primeira, por asfixia, pois se extrai dos autos que o acusado teria utilizado um dos travesseiros do quarto da vítima, pressionando contra o rosto dela, impedindo a obstrução da passagem de ar para o interior dos alvéolos pulmonares da vítima, como se verifica no laudo de exame cadavérico de fls. 136/138. A segunda, em razão da vítima não ter condições de se defender, pois se encontrava sozinha no apartamento, além de possuir compleição física inferior ao acusado. A terceira, ocultação de crime anterior, pois o homicídio teria ocorrido com o objetivo de ocultar o crime de estupro, e, por fim, a qualificadora do feminicídio considerando o parentesco entre a vítima e o acusado, que eram cunhados. Da mesma forma, o crime de estupro conexo, também deverá ser submetido ao Conselho de Sentença, pois a sua competência é atraída pelo crime doloso contra a vida.

Ante o exposto, nos termos do artigo 413 do Código de Processo Penal, pronuncio o acusado L. L. R. P., já devidamente qualificado, para ser submetido a julgamento pelo E. Tribunal do Júri Popular como incurso nas penas dos artigos 213, *caput*, e artigo 121, § 2.°, incisos III, IV, V e VI, c/c artigo 69, todos do Código Penal, em face da vítima M. M. de A. C. P.

Por fim, em cumprimento ao artigo 413, § 3.°, do CPP, tendo em vista que ainda subsistem os motivos que ensejaram a decretação da prisão preventiva do acusado, em especial por se tratar de dois crimes tidos como hediondos pela Lei n.° 8.072/90, nego a ele o direito de aguardar em liberdade o julgamento popular.

Publicada em audiência, ficam as partes, de logo, intimadas. Cumprir o artigo 201, § 2.°, do CPP, entregando cópia desta decisão para os familiares da vítima. Após preclusão desta decisão, intimar as partes para os fins previstos no artigo 422 do CPP.

São Luís, 25 de outubro de 2018.

José Ribamar Goulart Heluy Júnior

Juiz de Direito Titular da 4.ª Vara do Tribunal do Júri

VI – ACÓRDÃOS

1. Crime organizado (homicídio de delegado de polícia)

Primeira Câmara Criminal

Sessão do Dia 2 de Maio de 2000

Recurso em Sentido Estrito n.º 2066/2.000

Recorrentes: J. G. de A.; M. M. L.; R. J. G. de C.; L. de M. S. e I. G. de M. S.

Advogados: P. C.; F. S; P. J. da S; D. dos S. C; J. F. M. e F. F. de A.

Recorrida: Justiça Pública

Relator: Des. Antonio Fernando Bayma Araujo

Acórdão N.º 30.839/2000

Ementa: Processual Penal. Recurso em Sentido Estrito. Inépcia no aditamento à Denúncia, por falta de descrição pormenorizada da conduta de cada corréu. Inocorrência. Acréscimo de outro fato delituoso e inclusão de coautores no aditamento à denúncia, após a prolação da Sentença de Pronúncia. Inexistência. Desmembramento do processo. Possibilidade. Pronúncia. Indícios de autoria. Prova da materialidade.

I – Nos crimes de autoria coletiva, em regra, há de se particularizar a conduta de cada um dos coautores e/ou partícipes na prática delitiva. Contudo, a jurisprudência predominante tem admitido a narração genérica da conduta de cada um dos envolvidos na prática delitiva.

II – Se aditada a denúncia e os fatos ali narrados forem suficientes e capazes de possibilitar a efetivação da defesa, não há falar-se em nulidade.

III – É admissível, enquanto suspenso o processo, a inclusão de corréus, bem como a imputação de novo fato delituoso, no aditamento à denúncia.

IV – Nenhum acusado será julgado à revelia, devendo, pois, ficar suspenso, além do processo, o prazo prescricional, acaso não atendido o chamamento do Juízo. Inteligência do art. 366, do CPP.

V – É facultado ao Magistrado adotar, como regra, a separação dos processos, a fim de evitar o prolongamento da prisão provisória. Inteligência do art. 80, do CPP.

VI – Em sendo a Sentença de Pronúncia mero juízo de admissibilidade, desnecessário se faz prova irrefutável da autoria, bastando para sua prolação indícios desta e prova da materialidade da infração penal.

VII - Preliminares rejeitadas. No mérito, improvido o Recurso em Sentido Estrito. Unanimidade.

Vistos, relatados e discutidos estes autos de Recurso em Sentido Estrito, sob o n.º 2.066/2.000, em que figuram como recorrentes e recorrida os acima enunciados, ACORDAM os Senhores Desembargadores da Primeira Câmara Criminal do Tribunal de Justiça do Estado do Maranhão, à unanimidade de votos e de conformidade com o parecer da Procuradoria Geral de Justiça, em rejeitar as preliminares suscitadas e, no mérito, também, unanimemente e de acordo com o parecer ministerial, em negar provimento ao recurso, nos termos do voto do relator.

RELATÓRIO

Trata-se de Recurso em Sentido Estrito interposto por **J. G. de A.; M. M. L; R. J. G. de C.; L. de M. S.** e **I. G. de M. S.** contra decisão proferida pelo Meritíssimo Juiz de Direito da 2.ª Vara Criminal da Comarca de São Luís - MA que, nos autos da Ação Penal n.º 4570/97, os pronunciou a julgamento pelo Tribunal do Júri Popular pela prática dos crimes capitulados nos arts. 121, § 2.º, I e IV, c/c 29 e 288, parágrafo único, todos do Código Penal.

Consta dos autos que o Juiz do feito firmou seu convencimento, para pronunciar os réus a julgamento pelo Tribunal do Júri, nas provas coligidas ao processo, reconhecendo, para tanto, a existência da materialidade delitiva e dos indícios de autoria dos recorrentes, no episódio que culminou com a morte do Delegado de Polícia S. J. M.

Verifica-se, também, que as razões recursais apresentadas pelos causídicos dos recorrentes reportam-se, basicamente, às teses sustentadas em alegações finais.

Como primeira preliminar, o recorrente, J. G. de A., alega a inépcia no aditamento da denúncia, sob o argumento de que essa peça não apresenta, sequer, um tênue indício de que participara da trama para ceifar a vida do antecitado Delegado de Polícia, salientando, ainda, que não houve descrição individualizada da conduta de cada corréu no delito.

Em segunda preliminar, sustenta suposta violação aos arts. 384 e 408, § 5.º, todos da Lei Processual Penal, em razão de o representante do *Parquet* Estadual de primeiro grau haver, no aditamento, acrescentado um outro fato delituoso tipificado no parágrafo único do art. 288 do Estatuto Repressivo, bem como haver procedido à inclusão de corréus, após a prolação da Sentença de Pronúncia.

Por outro lado, os recorrentes L. de M. S. e I. G. de M. S. levantam as mesmas preliminares supramencionadas e, somando-se a essas, suscitam, ainda, a inaplicabilidade ao caso do art. 80 do Código de Processo Penal, em razão de o Juiz haver incidido em erro ao determinar o desmembramento do processo.

Os demais recorrentes não levantaram qualquer preliminar.

No mérito, verifica-se uma homogeneidade em todas as razões recursais dos cinco recorrentes, no que concerne aos argumentos por eles aduzidos, sustentando: a inexistência de indícios suficientes de coautoria que justificassem a sentença de pronúncia, imprestabilidade dos depoimentos das testemunhas da acusação e fragilidade das provas carreadas aos autos.

Em sede de contrarrazões (fls. 2853 a 2901), o representante do Ministério Público de primeiro grau pugna pela rejeição das preliminares levantadas e, no mérito, pelo improvimento do recurso.

Às fls. 2.908 a 2.914, o Magistrado *a quo*, em obediência ao comando legal inserto no art. 589 da Lei Instrumental Penal, manteve a decisão de pronúncia.

Instada a se manifestar, a douta Procuradoria Geral de Justiça, em parecer de fls. 2.959 a 2.975, da lavra do eminente Procurador-Geral de Justiça, Doutor Raimundo Nonato de Carvalho Filho, assevera que a primeira preliminar suscitada pelos recorrentes J. G. de A.; L. de M. S. e I. G. de M. S. (inépcia no aditamento da denúncia por falta de descrição pormenorizada da conduta de cada corréu no delito) deve ser rejeitada, uma vez que ficou devidamente descrita a conduta de cada coautor nos moldes do art. 41 do Código de Processo Penal, atribuindo ao primeiro o pagamento da quantia avençada para execução da vítima e, aos outros dois, a de instigadores e planejadores da trama homicida.

Sustenta, também, que em relação à segunda preliminar, como seja, violação dos arts. 384 (*mutatio libelli*) e 408, § 5.º, do Código de Processo Penal, pela inclusão de corréu, após a prolação da Sentença de Pronúncia com acréscimo de outro fato delituoso, não merece ser acolhida, sob o argumento de que o processo principal estava suspenso e não findo, podendo receber aditamento a qualquer tempo.

Enfatiza, ainda, que a terceira preliminar, qual seja, violação ao art. 80 (separação dos processos) da Lei Processual Penal, também não possui condições de prosperar, tendo em vista que o desmembramento dos processos obedeceu expressamente à parte final desse dispositivo legal, ou seja, "não lhes prolongar a prisão provisória" (*sic*).

No mérito, pugna pelo improvimento do recurso, por entender que na fase de pronúncia é vedado ao Juiz adentrar na seara da certeza jurídica da autoria, mas sim deverá verificar tão somente a presença de indícios.

É o relatório.

VOTO

Ad principium, tem-se que o Recurso em Sentido Estrito interposto atendeu aos pressupostos, de natureza objetiva e subjetiva, imprescindíveis à sua admissibilidade.

Com circunspecção, cumpre-me, de logo, em sede de juízo de prelibação, a análise das questões arguidas, em preliminar, a saber: inépcia do aditamento à denúncia, vulneração aos artigos 384 e 408, § 5.º, do Código de Processo Penal, ante a inadmissibilidade de inclusão de corréu na competente ação penal, após a sentença de pronúncia e violação do art. 80 da mesma Legislação Processual antes referida.

Esquadrinhando perfunctoriamente o caso dos autos, verifica-se, de antemão, que aos recorrentes não merece razão, ante as suas alegações preliminares.

No que concerne a primeira preliminar, qual seja, inépcia no aditamento à denúncia, inegavelmente a sua elaboração deve ater-se a certas formalidades, destacando-se, para tanto, as exigências contidas no preceito legal insculpido no art. 41 do Código de Processo Penal.

Da atenta leitura da norma nupercitada, se pode extrair que o Ministério Público ao oferecer a peça vestibular da competente Ação Penal deverá expor os acontecimentos que fizeram por eclodir os fatos criminosos, amoldando-os, por conseguinte, à norma penal incriminadora.

Contudo, em se tratando, como se trata, de crimes de autoria coletiva, em regra, há necessidade de se particularizar, indubitavelmente, a conduta de cada um dos coautores e/ou partícipes na prática delitiva, objetivando facultar a cada um dos acusados o inalienável direito de melhor conhecer com precisão os fatos contra si imputados, bem como se lhes facilitar a montagem da contestação dos mesmos.

Ademais, não é desprezível destacar que os Tribunais Pátrios vêm reforçando entendimento no sentido de que o rigorismo adotado pela norma processual retromencionada, em se tratando da descrição pormenorizada dos fatos criminosos, em relação a crimes que há concurso de agentes, deve ser interpretado de forma mais branda, admitindo-se, porém, a narração genérica da conduta de cada um dos envolvidos na prática delitiva. Nesse sentido, *RTJ* 101/563 e 114/228; STF, 2.ª Turma, RHC 65.491, *DJU* 20/11/1987, p. 26010; STJ, 5.ª Turma, HC 3.335, *DJU* 07/08/1995.

Destarte, ainda que não tenham sido pormenorizados os fatos narrados na peça vestibular da competente Ação Penal, aditada às fls. 1296 e 1297, contudo, entendo que os acontecimentos que ali se fizeram constar foram suficientes e capazes de evidenciar que os recorrentes concorreram, de forma conjunta ou separada, de algum modo para a realização das práticas criminosas ali descritas.

De outro modo, não se diga o contrário, pois as alegações debatidas, rebatidas e contraditadas pelos patronos dos recorrentes fazem, até por demais, provas incontestes de que os mesmos tiveram pleno conhecimento dos fatos aduzidos no aditamento da competente peça vestibular.

Registre-se, ainda, que os recorrentes se valeram de todos os meios necessários para a efetivação de suas defesas, tendo inclusive manifestado as suas pretensões, no sentido de descaracterizar qualquer liame subjetivo entre as suas condutas e as dos demais corréus.

Por outro lado, ainda que se admitisse a inépcia no aditamento à denúncia, em razão da falta de particularização dos fatos pertinentes ao crime ali narrado, ao meu modo de ver, não vislumbro a possível existência de nulidade da aludida peça, uma vez que ficando demonstrada a existência de concurso de agente (art. 29 do Código Penal), por si só, torna válida a narração genérica dos fatos imputados em face dos coautores.

Com efeito, torna-se imperioso salientar que em relação ao aditamento de outro suposto fato delituoso na presente Ação Penal, a saber, o art. 288, parágrafo único, do Código Penal, tem-se que os recorrentes tentam viabilizar uma situação alheia aos seus interesses, pois não seria necessário um dispêndio excessivo para se poder constatar que o único prejudicado capaz de alegar qualquer nulidade nesses parâmetros seria C. A. M. S., vulgo "C.", que já fora pronunciado e até julgado pelo Tribunal do Júri, embora anulado por este Egrégio Tribunal.

Sob esse pálio, verifica-se que o aditamento à denúncia não alcançou a pessoa do acusado C. A. M. S., vulgo "C.", mas, os demais corréus que ainda não haviam se habilitado na promoção de suas defesas.

Em que consiste a acusação imputada aos demais coautores e partícipes, verifico que tal alegação não haverá de prosperar, pois os mesmos tiveram assegurado o direito da ampla defesa, o que visivelmente se pôde constatar durante todo o transcurso do processo.

Após estas triunfantes considerações, não vislumbro qualquer situação que reclame nulidade processual, inclusive em relação à tese arguida, razão pela qual rejeito a preliminar suscitada, ou seja, de inépcia no aditamento à denúncia.

No que tange à segunda preliminar, como seja, violação dos artigos 384 (*mutatio libelli*) e 408, § 5.º, todos do Código de Processo Penal, convém a seguinte análise:

Em que pesem os argumentos dos recorrentes, precisamente aqueles que tratam acerca da preliminar pertinente à vulneração dos antecitados dispositivos legais, constato que as mesmas não possuem condições de acolhimento em face das situações evidenciadas nos autos.

Antes, porém, de qualquer reflexão referente à questão que ora se nos apresenta, tenho o dever de esclarecer que o Ministério Público, como Órgão Institucional, com atribuições asseguradas pela Carta Política Republicana e por legislação especial, tem o direito de sanar vícios ou irregularidades presentes na Ação Penal, independentemente de provocação pelo Poder Judiciário.

A situação que ora está por evidenciar reflete a inequívoca atuação espontânea do Ministério Público em relação à possibilidade de aditar a denúncia, tanto para incluir novos corréus ou partícipes na Ação Penal como também de imputar novo fato delituoso destoante daquele externado no rosto da peça inicial.

Pois tal atribuição lhe é peculiar em obediência aos princípios da obrigatoriedade e da indivisibilidade da Ação Penal Pública.

Por essa razão, dizer que o aditamento à denúncia tão somente compete ao Ministério Público após a provocação do Poder Judiciário, como assim tentam enveredar os recorrentes, sem dúvida, assim permanecendo tal entendimento no seu *status quo*, resultaria, pois, na manifesta violação dos princípios que alicerçam a Ação Penal Pública.

Acaso subtraíssemos tal atribuição do Ministério Público, do mesmo modo estaríamos a desconsiderar os ditames constitucionais que chancelaram a esse órgão a incumbência de proceder na forma pertinente. Não se pode olvidar que a ele, como titular da Ação Penal, compete desenvolver a *persecutio criminis in judicio*.

Desta feita, tem-se por considerar que o aditamento à Denúncia não se dera em momento superveniente à Sentença de Pronúncia, como assim asseveram os recorrentes, mas, sem qualquer resquício de dúvida, antes desta.

De tal que, antes mesmo de ser oferecido o aludido aditamento, o Magistrado *a quo* determinou a separação dos autos processuais em relação ao acusado C. A. M. S., vulgo "C.", à época, único que se encontrava preso e, consequentemente, suspendeu o processo e o prazo prescricional quanto aos demais acusados. Tal atitude, inelutavelmente, está amparada pelo preceito legal inserto no art. 366 do Código de Processo Penal.

Com efeito, se verifica que os referidos autos não se encontravam julgados, pelo contrário, estavam suspensos e, por isso, comportavam, ainda, qualquer manifestação ministerial no sentido de aditar a peça vestibular, tanto no que diz respeito à inclusão de corréus quanto a imputar novo fato delituoso diferente daquele presente na exordial, desde que facultada a ampla defesa.

Nesse diapasão, a defesa dos recorrentes, precisamente em relação a J. G. de A., L. de M. S. e I. G. de M. S., restou indubitavelmente comprovada com as fartas alegações perpetradas nos autos, bem como pelas provas constituídas com o fim de contraditar os fatos que ali se fizeram externar.

Assim sendo, cumpre-me rejeitar, também, a presente preliminar suscitada, por não vislumbrar nos autos qualquer nulidade processual.

No que pertine à terceira e última preliminar, consistente na suposta violação do art. 80 do Código de Processo Penal (separação dos processos), convém registrar que em se tratando, como se trata, de crimes de autoria coletiva, com complexidade da causa, deve o Magistrado adotar como regra tal procedimento, a fim de evitar qualquer constrangimento ilegal ao *jus libertatis*.

É de sabença curial que, com a superveniência da Lei n.º 9.271/96, dando nova redação ao art. 366 do Código de Processo Penal, tornou-se clarividente que nenhum acusado será julgado à revelia, devendo, pois, ficar suspenso, além do processo, o prazo prescricional, acaso não atendido o chamamento do Juízo.

Ora, se no caso concreto, onde foram denunciados J. F. de S. N., vulgo "J. L."; J. R. da S., vulgo "Z. J."; C. A. M. S. e C. A. M. S., vulgo "C.", sendo que os três primeiros se encontravam foragidos, não seria deveras plausível que o acusado "C." permanecesse ergastulado até que os outros coautores se apresentassem ou fossem presos.

Por conseguinte, estando suspenso o processo, estaria também o prazo prescricional, e, acaso ficasse inalterável a situação presente, com a mantença da prisão de um dos acusados, entendo que o mesmo cumpriria a pena de forma antecipada sem ter sido julgado definitivamente pelo Tribunal do Júri.

Em regra, se transplantada fosse a situação para o caso em concreto, teríamos a seguinte causa: considerando que a pena *in abstracto* prevista no tipo qualificado pela peça vestibular esteja enquadrada no art. 109, inciso I, do Código Penal, como sói evidenciar na presente, tem-se que o prazo prescricional da pretensão punitiva ficaria restrito ao lapso de 20 (vinte) anos. Apurado esse período, recomeçaria a correr o prazo extintivo, que seria mais 20 (vinte) anos.

Diante desta eventualidade hipotética, haveria de o acusado "C." permanecer preso, enquanto não habilitados nos autos os demais corréus, por um período de 40 (quarenta) anos. Certamente, a legislação nupercitada fora redigida com a finalidade de pôr em cobro qualquer incidência nesses parâmetros, razão pela qual a sua aplicação se realizara de forma escorreita aos acontecimentos vivificados no processo.

Rejeita-se, pois, esta preliminar.

Com as explanações anteriormente declinadas, conclui-se que não há justo motivo para que as teses preliminares defendidas pelos Recorrentes sejam acatadas por este Egrégio Tribunal de Justiça, em face da insubsistência dos argumentos articulados nas razões recursais, passando-se, agora, à análise do mérito.

Assim, vislumbro que as espécies recursais têm como objetivo a absolvição sumária e/ou a impronúncia, sob o argumento de que as provas contidas nos autos não induzem, necessariamente, à convicção de que os recorrentes tenham praticado, de algum modo, as infrações contra si atribuídas no aditamento à peça denunciatória.

Em que pesem as alegações dos recorrentes, verifica-se que as mesmas são carecedoras de qualquer fundamentação fático-jurídica, razão pela qual não me resta outra alternativa senão a de afastá-las uma a uma por impertinentes.

No caso sob comento, restou comprovada, de forma cristalina, a materialidade do delito, conforme lesões descritas no laudo de exame de Corpo de Delito Cadavérico, de fls. 46 a 53.

Com relação à autoria, os depoimentos testemunhais analisados conjuntamente com o extenso conjunto probatório colacionadas aos autos dão ensejo à formação de um juízo indiciário de culpabilidade dos recorrentes, pelos motivos a seguir delineados.

Vejamos os fatos. Em depoimento de fls. 1.644 a 1.659, J. J. S. C., vulgo "J.", testemunha arrolada pela acusação, ao ser inquirido em Juízo, declarou, *litteris*:

> **"os mandantes do assassinato do Delegado S. M. foram o Ex-Deputado J. G. de A.; J. L.; Delegado L. M., a mulher dele, I. G., Delegado A. M. e participação de C. C.; (...) que J. G. e J. sabiam da trama para matar o Delegado S. M., inclusive no monitoramento; que o depoente reconhece o ora denunciado M. M. como sendo um dos participantes da morte do Delegado S. M., inclusive identificando-o, nesta oportunidade; que M. foi um dos que monitorou e seguiu S.; que os acusados J. e J. G. é quem faziam a rota (levantamento) do Delegado S. M. e repassavam a B.; que J. G. foi um dos mandantes que pagou para matarem o Delegado S. M.; que os outros mandantes foram J. L., L. M. e I. G., entretanto quem bancou (pagou dinheiro) dos dois últimos, ou seja, L. M. e I. G., foi J. L.".**

Por sua vez, a testemunha de acusação J. M. A. de A., às fls. 1.668 a 1.681, também aduziu, *in verbis:*

> **"que, segundo o depoente, a trama para matar o Delegado S. M. começou em Campinas, Estado de São Paulo, em uma reunião em um Flete de nome Real Palace Hotel; que, na oportunidade, ficou decidido que J. G. de A. se encarregaria de 'frear' as investigações desenvolvidas pelo Delegado S. M. (...).**
>
> **Que, à época de B., pertenciam ao bando as seguintes pessoas: B., M., J. L., deputado J. G. (ex), C. J., J., ou J. J., F. (X.), C. C.; que a acusada I. G., fazia parte através do Dr. L. M., assim como J. G.".**

Convém destacar que, ainda que essas evidências colhidas com minúcias de detalhes não se constituíssem em provas irrefutáveis, assim mesmo poder-se-ia sustentar que nesta fase processual, qual seja, na pronúncia, bastam os indícios de autoria e a prova da materialidade, vigorando, *in casu*, o princípio do *in dubio pro societate.*

Nesse sentido, elucidativos são os julgados colhidos a esmo, cujas preleções ora se transcrevem, *litteris*:

> "A lei exige para a pronúncia indícios de autoria, sendo desnecessária a prova plena. Desde que aos autos ofereçam dados tangíveis e apreciáveis, vinculando o fato apontado como delituoso a determinada pessoa ou pessoas,

> inegável a ocorrência de indícios de autoria" (TJSP, Rec., Rel. Weiss de Andrade, *RT* 569/309).
>
> "Para a pronúncia não há necessidade, absolutamente, nem de confissão, nem de testemunhas visuais do crime. Bastam a prova da sua materialidade e indícios suficientes de autoria" (TJSP, Rec., Rel. Fernando Prado, *RT* 349/318).

Analisados esses fatos, releve-se que em hipótese alguma admitir-se-ia, diante desses elementos circunstanciais probatórios, a impronúncia dos acusados, eis que esta somente poderá ser proferida se o Magistrado *a quo* não se convencer da existência do crime ou de indícios suficientes de autoria. Configurando-se, portanto, como uma espécie de juízo de inadmissibilidade da acusação.

Por esses motivos, não merece guarida o argumento defensivo sob o escopo de obter a impronúncia, visto que há fortes indícios de que os recorrentes concorreram para a prática delitiva imputada no aditamento da denúncia.

Igualmente descabida é a tentativa de absolver sumariamente os recorrentes. Destarte, somente será admissível a absolvição sumária, com fundamento no art. 411 do Código de Processo Penal, quando a excludente de culpabilidade desponte de forma clara e intransponível.

Ao compulsar os autos, verifico que as provas indiciárias são antagônicas aos argumentos dos recorrentes, não levando à convicção de que os mesmos tenham agido sob o manto de quaisquer das excludentes de antijuridicidade, quais sejam, estado de necessidade, estrito cumprimento do dever legal, legítima defesa ou exercício regular do direito ou por alguma excludente de culpabilidade, a saber: erro sobre elementos do tipo, erro sobre a ilicitude do fato, coação irresistível, obediência hierárquica e inimputabilidade por doença mental, por desenvolvimento mental incompleto ou retardado ou, ainda, por embriaguez fortuita completa.

Desta forma, a Sentença de Absolvição Sumária, medida de exceção no procedimento dos crimes de competência do Júri, só poderá ser proferida quando as provas sejam estremes de dúvidas.

Por sua vez, no tocante à alegativa de que não há qualquer prova que dê ensejo às condenações perpetradas na Sentença de Pronúncia, não me resta outra alternativa senão a de afastá-la por impertinente, eis que neste instante processual não há falar-se em condenação, mas em juízo de admissibilidade da acusação, porquanto a sua prolação não induz que os pronunciados deverão ser condenados, mas sim que serão submetidos a julgamento pelo Tribunal do Júri.

Nesse diapasão é o posicionamento dos nossos escoliastas, conforme se colhe do magistério do douto Fernando Capez, cuja passagem doutrinária aqui merece destaque, *in exthensis*:

> "O juiz-presidente não tem competência constitucional para julgamento dos crimes dolosos contra a vida, logo **não pode absolver nem condenar o réu**, sob pena de afrontar o princípio da soberania dos veredictos. Na pronúncia, há um mero juízo de prelibação, pelo qual o juiz admite ou rejeita a acusação, sem penetrar no exame do mérito. Restringe-se à verificação da presença do **fumus boni iuris**, admitindo todas as acusações que tenham ao menos probabilidade de procedência" (*Curso de processo penal*, 4. ed. rev., São Paulo: Saraiva, 1999, p. 548 - grifou-se).

E, ainda nesse particular, o eminente processualista Fernando da Costa Tourinho Filho assegura, *ipsis litteris*:

> "a sentença de pronúncia, que encerra essa primeira fase, limitar-se-á a julgar procedente o **jus accusationis** do Estado. A sentença de pronúncia funciona como uma espécie de 'sinal verde' para a acusação continuar com os atos persecutórios, que são o libelo e a acusação em plenário" (*Processo penal*, 21. ed. rev. e atual., São Paulo: Saraiva, 1999, v. 4, p. 64 - grifou-se).

Desse modo, dessume-se, por consequência lógica, diante da materialidade cabalmente provada e dos indícios de autoria, que outra não poderia ser a decisão do Magistrado pronunciante.

Ex positis, e de acordo com o parecer da douta Procuradoria Geral de Justiça, conheço do recurso, para, no mérito, negar-lhe provimento.

É o voto.

SALA DAS SESSÕES DA PRIMEIRA CÂMARA CRIMINAL DO TRIBUNAL DE JUSTIÇA DO ESTADO DO MARANHÃO, em São Luís, 2 de maio de 2000.

Desembargador ANTONIO FERNANDO BAYMA ARAUJO

Presidente e Relator

Participaram do julgamento, além do que assina, os Senhores Desembargadores MÁRIO BARROS FERRAZ e JOSEFA RIBEIRO DA COSTA.

Funcionou como Procuradora de Justiça a Doutora NÉA BELLO DE SÁ.

2. Condenação do Estado em honorários advocatícios

SEGUNDA CÂMARA CRIMINAL

SESSÃO DO DIA 4 DE OUTUBRO DE 2001

APELAÇÃO CRIMINAL N.º 813/2001 - CURURUPU/MA

APELANTE: ESTADO DO MARANHÃO

PROCURADOR: M. S. P. V.

APELADO: R. P. de A.

ADVOGADO: R. P. de A.

RELATORA: DES. NELMA CELESTE SOUZA SILVA SARNEY COSTA

PROCURADORA: IRANY LEITE FERNANDES

ACÓRDÃO N.º 36.266/2001

EMENTA: APELAÇÃO CRIMINAL. AUSÊNCIA DE DEFENSORIA PÚBLICA NA COMARCA. NOMEAÇÃO DE DEFENSOR DATIVO. CONDENAÇÃO DO ESTADO AO PAGAMENTO DE HONORÁRIOS. POSSIBILIDADE. Inexistindo Defensoria Pública na comarca em que se processou a ação penal e tendo o advogado atuado como defensor dativo de réu juridicamente necessitado, cabe ao Estado arcar com os respectivos honorários, *ex vi* do disposto no artigo 22, § 1.º, da Lei n.º 8.906/94. Recurso improvido, à unanimidade.

Vistos, relatados e discutidos estes autos de Apelação Criminal, sob o n.º 00813/2001, em que figuram como recorrente e recorrido os acima enunciados, ACORDAM os Senhores Desembargadores da Segunda Câmara Criminal do Tribunal de Justiça do Estado do Maranhão, à unanimidade de votos e de acordo com o parecer da douta Procuradoria Geral de Justiça, em negar provimento ao recurso, nos termos do voto da relatora.

RELATÓRIO

Insurge-se o Estado do Maranhão contra parte da sentença proferida pelo d. Juízo da Comarca de Cururupu (fls. 119/120), que o condenou ao pagamento de honorários ao Recorrido - Dr. R. P. de A. -, que atuou como defensor dativo do Réu B. C. R., nos autos da Ação Penal proposta pelo Ministério Público do Estado do Maranhão.

Em suas razões de fls. 121/126, sustenta o Recorrente que não foi omisso "no caso em tela, porquanto, em não sendo o Estado onipresente, não pode o mesmo a todos socorrer sem que lhe seja dada ciência dos casos em que deva intervir". Alega, também, que sua notificação somente se deu após a prolação da sentença, e que, por isso, teria ficado impossibilitado de "julgar a conveniência de intervir no processo na defesa do acusado, ou arcar com o ônus correspondente aos honorários devidos aos defensores dativos".

Ao final, aponta como violado o artigo 22, § 1.º, da Lei n.º 8.906/94, e pede pelo conhecimento e provimento de seu recurso, a fim de que seja reformada a r. decisão de primeiro grau na parte que o condenou ao pagamento de honorários ao Recorrido. Os valores arbitrados a esse título não foram impugnados.

Às fls. 144/148, o Recorrido apresentou suas contrarrazões, nas quais asseverou, em síntese, que a pretensão do Recorrente não pode ser acolhida, pois "é sua obrigação prestar assistência aos necessitados" e, quando não o faz, deve arcar com o ônus decorrente de sua omissão.

A d. Procuradoria Geral de Justiça, no parecer de fls. 155/158, manifestou-se pelo improvimento do recurso, por entender que o Recorrido faz *jus* ao recebimento dos honorários que lhe foram deferidos "em face da ausência de Defensoria Pública na Comarca de Cururupu à época da ação penal".

É o relatório.

VOTO

Conheço do recurso, porque presentes os requisitos de admissibilidade. A Constituição Federal, em seu artigo 5.º, inciso LV, e o Código de Processo Penal Brasileiro, em seus artigos 261 e 263, dispõem que aos acusados em geral são assegurados o direito ao contraditório e à ampla defesa, que nenhum acusado será processado ou julgado sem defensor e, ainda, que o Estado prestará assistência jurídica integral e gratuita aos que comprovarem insuficiência de recursos.

O artigo 22, § 1.º, da Lei n.º 8.906/94, por seu turno, dispõe que "o advogado, quando indicado para patrocinar causa de juridicamente necessitado, no caso de impossibilidade da Defensoria Pública no local da prestação de serviço, tem direito aos honorários fixados pelo juiz, segundo tabela organizada pelo Conselho Seccional da OAB, e pagos pelo Estado".

Aplicando os sobreditos dispositivos ao caso *sub examine*, tenho como irretocável a decisão de primeiro grau, pois, além de o acusado ter declarado, no interrogatório, que não havia contratado advogado e que tampouco dispunha de numerário para tanto, a Defensoria Pública do Estado do Maranhão ainda não havia sido instituída à época da ação penal.

Com efeito, revela-se improcedente o argumento de que o Recorrente deveria ter sido chamado "para se manifestar sobre a possibilidade de designar membro de sua Defensoria Pública para atuar na defesa do Réu, ou, caso julgasse pela conveniência de não o fazer, poder discutir a justiça do valor dos honorários" deferidos ao Recorrido. Afinal, a prestação de assistência aos juridicamente necessitados não se sujeita à discricionariedade do Estado. Em absoluto. Na verdade, trata-se de um dever indissociável de sua atividade.

Discorrendo sobre tema, o Professor Paulo Luiz Netto Lôbo chega a afirmar que, "modernamente, no Estado social (*Welfare State*), a assistência jurídica encarta-se entre os meios de realização da cidadania, como direito subjetivo público em face do próprio Estado, para o efetivo acesso à Justiça".

Destarte, considerando que o Recorrente deixou de cumprir seu dever constitucional de prestar assistência jurídica ao Réu B. C. R. e, por isso, fez-se necessária a nomeação do Recorrido para atuar como defensor dativo, tenho que não se pode falar em afronta ao artigo 22, § 1.º, da Lei n.º 8.906/94. Uma vez que o Recorrido efetivamente prestou seus serviços, não seria legítimo negar-lhe a respectiva contraprestação.

Nesse ponto, mais uma vez se mostram pertinentes as lições de Paulo Luiz Netto Lôbo, para quem, "sendo dever do Estado a assistência jurídica, cabe a este o pagamento dos honorários ao advogado que patrocinar causa de necessitado, quando houver impossibilidade da Defensoria Pública de realizá-la no local da prestação dos serviços".

Esse entendimento, aliás, já é pacífico neste Tribunal, como mostram os arestos a seguir transcritos:

> "PENAL. APELAÇÃO CRIMINAL. FURTO QUALIFICADO. ROUBO DUPLAMENTE QUALIFICADO. RECEPTAÇÃO DOLOSA. CONCURSO DE AGENTES. RÉUS POBRES. NOMEAÇÃO DE DEFENSOR DATIVO. CONDENAÇÃO DO ESTADO NO PAGAMENTO DOS HONORÁRIOS. Ao Estado incumbe prestar assistência judiciária aos reconhecidamente pobres, inclusive através de instalação de Defensorias Públicas, nos termos da Constituição Federal; Inexistindo na comarca defensor público, compete ao Estado arcar com o pagamento dos honorários do defensor dativo nomeado pelo Magistrado. Recurso parcialmente provido" (TJMA - Ac 00031076 - *DJ* 17/08/2000 - Apelação Criminal 004288/00 - Cururupu - 1.ª Câmara Criminal, Rel. Des.ª Maria Madalena Alves Serejo).
>
> "Apelação Criminal. Nos termos do art. 5.º, inc. LXXIV, da Constituição Federal, cumpre ao Estado prestar 'assistência jurídica integral e gratuita aos que comprovam ter insuficiência de recursos'. O defensor dativo nomeado pelo Juiz faz jus a honorários pagos pelo Estado. Apelação improvida" (TJMA - Ac 00025708 - *DJ* 14/10/1998 - Apelação Criminal 002349/98 - Lago da Pedra - 2.ª Câmara Criminal, Rel. Des. José Pires da Fonseca).

Por outro lado, verifico que a importância de R$ 4.000,00 (quatro mil reais), arbitrada a título de honorários advocatícios, é assaz elevada. Não obstante, esse ponto da decisão de primeiro grau não pode ser modificado por esta Câmara, porquanto não se trata de questão de ordem pública e tampouco foi objeto de impugnação.

Ante o exposto, conheço do recurso, mas nego-lhe provimento, para manter *in totum* a sentença vergastada.

É como voto.

SALA DAS SESSÕES DA SEGUNDA CÂMARA CRIMINAL DO PALÁCIO DA JUSTIÇA CLÓVIS BEVILÁCQUA, em São Luís, Capital do Estado do Maranhão, aos quatro dias do mês de outubro do ano de dois mil e um.

Des. José Pires da Fonseca

Presidente

Des.ª Nelma Celeste Souza Silva Sarney Costa

Relatora

Tomaram parte no julgamento, além dos que assinam, a Senhora Desembargadora MARIA MADELENA ALVES SEREJO.

Funcionou como Procuradora de Justiça a Doutora IRANY LEITE FERNANDES.

3. Rejeição da denúncia

Tribunal Pleno

Sessão do Dia 21 de Outubro de 1998

Ação Penal n.º 145/98

Autora: Justiça Pública

Réu: J. C. F.

Relator: Des. Raimundo Freire Cutrim

Acórdão n.º 25.963/98

Ementa: ação penal de competência originária do Tribunal de Justiça. Crime cuja prática é atribuída a prefeito municipal (Decreto-Lei n.º 201/67). Foro privilegiado (CF, art. 29, X). Denúncia oferecida por procurador-geral de justiça adjunto. Inadmissibilidade (LONMP, art. 29, V; LCE n.º 13/91, art. 29, VI).

1 - Em se tratando de ação penal de competência originária do Tribunal de Justiça, constitui atribuição privativa do Procurador-Geral de Justiça o oferecimento da denúncia. Inteligência do art. 29, V, da LONMP c/c art. 29, VI, da LC n.º 13/91.

2 - Inadmissível acolher-se a denúncia oferecida, ante a falta de condição específica exigida pela Lei, para o exercício da ação penal (art. 43, III, 2.ª parte, do CPP).

3 - Denúncia rejeitada. Maioria.

Vistos, relatados e discutidos os presentes autos da ação penal, sob o n.º 0145/98, em que figura o acima denunciado, ACORDAM os Senhores Desembargadores do Tribunal Pleno do Egrégio Tribunal de Justiça do Estado do Maranhão, por maioria, rejeitarem a denúncia, nos termos do voto do Relator.

Trata-se de **Ação Penal Pública Incondicionada** oferecida pelo Ministério Público Estadual, através da Procuradora-Geral de Justiça Adjunta, a Dra. N. B. de S., contra o Prefeito do Município de São José de Ribamar, **J. C. F.**, por incurso, pela prática, quando do exercício de mandato eletivo, do crime previsto no art. 330 do Código Penal.

A peça informativa para oferecimento da denúncia foi o Inquérito Civil n.º 02/97 da Curadoria do Patrimônio Público, através do seu titular, que requisitou informações ao denunciado quanto à realização do pagamento dos servidores municipais referentes aos meses de outubro, novembro e da gratificação natalina de 1997, bem como a remessa das cópias das respectivas folhas de pagamento, o qual repousa às fls. 04 à 271 dos autos.

O expediente relativo à requisição encaminhado tendo registro do ciente datado de 12.12.97, às fls. 262. Transcorrido o prazo estabelecido pela autoridade, deixou o denunciado de cumprir com a requisição formulada às fls. 270, configurando-se assim a conduta penal descrita em sua peça inaugural do Ministério Público.

Protocolada, então, supracitada denúncia, nesta Corte, foi o acusado devidamente notificado nos termos do art. 4.º da Lei n.º 8.038/90, mediante Carta de Ordem às fls. 281/297, para apresentar resposta à acusação no prazo de 15 (quinze) dias, tendo, porém, deixado expirar esse prazo sem apresentar resposta à acusação imputada à sua pessoa.

É o relatório.

Inicialmente, consoante se colhe da atenta compulsão dos autos, verifica-se que a denúncia supracitada fora oferecida pela Procuradora-Geral de Justiça Adjunta, naturalmente desprovida da competente e necessária *legitimatio ad processum*, eis que tal atribuição, por força de dispositivo legal, se faz privativa do Procurador-Geral de Justiça, a não ser quando justificar o seu impedimento ou afastamento.

Importante que se destaque, por outro lado, que, ainda que se entendesse que o membro-chefe do órgão acusatório pudesse delegar a um Procurador-Geral de Justiça Adjunto a incumbência de instrução da competente instância penal, originária de Tribunal de Justiça, não se vislumbra nos autos qualquer ato, conferindo à signatária essa atribuição em função do seu afastamento ou impedimento, conforme prevê a Lei Complementar n.º 13, de 25.10.91, em seu art. 9.º.

> "Nos seus **afastamentos** e **impedimentos** o Procurador-Geral de Justiça será substituído pelo Procurador-Geral Adjunto, eleito em lista tríplice pelo Colégio de Procuradores e nomeado pelo Procurador-Geral, observada a coincidência de mandatos".

In specie, tem-se, portanto configurada situação típica de foro especial por prerrogativa de função prevista na Constituição Federal de 1988, consoante se depreende do art. 29, X, o qual, restritivamente, determina que o julgamento de Prefeito Municipal se faça, originariamente, pelos Tribunais de Justiça da Federação, delineando situação que se faz referendar a conclusão de que todo aquele que, em sendo detentor desse foro especial, tenha o privilégio de somente ser acusado pela autoridade máxima do Ministério Público, a não ser quando a mesma estiver impedida ou afastada legalmente, com a devida comprovação nos autos.

Comungando com esse entendimento, vem a lume a Lei n.º 8.625/93 (Lei Orgânica Nacional do Ministério Público), que prevê, *in verbis:*

> **"Art. 29. Além das atribuições previstas nas Constituições Federal e Estadual, na Lei Orgânica e em outras Leis, compete ao Procurador-Geral de Justiça: (...)**
> **V - Ajuizar ação penal de competência dos tribunais, nela oficiando".**

Além do mais, a nível estadual, editada foi a Lei Complementar n.º 013, de 25 de outubro de 1991, que dispõe sobre a organização, atribuições e estatuto do Ministério Público do Estado do Maranhão, a qual reproduz *in totum* em seu artigo 29, VI, a supracitada redação, conferindo esse encargo, privativamente, ao Procurador-Geral de Justiça:

> **"Art. 29. Além das atribuições previstas nas Constituições Federal e Estadual, na Lei Orgânica e em outras Leis, compete ao Procurador-Geral de Justiça: (...)**
> **VI - Ajuizar ação penal de competência dos tribunais, nela oficiando".**

Destaca-se que a atuação do *Parquet* como órgão instituído pelo Estado para o exercício da ação penal, representante em juízo do Estado-Administração, obedece a critérios legais previamente determinados, no que concerne às atribuições de cada um de seus membros.

Ainda sobre o assunto, manifesta-se o renomado jurisconsulto Rui Stoco, extraído da obra *Leis penais especiais e sua interpretação jurisprudencial*, São Paulo: Ed. RT, 1995, p. 1434, de Alberto Silva Franco, *ipsis verbis*:

> "todos os seus atos são regrados e, desse modo, o representante do *Parquet* não atua perante o Juízo segundo sua vontade, mas apenas e tão somente de acordo com as atribuições que lhe forem por Lei ou pelo chefe do Ministério Público cometidas".

Todavia, unicamente àquele membro do *Parquet*, que de Lei foi dada atribuição de ajuizar ações penais de competência originária dos Tribunais, é que, deste modo, pode atuar. Entretanto, no caso em espécie, não existe nada que justifique o impedimento ou o afastamento do Procurador-Geral de Justiça, detentor da prerrogativa de assim tomar as devidas providências.

Outrossim, para fundamentar mais essa assertiva, *permissa venia*, traz-se à colocação a lição abalizada do renomado integrante do Ministério Público de São Paulo Hugo Nigro Mazzilli, na obra *Regime Jurídico do Ministério Público: análise da Lei Orgânica Nacional do MP*, São Paulo: Saraiva, 1993, p. 215, *ipsis verbis*:

"Exige a Lei n.º 8.625/93 a atuação do Procurador-Geral para a propositura de ação penal originária, bem como para nela oficiar (art. 29, V). A disciplina procedimental dos feitos dos Tribunais foi trazida pela Lei n.º 8.038/90, tendo o STJ entendido que se supõe sessão plena do Tribunal de Justiça para julgar os prefeitos (HC 1.372, DJU, nov.1992), **o que novamente coloca a atuação nas mãos do Procurador-Geral de Justiça**".

Ainda versando sobre o assunto, pronunciou-se de tal forma o renomado mestre Tourinho Filho, também membro ilustre do *Parquet* de São Paulo, na obra *Direito processual penal*, 12. ed., São Paulo: Saraiva, 1990, v. 1, p. 365:

> "E se, porventura, tratar-se de infração da competência originária dos Tribunais? Nesses casos, somente o Procurador-Geral da República, nos crimes de competência originária do STF, ou o Subprocurador-Geral da República, nos crimes de competência do TRF, ou os Procuradores Gerais de Justiça, nos crimes de competência originária dos Tribunais estaduais, é que podem oferecer denúncia".

É dever do juiz e, sobretudo do Tribunal, nas ações penais de sua competência originária, observar o aspecto formal da peça inicial, como também se estão presentes as condições genéricas e específicas para propositura da *actio poenalis*, sob pena de menosprezar-se o princípio constitucional do processo da lei (*due process of law*) com seus corolários, tendo-se *a posteriori* um prejuízo maior na prestação jurisdicional, em face da consequente nulidade do processo.

Preceitua o art. 43, III, segunda parte, do Código de Processo Penal que a peça inicial deve ser rejeitada quando: "faltar condição exigida pela lei para o exercício da ação penal".

In specie, é clara a ausência justificada de condição específica exigida pela Lei Orgânica do Ministério Público, a qual dispõe em seu artigo 29, VI:

> "que **somente** o Procurador-Geral de Justiça pode oferecer denúncia nas ações penais de competência originárias dos Tribunais de Justiça Estaduais" (grifo nosso).

Ainda que se viesse admitir a delegação dessa atribuição pelo membro-chefe do Ministério Público, inexiste, conforme já afirmado, qualquer ato nesse sentido, fato este que só confirma, mais ainda, a ilegitimidade da ilustre Procuradora-Geral de Justiça Adjunta para oferecimento da denúncia.

Continuando o raciocínio aqui explicitado, entendo que a ilustra Procuradora-Geral de Justiça Adjunta, ao praticar o ato de oferecimento da presente denúncia, o fez desprovida de necessária *legitimatio ad processum*, em face de não deter a atribuição emanada em lei, por não haver justificado o afastamento ou o impedimento do Procurador-Geral de Justiça.

Ante o exposto, por maioria, rejeitaram a denúncia, contra os votos dos Senhores Desembargadores Arthur Almada Lima Filho, Militão Vasconcelos Gomes, Vicente Ferreira Lopes, Madalena Alves Serejo e José Stélio Nunes Muniz. Pela Procuradoria Geral de Justiça funcionou o Dr. Raimundo Nonato de Carvalho Filho - Procurador-Geral.

Sala das Sessões do Tribunal Pleno do Egrégio Tribunal de Justiça do Estado do Maranhão, em São Luís, 21 de outubro de 1998.

Des. Antônio Fernando Bayma Araújo

Presidente

Des. Raimundo Freire Cutrim

Relator

4. Acidente de trânsito. Homicídio e lesão corporal culposos

PRIMEIRA CÂMARA CRIMINAL

APELAÇÃO CRIMINAL N.º 16.657/2000 - SÃO LUÍS

Apelante: M. da G. R. S.

Advogados: Dr. E. M. e Dr. J. R. F. de A.

Apelado: Ministério Público Estadual

Relatora: Desa. Josefa Ribeiro da Costa

Revisor: Des. Júlio Araújo Aires

Acórdão n.º 34.946/2001

EMENTA: APELAÇÃO CRIMINAL. HOMICÍDIO CULPOSO. LESÕES CORPORAIS. COLISÃO EM VEÍCULOS. MANOBRA DE CONVERSÃO EM VIA AUTOMOBILÍSTICA. AUSÊNCIA DOS CUIDADOS INDISPENSÁVEIS. PROVA. CULPA. IMPRUDÊNCIA. CARACTERIZAÇÃO DE OMISSÃO DE SOCORRO. AGENTE QUE ABANDONA O LOCAL, SEM MINORAR AS CONSEQUÊNCIAS DO EVENTO. MAJORANTE DO § 4.º DO ART. 121 BEM APLICADA. AFIRMAÇÃO CONDENATÓRIA E APENAMENTO IRREPARÁVEIS.

1 - Age com manifesta imprudência o motorista que, dirigindo o veículo sem o devido cuidado, faz conversão à esquerda sem atentar ao fluxo reinante vindo a causar a colisão fatal em uma das vítimas e lesões corporais irreversíveis em outra.

2 - No âmbito do Direito Penal, o ponto nuclear da culpa é a previsibilidade, consistente na possibilidade de ser antevisto o resultado em condições normais do *homo medius*, consoante a teoria da previsibilidade objetiva, ou do agente em particular, segundo a teoria da previsibilidade subjetiva.

3 - Se as provas dos autos evidenciam a desmarcada culpa da apelante, que, através de sua conduta imprudente, causou a morte e as lesões corporais constantes dos autos, é de todo inócua a alegação de ausência de interesse de matar ou mesmo de lesar.

4 - Impõe-se o reconhecimento da majorante da omissão de socorro, vez que existente a possibilidade física de prestar socorro às vítimas, preferindo a recorrente não minorar as consequências de seu ato.

5 - Forçosa manutenção do *decisum* monocrático, que muito bem sopesou as provas e as circunstâncias do crime.

RELATÓRIO

Versam os presentes autos acerca de apelação criminal interposta por M. da G. R. S., irresignada contra a sentença de primeiro grau (fls. 115/121), da lavra do MM. Juiz de Direito da Segunda Vara de Entorpecentes, Acidentes de Trânsito e Contravenções Penais desta Comarca de São Luís/MA, que a condenou como incursa nas penas dos artigos 121, §§ 3.º e 4.º e 129, § 6.º c/c o art. 70, do Código Penal Brasileiro, substituindo-se a pena privativa de liberdade por duas restritivas de direito (prestação de serviços à comunidade e limitação de fim de semana a ser estabelecido pelo Juízo de Execuções), *ex vi* do disposto nos artigos 44, inciso II, e § 2.º, parte final, 46 e 48, do mesmo Diploma Repressivo, pelos fatos assim narrados na exordial acusatória:

> "*A 03.11.97, por volta de uma hora, a denunciada conduzia o seu veículo Ford Taurus LX, 1994, cor preta, de placa..., pela Av. Litorânea, no sentido Calhau/Ponta D'Areia, a uma velocidade informada de 80 km/h, levando consigo três outras pessoas*".
>
> "*Na mesma avenida, mas na pista e sentido contrários, deslocava-se a motocicleta Yamaha RD 350R, cor preta, de placa..., conduzida por J. A. da S. N., de 20 anos, trazendo na garupa L. de M. A., de 21 anos, que estava no terceiro mês de gestação*".
>
> "*No retorno de acesso ao Hotel S., sem atentar ao fluxo de veículos e sem a devida sinalização, a denunciada fez manobra brusca de conversão à esquerda no sentido de atingir a outra pista, interceptando a trajetória retilínea e prioritária da motocicleta*".
>
> "*A colisão foi inevitável: a parte dianteira do veículo Taurus foi lançada contra a lateral esquerda da motocicleta, fazendo com que capotasse reiteradas vezes*".
>
> "*Do embate, os dois ocupantes deste veículo foram projetados contra o capô do veículo Ford e, posteriormente, contra o leito da pista, batendo com a base do crânio, tendo, antes, o do sexo masculino batido também a coluna vertebral contra o poste de iluminação pública*".
>
> "*Incontinenti, a denunciada deu marcha à ré no seu veículo. E, com o propósito de não prestar o devido socorro, deixou o local em fuga, a alta velocidade*".

> "*As vítimas foram socorridas por populares, levadas que foram para o Hospital Djalma Marques, onde L. A. veio a falecer, no mesmo dia, em consequência das graves lesões sofridas, como demonstra o exame cadavérico de fls. 27*".
>
> "*J. N. foi removido, em estado gravíssimo, para o Hospital São Domingos, tendo como sequela do acidente o comprometimento da linguagem e das funções motora e locomotora, segundo faz o laudo de fls. 35/6*".

Finda a instrução criminal, inclusive com a oitiva de testemunhas, sobreveio sentença condenatória aplicando à ré a pena de 2 (dois) anos e 8 (oito) meses de detenção, por incidência dos dispositivos retrocitados; e, conforme o estabelecido nos artigos 44, inciso II, e § 2.º, parte final, 46 e 48 do Código Penal Brasileiro, substituiu o Juiz singular a pena privativa de liberdade por duas restritivas de direito (prestação de serviços à comunidade e limitação de fim de semana a ser estabelecido pelo Juízo de Execuções).

Insurge-se a recorrente M. da G. R. S. contra a condenação que lhe foi imposta, atribuindo à vítima a responsabilização pelo evento. Alega ainda, em suas razões (fls. 125/129), que não restou estreme de dúvidas a intenção de matar ou mesmo de lesionar da apelante; e que falhou o juiz ao deixar de reconstituir o acidente para melhor fundamentar o seu julgamento, dado que o laudo dos peritos não aferiu a culpabilidade no acidente.

Conclamou, assim, pela absolvição com a consequente improcedência da denúncia; alternativamente, pugna pela desclassificação para o crime de omissão de socorro.

O Ministério Público de primeira instância, por seu turno, em suas razões, requereu o improvimento do apelo, entendendo que o julgador atentou com lucidez para o fato em exame.

Em seguida, após ascensão a esta Corte de Justiça, foram estes autos remetidos à Procuradoria-Geral de Justiça, que em parecer da lavra da Dra. Rosa Maria Pinheiro Gomes, opinou pelo improvimento, mas que fosse acrescentada na sentença hostilizada a suspensão de sua habilitação e direção de veículo pelo prazo legal.

É o relatório.

VOTO

Conheço do recurso interposto, eis que presentes seus pressupostos de admissibilidade.

Inicialmente, cumpre-me destacar que a lei a ser utilizada, e assim o foi, para o apenamento dos crimes em testilha é o Código Penal Brasileiro, dado que o atual Código de Trânsito na época do sinistro (03.11.1997) se encontrava em *vacatio legis*, e este, ainda que retroagisse, não seria benéfico porque infligiria uma maior pena. Afasto, portanto, a sua incidência ao caso *sub examine*.

Ressalta-se que o Código de Trânsito vigente à época, o qual datava de 21 de setembro de 1966, não cominava nenhuma pena aos condutores envolvidos em crimes de trânsito, deixando a cargo da Lei Substantiva Penal a imposição da reprimenda à agente.

Equacionada preambularmente tal colocação, passo à análise meritória.

A despeito das razões de recorrer - fls. 125/129 -, não me persuadi dos motivos que levem à absolvição da recorrente em face dos crimes de homicídio culposo e lesões corporais culposas, condutas típicas descritas pelos artigos 121, §§ 3.º e 4.º, e 129, § 6.º, ambos do Código Penal Brasileiro.

As razões do recurso reiteram basicamente as alegações finais, todas bem analisadas e ponderadas na decisão recorrida, que se fundamentou no conjunto probatório e não em conjecturas ou presunções, como alega a apelante.

A prova colhida no curso da instrução criminal atesta de modo absolutamente inquestionável a materialidade e autoria do crime descrito na inicial.

A **materialidade** do crime ficou positivada através dos laudos de exame de vistoria em veículo (fls. 25/26), exame cadavérico - do qual se depreende que a morte da vítima L. de M. A. se deu por politraumatismo em virtude do acidente sofrido (fls. 33/33v) - e Laudo de exame na vítima J. A. da S. N. - atestando a gravidade das lesões corporais sofridas, com consequente comprometimento da linguagem e das funções motoras (fls. 41/42).

A propósito, merece ser rechaçada a alegativa por parte da defesa de que seria imperiosa a feitura da reconstituição do acidente para melhor formar o convencimento do juiz. O juiz não está adstrito ao laudo pericial de reconstituição, podendo aceitá-lo ou rejeitá-lo, no todo ou em parte (art. 182 do Código de Processo Penal), contrapondo-se inclusive à prova pericial produzida por técnicos especializados. Não obstante, é desnecessária a reconstituição do acidente, pois as circunstâncias são incontroversas nos autos, mormente pelos elementos trazidos, capazes de firmar a convicção do julgador sobre responsabilidade criminal da recorrente.

No tocante ao laudo, sustentou a defesa que os peritos não souberam aferir a culpabilidade no acidente. Tal colocação é absurda, pois não cabe aos peritos aferirem a culpabilidade no acidente e sim registrar, no laudo, as alterações do estado das coisas e discutir, no relatório, as consequências dessas alterações na dinâmica dos fatos (art. 169, p.u., CPP).

A **autoria** do crime ficou evidenciada pelo depoimento prestado pela apelante em sede policial (fls. 34/35), bem como das afirmações das testemunhas presenciais do sinistro (fls. 80/81, 89/90 e 92/93).

A escusa da apelante - de que fora surpreendida pela motocicleta da vítima J. A. da S. N., que trafegava à sua esquerda - carece de fomento probatório lógico.

A acusada, ao ser interrogada na Delegacia, portanto ainda no calor dos acontecimentos, deixou evidente a sua imprudência ao tentar fazer a conversão com seu veículo em situação que não lhe era favorável, o que restou atestado e confirmado pelas demais provas colhidas ao curso da instrução criminal. Eis suas palavras:

> *"Conduzia o seu veículo pela referida Avenida* – litorânea – *numa velocidade aproximada de sessenta a oitenta quilômetros horários e* **não deu para perceber se algum veículo trafegava atrás, bem como não deu para perceber também se algum veículo de menor porte trafegava ao lado no mesmo sentido que o seu***; que, ao fazer o retorno para adentrar numa via de acesso para o Hotel Q. R. e consequentemente pegar a pista que a deixaria em casa, fora colidida bruscamente por uma MOTO YAMAHA por um jovem que depois soube chamar-se J. A. DA S. N."* (...) *"que somente pela manhã a declarante veio a saber que a jovem que encontrava-se na garupa da moto teria falecido e estaria gestante"* (fls. 34/35).

A testemunha R. L. S., presente no momento do acidente, corrobora esta tese, afirmando respectivamente: "*Que tanto o depoente juntamente com H., o carro atropelador e a moto trafegavam no mesmo sentido pela Av. Litorânea, ou seja, Calhau/Ponta D'Areia; Que a moto ultrapassou o depoente e H;, bem assim, o Ford Taurus numa velocidade superior, momento em que a acusada foi fazer manobra para adentrar no retorno ali existente foi quando houve o acidente; Que a pessoa que dirigia o Ford Taurus fez entrada da direita para a esquerda, interceptando a moto; Que a moto foi lançada a distância com o J. A. e a L. M. na garupa; Que a acusada continuou conduzindo o carro, não dando atenção para o acidente*" (...) "*Que a moto não chegou a ultrapassar o Ford Taurus, pois no momento da ultrapassagem foi que a moto foi atingida; Que o veículo Ford Taurus fez manobra de conversão à esquerda para entrar no retorno, interceptando a moto; Que o veículo atropelador* – da recorrente – *não deu sinal de luz de que ia entrar no retorno*" (fls. 80/81).

É de se registrar as declarações de H. F. L. H., testemunha ocular do sinistro, o qual anunciou em juízo, às fls. 89/90, *verbis*: "*o depoente percebia os carros estacionados e o veículo Taurus que atropelou as vítimas, o qual trafegava no mesmo sentido da Ponta D'Areia e quando chegou próximo ao retorno a acusada trafegava mais ou menos a uns 60 km/horários, o J. trafegava no mesmo sentido, e próximo ao retorno a acusada entrou; no momento em que a moto ia passando, a acusada entrou para fazer o retorno, atingindo a moto no para-lama dianteiro lado esquerdo, jogando a moto para frente, o J. bateu no poste de iluminação pública e quando o depoente viu a L. já estava com a cabeça posta no meio-fio; Que depois da batida a acusada deu ré e saiu, não ligando para as pessoas atropeladas*".

Aponta a apelante, como contradição, o fato de a testemunha H. F. L. H. não mencionar com clareza o local onde estava, se atrás dos veículos envolvidos no acidente ou se no morro da Av. Litorânea.

Não se pode exigir de uma testemunha que se atenha a detalhes que não se relacionem com o fato examinado. Se falha houve na perfeita identificação do local, esta não fez desvanecer as provas apuradas, as quais respaldam a condenação do recorrente, comungando para extirpar os argumentos traçados pela defesa.

Como se verifica, não merece guarida a inconformação da apelante, pois o conjunto probatório permite a formação de juízo seguro de sua responsabilidade, que se houve com desmarcada culpa, ao interceptar a trajetória do veículo dirigido pela desafortunada vítima com sua manobra imprudente, ficando patente a quebra do seu dever de cuidado objetivo. No teor de seu proceder é impossível, de feito, negar-lhe a culpa *stricto sensu*.

Evidencia-se, pois, dois elementos da culpa em sentido estrito, a saber, a conduta e o resultado lesivo involuntário, restando perquirir acerca da inobservância do dever de cuidado objetivo e da previsibilidade.

Infere-se do substrato probatório que a ré agiu com imprudência ao efetuar conversão à esquerda em momento inoportuno. Ao fazê-lo sem as devidas cautelas, era perfeitamente previsível que poderia causar um acidente, com o evento morte.

Conforme salientado pela sempre zelosa Promotoria Pública em suas contrarrazões de recurso, a acusada agiu de forma irregular ao fazer a conversão à esquerda sem atentar ao fluxo reinante, de sorte que a apelante poderia facilmente notar, e tem a obrigação de prestar atenção, a presença de outro veículo que estaria à sua esquerda na via de tráfego de veículos, o que demonstra a total falta de atenção da motorista causadora do acidente.

Consoante assegura Mirabete, "*deve-se confrontar a conduta do agente com aquela que teria um homem razoável e prudente em lugar do autor. Se o agente não cumpriu com o dever de diligência que aquele teria observado, a conduta é típica, e o causador do resultado terá atuado com imprudência, negligência ou imperícia. É proibida e, pois, típica a conduta que, desatendendo ao cuidado, a diligência ou à perícia exigíveis nas circunstâncias em que o fato ocorreu, provoca o resultado. A inobservância do cuidado objetivo conduz à antijuridicidade*" (*Manual de direito penal*, 8. ed., v. I, p. 139).

Desse modo, em análise mais detida e apurada, como deve sempre fazer o julgador, considero que uma pessoa razoável e prudente não teria dirigido o veículo sem atentar aos riscos que poderiam advir de uma manobra executada sem as devidas cautelas, descumprindo o seu dever de diligência.

Exsurge, portanto, inconteste na hipótese vertente, a culpa da motorista decorrente da inobservância do dever de cautela exigido de todos, no convívio social. Dever este que, como é cediço, permeia os crimes culposos.

Passemos, desse modo, a verificar a presença de mais um elemento do fato típico culposo, a saber, a previsibilidade do resultado.

No âmbito do Direito Penal, o ponto nuclear da culpa é a previsibilidade, consistente na possibilidade de ser antevisto o resultado em condições normais ao *homo medius*, consoante a teoria da previsibilidade objetiva, ou do agente em particular, segundo a teoria da previsibilidade subjetiva.

Considero então que, em sendo efetivada manobra sem atentar aos cuidados, que se deve ter, tais como utilizar-se do espelho retrovisor e das sinaleiras quando efetuar qualquer manobra de conversão, era facilmente previsível para um homem comum a ocorrência de um acidente. E, sendo previsível o evento, ocorre culpa a quem dá causa a sinistro de trânsito, nas circunstâncias, por não agir com as cautelas exigíveis.

Faço minhas as palavras do eminente Ministro Francisco de Assis Toledo, segundo o qual: "*Na base do delito culposo, em exame, como de resto em todos os demais, está a violação de um dever de cuidado, quando as circunstâncias apontarem ao agente, segundo dados apreensíveis da experiência cotidiana, alguma razão para suspeitar da possibilidade de consequências danosas para sua conduta, ou ao menos, para ter dúvidas a respeito dessas possíveis consequências. Note-se que, na dúvida, impõe-se o dever de abstenção da conduta, pois quem, nesta área, se arrisca a se transformar em causador imputável de danos previsíveis age com imprudência e se torna, por isso mesmo, agente de um crime culposo, caso concretize a realização do tipo*" (p. 292).

Não se pode, portanto, deixar de reconhecer a culpa da apelante, mesmo porque, no caso concreto, exsurge circunstância específica importantíssima, qual seja, que a Sra. M. das G. era motorista com mais de 13 anos de habilitada à época do fato, acostumada à rotina automobilística de nossa cidade, deixando, inclusive, de prestar socorro às vítimas, não procurando minorar as consequências do seu ato.

No que tange às condutas das vítimas, embora se leve em consideração qualquer culpa das mesmas, esta não exclui a da acusada, visto que, como ressalta Heleno Cláudio Fragoso (*Lições de direito penal*, 3.ª ed., p. 226), no direito penal, "é irrelevante a concorrência de culpa da vítima, pois ela não elimina a culpa do agente, que deve responder pelo fato. A respeito da questão, remanesce pacífica a jurisprudência".

Eminentes pares, abro parênteses neste momento para afastar a incoerente tese levantada pela apelada de que não restou estreme de dúvidas a intenção de matar ou lesionar. A intenção, o *animus*, a vontade dirigida ao fim a que se destina é típica dos crimes dolosos, ou seja, não há que se considerar a intenção de lesar ou matar se se trata de crimes culposos. Desnecessário, pois, tecer outros comentários a respeito.

Quanto ao caso, bem colacionado pelo Magistrado de primeiro grau foi o seguinte aresto de jurisprudência:

> "*Conversão à esquerda: Precisa ser feita com muita cautela (TACrSP, RT 591/359), julgados 76/256, 72/363) inclusive mediante prévia sinalização, que é apenas um alerta, não dando a quem utiliza o direito de preferência*" (TACrSP, *RJDTACr* 19/58).

Confesso que meditei bastante acerca do caso, e, embora legalmente correta, considero branda a pena imposta, levando em consideração o triste resultado do acidente, que retirou a vida de uma pessoa e inutilizou outra. É uma triste estória, contudo o juiz singular agiu com a lucidez necessária, impondo à recorrente uma pena justa e abalizada, decisão esta que não aberrou, e muito menos se afastou das provas contidas no caderno judiciário.

Por derradeiro, deixo de apreciar o requerimento da ilustre Procuradora de Justiça quanto à suspensão da habilitação da recorrente, pena esta imposta pelos artigos 302 e 303 do CTB (Lei n.º 9.503/97), pois, como me manifestei anteriormente, à época do acidente, esta lei se encontrava em *vacatio legis*. Inobstante este particular, devo me reportar ainda ao princípio do *non reformatio in pejus*, o qual impede que seja imposta pena maior à recorrente se o apelo não se originou do Órgão Acusador.

Destarte, por tudo quanto exposto, voto pelo improvimento da presente apelação criminal, para manter *in totum* a sentença guerreada.

É como voto.

Ante o exposto, acordam os Desembargadores da Primeira Câmara Criminal do Tribunal de Justiça do Estado do Maranhão, por unanimidade, e de acordo com o parecer do Ministério Público, em negar provimento ao recurso e, desse modo, manter a sentença de 1.º grau, nos termos do voto da Relatora.

Custas, como de lei.

Participaram do julgamento os Desembargadores Josefa Ribeiro da Costa, Antonio Fernando Bayma Araujo e Júlio Araújo Aires. Presidiu o julgamento o Desembargador Antonio Fernando Bayma Araujo. Funcionou como órgão do Ministério Público a Procuradora de Justiça Rosa Maria Pinheiro Gomes.Sala das sessões da Primeira Câmara Criminal do Tribunal de Justiça do Estado do Maranhão, em 22 de maio de 2001.

Des. Antonio Fernando Bayma Araujo – Presidente

Desa. Josefa Ribeiro da Costa – Relatora

5. Sessão virtual. Corrupção ativa

Sessão virtual iniciada em 03/02/ 2022 e finalizada em 10 /02/2022

Apelante: R P de S

Advogado: B M S (OAB/MA n.° 00)
Apelado: Ministério Público do Estado do Maranhão
Promotora de Justiça: C P de J
Origem: 1.ª Vara Criminal da Comarca de Bacabal, MA
Incidência Penal: Art. 333 do CP
Relator: Desembargador Vicente de Castro
Órgão Julgador: Segunda Câmara Criminal

> APELAÇÃO CRIMINAL. ART. 333 DO CP. CORRUPÇÃO ATIVA. AUSÊNCIA DE PROVAS. DEPOIMENTOS DE POLICIAIS PRESTADOS EM JUÍZO. PRESUNÇÃO DE VERACIDADE RELATIVA. REJEIÇÃO. AUTORIA E MATERIALIDADE DEVIDAMENTE COMPROVADAS. PLEITO DE ABSOLVIÇÃO. IMPROCEDÊNCIA. RECURSO DESPROVIDO.
>
> Uma vez demonstradas, mediante provas submetidas ao crivo do contraditório e da ampla defesa, a materialidade e a autoria do crime do art. 333 do CP, de rigor a manutenção da condenação proferida na instância *a quo*, impondo-se a rejeição da tese defensiva de ausência de provas.
>
> O fato de as testemunhas arroladas pela acusação serem os policiais que participaram da prisão em flagrante do acusado não afasta a validade de seus depoimentos para corroborar com o conjunto probatório colhido na fase processual, considerando a circunstância de que prestados sob o manto do contraditório e da ampla defesa, bem como sob o compromisso e a obrigação de dizer a verdade. Precedentes do STJ.
>
> Segundo a tese fixada pelo Superior Tribunal de Justiça, quanto aos crimes contra a Administração Pública, "o crime de corrupção ativa é formal e instantâneo, consumando-se com a simples promessa ou oferta de vantagem indevida", sendo irrelevante para a sua consumação a aceitação da proposta pelo funcionário público, a entrega do montante ou objeto/bem ou a produção de qualquer outro resultado.
>
> Recurso desprovido.

ACÓRDÃO

Vistos, relatados e discutidos os autos de Apelação Criminal à Sentença de ID n.º 9838822, na Ação Penal n.º 2040-68.2016.8.10.0024, "unanimemente e de acordo com o parecer da douta Procuradoria Geral de Justiça, a Segunda Câmara Criminal negou provimento ao recurso interposto, nos termos do voto do Desembargador Relator".

Votaram os Senhores Desembargadores Vicente de Paula Gomes de Castro (Relator), Francisco Ronaldo Maciel Oliveira e José Luiz Oliveira de Almeida.

Funcionou pela Procuradoria Geral de Justiça o Dr. K L M F.

São Luís, Maranhão.

Desembargador Vicente de Castro

Relator

RELATÓRIO

Trata-se de Apelação Criminal interposta por **R P de S**, objetivando a reforma da sentença de ID n.º 11341011 (págs. 21-29), do MM. Juiz de Direito da 1ª Vara Criminal da comarca de Bacabal, MA.

Por esse decreto condenatório, referido magistrado, ao reconhecer achar-se demonstrada a autoria do recorrente em relação à prática do crime de corrupção ativa (art. 333 do CP[1]), condenou-o a cumprir pena de 3 (três) anos e 8 (oito) meses de reclusão, em regime inicialmente aberto, sendo-lhe aplicada, ademais, sanção pecuniária de 68 (sessenta e oito) dias-multa, no valor unitário equivalente a 1/15 (um quinze avos) do salário mínimo vigente ao tempo dos fatos.

Frise-se que, em relação ao apelante, o magistrado sentenciante, constatando a presença dos requisitos do art. 44 do CP, substituiu a pena privativa de liberdade por duas sanções restritivas de direito, uma delas a ser definida pelo juízo da execução penal e a outra, a prestação pecuniária no montante de R$ 3.000,00 (três mil reais).

Segundo a inicial acusatória de ID n.º 11341008 (págs. 2-4), em 20.06.2016, por volta das 08h30min, no bairro Santos Dumont, em Bacabal, MA, o recorrente, durante abordagem realizada por policiais civis, ofereceu vantagem indevida aos referidos agentes de segurança pública, para que tais deixassem de realizar a sua condução à autoridade policial competente do mencionado município.

Na ocasião, a referida diligência resultou de comunicação anônima de que o apelante "recebia benefícios previdenciários em nome de pessoas falecidas", razão pela qual um investigador e um agente administrativo - motorista - da polícia civil se dirigiram até à residência de **R P de S** e, ali, após revista pessoal e domiciliar do acusado, constataram a veracidade das informações, encontrando em seu poder cartões magnéticos de "benefícios previdenciários, CPF's, documentos de identidade e outros comprovantes de saques bancários".

Descreve a exordial, outrossim, que em função dos fatos, fora anunciada a sua prisão, momento em que Raimundo Pereira de Souza propôs aos policiais que deixassem de executar o sobredito ato legal em troca de vantagem pecuniária, situação que resultou na sua prisão em flagrante.

Denúncia recebida formalmente pelo Juízo *a quo*, em 19.07.2016 (ID n.º 11341009, pág. 50), seguindo-se da citação pessoal do réu (ID nº 11341009, págs. 65/66) e posterior oferecimento de resposta à acusação (ID's nos 11341009 - págs. 73/74 - e 11341010 - págs. 01/02).

Supervenientemente, em 22.07.2016, em de decisão da minha lavra, determinei a substituição do cárcere provisório do apelante por prisão domiciliar (cf. ID n.º 11341009, págs. 51-54).

Audiência de instrução e julgamento, realizada em 15.02.2017, em que foram tomados os depoimentos das testemunhas arroladas pela acusação e pela defesa, sendo ainda realizado o interrogatório do réu (cf. ID n.º 11341010, págs. 72-79, com mídia audiovisual ao ID's nos 11341012 a 11341043).

Alegações finais apresentaram-na as partes na forma de memoriais (cf. ID's nos 11341010 - págs. 83-86 - e 11341011 - págs. 01 e 16-19).

Assim, o acervo probatório reunido nos autos inclui declarações prestadas perante a autoridade policial, o Auto de Apreensão (ID n.° 11341009, pág. 8), Laudo de Exame de Corpo de Delito (ID n.° 11341009, pág. 14), cópias reprográficas de registros gerais, títulos de eleitores, cadastros de pessoas físicas, cartões magnéticos de benefícios previdenciários, comprovantes de saques, senhas pessoais de cartões magnéticos, entre outros documentos (ID n.º 11341009, págs. 15-24), além da prova oralmente colhida em juízo.

Assim, do édito condenatório antes referido, **R P de S** interpôs a apelação de ID n.º 11341011 (pág. 32), seguida de suas razões, ao ID n.º 11341011 (págs. 60-66). Nestas, está ele, fazendo referência ao princípio do *in dubio pro reo*, a pugnar sua absolvição em relação ao tipo penal do art. 333 do CP, com fundamento no art. 386, III do CPP.

Nesse sentido, traz os seguintes argumentos, em síntese: 1) o acervo probatório dos autos não demonstra a existência do fato imputado na exordial; 2) os testemunhos dos policiais, embora dotados de fé pública, não apresentam presunção de veracidade, sobretudo considerando "(...) os desmandos e ilegalidades praticados por funcionários públicos que, longe de serem do conhecimento de poucos, ocupam os noticiários diários e são constantemente denunciados tanto na mídia quanto em redes sociais. Cada vez mais comum nos depararmos com vídeos de policiais cometendo todo tipo de ilícitos".

Ao final, nesses termos, pugna pelo conhecimento e provimento do recurso.

Contrarrazões ofertadas pelo órgão ministerial, ao ID n.º 11341011 (págs. 73-79), em que requer o desprovimento do recurso.

Em manifestação de ID n.º 11705765, subscrita pela Dra. R L de A R, digna Procuradora de Justiça, o Ministério Público de segundo grau está a opinar pelo conhecimento e não provimento do apelo interposto, assinalando, em resumo, que: 1) ao contrário do argumentado no recurso, resta suficientemente demonstrado pelo acervo probatório a caracterização de todas as elementares do crime de corrupção, especialmente pelos depoimentos das testemunhas, os policiais civis José de Ribamar Barros e Emílio Alison da Costa Oliveira; 2) os depoimentos dos agentes de segurança pública são plenamente válidos para lastrear o édito condenatório, sobretudo quando coesos e harmônicos com as demais provas dos autos, podendo ser afastados somente quando cabalmente demonstrado o interesse prévio na condenação do réu, hipótese não verificada na espécie; 3) a ausência de confissão do apelante não é capaz de ilidir sua culpabilidade, principalmente quando as provas dos autos justificam a condenação.

Conquanto sucinto, é o relatório.

VOTO

Presentes os pressupostos de admissibilidade, conheço deste recurso.

In casu, R P de S teve contra si proferido édito condenatório, impondo-lhe reprimenda privativa de liberdade de 3 (três) anos e 8 (oito) meses de reclusão, em regime inicialmente aberto, além da sanção pecuniária de 68 (sessenta e oito) dias-multa, substituída, ademais, por duas sanções restritivas de direitos, porquanto preso em flagrante, em 20.06.2016, por volta das 08h30min, no bairro Santos Dumont, em Bacabal, MA, por ter oferecido vantagem indevida a agentes de segurança pública, durante uma abordagem, para que eles deixassem de realizar a condução do apenado à autoridade policial competente do mencionado munícipio.

Assim, através do recurso manejado, pretende o apelante ser absolvido em relação ao tipo penal descrito no art. 333 do CP, com fundamento no art. 386, III do CPP, sob os seguintes argumentos: 1) o acervo probatório dos autos não demonstra a existência do fato imputado na exordial; 2) os testemunhos dos policiais, embora dotados de fé pública, não apresentam presunção de veracidade, sobretudo considerando "(...) os desmandos e ilegalidades praticados por funcionários públicos que, longe de serem do conhecimento de poucos, ocupam os noticiários diários e são constantemente denunciados tanto na mídia quanto em redes sociais. Cada vez mais comum nos depararmos com vídeos de policiais cometendo todo tipo de ilícitos".

No entanto, diante das informações constantes do inquérito policial e das provas produzidas durante a fase judicial, tenho que presentes elementos suficientes a sustentar a imputação ao apelante da prática do ilícito penal em questão.

A bem de ver, nos termos do art. 333 do CP, a conduta ilícita do crime de corrupção ativa acha- se definida assim: "Oferecer ou prometer vantagem indevida a funcionário público, para determiná-lo a praticar, omitir ou retardar ato de ofício".

Com efeito, a materialidade e a autoria estão plenamente demonstradas pelos elementos probatórios produzidos no decorrer da lide, através do Auto de Apreensão (ID n.º 11341009, pág. 8), cópias reprográficas de registros gerais, títulos de eleitores, cadastros de pessoas físicas, cartões magnéticos de benefícios previdenciários, comprovantes de saques, senhas pessoais de cartões magnéticos, entre outros documentos (ID n.º 11341009, págs. 15-24), das declarações prestadas pelos responsáveis pela condução do apelante perante a autoridade policial (ID n.º 11341009, págs. 2/3), valendo registrar que estão consignadas nos seguintes termos na fase administrativa assim:

> "(...) hoje, 20.06.2016, por volta das 08h30, estava de serviço quando recebeu informação de que um indivíduo chamado Raimundo Pereira de Souza recebia benefícios de pessoas falecidas; QUE foi até o bairro Santos Dumont e lá encontrou R P DE S e o abordou; QUE durante a abordagem, o depoente se apresentou como policial civil, e, ao revista-lo, encontrou cartões comprovantes de saques de benefícios em nome de terceiros e cartões de saques em nome de terceiros, que não o nome do conduzido; QUE diante da situação, disse ao suspeito que o traria para a delegacia, momento em que este falou que pagaria ao condutor para que não o trouxesse até esta DEPOL; QUE o servidor EMILIO, servidor administrativo, motorista, presenciou o fato; (...)" (sic.).

Tal conclusão deve-se às provas produzidas sob o crivo do princípio do contraditório, as quais ratificam os elementos de informação colhidos durante a fase inquisitorial, de que o apelado fora preso em flagrante, durante abordagem realizada por policiais civis, que tinha por objetivo constatar comunicação anônima de que o acusado tinha em seu poder cartões magnéticos relativos a benefícios previdenciários de terceiros.

Nesse particular, merece destaque os depoimentos prestados em juízo pelos policiais civis responsáveis pelo flagrante do acusado – José de Ribamar Barros e Emílio Alison da Costa Oliveira –, os quais, ratificando as declarações prestadas perante a autoridade policial, narram a dinâmica dos fatos, no sentido de que o denunciado, além de ter sido encontrado em posse de cartões magnéticos pertinentes a benefícios previdenciários de terceiros, documentos e comprovantes de saques bancários em nome de terceiros, teria oferecido vantagem pecuniária para que deixassem de conduzi-lo até à autoridade policial competente.

Nesse sentido, aponto os depoimentos prestados em Juízo por eles (cf. registros audiovisuais insertos nos ID's ns. 11341012 a 11341043), conforme trechos irretocavelmente transcritos no decreto questionado (cf. 11341011, págs. 23/24):

> "(...) **José de Ribamar Barros, Investigador de Polícia Civil, declarou, em síntese**: No dia do fato estava na delegacia junto com o Delegado e o agente Emílio quando recebeu uma denúncia que se achava no Bairro Santos Dumont, nesta cidade, um senhor de nome Raimundo que estava utilizando cartões bancários de pessoas já falecidas. Deslocaram-se até o local e conseguiram encontrar o referido senhor que se travava do ora acusado. **Ao realizarem a abordagem no mesmo foram encontrados cartões bancários e comprovantes de saque em nome de terceiros. Após a abordagem, convidou o acusado para se dirigir à Delegacia. No trajeto, já dentro da viatura policial o acusado lhe perguntou: "quanto é que você quer pra não me levar?", sendo que ignorou tal pergunta e continuou a conduzir o acusado ao Distrito Policial.** Nessa ocasião, também estava presente dentro da viatura testemunhando o fato, o agente administrativo Emílio Alison Costa

de Oliveira. A testemunha de **acusação Emílio Alison da Costa Oliveira, Servidor Administrativo da 16ª DRP,** prestou, em essência, as seguintes informações: No dia do fato estava na delegacia com o Delegado e o Senhor José de Ribamar Barros (Investigador de Polícia) quando receberam uma denúncia que se encontrava no Bairro Santos Dumont um senhor de nome Raimundo que estava utilizando cartões bancários de pessoas já falecidas. Partiram para fazer uma averiguação da denúncia e chegando ao local confirmaram a veracidade das informações. Foram achados com o acusado cartões bancários e documentos em nome de terceiros. Após a abordagem o acusado fora conduzido para a Delegacia e durante o trajeto, dentro da viatura, o mesmo em estado de muito nervosismo ofereceu dinheiro ao Investigador de Polícia "Barros" para que não fosse levado para o Distrito Policial." (grifou-se).

Nesse ponto, destaco que o fato de as testemunhas arroladas pela acusação serem os policiais que participaram da operação que resultou na prisão do recorrido não afasta a validade de seus depoimentos para corroborar com o conjunto probatório colhido na fase processual, tendo em vista a circunstância de que prestados sob o manto do contraditório e da ampla defesa, bem como sob o compromisso e a obrigação de dizer a verdade.

A propósito, o STJ tem assentado:

> "Segundo a jurisprudência consolidada desta Corte, o depoimento dos policiais prestado em Juízo constitui meio de prova idôneo a resultar na condenação do réu, notadamente quando ausente qualquer dúvida sobre a imparcialidade dos agentes, **cabendo à defesa o ônus de demonstrar a imprestabilidade da prova.**" (HC 464.064/PE, Rel. Ministro FELIX FISCHER, QUINTA TURMA, julgado em 20/09/2018, DJe 26/09/2018). Grifou-se.

Ressalte-se que este egrégio Tribunal de Justiça também assim vem se pronunciando, em casos que tais, *in verbis*:

> "Não há óbice legal aos depoimentos prestados por policiais militares que participam da prisão em flagrante do criminoso, desde que coerentes com as demais provas produzidas e quando colhidos sob o crivo do contraditório." (Apelação Criminal nº 8.547/2014, Rel. Des. JOSÉ DE RIBAMAR FROZ SOBRINHO, julgamento em 14.08.2014).

Registre-se, outrossim, que por se tratar de crime de natureza formal, o ato de oferecer ou prometer vantagem indevida a funcionário público configura o delito do art. 333 do CP, sendo irrelevante para a sua consumação a aceitação da proposta, a entrega do montante ou objeto/bem ou a produção de qualquer outro resultado.

Confira-se, nesse sentido, a tese firmada, quanto aos crimes contra a Administração Pública, pelo colendo STJ, segundo a qual "O crime de corrupção ativa é formal e instantâneo, consumando- se com a simples promessa ou oferta de vantagem indevida".

Em suma, tem-se que os elementos de convicção produzidos durante toda a persecução penal, em especial os depoimentos das testemunhas arroladas pela acusação e as circunstâncias em que ocorreram a sua prisão, constituem elementos aptos a demonstrar, de forma inequívoca, que a conduta do réu se amolda perfeitamente àquela descrita no art. 333 do CP.

Destarte, uma vez que o recorrente, visando obstar a concretização de sua condução, ofereceu, voluntariamente, aos policiais civis, vantagem indevida para que deixassem de executar ato de ofício, configurado está o crime de corrupção ativa, não merecendo guarida a pretensão recursal do apelante, impondo-se, portanto, a manutenção do édito condenatório.

Quanto à dosimetria, embora não seja objeto de irresignação, verifico que o magistrado *a quo* seguiu os ditames dos artigos 59 e 68 do CP, não havendo o que reparar.

Adequado, ainda, o regime aberto para cumprimento inicial da pena, nos termos do art. 33, § 2º, "c", do CP e a substituição da reprimenda privativa de liberdade por 2 (duas) restritiva de direitos, porquanto presentes os requisitos do art. 44 do CP.

Ante o exposto, de acordo com o parecer da douta Procuradoria Geral de Justiça, conheço do recurso e **NEGO-LHE PROVIMENTO**, mantendo a sentença condenatória em todos os seus termos.

É como voto.

Sala das Sessões da Segunda Câmara Criminal do Tribunal de Justiça do Estado do Maranhão, em São Luís, Maranhão.

Desembargador Vicente de Castro

Relator

6. Homicídio qualificado e corrupção de menores

APELAÇÃO CRIMINAL Nº 6809/2020

Sessão: 14 de dezembro de 2020

Apelante: A S N

Defensor Público: F M L

Apelado: Ministério Público Estadual

Promotor: W S M G

Incidência Penal: Art. 121, § 2.º, incisos I e IV, do Código Penal e art. 244-B do ECA (homicídio qualificado e corrupção de menores).

Órgão Julgador: Terceira Câmara Criminal

Relator: Desembargador Josemar Lopes Santos

APELAÇÃO CRIMINAL. PENAL E PROCESSUAL PENAL. HOMICÍDIO QUALIFICADO E CORRUPÇÃO DE MENORES. TRIBUNAL DO JÚRI. PRIMEIRA FASE DA DOSIMETRIA DA PENA. MANUTENÇÃO DAS CIRCUNSTÂNCIAS JUDICIAIS DA CULPABILIDADE, CONDUTA SOCIAL E CONSEQUÊNCIAS DO CRIME. SEGUNDA FASE. COMPENSAÇÃO ENTRE A AGRAVANTE DA REINCIDÊNCIA E A ATENUANTE DA CONFISSÃO. POSSIBILIDADE. PENA REDIMENSIONADA. APELO PARCIALMENTE PROVIDO.

i) A culpabilidade deve ser mantida negativa diante da exteriorização da vontade do acusado de matar a vítima além do normal, pelo fato de ter sido constatado que foi dado um tiro de execução, acertando a nuca da vítima, bem como pela ausência de arrependimento, que demonstram um maior juízo de reprovabilidade na conduta do apelante e a frieza e premeditação da prática do ilícito;

ii) A conduta social avalia o comportamento do apelante no meio social em que vive, ao passo que o motivo torpe, valorado como agravante na segunda fase da dosimetria da pena, é a razão vil, ignóbil, repugnante e abjeta da prática do delito, razão pela qual não configura *bis in idem* a conduta social ter sido negativada pelo fato do recorrente integrar organização criminosa;

iii) A consequência do crime foi considerada negativa pelo fato da vítima ter deixado órfã sua filha de três anos, o que é fundamentação idônea e diversa do tipo penal a ensejar a elevação da pena-base acima do mínimo legal;

iv) Segundo a jurisprudência consolidada do STJ, observadas as peculiaridades de cada caso, é possível, na segunda fase, a compensação da agravante da reincidência com a atenuante da confissão espontânea, por serem igualmente preponderantes, de acordo com o art. 67 do Código Penal;

m) No presente caso, o apelante confessou espontaneamente o delito e possui uma reincidência relativa à ação penal n.º 54741- 51.2011.8.10.0001, razão pela qual faz jus à compensação na segunda fase da dosimetria da pena dos dois crimes pelos quais foi condenado;

v) Apelo conhecido e parcialmente provido.

ACÓRDÃO

Vistos, relatados e discutidos estes autos, "unanimemente e de acordo com o parecer da Procuradoria Geral de Justiça, a Terceira Câmara Criminal conheceu e deu parcial provimento ao recurso, nos termos do voto do Desembargador Relator".

Participaram do julgamento os Senhores Desembargadores Josemar Lopes Santos (Relator), José de Ribamar Froz Sobrinho (Presidente) e José Joaquim Figueiredo dos Anjos.

Funcionou pela Procuradoria Geral de Justiça a Dra. Maria Luíza Ribeiro Martins.

São Luís/MA, 14 de dezembro de 2020.

Desembargador Josemar Lopes Santos

Relator

RELATÓRIO

Trata-se de recurso de apelação interposto por **A S N** contra a sentença exarada pelo Juiz Presidente da 4.ª Vara Criminal do Termo Judiciário de São Luís da Comarca da Ilha de São Luís/MA (fls. 369-373), que o condenou à pena de 29 (vinte e nove) anos, 7 (sete) meses e 7 (sete) dias de reclusão, em regime inicial fechado, em razão da prática dos crimes tipificados no art. 121, § 2º, incisos I e IV, do Código Penal e no art. 244-B do ECA (homicídio qualificado por motivo torpe e mediante recurso que impossibilitou ou tornou impossível a defesa da vítima e corrupção de menores).

Narra a inicial acusatória (fls. 0/1-0/4) que, em 19.3.2017, por volta das 15:15 horas, o apelante, na companhia do menor **H. C. dos S. C**, ceifou a vida da vítima **D T**, mediante cinco disparos de arma de fogo, quando este estava participando de um churrasco com seus familiares.

Laudo de Exame em Local de Morte Violenta às fls. 146-157, que atestou que a vítima "faleceu ao ser atingida nas regiões do corpo supracitadas, por instrumento de ação pérfuro-contundente (projéteis de arma de fogo), conforme descrito e circunstanciado no presente laudo".

A denúncia foi recebida em 20.4.2017 (fls. 133/134), o apelante foi pronunciado a fim de ser submetido a julgamento pelo Júri Popular (fls. 300-309), e, após regular instrução processual, o recorrente foi condenado pelo Tribunal do Júri à reprimenda supramencionada (Ata da Sessão do Júri às fls. 362-366).

Em suas razões (fls. 379-389), o apelante pugna pelo redimensionamento da pena-base, a fim de que seja fixada no mínimo legal, em relação aos crimes de homicídio qualificado e corrupção de menores, bem como a agravante da reincidência seja compensada com a atenuante da confissão espontânea.

O Ministério Público Estadual, em suas contrarrazões (fls. 392-401), manifestou-se pelo conhecimento e parcial provimento do presente recurso, somente a fim de que a atenuante da confissão seja compensada com a agravante da reincidência.

Nesta Instância, a Procuradoria Geral de Justiça, em parecer da lavra da Dra. Maria Luiza Ribeiro Martins (fls. 430-443), opinou pelo conhecimento e provimento parcial do apelo, "para que seja efetivada a compensação da atenuante da confissão espontânea com a agravante da reincidência, na segunda fase da dosimetria da pena do crime de homicídio, majorando-se a pena na fração de 1/6 (um sexto), em razão da subsistência da agravante do motivo torpe, com a manutenção da sentença fustigada em seus demais termos e fundamentos" (fl. 443).

É o relatório.

VOTO

Presentes os requisitos de admissibilidade do recurso, motivo pelo qual dele conheço.

O Ministério Público ofereceu denúncia em desfavor do apelante, pela prática dos delitos insertos no art. 121, § 2º, inciso I e IV, do Código Penal e no art. 244-B do ECA (homicídio qualificado e corrupção de menores), por ter, em 19.3.2017, ceifado a vida de D T, na companhia do menor H. C. dos S. C.

Após decisão de pronúncia (fls. 300-309), o Júri Popular acolheu a pretensão punitiva estatal proposta contra o recorrente, condenando- o à pena de 29 (vinte e nove) anos, 7 (sete) meses e 7 (sete) dias de reclusão, em regime inicial fechado.

Primeiramente, pugna o apelante pelo decote das circunstâncias judiciais da culpabilidade, conduta social e consequências extrapenais na primeira fase, em relação ao crime de homicídio qualificado, bem como à fixação da pena-base no mínimo legal no que concerne ao crime de corrupção de menores.

Por oportuno, transcrevo os fundamentos que levaram o magistrado sentenciante a estabelecer a pena-base acima do mínimo legal (fls. 370/371):

Esclareço que usarei o recurso que impossibilitou a defesa da vítima para qualificar o tipo penal de homicídio na primeira fase, deixando o motivo torpe para ser levado em consideração na segunda fase por ser uma das hipóteses de circunstâncias agravantes. A culpabilidade deve aumentar a pena somente do crime de homicídio pela exteriorização da vontade do acusado em matar a vítima, muito além do normal por ter, como ele mesmo declarou em plenário, que seria ele próprio a pessoa a executar a vítima, tendo passado a empreitada para o adolescente infrator, saindo ambos armados com o revólver para o local em que sabiam, previamente, que a vítima estaria. Acrescento, ainda, conforme declarações da companheira da vítima e consta no laudo de exame cadavérico de fl. 280/285, o ferimento da nuca demonstra tratar-se de tiro de execução. Além disso, o acusado não demonstra nenhum arrependimento por ter participado da morte da vítima, chegando, inclusive, a sorrir quando descreveu os detalhes do homicídio; devendo sofrer maior censura. Nada há a considerar para aumentar a pena do crime de corrupção de menores. Não considero como bons os antecedentes criminais do acusado porque a certidão de fls. 330/331 registra condenação contra ele na ação penal nº 55.270/2011 da 4ª

Vara Criminal, com trânsito em julgado ocorrido ante da data do crime em julgamento; caracterizando a reincidência; razão pela qual será levada em consideração para os dois crimes na segunda fase da dosimetria. Não considero boa a conduta social do acusado porque ele mesmo admitiu em plenário que era integrante de facção criminosa; devendo aumentar a pena dos dois crimes. Nada há a valorar sobre a personalidade do acusado porque não existem elementos suficientes à aferição dessa circunstância judicial. Como dito no início da dosimetria, a motivação do homicídio reconhecida como torpe pelos jurados será analisada na segunda fase para evitar *bis in idem*. Nada há para majorar o crime de corrupção de menores. As circunstâncias do crime de homicídio são desfavoráveis ao acusado, porque o crime foi praticado na frente da companheira e de outros familiares da vítima, bem como de crianças, como declaram as testemunhas em plenário. Acrescento, ainda, que o crime foi praticado no momento em que a vítima participava de um churrasco em família. Nada há para majorar o crime de corrupção de menores. As consequências do crime de homicídio devem aumentar a pena porque a vítima deixou órfã uma filha de três anos, como declarou na audiência a testemunha **S D T S**, companheira da vítima. Nada há para aumentar a pena do crime de corrupção de menores. O comportamento da vítima é irrelevante neste momento. Diante dessa análise, onde quatro circunstâncias judiciais são desfavoráveis ao acusado no crime de homicídio e uma circunstância no crime de corrupção de menores, fixo a pena-base em vinte e um anos de reclusão para o crime de homicídio e um ano, quatro meses e quinze dias para o crime de corrupção de menores.

Conforme se observa, foram consideradas negativas as circunstâncias judiciais da culpabilidade, conduta social, circunstâncias e consequências do crime, em relação ao crime de homicídio qualificado, bem como a circunstância da conduta social, no crime de corrupção de menores, razão pela qual passarei à análise individual de cada circunstância judicial.

É cediço que a culpabilidade como circunstância judicial é um elemento para medir o juízo de reprovação da conduta do agente. Nas palavras do doutrinador Ricardo Augusto Schmitt [*Sentença Penal Condenatória*. Salvador: Juspodivm, 2018, p. 129]:

A culpabilidade deve ser entendida como a reprovação social que o crime e o autor do fato merecem, pois se trata de um plus de reprovação da conduta do agente, que deverá contar com fundamentação concreta, idônea e individualizada, nos termos do artigo 59 do Código Penal e da norma constitucional expressa no artigo 93, inciso IX, da Constituição Federal, não bastando, para tanto, meras referências a termos genéricos como "culpabilidade intensa" ou a "exigibilidade de conduta diversa", pois se exige para sua valoração a descrição pormenorizada do elemento fático concreto que a fez se tornar merecedora de censura à elevação da pena-base.

No caso, a culpabilidade foi valorada como negativa, com esteio nos seguintes fundamentos: a) exteriorização da vontade do acusado de matar a vítima, além do normal; b) pelo fato de ter sido constatado que foi dado um tiro de execução, acertando a nuca da vítima; e, c) ausência de arrependimento.

À vista disso, mantenho a culpabilidade como negativa diante desses argumentos, que demonstram um maior juízo de reprovabilidade na conduta do apelante e a frieza e premeditação da prática do ilícito.

Ademais, em vários momentos do seu depoimento, o recorrente frisa que queria muito matar a vítima e que seria ele que a mataria, como se tal intento fosse motivo de orgulho a ele, ressaltando que somente não o fez porque o menor apareceu.

Nesse sentido, colaciono entendimento jurisprudencial do Superior Tribunal de Justiça:

> AGRAVO REGIMENTAL NO *HABEAS CORPUS*. HOMICÍDIO QUALIFICADO. DOSIMETRIA. PLURALIDADE DE QUALIFICADORAS. POSSIBILIDADE DE APLICAÇÃO COMO QUALIFICADORA, CIRCUNSTÂNCIA AGRAVANTE, DESDE QUE PREVISTA NO CP, OU CIRCUNSTÂNCIA JUDICIAL, RESIDUALMENTE. PENA-BASE. CULPABILIDADE. ANÁLISE DESFAVORÁVEL. FUNDAMENTAÇÃO ADEQUADA. CIRCUNSTÂNCIAS CONCRETAS QUE NÃO SE CONFUNDEM COM A DISSIMULAÇÃO, APLICADA COMO AGRAVANTE. BIS IN IDEM. NÃO OCORRÊNCIA. NÃO ENFRENTAMENTO DOS FUNDAMENTOS DA DECISÃO AGRAVADA. SÚMULA 182/STJ. AGRAVO NÃO CONHECIDO. (...) IV – A valoração das circunstâncias judiciais previstas no artigo 59 do CP para fixação da pena-base, é atividade que exige motivação concreta e específica a partir do conteúdo probatório coligido nos autos, conforme o modelo de livre convencimento motivado e de persuasão racional do Juiz, no âmbito de discricionariedade vinculada. V – A culpabilidade é circunstância judicial em que se analisa o grau de reprovabilidade da conduta do agente, diante dos elementos concretos da prática delitiva, quando estes excederem o tipo penal e demonstrarem maior censura do comportamento ilícito. VI – No caso, a pena-base foi majorada em razão da análise desfavorável da culpabilidade, considerando que o crime foi praticado com "características de autêntica execução, estando bem evidenciado que os acusados agiram com premeditação e frieza, o que deve ser considerado para exasperação da pena base, no que se refere ao quesito da culpabilidade" (fls. 21). Trata-se de fundamentação adequada, que indica maior grau de reprovabilidade da conduta do agente e justifica a exasperação da pena-base. Precedentes. (AgRg no HC 475.858/PE, Rel. Ministro FELIX FISCHER, QUINTA TURMA, julgado em 13/12/2018, DJe 01/02/2019) (grifei)

Ressalte-se que a deflagração de vários tipos a queima-roupa, como no caso em análise, também é justificativa idônea a ensejar a elevação da pena-base no que tange à culpabilidade, senão vejamos:

> AGRAVO REGIMENTAL EM RECURSO ESPECIAL. PENAL. HOMICÍDIO QUALIFICADO. DOSIMETRIA. PENA-BASE FIXADA ACIMA DO MÍNIMO LEGAL. VIOLAÇÃO DO ART. 59 DO CP. CIRCUNSTÂNCIAS JUDICIAIS NEGATIVADAS. CULPABILIDADE, CONDUTA SOCIAL E CONSEQUÊNCIAS DO CRIME. FUNDAMENTOS RELATIVOS AO CASO CONCRETO. IDONEIDADE CONSTATADA. 2. Quanto à culpabilidade, o ato de desferir três tiros à queima-roupa contra a vítima detona a acentuada reprovabilidade da conduta perpetrada pelo agente. 3. O Paciente agiu com extrema violência contra o ofendido, que foi agredido fisicamente e alvejado à queima-roupa por duas vezes, por ser Policial Militar. (...) Inexistindo ilegalidade patente na análise do art. 59 do Código Penal, o quantum de aumento a ser implementado na pena-base fica adstrito ao prudente arbítrio do juiz. (HC n.º 241.092/MS, Ministra Laurita Vaz, Quinta Turma, DJe 29/8/2014). 8. Agravo regimental improvido. (AgRg no REsp 1616691/TO, Rel. Ministro SEBASTIÃO REIS JÚNIOR, SEXTA TURMA, julgado em 25/10/2016, DJe 18/11/2016) (grifei)

Por sua vez, a conduta social trata do comportamento do agente no seu ambiente familiar, de trabalho e na convivência com os outros e, no caso sob análise, foi considerada negativa em relação aos dois crimes pelo fato de ser integrante de facção criminosa.

A defesa alega que houve *bis in idem*, sob o argumento de que "a relação do apelante com facção criminosa foi justamente o fundamento para reconhecimento da existência de motivo torpe pelo corpo de jurados (fls. 365), tendo servido como circunstância agravante na dosimetria da pena".

Por entender necessário, transcrevo o quesito do julgamento relativo ao motivo torpe:

4º QUESITO: O crime foi cometido por motivo torpe, decorrente da rivalidade entre facções criminosas? Resposta: SIM.

Em tal caso, entendo que não se trata de *bis in idem*, haja vista que a conduta social avalia o comportamento do apelante no meio social em que vive, ao passo que o motivo torpe, valorado como agravante na segunda fase da dosimetria da pena, é a razão vil, ignóbil, repugnante e abjeta da prática do delito.

Dessa forma, por tratarem de valorações distintas e pelo fato de ser integrante de facção criminosa é motivo idôneo a ensejar a elevação da pena-base, mantenho a referida circunstância judicial em relação aos dois crimes (homicídio qualificado e corrupção de menores).

Já em relação às consequências do crime, estes são os efeitos decorrentes da infração penal, seus resultados, em particular para a vítima, seus familiares e para a coletividade. Segundo lições de Ricardo Augusto Schmitt [*Sentença Penal Condenatória*. Salvador: Juspodivm, 2018, p. 166]:

Por isso, nessa circunstância judicial o que devemos analisar é o alarme social do fato, sua maior ou menor repercussão e seus efeitos. Porém, normalmente os tipos penais já possuem uma consequência implícita, isto é, que lhe é inerente, razão pela qual deverão ser sopesadas apenas as consequências que se projetarem para além do fato típico, sob pena de incorrermos em dupla valoração (bis in idem). A valoração das consequências do crime exigirá a comprovação de um plus que deriva do ato ilícito praticado pelo agente, não podendo ser próprio do tipo.

In casu, a consequência foi considerada negativa pelo fato da vítima ter deixado orfã sua filha de três anos, o que, ao meu sentir, é fundamentação idônea e diversa do tipo penal a ensejar a elevação da pena-base acima do mínimo legal, conforme jurisprudência abaixo colacionada:

> AGRAVO REGIMENTAL EM RECURSO ESPECIAL. PENAL. HOMICÍDIO QUALIFICADO. DOSIMETRIA. PENA-BASE FIXADA ACIMA DO MÍNIMO LEGAL. VIOLAÇÃO DO ART. 59 DO CP. CIRCUNSTÂNCIAS JUDICIAIS NEGATIVADAS. CULPABILIDADE, CONDUTA SOCIAL E CONSEQUÊNCIAS DO CRIME. FUNDAMENTOS RELATIVOS AO CASO CONCRETO. IDONEIDADE CONSTATADA.
>
> Em relação às consequências do crime, qual seja, ter deixado a vítima filhos órfãos, pode sim ser valorado de forma negativa, haja vista tal componente não ser elemento inerente ao tipo penal do homicídio. 7. As consequências do crime são especialmente mais danosas quando o homicídio enseja o desamparo de filhos menores. Precedentes. No caso, a vítima deixou 3 filhos órfãos, sendo que o menor possuía 12 anos de idade ao tempo do fato. (HC n. 290.996/RS, Ministro Reynaldo Soares da Fonseca, Quinta Turma, DJe 1º/8/2016). 8. Agravo regimental improvido. (AgRg no REsp 1616691/TO, Rel. Ministro SEBASTIÃO REIS JÚNIOR, SEXTA TURMA, julgado em 25/10/2016, DJe 18/11/2016) (grifei)

Pelo exposto, mantenho as circunstâncias judiciais da culpabilidade, conduta social, circunstâncias e consequências do crime como negativas, bem como a pena-base do crime de homicídio em 21 (vinte e um) anos de reclusão e, em relação ao crime de corrupção de menores, em 1 (um) ano, 4 (quatro) meses e 15 (quinze) dias de reclusão.

Em continuidade, o apelante requer a compensação da atenuante da confissão espontânea com a agravante da reincidência, razão pela qual, nesse ponto, transcrevo a sentença combatida (fl. 371):

Na segunda fase, reconheço em favor do acusado nos dois crimes a circunstância atenuante da confissão espontânea, prevista no art. 65, inciso III, alínea "d", do Código Penal. Por outro lado, contra ele existem as circunstâncias agravantes da reincidência e do motivo torpe nos dois crimes e somente da primeira no crime de corrupção de menores, previstas, respectivamente, no artigo 61, incisos I e II, alínea "a", do Código Penal. Por considerar, na forma prevista no artigo 67 do Código Penal, a preponderância das circunstâncias agravantes da reincidência e do motivo determinante do crime de homicídio sobre a circunstância atenuante da confissão; razão pela qual, aumento a pena do crime de homicídio em dois sextos e para o crime de corrupção de menores em um sexto.

Registre-se, de logo, que o apelante, em seu depoimento perante o Tribunal do Júri, não confessou o crime de corrupção de menores, na medida em que afirmou que "não tinha conhecimento que o seu comparsa era menor de idade", no entanto, em atenção ao princípio da *non reformatio in pejus*, mantenho a atenuante da confissão espontânea em relação ao referido crime.

Segundo a jurisprudência consolidada do Superior Tribunal de Justiça, observadas as peculiaridades de cada caso, é possível, na segunda fase, acompensação da agravante da reincidência com a atenuante da confissão espontânea, por serem igualmente preponderantes, de acordo com o art. 67 do Código Penal, conforme ementas que abaixo transcrevo:

> PENAL. *HABEAS CORPUS* SUBSTITUTIVO DE RECURSO PRÓPRIO. INADEQUAÇÃO. FURTO QUALIFICADO. DOSIMETRIA. AFASTAMENTO PELO TRIBUNAL DE ORIGEM DE UMA CIRCUNSTÂNCIA JUDICIAL DESFAVORÁVEL. PENA-BASE INALTERADA. REFORMATIO IN PEJUS. INOCORRÊNCIA. DESPROPORCIONALIDADE DO AUMENTO NA PENA-BASE. FLAGRANTE ILEGALIDADE NÃO EVIDENCIADA. DOSIMETRIA PROCEDIDA PELAS INSTÂNCIAS ORDINÁRIAS QUE SE REVELA FAVORÁVEL AO RÉU. CONFISSÃO ESPONTÂNEA. MANIFESTAÇÃO DO RÉU SOPESADA NA FORMAÇÃO DO JUÍZO CONDENATÓRIO. INCIDÊNCIA DA SÚMULA 545/STJ. COMPENSAÇÃO INTEGRAL ENTRE A CONFISSÃO ESPONTÂNEA E A REINCIDÊNCIA. POSSIBILIDADE. ILEGALIDADE CONSTATADA. REGIME PRISIONAL FECHADO DEVIDAMENTE JUSTIFICADO. PENA INFERIOR A 4 ANOS DE RECLUSÃO. REINCIDÊNCIA. CIRCUNSTÂNCIAS JUDICIAIS DESFAVORÁVEIS. *WRIT* NÃO CONHECIDO. ORDEM CONCEDIDA DE OFÍCIO. (?) **6. A Terceira Seção, no julgamento do Recurso Especial Representativo de Controvérsia 1.341.370/MT, firmou o entendimento de que, aferidas as especificidades do caso concreto, "é possível, na segunda fase da dosimetria da pena, a compensação da atenuante da confissão espontânea com a agravante da reincidência".** (?) 8. Writ não conhecido. Ordem concedida, de ofício, a fim de reduzir a pena imposta ao paciente para 2 anos e 6 meses de reclusão, mantido o regime prisional fechado. (HC

> 598.647/SP, Rel. Ministro RIBEIRO DANTAS, QUINTA TURMA, julgado em 22/09/2020, DJe 30/09/2020) (grifei)
>
> AGRAVO REGIMENTAL NO RECURSO ESPECIAL. TRÁFICO DE DROGAS E ASSOCIAÇÃO PARA O TRÁFICO. DOSIMETRIA. COMPENSAÇÃO AGRAVANTE DA REINCIDÊNCIA E ATENUANTE CONFISSÃO ESPONTÂNEA. RÉU MULTIRREINCIDENTE. COMPENSAÇÃO PARCIAL. RECONHECIMENTO DA CONFISSÃO ESPONTÂNEA NO CRIME DE ASSOCIAÇÃO PARA O TRÁFICO. IMPOSSIBILIDADE. AUSÊNCIA DE RECONHECIMENTO DA PRÁTICA DO DELITO DO ART. 35 DA LEI DE DROGAS. DECISÃO MANTIDA. AGRAVO IMPROVIDO. **1. A jurisprudência desta Corte, no julgamento do EREsp n. 1.154.752/RS, apreciado sob o rito dos recursos repetitivos, em 23/5/2012, pacificou o entendimento de que a agravante da reincidência deve ser compensada com a atenuante da confissão espontânea, porquanto ambas envolvem a personalidade do agente, sendo, por consequência, igualmente preponderantes.** (...) 4. Agravo regimental improvido. (AgRg no REsp 1870086/SP, Rel. Ministro NEFI CORDEIRO, SEXTA TURMA, julgado em 15/09/2020, DJe 23/09/2020) (grifei).

Esta Corte de Justiça possui o mesmo entendimento, pacificado entre as suas Câmaras Criminais:

> APELAÇÃO CRIMINAL. ROUBO CIRCUNSTANCIADO PELO EMPREGO DE ARMA e CONCURSO DE AGENTES. ART. 157, § 2º, I E II DO CP (REDAÇÃO ANTERIOR). DOSIMETRIA DA PENA. COMPENSAÇÃO DA ATENUANTE DA CONFISSÃO ESPONTÂNEA COM A AGRAVANTE DA REINCIDÊNCIA. CIRCUNSTÂNCIAS PREPONDERANTES. STF. AUSÊNCIA DE REPERCUSSÃO GERAL. APLICAÇÃO DOS PRECEDENTES DO STJ. PENA REDIMENSIONADA. APELO PROVIDO. **I. O Supremo Tribunal Federal, pelo seu Plenário Virtual, ao julgar o RE 983.765, interposto contra acórdão do Superior Tribunal de Justiça, afastou a existência de repercussão geral na controvérsia relativa à possibilidade, ou não, de compensação da agravante da reincidência com a atenuante da confissão espontânea. Assim, deve prevalecer o entendimento do STJ, guardião da legislação infraconstitucional, que, ao interpretar o artigo 67 do Código Penal, tem jurisprudência consolidada, inclusive em sede de julgamento de recurso repetitivo, no sentido de que a atenuante da confissão espontânea, por envolver a personalidade do agente, também é circunstância preponderante, devendo ser compensada com a agravante da reincidência.** II. Recurso provido, para reduzir as sanções impostas contra o réu ao patamar de 5 (cinco) anos, 04 (quatro) meses de reclusão e 13 (treze) dias-multa. (ApCrim 0056322020, Rel. Desembargador(a) VICENTE DE PAULA GOMES DE CASTRO, SEGUNDA CÂMARA CRIMINAL, julgado em 17/09/2020, DJe 24/09/2020) (grifei)

> PENAL. PROCESSO PENAL. APELAÇÃO CRIMINAL. FURTO SIMPLES (ART. 155, *CAPUT*, DO CÓDIGO PENAL). AGRAVANTE DA REINCIDÊNCIA E A ATENUANTE DA CONFISSÃO ESPONTÂNEA. POSSIBILIDADE. CIRCUNSTÂNCIAS LEGAIS QUE SE AFIGURAM IGUALMENTE PREPONDERANTES, NOS TERMOS DO ART. 67 DO CÓDIGO PENAL, INCLUSIVE ESTANDO A MATÉRIA PACIFICADA NO ÂMBITO DO SUPERIOR TRIBUNAL DE JUSTIÇA, CONFORME JULGAMENTO DO RESP 1341370/MT, SOB O RITO DOS RECURSOS REPETITIVOS. REDIMENSIONAMENTO QUE SE IMPÕE. RECURSO DE APELAÇÃO CONHECIDO E PROVIDO. **1) A circunstância atenuante da confissão espontânea e a circunstância agravante da reincidência são igualmente preponderantes, nos termos do art. 67 do Código Penal. Além disso, o Superior Tribunal de Justiça, no julgamento do REsp 1341370/MT, sob o rito dos recursos repetitivos, firmou a tese de que "é possível, na segunda fase da dosimetria da pena, a compensação da atenuante da confissão espontânea com a agravante da reincidência".** 2) Nesse contexto, tendo em vista que incidem no presente caso a circunstância atenuante da confissão espontânea e a circunstância agravante da reincidência, e que o apelante não consta ser multireincidente, deve ser efetivada a compensação das referidas circunstâncias legais, redimensionado, por consequência, a pena do recorrente na segunda fase da dosimetria. 3) Apelação Criminal conhecida e provida em parte. (ApCrim 0397482019, Rel. Desembargador(a) TYRONE JOSÉ SILVA, TERCEIRA CÂMARA CRIMINAL, julgado em 22/06/2020, DJe 15/07/2020) (grifei)
>
> APELAÇÃO. ROUBO SIMPLES. RECONHECIMENTO DA ATENUANTE DA CONFISSÃO. COMPENSAÇÃO COM A REINCIDÊNCIA. RECURSO A QUE SE CONHECE E DÁ PROVIMENTO. 1. Se existem provas suficientes, no processo, de que o acusado cometeu o delito do art. 157, *caput*, do Código Penal, a condenação é uma medida impositiva, tal como efetivado na sentença. 2. Impõe-se o reconhecimento da atenuante da confissão espontânea, em virtude de o acusado tê-la realizado em juízo. **3. Nos termos da jurisprudência do Superior Tribunal de Justiça, cabível a compensação da atenuante da confissão com a agravante da reincidência (REsp nº 1.341.370/MT, 3ª Seção).** 4. Recurso conhecido e provido, nos termos do parecer, diminuindo a pena final do apelante para o patamar de 05 (cinco) anos e 06 (seis) meses de reclusão em regime inicial fechado, além de 25 (vinte e cinco) dias-multa, à proporção de 1/30 (um trinta avos) do salário mínimo vigente à época do crime. (ApCrim 0063172019, Rel. Desembargador(a) JOÃO SANTANA SOUSA, PRIMEIRA CÂMARA CRIMINAL, julgado em 17/12/2019, DJe 07/01/2020) (grifei)

No presente caso, o apelante confessou espontaneamente o delito e possui uma reincidência relativa à ação penal n.º 54741-51.2011.8.10.0001 (fls. 330/331), razão pela qual faz jus à compensação na segunda fase da dosimetria da pena dos dois crimes pelos quais foi condenado (homicídio qualificado e corrupção de menores).

Ressalte-se que, no crime de homicídio qualificado, incide mais uma agravante relacionada ao motivo torpe, razão pela qual agravo a pena em 1/6 (um sexto) e estabeleço a pena intermediária em 24 (vinte e quatro) anos e 6 (seis) meses de reclusão. Em se tratando do crime de corrupção de menores, mantenho a pena fixada na fase anterior, qual seja, 1 (um) ano, 4 (quatro) meses e 15 (quinze) dias de reclusão.

Ausentes causas de aumento e diminuição da pena, fixo em definitivo a pena do crime de homicídio qualificado em 24 (vinte e quatro) anos e 6 (seis) meses de reclusão, bem como a pena do delito de corrupção de menores em 1 (um) ano, 4 (quatro) meses e 15 (quinze) dias de reclusão. Em razão do concurso material (art. 69 do CP), estabeleço a pena definitiva do recorrente em 25 (vinte e cinco) anos, 10 (dez) meses e 15 (quinze) dias de reclusão, em regime inicial fechado.

Em face do exposto, e de acordo com o parecer da Procuradoria Geral de Justiça, **CONHEÇO** e **DOU PARCIAL PROVIMENTO** à apelação, a fim de estabelecer a pena do recorrente em 25 (vinte e cinco) anos, 10 (dez) meses e 15 (quinze) dias de reclusão, em regime inicial fechado.

É como voto.

Sala das Sessões da Terceira Câmara Criminal do Tribunal de Justiça do Estado do Maranhão, em São Luís/MA, 14 de dezembro de 2020.

Desembargador Josemar Lopes Santos

Relator

REFERÊNCIAS

AGUIAR JÚNIOR, Ruy Rosado de. *Aplicação da pena*. 5. ed. Porto Alegre: Livraria do Advogado, 2013.

ALBERGARIA, Jason. *Criminologia*: teórica e prática. Rio de Janeiro: Aide, 1998.

ALENCAR, Rosmar Rodrigues. *Teoria da nulidade no processo penal*. 2. ed. rev., atual. e ampl. São Paulo: Noeses, 2022.

ALMEIDA, José Eulálio Figueiredo de. *O crime da Baronesa*. 4. ed. rev., atual. e ampl. São Luís: Editora Ponto a Ponto Gráfica Digital, 2018.

ALMEIDA, José Eulálio Figueiredo de. *O crime do Desembargador Pontes Visgueiro*. São Luís: Editora Ponto a Ponto Gráfica Digital, 2018.

ALMEIDA, José Eulálio Figueiredo de. *O processo das formigas*. 2. ed. rev., atual. e ampl. São Luís: 360º Gráfica e Editora, 2014.

ALMEIDA, José Eulálio Figueiredo de. *Suspensão do processo e da prescrição penal*. Belo Horizonte: Del Rey, 1998.

ASSIS, Jorge Cesar de. *Comentários ao Código Penal Militar*. 10. ed. Curitiba: Juruá, 2018.

AZEVEDO, David Teixeira de. *Dosimetria da pena*. São Paulo: Malheiros, 1998.

BACIGALUPO, Enrico. *Manual de derecho penal*. Bogotá: Temis, 1994.

BADARÓ, Gustavo Henrique. *Código de Processo Penal comentado*. Coordenação Antonio Magalhães Gomes Filho, Alberto Zacharias Toron e Gustavo Henrique Badaró. 4. ed. rev., atual. e ampl. São Paulo: Thomson Reuters Brasil, 2021.

BADARÓ, Gustavo Henrique. *Manual dos recursos penais*. 5. ed. rev. atual. e ampl. São Paulo: Thomson Reuters Brasil, 2022.

BADARÓ, Gustavo Henrique. *Processo penal*. 9. ed. rev., atual. e ampl. São Paulo: Thomson Reuters Brasil, 2021.

BAÑOS, Javier Ignacio; BUJÁN, Fernando. *Garantías constitucionales en el proceso penal*. Buenos Aires: Editora Lajouane, 2009.

BATISTA, Weber Martins. *Direito penal e direito processual penal*. 2. ed. Rio de Janeiro: Forense, 1996.

BECHARA, Ana Elisa Liberatore Silva. *Valor, norma e injusto penal*: considerações sobre os elementos normativos do tipo objetivo no direito penal contemporâneo. Belo Horizonte: Editora D'Plácido, 2018 (Coleção Ciência Criminal, coord. Cláudio Brandão, v. 10).

BETTIOL, Giuseppe. *Direito penal.* São Paulo: Ed. RT, 1971. v. II.

BIANCHINI, Alice. Aspectos subjetivos da sentença penal. *Revista Brasileira de Ciências Criminais*, São Paulo: Ed. RT, ano 6, v. 22, n. 22, abr./jun. 1998.

BÍBLIA CATÓLICA. Livros do Gênesis e dos Atos dos Apóstolos. São Paulo: Edições Paulinas, 1996.

BITTENCOURT, Edgard de Moura. *O juiz.* 3. ed. Campinas: Millennium, 2002.

BOKSER, Mirta F. *Seres humanos – personas – (su) personalidad jurídica (viceversa y recíprocamente).* Buenos Aires: Editora Colihue, 2009.

BOLDT, Raphael. A dignidade da pessoa humana e as provas no processo penal. *Jus Navigandi*, Teresina, ano 11, n. 1033, 30 abr. 2006. Disponível em: http://jus.com.br/revista/texto/8323. Acesso em: 8 maio 2011.

BONFIM, Edilson Mougenot. *Curso de processo penal.* 9. ed. São Paulo: Saraiva, 2014.

BRUNO, Aníbal. *Crimes contra a pessoa.* 5. ed. Rio de Janeiro: Editora Rio, 1979.

BRUNO, Aníbal. *Direito penal.* 4. ed. São Paulo: Forense, 1978. t. III.

BRUNO, Aníbal. *Perigosidade criminal e medidas de segurança.* Rio de Janeiro: Editora Rio, 1977.

CALAMANDREI, Piero. *Eles, os juízes, vistos por um advogado.* São Paulo: Martins Fontes, 1995.

CALHAU, Lélio Braga. Vítima, Justiça Criminal e cidadania. *Revista Brasileira de Ciências Criminais*, São Paulo: Ed. RT, v. 31, 2000.

CAMBI, Eduardo. Dever de fundamentação das decisões judiciais (exegese do artigo 489, § 1.º, do Código de Processo Civil de 2015). *Revista Eletrônica de Direito Processual – REDP*, Rio de Janeiro, ano 13, v. 20, n. 2, maio-ago. 2019.

CAMÕES, Luís Vaz de. *Obras completas.* Lello & Irmão Editores, 1970.

CANOTILHO, José Joaquim Gomes. *Direito constitucional e teoria da Constituição.* Coimbra: Livraria Almedina, 1997.

CAPEZ, Fernando. *Curso de processo penal.* 25. ed. São Paulo: Saraiva Educação, 2018.

CARNELUTTI, Francesco. *El problema de la pena.* Buenos Aires: EJEA, 1956.

CONSTITUCIÓN de la Nación Argentina (2002). 4. reimpr. Buenos Aires: Ediciones del País, 2011.

CONSTITUIÇÃO da República Federativa do Brasil (1988). São Paulo: Saraiva, 2010.

CORVALÁN, Victor Ramón. *Derecho procesal penal*: análisis crítico del proceso penal. Rosario: Nova Tesis Editorial Jurídica, 2010.

COSTA, Álvaro Mayrink da. *Direito penal*: Parte Geral. 3. ed. Rio de Janeiro: Forense, 1991. v. I. t. II.

COSTA JÚNIOR, Paulo José da. *Direito penal objetivo.* Rio de Janeiro: Forense Universitária, 1989.

COULANGES, Fustel de. *A Cidade Antiga.* 4. ed. São Paulo: Martins Fontes, 1998.

COUTINHO, Jacinto. O papel do novo juiz no processo penal. In: *A crítica à teoria geral do direito processual penal.* Rio de Janeiro: Renovar, 2001.

DANTAS, Ivo. *Instituições de direito constitucional brasileiro*. 2. ed. Curitiba: Juruá, 2001.

DAUFEMBACK, Valdirene. *Psicologia e direito*: o uso dos conceitos psicológicos no direito penal. Belo Horizonte: Editora D'Plácido, 2017.

DELMANTO, Celso *et al*. *Código Penal comentado*. 8. ed. São Paulo: Saraiva, 2010.

DESIMONI, Luis María. *El derecho a la dignidad humana*. Buenos Aires: Depalma, 1999.

DESIMONI, Luis María. *Los derechos y la guerra contra el terror*. Buenos Aires: Depalma, 2009.

DIAS, Jorge de Figueiredo. *Direito penal português*: as consequências jurídicas do crime. [*S. l.*]: Aequitas, Editora Nacional, 1993.

DIDIER Jr., Fredie. *Curso de direito processual civil*: introdução ao direito processual civil, parte geral e processo de conhecimento. 17. ed. Salvador: Juspodivm, 2015. v. 1.

DIGESTO. Livro 50, Título XVII, fragmento 202.

DINAMARCO, Cândido Rangel. *Instituições de direito processual civil*. São Paulo: Malheiros, 2001. v. III.

DIP, Ricardo. *Segurança jurídica & crise do mundo pós-moderno*. 3. ed. São Luís, 2019.

D'OLBACH, Baron. *Sistema de la naturaleza*. Madrid: Editora Nacional, 1982.

DONIZETTI, Elpídio. *Princípio da cooperação (ou da colaboração)*: arts. 5.º e 10 do projeto do novo CPC. [S. d.] Disponível em: http://elpidiodonizetti.jusbrasil.com.br/artigos/121940196/principio-da-cooperacao-ou-da-colaboracao-arts-5-e-10-do-projeto-do-novo-cpc.

DOTTI, René Ariel. *Curso de direito penal*: Parte Geral. 4. ed. São Paulo: Ed. RT, 2012.

ESPÍNOLA FILHO. *Código de Processo Penal Brasileiro anotado*. Campinas: Bookseller, 2000. v. IV.

FADEL, Sérgio Sahione. *Código de Processo Civil comentado*. 4. ed. Rio de Janeiro: Forense, 1982. v. 2.

FAVORETTO, Affonso Celso. *Princípios constitucionais penais*. São Paulo: Ed., RT, 2012.

FERRAJOLI, Luigi. *Direito e razão*: teoria do garantismo penal. São Paulo: Ed. RT, 2002.

FERREIRA, Aurélio Buarque de Holanda. *Novo dicionário Aurélio da língua portuguesa*. 2. ed. 26. impr. Rio de Janeiro: Nova Fronteira, 1986.

FERREIRA, Gilberto. *Aplicação da pena*. 1. ed. 4. tir. Rio de Janeiro: Forense, 2000.

FERRER BELTRÁN, Jordi. Uma concepção minimalista e garantista da presunção de inocência. *Revista Brasileira de Direito Processual Penal*, Porto Alegre, v. 4, n. 1, p. 158-175, jan.-abr. 2018.

FERRI, Enrico. *Princípios de direito criminal*. 2. ed. Campinas: Bookseller, 1999.

FIORETTI, Julio. *Sobre a legitima defeza*: estudo de criminologia. Traducção de Octavio Mendes. 4. ed. Lisboa: Livraria Classica Editora, 1925.

FLEMING, Abel; VIÑALS, Pablo López. *Garantías del imputado*. Santa Fé: Rubinzal-Culzoni, 2008.

FONSECA, Reynaldo Soares da. *O princípio constitucional da fraternidade*: seu resgate no sistema de justiça. Belo Horizonte: Editora D'Plácido, 2019.

FOUCAULT, Michel. *A ordem do discurso*. 12. ed. São Paulo: Edições Loyola, 2005.

FOUCAULT, Michel. *Vigiar e punir*: nascimento da prisão. Petrópolis: Vozes, 1987.

FRAGOSO, Heleno Cláudio. *Lições de direito penal*: a nova Parte Geral. 9. ed. Rio de Janeiro: Forense, 1985.

FRANCO, Alberto Silva. *Crimes hediondos*. 4. ed. São Paulo: Ed. RT, 2000.

FRANCO, Alberto Silva. *Leis especiais e sua interpretação jurisprudencial*. São Paulo: Ed. RT, 2000.

FRANCO, Alberto Silva *et al*. *Código Penal e sua interpretação jurisprudencial*. 5. ed. 2. tir. São Paulo: Ed. RT, 1995. t. I.

GIORDANI, Mário Curtis. *Direito penal romano*. 2. ed. Rio de Janeiro: Forense, 1987.

GOLDSCHMIDT, Werner. *Introducción filosófica al derecho*. 4. ed. Buenos Aires: Depalma, 1973.

GOMES, Enéias Xavier. *Dolo sem vontade psicológica*: perspectivas de aplicação no Brasil. Belo Horizonte: Editora D'Plácido, 2017.

GOMES, Luiz Flávio. *Estudos de direito penal e processual penal*. São Paulo: Ed. RT, 1998.

GOMES, Luiz Flávio. *Norma e bem jurídico no direito penal*. São Paulo: Ed. RT, 2002 (Série As Ciências Criminais no Século XXI, v. 5).

GOMES, Luiz Flávio. *Penas e medidas alternativas à prisão*. São Paulo: Ed. RT, 1999.

GOMPERZ, Theodor. *Os pensadores da Grécia*: história da filosofia antiga. 3. ed. São Paulo: Ícone, 2014. t. III.

GRECO FILHO, Vicente. *Manual do processo penal*. São Paulo: Saraiva, 1991.

HERRENDORF, Daniel. *Los derechos humanos ante la justicia*. Buenos Aires: Abeledo-Perrot, 1997.

HOUAISS/KOOGAN. *Enciclopédia e dicionário ilustrado*. Rio de Janeiro: Ed. Delta, 2000.

HUNGRIA, Nelson. *Comentários ao Código Penal*. 2. ed. rev. e atual. Rio de Janeiro: Revista Forense, 1953.

IPIÑA, Antonio Beristain. Hoy y mañana: de la política criminal protectora y promotora de los valores humanos (la paz desde la victimología). *Direito Criminal*, Belo Horizonte: Del Rey, v. 5.

JAUCHEN, Eduardo M. *Derechos del imputado*. 1. ed. 1. reimpr. Santa Fé: Rubinzal Culzoni, 2007.

JESCHECK, Hans-Heinrich. *Tratado de derecho penal*: Parte General. Granada: Editorial Comares, 1993.

JESUS, Damásio Evangelista de. *Código Penal anotado*. 7. ed. São Paulo: Saraiva, 1997.

JESUS, Damásio Evangelista de. *Imputação objetiva*. São Paulo: Saraiva, 2000.

KAFKA, Franz. *O processo*. 3. ed. São Paulo: Martin Claret, 2010.

LACAMBRA, Luis Legaz y. *El derecho y el amor*. Barcelona: Casa Editorial S/A, Urgel, 31 bis.

LEAL, Antonio Luís da Câmara. *Comentários ao Código de Processo Penal Brasileiro*. Rio de Janeiro: Freitas Bastos, 1942. v. III.

LEANDRO, Eulálio de Oliveira. *Por trás da toga*. [*S. l.*]: Editora Ética, 2000.

LIEBMAN, Enrico Tullio. *Eficácia e autoridade da sentença e outros escritos sobre a coisa julgada*. 3. ed. Rio de Janeiro: Forense, 1984.

LOPES, Luciano Santos. *Injusto penal*: a relação entre o tipo e a ilicitude. 2. ed. Belo Horizonte: Editora D'Plácido, 2017.

LOPES, Maurício Antonio Ribeiro. O reconhecimento antecipado da prescrição. O interesse de agir no processo penal e o Ministério Público. *Revista Brasileira de Ciências Criminais*, São Paulo: Ed. RT, v. 3, 1993.

LOPES, Maurício Antonio Ribeiro *et al. Comentários à Lei dos Juizados Especiais Cíveis e Criminais*. Rio de Janeiro: Forense, 1995.

LOPES JR., Aury. *Direito processual penal*. 13. ed. São Paulo: Saraiva, 2016.

LOPES JR., Aury. *Fundamentos do processo penal*: introdução crítica. 4. ed. São Paulo: Saraiva Educação, 2018.

LOPES JR., Aury. *Prisões cautelares*. 4. ed. São Paulo: Saraiva, 2013.

LOPES JR., Aury. *Sistema de investigação preliminar no processo penal*. Rio de Janeiro: Lumen Juris, 2006.

LUCIO, Rafael Zottis. Standards *de prova e dúvida razoável no processo penal*. Porto Alegre: Livraria do Advogado, 2022.

LUNA, Nevita Maria Pessoa de Aquino Franca. *Por uma erótica do direito*: contradições, diálogos e perspectivas entre direito e emoção. Belo Horizonte: Arraes Editores, 2019.

LYRA, Roberto. *Como julgar, como defender, como acusar*. Rio de Janeiro: José Konfino Editor, 1975.

LYRA, Roberto. *Guia do ensino e do estudo do direito penal*. Rio de Janeiro: Revista Forense, 1956.

MACHADO, Clara. *O princípio jurídico da fraternidade*: um instrumento para proteção de direitos fundamentais transindividuais. Rio de Janeiro: Lumen Juris, 2017.

MAIHOFER, Werner. *Estado de Derecho y dignidad humana*. Tradução Augustin Narducci e José Luis Guzmán. Buenos Aires: Euro Editores, 2008.

MALJAR, Daniel E. *El proceso penal y las garantías constitucionales*. Buenos Aires: Editora Ad-Hoc, 2006.

MARINONI, Luís Guilherme; ARENHART, Sérgio Cruz. *Prova e convicção*. 3. ed. São Paulo: Ed. RT, 2015.

MAURACH, Reinhart. *Tratado de derecho penal*. Tradução Juan Córdoba Roda. Barcelona: Ediciones Ariel, 1962. v. II.

MARQUES, José Frederico. *Elementos de direito processual penal*. Campinas: Bookseller, 1997. v. I a III.

MARQUES, José Frederico. *Tratado de direito penal*. São Paulo: Millennium, 1999. v. IV.

MESSUTI, Ana. Derecho penal y derechos humanos: los círculos hermenéuticos de la pena. *Revista Brasileira de Ciências Criminais*, RT, v. 28, 1999.

MIRABETE, Júlio Fabbrini. *Código Penal interpretado*. São Paulo: Atlas, 1999.

MOLINA, Antonio García-Pablos de. *Criminologia*. 2. ed.. São Paulo: Ed. RT, 1977.

MOMMSEN, Teodoro. *Derecho penal romano*. 2. ed. Santa Fé de Bogotá: Temis, 1999.

MONTELLO, Josué. *Os tambores de São Luís*. [*S. l.*]: Editora Nova Aguilar, 1996.

MORAIS, Evaristo de. *O Caso Pontes Visgueiro*. Rio de Janeiro: Ariel Editora, 1934.

MOTA, Antonia Silva *et al*. *Cripto Maranhenses e seus legados*. São Paulo: Siciliano, 2001.

MOTTA, Candido. *Classificação de criminosos:* introdução ao estudo do direito penal. São Paulo: Estar Graphico, 1924.

NEUMAN, Elías. *Mediación y conciliación penal*. Buenos Aires: Depalma, 1997.

NORDENSTAHL, Ulf Christian Eiras. *¿Dónde está la víctima?* Apuntes sobre victimología. Buenos Aires: Librería Histórica, 2008.

NORES, José I. Cafferata. *Proceso penal y derechos humanos*. 2. ed. Ciudad Autónoma de Buenos Aires: Del Puerto, 2011.

NORONHA, Magalhães. *Direito penal*. 17. ed. São Paulo: Saraiva, 1979. v. 1.

NUCCI, Guilherme de Souza. *Código de Processo Penal comentado*. 15. ed. Rio de Janeiro: Forense, 2016.

NUCCI, Guilherme de Souza. *Individualização da pena*. 3. ed. rev., atual. e ampl. São Paulo: Ed. RT, 2009.

NUCCI, Guilherme de Souza. *Princípios constitucionais penais e processuais penais*. 2. ed. São Paulo: Ed. RT, 2012.

NUCCI, Guilherme de Souza. *Tribunal do júri*. 9. ed. Rio de Janeiro: Forense, 2022.

OEHLER, Dietrich. La función del Poder Judicial en el Estado Democrático. *In: Problemas actuales de las ciencias penales y la filosofía del derecho* [em homenagem ao Professor Luis Gimenez de Asúa]. Buenos aires: Ed. Pannedille, 1970.

OLIVEIRA, Edmundo. *Deontologia, erro médico e direito penal*. Rio de Janeiro: Forense, 1998.

OLIVEIRA, Edmundo. *Vitimologia e direito penal*. 2. ed. Rio de Janeiro: Forense, 2021.

OLIVEIRA, Eugenio Pacelli de. *Curso de processo penal*. 4. ed. Belo Horizonte: Del Rey, 2005.

ONODERA, Marcus Vinicius Kiyoshi. *Gerenciamento do processo e o acesso à justiça*. Belo Horizonte: Del Rey, 2017.

PAGLIARO, Antonio. *Principi di diritto penale*: Parte Generale. 5. ed. Milano: Giuffrè, 1996.

PEDROSO, Fernando de Almeida. *Direito penal*. 2. ed. Rio de Janeiro: Leud.

PERELMAN, Chaïm. *Ética e direito*. 1. ed. 2. tir. São Paulo: Martins Fontes, 1999.

PORTO, Hermínio Marques. *Júri*. 1984.

POZZER, Benedito Roberto Garcia. *Correlação entre acusação e sentença no processo penal brasileiro*. São Paulo: IBCCrim, 2001.

PULIDO, Carlos Bernal. *Constituciones sin constitucionalismo y la desproporción de la proporcionalidad*: dos aspectos de la encrucijada de los derechos fundamentales en el neoconstitucionalismo. Disponível em: https://www.unioviedo.es/constitucional/fundamentos/noveno/pdfs/03_carlosbernal.pdf.

RANGEL, Paulo. *Tribunal do júri*: visão linguística, histórica, social e jurídica. 6. ed. Rio de Janeiro: Atlas, 2018.

REALE, Miguel. *Lições preliminares de direito*. São Paulo: Saraiva, 27. ed. 2002. 10.ª tir., 2011.

REALE, Miguel. *Filosofia do direito*. 19. ed. 2. tir. São Paulo: Saraiva, 2000.

RIGAUX, François. *A lei dos juízes*. São Paulo: Martins Fontes, 2000.

RIQUERT, Marcelo Alfredo; JIMENEZ, Eduardo Pablo. *Teoría de la pena y derechos humanos*: nuevas relaciones a partir de la reforma constitucional. Buenos Aires: Ediar, 1998.

ROSA, Antônio José Miguel Feu. *Direito penal:* Parte Geral. 1. ed. 2. tir. São Paulo: Ed. RT, 1995. v. I.

ROSA, Inocêncio Borges da. *Comentários ao Código do Processo Penal*. 3. ed. São Paulo: Ed. RT, 1982.

ROSS, Alf. *Direito e justiça*. São Paulo: Edipro, 2000.

SÁ, Augusto Alvino de. *Criminologia clínica e execução penal*: proposta de um modelo de terceira geração. 1São Paulo: Ed. RT, 2011.

SANTOS, Ernani Fidélis dos. *Comentários ao Código de Processo Civil*. Rio de Janeiro: Forense, 1980. t. I.

SANTOS, Juarez Cirino dos. *Direito penal:* Parte Geral. 10. ed. São Paulo: Tirant Brasil, 2022.

SANTOS, Moacyr Amaral. *Comentários ao Código de Processo Civil*. 6. ed. Rio de Janeiro: Forense, 1994. v. 4.

SANTOS, Moacyr Amaral. *Prova judiciária no cível e comercial*. São Paulo: 5. ed. Saraiva, 1983. v. I.

SCHIAVI, Aldino. *Infância e criminalidade*: ensaio sobre a irreductibilidade dualística na personalidade humana. São Paulo: Irmãos Ferraz, 1926.

SHECAIRA, Sérgio Salomão. Circunstâncias do crime. *Revista Brasileira de Ciências Criminais*, São Paulo: Ed. RT, ano 6, v. 23, n.º 22. jul./set. 1998.

SILVA, De Plácido e. *Vocabulário jurídico*. Rio de Janeiro: Forense, 1989. v. III e IV.

SILVA, José Afonso da. *Aplicabilidade das normas constitucionais*. São Paulo: Malheiros, 2000.

SILVA, José Afonso da. *Curso de direito constitucional*. 5. ed. São Paulo: Ed. RT, 1989.

SILVA, Ovídio Baptista da. *Curso de processo civil*. 4. ed. São Paulo: Ed. RT, 1998. v. 1.

SILVA, Willian. *Direito processual penal ao vivo*. Belo Horizonte: Del Rey, 1998.

SOIBELMAN, Leib. *Enciclopédia do advogado*. 5. ed. rev. e ampl. de acordo com a Constituição em vigor. Rio de Janero: Thex Editora; Biblioteca Estácio de Sá, 1994.

SOLER, Sebastian. *Derecho penal argentino*: Parte Especial. Buenos Aires: Tipografía Editora Argentina, 1951. t. III.

SOUZA, Regina Cirino Alves Ferreira de. *Crimes de ódio*: racismo, feminicídio e homofobia. Belo Horizonte: Editora D'Plácido, 2018.

SPROVIERO, Juan H. *La víctima del delito y sus derechos*. Buenos Aires: Depalma, 1998.

TÁVORA, Nestor; ALENCAR, Rosmar Rodrigues. *Curso de direito processual penal*. 9. ed. Salvador: Juspodivm.

TOLEDO, Assis. *Princípios básicos de direito penal*. 4. ed. São Paulo: Saraiva.ÁVILA, Humberto. *Teoria dos princípios*: da definição à aplicação dos princípios jurídicos. 15. ed. rev., atual. e ampl. São Paulo: Malheiros, 2014

TORNAGHI, Hélio. *Curso de processo penal*. 6. ed. São Paulo: Saraiva, 1989. v. 2.

TORRINHA, Francisco. *Dicionário latino-português*. Porto: Gráficos Reunidos, 1942.

TOURINHO FILHO, Fernando da Costa. *Código de Processo Penal comentado*. 3. ed. São Paulo: Saraiva, 1998. v. 2.

TOURINHO FILHO, Fernando da Costa. *Comentários à Lei dos Juizados Especiais Criminais*. São Paulo: Saraiva, 2000.

TOURINHO FILHO, Fernando da Costa. *Manual de processo penal*. São Paulo: Saraiva, 2001.

TOURINHO FILHO, Fernando da Costa. *Processo penal*. 11. ed. São Paulo: Saraiva, 1989. v. III e IV.

TRAVIESO, Juan Antonio. *Los derechos humanos en la Constitución de la República Argentina*. 2. ed. Buenos Aires: Eudeba, 2000.

TUBENCHLAK. James. *Teoria do crime*: o estudo do crime através de suas divisões. 2. ed. Rio de Janeiro: Forense, 1980.

TUBENCHLAK. James. *Tribunal do Júri*: contradições e soluções. 4. ed. rev. e ampl. de acordo com a Constituição de 1988. São Paulo: Saraiva, 1994.

VECCHI, Diego Dei. Estándares de suficiencia probatoria, moralidad política y costos de error: el núcleo inconsistente de la epistemología jurídica de Larry Laudan. *Doxa - Cuadernos de Filosofía del Derecho*, v. 43, p. 397-426. Disponível em: https://doi.org/10.14198/DOXA2020.43.15.

WAMBIER, Luiz Rodrigues; SANTOS, Evaristo Aragão. *Os poderes do juiz e o controle das decisões judiciais*. São Paulo: Ed. RT, 2008.

ZAFFARONI, Eugenio Raúl. *En busca de las penas perdidas*. 2. ed. Colombia: Temis, 1990.

ZAFFARONI, Eugenio Raúl. *La palabra de los muertos*: conferencias de criminologia cautelar. Buenos Aires: Ediar, 2011.

ZAFFARONI, Eugenio Raúl. *Tratado del derecho penal*: Parte Geral. Buenos Aires: Ediar, 1987. v. I.

ANEXOS

LEGISLAÇÃO PERTINENTE SOBRE A APLICAÇÃO DA PENA

CÓDIGO PENAL

CAPÍTULO III
DA APLICAÇÃO DA PENA

Fixação da pena

Art. 59. O juiz, atendendo à culpabilidade, aos antecedentes, à conduta social, à personalidade do agente, aos motivos, às circunstâncias e consequências do crime, bem como ao comportamento da vítima, estabelecerá, conforme seja necessário e suficiente para reprovação e prevenção do crime: (Redação dada pela Lei n.º 7.209, de 11.7.1984)

I - as penas aplicáveis dentre as cominadas; (Redação dada pela Lei n.º 7.209, de 11.7.1984)

II - a quantidade de pena aplicável, dentro dos limites previstos; (Redação dada pela Lei n.º 7.209, de 11.7.1984)

III - o regime inicial de cumprimento da pena privativa de liberdade; (Redação dada pela Lei n.º 7.209, de 11.7.1984)

IV - a substituição da pena privativa da liberdade aplicada, por outra espécie de pena, se cabível. (Redação dada pela Lei n.º 7.209, de 11.7.1984)

Critérios especiais da pena de multa

Art. 60. Na fixação da pena de multa o juiz deve atender, principalmente, à situação econômica do réu. (Redação dada pela Lei n.º 7.209, de 11.7.1984)

§ 1.º A multa pode ser aumentada até o triplo, se o juiz considerar que, em virtude da situação econômica do réu, é ineficaz, embora aplicada no máximo. (Redação dada pela Lei n.º 7.209, de 11.7.1984)

Multa substitutiva

§ 2º A pena privativa de liberdade aplicada, não superior a 6 (seis) meses, pode ser substituída pela de multa, observados os critérios dos incisos II e III do art. 44 deste Código. (Redação dada pela Lei n.º 7.209, de 11.7.1984)

Circunstâncias agravantes

Art. 61. São circunstâncias que sempre agravam a pena, quando não constituem ou qualificam o crime: (Redação dada pela Lei n.º 7.209, de 11.7.1984)

I - a reincidência; (Redação dada pela Lei n.º 7.209, de 11.7.1984)

II - ter o agente cometido o crime: (Redação dada pela Lei n.º 7.209, de 11.7.1984)

a) por motivo fútil ou torpe;

b) para facilitar ou assegurar a execução, a ocultação, a impunidade ou vantagem de outro crime;

c) à traição, de emboscada, ou mediante dissimulação, ou outro recurso que dificultou ou tornou impossível a defesa do ofendido;

d) com emprego de veneno, fogo, explosivo, tortura ou outro meio insidioso ou cruel, ou de que podia resultar perigo comum;

e) contra ascendente, descendente, irmão ou cônjuge;

f) com abuso de autoridade ou prevalecendo-se de relações domésticas, de coabitação ou de hospitalidade, ou com violência contra a mulher na forma da lei específica; (Redação dada pela Lei n.º 11.340, de 2006)

g) com abuso de poder ou violação de dever inerente a cargo, ofício, ministério ou profissão;

h) contra criança, maior de 60 (sessenta) anos, enfermo ou mulher grávida; (Redação dada pela Lei nº. 10.741, de 2003)

i) quando o ofendido estava sob a imediata proteção da autoridade;

j) em ocasião de incêndio, naufrágio, inundação ou qualquer calamidade pública, ou de desgraça particular do ofendido;

l) em estado de embriaguez preordenada.

Agravantes no caso de concurso de pessoas

Art. 62. A pena será ainda agravada em relação ao agente que: (Redação dada pela Lei n.º 7.209, de 11.7.1984)

I - promove, ou organiza a cooperação no crime ou dirige a atividade dos demais agentes; (Redação dada pela Lei n.º 7.209, de 11.7.1984)

II - coage ou induz outrem à execução material do crime; (Redação dada pela Lei n.º 7.209, de 11.7.1984)

III - instiga ou determina a cometer o crime alguém sujeito à sua autoridade ou não punível em virtude de condição ou qualidade pessoal; (Redação dada pela Lei n.º 7.209, de 11.7.1984)

IV - executa o crime, ou nele participa, mediante paga ou promessa de recompensa. (Redação dada pela Lei n.º 7.209, de 11.7.1984)

Reincidência

Art. 63. Verifica-se a reincidência quando o agente comete novo crime, depois de transitar em julgado a sentença que, no País ou no estrangeiro, o tenha condenado por crime anterior. (Redação dada pela Lei n.º 7.209, de 11.7.1984)

Art. 64. Para efeito de reincidência: (Redação dada pela Lei n.º 7.209, de 11.7.1984)

I - não prevalece a condenação anterior, se entre a data do cumprimento ou extinção da pena e a infração posterior tiver decorrido período de tempo superior a 5 (cinco) anos, computado o período de prova da suspensão ou do livramento condicional, se não ocorrer revogação; (Redação dada pela Lei n.º 7.209, de 11.7.1984)

II - não se consideram os crimes militares próprios e políticos. (Redação dada pela Lei n.º 7.209, de 11.7.1984)

Circunstâncias atenuantes

Art. 65. São circunstâncias que sempre atenuam a pena: (Redação dada pela Lei n.º 7.209, de 11.7.1984)

I - ser o agente menor de 21 (vinte e um), na data do fato, ou maior de 70 (setenta) anos, na data da sentença; (Redação dada pela Lei n.º 7.209, de 11.7.1984)

II - o desconhecimento da lei; (Redação dada pela Lei n.º 7.209, de 11.7.1984)

III - ter o agente: (Redação dada pela Lei n.º 7.209, de 11.7.1984)

a) cometido o crime por motivo de relevante valor social ou moral;

b) procurado, por sua espontânea vontade e com eficiência, logo após o crime, evitar-lhe ou minorar-lhe as consequências, ou ter, antes do julgamento, reparado o dano;

c) cometido o crime sob coação a que podia resistir, ou em cumprimento de ordem de autoridade superior, ou sob a influência de violenta emoção, provocada por ato injusto da vítima;

d) confessado espontaneamente, perante a autoridade, a autoria do crime;

e) cometido o crime sob a influência de multidão em tumulto, se não o provocou.

Art. 66. A pena poderá ser ainda atenuada em razão de circunstância relevante, anterior ou posterior ao crime, embora não prevista expressamente em lei. (Redação dada pela Lei n.º 7.209, de 11.7.1984)

Concurso de circunstâncias agravantes e atenuantes

Art. 67. No concurso de agravantes e atenuantes, a pena deve aproximar-se do limite indicado pelas circunstâncias preponderantes, entendendo-se como tais as que resultam dos motivos determinantes do crime, da personalidade do agente e da reincidência. (Redação dada pela Lei n.º 7.209, de 11.7.1984)

Cálculo da pena

Art. 68. A pena-base será fixada atendendo-se ao critério do art. 59 deste Código; em seguida serão consideradas as circunstâncias atenuantes e agravantes; por último, as causas de diminuição e de aumento. (Redação dada pela Lei n.º 7.209, de 11.7.1984)

Parágrafo único. No concurso de causas de aumento ou de diminuição previstas na parte especial, pode o juiz limitar-se a um só aumento ou a uma só diminuição, prevalecendo, todavia, a causa que mais aumente ou diminua. (Redação dada pela Lei n.º 7.209, de 11.7.1984)

Concurso material

Art. 69. Quando o agente, mediante mais de uma ação ou omissão, pratica dois ou mais crimes, idênticos ou não, aplicam-se cumulativamente as penas privativas de liberdade em que haja incorrido. No caso de aplicação cumulativa de penas de reclusão e de detenção, executa-se primeiro aquela. (Redação dada pela Lei n.º 7.209, de 11.7.1984)

§ 1.º Na hipótese deste artigo, quando ao agente tiver sido aplicada pena privativa de liberdade, não suspensa, por um dos crimes, para os demais será incabível a substituição de que trata o art. 44 deste Código. (Redação dada pela Lei n.º 7.209, de 11.7.1984)

§ 2.º Quando forem aplicadas penas restritivas de direitos, o condenado cumprirá simultaneamente as que forem compatíveis entre si e sucessivamente as demais. (Redação dada pela Lei n.º 7.209, de 11.7.1984)

Concurso formal

Art. 70. Quando o agente, mediante uma só ação ou omissão, pratica dois ou mais crimes, idênticos ou não, aplica-se-lhe a mais grave das penas cabíveis ou, se iguais, somente uma delas, mas aumentada, em qualquer caso, de um sexto até metade. As penas aplicam-se, entretanto, cumulativamente, se a ação ou omissão é dolosa e os crimes concorrentes resultam de desígnios autônomos, consoante o disposto no artigo anterior. (Redação dada pela Lei n.º 7.209, de 11.7.1984)

Parágrafo único. Não poderá a pena exceder a que seria cabível pela regra do art. 69 deste Código. (Redação dada pela Lei n.º 7.209, de 11.7.1984)

Crime continuado

Art. 71. Quando o agente, mediante mais de uma ação ou omissão, pratica dois ou mais crimes da mesma espécie e, pelas condições de tempo, lugar, maneira de execução e outras semelhantes, devem os subsequentes ser havidos como continuação do primeiro, aplica-se-lhe a pena de um só dos crimes, se idênticas, ou a mais grave, se diversas, aumentada, em qualquer caso, de um sexto a dois terços. (Redação dada pela Lei n.º 7.209, de 11.7.1984)

Parágrafo único. Nos crimes dolosos, contra vítimas diferentes, cometidos com violência ou grave ameaça à pessoa, poderá o juiz, considerando a culpabilidade, os antecedentes, a conduta social e a personalidade do agente, bem como os motivos e as circunstâncias, aumentar a pena de um só dos crimes, se idênticas, ou a mais grave, se diversas, até o triplo, observadas as regras do parágrafo único do art. 70 e do art. 75 deste Código. (Redação dada pela Lei n.º 7.209, de 11.7.1984)

Multas no concurso de crimes

Art. 72. No concurso de crimes, as penas de multa são aplicadas distinta e integralmente. (Redação dada pela Lei n.º 7.209, de 11.7.1984)

Erro na execução

Art. 73. Quando, por acidente ou erro no uso dos meios de execução, o agente, ao invés de atingir a pessoa que pretendia ofender, atinge pessoa diversa, responde como se tivesse praticado o crime contra aquela, atendendo-se ao disposto no § 3.º do art. 20 deste Código. No caso de ser também atingida a pessoa que o agente pretendia ofender, aplica-se a regra do art. 70 deste Código. (Redação dada pela Lei n.º 7.209, de 11.7.1984)

Resultado diverso do pretendido

Art. 74. Fora dos casos do artigo anterior, quando, por acidente ou erro na execução do crime, sobrevém resultado diverso do pretendido, o agente responde por culpa, se o fato é previsto como crime culposo; se ocorre também o resultado pretendido, aplica-se a regra do art. 70 deste Código. (Redação dada pela Lei n.º 7.209, de 11.7.1984)

Limite das penas

Art. 75. O tempo de cumprimento das penas privativas de liberdade não pode ser superior a 40 (quarenta) anos. (Redação dada pela Lei n.º 13.964, de 2019)

§ 1.º Quando o agente for condenado a penas privativas de liberdade cuja soma seja superior a 40 (quarenta) anos, devem elas ser unificadas para atender ao limite máximo deste artigo. (Redação dada pela Lei n.º 13.964, de 2019)

§ 2.º Sobrevindo condenação por fato posterior ao início do cumprimento da pena, far-se-á nova unificação, desprezando-se, para esse fim, o período de pena já cumprido. (Redação dada pela Lei n.º 7.209, de 11.7.1984)

Concurso de infrações

Art. 76. No concurso de infrações, executar-se-á primeiramente a pena mais grave. (Redação dada pela Lei n.º 7.209, de 11.7.1984)

CÓDIGO DE PROCESSO PENAL

TÍTULO XII

DA SENTENÇA

Art. 381. A sentença conterá:

I - os nomes das partes ou, quando não possível, as indicações necessárias para identificá-las;

II - a exposição sucinta da acusação e da defesa;

III - a indicação dos motivos de fato e de direito em que se fundar a decisão;

IV - a indicação dos artigos de lei aplicados;

V - o dispositivo;

VI - a data e a assinatura do juiz.

Art. 382. Qualquer das partes poderá, no prazo de 2 (dois) dias, pedir ao juiz que declare a sentença, sempre que nela houver obscuridade, ambiguidade, contradição ou omissão.

Art. 383. O juiz, sem modificar a descrição do fato contida na denúncia ou queixa, poderá atribuir-lhe definição jurídica diversa, ainda que, em consequência, tenha de aplicar pena mais grave. (Redação dada pela Lei nº 11.719, de 2008).

§ 1.º Se, em consequência de definição jurídica diversa, houver possibilidade de proposta de suspensão condicional do processo, o juiz procederá de acordo com o disposto na lei. (Incluído pela Lei n.º 11.719, de 2008).

§ 2.º Tratando-se de infração da competência de outro juízo, a este serão encaminhados os autos. (Incluído pela Lei n.º 11.719, de 2008).

Art. 384. Encerrada a instrução probatória, se entender cabível nova definição jurídica do fato, em consequência de prova existente nos autos de elemento ou circunstância da infração penal não contida na acusação, o Ministério Público deverá aditar a denúncia ou queixa, no prazo de 5 (cinco) dias, se em virtude desta houver sido instaurado o processo em crime de ação pública, reduzindo-se a termo o aditamento, quando feito oralmente. (Redação dada pela Lei n.º 11.719, de 2008).

§ 1.º Não procedendo o órgão do Ministério Público ao aditamento, aplica-se o art. 28 deste Código. (Incluído pela Lei n.º 11.719, de 2008).

§ 2.º Ouvido o defensor do acusado no prazo de 5 (cinco) dias e admitido o aditamento, o juiz, a requerimento de qualquer das partes, designará dia e hora para continuação da audiência, com inquirição de testemunhas, novo interrogatório do acusado, realização de debates e julgamento. (Incluído pela Lei n.º 11.719, de 2008).

§ 3.º Aplicam-se as disposições dos §§ 1.º e 2.º do art. 383 ao *caput* deste artigo. (Incluído pela Lei n.º 11.719, de 2008).

§ 4.º Havendo aditamento, cada parte poderá arrolar até 3 (três) testemunhas, no prazo de 5 (cinco) dias, ficando o juiz, na sentença, adstrito aos termos do aditamento. (Incluído pela Lei n.º 11.719, de 2008).

§ 5.º Não recebido o aditamento, o processo prosseguirá. (Incluído pela Lei n.º 11.719, de 2008).

Art. 385. Nos crimes de ação pública, o juiz poderá proferir sentença condenatória, ainda que o Ministério Público tenha opinado pela absolvição, bem como reconhecer agravantes, embora nenhuma tenha sido alegada.

Art. 386. O juiz absolverá o réu, mencionando a causa na parte dispositiva, desde que reconheça:

I - estar provada a inexistência do fato;

II - não haver prova da existência do fato;

III - não constituir o fato infração penal;

IV - estar provado que o réu não concorreu para a infração penal; (Redação dada pela Lei n.º 11.690, de 2008)

V - não existir prova de ter o réu concorrido para a infração penal; (Redação dada pela Lei n.º 11.690, de 2008)

VI - existirem circunstâncias que excluam o crime ou isentem o réu de pena (arts. 20, 21, 22, 23, 26 e § 1.º do art. 28, todos do Código Penal), ou mesmo se houver fundada dúvida sobre sua existência; (Redação dada pela Lei n.º 11.690, de 2008)

VII - não existir prova suficiente para a condenação. (Incluído pela Lei n.º 11.690, de 2008)

Parágrafo único. Na sentença absolutória, o juiz:

I - mandará, se for o caso, pôr o réu em liberdade;

II - ordenará a cessação das medidas cautelares e provisoriamente aplicadas; (Redação dada pela Lei n.º 11.690, de 2008)

III - aplicará medida de segurança, se cabível.

Art. 387. O juiz, ao proferir sentença condenatória: (*Vide* Lei n.º 11.719, de 2008)

I - mencionará as circunstâncias agravantes ou atenuantes definidas no Código Penal, e cuja existência reconhecer;

II - mencionará as outras circunstâncias apuradas e tudo o mais que deva ser levado em conta na aplicação da pena, de acordo com o disposto nos arts. 59 e 60 do Decreto-Lei n.º 2.848, de 7 de dezembro de 1940 - Código Penal; (Redação dada pela Lei n.º 11.719, de 2008).

III - aplicará as penas de acordo com essas conclusões; (Redação dada pela Lei n.º 11.719, de 2008).

IV - fixará valor mínimo para reparação dos danos causados pela infração, considerando os prejuízos sofridos pelo ofendido; (Redação dada pela Lei n.º 11.719, de 2008).

V - atenderá, quanto à aplicação provisória de interdições de direitos e medidas de segurança, ao disposto no Título Xl deste Livro;

VI - determinará se a sentença deverá ser publicada na íntegra ou em resumo e designará o jornal em que será feita a publicação (art. 73, § 1.º, do Código Penal).

§ 1.º O juiz decidirá, fundamentadamente, sobre a manutenção ou, se for o caso, a imposição de prisão preventiva ou de outra medida cautelar, sem prejuízo do conhecimento de apelação que vier a ser interposta. (Incluído pela Lei n.º 12.736, de 2012)

§ 2.º O tempo de prisão provisória, de prisão administrativa ou de internação, no Brasil ou no estrangeiro, será computado para fins de determinação do regime inicial de pena privativa de liberdade. (Incluído pela Lei n.º 12.736, de 2012)

Art. 388. A sentença poderá ser datilografada e neste caso o juiz a rubricará em todas as folhas.

Art. 389. A sentença será publicada em mão do escrivão, que lavrará nos autos o respectivo termo, registrando-a em livro especialmente destinado a esse fim.

Art. 390. O escrivão, dentro de três dias após a publicação, e sob pena de suspensão de cinco dias, dará conhecimento da sentença ao órgão do Ministério Público.

Art. 391. O querelante ou o assistente será intimado da sentença, pessoalmente ou na pessoa de seu advogado. Se nenhum deles for encontrado no lugar da sede do juízo, a intimação será feita mediante edital com o prazo de 10 dias, afixado no lugar de costume.

Art. 392. A intimação da sentença será feita:

I - ao réu, pessoalmente, se estiver preso;

II - ao réu, pessoalmente, ou ao defensor por ele constituído, quando se livrar solto, ou, sendo afiançável a infração, tiver prestado fiança;

III - ao defensor constituído pelo réu, se este, afiançável, ou não, a infração, expedido o mandado de prisão, não tiver sido encontrado, e assim o certificar o oficial de justiça;

IV - mediante edital, nos casos do n.º II, se o réu e o defensor que houver constituído não forem encontrados, e assim o certificar o oficial de justiça;

V - mediante edital, nos casos do n.º III, se o defensor que o réu houver constituído também não for encontrado, e assim o certificar o oficial de justiça;

VI - mediante edital, se o réu, não tendo constituído defensor, não for encontrado, e assim o certificar o oficial de justiça.

§ 1.º O prazo do edital será de 90 dias, se tiver sido imposta pena privativa de liberdade por tempo igual ou superior a um ano, e de 60 dias, nos outros casos.

§ 2.º O prazo para apelação correrá após o término do fixado no edital, salvo se, no curso deste, for feita a intimação por qualquer das outras formas estabelecidas neste artigo.

Art. 393. (Revogado pela Lei n.º 12.403, de 2011).